# 2023
# 北京广播影视年鉴

北京广播影视年鉴编辑委员会　编

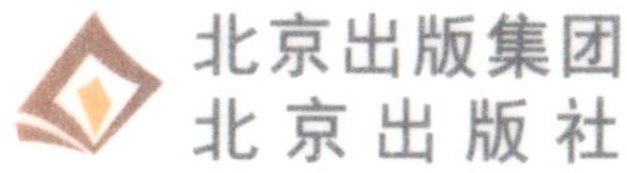

**图书在版编目（CIP）数据**

2023北京广播影视年鉴 / 北京广播影视年鉴编辑委员会编. -- 北京 : 北京出版社, 2023.12
ISBN 978-7-200-18333-7

Ⅰ. ①2… Ⅱ. ①北… Ⅲ. ①广播事业—北京—2023—年鉴②电影事业—北京—2023—年鉴③电视事业—北京—2023—年鉴 Ⅳ. ①G229.271-54 ②J992-54

中国国家版本馆CIP数据核字（2023）第214966号

# 2023北京广播影视年鉴

2023 BEIJING GUANGBO YINGSHI NIANJIAN

北京广播影视年鉴编辑委员会 编

**出　版** 北京出版集团
北京出版社
**地　址** 北京北三环中路6号
**邮　编** 100120
**网　址** www.bph.com.cn
**总发行** 北京出版集团
**经　销** 新华书店
**印　刷** 三河市兴国印务有限公司
**版印次** 2023年12月第1版第1次印刷
**开　本** 787毫米×1092毫米 1/16
**印　张** 36
**字　数** 895千字
**书　号** ISBN 978-7-200-18333-7
**定　价** 178.00元

# 编 辑 说 明

一、《北京广播影视年鉴》是一部综合性资料工具书和史料文献，由北京市广播电视局主持编纂，北京广播电视台、歌华传媒集团、北京歌华有线电视网络股份有限公司、北京市各区文化和旅游局及融媒体中心、部分社会影视机构和网络视听公司等协助编纂。

二、本年鉴全面反映北京市广播影视及网络视听业的基本情况和发展变化，客观记录2022年全市广播影视及网络视听业发展情况。特殊事项，在前后年份上有所延伸。

三、本年鉴以马克思列宁主义、毛泽东思想、邓小平理论、“三个代表”重要思想、科学发展观和习近平新时代中国特色社会主义思想为指导，牢固树立政治意识、大局意识、核心意识、看齐意识。坚持实事求是的编辑方针，贯彻“贴近实际，贴近生活，贴近群众”的原则，为广播影视从业人员、教学科研人员、决策管理人员以及社会各界了解和研究北京市广播影视及网络视听提供可靠信息。

四、本年鉴自2005年起，每年编印一卷。2023年版为第十九卷，主要记述2022年的情况，全书共有18个栏目：特载、专项纪事、概况、大事记、频率频道、节目栏目、媒体融合与智慧广电、网络视听、技术、公共服务、电视剧、书报刊出版、受众调查、组织机构、获奖作品、典型经验、统计、附录。

五、本年鉴采用规范语体文，行文力求朴实、简洁、通畅，以记述文章体裁为主体。

六、本年鉴计量单位按照1984年2月27日公布的《中华人民共和国法定计量单位》执行。

七、本年鉴统计数字以统计部门公布的为准。统计部门缺遗的数字，以各单位的为准。

八、本年鉴稿件由各单位、各部门确定专人（特约编辑）撰写（特殊约稿除外），经各单位、各部门主要领导审核盖章后提交，最后由年鉴编委会总审。

本年鉴的编辑工作得到各撰稿单位、部门及各方面的热情关怀和大力支持，在此深表感谢。疏漏与不足之处，恳请批评指正。

北京广播影视年鉴编辑委员会

2023年12月

# 编 辑 委 员 会

**委　员：**

张　楠　北京市广播电视局办公室（安全监管办公室）主任
王东迎　北京市广播电视局政策法规处处长
刘华阳　北京市广播电视局规划发展处（产业促进处）处长
王亦君　北京市广播电视局宣传管理处处长
韩云升　北京市广播电视局电视剧管理处处长
解　楠　北京市广播电视局传媒机构管理处处长
夏　斐　北京市广播电视局网络视听节目管理处处长
荣学良　北京市广播电视局媒体融合发展处处长
李国新　北京市广播电视局科技处（公共服务处）处长
贾丁丁　北京市广播电视局二级巡视员、财务处处长
雷素华　北京市广播电视局人事处处长
周旭民　北京市广播电视局机关党委专职副书记
孙小兵　北京市广播电视局机关纪委书记
姜　威　北京市广播电视局工会副主席
李其利　北京市纪委市监委驻局纪检组监察组副组长
钱富奎　北京市广播电视监测中心主任
朱洁譞　北京市视听节目监测中心主任
孙峰虎　北京新视听发展中心（北京音像资料馆）主任
石东正　北京市广播电视局宣传中心主任
董雪梅　北京广播影视交流促进中心副主任
李米莉　北京市广播影视协会理事长
贾忠华　北京电视艺术家协会驻会副主席、秘书长
石群峰　北京广播电视台研究室主任
梁自珍　北京歌华传媒集团有限责任公司媒体管理部主任
梁　燚　北京歌华文化发展集团有限公司党委副书记
刘国华　北京歌华影视股份有限公司董事长
刘　彤　北京电视艺术中心有限公司董事长
李洪兴　北京歌华新新传媒有限责任公司执行董事、总经理
颜丙利　北京音像有限公司总经理
牛振青　北京歌华移动电视有限公司董事长
李　伟　北京歌华城市电视有限公司副总经理
高　巍　北京北广传媒数字电视有限公司董事长、鼎视传媒股份有限公司董事长、北京瑞特影音贸易有限公司党支部书记
桂　宏　北京北广置业有限公司董事长
丁文辉　北京中广传播有限公司总经理
杨　云　北京歌华有线电视网络股份有限公司综合部主任
郭海峰　北京歌华钟磬文化服务有限公司副总经理
胡国伟　北京市东城区文化和旅游局书记
靳　真　北京市西城区文化和旅游局党组书记、局长
陈　伟　北京市朝阳区文化和旅游局局长、二级巡视员
王　森　北京市海淀区文化和旅游局副局长
史文彬　北京市丰台区文化和旅游局（北京市丰台区文物局）书记
唐　铭　北京市石景山区文化和旅游局局长
夏名君　北京市门头沟区文化和旅游局书记、局长
王化占　北京市房山区文化和旅游局局长
张　华　北京市通州区文化和旅游局书记、局长
李　莉　北京市顺义区文化和旅游局书记、局长、一级调研员
李　攀　北京市昌平区文化和旅游局书记、局长

耿晓梅　北京市大兴区文化和旅游局书记、局长
王　琦　北京市怀柔区文化和旅游局书记、局长
张子昂　北京市平谷区文化和旅游局书记、局长
赵志政　北京市密云区文化和旅游局书记、局长
张　静　北京市延庆区文化和旅游局党组副书记、二级调研员
陈建民　北京经济技术开发区工委宣传文化部常务副部长
王继志　北京市东城区融媒体中心书记、主任
李　卓　北京市西城区融媒体中心书记、主任
孙　帅　北京市朝阳区融媒体中心书记、主任
佟志伟　北京市海淀区融媒体中心书记、主任
乔晓鹏　北京市丰台区融媒体中心书记、主任
王建强　北京市石景山区融媒体中心书记、主任
苏燕平　北京市门头沟区融媒体中心书记、主任
王英开　北京市房山区融媒体中心书记、主任
卫　欣　北京市通州区融媒体中心书记、主任
杨进军　北京市顺义区融媒体中心书记、主任
丁伟明　北京市昌平区融媒体中心书记、主任
马宪颖　北京市大兴区融媒体中心书记、主任
刘　剑　北京市怀柔区融媒体中心书记、主任
马春江　北京市平谷区融媒体中心书记、主任
张　波　北京市密云区融媒体中心书记、主任
胡玖梅　北京市延庆区融媒体中心书记、主任
边元松　北京经济技术开发区融媒体中心书记、董事长、总编辑
陈　洋　中国（北京）星光视听产业基地董事长
于德利　北京市怀柔区文化产业发展促进中心书记、主任
惠斐林　中国（北京）高新视听产业园经营管理部副总经理
刘博雅　北京百度网讯科技有限公司百度好看视频总编辑
王兆楠　北京爱奇艺科技有限公司副总裁、总编辑
杨伟光　优酷信息技术（北京）有限公司党委书记、执行总编辑
鲁　林　北京花房科技有限公司副总裁
梁　楠　北京搜狐互联网信息服务有限公司搜狐视频副总编辑
孙东旭　北京新东方迅程网络科技股份有限公司总裁办总经理
张静雅　北京智者天下科技有限公司政府事务部副总编辑
罗振宇　北京思维造物信息科技股份有限公司董事长、得到创始人
王长田　北京光线传媒股份有限公司董事长
王忠磊　北京华谊兄弟娱乐投资有限公司总经理
刘燕铭　海润影视制作有限公司董事长
尤小刚　北京京都世纪文化发展有限公司董事长
丁　芯　北京鑫宝源影视投资有限公司总经理
庞新星　四达时代通讯网络技术有限公司董事长兼总裁
白月飞　北京东方飞云国际影视股份有限公司总经理
曾映雪　北京完美世界影视有限公司负责人
王　锦　北京时代光影文化传媒股份有限公司董事长

# 主编　副主编

**主　编：**

孔建华　北京市广播电视局党组成员、副局长

**执行主编：**

孙峰虎　北京新视听发展中心（北京音像资料馆）主任

**常务副主编：**

段燕燕　北京新视听发展中心（北京音像资料馆）副主任

**副主编：**

石群峰　北京广播电视台研究室主任

王廷富　北京市广播电视局史志办高级编辑（特聘）

吉　春　北京新视听发展中心（北京音像资料馆）副主任

# 责任编辑与特约编辑

**责任编辑：**

王志坤　北京新视听发展中心（北京音像资料馆）史志资料科科长

冯　艳　北京新视听发展中心（北京音像资料馆）史志资料科干部

马一鸣　北京新视听发展中心（北京音像资料馆）史志资料科干部

钟立红　北京市广播电视局史志办特约编辑

史博华　北京市广播电视局史志办特约编辑

刘书峰　北京市广播电视局史志办特约编辑

**特约编辑：**

赵小娜　北京市广播电视局办公室一级主任科员
樊　琳　北京市广播电视局政策法规处三级主任科员
陈媛媛　北京市广播电视局规划发展处一级主任科员
吉　芳　北京市广播电视局行政审批处一级主任科员
郭知青　北京市广播电视局宣传管理处二级调研员
葛军领　北京市广播电视局电视剧管理处三级调研员
杨志平　北京市广播电视局传媒机构管理处三级调研员
崔　乐　北京市广播电视局网络视听节目管理处副处长
鲁婧晗　北京市广播电视局媒体融合发展处干部
鲍　琪　北京市广播电视局科技处（公共服务处）一级主任科员
刘　梅　北京市广播电视局财务处三级主任科员
连　伟　北京市广播电视局人事处四级调研员
赵　阳　北京市广播电视局机关党委四级调研员
李胜利　北京市广播电视局机关纪委二级调研员
唐志军　北京市广播电视局工会二级调研员
李警锐　北京市纪委监察局驻北京市广播电视局纪检监察组监察员一级主任科员
梁　戈　北京市广播电视局综合事务中心干部
马　丽　北京市广播电视监测中心科长
魏　冉　北京市视听节目监测中心管理八级
田杰鹏　北京市广播电视局宣传中心科长
李美静　北京广播影视交流促进中心人才建设科职员
张　麟　北京市广播影视协会
程　程　北京电视艺术家协会四级调研员
李　明　北京广播电视台研究室调研信息科科长
程　戈　北京广播电视台研究室调研信息科副科长
魏向东　北京广播电视台研究室调研信息科科员
刘　敏　北京紫禁城影业有限责任公司办公室主任
李　妍　北京歌华传媒集团有限责任公司媒体管理部干部
刘　晨　北京歌华文化发展集团有限公司活动策划部副主任
杨兴辰　北京歌华影视股份有限公司办公室副主任
吕　妍　北京电视艺术中心有限公司办公室（党群工作部）副主任
康　宁　北京歌华新新传媒有限责任公司副总经理
郝振林　北京音像有限公司办公室主任
杜京京　北京歌华移动电视有限公司办公室主任
袁　婧　北京歌华城市电视有限公司行政部行政助理
郑菁菁　北京北广传媒数字电视有限公司、鼎视传媒股份有限公司办公室干部
李　苗　北京瑞特影音贸易有限公司办公室副主任
张增东　北京北广置业有限公司办公室主任
佟东旭　北京中广传播有限公司综合部经理
钟　华　北京歌华有线电视网络股份有限公司综合部文秘主管
赵雨曦　北京歌华钟磬文化服务有限公司办公室主管

魏争光　北京市东城区文化和旅游局规划科（研究室）副科长
赵　臣　北京市西城区文化和旅游局干部
孙笑菲　北京市朝阳区文化和旅游局办公室主任科员
戴　明　北京市海淀区文化和旅游局行政审批科副科长
孙晶晶　北京市丰台区文化和旅游局（北京市丰台区文物局）干部
乔　力　北京市石景山区文化市场综合执法大队干部
杜　莹　北京市门头沟区文化和旅游局办公室主任
林远茜　北京市房山区文化和旅游局办公室科员
邱　巍　北京市通州区文化和旅游局二级主任科员
周　莹　北京市顺义区文化和旅游局政工科
潘　儒　北京市昌平区文化和旅游局文化旅游服务中心副主任
冯丽娟　北京市大兴区文化和旅游局干部
郭帅言　北京市怀柔区文化和旅游局政工科（机关党委专职副书记）
姚　颖　北京市平谷区文化和旅游局办公室干部
袁　帅　北京市密云区文化和旅游局办公室科员
刘　芳　北京市延庆区文化和旅游局人事科干部
梁欢池　北京经济技术开发区工委宣传文化部媒体融合发展处九级主办
谢莒莎　北京市东城区融媒体中心干部
刘新岩　北京市西城区融媒体中心干部
邱　阳　北京市朝阳区融媒体中心总编室干部
李　军　北京市海淀区融媒体中心全媒体指挥中心职员
孙敬尧　北京市丰台区融媒体中心综合办公室副主任
谷　雨　北京市石景山区融媒体中心干部
高艳蕊　北京市门头沟区融媒体中心办公室干部
贾　颖　北京市房山区融媒体中心办公室副主任
张维颖　北京市通州区融媒体中心办公室干部
叶　平　北京市顺义区融媒体中心策划调度副科长
张　俊　北京市昌平区融媒体中心宣传科科长
杜　乔　北京市大兴区融媒体中心办公室科员
王少南　北京市怀柔区融媒体中心办公室干部
贾晓静　北京市平谷区融媒体中心助理编辑
石建新　北京市密云区融媒体中心总编辑办公室科员
胡　洋　北京市延庆区融媒体中心办公室副主任
孟爱文　北京经济技术开发区融媒体中心编务办公室副主任
邵　丹　中国（北京）星光视听产业基地发展中心总监
张　迪　北京市怀柔区文化产业发展促进中心信息宣传部部长
张　姝　中国（北京）高新视听产业园经营管理部产业招商经理
王　佳　北京百度网讯科技有限公司百度好看视频副总编辑

张若聃　北京爱奇艺科技有限公司影视节目规划中心主任

张　浩　优酷信息技术（北京）有限公司公共事务部经理

贾　林　北京花房科技有限公司公共事务副总监

杨莉莉　北京搜狐互联网信息服务有限公司搜狐视频政务经理

王漠施　北京新东方迅程网络科技股份有限公司法务部法务专员

张　骋　北京智者天下科技有限公司政府事务部公共事务高级总监

冯启娜　北京思维造物信息科技股份有限公司总编室编辑、内容品控负责人

陈雪飞　北京光线传媒股份有限公司品牌部总监

李树峰　北京华谊兄弟娱乐投资有限公司制作部总监

曹亚婧　海润影视制作有限公司宣传部宣传经理

洪小军　北京京都世纪文化发展有限公司运营部发行总监

齐　爽　北京鑫宝源影视投资有限公司发行总监

范　佩　四达时代集团宣传部宣传主管

刘安琪　北京东方飞云国际影视股份有限公司宣传部宣传员

公孙白麓　北京完美世界影视有限公司宣传部负责人

刘　莹　北京时代光影文化传媒股份有限公司副总经理

# 2022北京市广播影视数字

## 机　构

市级广播电视台 1 座，区级融媒体中心 17 个；全市持有广播电视节目制作经营许可证的机构 19309 家；持有信息网络传播视听节目许可证机构 135 家，37 家网络视听机构纳入备案制管理。

## 人　员

全市广播电视和网络视听从业人员 11.83 万人。

## 有线网络

传输电视直播频道 215 套，其中标清频道 129 套、高清频道 81 套（含 12 套空中课堂频道）、4K 频道 3 套、8K 频道 2 套。有线电视实际用户 612.54 万户，有线电视高清实际用户数（含超高清用户数）540.01 万户。

## 资　产

全市广播影视总资产 6495.01 亿元。

## 创 收

广播电视和网络视听行业实际创收 4318.56 亿元，其中广告收入 1301.53 亿元，网络视听用户付费收入 279.13 亿元。全市新媒体业务收入 2581.69 亿元，其中短视频、电商直播等其他新媒体业务收入 2244.18 亿元。

## 节 目

全年制作广播节目 9.93 万小时，制作电视节目 6.19 万小时，制作网络视频节目 28.21 万小时。

## 电视剧

全年制作电视剧 38 部，1326 集。

## 动画片

全年制作电视动画片 32 部，1 万分钟。

## 网络视听

全年制作网络剧片 227 部，其中网络剧 58 部，网络电影 98 部，网络微短剧 43 部，网络动画片 28 部。

全年引进网上境外影视剧和动画片 261 部。

↑2022 年 1 月 28 日春节前夕，中宣部副部长，国家广电总局局长、党组书记聂辰席（左 2）到北京歌华有线电视网络股份有限公司检查安全传输保障工作

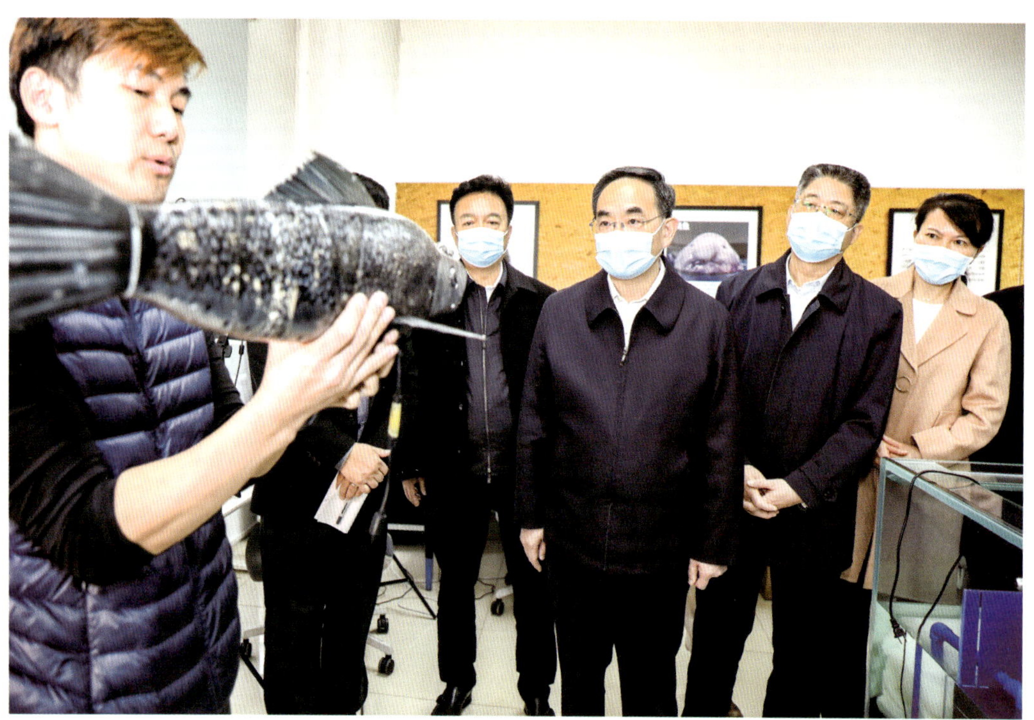

↑2022 年 11 月 10 日，中宣部副部长，国家广电总局局长、党组书记徐麟（右 3）一行到北京电影学院调研动画制作发展情况，在人工智能影像技术实验室，观看人工智能鱼的下水演示

2022 年 8 月 24 日，北京市政协主席魏小东（右 2）到北京广播电视台“市民对话一把手 · 提案办理面对面”节目制播现场调研

2022 年 7 月 22 日，国家广电总局副局长、党组成员乐玉成（前左 2）率第二检查组到北京广播电视台检查安全播出和安全生产工作

2022 年 8 月 4 日，国家广电总局副局长、党组成员杨小伟（前右 1），北京市政府党组副书记、常务副市长崔述强（前右 2）出席北京动画周活动，参观“百年动画致敬经典”展

2022 年 11 月 2 日，国家广电总局副局长、党组成员朱咏雷（右 4），北京市委常委、宣传部部长莫高义（右 5），北京市政协党组副书记、副主席王宁（右 3），北京冬奥组委专职副主席、秘书长韩子荣（左 3）等领导出席中国·北京电视剧盛典

↑2022年8月9日，第四届北京国际公益广告大会在北京首钢园开幕。国家广电总局副局长、党组成员孟冬（中）出席

↑2022年3月9日，北京市委常委、宣传部部长莫高义（右3）到中国（北京）星光视听产业基地调研

2022年11月2日，首届中国·北京电视剧盛典北京之夜在石景山区首钢园举行。北京市广播电视局党组书记、局长王杰群出席并致辞

2022年9月8日，北京市广播电视局副局长杨培丽（左）向超高清电视技术研究和应用国家广播电视总局重点实验室授予"北京视听小站"牌匾

2022年8月，北京市广播电视局举办为期两天的规范网络主播从业行为专题培训，北京市广播电视局党组成员、副局长张苏（左）作开班动员讲话

2022年1月12日，北京市广播电视局党组成员、副局长王志（右）带队到密云区对高山转播站进行安全生产检查

2022年3月7日，北京市广播电视局党组成员、副局长孔建华（左2）带队到中国（怀柔）影视产业示范区调研，并就政务服务站建设、招商政策集成、产业活动支持等方面座谈

2022年7月4日，北京市广播电视局领导到数字电视、鼎视公司检查迎接党的二十大安全播出保障工作

2022年7月4日，北京市广播电视局领导到北京歌华有线电视网络股份有限公司检查迎接党的二十大安全传输保障工作

2022年6月15日，北京市广播电视局领导到延庆调研安全播出工作

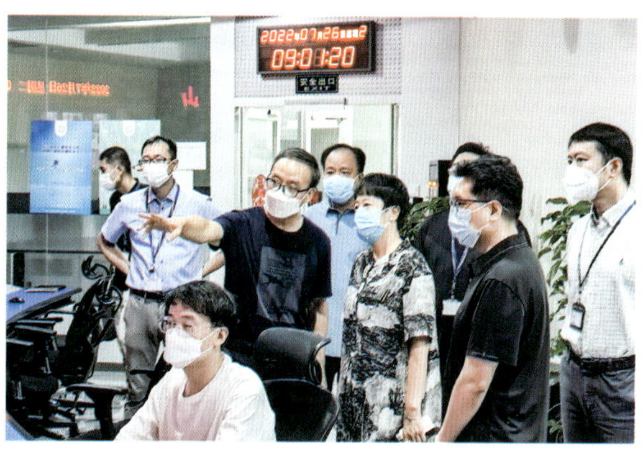

2022年7月26日，北京市广播电视局领导到中央电视塔制播中心机房检查安全播出保障工作

2022年1月7日，北京市广播电视局领导赴房山区融媒体中心和发射台进行安全生产检查

2022年7月28日，北京市广播电视局领导到昌平区融媒体中心检查安全播出情况

↑2022年8月26日，北京市广播电视局领导到四达时代公司北京总部调研

↑2022年8月15日，北京市广播电视局领导带领机关处室和局属事业单位负责人到国家广电总局监管中心学习调研

↑2022年7月15日，“北京视听零距离”新视听公共服务志愿行动启动仪式举行

↑2022年2月20日，北京市朝阳区三间房乡双桥路社区居民观看北京冬奥会闭幕式直播

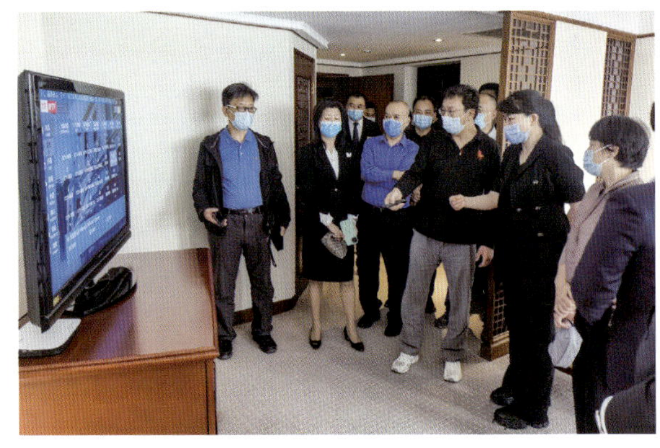

↑2022年9月22日，北京市广播电视局领导到东城区检查宾馆饭店有线电视、IPTV、境外卫星电视服务保障工作

2022 年 7 月 6 日，“北京节节高”公益服务共同体启动仪式举行

2022 年 9 月 19 日，国家广电总局电视剧司领导到北京市广播电视局调研网络影视剧审查及精品生产工作

2022 年 7 月 29 日，北京市广播电视局领导到中国（怀柔）影视产业示范区开展“北京法治广电进园区”现场宣传

2022 年 4 月 14 日，北京市广播电视局召开网络视听地方立法座谈会

↑2022 年 7 月 8 日，北京市广播电视局召开贯彻落实《网络主播行为规范》专题研讨会

↑2022 年 7 月 13 日，北京市广播电视局召开迎接党的二十大重点网络影视剧创作生产推进会

↑2022 年 1 月 12 日，北京市广播电视监测中心到歌华有线总前端调研安全播出措施

↑2022 年 3 月 4 日，北京新视听发展中心召开北京新视听版本库建设和史志工作专题会

↑2022 年 8 月 26 日，北京市视听节目监测中心邀请国家广电总局监管中心鲍楠做“网络视听生态建设”专题讲座

↑2022 年 11 月 11 日，北京市广播电视局相关处室、北京广播影视交流促进中心与中国传媒大学召开网络主播资质管理及成长研究调研报告验收会

↑2022 年 7 月 28 日，北京市广播影视协会到门头沟区融媒体中心开展“2022 年全媒体舆论引导力提升工程”调研活动

↑2022 年 9 月 9 日，北京市广播影视协会举办“共和国脊梁科学家绘本丛书”有声读物活动讲座

↑2022 年 6 月 14 日，北京电视艺术家协会组织第 31 届中国电视金鹰奖北京地区推选会

↑2022 年 11 月 18 日，北京电视艺术家协会网络视听节目服务行业分会等承办的第七届北京网络视听节目创新与人才推优大会召开。图为部分获奖人员合影

↑2022 年 8 月 4 日，首届北京动画周启动仪式举办

↑2022 年 8 月 5 日，首届北京动画周中国动画创作论坛——动画的使命与关照在北京科学中心举行

↑2022 年 8 月 4 日至 9 日，首届北京动画周在北京科学中心举行。图为“百年动画致敬经典”展现场

↑2022 年 11 月 1 日至 5 日，2022 中国 · 北京电视剧盛典在北京首钢园三高炉举行

↑2022 年 11 月 2 日，2022“中国 · 北京视剧盛典北京之夜”活动邀请导演张永新进行主题演讲，分享《觉醒年代》创作经验

2022 年 11 月 2 日，2022 中国 · 北京电视剧盛典北京之夜举行

2022 年 8 月 25 日至 26 日，第五届中非媒体合作论坛在北京举行。图为与会嘉宾进行论坛发言

2022 年 8 月 25 日至 26 日，第五届中非媒体合作论坛在北京举行。图为与会嘉宾听取中非媒体合作十年成果展介绍

2022 年 8 月 25 日至 26 日，第五届中非媒体合作论坛在北京举行。图为论坛会场

↑2022 年 8 月 9 日，第四届北京国际公益广告大会系列活动“乡村振兴 公益有我”举行

↑2022 年 8 月 9 日，在第四届北京国际公益广告大会开幕式上，多家新闻媒体和互联网平台签署《大视听公益传播共同体》倡议书

↑2022 年 8 月 9 日，在第四届北京国际公益广告大会开幕式上举办“公益同心 光影同行”主题论坛

↑2022 年 8 月 9 日，在第四届北京国际公益广告大会开幕式上，国际广告协会全球高级副主席萨桑·萨伊迪先生以视频方式为大会致辞

↑2022 年 9 月 1 日至 5 日，北京新视听展作为中国国际服务贸易交易会文旅服务专题展的组成部分，在首钢园 1 号馆展出。图为观众现场观看 8K 超高清节目

↑2022 年 9 月 1 日至 5 日，北京广播电视台参加 2022 年中国国际服务贸易交易会北京新视听展

↑2022 年 9 月 1 日至 5 日，优酷参加 2022 中国国际服务贸易交易会北京新视听展

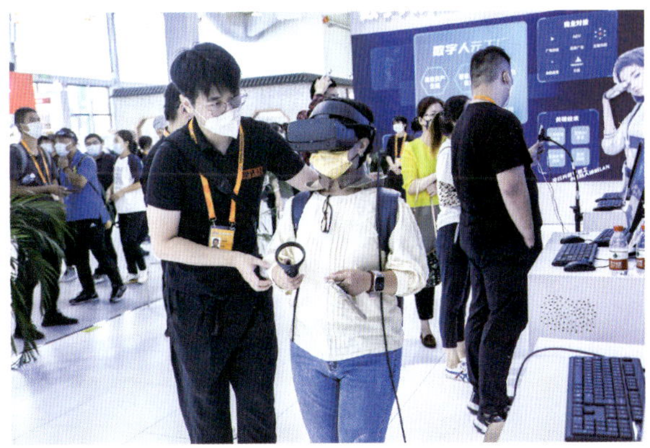

↑2022 年 9 月 1 日至 5 日，中影年年（北京）文化传媒有限公司参加中国国际服务贸易交易会北京新视听展。图为工作人员协助观众利用 VR 设备体验虚拟线上场景

↑2022 年 4 月 19 日至 21 日，由北京市广播电视局指导，首都广播电视节目制作业协会主办的“首都电视节目春推会”在线上举办

↑2022 年 6 月 1 日至 3 日，2022 年新加坡国际广播电视展线下展在新加坡博览中心举行，线上展在其官方网站同期举办。图为北京广电企业线上参展

↑2022 年 8 月 18 日，改造完成的怀柔国际影视摄制服务中心政务服务站正式挂牌运行

↑2022 年 9 月 1 日至 5 日，中国（怀柔）影视产业示范区参加 2022 年中国国际服务贸易交易会

↑2022 年 10 月，中国（北京）星光视听产业基地赛事转播技术团队与日本 TV TOKYO 电视台合作，为第 56 届世界乒乓球团体锦标赛决赛提供赛事转播技术服务

↑2022 年 4 月，中国（北京）星光视听产业基地星拓视联技术团队服务 2021 中国汽车风云盛典颁奖典礼

↑2022 年 9 月 4 日，中国（北京）高新视听产业园在 2022 年中国国际服务贸易交易会第九届北京市文化融合发展项目合作推介会上签约

## 对外交流

2022 年 8 月 26 日，第五届中非媒体合作论坛嘉宾到四达时代集团参观

2022 年 10 月 28 日，北京市广播电视局主办的北京优秀影视剧海外展播季阿拉伯人最喜欢的中国影视剧交流活动在中阿卫视举办

2022 年 6 月 20 日，中国驻布隆迪大使与布隆迪通信、信息技术与媒体部部长共同出席“万村通”布隆迪二期项目和援布 19 万套数字电视终端接收产品项目交接仪式，并签署交接证书

2022 年 5 月 7 日，刚果（金）新任驻华大使携夫人到访四达时代集团总部参观

2022 年 10 月 15 日，中国援助乌干达“万村通”项目二期竣工仪式举行，中国驻乌干达大使和乌干达通信部部长签署交接证书

2022 年 12 月，中国（北京）星光视听产业基地技术团队为卡塔尔世界杯武侠元宇宙音乐会提供 XR 虚拟录制服务

北京广播电视台
BEIJING RADIO & TELEVISION STATION

2022 年 6 月 25 日，北京市委常委、宣传部部长莫高义（前排左 3）到北京广播电视台检查市党代会宣传报道准备工作

北京广播电视台成立于 2010 年 5 月 31 日，是在原北京北广传媒集团、北京人民广播电台、北京电视台基础上组建而成。

2022 年，北京广播电视台总资产近 160 亿元，年总收入超过 50 亿元。共有 17 个内设机构、35 个事业中心，员工 6000 余人。

2022 年，北京广播电视台共开办 10 套广播节目、11 套电视节目，固定电视栏目 99 个、广播栏目 170 个，全台广播电视播出总时长 26.75 万小时（含超高清、高清、标清电视频道播出，广播调频频率和中波频率播出），其中广播节目播出 7.63 万小时、广播频率发射 8.51 万小时，电视节目播出 19.12 万小时。

北京广播电视台还有一个面向亚欧美地区播出的国际频道，每天首播 7.22 小时、24 小时滚动播出。同时，北京广播电视台拥有“北京时间”“听听 FM”新媒体客户端和北京 IPTV、“北京云”等平台。

2022 年 7 月 8 日，北京市广播电视局党组书记、局长王杰群（前排左 2）到北京广播电视台检查迎接党的二十大安全播出保障工作

2022 年 8 月 11 日，北京广播电视台召开迎接党的二十大宣传工作推进会暨半年工作会。北京广播电视台党组书记、台长余俊生出席会议并讲话

2022 年 4 月 23 日至 25 日，由中央宣传部、北京市委、北京市人民政府指导，中宣部出版局、北京市委宣传部主办，北京广播电视台承办的 2022 首届全民阅读大会在京举行

2022 年 2 月 17 日，中国移动通信集团有限公司党组书记、董事长杨杰（前排左 1）率队到北京广播电视台，调研中国移动咪咕公司北京冬奥会赛事转播工作

2022 年 7 月 5 日，北京广播电视台直属全资控股公司北视英特维文化传播有限公司，与北京工商大学传媒与设计学院共建“学生就业创业实践基地”签约及授牌活动举办

2022 年 9 月 22 日，北京广播电视台与顺义区政府战略合作协议签署活动举行，并为“BRTV 北京时间数字文化产业基地”揭牌

2022 年 12 月 21 日，北京广播电视台党组书记、台长余俊生在厦门出席“‘童’心致远 聚力共行”卡酷少儿卫视 2023 品牌推介会

↑2022 年 8 月 8 日，首届中国播音主持“金声奖”颁奖典礼在北京卫视播出。北京广播电视台主持人李杰（左）、刘卓（右）分别获得优秀电视播音员主持人、优秀广播播音员主持人称号

授予：北京广播电视台卫视频道中心

北京冬奥会、冬残奥会突出贡献集体

二〇二二年四月

↑2022 年 4 月，北京广播电视台卫视频道中心获得“北京冬奥会、冬残奥会突出贡献集体”称号

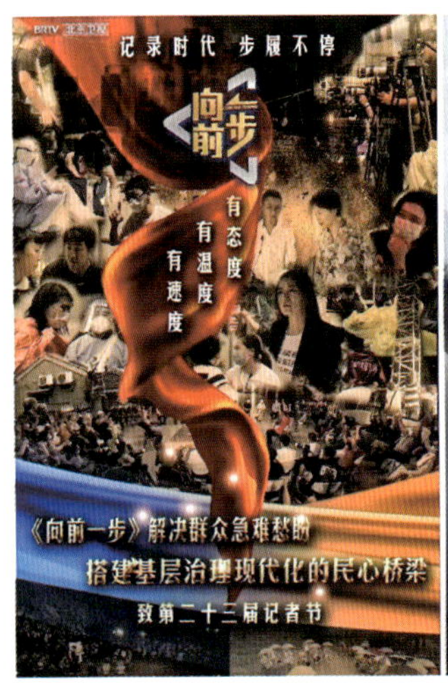


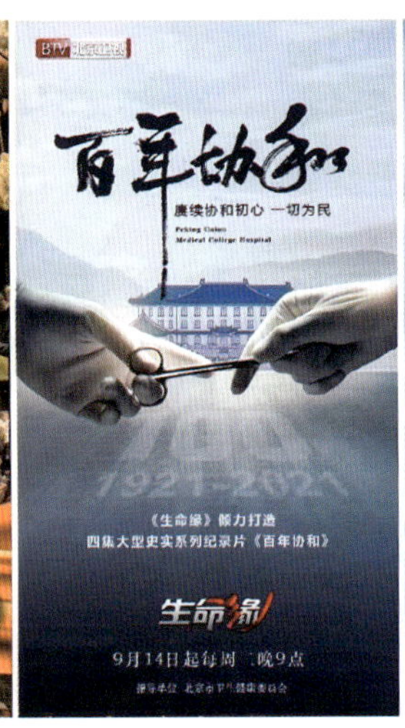


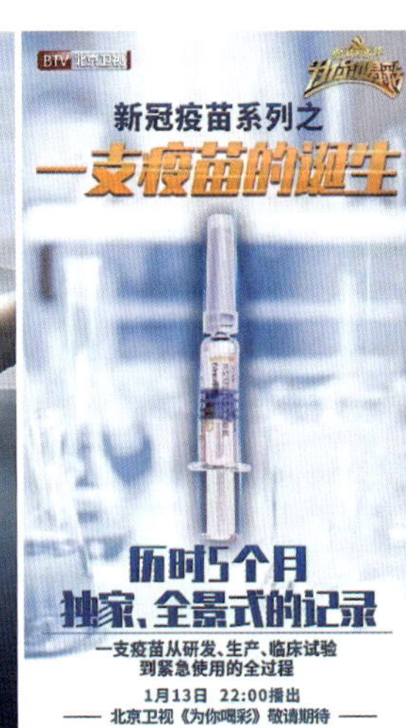

↑2022 年 11 月 8 日，第 32 届中国新闻奖评选结果公布，北京广播电视台 10 部作品获奖，创历史最好成绩。图为北京卫视获奖节目海报

↑2022 年 12 月，北京广播电视台广告运营中心获得第 29 届中国国际广告节 2022 年度整合营销金奖

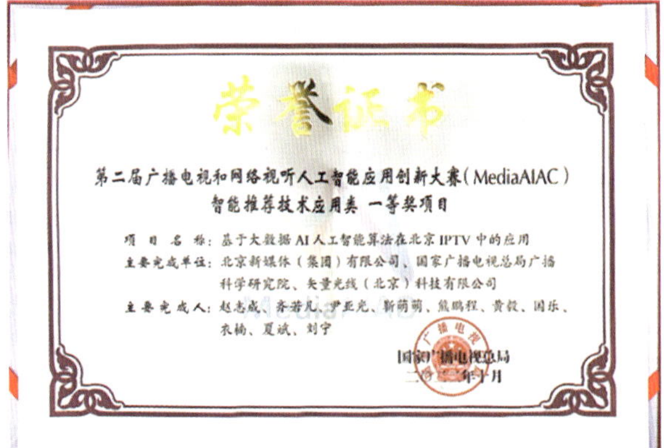

荣誉证书

第二届广播电视和网络视听人工智能应用创新大赛（MediaAIAC）
智能推荐技术应用类 一等奖项目

项目名称：基于大数据 AI 人工智能算法在北京 IPTV 中的应用

主要完成单位：北京新媒体（集团）有限公司、国家广播电视总局广播科学研究院、矢量光线（北京）科技有限公司

主要完成人：赵志成、齐若凡、尹亚光、靳萌萌、熊鹏程、黄毅、国乐、衣楠、夏斌、刘宁

国家广播电视总局
二〇二二年十月

↑2022 年 10 月，“基于大数据 AI 人工智能算法在北京 IPTV 中的应用”获得第二届广播电视和网络视听人工智能应用创新大赛智能推荐技术应用类一等奖

## 市级广电

↑2022 年 2 月 1 日，北京广播电视台融媒体中心联合“北京时间”推出 2022 北京新闻中心“双奥之城 · 看典”系列融媒体互动展示首场直播活动

↑2022 年 2 月 2 日至 4 日，北京广播电视台推出《梦想飞扬——北京 2022 年冬奥会火炬传递专题报道》，在冬奥纪实频道、新闻频道、交通广播、体育广播、北京时间 App 同步播出

↑2022 年 2 月 2 日，北京广播电视台在首钢园录制北京 2022 年冬奥会火炬接力北京地区晚间展示活动

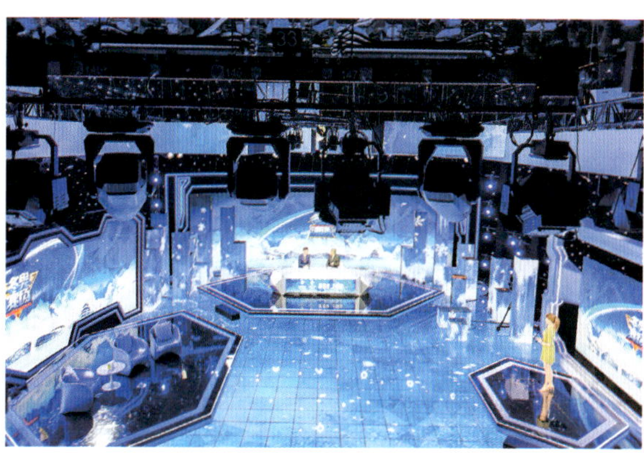

↑2022 年 2 月 2 日至 20 日，北京广播电视台与中国移动咪咕公司在国贸办公区合作完成咪咕视频平台冬奥会全程移动互联网转播。图为咪咕冬奥会首场转播演播室现场

↑2022 年 10 月，北京广播电视台推出《我的北京时间——AI 数字人对话二十大代表》系列融媒报道。AI 数字人“时间小妮”与来自基层的二十大代表“跨时空”交流互动

↑2022 年 9 月 3 日，由北京广播电视台主办、“听听 FM”承办的“你好，大主播”2022 融媒体主播大赛颁奖仪式于 2022 服贸会期间在首钢园举行

2022年1月28日，北京广播电视台建外办公室区融媒体直播间，《“广播过大年　福虎闹新春”春节特别节目》欢乐开启

2022年2月4日晚，北京广播电视台广播端多频率和新媒体联合推出《双奥之城　冰雪荣耀——北京广播电视台北京冬奥会开幕式特别节目》

2022年2月2日至7日，北京广播电视台音乐广播中心推出六集专题节目《冰雪荣耀——大声唱冬奥，一起向未来》

2022年10月12日，大运河沿线北京、天津、河北、山东、河南、江苏、安徽、浙江八省市15家广播电视台推出大型融媒体直播节目《我家住在运河边》

2022年9月5日，京津冀三地广播电视台主办，北京广播电视台城市广播副中心之声、京津冀之声等承办的第八届京津冀银发达人活动启动

2022年10月7日，北京广播电视台城市广播中心主持人采访大运河主题摄影爱好者

2022 年元旦，北京广播电视台原创冬奥广播剧《归雁》上线播出

2022 年 4 月 1 日，冬奥冠军韩聪、隋文静做客北京广播电视台“听听 FM”《大咖来了》节目

北京冬奥会召开前夕，北京广播电视台交通广播中心记者对冬奥火炬手进行采访。图为记者采访“毛泽东号”机车组第 13 任司机长王振强

2022 年 3 月 11 日，2022 北京冬残奥会火炬手、北京广播电视台新闻广播中心主持人李锐，将自己珍藏的冬残奥会火炬捐赠给香山革命纪念馆

2022 年 6 月 30 日，北京广播电视台交通广播中心联合北京市青年联合会举办“京港‘骑’缘——京港青年庆祝香港回归祖国 25 周年主题骑行活动”

↑2022 年 7 月 1 日，北京广播电视台体育广播中心举办“喜迎二十大、永远跟党走、回溯赶考路、奋进新征程”——庆祝中国共产党成立 101 周年特别徒步活动

↑2022 年 10 月，北京广播电视台交通广播中心推出“向美好出发——20 条骑游线路发现大美北京”喜迎二十大融媒体特别策划

↑2022 年 10 月，北京广播电视台新闻广播中心《你好，新百年》节目记者采访中国社会科学院马克思主义研究院副院长龚云

↑2022 年 10 月，北京广播电视台新闻广播中心记者采访门头沟区街道干部，谈学习党的二十大精神感受

2022 年 10 月 1 日至 11 日、10 月 15 日至 25 日，北京广播电视台音乐广播中心推出迎接党的二十大胜利召开系列音乐专题节目《流动的旋律 时代的乐章》→

↑2022 年 10 月 19 日，北京广播电视台城市广播副中心之声在“副中心之声号”游船上，直播《共庆二十大 潮涌副中心》音视频融媒体节目

2022年6月27日至30日，北京广播电视台新闻广播中心在北京市第十三次党代会现场直播

2022年1月24日，新东方创始人俞敏洪携东方甄选团队参与"'京津冀'年货嗨翻天"大型融媒体新年活动

2022年5月27日，北京广播电视台城市广播中心《副中心会客厅》开播

2022年7月14日，北京广播电视台交通广播中心《1039慧旅行》特别专题策划——《文旅会客厅》首期节目播出

2022年8月28日，北京广播电视台交通广播中心全新季播节目《欢乐正前方·1039无限电》在北京东四环红星美凯龙旗舰店落地

↑2022 年 1 月 5 日，北京广播电视台《北京您早》栏目播出长达 8 分钟的北京和延庆赛区冬奥场馆宣传片《筑梦冬奥》

↑2022 年 1 月 29 日，全国首档少年燃动冰雪成长体验大型季播节目《哇！冰球》在北京广播电视台卡酷少儿卫视开播

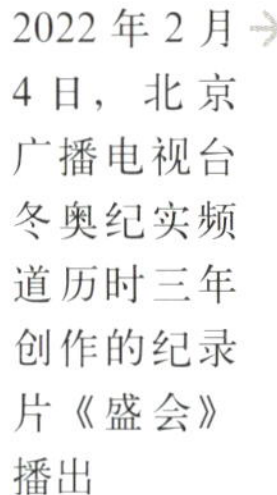

2022 年 2 月 4 日，北京广播电视台冬奥纪实频道历时三年创作的纪录片《盛会》播出→

←2022 年 10 月 10 日至 21 日，北京广播电视台青年频道播出喜迎二十大特别节目《意想不到的北京》（第二季）

↑2022 年 8 月，北京广播电视台新闻频道中心拍摄系列片《侨心向党》，采访北京市侨联副主席李然

↑2022 年 10 月 11 日，北京广播电视台财经频道中心《数说北京》栏目播出喜迎二十大系列节目

↑2022 年 1 月，北京广播电视台卫视频道中心《我是大医生》节目组荣获 2020—2021 年度“北京市青年文明号先进集体”

↑2022 年 3 月，北京广播电视台卫视频道中心《向前一步》节目组荣获“全国三八红旗集体”称号

↑2022 年 3 月，北京广播电视台动画频道中心获评“2021 年度北京市妇女儿童工作先进集体”

↑2022 年 11 月 1 日，北京广播电视台《花儿向阳 童心向党——庆祝中国共产党成立 100 周年全国少儿晚会》获得第 27 届电视文艺“星光奖”优秀少儿电视节目奖

↑2022 年 3 月 1 日，《约惠北京 乐享生活——2022 北京消费季启动特别节目》在北京广播电视台卫视频道、财经频道和北京时间 App 同步直播

↑2022 年 8 月 4 日，北京广播电视台文艺频道中心在北京科学中心录制首届北京动画周启动式暨 2021 年度国产电视动画推优发布活动

2022 年 8 月，北京广播电视台卡酷 App 上线，这是一款专门针对少儿亲子垂类市场布局开发的融媒产品

2022 年 9 月 21 日，北京广播电视台体育休闲频道全新亮相

2022 年 7 月 25 日至 26 日，北京广播电视台科教频道中心推出《传承·创新·互鉴——北京文化论坛特别节目（上下集）》。图为特别节目录制现场

2022 年 9 月 2 日，北京广播电视台财经频道中心《天下财经》节目在服贸会首钢园区会场进行直播

2022 年 12 月，北京广播电视台新闻频道中心《中国梦 365 个故事》导演张晓沁采访清史学家戴逸

↑2022 年 2 月 1 日，《2022 年北京广播电视台春节联欢晚会》在北京广播电视台卫视频道、文艺频道同步播出

↑2022 年北京冬奥会和冬残奥会期间，北京广播电视台新闻频道中心记者和摄像全情投入闭环报道

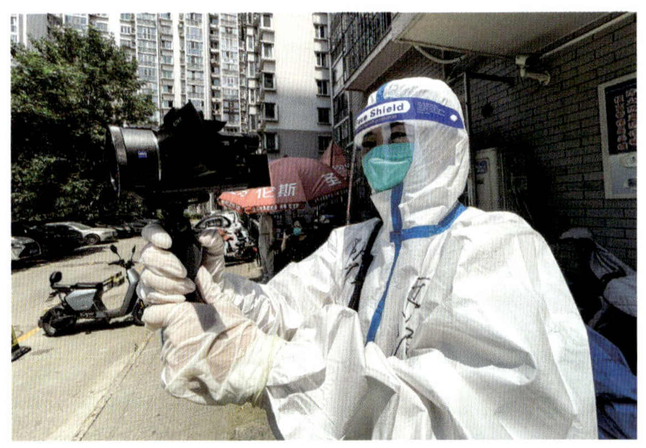

↑2022 年 5 月 22 日，北京广播电视台新闻频道中心《接诉即办》栏目记者拍摄《接诉即办：保障管控区居民医疗需求》节目

↑2022 年 9 月 1 日，北京广播电视台财经频道中心录制北京慈善文化创享会

2022 年 9 月 13 日，由国家广电总局策划，水利部指导，北京市委宣传部、市广电局支持，北京广播电视台制作的大型纪录片《黄河安澜》在北京广播电视台纪实科教频道、卫视频道，咪咕视频同步播出→

←2022 年 10 月 10 日，北京广播电视台卫视频道播出系列纪录片《我为群众办实事之基层报到》，全景别沉浸式追踪大学生从“基层一线初体验”到“基层工作真自豪”的全过程

歌华传媒集团
GEHUA MEDIA GROUP

歌华传媒集团是首都国有大型文化骨干企业，秉承“文化 + 科技 + 融合 + 创新”的发展理念，致力于成为立足首都、辐射全国的文化服务领军企业。集团业务涵盖创意设计、文化会展活动、影视内容生产、户外媒体、文化设施运营五大板块，拥有较为完备的文化传媒产业链条和出众的上下游配套产出能力。2022 年，完成党的二十大服务保障和学习宣传，完成北京冬奥会、冬残奥会开闭幕式服务保障任务，助力首届北京文化论坛，推出精品力作，全力做好“奋进新时代”主题成就展、服贸会文旅服务专题和深圳文博会北京展区承办工作，首次承担党建引领接诉即办论坛的组织承办工作，积极承担第十三届中国艺术节开幕式、中美青年创客大赛总决赛、北京动画周、北京纪实影像周的组织承办工作，成功举办北京国际设计周、北京国际摄影周、“百年无极”西方现当代艺术大师作品展等重要展会。

↑2022 年 7 月 21 日，国家广电总局党组成员、副局长乐玉成（中）率检查组到数字电视、鼎视公司开展迎接党的二十大安全播出和安全生产检查，市广电局党组书记、局长王杰群（右）陪同检查

↑2022 年 9 月 4 日，北京市委常委、宣传部部长莫高义（前右 3）莅临 2022 年中国国际服务贸易交易会文旅服务专题展，市委宣传部副部长张劲林（前右 1），歌华传媒集团党委副书记、总经理戴维（前右 2）等陪同视察

↑2022 年 10 月 16 日，北京市委宣传部分管日常工作的副部长赵卫东（前右 1）率队到歌华传媒集团皂君庙办公区开展党的二十大安全播出和安全生产工作检查

↑2022 年 9 月 28 日，由北京市文资中心主办，北京市文化产业促进中心、歌华传媒集团承办的第六届北京文化创意大赛启动

↑ 2022 年 10 月 11 日，歌华传媒集团领导干部参观学习“奋进新时代”主题成就展

↑ 2022 年 7 月，歌华传媒集团作为承办方之一，圆满完成首届北京文化论坛服务保障工作

↑ 2022 年 9 月，歌华传媒集团承办 2022 年中国国际服务贸易交易会文旅服务专题展并参展

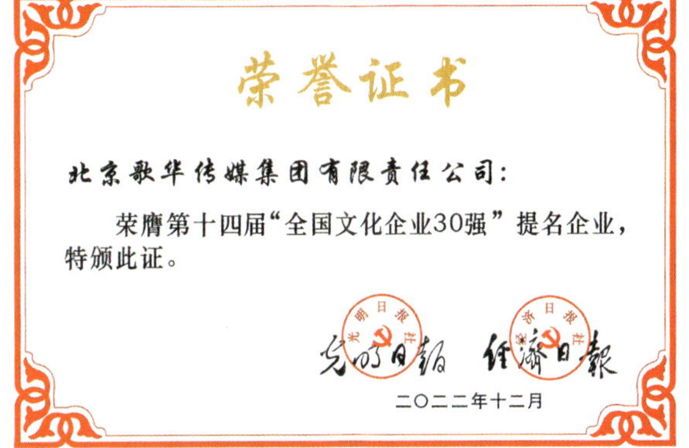

荣誉证书

北京歌华传媒集团有限责任公司：

荣膺第十四届“全国文化企业30强”提名企业，特颁此证。

光明日报　经济日报

二〇二二年十二月

↑ 2022 年 12 月，歌华传媒集团荣获第十四届“全国文化企业 30 强”提名企业

↑ 2022 年 3 月，歌华团队圆满完成北京 2022 年冬奥会和冬残奥会四场开闭幕式制作任务

2022 年 11 月 1 日，歌华传媒集团出品的《觉醒年代》《香山叶正红》及联合出品的《功勋》分别荣获第 33 届电视剧“飞天奖”优秀电视剧奖、优秀导演奖、优秀男演员奖

2022 年 2 月 4 日，北京 2022 年冬奥会盛大开幕，歌华户外媒体同步转播开幕式盛况

2022 年 10 月 16 日，数字电视、鼎视公司工作人员坚守岗位，保障党的二十大开幕播出安全

2022 年初，北京瑞特影视贸易公司进行冬奥会前境外卫星电视检查工作

2022 年，北广传媒数字电视四海钓鱼频道推出新节目《爆品新国货》

2022 年 4 月 22 日，北京歌华移动电视以视频会议形式召开智能媒体系统研发验收会

2022 年 8 月 27 日，北京歌华影视股份有限公司出品的电视剧《觉醒年代》获得国家广电总局颁发的国家电视剧版本存储体系收藏证书

2022 年 8 月 26 日，北京电视艺术中心与中国人民抗日战争纪念馆以“明耻犹恨刀光影 图强惟存河山情”为主题举行共建活动

2022 年 9 月 15 日，歌华新新传媒承办北京市委老干部局“喜迎二十大 诗歌颂党恩”活动

2022 年 9 月，服贸会现场，观众体验由歌华新新传媒出品，融合 5G、VR、云计算等技术的歌华智慧化党员学习系统

2022 年 9 月 7 日，城市电视在 2022 IAI 传鉴国际创意节上荣获“年度影响力媒体”“媒体荣誉合作伙伴”两项大奖，并在世贸天阶大屏对颁奖典礼进行同步转播

# 歌华文化集团

Beijing Gehua Cultural Development Group Co.,Ltd

2022 年，北京歌华文化发展集团有限公司完成北京 2022 年冬奥会和冬残奥会开闭幕式、党的二十大、首届北京文化论坛等多项国家级重大活动服务保障任务；完成中国国际服务贸易交易会文旅服务专题、第十八届深圳文博会北京展区等多项文化品牌活动项目；开展歌华大厦申报 2022 年度北京市级文化产业园区认定评审工作，通过园区认定评审并荣获市级文化产业示范园区（提名）。

2022 年 1 月，北京歌华文化发展集团参加北京 2022 年冬奥会和冬残奥会开闭幕式誓师动员大会

2022 年 9 月 14 日至 10 月 23 日，北京歌华文化发展集团完成党的二十大新闻中心记者驻地的服务保障任务

2022 年 7 月 25 日至 26 日，北京歌华文化发展集团策划并完成了首届北京文化论坛的物料设计、氛围营造和会务服务等各项服务保障工作

2022 年 12 月 18 日至 19 日，北京歌华文化发展集团完成北京党建引领接诉即办改革论坛系列活动保障任务

2022 年 6 月 29 日至 10 月 23 日，由北京歌华文化中心有限公司承办的世界艺术云图 2022——“1 滴水 · 1 世界”ANOBO 世界少儿科技艺术巡展在北京中华世纪坛艺术馆举行

2022 年 7 月 15 日，中华世纪坛智育基地正式对外营业

2022 年 6 月，北京国际设计周永久会址正式在城市副中心张家湾设计小镇落成

2022 年 8 月 4 日至 9 日，首届北京动画周启动仪式暨 2021 年度国产电视动画推优发布活动在北京科学中心举行，北京歌华文化发展集团承担服务保障工作

2022 年 9 月 1 日，第十三届中国艺术节在北京国家大剧院开幕，北京歌华文化发展集团设立综合、运行、演出、制作等四个保障体系 12 个工作小组，全力服务保障国家级文化艺术盛会顺利召开

2022 年 9 月 28 日，由北京歌华文化发展集团承办的第六届北京文化创意大赛在北京启动

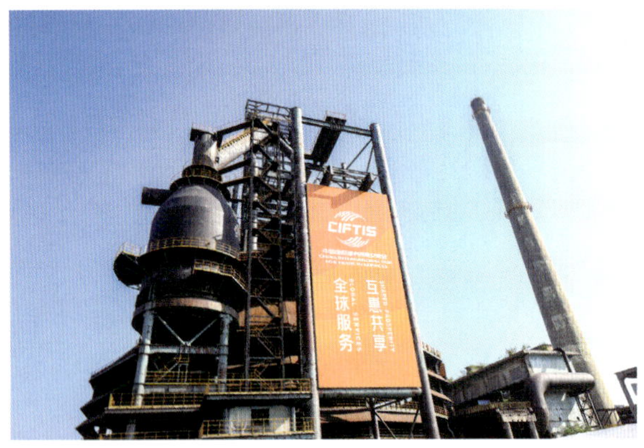


↑2022 年 9 月 1 日至 5 日，2022 年中国国际服务贸易交易会文旅服务专题在北京首钢园举办，北京歌华文化发展集团承担服务保障工作

↑2022 年 8 月 29 日，2022 北京长城文化节八达岭长城高峰论坛在延庆区奥林匹克园区举办，北京歌华文化发展集团承担服务保障工作

↑2022 年 12 月 28 日，北京歌华文化发展集团承担第十八届中国（深圳）国际文化产业博览交易会北京展区工作任务

↑2022 年 9 月 27 日，“奋进新时代”主题成就展在北京展览馆开幕。北京歌华文化发展集团完成了地方、展望两个展区 6 个场馆共计 8700 余平方米展示区域的内容对接、统筹设计、制作搭建等工作

↑2022 年 11 月 5 日至 20 日，由北京歌华文化发展集团承办的中国传统工艺振兴主题设计展在中华世纪坛举办

↑2022 年 11 月，歌华大厦文化产业园区荣获北京市级文化产业示范园区（提名）

北京歌华有线电视网络股份有限公司于1999年9月经北京市人民政府批准成立，2001年在上海证券交易所上市（股票代码600037），是国内有线电视网络首家上市公司、国内第一批三网融合广电试点企业。2020年12月，歌华有线完成股份过户登记暨控制权变更，控股股东变更为中国广电网络股份有限公司；2021年3月，完成管理权限由北京歌华传媒集团向中国广电的交接。2022年，歌华有线圆满完成党的二十大、北京冬奥会等重大活动的服务保障任务；以智能推荐频道为抓手，推进电视服务提质升级；紧抓机遇，全力推进广电5G建设发展；积极开展回网专项行动，促进固网用户挽留发展；强化广电5G赋能，大力发展政企业务；坚持“以用户为中心”，全面做好用户服务工作；加快技术创新研发，技术运维支撑能力进一步增强。

↑ 2022年1月21日，北京歌华有线电视网络股份有限公司以视频方式召开2022年度工作会议

↑ 2022年8月4日，国家广电总局党组成员、副局长乐玉成（前右3）到北京歌华有线电视网络股份有限公司调研

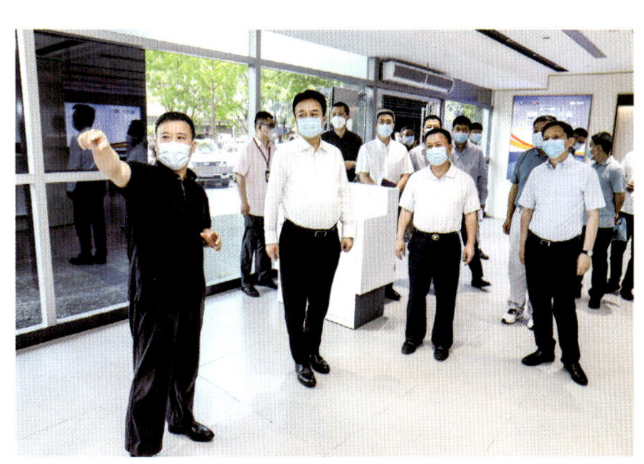

↑ 2022年5月23日，国家广电总局党组成员、副局长杨小伟（前左2）到北京歌华有线电视网络股份有限公司检查指导小街桥旗舰营业厅升级改造工作

↑ 2022年7月12日，中国广电集团、中国广电股份党委书记、董事长宋起柱（左3）到北京歌华有线电视网络股份有限公司调研智能推荐工作

↑2022 年 2 月 6 日，东城区融媒体中心记者在王府井和平菓局采访拍摄“双奥之城新气象——2022 中外媒体北京行”城市形象特色活动

↑2022 年 3 月 2 日，东城区融媒体中心记者在北京冬残奥会火种汇集仪式上采访火炬手

↑2022 年 9 月 2 日，东城区以“崇文争先　首善气象”为主题亮相 2022 年中国国际服务贸易交易会文旅服务专题展

↑2022 年 3 月 22 日，东城区融媒体中心记者采访东华门街道东厂社区入户核酸检测情况

↑2022 年 8 月 26 日，东城区融媒体中心记者到北京鼓楼展陈“时间的故事”试运营活动现场进行拍摄

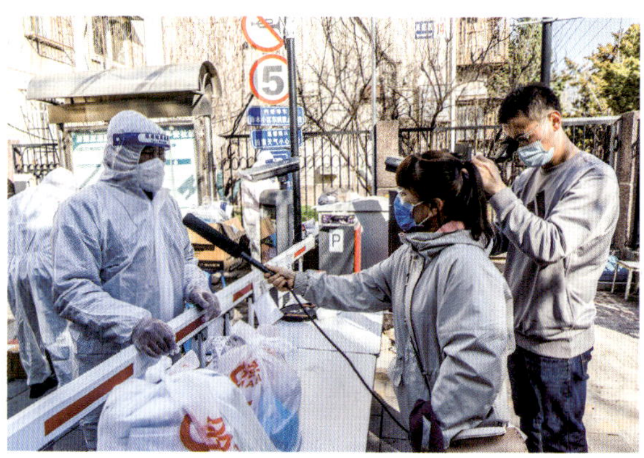

↑2022 年 3 月 14 日，东城区融媒体中心记者到和平里民旺中区封控区外采访服务保障工作人员

↑2022 年 4 月 14 日，西城区融媒体中心召开全体干部大会

↑2022 年 7 月，西城区融媒体中心工作人员进行节目录制

↑2022 年 9 月，西城区融媒体中心工作人员进行视频采访

↑2022 年 8 月，西城区融媒体中心党员干部下沉社区参与社区卡口值守

↑2022 年 8 月 18 日，西城区融媒体中心开展“喜迎二十大 奋斗新征程”基层党组织书记讲党课活动

↑2022 年 9 月 30 日，朝阳区融媒体中心进行电视安全播出演练活动

↑2022 年 3 月 9 日，朝阳区融媒体中心召开 2022 年全面从严治党工作会暨全年工作部署会

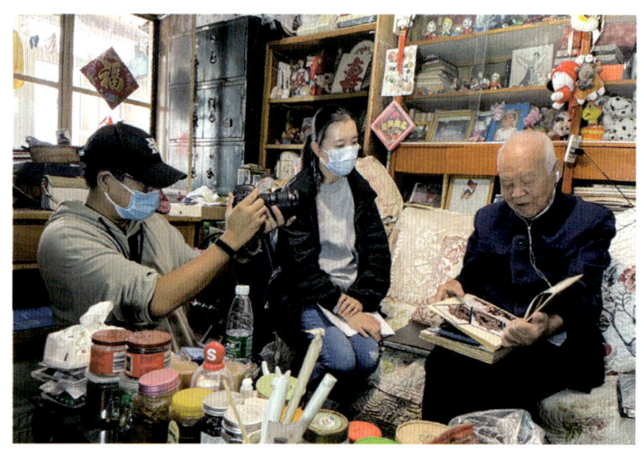

↑2022 年 7 月 14 日，朝阳区融媒体中心记者拍摄《悦读阅朝阳》电视节目

↑2022 年 7 月 14 日，朝阳区融媒体中心与石景山区融媒体中心到访人员座谈

↑2022 年 3 月 29 日，北京市朝阳区消费帮扶双创中心向朝阳区融媒体中心赠扶贫锦旗

↑2022 年 7 月 4 日，朝阳区融媒体中心记者深入社区进行采访报道

## 区融媒体

↑ 2022年11月8日，海淀区融媒体中心启动“二十大精神进基层 海淀融媒在行动”活动

↑ 2022年10月15日，海淀区融媒体中心作为基层媒体代表，首次派出记者参加中国共产党第二十次全国代表大会的新闻报道

↑ 2022年7月21日，由海淀区融媒体中心策划执行的2022两岸青年峰会在海淀开幕

↑ 2022年6月17日至30日，海淀区发改委、海淀区融媒体中心精心组织策划6场海淀区优化营商环境政策“云解读”活动

↑ 2022年2月4日，北京冬奥会火炬在颐和园传递，海淀区融媒体中心记者采访参加火炬传递的四位“海淀人”

↑ 2022年3月6日，海淀区融媒体中心主持人在航天智控（北京）监测技术有限公司进行《科创中心“核”动力》栏目录制

↑2022 年 8 月 10 日，丰台区融媒体中心参加 2022 第四届北京国际公益广告大会，并以“时代楷模与抗战精神的公益传播”为主题做经验交流发言

↑2022 年 8 月 6 日，丰台区融媒体中心举办“强国复兴有我”第三届“云朗读”融媒体公益活动启动仪式

↑2022 年 9 月 20 日，丰台区融媒体中心参加第二届新视听媒体融合创新创意大赛启动仪式暨新视听媒体融合峰会，并与中国传媒大学新闻学院签署战略合作协议

↑2022 年 7 月 22 日，丰台区融媒体中心参加市委改革办赴丰台区“微改革、微创新”工作调研

↑2022 年 7 月 12 日，丰台区融媒体中心领导随同丰台区委宣传部领导赴尚亦城集团调研

↑2022 年 5 月，丰台区融媒体中心组织 46 人 128 人次下沉卢沟桥街道 5 个管控社区，全力支援区域疫情防控工作

## 区融媒体

↑2022 年 6 月 24 日，石景山区融媒体中心举行“融媒云平台”工作推进会

↑2022 年 7 月 27 日，石景山区融媒体中心举办创城工作新闻宣传选题策划会

↑2022 年 9 月，石景山区融媒体中心多渠道、多角度、多媒介报道 2022 年中国国际服务贸易交易会。图为北京·石景山展区

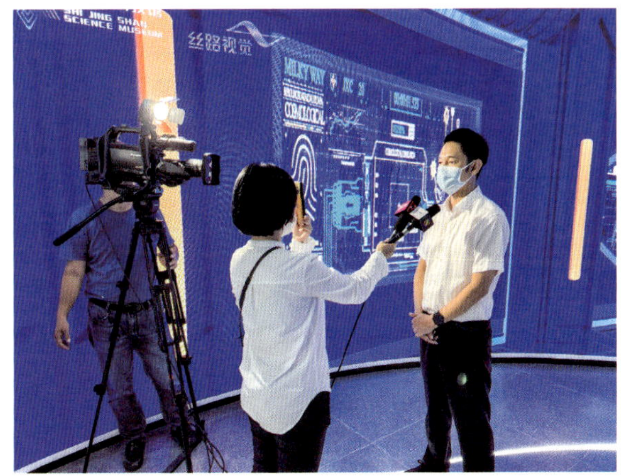


↑2022 年 9 月 30 日，石景山区融媒体中心记者现场采访拍摄石景山区科学技术馆开馆仪式

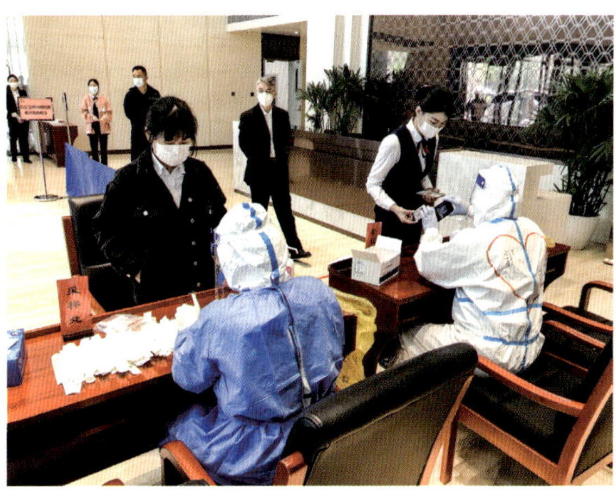

↑2022 年 5 月 9 日，石景山区融媒体中心职工同心抗疫支援中铁建核酸检测工作

2022 年 1 月 11 日，门头沟区委宣传部领导到门头沟区融媒体中心调研

2022 年 7 月 6 日，门头沟区融媒体中心组织召开迎接党的二十大主题宣传创作推进会

2022 年 11 月 20 日，门头沟区融媒体中心组织召开学习党的二十大精神专题会

2022 年 4 月 2 日，门头沟区融媒体中心召开重点岗位人员清明节期间疫情防控及作风建设工作会

2022 年 5 月 11 日，门头沟区融媒体中心领导慰问疫情防控下沉干部

# 区融媒体



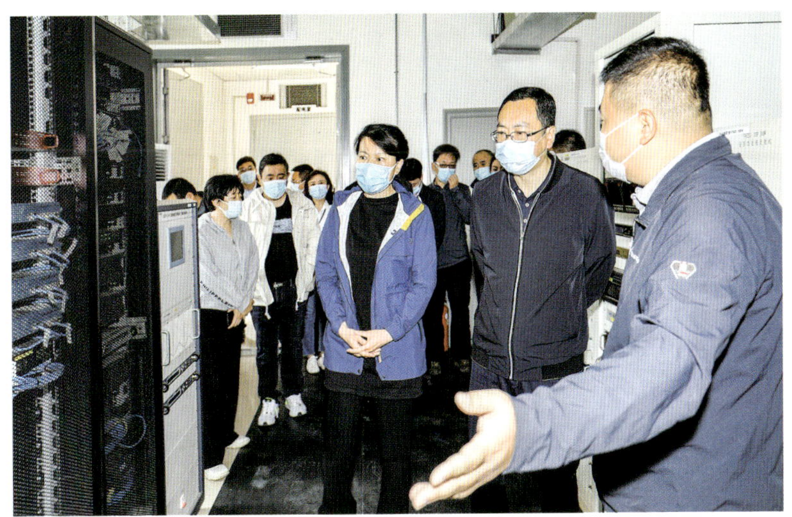

2022 年 9 月 24 日，北京市广播电视局领导带队到房山区融媒体中心检查房山转播站安全播出和安全生产工作

2022 年 8 月 3 日，房山区学习宣传落实北京市第十三次党代会精神区委宣讲团在房山区融媒体中心举办专场报告会

2022 年 10 月 25 日，房山区融媒体中心组织领导干部传达学习党的二十大精神

2022 年 12 月 30 日，房山区融媒体中心组织学习贯彻落实区委九届四次全会精神

2022 年 4 月 30 日，房山区融媒体中心党员干部“上一线、做贡献”助力打赢疫情防控阻击战

↑2022年3月24日，昌平区融媒体中心召开“作风建设年”主题活动动员部署会

↑2022年4月19日，北京市委宣传部领导到昌平区融媒体中心调研

↑2022年9月27日，北京市广播电视局领导到昌平区融媒体中心调研

↑2022年11月7日，昌平区融媒体中心庆祝第23个中国记者节

↑2022年9月9日，昌平区融媒体中心承办“居庸山月”昌平中秋诗歌晚会

↑2022年9月7日，昌平区融媒体中心主办京台两岸视频连线农业交流会“两岸升明月 中秋话农情”——美丽乡村专场

2022 年 7 月 16 日，大兴区融媒体中心联合光明网共同开展 2022 政务新媒体座谈会

2022 年 1 月 27 日，大兴区融媒体中心“这里是大兴”微信视频号正式开播

2022 年 9 月 30 日，“北京大兴”客户端下载量突破 200 万人次

2022 年 9 月 10 日，“月圆京城 情系中华——大兴区中秋游园会”原创直播活动成为年度最高观看量场次，播放量超 52 万

2022 年 7 月 5 日，大兴区融媒体中心制作《千年风雨话大兴》动画短视频

2022 年 11 月，大兴区融媒体中心《大兴报》策划推出《新大兴新国门十年蝶变》特刊

2022 年 12 月 28 日，怀柔区融媒体中心在区第六届人民代表大会第三次会议上采访区人大代表

2022 年 11 月 10 日，怀柔区融媒体中心记者采访供暖企业人员供暖安全生产情况

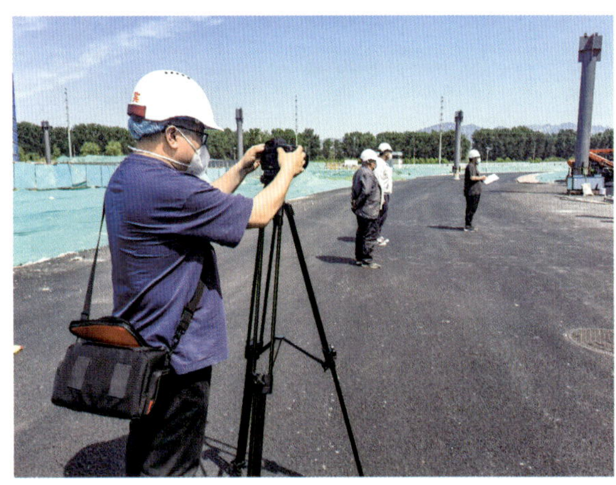

2022 年 6 月 5 日，怀柔区融媒体中心记者拍摄怀柔科学城建设工地

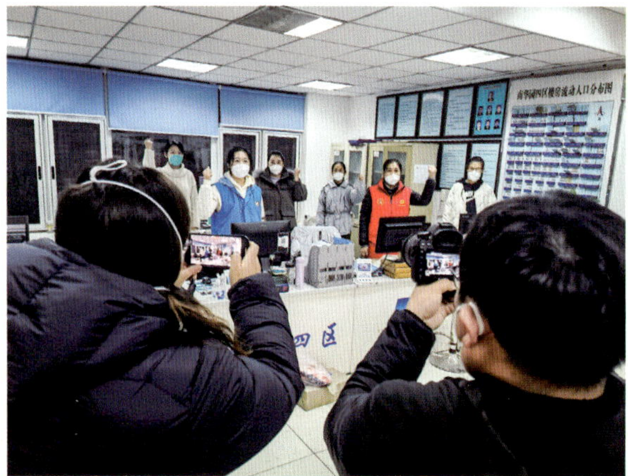

2022 年 1 月 21 日，怀柔区融媒体中心记者在封控社区居委会拍摄抗击新冠疫情工作场景

2022 年 3 月 1 日，怀柔区融媒体中心记者在龙山街道拍摄新冠疫情封控区域保障场景

## 区融媒体

↑2022年7月11日，中宣部副部长，国家广电总局党组书记、局长徐麟（左1）到平谷区融媒体中心调研

↑2022年10月16日，平谷区融媒体中心组织党员干部观看中国共产党第二十次全国代表大会开幕式

↑2022年5月31日，平谷区融媒体中心领导到北塔、景台山进行安全巡检

↑2022年9月6日，平谷区融媒体中心领导在八一建军节期间与中心退役军人及家属召开座谈会

↑2022年4月19日，平谷区融媒体中心参与全区创城誓师承诺活动

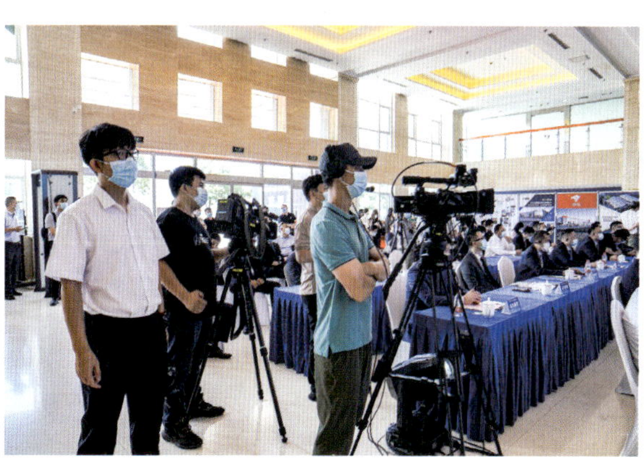

↑2022年6月6日，平谷区融媒体中心记者在马坊物流基地进行新媒体直播

↑2022 年 1 月 12 日，北京市广播电视局领导到密云区融媒体中心检查安全播出工作

↑2022 年 10 月 27 日，密云区融媒体中心组织干部开展消防知识培训会

↑2022 年 9 月 30 日，密云区融媒体中心召开 2022 年国庆节期间安全工作部署会

↑2022 年 9 月 3 日，密云区融媒体中心领导参加视频编辑部“公仆心 云水情”岗位大比武活动

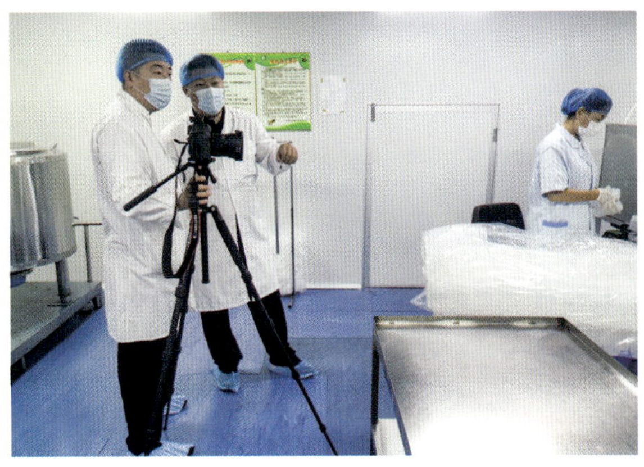

↑2022 年 5 月 6 日，密云区融媒体中心时政采访部记者在《云聚英才》栏目拍摄现场

↑2022 年 1 月 25 日，密云区融媒体中心社会采访部记者街头采访市民谈景观布置

## 区融媒体

2022 年 3 月 3 日，延庆区融媒体中心主持人在北京 2022 冬残奥会火炬传递接力现场主持活动

2022 年 10 月 16 日，延庆区融媒体中心延庆榜样和文明引导员代表收看党的二十大开幕会

2022 年 2 月 4 日，全市首家 5G +8K 北京新视听小站项目在延庆正式投入使用

2022 年 4 月 25 日，延庆区融媒体中心记者第一时间深入封控区域一线进行采访报道

2022 年 7 月 29 日，延庆区融媒体中心开展国防知识教育培训会

2022 年 1 月 28 日，北京经济技术开发区“两区”工作领导小组办公室、北京经济技术开发区融媒体中心联合推出《“两区”建设听我说》直播节目

2022 年 7 月 16 日，北京经济技术开发区工委、经济日报社领导到智慧融媒创新中心现场调研

2022 年 2 月 10 日起，北京经济技术开发区融媒体中心推出《亦起冬奥吧》系列专题片

2022 年 10 月 31 日，北京经济技术开发区融媒体中心制作推出《思想照我行》系列短视频

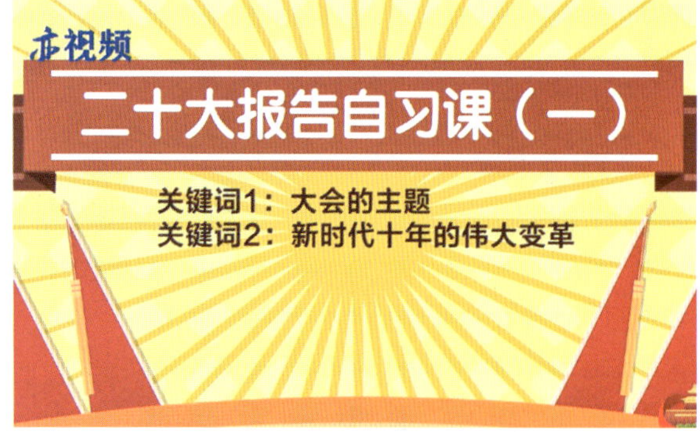


2022 年 11 月 9 日，北京经济技术开发区融媒体中心策划制作党的二十大精神学习微课堂——《二十大报告自习课》系列微动画

2022 年 8 月 25 日，北京经济技术开发区融媒体中心推出专题片《经开区 · 见未来》，感受经开区三十年的发展历程

↑2022 年 10 月，优酷上线“庆祝党的二十大网络视听精品节目展播”专题页

↑2022 年 10 月 23 日，搜狐视频直播中国共产党第二十届中央政治局常委同中外记者见面

↑优酷“北京 2022 冬奥会”专题页

↑2022 年，北京爱奇艺科技有限公司、北京奇柯传媒科技有限公司等联合出品的 12 期网络综艺《超有趣滑雪大会》海报

2022 年春节期间，微博参加北京市广播电视局组织的全市重点网络视听平台“携手迎冬奥 同心过大年”网络视听系列迎春活动，策划上线“春节 VLOG”主题活动

2022 年 12 月 23 日，由北京爱奇艺科技有限公司、小怪兽工作室、欣喜文化联合出品的 10 期网络综艺《我们民谣 2022》在爱奇艺上线播出

2022 年 7 月 17 日，东方甄选第一场户外直播“北京平谷行”桃子专场活动现场

2022 年，好看视频自创《好看观》综艺栏目并开展“好看观连线”活动

2022 年，花椒直播对神舟十五号发射任务、神舟十四号返回进行全程直播

2022 年 11 月 8 日，北京东方甄选主播在直播间访谈易中天（中）

2022 年 9 月，北京智者天下科技有限公司自制综艺节目《荒野会谈》在知乎上线

2022 年 12 月 31 日，北京思维造物公司董事长、得到 App 创始人罗振宇通过线上线下作 2023“时间的朋友”跨年演讲

由中央电视台等单位出品，获北京市广播电视局网络视听发展基金扶持的27集电视剧《狮子山下的故事》

由东阳正午阳光影视有限公司得闲影业（北京）有限公司等出品的37集优秀电视剧《欢迎光临》

## 编者的话

2022年，北京市广播电视局坚持深化精品创作机制，推动内容创作高质量发展，组织并推出一批优秀剧作，包括《狮子山下的故事》《胡同》《欢迎光临》《冰雪之名》《新居之约》《关于唐医生的一切》《风起陇西》等。主题鲜明，类型丰富，以多种形式满足人民的精神文化需求。

由北京利畅天扬文化传媒有限公司出品的28集优秀电视剧《高山清渠》

由北京文投剧制影视文化有限公司出品的34集优秀电视剧《冰雪之名》

由北京爱奇艺科技有限公司出品的36集优秀电视剧《关于唐医生的一切》

由霍尔果斯贰零壹陆影视传媒有限公司出品的 36 集优秀电视剧《胡同》

由江苏稻草熊影业有限公司、青春你好文化传媒有限公司、北京完美影视传媒有限责任公司出品的 36 集优秀电视剧《心想事成》

由儒意影业、阿里影业、煌程影业出品的 40 集优秀电视剧《情满九道弯》

由中央电视台、北京爱奇艺科技有限公司、霍尔果斯视外谊海传媒有限公司等出品的 38 集优秀电视剧《我们的日子》

由中央电视台、新丽电视文化投资有限公司、北京爱奇艺科技有限公司等出品的 24 集优秀电视剧《风起陇西》

↑2022 年北京卫视播出的 24 集电视剧《县委大院》

↑2022 年北京卫视播出的 58 集电视剧《人世间》

↑2022 年北京卫视播出的 36 集电视剧《促醒者》

↑2022 年北京卫视播出的 39 集电视剧《鼓楼外》

↑2022 年北京卫视播出的 45 集电视剧《山河月明》

由中央电视台、中国人民解放军西部战区陆军政治工作部宣传处、上海欣怡宝文化传媒有限公司、北京时代光影文化传媒股份有限公司、西安电影制片厂有限公司、海宁优尼乐文化传媒有限公司出品的29集电视剧《决胜零距离》

由上海广播电视台、东阳春羽影视文化有限公司、东阳市乐视花儿影视文化有限公司、北京电视艺术中心有限公司等联合出品的48集电视剧《功勋》

由东阳春羽影视文化有限公司、东阳当代时光文化传媒有限公司、北京时代光影文化传媒股份有限公司等出品的40集电视剧《幸福到万家》

由北京完美世界影视有限公司、幸福蓝海影视文化集团股份有限公司出品的40集电视剧《星落凝成糖》

由北京爱奇艺科技有限公司出品的24集电视剧《初次爱你》

由优酷信息技术（北京）有限公司、北京完美世界影视有限公司、苏州梧月影视文化有限公司出品的23集电视剧《月里青山淡如画》

由北京爱奇艺科技有限公司出品的24集网络剧《破事精英》

由中科海镁（北京）科技有限公司制作的12集纪录片《神奇的嫦娥五号》

由北京爱奇艺科技有限公司制作的5集网络纪录片《落脚城市》

由北京广播电视台制作的纪录片《定海神针——纪念“九二共识”达成30周年》

由北京盛视华通网络科技有限公司制作的5集纪录片《雨林之子》

由北京鼓润影视文化传媒有限公司、北京影画起源影视文化传媒有限公司制作的5集纪录片《唱片里的中国》

由北京三多堂传媒股份有限公司、中视传媒股份有限公司北京分公司、中国农业电影电视中心制作的6集纪录片《土地 我们的故事》

由北京意如文化科技有限公司制作的4集纪录片《西藏我们的故事》

由新华社音视频部、北体传媒科技（北京）有限公司制作的5集纪录片《冬奥之约》

由新华网股份有限公司制作的6集纪录片《冰雪Z世代》

由有味无痕文化传媒（北京）有限公司、珠海市华天下影视文化发展有限公司、华夏五洲国际文化传播（北京）有限公司制作的6集纪录片《向南流的河》

由北京爱奇艺科技有限公司制作的8集网络纪录片《大地餐桌》

由北京广播电视台制作的纪录片《古道足音》

由北京光线影业有限公司、北京彩条屋科技有限公司、北京全擎娱乐文化传媒有限公司、北京光线传媒股份有限公司等联合出品的电影《冲出地球》

由北京爱奇艺科技有限公司出品的网络电影《雪山飞狐之塞北宝藏》

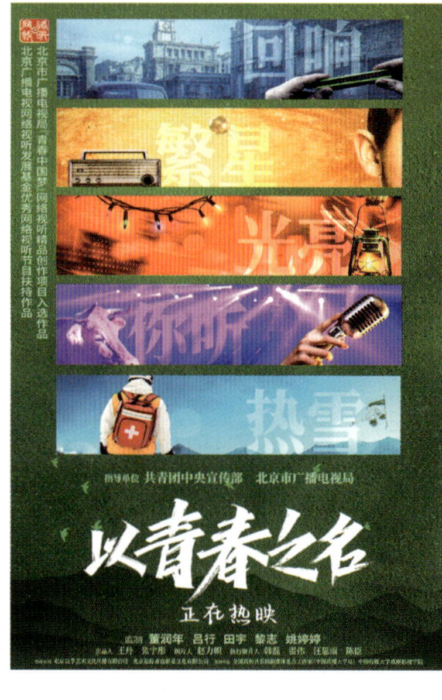


由北京以孚艺术文化传播有限公司出品的网络电影《以青春之名》

由北京东方飞云国际影视股份有限公司出品的电影《浴火牡丹》

由北京淘梦网络科技有限责任公司出品的网络电影《特级英雄黄继光》

↑由光线传媒、光线影业、北京精彩时间文化传媒等联合出品的电影《狙击手》

↑由北京光线影业有限公司、小森林（扬州）影业有限公司等联合出品的电影《我们的样子像极了爱情》

↑由光线影业、光线传媒、五光十色、青春光线、小森林影业、欢瑞世纪联合出品的电影《十年一品温如言》

↑由光线影业、青春光线、北京英事达形象包装顾问有限公司等联合出品的电影《我是真的讨厌异地恋》

↑由北京妙音数科股份有限公司出品的 26 集动画片《甲骨文之妇好传》

↑由北京广播电视台卡酷少儿卫视出品的 6 集动画片《大运河奇缘 2》

由北京爱奇艺科技有限公司出品的 26 集动画片《冰雪守护者 第 2 季》→

←由北京猫猫家文化传媒有限公司、上海腾讯企鹅影视文化传播有限公司、广州艺洲人品牌管理股份有限公司联合出品的 26 集动画片《宠物旅店》

←由北京爱奇艺科技有限公司出品的 26 集动画片《恐龙萌游记》

由首都图书馆出品的 13 集动画片《胡同漫游记》

由北京猫猫家文化传媒有限公司、上海腾讯企鹅影视文化传播有限公司、广州艺洲人品牌管理股份有限公司联合出品的 200 集动画片《薇薇猫的日常 4》

由放眼信息技术（北京）有限公司出品的 52 集动画片《瑞奇宝宝（第四季）》

由北京爱奇艺科技有限公司、上海恒星引力影视传媒有限公司出品的 24 集网络动画片《苍兰诀》



由北京爱奇艺科技有限公司出品的 32 集动画片《墨墨奇游记》

↑2022 年 7 月 1 日，北京市广播电视局为全体党员上专题党课

↑2022 年 10 月 13 日，北京市广播电视局召开党支部书记座谈会

↑2022 年 8 月 23 日，北京市广播电视局组织进一步规范使用《党支部工作手册》培训会

↑2022 年 9 月 7 日，北京市广播电视局机关党委纪委工会联合党支部与驻局纪检组党支部，共同开展“传承优良家风、涵养廉洁文化”主题党日活动

↑2022 年 9 月 9 日，北京市广播电视局离退休党总支组织支部书记、委员参观中国共产党历史展览馆

↑2022 年 6 月 21 日，北京市广播电视局财务处党支部深入基层抗疫一线看望慰问支部下沉干部

↑2022 年 4 月 14 日，北京市广播电视局宣传中心党支部联合宣传管理处党支部开展主题党日活动

↑2022 年 4 月 15 日，北京新视听发展中心党支部组织党员干部参观原北京音像资料馆办公旧址（北海团城）

↑2022 年 4 月 20 日，北京市广播电视局交流中心到怀柔区爱国主义教育基地开展主题党日活动

↑2022 年 8 月 11 日，北京市广播电视局综合事务中心党支部赴第四届北京国际公益广告大会开展主题党日活动

↑2022 年 9 月 2 日，北京市广播电视监测中心在首钢园服贸会现场开展主题党日活动

↑2022 年 11 月 2 日，北京市视听节目监测中心在 2022 中国·北京电视剧盛典现场开展党日活动

2022 年 1 月，北京广播电视台成立冬奥会前方临时党支部，在 60 多天的闭环工作中，发挥了战斗堡垒和先锋模范作用

2022 年 9 月 24 日，北京广播电视台与京能集团联合开展“铭记初心使命 共谋媒企发展”党建活动

2022 年 2 月 22 日，北京北广传媒数字电视有限公司与鼎视传媒股份有限公司党支部组织党员和入党积极分子观看影片《长津湖之水门桥》

2022 年 1 月 17 日，北京歌华钟磬文化服务有限公司工作人员在抗击新冠疫情期间圆满完成隔离点服务保障工作

2022 年 6 月 24 日，北京歌华影视股份有限公司受邀参加纪念红军长征胜利 86 周年长征沿线革命类纪念馆座谈会

2022 年 7 月 6 日，东城区融媒体中心党支部组织党员干部开展党日活动，参观“光辉伟业 红色序章——北大红楼与中国共产党早期北京革命活动”主题展

2022 年 8 月，西城区融媒体中心党支部组织开展主题党日活动

2022 年 4 月 24 日，海淀区融媒体中心组织党员赴国家植物园开展党日活动

2022 年 5 月 11 日，丰台区融媒体中心两名同志下沉到区太平桥街道酒店集中隔离点执行疫情防控工作

2022 年 10 月 16 日，房山区融媒体中心组织党员干部收听收看党的二十大开幕会

2022 年 8 月 22 日，门头沟区融媒体中心机关党支部全体党员参观京西山区中共第一党支部纪念馆

↑2022 年 7 月 15 日，延庆区融媒体中心领导给中心创建的四个示范品牌党支部授牌

↑2022 年 10 月 30 日，通州区融媒体中心组织干部职工到北京展览馆参观“奋进新时代”主题成就展

↑2022 年 11 月 18 日，怀柔区融媒体中心党支部组织党员干部深入学习党的二十大精神

↑2022 年 1 月 29 日，昌平区融媒体中心召开党史学习教育总结会议

↑2022 年 10 月 8 日，大兴区融媒体中心召开全体党员大会，选举产生新一届融媒体中心党支部委员

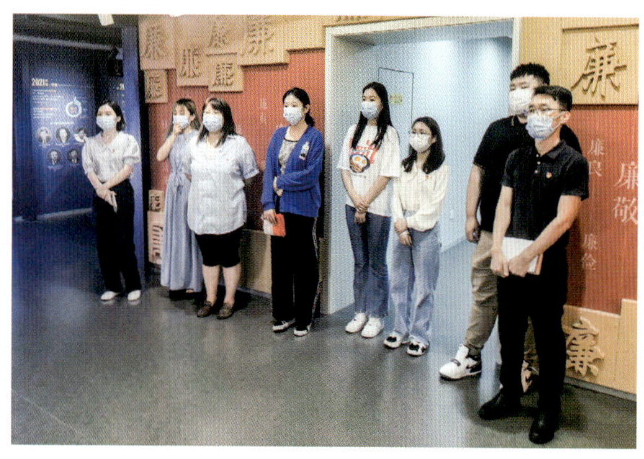

↑2022 年 9 月 1 日，北京经济技术开发区融媒体中心所在尚亦城集团第五党支部赴经开区廉政警示教育基地开展党风党纪警示教育活动

2022 年 9 月 1 日至 2 日，北京市广播电视局乒乓球代表队参加市直机关第六届运动会

2022 年 9 月 1 日至 30 日，北京市广播电视局工会组织开展广播体操推广展示月活动

2022 年 9 月 23 日，北京广播电视台举办第五届职工羽毛球比赛

2022 年 1 月 28 日，鼎视传媒股份有限公司工会组织开展“迎萌虎 剪窗花 扎灯笼 装扮办公区”活动

2022 年 10 月 13 日，顺义区融媒体中心举办“喜迎二十大 融媒记者看顺义”摄影展

# 目 录
CONTENTS

# 目 录
CONTENTS



## 大事记



## 频率频道



## 节目栏目

## 媒体融合与智慧广电

# 目　录
CONTENTS



## 网络视听



## 技　术

目 录

CONTENTS



## 公共服务



## 电视剧

目　录

CONTENTS

# 书报刊出版



# 受众调查

# 组织机构

## 目 录
## CONTENTS

## 获奖作品

# 目 录
CONTENTS

# 目　录
CONTENTS

## 典型经验



## 统　计

# 附　录



# 索　引

# 专项纪事

# 首届北京动画周举办

2022年8月4日至9日，由国家广播电视总局、北京市人民政府指导，国家广播电视总局宣传司、北京市委宣传部、北京市广播电视局、西城区委区政府主办，北京歌华传媒集团旗下北京国际设计周公司承办的首届北京动画周在北京科学中心举办。在中国动画诞生一百周年之际，首届北京动画周的举办，为推动国产动画内容创作，促进中国动画产业发展，更好地发挥北京作为全国文化中心的示范引领和辐射作用，打造重要的文化产业服务平台和文化消费促进平台，具有积极的促进作用。

首届北京动画周，以“百年动画 悦‘动’北京”为主题，举办了动画展览。通过华夏气韵、守正出新、人民史诗、双奥之城、弘扬正道、繁花似锦等6个篇章全面展现中国动画学派、中华优秀传统文化、社会主义核心价值等动画创作和动画科技发展成就，首次全面梳理中国动画百年发展历史脉络。通过线上、线下两个维度，围绕百年经典、辉煌十年、动画新生代、北京特色、国际视野、产业推动、数字未来和特别单元8个主题单元，举办了启动式、论坛、展览、展映、市场、人才、特别策划和闭幕活动8个板块共20项重点活动和覆盖15家卫视频道、10家主流网络平台的数百场展播，线上参与人数达3300余万，实现传播效应最大化。

8月4日，国家广播电视总局副局长、党组成员杨小伟，北京市政府党组副书记、常务副市长崔述强出席了首届北京动画周启动仪式暨2021年度国产电视动画推优发布活动。活动以“致敬经典 筑梦未来”为主题，通过“一瞬百年”“一眼中华”“一路繁花”三个篇章，回顾中国动画百年史上最具代表性的经典作品、经典形象。

展映环节通过10家电影院放映电影20部（国际影片3部），共54场；全国15家卫视和少儿频道、10家网络平台展播动画剧248部、短片343部，覆盖全国12亿以上人群，让包括农村和边远地区在内的全国观众共享“动画暑假”。展映单元中，开幕影片《山海经之再见怪兽》进行全球首映，并放映国内首部科幻题材动画电影《冲出地球》。

以“百年筑梦向未来”为题的主论坛，邀请了市广电局、市科协和西城区的主要领导，与国内外动画教育、生产领域的专家学者，共同探讨总结中国动画的自主创新之路，以史为鉴，展望未来，坚定了动画行业奋进新时代的信心和决心。

首届北京动画周在五个方面实现了创新突破。一是首次全面梳理中国动画百年历史脉络，总结中国动画自主创新之路，以史为鉴，展望未来，坚定动画行业奋进新时代的信心和决心；二是充分发挥首都文化资源集聚优势，团结各方力量，举办高质量动画论坛、展览、创投等活动，是对首都动画力量的一次总动员；三是在全国动画制作机构、电影院线、电视台、网络平台的支持下，举办惠及广大观众的暑期动画公益展播展映，规模为全国同类活动之首；四是注重动画人才培育，组织动画大师班、青年导演计划、高校动画短片创作、青少年动画创作大赛等活动，形成具有北京特色的动画人才培养模式；五是通过线上线下联动方式安全高效举办各活动，主体活动及展映有数亿人次参与。

（北京市广播电视局宣传管理处）

# 第五届中非媒体合作论坛在京开幕

2022年8月25日，由国家广播电视总局、北京市人民政府主办，北京市广播电视局等单位承办的第五届中非媒体合作论坛以线上线下相结合方式在北京开幕，中国国家主席习近平、中非合作论坛非方共同主席国塞内加尔总统马基·萨勒向论坛致贺信。中共中央政治局委员、中央书记处书记、中宣部部长黄坤明出席论坛开幕式，宣读习近平主席贺信并发表主旨讲话。黄坤明指出，习近平主席和萨勒总统的贺信，充分体现了中非双方领导人对新时代中非合作的高度重视，对进一步深化媒体合作寄予殷切期望，为中非全面战略合作伙伴关系发展注入了强大动力。黄坤明强调，中非媒体合作论坛成立十年来，中非媒体坚持相互尊重、以诚相待，团结协作、捍卫正义，合作共赢、造福人民，取得了丰硕成果和宝贵经验。面向未来，中方愿同非方一道，深化中非友好、促进民心相通，生动讲好双方友好交往、互利共赢、奋斗圆梦的故事，展示中非文明魅力风采；担当时代使命、推动全球发展，大力弘扬全人类共同价值，积极营造聚力发展、共谋合作的国际舆论氛围；推动创新融合、加深务实合作，在数字技术、数字经济等领域加强交流、共享机遇，不断消弭数字鸿沟，提升数字治理能力。开幕式前，黄坤明等参观了中非媒体合作十年成果展，会见了现场出席活动的非方主要嘉宾。

中宣部副部长、广电总局局长徐麟主持开幕式。中共北京市委副书记、北京市市长陈吉宁致辞。非洲广播联盟总干事格雷瓜尔·贾卡、赞比亚新闻与媒体部长楚茜·卡桑达以视频方式出席开幕式并致辞。

本届论坛以“新愿景 新发展 新合作”为主题，国家广播电视总局副局长乐玉成、刚果（布）新闻媒体部部长穆恩加拉等16位中非政府主管部门代表、媒体机构和视听企业代表及驻华使节围绕广电视听发展政策、内容合作创新、高新技术应用与数字化融合发展进行深入探讨。会上通过了《第五届中非媒体合作论坛共同宣言》。共同宣言回顾并总结了中非媒体合作十年来取得的积极成果，对中非媒体发展的未来进行展望和规划，提出深化合作传播、助力全球发展、讲好中非友好故事、推动数字媒体发展、加强青年交流等5项倡议。论坛之外还配套举办了“首届非洲视听节目中国展播季”以及“我的中非友好故事”短视频征集等活动，并发布节目互播、纪录片创作、栏目创新、新媒体合作4个方面的12项合作成果。

该届论坛得到各方积极响应，来自中国和42个非洲国家政府部门、主流媒体机构、视听企业、驻华使馆以及非洲联盟委员会、非洲广播联盟的240余名代表通过线上线下方式出席活动。

（北京市广播电视局办公室）

# 2022中国·北京电视剧盛典北京之夜闪耀首钢园

2022年11月2日，2022中国·北京电视剧盛典北京之夜在镌刻着北京冬奥荣耀和钢铁年代记忆的首钢园隆重举办。国家广电总局党组成员、副局长朱咏雷，北京市委常委、宣传部部长莫高义，北京市政协党组副书记、副主席王宁，北京冬奥组委专职副主席、秘书长韩子荣，国家广电总局电视剧司司长高长力，国家广电总局国际合作司一级巡视员周继红，北京市广播电视局党组书记、局长王杰群，首钢集团党委书记、董事长张功焰，石景山区委常委、宣传部部长李金克等出席了电视剧盛典北京之夜，共话中国电视剧发展新气象，共谋行业未来。

电视剧盛典北京之夜通过主题演讲、新剧推介、文艺表演等一系列板块全方位展现电视行业风貌，回望新时代北京电视剧走过的十年，展望北京电视剧的未来之路。

北京市广播电视局党组书记、局长王杰群致开场辞。全新的2022中国·北京电视剧盛典Logo重磅发布，通过一只由多彩色块构画的“北京雨燕”形象，寓意北京电视剧行业的繁荣向上和高质量发展。刚刚凭借电视剧《觉醒年代》荣获第33届“飞天奖”优秀导演奖的张永新导演为来宾讲述了电视剧创作者的信仰与使命。著名编剧马继红深情讲述了她笔下的人民史诗。

新剧推介环节邀请了多个新剧主创代表，全方位、多角度展现新时代精神气象。《觉醒年代》原班人马再聚，总制片人刘国华、导演张永新、编剧龙平平将携手打造新作《伟大的长征》。该剧将全景式展现红军长征这一波澜壮阔的历史画卷，呈现一个个有血有肉有温度的革命故事，弘扬伟大的长征精神。著名导演赵宝刚为来宾分享了《青年“特工”》的创作。该剧首次以青年特工视角切入，主演讲述国安人员打击境外间谍组织，捍卫国家安全的故事。著名导演黄建新此次以电视剧监制身份亮相，详细推荐了新作《王牌》。该剧以“00后”年轻士兵为创作主体，充满青春朝气和爱国热情。此外，《天工之城》《一路朝阳》《星落凝成糖》的多位主创也分别从剧本创作、角色塑造角度对剧作进行了推介。

（北京市广播电视局电视剧处）

# 第二届新视听媒体融合创新创意大赛启动

2022年9月20日，第二届新视听媒体融合创新创意大赛启动仪式暨新视听媒体融合峰会在北京举行。本届大赛由国家广播电视总局和中国记协指导，中共北京市委宣传部、光明日报社、北京市广播电视局、国家广播电视总局广播电视科学研究院和北京市新闻工作者协会共同主办。大赛指导单位和主办单位及通州区政府的负责同志，媒体、高校、企业代表及首届大赛获奖代表参加了活动。

第二届新视听媒体融合创新创意大赛以“创意点亮梦想 融合开创未来”为主题，赛程从2022年9月持续到12月，共设置“媒体融合技术创新”“媒体融合内容创新”“媒体融合模式创新”三个赛道，从技术、内容、模式三个维度推动媒体融合发展。启动仪式上正式公布了三个赛道的具体赛题，分别是智能剪辑、数据新闻、运营模式创新。大赛组委会在光明网设置大赛专区，光明网是社会各界了解、参与大赛的官方平台。本届大赛有如下特点：一是突出AI技术对媒体发展的引领作用，通过智能剪辑技术的比拼，推动媒体AIGC的发展。二是注重推动内容传播形态的创新，鼓励参赛者使用H5、XR等技术工具实现内容生产的可视化、全息化，促进互动式、沉浸式融媒作品的生产传播。三是提升赛题设置的针对性，首次推出面向市区媒体的专向赛道，助推解决市区媒体人员技术能力不足、产品形态创新不够等问题，力图达到以赛促建、以赛促创的目的。四是持续扩大大赛的全国影响力，在天津、河北的支持下推出京津冀赛区，利用中国（京津冀）广播电视媒体融合发展创新中心平台加强与全国其他创新中心的联动，不断提高大赛参与度。五是建立培训辅导机制，组织专家通过讲座、专题辅导等形式为参赛选手讲解最新技术、传授先进模式，全面提升参赛人员的技能素养。六是加强大赛成果转化运用，组委会与相关高校、产业园区、投资机构建立战略合作，加强对参赛项目的孵化跟踪，推动优秀成果顺利落地。

启动仪式上，中国记协党组成员、书记处书记吴兢，国家广播电视总局媒体融合发展司副司长韩亚锋，北京市委宣传部副部长、北京广播电视台党组书记、台长余俊生，北京市广播电视局党组书记、局长王杰群，通州区委副书记、区政府党组书记、区长孟景伟分别致辞。大赛组委会展示了首届大赛的主要获奖作品及团队风采，并进行了颁奖仪式。大赛组委会、北京云有限公司、通州等北京区级融媒体中心代表分别与相关产业园区、高校、企业签署了战略合作协议，对首届大赛的成果进行落地转化。

启动仪式后，举办了新视听媒体融合峰会，来自中国传媒大学、中国国际电视台、北京时间、七维视觉科技等高校、媒体、技术企业的专家代表围绕当前媒体融合发展的热点问题进行了深入探讨。活动现场还设置了首届大赛成果展示和对接合作洽谈区，虚拟数字人、XR沉浸式智能演播系统、可视化融媒体广播等一批优秀成果悉数亮相，吸引了媒体机构的热切关注，多项技术成果达成合作意向。

（北京市广播电视局媒体融合发展处）

# 第四届北京国际公益广告大会在京召开

2022年8月9日，第四届北京国际公益广告大会在北京首钢园隆重开幕。本届大会以“公益同心 光影同行”为主题，以线上线下相结合的方式举行。国家广播电视总局党组成员、副局长孟冬，中共北京市委常委、宣传部部长莫高义，北京市人民政府副秘书长张强出席了本次大会。国家广播电视总局传媒机构管理司司长袁同楠，北京市广播电视局党组书记、局长王杰群出席大会并致辞。

该届大会由国家广播电视总局、北京市人民政府指导，中共北京市委宣传部、北京市广播电视局主办，为期3天，主要包括开幕式、主题论坛、大师盛宴、系列促进活动、公益盛典、公益广告作品大赛、优秀公益广告作品展映展示等多项活动。开幕式上，举行了公益广告《您的声音》首映仪式；光明网、北京时间、京津冀之声、百度集团、新浪网、爱奇艺、优酷、快手等多家新闻媒体和互联网平台发出共建“大视听公益传播共同体”倡议。

本届北京广播电视公益广告专项资金扶持项目征集活动主题围绕党的二十大、冬奥会、首都发展、乡村振兴、中华传统文化、国家重大战略、国际传播能力建设、社会公序良俗等8个方面，共征集项目428个，其中广播作品197部，电视作品218部，传播机构13家。

北京市广播电视局邀请中宣部、国家广电总局、中央文明办、中央广播电视总台、中国电视艺术家委员会、中国电视艺术家协会和相关单位负责同志组成专家评审组，通过初评和终评，对79个广播电视公益广告项目予以扶持，其中广播作品36部（一类作品6部，每部奖励5万元；二类作品12部，每部奖励3万元；三类作品18部，每部奖励1万元），电视作品37部（特等类1部，奖励50万元；一类作品6部，每部奖励30万元；二类作品12部，每部奖励20万元；三类作品18部，每部奖励10万元），传播机构6家（一类空缺；二类1家，奖励15万元；三类5家，每家奖励10万元）。

此次征集项目主要特点：

一是主题丰富，内容多元。内容涉及党的二十大、建党精神、北京冬奥会、中华优秀传统文化传承与发展、乡村振兴、廉政文化、反诈、志愿者、抗击疫情、普法宣传、健康北京、创建文明城区、中轴线申遗等。

二是科技创新，视觉震撼。北京广播电视台、丰台融媒体中心等单位拍摄了《荣耀之花，自强不息》《保护文物遗产，传承中华文明》《遇见戏曲，源远流长》《以戏观城》等8K公益广告作品。

三是制作精良，传播广泛。中央广播电视总台和北京广电局联合拍摄的《冰雪有你更精彩》于央视黄金时段播出，在全国各主流平台和境外广泛传播。

四是订制增多，品质上升。国家部委委托中国搜索信息科技股份有限公司创作的《生日·节日》，委托中国外文局文化传播中心创作的《领航》等作品，均参加此次项目评审并脱颖而出。

五是申报积极，成效显著。此次申报主体包括央企、播出机构、网络平台、融媒体中心、社会企业等。北京各区融媒体中心经过努力，有丰台（2部作品）、昌平（1部作品）、大兴（1部作品）、门头沟（2部作品）、顺义（1部作品）、房山（1部作品）、延庆（3部作品）获得扶持，排名名次和获奖数量为历年最高。

六是创意独特，完美融合。北京广播电视台有32个项目拟获得扶持，其中《科学的乐章》将乐队演奏与科技手段完美结合，在优美律动下，用视听技术展现了乐器电声信号共振驱动形成的特斯拉线圈放电，固体颗粒随声波震动形成克拉尼图形，镜面震动使激光反射角规律变化形成激光图案，振动波在绳子上来回反弹呈现绳驻波、水流振动频率小于录制频率产生倒流视觉效果等。

（北京市广播电视局传媒机构管理处）

# 北京广播电视台宣传贯彻党的二十大精神

2022年10月16日至22日，党的二十大在京胜利召开。为了认真学习宣传贯彻党的二十大精神，北京广播电视台以北京卫视、新闻广播、新闻频道、交通广播为龙头，集合其他频率频道以及“北京时间”“听听FM”两大新媒体平台和台属新媒体账号，构成全媒体矩阵，推出融合报道、专题专栏及特别节目，为党的二十大胜利召开营造了良好舆论氛围。

新闻宣传全景呈现大会盛况。统筹全台报道力量和播出渠道，以全方位、矩阵式、立体化传播，做好大会宣传报道工作。全面落实中央统一部署，安全准确顺利完成党的二十大开幕会、第二十届中央政治局常委同中外记者见面会等重要转播任务，第一时间摘发、转发央媒重要文章。各频道频率主要新闻栏目推出《二十大时光》《向新的力量》《你好！新百年》《把二十大精神带回来》《二十大代表风采》《二十大代表在基层》等一大批融合报道、专题专栏、政论访谈、系列节目，多角度阐释、深层次解读会议精神，全力营造学习宣传贯彻党的二十大会议精神的浓厚舆论氛围。推出《奋进新征程 建功新时代》《北京这十年》等贯穿全年的大型系列主题报道，全方位宣传阐释习近平新时代中国特色社会主义思想在京华大地的生动实践。随团记者全面聚焦北京代表团各项活动，全方位多角度开展远程采访，发回录音报道27篇、连线20条、图文和视频素材100余条。多路记者深入北京各区进行一线蹲点采访，第一时间呈现首都各界热烈反响。全年累计推出党的二十大相关报道5700余条，共计时长770余小时。

精品内容凝聚力量人心。纪录片《黄河安澜》以“小故事”呈现“大治理”，突出展现以习近平同志为核心的党中央推动黄河流域生态保护和高质量发展的新成就，以大河安澜彰显盛世气象、中国之治。微纪录片

《我和我的新时代（北京篇）》以生在胡同、长在胡同的“老北京”视角，讲述北京胡同里的新生活，展现北京贯彻落实总书记“把老城区改造提升同保护历史遗迹、保存历史文脉统一起来”重要思想的生动实践。系列节目《我为群众办实事之基层报到》以“基层小白”成长记录生动展现超大型城市治理的“北京经验”和人民群众的获得感。广播剧《岁月有光》用英雄传、奋斗史构建中国梦、首都情。《岁月有光——我们这十年》回顾党的十八大以来党和国家取得的历史性成就、发生的历史性变革。《领航中国》专栏通过蹲点采访展现习近平新时代中国特色社会主义思想在京华大地形成的生动实践。

融媒报道放大主流声量。“北京时间”“听听 FM”策划推出“热烈庆祝党的二十大胜利召开”等专题，在客户端开屏、焦点图等位置重点推荐，为用户及时提供党的二十大热点资讯。《记者小薛的二十大报道 Vlog》《十年新变化 北京青年说》等系列短视频直观解读大会报告，《AI 数字人对话二十大代表》《有责任有担当，青春才会闪光》《写给未来的我》《京城有大展》等融媒内容产品创新党的二十大宣传，在网络空间引发热烈反响。《见微知著》《京味》《端牢“中国饭碗”首都农科创成果结满田间地头》等短视频节目和新媒体报道精彩呈现首都发展的鲜活瞬间和最新最美最好的新京味。《中国这十年 北京青年说》等主题系列节目引导青年以自媒体方式参与践行“请党放心，强国有我”的青春誓言。大型融媒体直播报道《我家住在运河边》联动大运河沿线省市广播电视台，真实呈现总书记对大运河文化及沿线发展作出的重要指示给千年运河带来的生机活力。充分发挥外宣平台作用，策划制作《海外看中国》《青春对话世界》《魅力中国》等栏目，对外讲好新时代中国故事。

（北京广播电视台）

# 北京广播电视台承办首届全民阅读大会

2022 年 4 月 23 日至 25 日，由中央宣传部（国家新闻出版署）、北京市委、北京市政府指导，中宣部出版局、北京市委宣传部主办，北京广播电视台承办的首届全民阅读大会在北京举行。

首届全民阅读大会组织开展了包括开幕式主论坛、分论坛、发布活动、主题活动、展览展示等 4 大类 23 项活动。习近平总书记致信祝贺，中共中央政治局委员、中央书记处书记、中宣部部长黄坤明出席并讲话。中宣部副部长、中央广播电视总台党组书记、台长兼总编辑慎海雄，中宣部副部长张建春，人民日报社社长庹震，新华社总编辑、党组副书记傅华，北京市委常委、宣传部部长莫高义等出席活动。出版发行重点企业负责人、全民阅读代表人物、研究机构负责人等近百个单位3700 余人现场参会，线上逾千万人“云端”观看。50 余家媒体记者报名参会，央媒、市属媒体、行业媒体等逾万家媒体和平台报道、转载大会相关资讯，网上关于大会信息超3.2 万条，相关内容全网阅读量达6.28 亿次，延伸话题阅读量达 95.04 亿次。8 场主题分论坛、4 场发布活动、6 场主题活动、4 项展览展示，全面展现全民阅读活动的丰硕成果，多形式推介全民阅读优秀项目，全方位展示出版融合发展的数字科技水平。专家学者聚焦全民阅读的热点与亮点、痛点与难点进行深入研讨，激发观点共鸣。

北京广播电视台以“晒一晒”“讲一讲”“秀一秀”“论一论”为主要宣传策略，按照前期造势、预热升温、会程宣推、会后传播四个阶段，实现内宣外宣贯通、线上线下呼应、境内境外传播、全媒同频共振的宣传态势。

央视《新闻联播》连续两天在头条和二条进行报道并配发述评。从预热宣传到大会结束，11469家媒体累计报道32947条。其中，人民日报、新华社、中央广播电视总台等133家中央级媒体累计报道2867条。北京日报、北京青年报等27家北京地区主流媒体，累计报道1510条。大会通过微博、新闻客户端等线上平台，实现全网强势曝光，形成全网热点。中国国际电视台、中国日报网等主流媒体在境外英文新闻网站持续推出相关报道。

北京广播电视台发挥平台融合、媒体交互方面的优势，在电视端、广播端、新媒体端，全线播发大会宣传短视频、音频片花、广播节目等形式多样的融媒报道。4月15日正式启动宣传推广，全台新媒体矩阵发布全民阅读大会预热海报、微博话题、名人ID、推广歌曲、大会快讯等稿件近60篇，总阅读量达到1000多万次。开幕前夕，新闻广播《北京新闻》播发本台评论《让全民共享阅读之美》，为大会预热。评论以“爱读书、读好书、善读书”蔚然成风为切入点，展现阅读的盛典，阐述阅读的力量，倡导共享阅读之美。开幕式当天，广播电视端均在重点栏目《北京新闻》对大会进行浓墨重彩的报道。新闻频道《北京新闻》头条转发新华社报道《习近平致信祝贺首届全民阅读大会举办强调 希望全社会都参与到阅读中来 形成爱读书读好书善读书的浓厚氛围》。

作为首届全民阅读大会推广曲的征歌执行单位，音乐广播中心精心策划并组织全民阅读推广曲的征集。在优秀推广曲评选出来后，广播端、新媒体平台积极策划宣推，主持人、编辑、记者专访优秀推广作品的主创人员，共制作出25个音频小板块。以“歌声伴阅读”为主题，制作不同长度版本的音频单元，在早间黄金节目《早安音乐秀》安排播出。音乐广播官方微博、微信、视频号、抖音，陆续推出主创人员专访，用音乐传递和表现阅读之美。

外语广播双语新闻报道了《习近平致信祝贺首届全民阅读大会举办》《首届全民阅读大会·全民购书节在京拉开帷幕》等消息；海外平台（脸书、推特、优兔）分发原创短视频15条、图文35条，聚焦联合国中文日，美、英、韩、日等多国举行中国文化语言推广活动。

大会举办期间，北京广播电视台现场融媒体直播间推出9场现场音视频直播节目，分别由新闻广播、交通广播、城市广播、体育广播、音乐广播、故事广播、京津冀之声7个专业广播15位主持人担纲主持，围绕京味文化、儿童阅读、青少年阅读、全民阅读推广曲创作等主题展开交流。“听听FM”推出“首届全民阅读大会”专题，集纳直播排期表与阅读大会推广歌曲，全程同步7个专业广播的现场视频直播，并通过开屏、轮播图、北广头条等资源位推荐，专题访问量近3万次，所有直播播放累计达14万次。

（北京广播电视台）

# 北京广播电视台完成首届北京文化论坛宣传报道

2022年7月25日至26日，首届北京文化论坛隆重举办。北京广播电视台调配人员组成超百人采编和技术保障团队，全力以赴参与论坛宣传报道和服务保障工作，全面展示北京全国文化中心建设的创新成就，为首届北京文化论坛的成功举办营造了热烈舆论氛围。截至7月26日，全台主要新闻栏目开辟《聚焦全国文化中心建设》专栏，播发新闻报道130条，累计时长约349分钟；推出专场特别节目2期，时长120分钟；制作专题节目32期，总时长约1280分钟；新媒体端推送直播、原创作品近700件（场），全网总点击量8299.4万余次。

## 一、新闻报道追踪全程，营造热烈氛围

7月中旬起，在《北京新闻》《特别关注》《北京您早》等主要新闻栏目中开辟《聚焦全国文化中心建设》专栏。7月18日新闻发布会后，报道迅速升温，聚焦论坛筹备动态，积极报道北京文化中心建设成就。广播电视新媒体播发论坛宣传片，引导受众关注。

开幕式当天中午，北京广播电视台第一时间插播开幕式及主论坛盛况。当晚及次日，在《北京新闻》《新闻2022》等重点新闻栏目中大篇幅报道嘉宾观摩、西山永定河文化节开幕式及四个分论坛动态，确保对主体活动每个环节的报道及时、准确、充分。新闻频道中心移动先行，在“北京时间”推送梁晓声、张艺谋等文化大咖赞誉北京文化论坛等相关稿件61条，引发热议。新闻广播中心融“新闻＋评论”于一体，推出深度报道《首届北京文化论坛开幕，助推全国文化中心建设》，聚焦文艺大咖对文化中心建设的建议，内容扎实全面。

## 二、特别节目亮点纷呈，形成强大声势

围绕首届北京文化论坛各项内容，精心策划推出多档特别节目。

科教频道中心为本届论坛专项打造《传承·创新·互鉴——北京文化论坛特别节目（上下集）》，共120分钟。节目邀请中央党校教授王学斌，人民日报社高级编辑、人民日报海外版原副总编辑刘国昌，北京人民艺术剧院副院长冯远征等多位嘉宾，结合全国文化中心建设2021年度十件大事，从不同维度体现北京文化的丰富与多元。截至7月26日，此节目相关话题在“北京时间”、新浪微博、微信公众号等平台发布图文、视频32条，总浏览量130万次。

由北京广播电视台王淳华艺术工作室执行的“山河永定 共向未来”2022北京西山永定河文化节开幕式7月25日晚在首钢园举行，整场活动恢宏大气、文韵绵长，在人民日报、央视频、今日头条、“北京时间”、“听听FM”等30余家平台直播，当晚总观看量1200余万次，居微博话题热搜榜第3名、抖音热搜榜第7名。截至开幕式当晚，微博话题流量达263.7万，视频号、今日头

条、抖音、快手、小红书等平台总阅读量达733.1万。

围绕本届论坛，文艺频道中心《每日文艺播报》栏目投入6组记者、2组主持人，完成7场个人专访、3场联合专访。每场专访均结合新媒体特点设计话题、创作文案和设置关键词，在电视端播出前，先在“北京时间”发布人物海报，提供二维码，观众可扫码观看短视频，有效实现大小屏互相导流。在全网22个平台发布572条短视频，总播放量突破2500万次。其中，《于和伟说：流量没错，流量为王有错》当天阅读量达1136.7万次，《北京中轴线申遗是全民参与的大事》登上要闻榜。

新闻频道中心《这里是北京》栏目推出《照片里的北京——火车站》《北京文化，我们一路同行》等12期专题节目和数十条短视频，深度聚焦北京历史、中轴线、琉璃河考古等多个文化主题。新闻广播中心特别策划《当文化融入生活》专栏，联动贯穿早、中、晚黄金时段重点节目，以“文化人物故事+专家访谈+新闻专题+资讯信息”的全体裁形式，全时段推介北京文化论坛，内容涵盖“首都文化新篇”“打造文艺精品”“科技赋能，助推文化发展”等多个方面。

文艺广播中心《打开文化之门》节目连推2期特别节目，解读中轴线文化、京味文化，官方微博围绕本届论坛发布《数说北京文化成绩单》等内容，阅读量超42万次。

## 三、融媒体联合发力，传播效果显著

北京广播电视台充分发挥融合传播矩阵优势，通过强化运维以及手绘微漫、VR全景视频、创意海报、交互图文、Q版动画等多种原创融合产品，不断推高北京文化论坛的网络热度。

“北京时间”搭建“2022北京文化论坛”“北京西山永定河文化节”专题，全景展示文化论坛优质稿件。“听听FM”搭建“北京文化论坛”专题，推送稿件40篇，通过特色频道、“北京之声”小程序、一体化节目丰富融媒体宣传形式，以多元方式促进北京文化融媒体传播。网络传播中心在多个官方运营账号、合作商业平台发布相关内容170余篇，全网点击量近50万。各频道频率旗下账号积极转发大会稿件，形成矩阵传播，合力提升本届论坛的影响力。

深挖互联网传播特质，打造思想聚焦、大数据揭秘、手绘微漫、创意海报等多个系列40余条“刷屏”之作，为大众了解北京文化论坛提供了重要入口。“北京时间”以打造博物馆之城为情境，推出创意条漫《从“1”到“204”，北京点亮不落幕的博物馆之城！》、手绘微漫《葱茏夏日，谈古论今，我在北京赴一场博物馆之约……》，带给网友极佳的感官效果和阅读体验。Q版动画《探访千年历史文脉！北京文化论坛现场观摩活动去了哪里？》以可爱活泼的视频、通俗易懂的AI讲解，带领网友足不出户探访首都千年文脉。融媒记者直击现场，推出《为什么段子不是经典？王蒙：文艺创作需要想象力、幽默感和恋恋不舍》等多条独家短视频。推出金句互动H5作品《在这场文化盛筵上，“大咖”们都谈了啥？》，用户点击进入后，大咖们的金句会以盲盒形式呈现，配以讲述者的剪影和音频、简介海报，让金句“活”了起来。

（北京广播电视台）

# 北京广播电视台全力做好冬奥宣传

2022年北京冬奥会、冬残奥会期间，北京广播电视台集中全台重点频道频率和新媒体资源，构建全媒体报道格局。这一格局充分发挥各频道频率和新媒体平台的优势，实现信息共享、资源共用，促进资源的优化配置。建立系统化的应急保障机制，成立综合协调、内容生产、商务运营、技术保障和资金保障等五个工作小组，并设立冬奥宣传报道办公室，做到“四个统一”，即宣传统一指挥、人员统一调度、设备统一保障、后勤统一协调。冬奥会期间，全台30名注册持证记者、169名非注册记者和1000多名前后方采编人员紧密配合、通力协作，采制新闻10000多条次近400小时，推出专题节目1300多期400多小时，共直播冬奥赛事110场约230小时，重播集锦类录像68场近70小时。

主题宣传声势浩大。在火炬传递报道方面，全台80名记者接力联动、密切合作，推出独家特别报道《冰雪荣耀》《梦想飞扬》，呈现历史悠久的奥林匹克精神和源远流长的中华文明交汇交融的精彩时刻。广播端8条原创短视频访问量破千万，电视端专题节目总阅读量近1200万次。其中，体育广播《颐和园火炬接力开始，第一棒是乒乓球奥运冠军丁宁》播放量突破1954万次，《主持人撒贝宁完成今天第二棒火炬接力，说“嘴可以瓢，腿不能瓢”为冬奥健儿送花样祝福》播放量2100万次，这两条短视频点赞近60万次、评论超3万条。开幕式报道推出《双奥之城 冰雪荣耀》《冰雪相约 一起向未来》《2022北京冬奥会开幕式特别节目》等融媒体音视频直播，全景式展现开幕式的宏大场面和精彩故事。闭幕式报道推出融媒体音视频直播《冰雪荣耀》，回顾冬奥会开幕以来的17个难忘日夜，邀请一线采访记者和中外嘉宾讲述赛事报道背后的故事，解读闭幕式亮点和北京奥运遗产，直播观看量超过100万次。赛事转播报道方面，冬奥纪实频道用足用好冬奥会举办城市广播电视媒体得天独厚的赛事版权资源，共直播重播滑雪、滑冰、冰壶等7个大项15个分项的精彩赛事400小时。交通广播中心、体育广播中心在2月12日至14日华北地区迎来强降雪期间，特别策划《直击大雪降冬奥》等专栏，推出录音报道《张家口赛区古杨树场馆群做到雪停路通》、短视频《应对下雪天气雪如意已做好应急预案》，充分展现了各部门各方面“闻雪而动”、高效有序服务保障冬奥会的良好工作状态和风貌。

特别节目亮点纷呈。北京卫视推出大型新闻直播节目《北京向未来》，开设《王濛解码》《北京冬奥新标杆》《北京冬奥网红打卡地》《冬奥住我家》《北京冬奥同心圆》《档案里的冬奥》等固定板块，深入报道赛事信息、全民迎冬奥情况以及首都高质量发展和京津冀协同发展等多方面的成就，借助冬奥契机讲述最新最美最好的北京故事。全台各频道频率还推出《直击冬奥》《飘雪的日子来看你》《冰雪冬奥村》《哇！冰球》《一起看冬奥》《双奥记忆》《冬奥朋友圈》《归雁》《1039短史记之冬奥趣问》《登峰——冬奥故事新编》《冰雪之名》《超越》等类型多样的节目、动画片、广播剧和电视剧，讲述冬奥人物故事，科普冬奥知识趣闻，传递浓浓家国情、冰雪情，获得广泛赞誉。

融媒传播广泛深入。自有新媒体平台“北京时间”和“听听FM”同步上线冬奥频道，推出“赛事日历”“赛事资讯”“夺冠海报”等专题，集纳全台各频道频率冬奥内容进行融媒转化和传播，全方位展现冬奥会开闭幕式及精彩赛事内容，总点击量超3000万次。“北京时间”推出30期“双奥之城·看典”大型融媒体直播活动，在今日头条、新浪微博、优酷、爱奇艺等60余家新媒体平台进行了同步直播，累计访问量达8105.7万次、点击阅读量达1.3亿次。“听听FM”推出多部冬奥主题内容精品，广播剧《我们的冬奥》《刀锋逐梦》全网浏览量近300万次，长篇报告文学《中国冬奥》全景记录“双奥之城”——北京献给全世界的“中国方案”。全台共制作上线原创短视频超过1万条，全网播放量超10亿次。“北京时间”微博账号共发布冬奥相关内容近千条，总阅读量超5000万次，原创话题“市民排队一小时给孩子买冰墩墩”登上微博热搜第5名，话题总阅读量超1.2亿次。“听听FM”原创微博话题“见证2022”阅读量近50万次。北京卫视、新闻频道、交通广播、新闻广播等频道频率，在多个网络平台主动设置“冬奥知识不太冷”“晒晒你的‘手作雪容融’”“冬奥遇上元宵节”等话题，有效提升冬奥融媒传播的渗透力、影响力。策划制作冬奥会主题口号歌曲《一起向未来》新版MV，组织开展大规模、形式多样的宣传推广活动，迅速掀起全民传唱的热潮，全网曝光量近184亿次。

对外宣传立体生动。外语广播中心通过多种方式面向全球讲述北京冬奥故事，外宣栏目《感受北京》春节期间每日推出《冰雪荣耀》直播节目，及时跟进报道赛事热点亮点；境外合作台播出栏目《今日北京》在冬奥会开幕当晚推出录音报道《多国人士祝福冬奥》，连线日本、奥地利、俄罗斯等多国媒体人点赞开幕式；原创专题报道《为珍贵的奥运记忆找到家——访著名旅日摄影家周剑生先生》，登上日本最大华文媒体《中文导报》；将广播剧《归雁》推送到纽约中国广播网、美国洛杉矶1600电台、欧洲华语广播电台、澳大利亚首都双语电台、澳大利亚悉尼2AC电台、新西兰华人之声电台等海外媒体播出；相关海外机构账号发帖1400多篇，覆盖人数超20万。体育广播中心与香港大公文汇集团达成全媒体合作，在该集团报纸及新媒体平台发表体育广播中心记者采访文章、采访札记，转发体育广播中心音视频节目30余条次，促进了香港民众的家国认同、文化认同。

（北京广播电视台）

# 北京交通广播推出融媒体特别策划

为了迎接和庆祝党的二十大胜利召开，从2022年10月9日开始，北京广播电视台交通广播中心推出了融媒体特别策划节目《向美好出发——20条骑游线路发现大美北京》。该策划以“骑行”为切入点，充分发挥交通广播的特色优势和聚合能力，以融合思路探索重大主题报道新的“打开方式”。

## 一、以特色切口打开重大主题宣传新思路

为配合党的二十大宣传，交通广播中心以“向美好出发”为主题，以“骑行”这个近两年在城市再次兴起的交通方式为切入口，用骑行带出线路、用线路聚合地标、用地标输出内容。发布的20条线路中，既有可以体会千年古都的历史文化魅力、重拾中国共产党人百年奋斗记忆的“光辉足迹”“播火之路”等线路，又有可以感受近十年北京城市社会治理、交通、商业、文化旅游、体育等全方面发展成果的“圆梦双奥”“畅行回天”“运河新生”等线路，把百年征程、四个中心、“两区”建设、双奥遗产、乡村振兴、绿水青山等国家和首都新时代十年伟大变革与“骑行”这种亲民时尚的交通方式深度整合，让重大主题宣传与市民生活有联系、可感知、能参与，把精练的政治表达转化成生动具象的感官体验。

## 二、以频率优势聚合资源、融合创新

《向美好出发——20条骑游线路发现大美北京》充分利用了交通广播中心媒体影响力和用户活跃度的优势，采用“政府指导、市民推荐、骑友评议”的方式遴选路线，主流媒体的平台特色和聚合能力得到了很好体现。

北京市交通委、北京市商务局、北京市文旅局、北京市体育局及相关政府部门的加入让本次特别策划从骑行延展出绿色交通、促进消费、文化传播、健身赛事等丰富内涵。

在路线征集过程中，听众反响热烈，仅在10月9日两个小时云启动特别直播中，就收到听众互动信息近2000条，线路和打卡点提名近1000组，两个话题登上同城热搜。线路筛选过程中，各区区委宣传部、文旅局和北京各大骑行俱乐部积极响应，和交通广播中心工作人员一起细致梳理路线点位，计算骑行数据，确定采访内容和对象。

在内容生产上，交通广播中心坚持精品意识和融合创新，对重点线路投入精兵强将采制音视频图文融合报道，开发同名小程序集成手绘路线图和图文视频报道，设计了“点亮线路抽红包”“组队骑行赢奖品”等玩法，与Keep动感单车开发足不出户就能体验线路的“实感骑行”，把主题宣传做实、做活、做出新意。

## 三、扎实推进“骑行名片”建设

通过这次特别策划，交通广播中心更加意识到保持和发挥自身特色的重要性。2020年以来骑行热兴起，交通广播中心敏锐意识到这一趋势，2020年组建1039骑行队，2021年推出《我的骑行日记》系列融媒体验式报道和主题党日活动，2022年上半年策划播出《骑妙之旅》季播节目并开发同名小程序，打造了包括嘉佳、杨洋、张琦、高歌在内的一批有骑行标签的主持人，聚合了政府部门、骑行俱乐部等核心资源，具备了成熟的骑行报道和活动策划执行体系。“骑妙之旅”品牌效应初步呈现。

（北京广播电视台　金盛博）

# 《我是大医生》推出世界防治结核病日特别节目

2022年3月24日，是第27个世界防治结核病日，主题是“生命至上 全民行动 共享健康 终结结核”。为加强防治结核病知识的宣传，唤起公众科学防治结核病的意识，北京卫视《我是大医生》栏目录制的《生命至上 全民行动 共享健康 终结结核——世界防治结核病日特别节目》，于3月24日21:00在北京卫视播出。

国家卫生健康委、教育部、北京市委、世界卫生组织驻华代表处、中国健康教育中心、中国疾病预防控制中心、中国性病艾滋病防治协会、中国防痨协会等单位的代表参加节目录制。

本期特别节目，邀请中国疾病预防控制中心副主任、中国防痨协会理事长刘剑君，首都医科大学附属北京胸科医院副院长李亮，从事结核病防治工作66年的马玙医生三位权威专家担任主讲嘉宾，和《我是大医生》主持人悦悦及“医生梦之队”成员——李建平医生、栾杰医生、金铂医生一起，通过案例分享、科学实证、虚拟动画演示、道具讲解等方式，对结核病的成因、传播、检测及防治等问题进行了深入浅出的讲解，帮助观众更加直观地了解结核病，扫除对结核病的认识盲区，提升防治结核病的安全意识。

节目中，结核病防治宣传大使白岩松邀请90岁高龄依然坚持奋战在防治结核病一线的马玙教授介绍了自己60多年抗击结核病的暖心故事。比如听诊前，她会用手先把听诊器捂热；听诊后背时，她不让患者转身，而是自己走到患者背后。马玙教授“医学不仅仅是科学，更是人学”的话语，引得现场掌声不断。

（北京广播电视台）

# 歌华有线完成智能推荐频道试点推广

2022年7月，国家广电总局部署“未来电视”战略，推进智能推荐频道试点上线，提升有线电视智能化个性化服务水平。北京歌华有线电视网络股份有限公司作为三家试点省网公司之一对此项目高度重视、积极落实，及时成立智能推荐频道工作专班，于9月完成智能推荐频道主要功能研发，实现上海、浙江、北京三地内容互通共享。智能推荐频道库内集成了自有平台直播频道、精选点播节目、丰富回看内容等，包括2.3万条回看内容及3.3万小时精选入库的点播节目。9月28日，完成覆盖10万北京用户的试点推广工作。

智能推荐频道版本多次迭代效果

智能推荐频道基于用户数据，进行用户画像、内容标签关联度计算，实现了用户喜爱频道和节目的智能化、个性化推荐。歌华有线加快推进并顺利完成云平台IP化视频服务系统升级扩容和网络能力提升改造，完成智能推荐算法系统向自主可控算法平台迁移，同时根据用户使用情况和反馈意见，持续推进新功能开发、新版本升级，先后完成63个版本的升级迭代，分批次有序稳妥推进终端上线。

配合智能推荐频道上线，歌华有线还上线升级一体化运营产品“快点”。该款歌华特色高清视频点播产品在线内容量达50万小时；升级“歌华云飞视”小程序，优化了大小屏联动功能，满足用户跨屏收视需求。截至2022年12月底，超额完成推广覆盖200万4K超清智能机顶盒用户的目标。

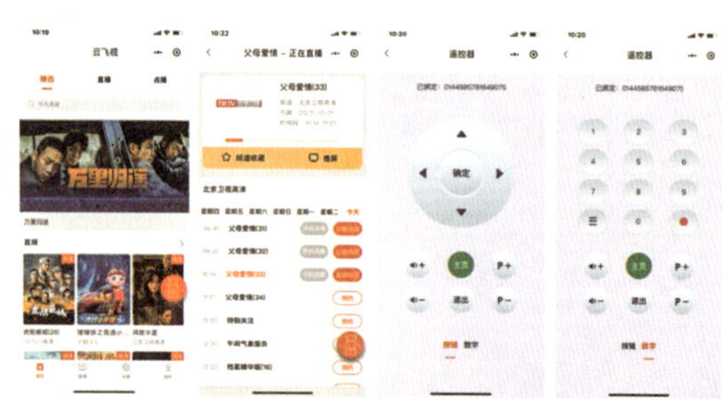

“歌华云飞视”小程序界面

（北京歌华有线电视网络股份有限公司）

# 北京歌华传媒集团完成冬奥会、冬残奥会开闭幕式制作任务

作为北京2022年冬奥会和冬残奥会开闭幕式的总制作单位，歌华传媒集团圆满完成四场仪式的“总牵头、总制作、总保障”任务。

统筹运作。2021年4月，北京歌华传媒集团承接了北京冬奥会、冬残奥会开闭幕式的制作任务之后，就组建了涵盖开闭幕仪式制作全流程、全领域的20支工作小组，包括舞美道具、服装化妆、音视频制作、灯光音响、演出组织、技术统筹、电力保障、焰火燃放、后勤保障、场馆协调、招标采购、财务、法务、行政文秘、安保制证、防疫安全、监审、物资保障、人力资源、分会场火炬仪式等，工作在20个现场点位和5处外场排练场地，上下齐心、通盘考量，全方位搭建起工作矩阵，支撑起开闭幕式的统筹运作体系，最终呈现出超预期大美效果。

创意制作。舞美音、服化道、光火电等10余个工作小组，精益求精，准确领会导演组的设计创意并精确执行。其中，视频制作组汇集多地艺术家，历时10个多月，严格按OBS每秒50帧的视频要求，创造了奥运视频制作历史的第一次。音乐创作组原创、改编、编排了5100秒的仪式音乐作品，300余分钟的视频、短片、音乐制作，为确保完美实现导演组创意方案，先后组织国家大剧院合唱团和管弦乐团、北京锋尚世纪文化传媒股份有限公司、华扬联众数字技术股份有限公司、北京正时文创传媒有限公司等近百家知名机构共同参与仪式制作。舞美道具组攻克技术难关，将开篇表演《立春》特别使用的柔性发光杆变为现实，配备一支近30人的团队为加载影像追踪技术的发光和平鸽道具提供技术保障；服装化妆组将剪纸、水墨画、中国结、农历虎年等文化元素体现在服装上，制作近5000件演出服装，完成7000余名演员的化妆造型。

后勤保障。集团从人、财、事、物等全方位周密筹划，严格按要求落实各项工作。人员方面，为10000余名演职人员和百余家参演单位提供交通运输、餐饮、住宿保障，以及机票预订、接送站等保障，累计派出7286车次，接送34.08万人次（包括开幕式81位涉密要员），供应72.69万人次用餐，保障2900余人住宿。道具方面，负责完成4874台灯具、496只音箱、158组吊装桁架、101台电柜、24个信号基站、10000多米线缆的运行保障，四场共计330秒的焰火设计、生产、运输、存储、燃放管理，10000多发礼花弹无虚发，为开闭幕式焰火表演的惊艳亮相提供有力支撑。防疫方面，确保每日健康监测，累计完成健康监测61978人次，对1685人实行疫苗接种情况统计并落实接种监督，组织项目人员及外排场地演员进行核酸检测24批次，共13713人次。

（北京歌华传媒集团有限责任公司）

# 延庆区融媒体中心<br>圆满完成北京冬奥会、冬残奥会宣传任务

北京冬奥会、冬残奥会期间，延庆区既是高山滑雪和雪车雪橇赛区，又是冬奥村所在地。延庆区融媒体中心配合冬奥组委整体部署，充分守住自己的阵地，与市、区有关媒体单位通力协作，圆满完成新闻宣传、媒体接待、外宣通联等各项服务保障和宣传报道工作。

北京冬奥会申办成功之后，延庆区融媒体中心就不断加大新闻宣传力度，适时开办专题专栏，普及冬奥知识，助力冰雪运动，营造冬奥氛围。《延庆报》先后开设《冬奥来了》《冬奥有我》《纯洁的冰雪 激情的约会》《建设最美冬奥城 开启延庆新篇章》等专栏；《延庆新闻》先后开设《以奋发之姿决战决胜冬奥会筹办举办》《文明延庆与冬奥同行》《冬奥有我》《冬奥来了》等专栏，共播出《冬奥明珠绽放光芒 北京2022年冬奥会延庆赛区四大场馆全面完工》《“首都老兵”延庆区冬奥志愿服务队 筑牢冬奥赛区外围防疫屏障》《家门口的国际赛事 300名延庆观众“雪游龙”看雪橇世界杯》等新闻322条，在新闻前后播出冬奥宣传标语235条。新媒体发布关于冬奥宣传内容5789条，微信发布618条，政务号发布1480条，微博发布578条，“北京延庆”App发布2971条。

在冬奥会开幕倒计时一周年之际，延庆区融媒体中心制播电视专题《最美冬奥城》，推出《我为冬奥倒计时》短视频，展现全区人民对服务保障冬奥会的决心和期盼。在倒计时300天之际，区融媒体中心举办了“北京视听零距离”系列活动，开启全市首个北京视听小站建设。在倒计时200天之际，举办了“长城脚下冬奥之约”抖音网红打卡评选活动，展现延庆“最美冬奥城”风采；在光明网搭建“相约2022遇见最美冬奥城——延庆”页面，展示冬奥延庆赛区全力冲刺、决战决胜的精神风貌。在倒计时100天之际，推出“五个一”系列活动，制作“VR全景看延庆冬奥村”页面，播出《冬奥倒计时100天 我们准备好了》短视频，发布《100！接力！》等系列宣传。在冬奥会、冬残奥会火炬传递期间，延庆区融媒体中心派出40余人次记者进行报道，将迎冬奥氛围推向高潮。

在冬奥会、冬残奥会期间，延庆区融媒体中心围绕收听收看、运行保障、志愿服务、冰雪运动知识、残疾人事业成就以及冬奥冬残奥文化遗产利用等不同侧重点进行宣传。全平台协同发力，累计出动记者242组466人次。2月2日至3月13日，全平台共播发冬奥新闻3179条次，其中区级媒体（包括广播、电视、报纸、微博、微信和App）共播发1760条次，外宣（包括中央、市级媒体，短视频和政务号平台）共播发1419条次，为“两个奥运，同样精彩”贡献融媒力量。

在做好新闻宣传工作的同时，延庆区融媒体中心抽调多名骨干记者进入闭环，承担起新闻报道、资料留存和向上级媒体供稿的任务。冬奥会、冬残奥会期间，新华社、央视新闻联播等重要媒体刊发的图片和视频素材，很多来自延庆区融媒体中心记者拍摄。

（延庆区融媒体中心）

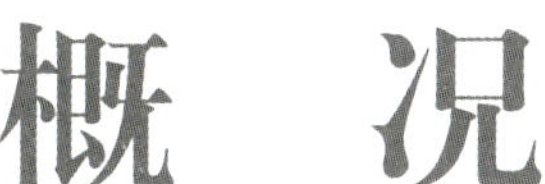
概　况

# 北京市广播电视局

北京市广播电视局是北京市政府的直属机构，成立于1979年9月，原称北京市广播事业局。1984年4月改称北京市广播电视局。2009年3月，增加电影管理职能，更名为北京市广播电影电视局。2014年1月，北京市新闻出版局和北京市广播电影电视局合并组建北京市新闻出版广电局。2018年11月，剥离新闻出版、电影管理职能成立北京市广播电视局，负责北京市广播电视和网络视听节目等行业管理工作。

2022年主要工作：

## 一、服务北京工作大局，完成重点保障任务

完成北京冬奥会、冬残奥会服务保障任务。指导歌华有线公司按时保质完成冬奥广电专网干线建设，北京广播电视台、歌华传媒集团、歌华有线公司、各区融媒体中心等30家安全播出责任单位各司其职，冬奥广播电视信号传输安全稳定；开展科技冬奥5G+8K超高清示范，首次实现全球规模化8K超高清直播冬奥会开闭幕式及赛事内容，冬奥节目8K播出时长600余小时；高效有序完成冬奥会观众集散组织任务。

服务国家外交战略大局，承办第五届中非媒体合作论坛，习近平主席首次致贺信，来自中国和42个非洲国家的240余位代表以线上和线下形式出席，发布4方面12项成果。

开展迎接党的二十大安全播出专项检查，发现问题隐患全部落实整改；强化舆情监测，督导全市重点网络视听平台清理处置违规信息；建立重要保障期日报告、日调度机制，统筹市、区相关部门协同推进疫情防控、安全播出、黑灰广播整治、境外卫星电视整治和驻地服务保障，全市广电系统共12000余人次参与值守保障和应急处置，完成党的二十大服务保障任务。

## 二、坚持守正创新，开展舆论引导力提升工程

深化广播电视媒体“头条”、网络视听媒体“首页首屏首条”建设和短视频首屏首推工程，主题宣传有声有色，冬奥宣传助力3亿人参与冰雪运动；持续党的二十大主题宣传，指导爱奇艺、优酷、抖音、快手等全市近40家重点网络视听平台设置专区集中展

2022年2月4日，北京经济技术开发区三羊东里社区居民通过8K电视观看北京冬奥会开幕式直播

2022年10月16日，优酷首页首屏聚焦“党的二十大”内容

播优秀视听作品300余部，视频播放量超3.13亿次。

开展“全媒体舆论引导力提升工程”，市区两级广播电视机构舆论引导和精品创作生产能力不断提升。北京科学技术出版社、北京日报京报网获颁信息网络传播视听节目许可证。成功举办第二届新视听媒体融合创新创意大赛，开展广播电视媒体融合先导单位、典型案例、成长项目征集评选，完成媒体融合创新技术与服务应用遴选推广，7项技术在20家市区媒体落地应用。

## 三、狠抓精品创作，繁荣视听文艺

电视剧《觉醒年代》《山海情》获“五个一工程”奖；《觉醒年代》《香山叶正红》《理想之城》获“飞天奖”优秀电视剧奖，京产电视剧获奖数量全国第一；《觉醒年代》《对手》分获“金鹰奖”最佳电视剧奖、优秀电视剧奖；电视节目《档案》《花儿向阳 童心向党——庆祝中国共产党成立100周年全国少儿晚会》分获“星光奖”优秀电视文艺栏目奖和优秀少儿电视节目奖。

2022年，北京市先后推出电视剧《胡同》《狮子山下的故事》，电视节目《书画里的中国（第二季）》，电视动画片《大运河奇缘2》，电视纪录片《我在人艺学表演》，广播剧《归雁》，网络剧《青春正好》，网络电影《特级英雄黄继光》，网络微短剧《麻辣律师团》，网络动画片《孙爷爷话说西游记》，网络纪录片《这十年·幸福中国》，网络综艺节目《一年一度喜剧大赛2》，网络视听专题节目《开场白》，网络短视频系列节目《有为·无畏》，网络音频节目《凯叔·红楼梦》，公益广告《冰雪共精彩 一起向未来》等优秀广播电视网络视听作品。其中，电视剧出品36部，在央视、各大卫视和重点平台播出36部，出品及播出数量居全国第一；78部网络视听作品入选国家广电总局各类评优推选，创作产量、评优数量均居全国第一；11部动画片、14部纪录片、9个节目获国家广电总局2022年度季度推优，28部公益广告作品获国家部委奖励扶持，总数均居全国省级第一。创办首届北京动画周，升级北京电视节目交易会为中国·北京电视剧盛典，并与“飞天奖”“星光奖”同期举办，打造行业标杆性品牌活动，带动精品创作、宣推及交易全链条提升。

## 四、推动京津冀视听走廊建设，加快技术升级改造

推动京津冀视听走廊建设，支持中国（北京）高新视听产业园、中国（北京）星光视听产业基地和中国（怀柔）影视产业示范区转型升级。星光视听产业基地“‘协同创新 数字赋能’引领视听产业基地转型升级”被评为“两区”建设市级改革创新实践案例。在全国广电系统率先编发《北京网络视听平台企业合规手册》，牵头开展平台企业帮扶，指导快手抓好党建工作，推动网络视听平台规范健康发展。广电科研资源加快聚集，在国家广电总局超高清典型应用案例、高新视频创新应用大赛、人工智能创新应用大赛中获奖总数均居省级第一。智慧广电成果转化应用获奖励扶持30个优秀项目，全球最大超高清地面显示系统等12个场景落地服务北京冬奥会、冬残奥会，云转播及8K等多项关键技术列入科技冬奥技术库，6项被评为国际先进技术，13项在冬奥期间推广。全市8K产能稳步提升，北京市8K超高清视频制作专项扶持资金共扶持25家单位112部8K作品，总时长达236小时。

出台《关于加强和改进北京新视听国际传播工作的实施意见》，发挥北京市提升广播电视和网络视听业国际传播力奖励扶持专

项资金效能，扶持五洲传播等33家企业122个项目。创新开展北京优秀影视剧海外展播季系列活动，阿拉伯语版《觉醒年代》海外开播，覆盖22个阿拉伯国家近5亿人口。

### 五、出台新举措，提升公共服务水平

推进“两区”建设，制定发布《北京市广播电视局关于服务保障“两区”建设推动新视听改革创新的若干举措》，优化营商环境、人文环境，适应企业发展需求。推动北京市首个集成市区两级事项的政务服务站——怀柔国际影视摄制服务中心政务服务站正式挂牌运行。试点“取消在京注册的中方机构与外方联合制作电视剧须持有电视剧制作许可证（甲种）的限制”等两项先行先试政策，惠及企业13000余家。发布《北京新视听指引2022》，为市场主体提供涵盖行业准入条件、奖励扶持政策等多方面的业务指南。组织相关部门建立重点网络影视剧协审机制，强化优质视听内容供给，帮助企业尽快回笼资金，实现良性运转。

（北京市广播电视局办公室）

## 北京市广播电视局综合事务中心

2006年8月，北京市广播电影电视局后勤服务中心成立。2021年4月，市编办批复，同意整合北京市广播电影电视局后勤服务中心、北京市广播电影电视局离退休人员管理服务中心、北京市新闻出版局老干部服务中心，组建北京市广播电视局综合事务中心，主要职责是：承担市广电局机关综合服务保障、系统离退休人员管理服务等事务性工作。2021年11月正式挂牌。

2022年主要工作：

### 一、疫情防控工作

抓好常态化疫情防控各项措施落地见效。严格落实从严从紧的防控要求，强化措施，责任到人、工作到岗。按照市广电局疫情常态化防控的应急保障需求，采购储备防疫物资，确保突发情况下“供得上、保得住”；着力加强办公区域和有关场所管控，对电梯间、卫生间、开水间等公共场所进行定时消杀；与局防疫办配合，组织市广电局及所属单位干部职工接种疫苗800余人次；保障“北京市新型冠状病毒肺炎疫情防控工作新闻发布会”151场，明确人员进出测温、扫码、登记等安检流程，严把疫情防控关口。

### 二、节约型机关创建

落实“过紧日子”要求，立制度、发倡议、强监管，做到制度上墙、规范到位、监督到每个环节。制作提示标语和宣传牌800余幅，充分利用OA大数据平台、LED展播大屏，定期更新和播放以厉行节约为主题的小视频和宣传资料；全年更换节能灯管400余支，用水用电量同比降低10%，文件双面打印率达到100%；坚决制止餐饮浪费，厨余垃圾回收量下降近20%；局内办公区实现全面垃圾分类投放、规范回收管理。被评为市级党政机关生活垃圾分类工作成效显著单位，通过北京市创建节约型机关建设初审。

## 三、综合服务工作

结合“我为群众办实事”实践活动，集中修缮办公区一期中央空调系统，整治办公区二期地面，改善工作环境；为在职、离退休人员办理变更医院、手工报销等各项医疗保险工作200余人次；组织开展北京市广播电视局在职人员、离退休人员年度体检工作，协调小汤山疗养院，组织22名局级离退休领导年度健康体检；依据《党政机关公务用车管理办法》，不断完善局机关公务用车管理制度，加强局属事业单位各类公务用车监管责任制落实，保障公务活动用车820台次，安全行车累计近10.5万公里；对全局办公用房情况开展自查；按标准调整核算发放全局人员全年物业、采暖和住房补贴；盘活固定资产，完成资产调拨727件，报废公务用车1辆；加强重点人员、重点部位、重点设备的管理和实时监控；开展电动车使用安全隐患自查，了解使用底数，排查充电设施，确保用电规范；为食堂更换燃气节气门10组，消除安全隐患；严把食材进货关，改善就餐环境，采取“错峰供应、小份多次”的新模式，深受干部职工好评。

## 四、服务离退休干部工作

强化对老干部工作的组织领导。先后制订《2022年老干部工作要点》《走访慰问离退休人员经费使用标准》，为年度工作提供遵循依据。制订《离退休党员党史学习教育实施方案》，采取线上线下相结合的方式，组织326人次参加8次网络专题授课；依托视频会议开展党课授课、党小组会等活动；录制的3堂党课被评为“全市老干部优秀党课”。

组织引导老同志发挥优势作用。组织老同志参加“看今朝、忆往昔”线上讨论会和“我看建党和新成就”座谈会，讲述新闻出版广电事业发展中敢为人先的动人故事；走访26名老党员并颁发“光荣在党50年”纪念章；推荐离休干部陈洪桐参加市委老干部局组织的“向党说句心里话”活动；收集离休干部、知名导演林汝为的入党申请书、纪念章、旧摆件等物品；向“北京老干部”管理系统报送“庆祝建党百年”主题作品38幅，展现新时代广电离退休干部风采。

落实离退休干部各项生活待遇。春节期间，局班子成员通过视频连线方式给老同志拜年，通报北京广播电视网络视听发展现状。结合“我为群众办实事”实践活动，为16名生活困难、身患疾病的老干部发放慰问金26500元；建立离退休干部社会组织兼职工作台账。

（北京市广播电视局综合事务中心）

# 北京市广播电视监测中心（北京市广播电视安全播出调度中心）

1991年10月30日，北京市广播电视监测台成立。2006年，北京市广播电视监测台更名为北京市广播电视监测中心，加挂北京市广播电视局信息网络视听节目传播监管中心（2009 年更名为北京市广播电影电视局信息网络视听节目传播监管中心）和北京市广播电视安全播出调度中心的牌子。2021 年 4 月，市编办批复，同意将北京市广播电视监测中心（北京市广播电影电视局信息网络视听节目传播监管中心、北京市广播电视安全播出调度中心）更名为北京市广播电视监测中心（北京市广播电视安全播出调度中心），主要职责是：承担本市广播电视和网络视听业务的安全播出情况、地面广播电视频率秩序等监测工作。2021 年 11 月正式挂牌。

2022 年主要工作：

## 一、完成北京冬奥会信号转播监测，保障党的二十大节目安全播出

按照局安播指挥部统一部署，中心把北京冬奥会、冬残奥会安全播出保障作为工作主线。从动员发动、方案部署、隐患排查、查漏补缺、应急值守到情况处置，从元旦、春节、冬奥会、冬残奥会到全国两会，在共计 103 天的重要保障期里，中心贯彻“字字千钧、秒秒政治、天天考试”的总要求，牢固树立常备不懈的任务观念和连续作战的战斗作风，上下团结一心、严防死守。安播保障任务战线长、责任大，中心充分发扬连续作战精神，精益求精做好监测和应急值守工作，圆满完成北京冬奥会、冬残奥会等安全播出重点保障任务。

党的二十大召开前，监测中心对各系统、基础设施、网络安全每日一次专项巡检，对供电、空调、消防设备每日安排专人进行巡护，发现异常及时处置。中心及时排除重点隐患，购置广播电视监测系统应急设备，前期完成设备安装调试和验收工作并提前投入正式运行，全力做好党的二十大安全播出技术保障工作。在备战党的二十大播出保障期间，中心在疫情防控上采取严格和慎重的措施，减少人员流动，监测值班 24 小时一班岗，执行无接触交接班，技术和后勤保障高效稳妥，确保监测工作有序开展。

2022 年 10 月 1 日，北京市委常委、宣传部部长莫高义（右 2）到监测中心（建国门办公区）视察调研工作

## 二、加快推进项目建设和搬迁副中心工作

按照局党组的指示要求，中心抓牢搬迁到城市副中心的发展机遇，重点做好广播电视融合媒体智慧监管平台升级改造项目建设和搬迁工作，从机制、队伍、业务、设施、技术等方面全方位提升监测监管能力。坚持每天一推进、两天一汇报、三天一上报、每周一调度，与局机关和相关单位密切协作，形成合力，统分结合，协同推进各项工作的稳步落实。

在北京市广播电视局领导带领下，中心多次前往国家广电总局监管中心调研学习，参观指挥调度大厅及功能演示，从业务情况、智能运维平台、数据中心机房、网络安全机房、全国 IPTV 网络态势感知平台等多个业务方面进行深度学习，借鉴国家广电总局监管中心的先进经验，从技术、人才、业务等方面深度合作。在强化完善系统建设的同时，中心加强队伍建设和人才培训，将搬迁事项、项目建设和人才建设同步推进落实，建设了一支高素质高水平的人才队伍。

## 三、不断提升广播电视监测技术运维保障水平

中心扎实做好日常运维工作，加强巡检巡查，及时响应高效处理，顺利完成监测系统运行维护、监测调度网络和政务云租用项目公开招标工作，确保业务系统安全稳定运行；进一步完善硬件保障，陆续完成广播电视监测屏幕更新，实现屏幕切换、画面组合、信号调度等功能运用效果大幅提升；完成监测值班控制台改造，实现台面显示器一键升降、台面视频接口与监测屏幕联动等功能，满足监测值班、可视指挥调度、大屏汇报展示等多场景需求；配合市广电局科技处完成5个高山转播站监控摄像头选点安装，核实画面效果，确保实现安防监控功能，达到远程管理要求；完成公共广播信号监测系统中心平台向政务云迁移，系统安全性、数据可靠性大幅提升；完成北京新媒体集团播出信号（IPTV）监测软件及网络安全设备的部署，实现对IPTV集成播控平台及用户端监测，补齐监测业务短板；完善对广播电视监测系统网络安全防护，确保符合信息安全等级保护二级要求。

[北京市广播电视监测中心（北京市广播电视安全播出调度中心）]

# 北京市视听节目监测中心（北京市广播影视作品审查中心）

2006年，北京市广播影视作品审查中心成立。2021年4月，市编办批复，同意北京市广播影视作品审查中心更名为北京市视听节目监测中心（北京市广播电视作品审查中心），主要职责是：承担本市利用信息网络和公共载体传播的视听节目播出情况的监测工作；承担北京地区新出品、引进广播影视节目内容的审查、复审等技术性、事务性工作。2021年11月正式挂牌。

2022年主要工作：

## 一、特定节目内容监测

在春节、两会、北京冬奥会冬残奥会和党的二十大等重要时期对重点网站和平台监听监看，配合开展“清风行动”和“守护戎装”专项行动。截至2022年12月31日，编制完成95期《北京市网络视听监听监看报告》、37期《文娱治理舆情动态》、3期《网络舆情专报》、12期《宾馆饭店视频点播业务监看报告》、21期《持证网站运营状态统计报告》，报送违规账号293个、违规节目3486条，完成市广电局网管处布置的专项任务323项。

## 二、作品及相关内容审查

克服新冠疫情影响，完善云审查、云讨论机制，开展在线审片工作，把握正确的政治方向、舆论导向、价值取向和审美趣向。截至2022年12月31日，初审国产电视剧37部1240集，复审138部次；初审国产动画片22部478集3941分钟，复审20部次；审查电视剧剧本6部146集；完成国家广电总局9部精品电视剧展播的重播重审。初审网上

引进境外电视剧38部499集，复审13部次；初审网上引进境外电影130部，复审14部次；初审网上引进境外动画片143部3257集，复审5部次；初审龙标电影17部。参与审核北京出品网络剧42部、网络微短剧54部、网络电影62部、网络动画片28部、网络综艺节目96期和网络纪录片13期，编写各类专家意见汇总稿331篇，完成各类网络原创节目审核接收工作。

审核2022中国·北京电视剧盛典参展项目辑录615部、海报163张、短视频片花111部。参加国家广电总局“我们的幸福生活”短视频征集的作品44部次，市广电局公益广告大会6位嘉宾英语发言，第五届中非媒体合作论坛对非交流宣传片、电视剧内容及领导发言PPT，推荐专家审核服贸会8K影视内容、北京动画周展示作品。

## 三、内容监审措施

一是审委队伍建设持续开展。按照政治导向的清醒人、影视艺术的明白人、百科知识的储备人、审查把关的担当人、促进发展的热心人和服务观众的贴心人的标准遴选并培训专家，经北京市广播电视局审批新进7名审委，继续完善知识、专业和年龄结构，在学习交流、业务提示、以老带新、以审代训的基础上，深入探讨站位高度、认识角度和把握尺度。

二是人员业务培训取得实效。重点开展政策法规、时事政治和文娱领域综合治理等方面的学习，不断提高政治站位和意识形态工作责任心；开展广播影视和网络视听节目、行业发展和作品审查等方面的学习，不断提高专业水准和与审查专家沟通的能力；组织迎接党的二十大安全监审系列培训和活动。先后开展贯彻落实意识形态工作责任制党课，到中国共产党历史展览馆、国家广电总局监管中心参观学习。举办正确把握作品审查的三个导向讲座、建章立制与遵纪守规座谈、网络视听节目生态建设讲座、内容监审需要注意的敏感问题讲座以及做好本职工作大家谈等8次活动，打牢人员思想和业务工作的基础。

2022年8月3日，视听中心开展“正确把握作品审查的三个导向”培训交流活动

三是审查机制不断完善。按照优审内容、优选资质、优化服务的要求完善结构化审查，保导向，保质量，保重点，保播出。疫情防控条件下的线上审查规范高效。优化组合审核小组，文字交流和视频讨论有机结合，审查意见精益求精，与业务处合作友好。片源介质管理不断加强。重申有关管理规定和保密协议，与业务处做好有关密码、介质的交接，严格执行线上密码管理和线下存储介质拷贝审批。坚持守正创新，探索节目监测和作品审查融合发展。

［北京市视听节目监测中心（北京市广播影视作品审查中心）］

# 北京新视听发展中心（北京音像资料馆）

北京音像资料馆成立于1987年，2008年9月加挂北京广播电视研究中心的牌子。2009年9月，北京广播电视研究中心更名为北京广播电影电视研究中心。2021年4月，市编办批复，同意将北京音像资料馆（北京广播电影电视研究中心）更名为北京新视听发展中心（北京音像资料馆），主要职责是：承担促进本市广播电视和网络视听创新发展的事务性工作；承担京津冀媒体融合发展相关理论研究、技术应用、项目孵化等工作；搜集、整理广播影视文史资料，编纂《北京志·广播电视志》。2021年11月正式挂牌。

2022年主要工作：

## 一、新增职能工作稳步推进

一是中心作为中国（北京）国际视听大会“广播电视志论坛”的协办单位，参与论坛方案策划、嘉宾邀请及视频会议等各项工作。二是按照中宣部及市委宣传部有关建设中华版本库的文件要求，拟定北京市广播电视局版本资料库建设草案，并协调相关处室和单位召开第一次版本库建设征求意见会。三是参与8K艺术馆内容设计，草拟8K节目素材库建设方案。

## 二、史志工作扎实开展

1. 编辑出版《2022北京广播影视年鉴》，调整年鉴栏目设置，增加网络视听、媒体融合与智慧广电、公共服务等内容。与市广电局相关处室研究确定新增爱奇艺、优酷等部分重点网络视听机构和视听产业园为供稿单位，使年鉴供稿网络涉及全市广播电视行业100余个部门和单位，提高了年鉴资料的系统性、全面性。2022版年鉴为全彩印刷，设18个栏目，约100万字。

2. 按国家广电总局办公厅关于征集《中国广播电视全媒体发展报告（2022）》（广电全媒体蓝皮书）材料的通知要求，及时对大纲任务进行分解，向市广电局各处室征集相关资料，并按要求划分11个栏目，整理、上报7万余字的资料。

3. 根据北京市委党史研究室、市地方志办公室《踔厉奋发笃行不怠——党的十九大以来首都发展纪实》《中国共产党北京历史大事记（2021）》《中共北京市委执政纪事（2020）》《中共北京市委执政纪事（2021）》征稿及征求意见通知，报送资料并对有关北京广播电视事业相关内容提出修改意见及纪事补充。

4. 对《北京市第十二次党代会以来大事记（2017.6—2022.6）》《北京市推进京津冀协同发展大事记（2017.6—2022.6）》《中国共产党北京历史大事记（2021）》三部书稿进行梳理，并将修改意见报送市委党史研究室。

2022年8月24日，北京新视听发展中心举办北京广播电视史志工作研究交流会

## 三、馆藏资料修复

1. 搜集馆藏历史资料照片（2007—

2020），对其进行编辑、整理、汇总等。

2. 完成 2021 年馆藏资料修复（第七期）资料的出库、入库、核对、修复、硬盘存储、验收、审计上报、库房安全管理等工作。

### 四、协同服务保障重大活动

1. 协助市广电局规划发展处做好中国国际服务贸易交易会北京新视听展。开展中国（北京）国际视听大会前期筹备、论坛组织、宣传策划等工作，协助筹办 2022 年中国（北京）国际视听大会系列预热活动，包括广播电视志论坛、XR 虚拟制作产业论坛、5G+4K/8K+ 智能拍摄 + 交互式演出场景专家论证会等。参加首届北京动画周现场服务和第五届中非媒体合作论坛接待工作。

2. 推进中国（京津冀）广播电视媒体融合发展创新中心相关工作。在市广电局媒体融合处统筹指导下，通过协同津冀两地相关单位共同设立全国第一个跨区域媒体融合创新中心，汇聚三方力量、强化媒体融合的相关应用示范，推进广播电视媒体融合向纵深发展。中心在“2022 年京津冀‘携手迎冬奥同心过大年’活动”中沟通协调各项工作并落实相关任务，参与中国（京津冀）广播电视媒体融合发展创新中心 2022 年度工作会、媒体融合创新创意大赛启动仪式等多项主题内容。

［北京新视听发展中心（北京音像资料馆）］

## 北京市广播电视局宣传中心

2021 年 4 月，市编办批复，同意将北京市广播电影电视局信息中心更名为北京市广播电视局宣传中心，主要职责是：承担组织协调广播电视和网络视听舆情分析、研究，智慧广电大数据体系建设等工作。2021 年 11 月正式挂牌。

2022 年主要工作：

### 一、全力赋能宣传矩阵和舆情工作

一是宣传矩阵持续发力助力北京市广播电视局重点工作对外推广。宣传中心构建以“首都广播电视”为品牌特征的“两微一端十二号”媒体宣传矩阵。截至 2022 年年底，北京市广播电视局“两微一端十二号”各平台发布信息总量为 33471 条，全网阅读量超过 20.136 亿人次，平均阅读 7 万人次。宣传矩阵围绕全局重点工作、中心工作，对内提前布局计划，做好前期对接工作；对外统筹资源平台，助力拓宽宣传渠道。此外，宣传中心还利用大数据助力，集成信息合集，方便各部门查阅宣传素材；深入活动一线，自采自编短视频，创新模式历练队伍；发布内容“三审三校”，做到“稿件不过夜、头条

北京市广播电视局政务新媒体矩阵图

重原创”，不断提升服务保障意识。

二是建立专班，保障助力共建大型活动。中心成立专班，深入各大活动一线，保障第五届中非媒体合作论坛、首届北京动画周、第四届北京国际公益广告大会等活动的宣传，扩大影响，提升传播力。先后保障活动、会议共计30余场，拍摄照片6000余张，视频录制20余场，拍摄时长达到9000分钟，制作视频新闻10余条，制作专题讲座视频10余条。为中国（北京）国际视听大会“党的十九大以来北京新视听成就展”收集、汇总、整理稿件1.4万余字，图片200余张，保障全局各大型活动宣传效果。

2022年8月，北京市广播电视局宣传中心宣传专班在2022第四届北京国际公益广告大会现场提供宣传保障

三是舆情信息监测预警工作开创新局。该工作已初步完成现状分析、实施方案、总体构想、管理结构和报告模板。每月发布《北京市广电局大数据平台分析月报》《每月局重点新闻速览》，不定期发布《舆情信息专报分析》。

## 二、承担北京市广电局大数据和信息化建设

一是智慧城市规划加紧推进，全局大数据体系框架初步形成。根据《北京市智慧城市规划》整体要求，启动北京市广电局智慧城市规划编制工作，汇总整理宣传管理处、电视剧管理处、传媒机构管理处、媒体融合发展处、科技处、监测中心、发展中心、宣传中心8个部门的信息化项目计划并开展对接调研。此外，有针对性开展研究分析，提炼潜在需求和储备项目。在业务数据试点的基础上，开展调研和梳理，创建数据关联模型，为逐步推广积累经验。开展大数据平台二期的申报立项，作为市广电局大数据工作“底座”，发挥基础共性平台的兜底作用，为各部门搭建上层应用场景，对接数据中台，发挥枢纽作用。

二是高质量完成政务服务领域技术支撑。“一网通办”相关工作推进顺利，完成市广电局政务事项的分析和拆解，并编制共享数据模板，做好与市政务一体化平台2.0版本的对接准备工作。

三是持续推进智慧城市各项任务，相关指标考核取得良好成绩。完成“京办”推广任务既定目标，全局用户激活率达到100%，并且成功保障7月1日全局干部大会和新视听大讲堂的视频直播。推进市领导“驾驶舱数据”共享，进舱数据23条。

四是不断夯实网络信息安全基础，安全防护水平得到提升。组织局所属各自建系统管理单位、相关运维服务单位和政务云服务商，开展应急演练，压实安全责任意识，检验网络信息安全保障队伍的技术储备和应急处突能力。组织开展为期14天的局域网和信息系统攻防演练，发现12种40个漏洞。为保障党的二十大期间的网络安全，发布《网络安全保障工作通知》，明确要求非必要信息系统一律关停，明确系统安全负责人和紧急联系人，确保联络畅通。实施24小时值班值守，重点保障局办公系统正常运行和各类视频会议的顺利召开。每日执行“零报告”机制，按时通报各系统安全运行情况。

（北京市广播电视局宣传中心）

# 北京广播影视交流促进中心

2021年4月，市编办批复，同意设立北京广播影视交流促进中心，主要职责是：承担本市广播电视和网络视听行业人才队伍建设、交流促进等事务性工作；承担北京广播电视网络视听发展基金管理的事务性工作。2021年11月正式挂牌，同年12月6日完成法人登记注册。

2022年主要工作：

## 一、服务广播电视和网络视听行业人才队伍建设

1. 举办首届规范网络主播从业行为专题培训。抖音、快手、微博、百度等14家网络直播平台及MCN机构的总编辑、直播运营总监、主播代表参加培训。培训得到行业内广泛关注，并得到国家广电总局人事司领导、专家以及学员各方的高度认可。

2. 组织开展“网络主播资质管理及成长研究”课题调研。协同中国传媒大学开展课题调研工作，面向直播平台、网络主播以及无忧传媒、中国网络视听节目服务协会等经纪机构，多次组织召开对接会，先后开展17场线上线下调研。完成《网络主播资质管理与成长研究报告》12万余字。报告围绕如何规范主播从业行为、引导行业健康有序发展提出切实可行的思路举措。

3. 完成北京地区播音员主持人执业注册管理工作。督促指导相关播出机构，严格执行播音员主持人持证上岗和执业注册制度。办理新增18家播出机构加入国家广电总局执业资格目录，办理播音员主持人证首次、延续、变更和注销注册共计508人次，涵盖北京广播电视台、各区融媒体中心等44家单位。

4. 完成2022年度播音主持系列职称评审服务保障工作。完成17家单位78名专业技术人员播音主持系列职称评审资料审验，分类别核查评审与答辩考核业绩成果代表作音、视频资料1347份，审验符合参评资格66人。12月底，联系播音主持领域18名高级评审专家，密切配合局人事处，严格落实疫情防控要求，保障2022年度播音主持职称评审工作如期安全完成。

5. 协同服务市局人才队伍建设。协助市广电局人事处完成2名“四个一批”人才和3名宣传思想文化青年英才申报推荐服务工作；落实高层次人才资助项目，协助1人申报宣传系统专项资金资助；协助完成2022年全国广播电视编辑记者、播音员主持人（北京考区）资格考试考生资料现场审核确认2183人；组织统筹北京广播电视台、各区融媒体中心、网络视听平台机构等32家单位参加国家广电总局学习宣传贯彻党的二十大精神专题培训、“我们的新时代”主题文艺创作、全媒体专业人才专项培训、播音员主持人融媒素质提升等13期培训班，参训人员172人次。

## 二、开展北京广播电视网络视听发展基金扶持工作

1. 基金项目征集和申报资格审核。1月17日，《北京广播电视网络视听发展基金2022年度项目资助申报指南》对外发布后，征集到190余家单位467部作品项目，完成申报项目主体资质、项目资质、样片等申报材料规范性审核，分类进行汇总记录。审核中，

有效解决近40%的申报项目提交内容不准确等问题。

2. 服务保障专家评审及理事会审议。基金办于6月、9月、11月分别召开北京广播电视网络视听发展基金第二届理事会第一次、二次、三次会议，举行线上评审会7次、线下评审会6次，中心全程参与会议记录及各项服务保障工作。撰写《北京广播电视网络视听发展基金2022年报告》4万余字。对拟扶持项目进行筛重，涵盖广播电视和融媒节目、电视剧、网络视听节目综艺类作品等十余个项目类别，邮寄六类专家评审，共计100余人次。

3. 扶持项目签约及验收归档。对北京广播电视网络视听发展基金2022年度179部扶持作品完成协议内容规范性审核，并签订资助协议，收集73家扶持单位财务信息，收取45部剧本扶持类和摄制宣推扶持类作品履约保证金和项目进展报告，跟踪项目进度，完成本年度申报项目结项验收、质量评估、数据整理归档等全流程工作，有力保障基金拨付工作按时顺利完成。

2022年8月，北京市广播电视局主办、北京广播影视交流促进中心承办的“规范网络主播从业行为”培训举行

（北京广播影视交流促进中心）

# 北京市广播影视协会

北京市广播影视协会前身为北京市广播电视学会，成立于1987年7月15日，是北京市地方广播电视学术团体组织，主管单位是北京市广播电视局。2013年6月25日，协会召开第六届会员代表大会，正式更名为北京市广播影视协会。2019年5月，协会被评为3A级社会组织。2021年11月29日，协会注册“北京市广播影视协会”微信公众号。

2022年主要工作：

北京市广播影视协会通过推优培优、开展专业培训、组织策划“大宣传”平台建设及各类新视听活动，发挥行业引领、资源整合、内容合作、道德自律功能，服务行业发展，助力行业治理。

## 一、成立专业委员会

1月19日，北京市广播影视协会召开“立德自律，守正创新”职业道德建设座谈会，成立北京市广播影视协会职业道德委员会。制定《北京市广播影视协会职业道德建设委员会工作规则（草案）》《北京市广播影视工作者自律公约（草案）》《北京市广播影视协会职业道德建设委员会组成人员建议名单》。

## 二、举办公益活动

协会与“学习强国”学习平台联合出品“‘共和国脊梁’科学家绘本丛书”有声读物，选拔“学习强国”学习平台、北京广播电视台和各区融媒体中心24位播音员、主持人深情讲述中国24位科学家爱国报国、敬业奉献、无私无畏、追求真理、不怕失败，为祖国科学事业繁荣昌盛而无私奉献的感人故事。作为公益活动，“‘共和国脊梁’科学家绘本丛书”有声书从10月13日开始，在“学习强国”学习平台、中国宋庆龄基金会“未来讲堂”以及北京广播电视台、各区融媒体中心的微信公众号以视频或音频的形式上线连续播出，迎接党的二十大胜利召开。

毛家鑫，北京经开区融媒体中心主持人。

北京经济技术开发区融媒体中心主持人为“‘共和国脊梁’科学家绘本丛书”有声书之一《捍卫生命的勇士：钟南山的故事》录音

## 三、开展评优推奖工作

组织“北京市2021年度优秀广播电视节目”评选活动。根据中国新闻奖、北京新闻奖的类别设置、评选标准和推选周期及办法，协会发布《2021年度北京市优秀广播电视节目推荐工作通知》，制定《评选管理办法》。组织36位专家，严格按照评选标准、要求和程序，进行线上会议讨论、投票、计票，经过两轮共8组评审，从280件推荐作品中，评选出173件优秀作品。其中广播新闻类36件，电视新闻类57件，媒体融合类24件，境外播出节目类3件，广播文艺类10件，电视文艺类18件，广播播音主持类10件，电视播音与主持类15件。

开展北京新闻奖和中国新闻奖优秀作品推荐。经过严格的评审程序，协会向2021年度北京新闻奖推送53件作品。其中北京广播电视台8件作品获得一等奖、12件作品获得二等奖、17件作品获得三等奖。通州区融媒体中心《爱上大运河》和西城融媒体中心《全市首例！西城区率先打造老旧小区改造“租赁置换”新模式》2件融媒体作品获三等奖。协会向第32届中国新闻奖推荐作品中，共有18件入围，最终北京广播电视台获评一等奖4件作品、二等奖5件作品、三等奖1件作品。

## 四、开展专业培训工作

协会组织开展“全媒体舆论引导力提升工程”培训10期。邀请清华大学、中国传媒大学、中国社会科学院等单位的专家教授，中宣部、国家广电总局、市委宣传部等部门专家，针对促进北京区级融媒体跨越式高质量创新发展，守住守好文化阵地，做优做强视听高地，有效提升舆论引导能力、方向导向把控能力、精品创作生产能力、人才建设培育能力等问题进行集中培训。其中，8期大课累计培训人数3000余人次，2期小课对顺义区和大兴区融媒体中心的16位播音员、主持人进行一对一专业讲解辅导。

### 五、开展主题调研工作

7月至12月，协会创新“咨询服务型”调研模式，组织行业专家共同深入基层，紧贴会员单位对广播电视网络视听前沿发展规划和业务创新需求，采取“推优＋学习＋调研＋培训”相结合，在全市范围内开展10场主调研活动。邀请10余位专家，与北京歌华传媒集团、北京广播电视台京津冀之声、北京交通广播及门头沟区、大兴区、昌平区、通州区、怀柔区、顺义区、丰台区融媒体中心等会员单位进行交流座谈和全媒体舆论引导力提升工程专题研讨。通过系列调研活动，北京市广播电视局和协会深入了解了行业机构的创新发展瓶颈障碍、内容建设突出问题、精品创作症结难题、媒体融合制约堵点、队伍建设隐患痛点等实际情况。

（北京市广播影视协会）

## 北京电视艺术家协会

北京电视艺术家协会（简称“北京视协”）前身是1985年11月成立的中国电视艺术家协会北京分会，是经北京市政府主管部门批准，由北京市文学艺术界联合会和北京市广播电视局联合发起成立的。2002年更名为北京影视艺术家协会。2010年3月更名为北京电视艺术家协会。协会履行“团结引导、联络协调、服务管理、自律维权”的基本职能，发挥行业建设主导作用。2022年，北京视协发展个人会员98人、团体会员单位6家；推荐加入中国视协个人会员12人。

2022年主要工作：

### 一、会议与活动

1. 组织开展第七届北京网络视听作品创新与人才推优大会。活动由北京市文学艺术界联合会主办，北京市委网信办、北京市广播电视局指导，北京网络视听节目服务协会、中国传媒大学戏剧影视学院等单位支持，北京电视艺术家协会、北京视协网络视听节目服务行业分会等承办。6月30日启动至8月底结束，共征集到作品328部，其中：融合媒体创新50部、网络电影13部、网络剧31部、网络栏目30部、网络节目50部、网络动漫18部、纪录片36部、网络短剧100部。经过初评、复评、终评评审，推选出优秀作品70部、优秀贡献人才20人以及“百年逐梦新征程”潜力作品及优秀组织单位集体奖项7个，并于11月18日召开推优大会。

2. 组织开展北京视协2022电视文艺人才培训班。8月29日至9月2日，组织“北京视协两新组织、新会员培训班”及“北京视协制片人培训班”，为期5天，培训学员97人，邀请以文联领导、北京视协主席团成员为主，由行业专家、学者教授、知名从业者等20人组成的授课团，围绕影视行业的精品创作、发展业态、政策法规、技术创新、产业前景等方面话题，立足新时代开启新征程，为推动首都影视行业精品创作、建设全国文化中心赋能增势。学习期间，117名新老会员举办了见面会。北京电视艺术家协会副主席、北京人民艺术剧院国家一级演员、北京视协演员工作委员会会长吴刚为新会员颁发会员证并进行现场交流。

3. 召开第31届中国电视“金鹰奖”北京地区推选会。组织7名业内专家，对北京地区报送的64部参评作品进行评审，共推选出12部电视剧、6部电视综艺节目、6部电视纪录片、5部电视动画片上报至中国视协参加全国评选。其中，《觉醒年代》获得第31届中国电视“金鹰奖”最佳电视剧奖，龙平平（《觉醒年代》）获得最佳电视剧编剧奖，马少骅（《觉醒年代》）获得最佳男配角奖。

2022年6月14日，北京电视艺术家协会举行第31届中国电视“金鹰奖”北京地区推选会

## 二、创作与研究

1. 北京市文联、北京电视艺术家协会联合组织摄制六集系列电视纪录片《“红色记忆”第二季——红色青春》。该片聚焦主题主线，以内容建设为根本，抓好主题创作，从中宣部《党建》杂志增刊《为了新中国的诞生——著名革命英烈传略》中遴选真实历史人物，以建党初期为党的事业做出积极贡献的李昆、王荷波、吉鸿昌、董毓华、沈爽和包森六位英烈为主题进行纪录片创作，采用独特的影视语言对革命英烈进行全方位的影像解读和人物塑造，倾力展示革命英烈的报国情怀，形成生动的爱国主义教育和革命思想道德教育。

2022年10月13日，六集系列电视纪录片《“红色记忆”第二季——红色青春》开机仪式在市文联举行

2. 发布《短剧产业现状、问题与发展趋势研究报告》。在第七届北京网络视听作品创新与人才推优大会上，北京视协，中国传媒大学戏剧影视学院，中国电视剧制作产业协会短工委、青工委等单位联合发布《短剧产业现状、问题与发展趋势研究报告》。报告分为四个部分，就微短剧的产业现状、艺术创作特点、短剧行业存在的问题与对策以及短剧产业的未来发展进行深入研究。

（北京电视艺术家协会）

# 北京广播电视台

北京广播电视台成立于2010年5月31日，是在原北京北广传媒集团、北京人民广播电台、北京电视台基础上组建而成的大型传媒机构，是市政府直属事业单位。2022年，北京广播电视台总资产近160亿元，年总收入超过50亿元。共有17个内设机构、35个事业中心，员工6000余人。

北京广播电视台开办新闻广播、城市广播、故事广播、体育广播、音乐广播、文艺广播、交通广播、外语广播、青年广播、京津冀之声10套广播节目（14个频率播出），开办北京卫视、文艺频道、纪实科教频道、影视频道、财经频道、生活频道、青年频道、新闻频道、卡酷少儿卫视频道、体育休闲频道、纪实科教8K超高清试验频道11套电视节目（23个频道播出）。2022年，全台广播电视播出总时长26.75万小时（含超高清、高清、标清电视频道播出，广播调频频率和中波频率播出），其中广播节目播出7.63万小时、广播频率发射8.51万小时，电视节目播出19.12万小时。北京广播电视台还有一个面向亚欧美地区播出的国际频道，每天首播7.22小时，24小时滚动播出。同时，北京广播电视台拥有“北京时间”“听听FM”新媒体客户端和北京IPTV、“北京云”等平台。

2022年，北京广播电视台收视收听市场份额稳中向好。北京卫视、卡酷少儿卫视继续保持同类频道全国领先地位，广播端市场份额首次突破80%，达到81.294%，再创历史新高，牢牢占据北京广播收听市场首位。

2022年主要工作：

## 一、新闻报道与专题节目

统筹全台报道力量和播出渠道，以全方位、矩阵式、立体化传播，全力做好党的二十大宣传报道工作。策划推出《奋进新征程 建功新时代》《我们的新时代》《二十大时光》《你好！新百年》《把二十大精神带回来》等一大批专题专栏、融合报道、特别策划和短视频，全面展示新时代历史性成就和历史性变革。推出《思想耀江山——协调篇》《中国共产党领导力密码》等通俗理论电视节目，以典型案例展现“协调发展”巨大成效。精心制作《我和我的新时代（北京篇）》《我为群众办实事之基层报到》《我家住在运河边》《时代医者》《岁月有光——我们这十年》《中国梦365个故事》等系列节目、融媒体直播、广播剧和纪录片，立体阐释习近平新时代中国特色社会主义思想在京华大地的生动实践，全面回顾党的十八大以来党和国家取得的具有里程碑意义的伟大成就，生动展现超大城市治理的“北京经验”和人民群众的获得感。官方客户端“北京时间”“听听FM”策划推出“热烈庆祝党的二十大胜利召开”等专题，为用户及时提供党的二十大热点资讯。《记者小薛的二十大报道Vlog》《十年新变化 北京青年说》《AI数字人时间小妮对话二十大代表》《有责任有担当，青春才会闪光》《见微知著》等融媒内容产品创新党的二十大宣传，精彩呈现习近平新时代中国特色社会主义思想指引下首都发展新篇章。全年累计播发党的二十大相关新闻报道5700余条，共计时长770余小时。

在北京冬奥会和冬残奥会期间，构建“2+2+4+N”全媒体报道格局，全台30名注册持证记者、169名非注册记者和1000多名前后方采编人员通力协作，采制新闻1万余条次近400小时，推出专题节目1300余期400余小时，共直播冬奥赛事110场约230小时，在国际大型综合体育赛事的宣传规模、方式创新上实现新突破。全台83名工作人员组成的15支体育展示团队，零差错、高质量完成228个竞赛单元的体育展示工作，得到冬奥组委的高度肯定。《北京向未来》《冰雪荣耀》《梦想飞扬 冬奥火炬传递》《冬梦之约》《一起向未来》《飘雪的日子来看你》《归雁》《盛会》《哇！冰球》《冬奥的脚步》等一系列专题专栏、特别节目、直播节目和广播剧，立体展现北京“双奥之城”风采。“北京时间”和“听听FM”同步上线冬奥频道，“双奥之城·看典”等100多场大型融媒体直播活动和1万多条原创短视频全网播放量超10亿次。北京卫视被党中央、国务院授予“北京冬奥会、冬残奥会突出贡献集体”称号，体育广播中心、体育频道中心被评为2022年冬奥会、冬残奥会北京市先进集体，全台共有6位员工被评为2022年冬奥会、冬残奥会北京市先进个人。

在贯彻中央防疫工作决策部署方面，重点围绕第九版防控方案、“二十条”优化措施、“京十条”新政，做好疫情防控新闻宣传和舆论引导工作。全台百余名记者深入疫情防控一线，播发相关稿件4万余篇，全程直播市政府疫情防控发布会167场，全面反映全市落实“疫情要防住、经济要稳住、发展要安全”的具体举措。根据疫情防控政策变化情况，《北京新闻》《养生堂》《医者》《新闻热线》《健康加油站》《健康北京》等节目栏目及相关新媒体账号围绕百姓关注的热点问题，推出特别节目、地图海报、长图、短视频、原创动画等多种形式的内容产品3000余条次。“北京时间”发起的独家新闻调查，收集近2000份新冠康复者填写的网络调查问卷，推出三期《从“阳过”到“阳康”》新闻调查栏目，受到多名专业人士的好评。

在壮大主流舆论、高质量服务新时代首都发展方面，聚焦总书记视察北京八周年等重大主题，推出《踔厉奋发 共谱新篇》《春天的脚步》《黄河安澜》等专题专栏、特别策划、纪录片，使总书记思想和风范更加深入人心、滋润人心。围绕全国和北京市“两会”，推出《两会发布》《2022北京两会》《两会直通车》《对话京津冀》等专题专栏、直播节目和特别节目，及时全面、准确权威传递会议精神。围绕市第十三次党代会，全台120多名精锐力量组成前方报道团队，推出直录播节目17场次，采制新闻报道800多篇次，新媒体端点击量超900万次，充分激发了共同推进新时代首都发展的强烈热情，广泛凝聚起全市人民奋进新征程的强大力量。《我是规划师》(第三季)、《创新的使命》、《北京迈向国际消费中心城市一周年》等一系列节目助力首都经济社会发展，全力服务“四个中心”建设。精心做好北京服贸会、首届北京文化论坛、金融街论坛等重要活动的宣传报道和会议服务保障工作。《市民对话一把手》《向前一步》《接诉即办》《生活这一刻》《新闻热线》《交通新闻热线》等栏目和“问北京”“1039调查团”等微信公众号，有效推动解决人民群众身边急难愁盼的问题。《向前一步》成为“接诉即办”主平台之一，荣获第32届中国新闻奖一等奖。《新闻热线》和微信公众号“问北京”推出“天价殡葬费”调查报道，直接推动全市太平间规范管理工作。

## 二、精品创作与品牌活动

北京台春晚连续十年蝉联省级卫视同时段收视冠军，卡酷动画春晚在核心人群中收视稳居全国第一。《博物馆之城》、《最美中轴线》(第二季)、《最美中国戏》(第二季)、《书画里的中国》（第二季）等创新节目不断扩容国潮文化品牌矩阵。《养生堂》、《活过100岁》、《京城十二时辰》（第二季）、《味道掌门》（第二季）、《徐徐道来话北京》、《打开文化之门》等节目持续深挖首都健康、文旅等方面资源，有力助推文旅产业和消费经济发展。《大先生》《科技创新小达人》《创新北京》《联e会》等一系列兼具科学性和趣味性的科普节目，为充分激发全社会科技创新热情营造良好氛围。

克服疫情不利影响，成功举办第十二届北京国际电影节，“天坛奖”评奖报名影片总数及外国影片数分别较上一届增长63%、67%，在办节模式、影响力、美誉度、市场化等方面实现创新突破，为助力“四个中心”及电影强国建设做出重要贡献。

全台收视收听份额稳中向好。北京卫视、卡酷少儿卫视继续保持同类频道全国领先地位，广播端牢牢占据北京广播收听市场首位。2022年，全台共有73件作品获得省部级以上奖项，其中10件作品获中国新闻奖，中国新闻奖一等奖获奖数量位列省级媒体首位，创历史最好成绩；各有2部作品获“五个一工程”奖和电视文艺“星光奖”；两名主持人获首届中国播音主持“金声奖”，成为全国唯一拥有两位获奖者的省级广电机构。

## 三、技术提升与媒体融合

围绕首都“科技创新中心”功能定位，大力推进广播电视超高清技术研发与创新应用。完成北京市科技冬奥8K应用示范任务，打通8K内容规模化生产技术路径，原生8K节目量在全国各台排前列。上线全国首款5G+8K移动客户端，加大节目生产的8K超高清技术应用力度，制作推出《北京古建》《燕京八绝》《8K博物馆之瓷说》《幽兰重宝》等8K纪录片。广播级真人数字人“时间小妮”亮相北京冬奥会、跨时空对话党的二十大代表，应用场景不断拓展，商业价值显著提升。北京IPTV观达智能运营系统、青荷大数据、智能语音功能等多个技术项目取得突破性成果，构建起以数据为基础、算法和算力为驱动的新一代智能运营体系，获得国家广播电视总局颁发的IPTV集成播控业务许可牌照。“时间小妮”“基于大数据AI人工智能算法在北京IPTV中的应用”等项目获得国家广播电视总局人工智能应用创新大赛一等奖。

狠抓媒体深度融合发展三年行动计划落实，媒体融合发展“两年见成效”任务目标如期达成。“北京时间”“听听FM”客户端累计下载量分别较三年前增长6.2倍和10.5倍。“北京时间”积极探索“新闻+服务”模式，推出便民服务项目80余项，积极实施“接诉即办融媒工程”，实现“民有所呼 我有所应”智慧融媒服务，被国家广播电视总局评为媒体融合先导单位。“听听FM”客户端“北京之声”城市有声导览项目已覆盖50家博物馆，综合竞争力位列全国省级广电音频客户端第一，被国家广播电视总局评为台网融合创新团队。完成了北京云有限公司组建，北京云市级技术总平台已推出市区融媒服务项目10余个。积极探索电商直播、人才培训和政务服务等“互联网+产业”媒体融合创新业务，与市文旅局、市农业农村局、顺义区政府等开展合作，共同推出“北京时间”文旅频道和城市动物智慧服务平台，打造“BRTV北京时间数字文化产业基地”。全台融媒账号日均原创内容800余条，全网粉丝覆盖达3亿人次，粉丝量超百万账号72个，其中，BRTV新闻微博矩阵和《养生堂》《生命缘》《法治进行时》等栏目账号粉丝量超千万。“京津冀之声”广播获评2022年度全国广播电视媒体融合典型案例。

（北京广播电视台）

# 北京歌华传媒集团有限责任公司

北京歌华传媒集团有限责任公司成立于2015年12月，由北京北广传媒集团有限公司和北京文创国际集团有限公司合并重组而成。集团业务涵盖创意设计、文化会展活动、影视内容生产、户外媒体、文化设施运营五大板块，拥有较为完备的文化传媒产业链条和出众的上下游配套产出能力。近年来，集团及所属企业多次荣获提名“全国文化企业30强”等荣誉。

2022年主要工作：

## 一、做好党的二十大服务保障和学习宣传

为深入学习宣传党的二十大精神，歌华传媒集团党委制订了宣传方案，集结所属户外媒体宣传平台转播大会盛况，全方位、高频次持续开展主题宣传。党的二十大闭幕后，各媒体平台滚动播出《大会报告金句》《数读二十大报告》，还推出理论阐释专栏《喜迎二十大》《聚焦二十大：二十大报告中的9个数字》等，日均覆盖1000万人次，曝光量2400万。

为确保安全播出，歌华传媒集团抽调92名技术骨干，严格实行闭环管理，培训演练上百次，建立完善预案20余项。集团所属数字付费电视、鼎视集成平台、移动电视、楼宇电视、户外大屏等广电平台在安播保障能力评估中均获评最高“5A卓越”级别，做到万无一失。

完成党的二十大新闻中心记者工作区搭建、环境氛围营造、防疫设施配置和电力系统运行保障。完成“奋进新时代”主题成就展第二标段全部6个展馆的25家省市及港澳台和展望单元共计8700平方米展区的展陈设计、施工布设和展期运维服务。

## 二、完成北京冬奥会、冬残奥会开闭幕式服务保障任务

为完成开闭幕式四场仪式“总牵头、总制作、总保障”任务，歌华传媒集团遴选出200名业务骨干奔赴一线，组建舞美道具、音视频制作、演出组织、技术统筹、电力保障、焰火燃放、后勤保障等20支工作小组，在20个现场点位和5处外场排练场地，全流程、全要素、全链条，保质量、保进度、保安全，力保四场仪式“简约、安全、精彩”呈现。

高水准完成开闭幕式请柬票证和观众服务包的设计制作、冬奥主媒体中心文创示范店建设运营、新闻中心筹备和驻地保障、75家冬奥接待酒店境外卫星电视技术保障和冬奥主题户外宣传等配套任务。

组织所属媒体平台做好冬奥宣传报道，完成四场开闭幕式实时转播，策划制作《探秘冬奥场馆》《冬奥来了》《冬奥有我》等节目，结合LBS技术在公交移动电视播出《探秘冬奥场馆》节目，获得北京市广播电视创新创优节目季度评优奖励。

## 三、举办市级重点文化项目

助力首届北京文化论坛，完成开幕式及主论坛现场执行和相关分论坛组织执行，完成会场布置、氛围营造及服务包设计制作。做好服贸会文旅服务专题和深圳文博会北京展区承办工作，完成内容策划、场地规划、参展商接洽等，获得良好社会反响。首次承担北京党建引领接诉即办改革论坛的组织承办工作，克服疫情困难，顺利完成任务。首次承办北京文创大赛，精心组织、广泛发动，征集到参赛项目5万余个，在项目质量、成果转化、社会影响等方面取得显著提升。以线上线下相结合的方式成功举办北京国际设计周系列活动，线上参与者数量有了新突破。积极承担第十三届中国艺术节开幕式、中美青年创客大赛总决赛、北京动画周、北京纪实影像周的组织承办工作，成功举办北京国际摄影周、“百年无极”西方现当代艺术大师作品展、“江户绮想曲”浮世绘展览、“1滴水·1世界”ANOBO世界少儿科技艺术巡展、2022年中华世纪坛传统文化季等活动。

## 四、推出精品力作

集团出品的电视剧《觉醒年代》自2021年播出后热度不减、影响不断，至2022年底已获得“白玉兰奖”“飞天奖”“金鹰奖”三大国内电视剧类奖项，同时获得第十六届精神文明建设“五个一工程”优秀作品奖。有序推进喜迎党的二十大主题创作。《温暖的土地》完成制作进入备播阶段；重大革命历史题材电视剧《伟大的长征》《曙光》已完成立项备案；抗美援朝战争题材电视剧《大地》、乡村振兴主题短剧《百家宴》正在创作之中；京味剧《鼓楼外》等电视剧播出后反响良好。户外精品理论栏目《学“习”进行时》获好评；《奋进新征程 建功新时代》系列专栏在户外宣传平台累计播出25万分钟；《以史为鉴开创未来——十九届六中全会系列解读》《信仰的力量》《家书见初心》《学史力行我为群众办实事》等15部集团所属媒体单位的作品在多项市级广播电视节目评比中获奖。

（北京歌华传媒集团有限责任公司）

# 北京歌华文化发展集团有限公司

北京歌华文化发展集团有限公司成立于1997年12月，是北京市大型国有文化运营机构。2018年完成企业改制，更名为北京歌华文化发展集团有限公司。

2022年主要工作：

## 一、重大活动服务保障和重点品牌项目运营

完成多项国家级重大活动和重要服务保障任务。完成北京2022年冬奥会和冬残奥会开闭幕式编创团队、演职团队的聘用及管理，灯光、音响、烟花、舞美、音乐、视频、服化道设计及制作，演员、仪式人员的管理、排练及演出的组织运行等工作任务。党中央、国务院授予歌华文化“北京冬奥会、冬残奥会突出贡献集体”称号。

首届北京文化论坛是北京市2022年打造的文化领域标志性品牌论坛。歌华文化及所

属单位高度重视、精心策划，高标准完成了论坛整体会务服务、物料设计制作、环境布置和落地执行等各项服务保障工作。

为迎接党的二十大胜利召开，歌华文化全力做好“奋进新时代”主题成就展服务保障，高水平完成了地方、展望两个展区6个场馆共计8700余平方米展示区域的内容对接、统筹设计、制作搭建等工作。歌华文化及所属单位还承接了党的二十大新闻中心记者驻地服务保障任务。按照“眼前一亮、耳目一新、中国文化、北京特色”的设计原则，完成了党的二十大新闻中心记者工作区设计搭建、环境氛围营造和现场运行服务等各项保障工作，获得参会中外记者普遍赞誉。

完成第十三届中国艺术节开幕式灯光、音响、大屏、机械的搭建运维保障工作，舞美、服装、化妆、道具、音乐、视频的制作保障工作，完成开幕式9个节目1000余名演职人员的排练演出组织管理及食宿行保障工作。

在北京党建引领接诉即办改革论坛系列活动期间，歌华文化及所属单位在疫情防控最艰难时刻完成了论坛开闭幕式及主论坛、6场平行论坛、主题展览等系列活动的各项工作任务。

## 二、完成各项文化品牌活动项目

一是完成服贸会文旅服务专题、第十八届深圳文博会北京展区工作任务。围绕“数字赋能文旅发展，文化创新美好生活”主题，举办152场文化活动，征集签约项目31个，签约总额71.05亿人民币，是2022年服贸会九个专题展中参观人数最多、最受欢迎的服贸会打卡地。市委常委、宣传部部长莫高义称赞本届服贸会文旅服务专题展科技含量高、服务意识强，展览展示水平进一步提升。深圳文博会北京展区围绕“建设全国文化中心，推进文化自信自强”主题，展陈面积779平方米。北京重点文化企业线下参与56家，线上参展128家。

二是举办北京国际设计周、北京国际摄影周、北京文创大赛、中美创客大赛、首届北京国际动画周等活动。2022北京国际设计周以“数实互生”为主题，聚焦北京世界设计名城建设和全球数字经济标杆城市建设，重点围绕设计名城建设、文化解码、科技赋能、生活美学、品牌塑造、数字设计六大方向开展，设1个主会场、34个分会场，展览、论坛及相关活动共举办百余场。

北京国际摄影周2022采取“线下+线上”“室内+户外”的形式灵活举办，总展览面积近1万平方米，共计举办展览19个，论坛17场，展出图片近4000幅（组），参与摄影师1700余人，吸引参观20万余人次，线上覆盖近300万人次。

北京文创大赛完成17个分赛区和15个主题赛区的预选赛评选工作，共征集项目（作品）55318个，总决赛初评、复评和终评共评选出500个入围奖、150个优秀奖、55个专业赛道奖项和20个文化创客团队奖。组委会组织的赛程紧凑、赛制清晰、评审严谨，各级政府和文化行业参与积极，社会关注度高。

中美创客大赛共有9000余名中美两国选手，2000多个项目报名参赛。共有77支团队（其中5支为中美联合组队团队），300多名选手参加了总决赛的选拔。

首届北京动画周主场活动在北京科学中心举办，活动梳理中国动画百年历程，赢得业界赞许，取得丰硕成果。各项活动线上直播观看量超4000万人次。

三是弘扬中华优秀传统文化，传承古都文化，助力北京全国文化中心建设。持续举办“传统文化季”“中国传统工艺振兴展”等活动，弘扬中华优秀传统文化。中华世纪坛传统文化季以“传承·发展”为主题，策划推出“文化主题系列展”“非遗展演活动”“传统文化市集”三大板块为主体的系列文化活动。中国传统工艺振兴主题设计展览以“融汇东西，营造生活”为主题，展示东西方文化中传统工艺与现代设计融合的项目和作品，通过非遗数字化体验、非遗 NFT 的方式展现“数实互生”的成果。完成 2022 北京长城文化节八达岭长城高峰论坛系列活动，为长城文化高层次多角度交流搭建平台，极大提升长城文化品牌影响力。举办“百年无极”西方现当代艺术大师作品展、“江户绮想曲”浮世绘展、世界艺术云图 2022 等多个国际文化艺术展览，持续为中国观众开启了解世界艺术的文明之窗。

### 三、加强文化设施运营管理

积极做好歌华大厦、中华世纪坛、歌华开元酒店的经营管理。开展歌华大厦申报 2022 年度北京市级文化产业园区认定评审工作，通过园区认定评审并获市级文化产业示范园区提名。

中华世纪坛 2022 年 4 月与北京市文化馆签订物业管理合同，歌华文化首次对外承办物业管理服务项目，相关工作受到市文旅局所属有关单位的高度认可和一致好评。

加快推进北京国际设计周永久会址的建设落成，实现一期永久会址试运营。永久会址项目荣获由北京城市规划学会举办的首届北京城市更新最佳实践评选“最佳实践项目”；荣获由市商务局主办、全球首发中心评选的“培育类全球首发中心”称号。

（北京歌华文化发展集团有限公司）

## 北京歌华影视股份有限公司

北京歌华影视股份有限公司前身为成立于 2003 年的北京北广传媒影视股份有限公司，是隶属于北京歌华传媒集团有限责任公司的国有股份制公司，2022 年 10 月 27 日更名为北京歌华影视股份有限公司。主营业务以影视剧的创作、生产为主。自成立以来，投资拍摄的电视剧达 30 部千余集，其中多部剧目先后荣获全国“五个一工程”奖、“飞天奖”、“白玉兰奖”、“金鹰奖”等多项大奖。代表作品有《觉醒年代》《香山叶正红》《情满四合院》《风车》《鼓楼外》等。

作为国有文化生产企业，歌华影视公司深入研究在北京“全国文化中心”建设中应担负的职责，找准定位。2022 年，公司加大对内容生产的投入力度，成立《伟大的长征》创作专班，并在总局重大办完成了立项申报工作。重大革命历史题材纪录片《何香凝》已完成剧本创作，报总局重大办审批。

电视剧发行方面，现实题材剧《鼓楼外》已完成在北京卫视和天津卫视的播出，收视率名列同期热播剧前茅，学习强国、光明日报、人民日报客户端、新华网、北京日报等 100 余家主流媒体发文推荐，该剧微博客户端相关话题累计阅读量超 500 万。

2022 年，公司获得包括中宣部“五个一工程”奖等国内外奖项共计 28 项，其中电视剧《觉醒年代》《香山叶正红》双双荣获“飞天奖”优秀电视剧奖。《觉醒年代》还获得精神文明建设“五个一工程”奖，“飞天奖”优秀导演奖及优秀编剧、优秀男演员提名奖，以及“金鹰奖”最佳电视剧奖、最佳电视剧编剧奖、最佳男配角奖。至此该剧斩获“五个一工程”奖、“飞天奖”、“金鹰奖”、“白玉兰奖”，实现国内电视剧四大奖项“大满贯”。

（北京歌华影视股份有限公司）

# 北京电视艺术中心有限公司

北京电视艺术中心有限公司前身为成立于1982年9月的北京电视艺术中心，2010年8月4日转企改制，更名为现用名。公司隶属北京歌华传媒集团有限责任公司，主要从事影视节目策划、制作、营销等业务。

截至2022年年底，公司共制作生产电视剧203部3470余集，译制片百余部千余集，及一大批电影、专题片。多部优秀作品获“金鹰奖”、“飞天奖”、“五个一工程”奖，并取得了连获全国大奖的四连冠佳绩。

2022年电视剧播出情况：联合出品电视剧《高兴的酸甜苦辣》于2022年4月27日在中央电视台电视剧频道播出；电视剧《奔跑吧爱人》在新媒体平台播出，《诱惑》在搜狐视频独家首播；片库剧《杀尽豺狼》《编辑部的故事》《渴望》《爸妈都是老党员》《城里城外》等在山东、河北、辽宁、福建、广西、吉林、山西、四川等地面台播出。

（北京电视艺术中心有限公司）

# 北京歌华新新传媒有限责任公司

北京歌华新新传媒有限责任公司是歌华传媒集团全资子公司，成立于2008年，前身为《北京党建》数字电视平台，由北京市委党建工作领导小组领导。截至2022年年底，公司已制作视频总时长超5.5万分钟，获中央及市级各类节目奖项百余个。连续5年承制全市党建述职评议大会调研专题片和全市警示教育大会警示教育片的拍摄制作任务，在广大党员干部中产生较强影响力。制作的《北京党史慕课》《向榜样学习》等内容获得中央组织部开展的全国党员教育电视片评选一等奖、十佳策划奖；制作的系列党课被中央组织部评选为全国好课程。

公司业务范围包含视频内容生产、歌华智慧化学习系统建设、重大活动保障与党建廉政空间打造、VR视频制作及技术应用四大板块。

在视频内容生产方面，负责北京广播电视台新闻频道和科教频道播出的《清风北京》《怎么看》《晚晴》三档电视栏目的采编制作；承制中央组织部、北京市委组织部、各区委组织部及各委办局的大量党员教育片、党建工作片等；承接全市基层党建述职评议大会调研专题片的制作工作；承接中央纪委国家监委、国家市场监督管理总局、北京市纪委监委、各区纪委监委等单位的警示教育片摄制工作，承接全市警示教育大会警示教育片拍摄制作任务，得到市领导肯定。

在歌华智慧化学习系统建设方面，该系统依托已有海量、权威、专业的党建学习资源，融合5G、大数据、云计算、VR等技术，为基层党组织和单位学习提供强有力支持。已陆续在中国国际服务贸易交易会、中国（深圳）国际文化产业博览交易会等大型会展上亮相展出，以其创新实用的功能吸引了众多观众驻足观看体验。已为百余个基层党组织提供了学习支撑，除北京外，在福建、内蒙古、黑龙江等多个省份实现落地。

在重大活动保障与党建廉政空间打造方面，为国家级、市级文化活动提供专业的服务保障，从活动策划、全流程摄影摄像、宣传片制作、短视频宣发、网络直播等方面提供一站式服务。同时提供党建、廉政空间的策划、设计、制作、工程施工等专业服务。

除此之外，公司常年专注于VR视频内容生产，为一大会址、南湖革命纪念馆、西柏坡旧址、井冈山会师纪念馆、遵义会议纪念馆等全国80余家红色纪念馆拍摄制作具有学习价值的VR党史馆。

（北京歌华新新传媒有限责任公司）

# 北京音像有限公司

北京音像有限公司原名北京音像公司。公司始建于1979年，原称北京市广播电视服务公司。1985年7月，北京市广播电视服务公司与北京音像出版社合并成立北京音像公司，2006年5月完成转企改制。2018年12月由全民所有制企业改为国有一人有限公司。是具有音像制品出版发行、录音录像、节目复制、境外音像制品引进出版和影视节目制作、电视剧（乙级）拍摄和技术推广服务及专业承包等多种经营范围的国有企业。

2022年，公司承揽多个大型企业和机关团体宣传册、光盘制作任务；出版物《我们的队伍向太阳——庆祝中国人民解放军建军95周年》获北京宣传文化引导基金资金资助；完成北京市新闻出版局“北京典籍与经典老唱片数字化出版”项目5集100段制作；承接移动电视终端设备维护和城市电视视屏工程安装维修及仓储业务。

（北京音像有限公司）

# 北京歌华移动电视有限公司

北京歌华移动电视有限公司（原北京北广传媒移动电视有限公司）成立于2003年8月，由北京北广传媒集团有限公司、北京电视产业发展集团有限公司、北京广播集团有限公司、北京歌华有线电视网络股份有限公司和北京歌华投资中心有限公司共同发起组建。

2003年7月9日，国家广电总局授予北京广播影视集团48频道的试验频率，开展地面数字电视试点。2004年2月14日国家广电总局正式批复同意集团在公交、地铁、轻轨、出租车等交通工具及其他公共场所试行开办移动电视节目，呼号为：北京移动电视。目前，公交电视终端总量近2万个，日受众600万人次，覆盖北京六环以里600余条优质线路。

2022年主要工作：

## 一、安全播出

2022年公司职责范围内的移动电视、城市电视、地铁电视三大平台共实现安全播出17685小时。完成《新闻联播》延时转播等重要转播工作94次，累计转播时长352小时，实现全年安全播出、全传输零事故目标。

## 二、重点宣传

宣传党的二十大精神。2022年10月，中国共产党第二十次全国代表大会召开。移动电视策划推出系列报道《这十年》，以专题形式制作《国企篇》《社区篇》《先进个人篇》三个系列，从“点、线、面”的角度，通过精彩、精练的故事及人物典型采访报道，展现北京十年来的发展变化。

营造舆论氛围，重大活动持续开展直播或转播。3月5日直播全国人大十三届五次会议开幕会1.5小时；3月11日直播全国人大十三届五次会议闭幕及总理答记者问3.5小时；5月10日直播庆祝共青团成立100周年大会1小时；7月1日直播庆祝香港回归祖国25周年大会141分钟；9月30日直播烈士纪念日向人民英雄纪念碑敬献花篮仪式30分钟。

开展北京冬奥会、冬残奥会宣传。冬奥会、冬残奥会期间，移动电视每天播出冬奥、冰雪运动等相关内容超过12小时。其中全屏及上屏刊播《精彩时刻》、《协和医生说》冬季运动专辑、《冬奥百科》、《探秘冬奥场馆》、《冬奥脚步》、《巴斯秀》、冰雪活动征集以及冬奥宣传片MV《一起向未来》等；下屏图片推出《巴斯课堂》《巴斯涂鸦》《巴斯光影秀》等冬奥专辑。为传播奥林匹克价值观，营造良好的冬奥赛事氛围，移动电视还连续推出三场“冰雪专车喊你来玩”系列线下活动。活动通过在广大乘客中招募部分冰雪运动爱好者乘坐冰雪专车的方式，带领乘客进行一系列冬奥（冰雪）体验、互动活动，打造了一节移动的冬奥、冬残奥知识讲解课堂。

在抗击新冠疫情战役中，移动电视及时准确发布防疫要求、科普防疫健康知识，为首都疫情防控宣传工作做好桥头堡、守好健康大门。2022年，移动电视制播36组共计135张防疫相关系列海报，单屏累计播出9942.5分钟；上播防疫相关视频22条，播出4433次，单屏累计播出时长6650分钟。

## 三、智能媒体系统

完成智能媒体系统验收与优化升级。自2021年9月完成全流程验收后，系统逐步进入交付验收阶段。2022年3月2日完成终端软件新版本正式界面发布；3月21日完成软件系统华为云云平台的移交，公司正式拥有系统的管理权；4月22日组织专题会，对智能媒体系统软件研发及部署进行验收，系统进入持续优化和日常运维阶段。全年对系统各类升级优化共计66次。组织规模性测试5次，室内接收测试累计达到12个月，实车跟车测试12次，其他各种类型的功能测试200多次，全力推进系统的各项研发和优化工作。

完成系统等级保护测评工作。智能媒体系统全部服务器和网络安全服务分别按照等保二级和等保三级进行专业测评、整改和复测，最终均达到国家的相关标准要求，并通过北京市公安局的测评备案。

## 四、公交终端平台管理

终端平台规模和完好率保持稳定。截至2022年年底移动电视终端平台安装设备9628辆，同比增加了100辆；涉及线路779条，同比增长了17%。其中32英寸屏为8710辆，占比90.46%；24英寸屏为918辆，占比9.54%。全年组织102次三方终端监测，监测车辆3570辆次；内部自检12次，监测车辆809辆次，终端整体完好率为97.21%。

完成智能终端全部更新工作，终端运维平稳有序。受疫情、研发进度等一系列客观因素影响，原计划2021年完成的终端换装工作，顺延至2022年继续开展。已完成北京市内智能终端换装工作，换装车辆8490辆，新装冬奥会专车220辆，全部设备经验收已投入使用。终端平台保持平稳运行。

抓好全员终端监测工作。公司在7月份开展了全员终端监测工作。监测总量为1154辆车，占终端总数的12%，涉及线路172条，占线路总数的24%，监测显示整体完好率为93.2%，抽样比例和车辆分布可以完全代表终端基本情况，具有较高的置信度和参考程度。同时，收集了大量关于节目质量、节目类型、声音覆盖、受众反应等一手数据，也发现了线路老化、人为破坏、显示比例失调、司机中途熄火导致白屏等平时很难发现的问题，为后续维修维护工作的改进和优化提供了大量翔实可靠的信息。

（北京歌华移动电视有限公司）

# 北京歌华城市电视有限公司

北京歌华城市电视有限公司成立于2004年12月16日，原名北京北广传媒城市电视有限公司，2022年6月6日更名为现用名。主营业务为楼宇电视联播网及户外大屏电视联播网，其中楼宇电视平台终端安装数量6045屏；大屏联播网现有13处15块户外LED大屏，包括富力广场、世贸天阶、凯德MALL望京、来福士广场、王府井工美大厦、酒仙桥电子城总部（2块）、枫蓝国际购物中心、莲花池公园、汽车博物馆、丽泽商务区、鸿坤广场（2块）、上海淮海中路百盛购物中心、上海浦东百联世纪大都会，均运营稳定。

2022年主要工作：

**加快平台化建设。**一是做强渠道主业，夯实媒体阵地基石，在通州区政务渠道部署和安装城市电视楼宇终端，成功覆盖通州区98%的政务系统。二是立足大屏技术升级，播控管理赋能，大屏联播网实现跨越式发展，以超高清大屏为布局点，成功将丰台丽泽商务区、汽车博物馆两块8K大屏，大兴鸿坤广场大屏接入户外大屏联播网；成功将工美大屏再次点亮，首次实现商业广告独家代理。

**做好主题宣传。**一是聚焦聚力迎接宣传贯彻党的二十大。制作播出党的二十大相关新闻300余条、专题节目7个共83期、主题宣传30余部、主题活动2个、献礼栏目1个共15期、氛围营造海报20余张、大会精神/报告栏目5个共50余张图，播出相关宣传总频次超380万次，总播出时长7000余小时，总曝光量超8亿次。二是全景展现冰雪盛会。自冬奥会倒计时365天开始，城市电视通过旗下两大媒体平台播出倒计时海报，与首都市民共盼冬奥。冬奥会及冬残奥会期间，除圆满完成冬奥会及冬残奥会开、闭幕式的同步户外转播外，还自主策划制作《冬奥来了》《冬奥时刻》系列节目6个，《一起向未来》冬残奥会系列节目3个；利用自有品牌栏目《城市播报》，开设新闻专栏《赛事速递》，集成报道精彩赛事资讯及相关新闻260余条；高频次播出《我与冬奥的故事》《相约北京圆梦冬奥》《一起向未来》等宣传片和冬奥主题公益广告，收集冬奥会的方方面面；发挥媒体融合优势，自制《雪容融正式上岗了》短视频，荣获北京市广播电视局“优秀融媒体新闻作品”奖项。全平台播出冬奥相关宣传总频次超40万次，出色地完成了冬奥会宣传保障任务。

**确保安全播出零事故**。2022年，城市电视严守安全播出底线，以良好的精神状态和扎实的工作作风，圆满完成转直播任务11场次，总转播时长4935分钟，切实保证全年安全播出零事故。

**开展城市电视品牌活动**。主办第二届“奋斗！在幸福路上”活动，以乡村振兴为主题，聚焦扶贫攻坚成果，用群像讴歌时代的国企担当，受到了权威媒体的关注。其中，人民日报、中新网、新华社、学习强国、北京卫视等10余家主流权威媒体对本届活动进行了转载报道，累计曝光超5亿次，短视频网络观看量总计8843.1万余次，点赞量105万余次，形成了广泛的行业影响力。此外，城市电视自办的知名系列品牌活动“超级月亮慢直播”也于2022年中秋节如期举办。该项活动自2016年启动已成功举办七届。本年活动中最为特别的一点，是以融媒体双屏直播互动的形式，通过丰富多彩的文旅专题线上、线下活动，带领观众沉浸式参与活动，直播累计观看人数35000余人，点赞评论万余次，现场吸引流动观众2000余人驻足观看参与，人民日报、新京报、北京时间、北京晚报等多家主流媒体也对活动进行了转载报道。

（北京歌华城市电视有限公司）

# 北京北广传媒数字电视有限公司

北京北广传媒数字电视有限公司成立于2003年7月，注册资金7500万元。

作为数字电视节目集成商，公司已开播付费频道11套。经营管理四海钓鱼、优优宝贝、中华特产、车迷、环球旅游和生态环境6个具有全国播出资质的频道；运营京视剧场、爱家购物、动感音乐、弈坛春秋和置业5个面向北京地区播出的频道。截至2022年年底，公司自有的6个上星付费电视频道覆盖全国有线电视用户1亿余户。

运营维护北京数字电视节目播出平台。播出公司自有11套数字付费频道，为3个中央及其他省级电视台开办的付费频道提供代播服务，为4套有直播业务的付费频道提供应急垫播服务，并为鼎视平台提供技术服务。

提供数字电视节目信息服务。为北京地区广大数字电视用户提供翔实准确的节目信息服务，通过歌华有线电视网络上载播出的数字电视频道及有线广播节目信息共188套。

（北京北广传媒数字电视有限公司）

# 鼎视传媒股份有限公司

鼎视传媒股份有限公司原称鼎视数字电视传媒有限公司，为全国性数字付费电视节目集成运营机构，成立于2005年12月。2014年11月由有限公司整体变更为股份有限公司。鼎视传媒是国内领先的数字电视内容集成分发运营商，为数字电视内容供应商提供专业的技术服务和营销服务，主营业务包括传输加密业务、付费频道销售业务、电视购物频道发行业务等。

2022年，鼎视传媒继续巩固节目落地区域，共集成传输14套数字付费电视频道、12套高标清卫视频道、8套购物频道。付费频道覆盖全国27个省及直辖市，有线数字电视用户10340万户，占全国现有数字电视用户总数19000万户的54.4%。代理发行4套购物频道，电视购物频道发行共计落地28个地区，累计机顶盒用户达到2056万户。

鼎视传媒集成传输22套数字标清节目，其中数字付费频道有：中华特产、车迷、优优宝贝、环球旅游、生态环境、收藏天下、百姓健康、四海钓鱼、证券资讯、电子体育、家庭理财、中国天气、音像世界、财富天下、证券服务。同时，还为快乐购物、央广购物、优购物、时尚购物、风尚购物、家有购物、家家购物、环球购物等8个数字电视购物频道提供集成传输及发行服务。集成传输及远程加密的12套数字高标清卫视节目有：北京卫视高清、北京纪实科教高清、北京卡酷少儿高清、湖南卫视高清、金鹰纪实高清、广东卫视高清、深圳卫视高清、黑龙江卫视高清、湖北卫视高清、东南卫视高清、三沙卫视标清、厦门卫视标清。

（鼎视传媒股份有限公司）

# 北京瑞特影音贸易有限公司

北京瑞特影音贸易有限公司成立于1993年3月3日，是经北京市广播电视局批准并指定的北京地区唯一从事境外卫星电视节目代理业务的机构。2018年12月完成国企改制工作，由全民所有制企业改为国有一人有限责任公司，股东是北京北广传媒集团有限公司，注册资本276.3万元。

公司主要负责向北京市广播电视局批准的机构销售经国家广播电视总局批准的境外卫星电视节目及解码器，拥有HBO、CNN、

AXN、凤凰电影等27套境外加扰卫星电视节目。瑞特公司承担的业务主要是境外卫星节目收视的服务和代理、境外电视接收系统工程等。截至2022年12月拥有境外卫星节目收视用户390家左右。2022年实现营业收入6003万元，实现利润总额218万元。

2022年北京瑞特公司完成北京冬奥会、冬残奥会、全国两会、北京市两会、服贸会、党的二十大等重大节日、会议、活动及北京市广电局临时交办的卫星保障任务，积极配合外交部、国家广电总局、北京市广电局传媒机构管理处及北京市国家安全局工作，确保境外卫星电视保障零事故。

（北京瑞特影音贸易有限公司）

# 北京北广置业有限公司

北京北广置业有限公司（以下简称“北广置业”）成立于2006年12月15日，注册资本1000万元，是北京歌华传媒集团下属负责项目开发和经营管理等业务的企业。主要业务是在北京歌华传媒集团的领导下开展项目开发、物业管理、劳务派遣等业务。营业范围包括：房地产开发；销售本企业开发的商品房；物业管理；机动车公共停车场服务；劳务派遣；房地产信息咨询；会议服务；广播电视节目制作；电影发行。主要负责北京影视城项目和其他物业的统一开发建设和经营管理，协调管理北京影视城项目其他相关公司北京现代电视艺术发展有限公司（以下简称“现代电视”）和北京市东方艺苑物资仓储服务有限公司（以下简称“东方艺苑”）。

北广置业致力于做好项目开发和经营，为歌华传媒集团主业发展做好文化设施板块在物理空间等方面的服务。

2022年主要工作：

**做好北京影视城项目征地的管理、看护工作。**管理看护好影视城项目征地，设置地块围挡，秋冬季清除杂草消除隐患做好防火工作，阻止向征地闲置土地内倾倒垃圾，做好雨季排涝等工作。

**加强对现代电视和东方艺苑所参股公司的协调和监管工作。**北广置业按照现代企业管理制度加强对现代电视和东方艺苑所参股的北京森润房地产开发有限公司（以下简称“森润公司”）的监督管理，按照公司法和公司章程，利用参与股东会和董事会的决策权，利用参与监事会的监督权进行管理，同时加强对森润公司经营班子决策和财务审批的管理工作。专项研究加强对森润公司的监管措施。

**做好北京影视城电视节目制作中心院区的运营管理工作。**加强对北京影视城电视节目制作中心院区设施设备的运营维护，聘请专业单位负责专项设备维护。按照各级安全检查和相关部门的要求做好各项维修维护工作。

（北京北广置业有限公司）

# 北京歌华钟磬文化服务有限公司

北京歌华钟磬文化服务有限公司（以下简称“歌华钟磬”）隶属于北京歌华传媒集团有限责任公司(以下简称“歌华传媒集团”)，为国有独资公司。歌华钟磬下设北京红螺钟磬山庄有限公司。

歌华钟磬作为国家机关、北京市及怀柔区三级会议定点单位，以会议培训接待为主，商务散客接待和承接员工食堂服务为辅。2020 年 2 月 8 日至 2022 年 12 月 31 日，公司被怀柔区政府征用为疫情隔离点，主营业务暂停。

公司实际占地面积 15000 平方米，其中土地产权面积 9850 平方米，另有山地 20 亩(租用期限 50 年)，建筑面积 8381.89 平方米，总投资 6681 万元。

2022 年疫情形势严峻复杂，歌华钟磬隔离点封闭管理区域，禁止外单位人员入内，除应急保障车辆外禁止一切车辆进出。在疫情防控工作中，认真落实中央、北京市委市政府毫不放松抓疫情防控和抓疫情防控从严、从快、从重的精神，按照抓好疫情防控不惜一切代价的要求落实好各项疫情防控措施。对措施落实情况坚持定期检查、不定期抽查，进一步强化主体责任，强化个人防护，强化重要场所的管控，做到严防死守。2022 年共接待隔离人员 1094 人，圆满完成隔离点服务保障各项工作。

（北京歌华钟磬文化服务有限公司）

# 北京歌华有线电视网络股份有限公司

北京歌华有线电视网络股份有限公司(以下简称“歌华有线”）于 1999 年 9 月成立，2001 年在上海证券交易所上市（股票代码 600037)，是国内有线电视网络首家上市公司、国内第一批三网融合广电试点企业。2020 年 12 月，歌华有线完成股份过户登记暨控制权变更，控股股东变更为中国广电网络股份有限公司；2021 年 3 月，完成管理权限由北京歌华传媒集团向中国广电的交接。

2022 年主要工作：

## 一、完成党的二十大、北京冬奥会等全年重要保障任务

歌华有线作为北京 2022 年冬奥会和冬残奥会官方有线电视服务供应商，联合中国广电河北公司，历时 4 年完成冬奥有线电视专网建设。在冬奥保障期内提供了优质高效的赛事广播电视信号传输服务，并打造呈现了“无线 CATV 服务”和“超低延时数字直播服务”两大科技亮点。

在党的二十大期间，严格执行 24 小时专人值班、领导干部带班制度，参与值班值

守人员日均达1000人次以上；密切关注党的二十大议程安排，全程监看调度重要直播节目信号传输工作，收视效果安全清晰稳定；全力做好客服工作，及时妥善处理用户诉求；严格落实防疫要求，疫情防控零感染；20名骨干工程师组成的党的二十大代表驻地专属服务保障队伍严格按照闭环管理要求，充分发扬广电铁军精神，顺利完成代表驻地有线电视服务保障任务。

## 二、以智能推荐频道为抓手，推进电视服务提质升级

一是积极落实国家广电总局“未来电视”战略部署，提升有线电视智能化个性化服务水平，推进智能推荐频道试点上线。在中国广电大力统筹下，实现上海、浙江、北京三地内容互通共享，集成自有平台直播频道、精选点播内容，以及华数、东方有线、央视网的优质节目。二是上线升级一体化运营产品“快点”，在线内容量50万小时，升级覆盖200万超清智能机顶盒。三是强化高清交互平台内容建设，提升视听服务品质。公司网内传输电视直播频道215套，其中高清频道81套（含12套空中课堂频道），4K频道3套，8K频道2套，另提供回看服务频道143套；4K超高清节目累计更新7000小时，高清节目占比超65%；全年策划各类免费专题80余档。按照市教委要求，重启播出“空中课堂”12个年级直播频道，累计浏览量超5600万次。

## 三、推进广电5G建设发展

积极贯彻建设网络强国、数字中国战略，在中国广电领导下，全面参与推进广电5G建设一体化发展。一是积极承接并高质量完成广电5G核心网北方大区机房建设。机房承载北方16省广电5G网络运行，全面支撑广电5G正式开网运营。二是承接完成中国广电一级客服中心建设。承担完成升级投诉、跨企业及跨省协同等业务流程、服务标准制定，实现全国10099热线正式受理，搭建5G业务知识体系，推进全网统一知识库管理运营，为中国广电一级客服中心规范高效运营打下良好基础。三是全国首批启动广电5G试商用。提前完成700M频率迁移，按时完成运营支撑系统升级，实现间网互联互通，率先完成旗舰营业厅建设，6月27日全国首批启动广电5G试商用。四是加快推进5G用户发展工作。积极学习三大运营商经验，创新市场策略，丰富市场活动，加大宣传推广，实施全员营销，全力推进5G用户规模化发展。

## 四、开展回网专项行动，促进固网用户挽留发展

2022年，歌华有线积极构建全业务营维体系，加强激励效能，强化网格营销，大力推广固移融合套餐，加大“快点”等新产品营销力度，以优质内容吸引维系用户、发展用户，此外做好网络整合、新楼入网等工作，抢占用户发展先机，全力稳固公司发展基本盘。

## 五、强化广电5G赋能，大力发展政企业务

按照中国移动和中国广电《政企业务合作协议》精神，歌华有线与北京移动、中广电移动北京分公司率先在全国签署《政企业务合作框架协议》。充分发挥广电5G优势，联合北京移动入围北京电力5G专网项目，新开展腾讯智能网联测试5G专网项目；在中国广电支持下，完成中国残联视频会议有关专线部署；积极拓展互联网行业市场，与抖音公司开展互联电路数据传输项目合作；扎实推进北京市委专用通信网络二期、市广

电局发射站运维、市交通专网等重要政企业务项目。

### 六、坚持“以用户为中心”，全面做好用户服务工作

继续全力做好“接诉即办”工作，抓好节目运营及终端操作体验提升等工作。通过人员培训、技术升级、系统优化等措施，全力保障服务热线畅通，全年客服19个渠道共受理诉求760万件。其中，96196和10099双热线人工受理总量743.1万，接通率98.61%；客户表扬总量18020起，用户满意度99.63%；“接诉即办”三率成绩稳中有升，其中9月及11月考核成绩达到100分。

### 七、加快技术创新研发，技术运维支撑能力进一步增强

推进有线电视技术系统IP化演进，围绕智能推荐电视服务，基于歌华云平台端到端数据归集系统，初步形成用户行为偏好画像，为后续有线电视智能化数据驱动、进一步满足用户个性化收视需求奠定良好基础；加强终端研发，规划开发4K/8K终端、软终端及IP直播等系列产品，完成60万台终端TVOS4.0操作系统升级，120万DVBIP-1000终端蓝牙语音遥控功能开发以及HMT-2200终端IP化软件改造。

（北京歌华有线电视网络股份有限公司）

## 北京中广传播有限公司

北京中广传播有限公司成立于2009年，2017年起推进媒体融合发展，基本实现从网络运维服务到媒体服务再到文创科技产品创作、生产、销售转变，初步建立起内容、技术、载体三位一体发展模式。

2022年度业务工作围绕四个方向展开：

### 一、CMMB网络运维

配合中广传播集团完成CMMB网络运维保障工作。在网络传输方面，原SDH传输网运行时间久，备品备件紧张，面临技术升级改造，在集团运行部的支持下，通过精心筹划，制订了详尽的实施方案和应急预案，将原SDH传输网络顺利切换到PTN网络，保障了传输网络运行更加稳定可靠，确保党的二十大等重保期的安全播出。

在发射台站保障方面，与负责的各站点业主方保持良好的沟通关系，确保运行维护台站的合同签订及合同履行，保障台站安全播出。在巡检与调优调测方面，制订详细的巡检计划，做好巡检记录，并根据巡检情况提出合理化调优建议。

### 二、车载电视安装服务

2022年度为中办、全国政协、中宣部、国家广电总局、国务院港澳事务办公室、人民日报社、国家安全部等部委领导新安装车载电视服务，为已安装的车辆提供巡检维修服务。公司领导和相关部门一直本着高度的政治意识、安全意识、责任意识、专业意识、服务意识，从严要求、加强管理，认真负责地完成这项重要工作。

### 三、广播电视集客业务

广播电视集客业务主要针对企业客户，为符合条件的涉外酒店、政府机构提供境外卫星电视收视服务，提供有线电视前端运维服务。公司目前已经取得北京市有线电视站、共用天线设计、安装许可证，换发了卫星地面接收设施安装服务许可证。2022年度公司完成了部委机关和酒店10余个客户前端机房的日常维护和设备巡检工作，确保信号接收正常。

### 四、社区融合媒体业务

北京中广与中国移动、皓朗国际三方开展的基础设施资源合作模式继续稳步推进，北京、天津、上海等地区有关方面续签了资源合作协议，社区业务建设进展顺利。2022年度社区融合媒体项目可持续性强，投入可控，净利润高，既符合智慧广电5G发展方向，又能为公司带来稳定可持续的现金流。

（北京中广传播有限公司）

## 东城区融媒体中心

东城区融媒体中心于2018年7月6日正式挂牌成立，是区政府直属相当正处级财政补助公益一类事业单位，归口区委宣传部领导，承担本区新闻采访和发布工作。区融媒体中心设10个内设机构，编制51人，实有45人。

2022年主要工作：

**创新内容设置。**各平台紧扣“奋进新征程 建功新时代”主题，推出《学习宣传贯彻党的二十大精神》《高质量发展看东城》《东城这十年》等22个专栏、专题。创新融合方式。各平台打破界限、联动发力，策划推出《街道高质量发展》系列可扫码的报纸专题报道，《我们的新时代》《走街串巷说变化》系列视频节目等，做到全媒体平台优势互补、效应叠加。创新传播手段。运用H5、SVG、短视频、动态视频海报等新媒体传播手段，拓宽党的二十大宣传应用场景，打造全方位、多主体的传播矩阵。《东城，绘就新时代壮美画卷》SVG全网点击量超500万，“党的二十大报告金句”动态视频海报在微信视频号观看量234.8万。创新传播语态。依托东城融媒“会客厅”，推出《我见证·东城这十年》系列访谈节目，邀请老街坊、快递小哥、环卫工人等走进演播室说变化谈感受，以老百姓喜闻乐见的方式做好新时代10年发展成就通俗化展示、互动化传播。

**加强抗疫宣传。**面对2022年多轮疫情冲击，战时融媒记者团队主动出击、连续作战，交出一份精彩的融媒抗疫答卷。一是发布权威信息稳民心。第一时间权威发布“疫情通报”“疫情提示”等各类群众急需了解的疫情信息，阅读量超10万；刊发《东城，有信心！》《“静”下来的是责任，“动”起来的是担当》《防疫不松懈，守住烟火气》等多篇评论员文章；邀请专业医护人员制作《科学防控 守护健康》等系列科普短视频。二是展示抗疫群像暖民心。第一时间深入封管控区、核酸检测点、街道社区等，深挖抗疫群像背后的感人故事。“党员先锋”“流调专员”“东城社工”等抗疫群像的温暖故事，展现了东城齐心抗疫的奋斗之姿。三是搭建平台渠道聚民心。“北京东城”微博平台开设“同心战疫 东城在行动”话题，发布内容500余条，累计阅读量达1577.7万。“北京东城”App在“网上商城”上线“邮乐优鲜”，协助做好疫情保供工作；设计上线“周边疫情 一查便知”“东城区常态化核酸检测地图”H5，方便用户查询信息。

**开设冬奥专栏**。在“双奥”盛会举办期间，各平台相继开设《一起向未来》《从东京看北京》《双奥社区》等十余个专题、专栏，推出《当冬奥遇上非遗》原创系列微视频6集，《喜迎冬奥 有你有我》系列访谈节目11期，《摩纳哥亲王想要的面人冰墩墩》等有影响力的原创推文，“融情东城 筑梦冬奥 解锁我们的冰雪奇缘”H5及各类深度专题报道13个，呈现了精彩纷呈的“东城与‘双奥’故事”。

**加强市区党代会和重要活动宣传**。运用动漫视频、SVG动画、“一图读懂”等系列新传播手段，让“大道理”变成“小清新”。邀请党代表走进东城融媒会客厅，畅聊未来发展新图景。做好首届北京文化论坛、2022服贸会、第八届北京王府井国际品牌节等活动的集中宣传报道。围绕“两区”建设、优化营商环境、“文化+”等主题开展深入采访，连续推出《走进市场主体》《优化营商环境，东城在行动》《高效统筹疫情防控和经济社会发展》等多个专题、专栏。集中推出5期《加快建设国际消费中心城市示范区·东城区商圈探访》系列报道，“北京东城”App设计制作“趣逛东城消费图鉴”H5，进一步助推商圈经济发展。

**自有平台建设提质增效**。《新东城报》不断推进平台化建设，加深与新媒体平台融合互动，全年推出深度专题报道149篇；《都市阳光》电视栏目编发东城区新闻节目600多条，其中全年东城区头条新闻占比达75%以上。“美丽东城”网络电视平台重点打造《东城探秘》《爱我东城》及演播室系列访谈节目，摄影团队打造《东城因你而美》《大美东城》等人物、风景系列小视频。“北京东城”App不断增强服务用户功能，累计用户数26.9万人，日活跃用户58万人次；“北京东城”官方微信粉丝数超11万人，2022年推送内容2369条，阅读量570万；“北京东城”官方微博持续多年在各区排行榜前列；“北京东城”抖音号、快手号、微视频号等平台运营效果持续增强。传播效能持续提升。与“新华社”“央视频”“学习强国”“人民号”“北京号”等中央、市属主流舆论平台持续开展深度合作，利用主流传播渠道，不断提升产品传播效能。2022年通过重点主渠道刊发稿件4000余篇，其中通过“北京号”创新推出东城“光影故事”原创图文100余篇。精品力作出彩“出圈”。2022年，中心共荣获中央、市级各类奖项20余个。其中，“东城社工”品牌系列报道荣获新华社全国县级融媒体中心优秀融合报道奖；《大城小事 老街坊以花“汇”友，老胡同“美美与共”》荣获新华社全国县融中心央媒平台优秀作品；《东城味道》系列短视频《炒肝，老北京的味道》荣获新华社最佳剪辑奖；《我们的新时代》五集专题片荣获“学习强国”北京平台季赛一等奖；“北京东城”荣获北京号最具传播力奖项。

（东城区融媒体中心）

# 西城区融媒体中心

西城区融媒体中心（原西城区新闻中心）成立于1988年3月。1992年1月10日，《北京西城报》创刊。2004年，北京电视台公共频道《都市阳光 缤纷西城》栏目正式开播。2018年7月16日，在原区新闻中心基础上加挂北京市西城区融媒体中心牌子。2019年3月30日，在北京市西城区新闻中心（区融媒体中心）的基础上，组建北京市西城区融媒体中心（简称“区融媒体中心”），作为区政府直属相当正处级公益一类财政补助事业单位，归口区委宣传部领导。西城区融媒体中心内设12个科室，事业编制60名。2020年，西城区融媒体中心顺利完成融媒建设项目，并于9月入驻位于西城区太平桥大街107号的新办公区。

2022年主要工作：

2022年，西城区融媒体中心围绕学习宣传贯彻党的二十大精神、重要活动服务保障、北京冬奥会冬残奥会、新冠疫情防控、红墙先锋工程、2022金融街论坛年会、全国文明典范城区创建、中轴线申遗保护、全国文化中心建设等主题，组织策划一系列重点选题和栏目。截至2022年12月底，配合市委宣传部、区委宣传部组织协调120余场中大型集体采访，在新华社、人民日报、中央广播电视总台、北京广播电视台、北京日报、光明日报、经济日报等中央、市属及网络媒体累计刊播《青砖灰瓦鸽哨声 南望中轴更壮美》《奋进新征程 建功新时代 非凡十年》《大美北京｜西城区：践行“红墙意识” 推动区域经济高质量发展》等电视、文字新闻2506篇。全年编发《西城外宣日报》235期，共举办20余场次业务培训。统筹制定多场主题宣传策划，完成文明城区创建宣传任务。“北京西城”微信公众号发布文章近3200篇，总阅读1026万人次。“北京西城”官方账号在新华网客户端发布1064条，总阅读1.27亿人次；今日头条发布2051条，总阅读300.11万人次；北京号发布1900条。“北京西城”抖音号、快手号、视频号等发布新媒体原创视频409条，“学习强国”共发布稿件187篇。区政府网站发布2241条报道，开设《喜迎党的二十大系列 · 非凡十年看西城》《党的二十大精神“微讲堂”》《强化“红墙意识”解决好群众急难愁盼》等专栏，策划制作《中轴西韵》《文物活化利用》《西城古建探秘》等系列短视频，推出《纪晓岚回家记》系列网剧。短视频栏目《身边》《我们的新时代｜北京市西城区：后海不是海》等多部作品在“学习强国”、北京市广播电视局主办的评选中获奖。《北京西城报》全年出报86期，688个版面。开设《学习宣传贯彻党的二十大精神》《喜迎盛会，史向未来》《学党史悟思想办实事开新局》等栏目，480余万字。共为北京西城政务网英文版编译英语文字新闻150余条，图片新闻190余条，热点新闻90余条，为市政府国际版门户网站上报西城热点信息70余篇，国际传播能力建设进一步加强。

为了扩大对外宣传，西城区融媒体中心在北京广播电视台《都市阳光》节目播出《全民迎冬奥会》《走街串巷说变化》《建设新时代高品质文明城区》等系列专栏，播出《西城青年和北京冬奥一起向未来》《“2022年首都劳动奖章”获得者杨雪》《西城区以“绣花”功夫提升创建全国文明城区精细化水平》等新闻、专题节目484条及《小朋友送给大白的画 最暖的也是最清凉的》等各类网络视频百余篇，均同步在“北京时间”客户端和“央视频”客户端发布。“北京时间”客户端每月发布稿件60余篇，每月总阅读量均超过10万人次，“西城融媒”北京时间号于7月至10月连续4个月在全市16区及经开区账号传播力排行榜中名列第一；全年完成“清明朗读月”“毕业季云招聘（西城人社专场）”“毕业生就业指导系列直播”“2022北京国际茶叶展”等重要活动直播、演播和视频摄制保障任务20余场，客户端现场收看人数累计近200万人次；全年编辑刊发《西城文苑》杂志四期，更新维护《西城文苑》在线读刊系统，并保障了《北京西城报》和《西城文苑》的及时印制及有序发行。

（西城区融媒体中心）

# 朝阳区融媒体中心

朝阳区融媒体中心于2018年6月19日挂牌成立，其前身是2003年成立的朝阳区广播电视新闻中心。朝阳区融媒体中心是区政府直属事业单位，归口区委宣传部领导，内设机构12个。

2022年主要工作：

**宣传工作**。2022年，朝阳区融媒体中心推出《喜迎党的二十大 朝阳群众说变化》《沿着总书记的足迹 朝向新征程》等专栏、专题报道，10月16日至17日，《朝阳报》分别推出“号外”特刊。党的二十大会议召开期间，持续报道各界人士关注党的二十大、《喜庆党的二十大 奋进路上看变化》等内容，每期推出8个版，共推出系列版面42个、系列专栏报道26篇。《朝阳新闻》开设《朝向新征程沿着总书记足迹》《喜迎二十大》《建功新时代 奋进新征程》等专栏，推出相关主题报道超100条，在中央市属媒体推送报道390余条，融媒体中心各平台推送420余条，总浏览量1110万；联动75家融媒体分中心推送430余条，总浏览量16.5万。推出的《潮朝阳》《帧朝阳》《打卡朝阳新地标》等系列短视频，全平台总阅读量约750万次。围绕冬奥会、冬残奥会筹办举办，重点聚焦“双奥朝阳”，全力做好冬奥服务保障、奥林匹克公园公共区服务保障亮点等内容，共刊发冬奥筹办及赛时报道300余篇，推出冬奥相关专题版面63个。制作新闻内容近3000条、短视频约190条、系列海报37张、系列漫画31张、专题片4部、特别节目8期、留存相关视频资料约6200分钟。充分发挥“北京朝阳新闻发布厅”作用，累计安排媒体采访100余次，相关报道及重要网络转载1800余篇次，总传播量超4.5亿。同时，联合中央广播电视总台、新京报等媒体创新打造“我在朝阳看冬奥”宣传品牌，策划视频直播3场，总观看量近300万人次。“北京朝阳”客户端、“北京朝阳”微信、“北京朝阳”微博、“朝阳群众”快手号等新媒体平台累计推送各类内容20703篇。

开展北京市第十三次党代会新闻宣传，《朝阳报》推出《迎接北京市第十三次党代会——朝阳这五年》《奋进新征程 建功新时代》《党代表风采》等系列专栏4个版面10

篇报道；朝阳有线推出《奋进新征程 建功新时代》《迎接北京市第十三次党代会·五年成就巡礼》《党代表风采》等专栏电视新闻报道，聚焦首都五年新变化推出《这样的___很朝阳》系列街采短视频；“北京朝阳”客户端、“北京朝阳”官方微信、“北京朝阳”官方微博等新媒体平台，推送文章112篇，总阅读量超200万；对接北京日报社、新京报社、北京青年报社，通过图文、短视频、直播、海报等多元方式进行宣传报道，中央及市属媒体报道42篇次。

抓好疫情防控宣传，协同各平台，实现调度不过夜，撰写报送各类方案、工作进度、总结共计716篇。做好新闻发布工作，参与协调保障区级新闻发言人参加市新闻发布会62场次，网上发布154场次。加大宣传报道力度，累计媒体采访280余场次，相关媒体报道5000余篇次，总传播量超60亿人次。融媒体中心各平台共推送文章5300余篇，传播浏览量超过3.8亿次，制作“一图读懂”52张、海报22张、短视频75条。推出《朝阳静下来，人心热起来》《全力搏“疫” 严上加严》等系列评论员文章5篇，在全区党员干部群众中引起共鸣。

**融媒体中心建设。**在2022年中国国际服务贸易交易会上，朝阳区融媒体中心充分发挥“北京朝阳新闻发布厅”作用，策划“1+4+6+N”的宣传模式，以多种报道形式，在相关媒体报道及重要网络转载近700篇次，总传播量累计超2000万。全年出刊《朝阳报》152期740个版面，完成与文联合办报刊《芳草地》3期12个版，完成与孙河地区合办报刊《孙河周报》25期82个版。坚持“移动优先”，不断强化传统媒体渠道与移动渠道的互通和联动，持续向新媒体平台提供快讯。全年共向新媒体平台供稿2600余篇，供图2300余张，发布短视频35个，总阅读量超过2000万人次。

加强“朝阳群众”抖音平台建设，年内，“朝阳群众”抖音号共推送短视频400余期内容，总播放量超2.9亿、点赞数超90万。801频道播出自制新闻类栏目《朝阳新闻》，设置《人力社保》《全民健身》《健康朝阳》《同在蓝天下》《走进朝阳教育》《这里是朝阳》《话说朝阳群众》《与法同行》《阅读悦朝阳》等栏目，展开宣传报道。全年引进栏目及纪录片23部，完成累计排播时长共49600分钟；引进电视剧8部，完成累计排播时长共44145分钟；引进动画片和市局展播动画片16部，完成累计排播时长共23400分钟；审核排播宣传片、公益广告、专题片共计31320分钟；引进新华社县级融媒体专线，完成累计排播时长共3200分钟。

扎实推进“学习强国”朝阳学习平台建设。年内向“学习强国”平台提供图文、视频稿件共计912条，平台采纳稿件562条，通过率62%。

（朝阳区融媒体中心）

# 海淀区融媒体中心

2006年2月28日，在撤销原海淀区广电中心和原《海淀报》社建制的基础上组建海淀区新闻中心。2018年7月21日，海淀区融媒体中心正式挂牌运行。

2022年主要工作：

2022年，海淀区融媒体中心共有802数字频道和BRTV新闻频道海淀时段，开设的栏目包括自制节目《海淀新闻》《科创中心“核”动力》《社区伙伴来帮忙》《镇“淀”之宝》等，合办节目《海淀1时间》《海淀教育》《警方在线》等。其中，802数字频道自制节目和合办节目共播出0.584万小时；BRTV新闻频道海淀时段自制节目和合办节目共播出0.164万小时。

**围绕中心开展宣传。**2022年，海淀区融媒体中心深入学习宣传贯彻党的二十大精神，并首次派出记者参加中国共产党第二十次全国代表大会新闻报道，见证历史时刻，记录伟大时代。创新方式方法融入冬奥服务保障。火炬在颐和园传递当天，提前设计海淀科技企业通过低轨通信卫星送出冬奥祝福。携手区体育局、快手公司共创“最大的由信封拼成的句子”，为参赛的中国冰雪健儿加油，成功挑战吉尼斯世界纪录。应对疫情大考坚决打赢防控阻击战，“封控区一个生日蛋糕的爱心接力”“海淀高中生发起的‘诗意两米线’”“80岁老人给‘95后’下沉党员手写感谢信”分别登上微博热搜。其中，“封控区一个生日蛋糕的爱心接力”微博话题阅读量超过4741万。

**加强精品栏目创作。**联合区物业管理工作专班共同开展接诉即办，打造北京市首个区级接诉即办民生类全媒体栏目《社区伙伴来帮忙》，通过《北京信息（综合快报）》向全市推广。以“三山五园”国家文物保护利用示范区创建为牵引，制作大型文物保护科普类栏目《镇“淀”之宝》。开设《科创中心“核”动力》栏目，讲述企业科技创新和品牌成长故事。

**涌现多部优秀作品。**《两座场馆一种使命 相约海淀冬奥有我》获评2022年一季度北京市优秀广播电视融媒体作品，《社区伙伴来帮忙》获评第三届“京彩”网络正能量视频作品，《海淀区保障性租赁住房迎来首批应届毕业生》获评2022年三季度北京市优秀广播电视作品，《台湾亲友如相问 我在北京都挺好》《中关村里党旗飘 科技筑梦新征程》分获2022年度北京市广电局“新时代新视听”融媒之旅优秀融媒体短视频一、二类作品，《红耀海淀谱新篇》《社区伙伴来帮忙》获得北京市广电局立项资金扶持。

**运营品牌活动IP赋能社会治理。**策划“我在海淀过大年”系列活动，四次登上热搜榜单，获评2022年北京市广播电视媒体融合典型案例。连续第三年策划执行“两岸青年峰会”，“2022两岸青年峰会”“携手绘青春 奋进新时代”两个微博话题总阅读次数超过2.89亿次；人民日报、新华社等164家媒体、网站和新媒体平台参与了活动报道和传播。举行中关村科学城“才聚云端”大型系列活动第三季暨“两区”建设领军企业云招聘，吸引200多家企业携2万多个岗位参加。

**坚持守正创新深化融合。**受中宣部干部学院邀请，为第一期市（地、州、盟）党委宣传部副部长网络培训班授课，介绍基层融媒体中心建设发展的海淀实践和探索。作为全市17家区级融媒体中心唯一代表在北京市推进媒体深度融合座谈会上作了汇报。举办纪念《海淀报》创刊30周年暨“海淀融媒增质增效行动计划”发布系列活动，夯实全国标杆性区级融媒体中心建设。“学习强国”海淀学习平台正式上线，为北京市首家上线的区级学习平台。建成海淀区首个试听小站，探索8K超高清设备应用。新闻节目无障碍改造项目受到了中国残联、北京市残联、海淀区残联以及北京手语研究会的高度评价和表扬。

（海淀区融媒体中心）

# 丰台区融媒体中心

丰台区融媒体中心的前身是丰台区广播站，成立于1957年2月，2001年11月更名为北京市丰台区广播电视中心。2019年7月5日，丰台区融媒体中心正式挂牌。

2022年主要工作：

**加快新型主流媒体建设，提升全媒矩阵聚合能力。**“北京丰台”微信公众号用户量已达40万，全年粉丝增长率达到30%。“北京丰台官方发布”北京号，获得2022年度最具影响力奖。提升融媒体创新创意创优质效，北京市广电局向丰台区授予北京百乡千村新视听示范工程“北京视听小站”（丰台NO.001）。中心获评2022年第一批北京市广播电视公益广告扶持项目三类播出机构。“云朗读”融媒体公益活动获评2022年北京市广播电视媒体融合成长项目。推进“三个中心”融合贯通，与新时代文明实践所联动策划开展融媒活动。召开2022年北京视听零距离启动仪式暨新视听公共服务志愿行动发布活动，积极组织新视听公共服务乐享冬奥主题活动，开展8K超高清冬奥新视听体验等活动。“北京丰台”客户端全面贯通“三个中心”。共建“融媒体创新工作室”，策划“有事儿您说话·政务服务面对面”主题网络直播，推出“优化营商环境 政策公开讲”等多个系列专场活动，单场活动最高20余万人在线互动。

**做好重大主题宣传，融合传播效果显著。**完成迎接、庆祝党的二十大宣传报道。《丰台新闻》《丰台时报》推出《京彩十年“丰”光无限》等系列报道，“北京丰台”两微一端策划推出《北京丰台——砥砺奋进担使命，踔厉奋发开新局》等专题报道。推出《高质量发展看丰台》《非凡十年看丰台》2部丰台区成就性宣传短视频。全面开展全区学习贯彻党的二十大精神宣讲宣传工作，提升《您说我办》节目和《丰台时报》质量。推出全新新闻监督类节目《您说我办》，打造新闻监督和媒介治理新方式，发现丰台好人，讲好丰台故事。《丰台报》更名为《丰台时报》。开辟《永定合声》《基层有好招》《协商恳谈会》等专栏，聚焦学习宣传贯彻党的二十大精神、“七创”等重点工作，讲好丰台故事。

**建设基层媒体融合新主体，提升融媒品牌活动能力。**深入探索社区新闻发声人工作，推进“组织动员＋社会动员”双轮驱动。建立一支楼门（网格）宣传队伍，形成“区—街镇—社区（村）”扁平联动工作体系，覆盖全区26个街镇400多个社区。“社区新闻发声人项目”被北京市广播电视局评为新视听公共服务典型案例。走好全媒体时代的群众路线，丰台区探索建立的“社区新闻发声人”工作机制被评为市委全面深化改革“微改革、微创新”典型案例。组织品牌融媒体公益活动，举办“走进森林城市 绽放社区之美”——创森＆融媒体百日公益行动、“强国复兴有我”第三届“云朗读”融媒体公益活动和第二届“云端戏台等你来”等活动。

（丰台区融媒体中心）

# 石景山区融媒体中心

石景山区融媒体中心，成立于1987年12月，前身为石景山广播电视局，2001年10月更名为石景山区广播电视中心，拥有石景山有线电视媒体平台。2018年6月6日，石景山区融媒体中心正式挂牌，包括石景山有线电视、《石景山报》编辑部、新媒体中心三个宣传平台。2019年3月，石景山区编办正式批复融媒体中心“三定”方案。中心组织架构划分为党政事务、融媒宣传、政务服务、技术支持四个功能板块，实设总编室、采编中心、新媒体制作部、客户端运营部等12个内设机构和1个直属科级事业单位；10月，原隶属区委宣传部的《石景山报》编辑部、《石景山工作》编辑部、新媒体中心正式划入区融媒体中心，集中办公，统一调度，统一运营，统一管理。

2022年主要工作：

**新媒体宣传**。2022年，区融媒中心通过“两微一端”（微信+微博+移动客户端）、抖音、快手、北京号、百度百家号、腾讯企鹅号、网易新闻号以及网站等新媒体开展宣传，开创了高密度、多渠道、多层次、全方位的新媒体新闻宣传工作新格局。全媒体平台开设《喜迎党的二十大》《贯彻落实在行动》系列专题专栏近20个，累计发布100余期超1000条新闻。以每日一选题的形式，各平台推出《双奥之区 五年蝶变》系列专栏，累计完成60余期专题报道，全网阅读量破50万。组织《小石跑两会》系列报道，以Vlog形式记录政协委员参政议政、建言献策的精彩瞬间；开设“一把手”访谈栏目，相关新闻微博阅读量近50万。开设《我家门口办冬奥》等网红品牌栏目近30个，全平台发布相关新闻5000余条，组织多场冬奥活动微博、微信线上直播，单场播放量破50万；采取专题、访谈、记者打卡、Vlog探店、360°全景直播和石小融AI主播线上即时播报等多种形式，多渠道、多角度、多媒介报道石景山区举办和参与的2022年服贸会各项活动。“北京石景山”视频号全程转播市疫情防控新闻发布会，“北京石景山”微信公众号同步播发全市每天疫情防控工作进展，全平台第一时间发布涉区疫情信息，回应群众关切，制作和推送新闻2000余条。开设了《融媒聚焦》专栏，每日发布中央、市级媒体对石景山区的报道情况，累计推出200余期，统计分析涉区新闻数据1万多篇。“北京石景山”公众号粉丝由年初的5万余人增至14万人，总阅读量近2000万次，单日阅读量突破6万次。“北京市石景山”微博粉丝数47.1万，抖音粉丝数6.5万，快手粉丝数1.7万。“北京石景山官方发布”人民号粉丝数10.6万。“北京石景山”App设立了“12345”和“发个身边”等问政监督页面，接入新时代文明实践中心“点单派单”系统、区政务服务中心网上办事平台和各级各类便民服务网上平台，对接42个政务部门1120余项政务咨询查询服务和650项政务服务。建立网上数据库和办事入口，提供清晰的服务办事指南。“北京石景山”App总安装数超10万，注册50467人，日活430人，月活1.46万人。

**视频宣传**。2022年，区融媒体中心充分发挥电视摄像编导的专业特点，打通传统广播电视新赛道，全体系联动，打造形象生动轻量化的视频宣传阵地。推出《喜看身边变化》系列短视频，在电视、公众号、App 等平台全渠道推送。抓好冬奥深度报道，突出“家门口办冬奥”，拓宽石景山区对外宣传渠道，累计制作播发专题电视新闻 1000 余条，赛会期间组织人物专访 10 余期。冬奥会期间，采编电视新闻被省市级新闻媒体采用 10 余条、《新闻联播》播放 4 条；“学习强国”平台推送视频、图文信息 180 余条。《“双奥”民警冯涛：离大跳台最近 却从没认真看过比赛》获 2022 年度北京广播电视收听收看优秀作品。聚焦群众急难愁盼，开设“接诉即办”民生类全媒体栏目《在身边》，累计播出近 20 期。电视栏目《今日视点》制作 50 余期。创作《携手共进“蓄能”乡村振兴》等近 20 部专题片。电视专题片《他乡亦故乡》获北京市党员教育电视片二等奖，《传承红色基因 讲好红色故事》等系列短视频获得北京市广播电视优秀短视频二等奖，《光荣在党五十年 我还是那个少年》获年度优秀广播电视节目，《法治聚焦》荣获 2022 年第二季度北京市广播电视创新创优节目。

**纸媒宣传**。2022 年，区融媒体中心发挥编辑记者文字优势，做好纸媒阵地深度报道和评论工作。《石景山报》根据重要时间节点，整体统筹版面设置，配发“石评时论”，全景式、立体化开展宣传报道。开设《掀起学习宣传贯彻党的二十大精神热潮》专栏。《石景山工作》以“积蓄‘新征程’的理论储备，凝集‘再出发’的精神力量”为主题，出版《“新征程 再出发”学习贯彻党的二十大精神》专刊。深度挖掘京西文化资源，依托全区承办 2022 北京西山永定河文化节之机，持续做好永定河古河道文化展览等活动的延伸报道。开设《京西文化》专版专栏，围绕重现“驼铃古道”古街风韵，持续做好模式口历史文化街区修缮改造等艺术专题展览相关报道。建设首钢园文化宣传新地标，配合区文化创意产业园区建设，全力投入“中国科幻大会”“电竞北京”特色品牌报道，为吸引电子竞技、科幻等数字创意企业落地，打造科幻产业集聚区，建设北京市电子竞技产业品牌中心，推动文旅与商业、体育、科技等多业态融合发展贡献力量。学习宣传贯彻党的二十大精神《学习汇》《学与思》专栏，《创城：贵在坚持 重在常态》等评论员文章，《一组海报，带你感受石景山这十年的蝶变之美（4）》《守望相助共克时艰 志愿车队护航居民就医之路》等新闻报道被选入市委宣传部新闻阅评，受到市领导关注。

（石景山区融媒体中心）

# 门头沟区融媒体中心

门头沟区融媒体中心的前身是门头沟广播站，成立于 1958 年 7 月，2002 年 5 月更名为门头沟区广播电视中心。2018 年 6 月 30 日，门头沟区融媒体中心正式挂牌。

2022 年主要工作：

**舆论引导精准有力**。2022 年，围绕区十三次党代会精神贯彻落实、北京冬奥会和冬残奥会服务保障、疫情防控和疫苗接种、接诉即办、创建全国文明城区等重点工作，策划推出《开新局 看京西 落实党代会精神 高质量建设“绿水青山门头沟”》《一起向未来》《同心抗疫我们在行动》等专栏，在全媒体平台开设《喜迎二十大 奋进新征程》《聚焦二十大 奋进新征程》《奋进新征程 建功新时代 门头沟这十年》等专栏，全面宣传党的十八大以来门头沟区经济社会发展取得的成就，报道全区党员干部群众热议党的二十大报告，共刊播、推送相关报道173篇（条）。截至12月底，门头沟电视台共采编播发电视新闻2105条；《京西时报》出刊98期392个版面；门头沟融媒App推送图文及视频消息7472篇；“北京门头沟”公众号完成推文1230篇，浏览量376.7万次；“京西门头沟”微博阅读量8643.8万，粉丝数708723。

**丰富宣传形式，提升宣传质效。**一是拓宽宣传载体，提升传播力。在原有门头沟融媒视频号、抖音号、快手号基础上，2022年上半年申请开通小红书账号，粉丝数增长1.1万。全年制作短视频2483条，门头沟短视频平台累计总播放量1.17亿。与区内多家单位联合制作《一起向未来》系列原创短视频21条，浏览量137万次。制作推出防疫原创系列短视频《“羊吞虎”的隔离日记》获2022年度“学习强国”北京学习平台区级融媒体中心优秀作品夏季赛专题类第三名。《毛主席电令保护门头沟矿区》短视频被北京市广播局评为“红色视听之旅”优秀短视频。《门头沟深山邮差王怀敬》获得新华社2021全国县融中心优秀短视频策划奖。二是拓展直播渠道，提升影响力。利用门头沟融媒视频号平台，集中密集推送防疫知识科普，开展防疫直播98场，直播间观看人数最高达到8.2万人次。完成2022上元月明紫气东来、we购门头沟虎年消费季启动仪式、“紫气东来门头沟 有诗有韵静候您”等12场直播。通过慢直播等方式进一步扩大门头沟融媒短视频平台影响力，策划慢直播15场，人数最多在线2万多人，一次直播涨粉3000人，荣获抖音官方“春天的故事”活动直播Top10。三是强化创新意识，提升公信力。注重内容及形式创新，坚持讲好新闻故事，用心用情打造精品力作。在门头沟融媒App推送“记者Vlog”系列报道；结合疫情防控，在门头沟融媒微信公众号推出《记者手札》系列推文；结合《北京市生活垃圾管理条例》实施两周年，策划专题推文《〈北京市生活垃圾管理条例〉实施两周年模拟考试（门头沟卷）》。

**注重多点发力，提升外宣成绩。**深入挖掘门头沟地域特色题材，精准对接中央及市级媒体，在电视、报纸等传统媒体平台做好宣传报道，全年在北京广播电视台播出新闻83条；在中央广播电视总台播出新闻6条，其中《新闻联播》2条；在北京日报“北京号”发稿1072篇；在新华社新媒体推送新闻12条，并首次在新华社海外版推送新闻1条；在“学习强国”北京平台发稿109条，在“学习强国”主平台发稿11条。积极参与市级及中央媒体组织的创新创优评比工作，《话说红色门头沟》栏目被北京广播影视协会评为2021年度优秀广播电视节目；《办好群众身边事》获评2022年第一季度北京市广播电视创新创优节目；原创作品《隐蔽战线上的女战士》参加由中央保密办（国家保密局）组织开展的“保密工作大家讲”微视频征集评选活动，成功入围全国最终评选。

**优化媒体服务，彰显责任担当。**一是畅通通联信息渠道。为全区各镇街、委办局通讯员开放“门头沟融媒”App后台供稿链路，稿源更加丰富，新闻宣传实效性明显增强，形成良性发展、资源共享的媒体生态圈。二是发挥媒体公益属性。专门设置公益广告时段，全年制作播出原创公益广告25条，同时及时从全国公益广告库中下载播出部分公益广告。年初报送市局的公益广告《守护西山文化》《人民权利的宣言民法典》分别获得2022年第一批北京市广播电视公益广告扶持项目三等奖。三是提升综合服务能力。建设“服务型”媒体，做好区域社会治理的参与者、推动者。以“门头沟融媒”App为平台，在全媒体平台开设《办好群众身边事》专栏，目前已制作播发专栏6期、电视新闻42条、App推文51篇，部分新闻稿件同步被新华社、北京日报、北京电视台等中央、市属媒体采用、刊发。

（门头沟区融媒体中心）

# 房山区融媒体中心

房山区融媒体中心的前身是房山县广播站、房山县人民政府广播科、房山区广播电视局。拥有房山电视台、房山人民广播电台和房山广播电视传媒网等传媒机构。2018年7月12日，房山区融媒体中心揭牌成立。

2022年主要工作：

**深入学习宣传贯彻党的二十大精神**。突出主题主线，精心策划宣传报道，各平台、各栏目统一开设《奋进新征程 建功新时代》专栏，突出展示房山区在经济社会等各方面发展建设中取得的进展成就。同时推出《学习习近平总书记重要讲话精神 迎接党的二十大》《喜迎二十大 巧手非遗寄初心》《喜迎二十大 强国有我》《二十大报告解读》等专题报道。坚持从严从紧，确保党的二十大召开期间安全播出，制订《房山区融媒体中心关于二十大安全保障专项方案》，对中心机房、房山发射塔、房山白草畔转播站等重点区域、重点部位加大巡检频次，进一步加强对转播信号源、传输通路的排查检查。严格值班值守制度，履行岗位职责，中心领导、重要岗位、关键人员24小时在岗在位，全员停休，两点一线全力以赴做好党的二十大各项服务保障工作，确保安全播出、疫情防控、维稳安保等工作有序进行。

**做大做强主流思想舆论**。各平台栏目结合自身特色，持续做好创建文明城区、人人都是营商环境、常态化疫情防控、接诉即办、社会主义核心价值观等重点工作主题的宣传报道，开设《奋斗百年路 启航新征程》《创城进行时》《“两区”建设 房山在行动》等融媒体专题报道、系列报道、短视频，以不同形式展现房山区转型发展的新亮点和良好态势。同时，充分发挥互联网优势，加大对外宣传力度，积极向北京日报、今日头条、学习强国、北京时间、首都之窗等媒体平台报送高质量新闻内容，被采纳共计3500余条。

**推进媒体深度融合**。房山区融媒体中心多措并举，积极调动多方力量，不断加大新媒体平台的建设和推广力度。一年来，“北京房山”微信公众号开设专栏20余个，聚焦党的二十大、创建文明城区、“两区”建设、优化营商环境、常态化疫情防控、环境整治、垃圾分类等重大主题，加强新媒体平台的运用，有效提升宣传效果。

**提升媒体运营活力**。2022年初，房山区融媒体中心全面强化“全中心一盘棋”的共识，不断拓展全新的合作领域和服务模式，主动走出去挖掘新客户，开拓合作新目标，同时加强与老客户的合作共赢。客户选题比重提升到60%~80%。围绕“以客户为中心”的服务理念，在原有策划制作专题片、电视专题节目的基础上，增加了为客户制定长、短期系列宣传方案的内容，进一步提升了宣传服务能力，打开了更多的合作空间，为产业良性发展注入源源不断的新鲜活力。

（房山区融媒体中心）

# 通州区融媒体中心

通州区融媒体中心于2018年7月18日挂牌成立。前身是通州人民广播电台、通州电视台和《通州时讯》。2019年3月25日，组建通州区融媒体中心，为区政府直属相当正处级财政补助事业单位，归口区委宣传部领导，类别为公益一类。内设16个科室，事业编制83人。2021年10月19日，《通州时讯》改版《北京城市副中心报》正式公开出版发行。

2022年主要工作：

**以媒体深度融合为统领，升级主流媒体矩阵建设。**持续强化与市级媒体的深度合作，与市级媒体成立联合编辑部，每周组织召开由区委宣传部、区委网信办、市级媒体、区级媒体共同参加的编委会，商讨确定全平台重点选题，提升副中心报道的内容生产力、信息聚合力、传播影响力。

**以推出权威报道为主线，重磅发布副中心声音。**聚焦副中心高质量发展，推出系列宣传报道。一是紧紧围绕城市副中心高质量发展、重大工程、消费城市建设等方面积极策划成就性系列报道；二是重点对运河商务区、文化旅游区和三个特色小镇进行宣传报道；三是根据创建大运河5A级景区的工作要求，及时跟进创建节点，推出重点新闻报道。

**以做强移动端主流舆论为抓手，新媒体持续发力。**牢牢抓住官方、权威、首发三个重要元素，做优做强以“北京通州发布”微信号和抖音号、“融汇副中心”客户端为代表的新型传播平台。

**以增强媒体综合服务能力为方向，扩容“新闻+”。**一是深入开展调研活动，2022年3月，先后组织单位重点业务科室前往区政务服务中心等10余家单位开展调研，实地了解区内重点事项的推进情况及宣传需求，制订相关工作计划并组织实施；二是推行直播常态化，2022年“融汇副中心”客户端和“北京通州发布”视频号上直播场次和数据大幅提升，共直播各类会议和活动273余场；三是突出便民服务，在“融汇副中心”客户端设置了线上生活服务信息页面，切实解决民生难题，满足通州居民多元化的生活需求；四是开展“我为群众办实事”系列公益直播推广活动，通过直播，推介城市副中心的特色文创产品和生鲜农产品。

**以建设区域媒体宣传矩阵为亮点，向外创新融合。**在京津冀协同发展的大框架下，通过在全媒体打造《协同发展绘新篇》专栏等，与天津武清融媒体中心、河北廊坊广播电视台联动建立宣传渠道，积极展示三地协同发展成果。

（通州区融媒体中心）

# 顺义区融媒体中心

2018年6月23日顺义区融媒体中心成立。2019年7月10日确定该中心为区政府直属公益一类事业单位，机构规格相当正处级，经费形式为全额拨款，归口区委宣传部领导，内设机构19个。

2022年主要工作：

**活机制，创新创造再激发。**整合顺义融媒体中心各平台31名记者，成立全媒体供稿新闻中心，构建起一名记者负责一个单位（领域）的一体化内容生产体系。新闻中心下设小组，建立小而专的团队化组织，实现以移动端为重点的“统筹策划、一次采集、多种生成、多元传播”的采编流程再造。实行按稿计酬、按质计酬的考核办法。探索新闻产品基层分发新模式，在区委宣传部指导下，初步建立了覆盖村居的新闻信息基层分发渠道，1200名信息员当好报道员、宣传员、分发员，让新闻作品直抵全区广大干部群众。

**重实效，作品数量和质量双提升。**全媒体平台2022年共发布新闻信息、音视频作品53371条，同比增长近2倍。聚焦学习宣传贯彻党的二十大精神、北京冬奥会冬残奥会、疫情防控、创城等重大主题开设了30余个栏目。挖掘基层先进事迹及典型人物，弘扬社会正能量，推出报道1100余篇。启动顺义区“网上新闻发布厅”，与区政府新闻办共同构建“2+1+N”新闻发布体系，围绕市疫情防控新闻发布会、区“两区”建设发布会等完成网络直播200余场，累计点击量破千万。全媒体单条点击量超万作品2000余条，超10万作品200余条，超百万作品10余条，《天下的母爱都一样》浏览量达1024.4万，实现顺义融媒千万级阅读量产品零突破。

**优平台，主流声音更强劲。**2022年“北京顺义”微信公众号发布作品4619条，同比增长150%；原创作品占2/3以上，数量走在全市各区融媒体公众号前列。“北京顺义”微信公众号和头条号等多次位列北京广电融媒指数月榜单、周榜单第1名。“北京顺义官方发布”在北京日报北京号影响力Top10榜单排名一直位居前五，获得北京日报北京号2022年度最具传播力奖；在北京时间平台时间号传播力Top10榜单多次位居第1名。顺义融媒获评由新华社新闻信息中心、新华社县级融媒体研究中心发布的“全国县融中心2022年第三季度综合影响力优秀案例”“全国县融中心2022年第四季度互动传播优秀案例”，累计30余部作品获得国家及市级奖项。

**问题和不足。**一是新媒体平台用户的粉丝量、活跃度、品牌影响力等还不够。二是新闻舆论宣传延伸到基层，并在基层干部群众中形成影响力、凝聚力、号召力的工作需要再加强。三是新技术新应用及高端人才引进需要再提升。

（顺义区融媒体中心）

# 昌平区融媒体中心

昌平区融媒体中心前身是昌平县广播站、昌平县人民政府广播科、昌平县广播电视局、昌平区广播电视局。拥有昌平人民广播电台、昌平电视台和昌平广播电视网。2017 年 7 月，昌平区融媒体中心正式挂牌。

2022 年主要工作：

**聚焦供给改革，有效提升媒体服务能力。**一是机制破局。高标准完成企业清理规范工作，在组织三家公司合并基础上，深入推进公司制改革，在“事企分开”基础上，以“中心＋公司”运营模式探索为牵引，完善公司法人治理结构。二是技术破障。技术赋能多平台业务链，直录播大型活动 31 场、转播车录制 21 场、4K 演播室录制访谈 60 余场次。在全市区级融媒体中心首次成功利用广电 5G 组织“居庸山月”大型直播，首次采用 5G、有线同步转播“中国农民丰收节”大型活动，累计超 200 万人在线收看。三是功能破壁。完善社区信息枢纽功能，推动“回天会客厅”建设，直播 3 期回应群众关切；通过 12345“问政”平台累计解决群众难题 42900 余件，依托文明实践平台提供志愿服务项目 3554 项，服务群众 954919 人次；强化“昌平号”运行，99 家入驻单位及时发布政务信息超 8500 篇。

**建强主流阵地，全面构建本地舆论生态。**一是高频率新闻发声。聚焦昌平改革发展重点，统筹推出大型融媒体宣传 17 个，平均每天派出 18 组记者深入一线采访。《昌平新闻》播出 293 期 2400 余条次新闻；电台坚持每天跟踪昌平热点直播三小时，播发新闻 6000 余条，创新推出《有事就找村书记》等 3 期系列广播音视频短剧；《昌平报》出版发行 113 期，播发稿件 4000 余篇；新媒体发布内容 30000 余件，策划微视频、海报、长图、H5、小游戏、动画等精品内容 500 余个，阅读量（浏览量）超 7 亿。二是高质量主题宣传。突出抓好学习宣传贯彻党的二十大主题宣传，开设《奋进新征程 建功新时代》《喜迎二十大》等 17 个融媒体专栏，共刊发相关内容 570 余条；聚焦“作风建设年”推出《听民声察民情 解民忧办实事》等系列专题节目 7 期；聚焦北京冬奥会和冬残奥会精心制作系列动画 25 部，充分发挥公益宣传效能。三是高精度舆论引导。围绕疫情防控新特点策划《昌平战疫第一时间》《主播说防疫》等 10 余个创新报道；聚焦昌平大事要事，先后组织 25 次策划，播发 81 篇评论，有效引导舆论走向；用好北京昌平政务矩阵、媒体热线、“民生·热线”版等渠道及时回应群众关切，评论互动超 500 条，推出报道 30 余个。

（昌平区融媒体中心）

# 大兴区融媒体中心

大兴区融媒体中心，成立于2001年10月。其前身是大兴区广播站、大兴县人民政府广播科、大兴县广播电视局，大兴区广播电视中心。2018年6月12日，大兴区融媒体中心正式挂牌成立。现拥有大兴人民广播电台、大兴电视台、《大兴报》、“这里是大兴”微信公众号、“北京大兴”微博号、“北京大兴”App、“大兴融媒”抖音号、“北京大兴”快手号等宣传平台。

2022年主要工作：

**坚持守正创新，唱响主旋律。**组织开展喜迎二十大“融媒加油站”“新大兴新国门十年蝶变”“我的这十年”“国门兴印象”等十大宣传主题活动，开设《奋进新征程 建功新时代》《聚焦“十四五” 献礼二十大》等专题专栏专刊20余个，全方位展现大兴各界的生动实践。围绕冬奥会、市区“两会”、学习宣传党的十九届六中全会精神、创城创卫等工作打好舆论宣传组合拳，全角度展现大兴踔厉奋发的精气神。2022年发布各类融媒产品5万余条，全媒体平台累计粉丝量突破800万人，点赞量超600万。

**聚焦“四个服务”，讲好大兴故事。**坚持服务中心、服务重点、服务社会、服务群众，围绕重点功能区建设、优化营商环境、助企纾困等方面，推出“高质量发展”主题新闻，打造《企盼·繁兴——兴企大家谈》，《兴企之声》等品牌栏目，推出营商环境政策宣讲系列节目100期，专题专刊50余期，短视频80余个，海报60余张。持续开展“融媒力量·记者走基层”“直播大兴”“兴游记”等活动百余场次，总阅读量近1100万人次。厚植大兴文化底蕴，推出《千年风雨话大兴》动画视频，《网红打卡地》《民生微课堂》《文化润大兴》等系列化特色品牌栏目。全市率先贯通“四个中心”，“北京大兴”App下载量突破230万人次，日活量突破21万人次，年累计受理网上事项2万余件，线上点单超过60万人次。持续擦亮“言之有理”品牌，与接诉即办有效衔接，获评2022年北京市广播电视媒体融合典型案例。

**创新管理模式，深化融媒改革。**创新“融媒中心＋国企公司”模式，完成中心聘用人员转隶，成立影音工作室，广泛承接新媒体公众号运营、直播等区内外文化宣传项目，全年创收1630余万元。进一步强化公司建章立制，健全绩效考核、考勤管理等制度，牵头制定《大兴区融媒体中心媒体深度融合优化改革执行方案》和《大兴区加快推进媒体深度融合发展三年行动计划（2023—2025）》。三年行动计划已经区深改会通过，以两办名义下发。2022年，大兴区融媒体中心先后荣获2022年度北京市广播电视媒体融合先导单位、应急管理部先进单位等奖项，并被中宣部列入融媒改革典型案例。

（大兴区融媒体中心）

# 怀柔区融媒体中心

北京市怀柔区融媒体中心前身是怀柔县广播站、怀柔人民政府广播科、怀柔县广播电视局、怀柔区广播电视中心。2018年6月，加挂北京市怀柔区融媒体中心牌子，《怀柔报》编辑部纳入区广电中心。2019年3月11日，将区广播电视中心（区融媒体中心）的职责，以及区域公共媒体相关机构的职责融合，组建区融媒体中心。怀柔区融媒体中心拥有怀柔人民广播电台和怀柔电视台、《怀柔报》、“怀柔融媒”微信公众号和“北京怀柔”移动客户端等媒体。

2022年主要工作：

**营造主流舆论浓厚氛围。**深入宣传阐释党的创新理论，推出《领航新征程——谱写“十四五”新篇章》《奋斗者正青春》等宣传片。聚焦党的二十大胜利召开，分阶段启动《庆祝怀柔撤县设区20周年》《奋进新征程 建功新时代 展翅腾飞看怀柔》系列主题宣传报道，推出《强国复兴有我》《展翅腾飞看怀柔》《见证怀柔》等10余个专栏专题，全媒体累计发布稿件百余篇。策划制作10期《走进怀柔科学城》专访，新设《主播读好书》《相约科普》《奇趣实验室》等专题栏目。怀柔报与各院所、科协合作，开设《市民学科技》专栏。新媒体推出45集系列动漫微视频《怀柔科学城百问百答》。开展《喜迎冬奥会》《我为冬奥送祝福》等新闻报道。开办问政类节目《创城曝光台》，做好《创城进行时》《我们的节日》《怀柔一家人》等专题专栏。《怀柔报》推出《最美怀柔人》宣传报道；积极做好新冠疫苗接种工作宣传报道，采写新闻报道40余篇。新媒体平台推出专栏、专访《致敬最可爱的人》《五一我在岗，假期不打烊》，展现怀柔抗疫中的暖心故事、典型人物实例；开设《创建基本无违法建设区》专栏。完成《怀柔报》改版扩版工作。完成“怀柔号”新媒体矩阵搭建工程，44个职能部门入驻“怀柔号”，实现区融媒体中心与各镇街、各委办局新媒体平台的有效对接，进一步完善了集中统一的新闻资讯、权威发布和舆论引导格局。重点在“北京时间”推出20期特色文旅IP微视频《遇见怀柔》，用观众喜闻乐见的方式推介怀柔、宣传怀柔。2022年，中心在市级以上媒体发布新闻326条。

**加强《怀柔新闻》“头条”建设和“北京怀柔”移动客户端“首页首屏首条”建设。**电台以扩容、增量、提质为目标，重点打造时长50分钟的《怀柔山水等你来》直播栏目，对原有栏目进行重新整合定位、推陈出新，推出生活节目《我家故事》、青少年节目《赢在起跑线》、读书节目《悦读》等11档特色节目。《怀柔报》推出《幸福怀柔》《乐享怀柔》《光影怀柔》等五个全新栏目，专题宣传区内“我为群众办实事”典型案例，宣传推介怀柔旅游、文化活动、非物质文化遗产等内容。“怀柔融媒”微信公众号新推出三个专栏：“有奖话怀柔”以市民互动的方式，参与关爱怀柔的大讨论；“展翅腾飞看怀柔”通过相关内容的宣传，让市民深入了解怀柔发展；“怀柔这么大，我想去看看”以照片的形式记录怀柔生活、温暖瞬间。2022年，区融媒体中心所属“怀柔融媒”微信公众号、“怀柔融媒”视频号、“北京怀柔”App等13个新媒体平台，累计制作发布内容1万余篇。

**加大微视频创作与网络直播力度，增加新闻产品供给。**推出20期文化类短视频《100S说怀柔》，10期风景类短视频《山水之家》，5期VR全景视频节目《瞰怀柔》；鼓励原创微视频创作，推出《走进民法典》《医话健康》《怀柔二十四节气》系列微视频，累计发布47期。2022年，制作《政府工作报告MG动画》《怀柔自述：一字之变 气象万千》《纪实：怀柔“大白”的台前幕后》等10余部网络宣传片，网络直播25场，其中，联合央视、新华网等各平台共同策划、直播4场。大力推进新技术应用，启动超高清制播一体网项目前期设计和研究，召开技术专题研讨会28次。坚持移动优先战略，加大“北京怀柔”移动客户端专题板块设计，推出22个特色服务板块，累计创建专栏板块43个。

（怀柔区融媒体中心）

# 平谷区融媒体中心

平谷区融媒体中心前身是平谷县广播站、平谷区广播电视局，拥有平谷人民广播电台和平谷电视台。2018年6月29日，平谷区融媒体中心在区广电中心正式挂牌，编制88人，下设14个科室，1个广告公司。中心现有媒体平台为两台一报三微和两个新媒体官方账号，即平谷人民广播电视台（FM89.2兆赫）、平谷电视台（PGTV）、《平谷报》、“高大尚平谷”微信公众号、“平谷融媒”微信公众号、“北京平谷”微博及“平谷融媒”抖音官方账号、“平谷融媒”快手官方账号。同时在新华社、人民日报和北京日报客户端也设有“北京平谷”账号。

2022年主要工作：

**一是全面准确做好平谷区第六次党代会和区“两会”宣传报道。**精心策划，精准实施，全方位宣传，深层次解读，不断深化区第六次党代会主题主线报道，全力打造高质量的融媒体产品。坚持多平台联动、线上线下互动，广泛辐射密集发声，第一时间在中心所属《平谷报》、电视新闻、专题、广告、电台、“平谷融媒”App、“高大尚平谷”微信公众号等媒体平台发布。《平谷新闻》先后播出《中共北京市平谷区第六次代表大会隆重开幕》等相关新闻70余条。《平谷报》刊发专栏《学习宣传贯彻第六次党代会精神》专版解读报告，刊发持续宣传报道各单位学习宣传贯彻落实第六次党代会精神情况专版20个，新闻35篇；持续刊发各单位领导干部体会文章68篇；撰写系列时评《服务首都发展 不负平谷梦想》等10篇。利用抖音视频号、微信、App等新媒体平台反应迅速、灵活快捷、覆盖面广、易于传播的优势，通过图文、直播、短视频等形式开展主题宣传、特色宣传，形成多元生成、多端发布的立体宣传态势，让区第六次党代会和区“两会”精神飞入寻常百姓家。“高大尚平谷”微信公众号累计发布第六次党代会相关文章29条，总阅读量81525次，《一图读懂平谷区党代会报告丨服务首都发展 不负平谷梦想》阅读量为8887次，《党代会现场多次响起热烈掌声！报告中这7处共鸣强烈》阅读量为9264次。

**二是突出重点活动、重大项目宣传，为平谷发展赋能。**8月22日《人民日报》首次头版报道平谷，刊发《天更蓝山更绿水更清》图片报道，讲述平谷区践行绿色发展理念，有效提升北京第三大水库金海湖库区生态环境质量，成为游客旅游、休闲、观光的好去处的精彩篇章；对8月28日刘家店镇蟠桃会新闻宣传提前谋划、精准统筹，全面对接新浪微博，开启图文直播，利用北京官方微博矩阵和10余位拥有百万级粉丝量的微博达人，对活动图文进行转发推送，网民关注5527.2万，创历史新高；在各媒体平台开设《建设高大尚平谷 服务首都新发展》专栏，聚焦马坊、峪口、金海湖等乡镇，及时跟踪报道高大尚平谷发展动态，为高大尚平谷建设营造良好舆论环境。

**三是聚焦创建全国文明城区活动，创城宣传出新出彩。**积极践行“人民城市人民建、人民城市为人民”的创城工作理念，平谷区融媒体中心各媒体平台刊播创建文明城区新闻1571条，制作播出短视频42个。《平谷报》开设《创建文明城市 共筑首善北京》专栏，通版刊登各乡镇街道、各委办局创城工作典型经验做法、特色亮点；推出创城工作相关专版50余个，新闻150余条，评论10条，公益广告30条。“高大尚平谷”微信公众号推送300余条。《平谷新闻》先后播出《你我礼让先行 共享交通文明》等新闻400余条。“平谷融媒”App推送《平谷区将创建全国文明城区融入日常活动》等文明城区创建新闻800余条。“平谷融媒”官方抖音和“平谷融媒”官方快手推送20余条短视频，其中《平谷区“喜迎二十大 创建文明城”创城知识竞赛决赛举行》浏览量2万，《“绿谷红娃齐参与 同心共创文明城”活动现场》浏览量3万。探索“警法在线+”模式，2022年拍摄制作《丹心热血为民情》《疫路逆行铿锵玫瑰》等5部警法专题片，拍摄微电影《养老的“诱惑”》；各媒体平台聚焦平谷基层治理创新，持续做好“接诉即办”主题宣传；发挥主流媒体作用，讲好平谷科技创新赋能乡村振兴故事；坚持生态优先，全景式报道平谷生态之美；全媒体发力，深入开展垃圾分类宣传。2022年，平谷电视台《平谷新闻》播发新闻5500余条；《平谷报》出刊100期，刊发稿件2100余篇，照片1300余幅；“高大尚平谷”微信公众号累计发文3955篇，累计阅读量309万人次；“平谷融媒”App原创、转发新闻32000条，阅读量近300万人次；“平谷融媒”抖音号、快手号制作播发短视频600个，浏览量2000万人次；“北京平谷”微博发布作品4500条，浏览量3800万人次；中心全年拍摄制作播出各类专题片、汇报片310期，4650分钟。

（平谷区融媒体中心）

## 密云区融媒体中心

北京市密云区融媒体中心前身是密云县广播站、密云县人民政府广播科、密云县广播电视局、密云区广播电视中心。2019年3月31日，密云区委区政府将区广播电视中心的职责，以及区域公共媒体相关机构的职责整合，组建密云区融媒体中心，作为区政府直属公益一类事业单位，归口区委宣传部领导。

2022年主要工作：

**基本情况。**区融媒体中心积极发挥融媒矩阵的传播优势，开设《密云先锋》《密云水库战线上的尖兵》《云聚英才》等专栏，开设《气象提示》《北大专家出诊安排》《防诈反诈》等10个服务类专栏；推出《在线访谈》专栏报道，邀请“一把手”做客访谈间，解读惠民惠企政策，解答群众关切问题，为助力社会治理打下坚实用户基础，被市广电总局评为“优秀融合传播作品”。密云人民广播电台更加注重“品牌”和“包装”，老节目常办常新，永葆活力。《音乐随身听》公益进校园活动系列栏目在五四青年节期间，推出10期《新时代青年说》特别节目。密云一套高标清、密云二套标清电视节目累计播出4242小时，调频广播节目累计播出4035小时；上载并查看电视剧11部共490集，以及脱贫攻坚纪录片若干。“宜居密云”微信公众号共发布信息3801条，App发布信息6808条，微博发布信息1184条，《密云报》共出版40期。

密云区融媒体中心2022年共首发时政类节目《在线访谈》11期，累计播放时长达60分钟。在2022年北京冬奥会、冬残奥会期间，特别制作运动体验类节目《与密云朋友的一天——寻找密云冰雪乐趣》，观看总量达240万人次。8月20日，密云区融媒体中心对“2022北京长城文化节开幕式”进行全程网络直播，当天直播时长95分钟，累计观看量达74.6万人次。

**主要业绩。**打造特色党建品牌，充分发挥基层党组织的战斗堡垒作用和党员先锋模范作用。在广播电台、电视台、《密云报》等平台开设《公仆心、云水情》《密云先锋》栏目，结合干部教育实践活动，充分展示“密云先锋”特色党建品牌形象，《密云报》推出的《旗帜凝聚力量“密云先锋”闪耀一线》深度报道，受到好评。聚焦聚力宣传贯彻党的二十大，围绕六大主题宣传活动、二十个镇街亮点展示，聚焦民生保障、基层党建、乡村振兴、生态文明建设等工作，策划了《喜迎二十大 奋进新征程》特别报道，全媒体平台联动播出。党的二十大开幕后，精心制作专栏专刊，推出《密云区各界干部群众积极收听收看党的二十大开幕盛况》《踔厉奋发、勇毅前行——密云区广大党员干部群众持续热议党的二十大报告》等报道和信息。

在习近平总书记给建设和守护密云水库的乡亲们重要回信两周年之际，推出融媒体综合报道，制作了成就宣传片《夏条绿已密，奋进云起时》。加大“密云特色农业”“密云特色旅游”宣传推广，《密云水库本月投放58万公斤净水鱼苗》《春花灿烂 踏青赏花正当时》《扛牢护林保水使命 守护密云绿水青山》等100余条生态文明主题原创报道登上《新闻联播》《北京新闻》。利用抖音、快手、微博等新媒体平台，对长城文化节、鱼王美食节进行现场直播，网上收看观众达到46万人。广播新闻专题《“蜜蜂博士”罗其花助蜂农过上甜蜜生活》荣获北京广播影视协会优秀广播节目奖。

全方位宣传报道密云区防控举措、战疫信心、疫情进展、科普辟谣，把党和政府的声音第一时间传播到千家万户，构筑起疫情防控坚不可摧的坚固阵地。密云新闻《24小时核酸检测服务 守好东北进京高速通道》《澜茵山解封，居民最想做的事情是“感谢”》在北京电视台播出。“生态密云”微信公众号关注疫情防控，凝聚战疫决心，平台发布疫情相关报道累计超过1500条，其中信息《密云发现两名核酸检测阳性人员，凡有时空交集人员请立即主动报备》当日阅读量超过50万人次，《密云在全区设立46个免费常态化核酸采样点》阅读量达7.8万人次。在看、点赞、评论量居各区级微信公众号第一名。

（密云区融媒体中心）

# 延庆区融媒体中心

北京市延庆区融媒体中心是延庆区政府直属事业单位，机构规格相当正处级，归口区委宣传部领导。该中心的前身是延庆县广播站，1979 年发展为县广播事业管理局。2001 年延庆县广播电视中心挂牌；2018 年 6 月 16 日，完成融媒体中心组建工作并揭牌运营。2019 年 3 月，将延庆区广播电视中心的职责以及区域公共媒体相关机构的职责整合，组建延庆区融媒体中心；3 月 20 日，北京市延庆区融媒体中心正式挂牌。

2022 年主要工作：

**一是讲好党的二十大精神在延庆生动实践的故事。**先后推出《奋进新征程 建功新时代》《喜庆二十大》等 23 个专栏，刊播新闻 985 条；推出系列短视频《连线党代表》《百姓百评：透过变化看发展》等，集中展现延庆取得的各项成就；推出《礼赞新时代 启航新征程——访谈一把手》系列报道，《主播带您读报告》《深学细读党的二十大报告》板块 15 期，对党的二十大报告进行深入研读；《延庆报》理论版转发《北京日报》评论和解读文章，同题广泛报道延庆各界学习宣传贯彻党的二十大精神的做法，记录新时代非凡十年的壮美图卷；围绕乡村振兴、生态文明、体育健身等专题内容向新华社、《中国体育报》、北京电视台等媒体报送新闻 312 条次，展现党的二十大精神在妫川大地的生动实践。

**二是完成冬奥会新闻宣传和服务保障任务。**北京冬奥会和冬残奥会期间，围绕赛事宣传、志愿服务、冬奥会文化遗产利用等累计出动记者 242 组 466 人次，播发冬奥新闻 3179 条次。抽调多名骨干记者进入闭环，承担新闻报道、向上级媒体供稿、资料留存等重要任务。主动对接央视、新华社等 10 余家媒体扩大外宣，接待法新社、路透社等近 20 家境外媒体和 30 余家中央、市级媒体记者 210 余人次。冬奥会开幕前按时保质完成了冬奥城市文化广场高清大屏幕建设，率先建成北京延庆视听小站，让延庆市民体验 VR、5G+8K 超高清视听带来的冬奥科技新感受。通过广泛而有效的宣传，延庆的国内知晓率、国际知晓率分别从 2020 年的 75.7% 和 28.3% 提升到 2022 年的 93.7% 和 54.6%。

**三是助力常态化疫情防控。**坚持正面报道为主，及时报道疫情防控成效，发布权威信息解答市民困惑。聚焦不文明现象予以曝光，规劝市民自觉落实防控责任；开展手语聊防疫、底飞字幕、公益广告等，普及防控知识、防控政策；播发延庆“村书记”深入核酸检测现场等短视频，累计播放量 30 余万。在“北京时间”、人民日报客户端、人民网等市级和中央媒体推送延庆防控内容。同时，就保供稳价、保障民生、复工复产、助企纾困等热点问题积极回应社会关切。

**四是多举措助力全国文明典范城区创建。**开设《文明城区在行动 创城为民办实事》专栏，通过《最美冬奥城》的幸福 Vlog、《百姓百评》、《延庆“村书记”》等短视频和循环播放创城公益广告，强化文明意识。记者跟随执法人员下沉重要路口地段、重点创建点位，直击整治现场、曝光典型违法行为，引导市民摒弃陋习，强化个人行为规范引导。

**五是推进“北京延庆”App 二期升级和线上线下推广。**全面拓展系统功能、提升用户体验，并在线上线下运营推广重点方向发力，建设一个面向延庆全区并辐射北京乃至全国，集资讯、服务、互动功能于一体的聚合型新闻客户端。二期方案充分融合原有“北京延庆”的亮点模块与创新运营思路，强化新闻内容的呈现样式与效果，吸纳“街乡新闻”频道内容并建成统计功能落地，采用前端重构、后台升级的模式进行融合建设，让用户既可以浏览区域内权威新闻资讯，又能便捷地使用区域内各类政务服务、便民服务，享受智慧城市带来的便利，打造覆盖新闻资讯报道、融媒作品呈现、媒体号生态运营的多元传播体系。

**六是完成全国“两会”、冬奥会和冬残奥会、党的二十大等重要保障期安全播出任务。**对已经服役42年的院内发射塔进行维修加固。协同区政法委等职能部门共同开展非法广播信号源排查清理工作。全年完成广播无线转播0.9万小时、电视播出1万小时、电视无线转播1.2万小时。

（延庆区融媒体中心）

# 北京经济技术开发区融媒体中心

北京经济技术开发区融媒体中心前身是经开区管委会新闻中心，原为副处级事业单位，2018年3月挂牌融媒体中心。

2022年主要工作：

北京经开区融媒体中心立足“强党性之基、固能力之本、培创新之源”，多项创新举措齐力推动体制机制创新，建立了“机制为源、内容为本、技术为底、运营为要”的全媒体传播体系，以高质量融媒改革助力区域高质量发展。2022年，北京经开区融媒体中心通过“建制度、强队伍、练内功、磨产品、创品牌”五个步骤，初步构建起了资源广泛整合、阵地充分利用的全媒体传播体系，涌现了一批彰显亦城辨识度的融媒产品，在区域品牌价值提升、创新文化培育、资源要素聚合、城市治理赋能上的加持效应逐步显现，传播力、引导力、影响力、公信力显著提升，不仅获得“2022年北京市广播电视媒体融合先导单位”专项资金支持，还入选全国“县级融媒体中心发展”百强案例。

**舆论引导能力进一步提升。**与改革前相比，北京经开区融媒内容总生产量增长近200%，App内容发布量增长超过40%，短视频和中长视频的生产能力提升近400%，产品生产效能大幅度提升。

**传播力不断增强。**“尚亦城”App注册量达到135万人、E-PASS卡注册量43万人；“北京亦庄”微信公众号用户量26.1万人；“北京亦庄”微博用户数量105万人；澎湃号登上全国区县宣传榜第一名；“融媒亦家”融合传播矩阵项目荣获“2022年北京市媒体融合成长项目”。

**影响力持续提升。**2022年融媒产品总阅读量超10亿人次，总阅读量与改革前相比增长3倍以上。11次获得市委宣传部新闻阅评表扬，实现了季季都有“市级以上奖项”。《大师傅》在全国首届产行业职工微电影节拿下短视频一等奖，《北京2022年冬奥会开幕式上的这份浪漫来自“亦庄智造”》《外企看亦城》等7项作品分获北京市专业报刊好新闻一、二、三等奖。

（北京经济技术开发区融媒体中心）

# 北京市广播电视产业园区

**中国（怀柔）影视产业示范区**　中国（怀柔）影视产业示范区前身是2006年12月被认定为北京市首批10个文化创意产业集聚区之一的中国（怀柔）影视基地。2014年5月，原国家新闻出版广电总局批复同意设立中国（怀柔）影视产业示范区，并于2015年4月16日第五届北京国际电影节开幕式上揭牌成立。截至2022年年底，园区规划面积6.99平方公里，以中影基地、北京电影学院新校区为核心，范围为怀柔新城杨宋组团07、08街区，吸引中影、博纳、阿里、乐视、海润、爱奇艺等600多家影视及关联企业集聚。2022年主要工作：一是数字赋能强化招商引资。成立影视文化科技数字产业专班，对接怀柔科学城科研机构、北京电影学院数字媒体等的数字人才和技术资源，推动数字经济赋能产业转型升级。推动直播电子商务产业发展，与快手科技公司签署战略合作协议，快手旅行者创作中心、奥特莱斯直播电商基地、抖音本地生活在内的一批文化、电子商务企业正式签约入驻。二是持续开展影都品牌活动。牵头服务保障第十二届北京国际电影节开、闭幕式等各项主体活动，举办电影嘉年华、第二届中国影都发展论坛、“游戏动漫电影单元”、ReelFocus真实影像计划“新血盛典”、影人欢乐跑、影人足球赛等电影节系列活动，取得良好的社会效益和经济效益。吸引10余万市民游客“来影都过周末”，嘉年华五大会场销售额200余万元，全网累计曝光量超2000万次，形成“电影+微旅游+慢生活”的文旅新模式，为游客打造出体验超强、沉浸突出的影视科技娱乐盛宴。此外，参与2022年服贸会文旅服务专题展，以“展翅腾飞看怀柔”为主题，以科影融合为主线，全景展现怀柔区绿色发展、创新发展、高质量发展的崭新篇章；参与举办2022中国·北京电视剧盛典，并在电视剧创作论坛专题推介中国（怀柔）影视产业示范区；举办第四届怀柔影视文创大赛，推荐7个项目入围市级复赛的文化创意项目赛道、文化内容生产赛道、文化IP创意赛道的500强，2个项目获得决赛路演资格；参加第26届香港国际影视展中国电影线上联合展及第75届戛纳国际电影节中国电影联合展，通过线上展示、线下推介吸引中外影视摄制项目来怀取景拍摄。三是正式挂牌运行政务服务站。在市广电局、市政务服务局、市电影局等部门支持指导下，8月18日，怀柔国际影视摄制服务中心政务服务站正式挂牌运行，发布中国影都“六享”服务包，为全市深入推进“两区”建设、深化“放管服”改革提出新的“怀柔方案”和“影都举措”。政务服务站实现“市区事项集成化、人员配置专业化、影视场景

2022年8月14日至27日，第十二届北京国际电影节电影嘉年华在北京市怀柔区杨宋镇影都花海举办

个性化”的建设目标，61个市区级事项实现集成受理。同时，联合区政务局打造基于区块链应用的影视全栈式一体化线上服务平台，新增106个政务区块链应用场景。已为关耳闻心影业、星公坊影视、倾诉文化、星耀齐昱传媒等570余家企业办理各类业务，并为《伟大的战争·抗美援朝》《流浪地球2》《纵横芯海》等30余个影视剧组提供高品质摄制服务。四是亲情助力服务重点企业。参与区级助企纾困政策研究，提出对2022年受疫情影响较大的重点文创实体企业给予物业费、卫生防疫费等运行费用补贴，并服务16家重点文创实体企业进行材料申报。根据市、区关于继续加大中小微企业帮扶力度加快困难企业恢复发展的若干措施文件精神，助力影创空间内重点文创企业北京碧海映像影视有限公司等12家企业减免租金总额100余万元；助力童牛影视小镇减免金额30余万元。同时，继续做好“亲情管家”服务，联系市场监管、税务、财政和人保部门，加大协调沟通力度，确保企业、项目在落地和经营过程中实现“无门槛”。

**中国（北京）星光视听产业基地** 中国（北京）星光视听产业基地前身为北京星光影视园，始建于2005年。2006年11月，园区一期演播室公共节目制作中心投入运营。2008年8月，园区参与北京奥运会转播，获体育展示突出贡献奖。2009年11月，经国家广电总局批准成立中国北京星光电视节目制作基地。2019年8月，经国家广电总局批准更名为中国（北京）星光视听产业基地（以下简称“星光视听产业基地”）。2020年8月被北京市委宣传部批准为北京市级文化产业示范园区、CED互联网产业园、北京市版权保护示范基地（园区），2021年被批复为市级科技企业孵化器。截至2022年年底，星光视听产业基地入驻企业超过1000家，年产值逾100亿元人民币。北京星光拓诚文化产业集团有限公司负责星光视听产业基地全面运营

2022年9月，星光视听产业基地国际部技术团队为2022美巡赛（PGA TOUR）日本大阪站提供赛事制作及转播服务

管理工作，2022年度，集团营业收入总额逾20亿元人民币。2022年主要工作：一是广播电视及网络视听综艺制作、大型赛事转播稳定发展。2022年，星光视听产业基地共制作各类节目304剧组次，2561天次，典型案例包括感动中国、中国骄傲、3·15晚会、北京卫视春晚、央视频之夜、一年一度喜剧人大赛、古韵新声、尖叫之夜、抖音跨年夜、快手盛典、京东超市星品之夜、星图达人节、世乒赛、高尔夫美巡赛、亚洲高尔夫职业巡回赛等。二是XR虚拟制作领域持续场景和解决方案研发。星光视听产业基地完成综艺、舞台剧、虚拟演唱会直播、虚拟赛事直播、广告商务发布、短视频、直播带货等7类业态，以及包含电视、长短视频和网络直播等媒体融合领域技术解决方案的开发。2022年，录制XR虚拟节目58剧组次，255天次，典型案例包括中国骄傲、平安2022、央视元宵晚会、华为新品发布会、华为跨次元（二次元空间与三次元空间进行来回穿梭）演唱会、西甲直播、汪峰虚拟演唱会、三星堆发现、2022乒乓球世锦赛、烟台分享之夜、咪咕音

乐会、拿手好戏等；典型客户包括中央广播电视总台、广东卫视、中视前卫、央视娱乐、字节跳动、咪咕、爱奇艺、华为、荣耀、丰田、安踏、麦岩智能等。三是数字视听技术装备国产化研发替代领域协同创新。开放产业链生态合作，开放场景及技术环境测试，建立XR虚拟制作协同创新实验室、新视听应用场景实验室、虚拟数字人实验室。在星光影视园西区新建450平方米XR演播室，与墨码创造、中影年年、青瞳、澜景、小象时光、秀狐、阿尔特等虚拟制作技术企业建立战略合作，为虚拟场景、虚拟资产、虚拟数字人、虚拟设备国产化替代等提供测试环境，推动虚拟制作国产化进程。四是数字资产研发和元宇宙应用领域取得阶段性成果。2022年3月28日，《北京日报》头版刊登《北京最大视听产业园转型数字影视制作 元宇宙虚拟资产生产“破墙而出”》，对星光视听产业基地在数字资产研发领域的发展成果予以报道。2022年度，基地完成虚拟数字资产库的底层构架建设和数字资产积累，将场景、虚拟形象、道具等影视制作创意成果生成的数字资产进行标准化并实现市场化交易，交易平台门户网站已上线，累计创作和积累各类数字资产1200件，原始制作价值5000万元。五

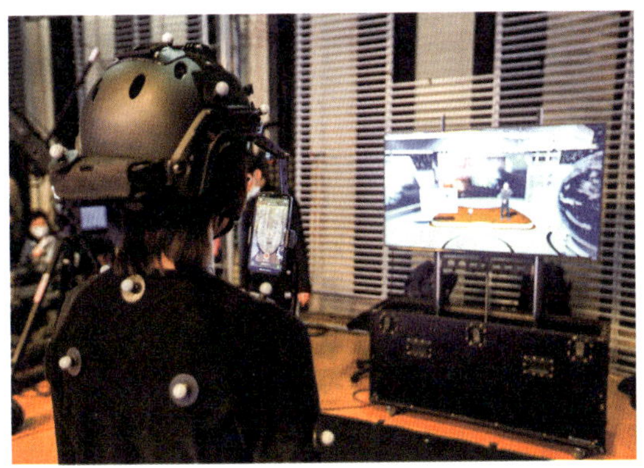

2022年11月中国（北京）星光视听产业基地星拓视联与青瞳视觉成立星光元宇宙数字人研究院，并建立满足直播需求的大型动捕棚

是构建“星火相传，凝心聚力”党建体系。建立视听领域流动党员的精神家园，接纳和发展入党积极分子23名，党员100余名。建设包括平台“聚力”工程、人才“聚力”工程、生态“聚力”工程在内的党建“聚力”工程体系，引领行业发展。

**中国（北京）高新视听产业园** 2021年12月30日批准成立的中国（北京）高新视听产业园（以下简称“高新视听产业园”）是全国首家全产业链国家级视听产业园，由北京亦庄投资控股有限公司（以下简称“亦庄控股”）出资建设，由北京亦庄城市服务集团股份有限公司（以下简称“城市服务集团”）负责运营管理。亦庄控股是与北京经济技术开发区同步成立的市属国有企业。城市服务集团是亦庄控股的全资二级子公司，致力于打造全要素资产运营平台和智慧服务平台。高新视听产业园依托国家广播电视总局广播电视科学研究院等资源，落地超高清电视技术研究和应用实验室，聚焦前沿技术研发，孵化重点项目，对接市场应用，大力推进视听总部基地、视听产业研发基地、视听产业孵化器等项目建设。高新视听产业园入选北京市2022年支持改造提升存量空间项目，获得1000万元资金支持。2022年，高新视听产业园有序推进园区招商、运营工作。截至2022年年底，入园视听企业50余家，全年举办线上线下产业活动20余场，产业集聚初见成效。2022年主要工作：一是产业研究提升招商综合能力。高新视听产业园集中专业力量积极开展产业研究，包括政策研究、产业链研究、重点企业研究等。2022年根据行业动态和招商需求，按月形成产业研究报告，按季度形成市场调研报告，共形成5G+视听产业研究月报6期，产业园区市场信息季刊2期；完成2022年度市场调研报告，梳理北京市各区及经开区的最新

政策，追踪北京市写字楼和产业园区市场动态等；下半年完成全国视听政策、产业链和企业研究，形成《全国视听产业基地政策汇总》《微短剧行业研究报告》等专项研究报告。通过产业研究明确产业资源，有效提升产业招商综合能力。二是参会参展拓展视听企业数量。高新视听产业园以布展形式参加2022服贸会，拓展视听企业28家；筹备参展2022 CCBN展会、2022中国北京国际视听大会，策划国家级视听产业园挂牌、开园仪式等活动。通过参展参会，提高拓展视听企业及行业资源的效率和质量，提升了视听产业园品牌形象。三是举办园区活动，促进产业机构集聚。组织召开2次成立视听产业联盟筹备会，邀请50余家视听领域的机构和企业专家参会。联合中关村促进会组织“走进高新视听产业园”游学活动，吸引15家视听企业参观园区并座谈。联合清华大学五道口金融学院、中国网络视听协会音频委员会等机构，组织视频、音频相关研讨会，累计吸引20余家视听企业在园区集聚，分享行业前沿资讯、把脉产业发展动向及趋势、探讨项目合作与落地等，有效推动园区产业集聚。四是搭建产服体系，助力企业发展。不断挖掘产业服务合作资源，完善产业服务体系，与高新视听产业园区外部30余家专业机构、多家协会联盟建立合作关系，建立涵盖52项具体服务项目的企业公共服务清单。举办“中小企业知识产权保护与运营法律风险”“北京市国高新、专精特新培育政策解读会”等14场线上活动，活动覆盖园区百余家企业。同时结合疫情给企业带来诸多不利影响及企业的实际资金需求，积极向企业推荐北京市商务联合会、建设银行等机构组织的“国家组合式减税降费政策”“融资纾困政策宣讲”等6场企业纾困政策讲座，助力企业渡过难关。

（以上内容由各相关单位供稿）

# 北京市部分网络视听服务机构

**北京爱奇艺科技有限公司** 北京爱奇艺科技有限公司（以下简称“爱奇艺”）注册成立于2007年3月27日，爱奇艺网于2010年4月22日正式上线。2018年3月29日，爱奇艺于纳斯达克上市，股票代码IQ。经过13年的发展，爱奇艺成功构建包含视频、游戏、移动直播、动（漫）画、文学、IP潮品、线下娱乐等业务在内的链接人与服务的娱乐内容生态。截至2022年年底，爱奇艺全网覆盖超10亿用户，根据第三方数据，爱奇艺剧集、综艺、动漫、电影的正片有效播放量市场份额长期居于行业第一。2022年，爱奇艺

北京爱奇艺科技有限公司出品的36集电视剧《警察荣誉》拍摄工作照

首次实现运营盈利，订阅会员数量持续上升，会员规模达1.2亿。爱奇艺公益活动项目不断

获得社会肯定。2022 年 5 月，爱奇艺上榜“中国慈善企业捐赠榜”，爱奇艺社会责任品牌项目“光影助力成长计划 ·2021 山西平型关”荣获“年度慈善项目”。7 月，爱奇艺获评“2021年度北京网络视听行业社会责任优秀企业”。在营造良好氛围，放大主流声量方面，2022年作为党的二十大胜利召开之年，爱奇艺上线“喜迎二十大 奋进新征程”优秀网络视听作品展播专题页、“弘扬社会主义核心价值观 共筑中国梦”节目展播专区，集合平台优质节目资源，展播《领袖的足迹》《人世间》《大考》《理想之城》《叛逆者》《警察荣誉》《罚罪》《特级英雄黄继光》《浴血无名川》等 300 余部优秀视听作品，为党的二十大胜利召开营造良好氛围。同时，开设“青春中国梦”网络视听精品创作展播专区，在中秋、国庆、十九届七中全会、党的二十大期间，重点推荐《特级英雄黄继光》《浴血无名川之奔袭》《黑鹰少年》等 7 部兼具思想性和艺术性的精品网络电影，让主旋律有了高频率、正能量，获得大流量。党的二十大召开期间，爱奇艺搭建“热烈庆祝党的二十大胜利召开”资讯专题，集纳党的二十大权威报道，及时传递党的新思想、新主张。同时，充分调动平台资源，通过爱奇艺各端首页焦点图、App 开屏、消息 PUSH 等核心资源渠道推荐党的二十大相关内容，确保党的二十大宣传的力度、广度和效度。在打造视听精品内容，引领价值导向方面，爱奇艺始终坚持以人民为中心的创作导向，坚持为向上向善的力量服务，在电影、动画片、动漫、纪录片等领域深耕精品创作，制作播出一大批脍炙人口的高品质内容。在剧集领域，爱奇艺聚焦精品创作与时代生活，推出一批立意深刻、主旋律价值突出的作品，例如：2022 年的开年大剧《人世间》立足时代发展，描摹 50 年中国百姓生活史，引发全民追剧热潮，给观众留下无尽感动；《苍兰诀》主题立意为“爱与和平”，注入人性向善、护佑苍生的大我理念，拍出东方幻想故事新模板；《罚罪》展现公安干警不畏艰险，扫除犯罪团伙，维护一方安宁的精神；《卿卿日常》创新讲述新古风故事，极具中式特色的烟火生活氛围，在海内外收获好评与热议；《风吹半夏》展现改革浪潮下民营企业家的奋斗历程，再现中国经济社会的变迁图景，让人们获得向好、向前的力量和勇气。此外，出品或联合出品的《大考》《警察荣誉》《对决》《猎罪图鉴》《风起陇西》《天才基本法》《唐朝诡事录》《请君》《心居》《二十不惑 2》《关于唐医生的一切》《向风而行》等高品质剧集紧贴时代脉搏、坚守主流价值和影响力。在综艺、电影、动画片、纪录片等领域，爱奇艺秉持“用内容记录真实”的核心价值观，持续推出年轻态、创新性的内容，用笑声和温暖传递正能量。网络综艺《一年一度戏剧大赛 2》以多元喜剧作品切中社会热点，释放大笑力治愈人心等。在短视频创作生态，爱奇艺推出“追光计划”，投入 20 亿流量和千万现金，为各个成长阶段的作者提供覆盖作品全生命周期的专项扶持和服务，帮助优秀创作者快速成长。面向已入驻平台的独立创作者，爱奇艺根据用户粉丝数量，采取分级管理的方式，为创作者提供不同类型的扶持政策。以原创作品量、涨粉量、互动量、播放量等为评分标准，设置不同类型的排行榜，每月给予上榜作者不同量级的现金和流量奖励，并为其提供社群服务、运营指导等专业支持，帮助创作者扩大个人影响力。对于新入驻的内容创作者，除了流量和现金激励以外，还会为其提供新手专属训练营、社群对接等精细化服务，帮助潜力作者在爱奇艺快速涨粉、成长。此外，爱奇艺有计划地围绕影视、综艺、搞笑、音乐、游戏、生活、儿童亲子、科技、健康、汽车、时尚等24个垂直领域发布原创内容征集活动，对视频热度高的内容创作者予以现金奖励，以此鼓励用户持续上传专业度高、可观性强的优质内容。同时，爱奇艺切实履行平台主体责任，出台《账号信息设置规范》《视频上传及审核基本规范》《账号官方加V认证说明》，帮助创作者了解平台认可的内容创作标准，生产发布优质内容，实现社区和谐繁荣，共同打造平台高质量的内容生态。在重视网络生态环境治理，落实平台主体责任方面，爱奇艺对“假、丑、怪、色、俗、赌”现象零容忍。自“清朗”系列专项行动开展以来，按照“严控内容质量、清零有害信息、铲除违规功能”的工作思路，先后开启“饭圈治理”“用户账号乱象整治”“未成年人保护”“打击网络水军黑公关”“网络暴力治理”“算法综合治理”“打击网络谣言和虚假信息”等一系列行动，累计处置违规内容上万篇，封禁违规账号上万个，清理饭圈互撕有害信息10万余条。针对“未成年人网络环境整治”专项行动，对爱奇艺奇巴布儿童内容品牌，坚持最严格的内容审核标准，确保内容绿色安全、无广告。同时推出“家长锁”功能，通过设置“宝贝播单”“定时提醒”，确保孩子观看内容的绿色健康，娱乐时间适度。在“打击流量造假、黑公关、网络水军”方面，爱奇艺早在2018年就关闭了前台播放量数据显示，以更加公正、客观的“爱奇艺内容热度值”来反映一部作品的受欢迎程度。不断完善流量造假风控研判与处置体系，建立打击流量造假长效管理机制，以自律行为引导行业走向良性循环。在日常管理中，坚持用好“两个机制，一个手册”，以长效机制巩固治理成效。爱奇艺建立内容安全风控机制和舆情预警机制，针对评论弹幕、页面生态、舆情监测等重点环节，制订具体的安全策略，确保平台内容安全可控。先后制订、更新四版《爱奇艺内容规范手册》，确保导向正确、内容安全、播出安全、舆情安全。

**优酷信息技术（北京）有限公司** 优酷信息技术（北京）有限公司（以下简称“优酷”）成立于2006年2月24日，于2006年6月21日上线优酷网，主要业务是在线视频平台运营。优酷支持PC、电视、移动及车载四大终端，兼具版权、自制、合制、内容开放平台、用户生成内容（UGC）、专业生成内容（PGC）及直播等多种内容形态。2022年年底，优酷发布平台新主张——“为好内容全力以赴”，致力于为用户提供精品内容，以更极致的体验与更创新的互动为用户提供一流视听交互盛宴，打造“生产好内容、共建好行业、带动好风气”的社会责任战略。在精品供给方面，优酷坚持“小人物、真英雄、大情怀、正能量”的内容价值观，积极践行以人民为中心的创作导向，发展社会主义先进文化，弘扬革命文化，传承中华优秀传统文化，致力创作生产传播更多精品内容，其中联合出品的《觉醒年代》《功勋》《巡回检察组》荣获“飞天奖”、“金鹰奖”、“白玉兰奖”、“五个一工程”奖等多个行业大奖；《这十年·幸福中国》《闪耀吧！中华文明》《国医有方》《血战松毛岭》等40多部作品入选广电总局年度网络视听精品片单和网络视听季度推优；

2022年，优酷出品的20集网络纪录片《这十年·幸福中国》海报

《灿烂！灿烂！》《打开生活的正确方式》《重生之门》《青春正好》《情满九道弯》《追光者 第二季：奋斗的青春》《有为·无畏》《银花》等30多部作品节目荣获北京广播电视网络视听发展基金、提升国际传播力、优秀公益广告、媒体融合典型案例的扶持与奖励。2022年，优酷主旋律作品播放量近170亿次，比2021年增长70%，其中六成观众是“90后”“00后”，同时，也引起全社会的关注和讨论。在文化出海方面，优酷实现节目类型、落地渠道、模式输出、多语种精细化运营以及扩大海外青年传播力等方面全方位突破。2019—2020、2021—2022年度连续两次荣获商务部、中央宣传部、财政部、文化和旅游部、广电总局5部门联合评定的“国家文化出口重点企业”称号。《这就是街舞》《江湖菜馆》等7部被认定为“国家文化出口重点项目”。截至2022年年底，优酷超过1200部1.1万集节目版权出口海外。优酷已开设国际版App，并重点运营YouTube平台17个频道，同步分发亚马逊、VIKI等播出平台，并辅以Twitter、Meta、Instagram等社交媒体的传播矩阵，收获超过3000万海外粉丝，每月播放量近5亿次。2022年《这就是街舞》越南版实现中国网综模式出口海外落地零的突破。在科技创新方面，优酷致力将人工智能、大数据、云计算、5G、超高清等最新科技运用于节目创作、生产、传播和观看的各个环节，成功研发出自由视角、AI视频智能生产系统、秒叹工具箱、帧享超高清、云尚现场系统、LED数字背景、影视资产数字平台等解决方案。2022年5月，广电总局云交互重点实验室以优酷为依托设立，广电总局广科学院、阿里巴巴达摩院XG实验室、米哈游协同共建。2022年，该实验室开展高新视频高性能云互动开发工具的研究与设计，高新视频高性能云互动典型业务质量评测方法和技术体系研究、攻关机器学习、深度学习在融媒体云互动内容云审核方面的关键技术。该实验室还牵头制定实时交互生态系统W3C国际标准，并参与制定网络视听类App服务技术要求和测试方法行业标准。在社会担当方面，优酷勇于承担企业社会责任，积极对接脱贫攻坚、乡村振兴、抗击疫情、共同富裕等国家重大战略部署，同时关注公益事业，在助老、助残、关爱未成年人等方面积极回报社会。一是助老方面，优酷致力于打破数字鸿沟，为弱势群体提供暖心服务，开启长辈模式，优化视觉展示，强化语音输入，进一步完善优酷适老化与无障碍改造。2022年优酷获得北京网络视听节目协会评选的“北京网络视听行业社会责任优秀企业”称号，优酷助老、助残项目入选“北京视听零距离”新视听公共服务典型案例。二是乡村振兴方面，推进“光明优酷艺术教室”公益项目落地，截至2022年年底，在国内9个省份落地15间艺术教室，帮助数千名孩子走进美妙的艺术世界。三是绿色环保与减碳方面，优酷在全面使用清洁云计算的基础上，通过服务器HPA与VPA技术、OSS分级生命周期管理、分级CDN调度等技术手段，持续优化云资源使用，2022年全年，约减排二氧化碳1500吨。

**北京百度网讯科技有限公司** 2017年12月，北京百度网讯科技有限公司（以下简称“百度公司”）推出好看视频App。好看视频作为百度公司短视频旗舰品牌，致力于打造泛知识短视频平台，全面覆盖知识、生活、健康、文化、历史、科普、科技、情感、资讯、影视等领域。2020年年底，好看视频进行全面品牌升级，提出“轻松有收获”的平台价值主张，做“为用户解决问题”的短视频平台。2021年，好看视频将创作者与用户深度结合，利用“圈一下”等产品功能与核心玩法，致力于打造知识互动形态的短视频社区产品。

百度好看视频平台还将通过付费专栏、电商带货、视频赞赏、线索导流等多元方式，解决平台流量变现的问题。2022 年，对于专注内容生产的创作者人群，百度方面以真金白银和技术全力扶持媒体人、律师、评测大神等泛知识类优质创作者。通过打通度咔剪辑 App、百度网盘等百度系资源，从选题、内容创作等方面为创作者提效，帮助更多中腰部甚至小白创作者发展。截至 2022 年年底，每天有 1.1 亿活跃用户在好看视频平台上传、观看、分享及评论视频，超 200 万视频创作者通过好看视频为百度生态用户提供视频内容。2022 年，好看视频自创《FUN! 知识开放麦》《好看观》等综艺节目并开展创作相关活动。

知识型综艺节目《FUN！知识开放麦》通过前期站内投票打榜，最终有 8 位来自平台的创作者脱颖而出，节目中，有鉴定过超过 10 万只包的奢侈品鉴定师、活在热点里的大案律师、把串门当作毕生事业的探家博主……不同职业的视频创作者结合自身有趣职业经历，展开一场场让人“轻松有收获”的脱口秀表演。2022 年，俄乌冲突持续爆发，国际形势波云诡谲；同时，国产航空母舰福建舰下水、歼 –35 战机亮相等等。为满足广大军事爱好者的兴趣和求知欲，输出专业权威的军事知识和观点，推出时评 IP“好看观”，系列栏目整体曝光量已经超过 6.5 亿次。此外，好看视频还孵化“好看观连线”活动，与青蜂侠、极目新闻等数十家媒体展开深度合作，通过连线媒体、专家的方式，对各类时事热点展开及时、深度、有交互的解读。“好看观连线”有超千万网友在线实时观看，数百万评论共议热点话题。2023 年 1 月 11 日，好看视频举办“观点 2022”年度演讲活动，为网友们盘点 2022 全年军事大事件，深度解读在 2022 年发生的“大国博弈”和“大国崛起”。活动邀请海峡两岸关系协会原副会长王在希、北京大学国际关系学院教授王勇、退役解放军大校包明、凤凰卫视评论员宋忠平、新华社世界形势研究中心俄罗斯问题研究员吴学兰、军事专家王云飞等多位好看视频军事内容创作者作为演讲嘉宾，拉近了平台优质创作者与用户的距离，将优质的军事文化内容触达更多的人群，打造“新一代的短视频军迷社区”。



2022 年 7 月 23 日，在济南正式启动泛知识短视频创作大赛“好看 CLUB · 创作之城”。此次活动由济南市委宣传部、济南高新区管委会、济南广播电视台指导，旨在打造全国首个沉浸式创作大赛，近百位优秀短视频创作者齐聚泉城济南，开启 48 小时沉浸式实景创作体验，创作者们分为 10 支战队，在两天的赛程里分别前往大明湖、趵突泉、千佛山等 33 座济南城市地标，用手中的镜头记录泉城美景，以全新的视角，对文化名城济南再解读，多角度展示泉城深厚的文化底蕴。通过本次活动中产生的优秀视频，让更多全国各地的朋友来到热情好客的济南，零距离地感受济南“山、泉、湖、河、城”的独特城市风貌，也借此鼓励更多的创作者加入创作行列中，用手中的镜头记录泉城美景，展示泉城文化底蕴。

2022 年“好看 CLUB· 创作之城”相关活动海报

**北京新东方迅程网络科技有限公司**　北京新东方迅程网络科技有限公司（以下简称“新东方在线”）是一家成立于 2005 年 3 月 11 日的互联网教育公司，截至 2022 年 12 月 31 日共有员工 440 人，2022 年营收共计 34962 万元。新东方在线是新东方教育科技集团旗下专业的在线教育网站，是国内首批专业在线教育网站之一，依托新东方强大师资力量与教学资源，拥有中国先进的教学内容开发与制作团队，致力于为广大用户提供个性化、互动化、智能化的卓越在线学习体验。自获得国家广播电视总局颁发的信息网络传播视听节目许可证以来，新东方在线已依法从事互联网视听节目服务业务十余年。课程涵盖出国考试、国内考试、职业教育、英语学习、多种语言等几大类，平台注册用户已超过 7000 万。自 2021 年 7 月 31 日，国家“双减”政策正式落地之日起，新东方在线便开始转型之路，于 2021 年 10 月 27 日成立全资持股子公司东方优选（北京）科技有限公司（以下简称“东方优选”），以东方优选为主体设立旗下农产品电商平台——东方甄选，并于 2021 年 12 月 28 日首播。截至 2022 年年底，东方甄选品牌在抖音上共有 6 个直播账号，分别为东方甄选主号、东方甄选之图书、东方甄选自营产品、东方甄选美丽生活、东方甄选将进酒、东方甄选看世界。其中，东方甄选主号的粉丝量为 2988.1 万，东方甄选之图书的粉丝量为 402.5 万，东方甄选自营产品的粉丝量为 146.2 万，东方甄选美丽生活的粉丝量为 309.1 万，东方甄选将进酒的粉丝量为 60.4 万，东方甄选看世界的粉丝量为 111.3 万，仅抖音平台上这 6 个账号合计的粉丝量已经超过 3917.6 万人。

2022 年 6 月 29 日，东方甄选主播们（前排左 4 为董宇辉）与俞敏洪（前排左 3）在直播间的直播活动

自 2022 年 7 月中旬起，东方甄选开始不定期地开展农产品产地的现场直播，7 月 17 日，第一场北京平谷大桃户外直播成功之后，东方甄选的田间直播于 7 月 26 日和 7 月 28 日分别在黑龙江的牡丹江和哈尔滨开播，把哈尔滨红肠、五常大米、煎饼等东北特色农产品送到千家万户。8 月 13 日，东方甄选到陕西延安直播，除了将陕西的农产品带出陕西之外，还将安塞腰鼓、陕西秦腔、壶口瀑布等文化向大众进行展示。9 月 3 日，东方甄选到贵州苗寨，将黔东南的特色糍粑、荞面以及苗族银饰、苗族蜡染等手工艺品送出重重大山。9 月 24 日，开展西北专场，将宁夏、新疆的好物带到大家面前。截至 2022 年 12 月底，东方甄选的足迹已经走过 6 个省份。随着业务蓬勃开展，东方甄选业务经营定位

更明确，三大定位分别为：农产品科技公司、文化传播公司和公益助农公司，即致力于以农产品为内核的产品科技公司，客户甄选生活好物的轻松愉快的文化传播公司，走遍祖国大好河山、为中国农业产业出一份力的公益助农公司，持续贡献自身绵薄力量。

**北京花房科技有限公司**　北京花房科技有限公司（以下简称“花房科技公司”）前身为成立于2006年3月的北京六间房科技有限公司。2019年6月，北京六间房科技有限公司与其全资子公司北京密境和风科技有限公司合并重组为花房集团。花房科技公司主要提供音视频服务，运营花椒直播和六间房直播两大网络直播平台。花椒直播是北京密境和风科技有限公司运营的泛娱乐直播平台，上线于2015年，主营业务为移动直播和小视频。截至2022年年底，平台上的直播内容分为三类，第一类是UGC内容，包括音乐、舞蹈、交友、校园、颜值、脱口秀、户外、游戏等频道；第二类是PGC内容，主要是平台上的大型品牌活动如“巅峰之战”“花房之夜”等；第三类是PUGC内容，如双人及多人连麦、在线PK、云派对等。同时平台上还有以小视频为主要内容的动态社区，主打附近等社交功能。六间房平台成立于2006年3月，并于2010年由短视频社区转型网络直播业务。2011年，六间房成为首批原文化部授权的“网络演出试点单位”之一；2015年，宋城演艺与六间房完成重组上市，双方的结合产生强大的品牌和业务协同效应，形成以O2O互动娱乐为核心的大生态圈。截至2022年年底，六间房已经成长为有影响力的国内泛娱乐直播互动社区之一，覆盖歌舞表演、户外旅游、文化综艺等多频道内容。截至2022年12月，两平台累计注册用户数超3.15亿，月活跃用户数超5300万人，覆盖全国500多座城市，累计签约主播超70万名，合作演艺经纪机构超5000家。2022年，花房科技公司总收入达51亿元，同比增长10.82%；经营性利润达4.42亿元，同比增长16.92%。2022年，在各级监管部门指导下，花房科技公司大力推广多个主题活动。一是“护苗有我 守护未来”——“护苗2022”专项行动推进活动。为贯彻落实习近平总书记关于青少年工作的重要指示精神，进一步做好青少年文化权益保护工作，护助少年儿童健康成长，北京市“扫黄打非”工作办公室在中国宋庆龄青少年科技文化交流中心举办“护苗有我 守护未来”——“护苗2022”专项行动推进活动。二是2022北京市中小学生公共安全第一课。8月31日，由北京市应急局、市教委、市公安局、市气象局、市消防总队、北京广播电视台主办的《2022北京市中小学生公共安全第一课》开播和上线，节目聚焦“溺水自救”“燃气泄漏”“网络交友”等热点事件。此外，花房科技公司自发组织形式各样的活动：为致敬第27个世界读书日，花房科技公司党员、入党积极分子、入党申请人、党建指导老师等一同参与读书分享会，以赏析党史为主题，赏读温铁军及其研究团队创作的经济学著作《八次危机：中国的真实经验》，以史为题、以史为鉴，5名党员和1名入党积极分子分享阅读体会；7月27日，花房党支部召开30余名党员参加的大会，7位预备党员按期转正，首都互联网协会党委党建指导员应邀参会；10月29日，花房科技公司党支部于慕田峪长城举行“敢于攀登、奋勇前行”主题党日活动，全体党员在慕田峪长城脚下集结出发，以徒步攀登的方式强健体魄、豪迈精神，激发干事创业的豪情壮志，把握团结奋斗的时代要求。

**北京搜狐互联网信息服务有限公司**　北京搜狐互联网信息服务有限公司是中国互联网媒体、娱乐、在线游戏集团之一，旗下拥有纳斯达克上市公司搜狐公司（NASDAQ：

SOHU）与在线游戏开发和运营商畅游公司。1996年8月，搜狐的前身爱特信信息技术有限公司成立，创办“爱特信信息技术有限公司”网站，其中网站分类搜索板块命名为“搜乎”。1997年11月将“搜乎”改为“搜狐”，1998年2月，公司正式更名为搜狐公司，推出搜狐网站，中国首家大型分类查询搜索引擎出世，搜狐品牌由此诞生。“出门靠地图，上网找搜狐”，搜狐由此打开中国网民通往互联网世界的大门。1999年，搜狐推出新闻及内容频道，奠定综合门户网站的雏形，开启中国互联网门户时代。2000年7月12日，搜狐公司正式在美国纳斯达克挂牌上市（NASDAQ：SOHU）。2005年11月，搜狐签约成为2008年北京奥运会互联网内容服务赞助商。2009年9月，搜狐视频发起中国视频反盗版联盟，推进网络视频正版化。2017年11月，搜狐旗下子公司搜狗在纽约证券交易所正式挂牌上市。截至2022年年底，搜狐公司拥有平台产品包括：媒体（搜狐网、搜狐新闻客户端、手机搜狐、搜狐资讯客户端、搜狐焦点）、视频（搜狐视频、搜狐视频客户端）、社交（狐友App）、游戏（天龙八部系列游戏、17173平台）等。2021年11月起，搜狐推出物理科普直播节目《张朝阳的物理课》，截至2022年12月23日，《张朝阳的物理课》已经在搜狐视频直播110余期。从2022年3月11日“新春第一课”开始，《张朝阳的物理课》首次走到线下，到2022年12月23日，《张朝阳的物理课》在线下举办11期。其直播以演算物理为特色，将单调枯燥的复杂原理融入日常熟知的物理现象之中，通过一步一步的详尽计算和硬核推导，帮助听众理解自然界的基本规律，满足听众对于物理知识的求知欲。《星空下的对话》是搜狐2022年打造的原创知识直播类栏目，由张朝阳发起深度对话，邀请行业领袖和跨界先锋共话热门话题。2022年7月31日，《星空下的对话》首场直播由张朝阳和新东方董事长俞敏洪共同开启，创新户外露营的生活场景+深度对话的知识分享形式，通过对不同主题的探讨，启迪年轻一代在感知时代变化与知识洗礼中，探寻自我成长和突破。在自制剧上，搜狐视频平台对于精品自制内容的发展定位是“小而美”，注重描绘社会群像，体现人文情怀以及探索人生态度，打造中小体量的精品内容，如推出古装剧《夜城赋》、都市爱情剧《青梅酸酸你微甜》等。在自制综艺上，继续打造“一种关注”“青春世相”等系列主题，重点推出《送一百位女孩回家》《一人客栈》等精品网络综艺节目。其中，《送一百位女孩回家》已成功推出五季，节目由丁丁张担任观察者的角色，从首季聚焦女孩生活、探讨女性选择，到后续几季对女性心理、生活、工作等进行全方位延展，用治愈的陪伴式访谈打造暖心的“她”综艺，从观察者的视角出发，深度挖掘新时代女性的能量，传递人文关怀。

搜狐直播《张朝阳的物理课》

**北京微梦创科网络技术有限公司** 2009年，北京微梦创科网络技术有限公司运营的微博正式上线。经过多年的发展，2022年底，微博月活跃用户达到5.86亿，日活跃用户达到2.52亿，活跃用户中年轻人占比高，三四线城市人群增速更快。媒体、政务微博以及网络名人和普通网民，共同构建了微博平台的内容传播体系和商业生态。已有二十多万政务和媒体微博账号活跃在微博平台上，形成强大的媒体矩阵。媒体账号作为微博平台强大的内容生态组成，正逐步发挥自身的议题设置能力，预设话题，凝聚最广泛的社会共识。2022年，微博在广电部门的指导和支持下，积极开展重大主题主线宣传活动，助力打造主旋律高昂、正能量充沛的视听宣传格局。在北京市广播电视局指导下，微博网络社交媒体平台，充分发挥互动宣传矩阵优势，策划上线话题活动“春节Vlog”，全力营造喜迎冬奥、参与冬奥、共享冬奥的浓厚氛围，让众多网友通过参与“春节Vlog”的话题畅聊冬奥赛事、趣迎活力虎年。1月22日至2月16日，微博Vlog联合微博多个重点领域，发起记录春节生活的Vlog征集活动。活动期间，平台邀请用户带“春节Vlog”话题词发布视频，记录自己多彩的春节生活，分享美妙的冬奥记忆。平台会根据内容质量、视频播放互动综合评选出优质作品给予创作红包激励。为号召更多用户深度参与“春节Vlog”主题活动，微博设置众多Vlog互动标签，包括记录春节见闻、分享观看冬奥会的瞬间，特别的年夜饭、在微博花式拜年、看春晚、春节妆容/穿搭等趣味内容，带领Vlog博主和全站用户打造“携手迎冬奥 同心过大年”的节日氛围。微博视频号于2020年7月正式上线，成为图文之外，微博平台生态的重要组成部分。不论是深耕的微博的KOL（关键意见领袖），还是外站入驻微博的视频博主，借助微博开放的社交媒体属性以及热点优势，通过视频内容出圈，带动博主个人影响力的提升，也为博主IP打造以及商业化变现奠定基础。截至2022年第四季度，微博视频号规模突破3900万。在微博的新生代创作者之中，视频已经成为内容的主要输出形式之一，视频博主数量、内容占比都在不断扩大，已经与微博传统的图文形式构成了微博的内容生态。过去一年，微博视频号的总体规模仍在不断扩大，10万粉丝以上作者达到16.2万个，他们每天发布89万条博文，其中视频占比达到40%，每天播放量达到32亿次，播放量也同比增长了23%。2022年，微博大V们积极发挥自己的影响力，通过传播和募捐双重方式，带动更多网友践行公益，扩大自身影响力的同时，也创造更多社会价值。2022年，10万粉以上大V，共有138万人次参与公益话题，3.8万人次捐赠公益项目，563万人次在“一起捐”项目跟捐，5833人开通公益赞赏，在社会突发事件、自然灾害、公益项目等中发挥了积极救助作用。

**北京智者天下科技有限公司** 北京智者天下科技有限公司于2011年6月正式成立，总部位于北京市海淀区768创意产业园，旗下主营业务知乎Web网站及知乎App，是中文互联网问答式在线社区。2021年3月26日，知乎在纽约证券交易所挂牌上市。2022年4月22日，知乎在香港联合交易所挂牌上市。知乎以内容为中心的商业模式，主要包括线上广告、商业内容解决方案、付费会员和其他业务（主要包括在线教育、电商等）。2022年全年，知乎实现总收入36.05亿元，同比增长21.82%。2022年平均每月订阅会员数大幅增长，从2021年的510万提升到2022年的980万，增幅达93.2%。知乎网站发展，早期以图文内容为主，2018年开始做短视频业务，2019年开始探索视频直播业务。得益于政府管理部门对视频和直播业务监管政策的明朗化、规范化指导，特别是通过备案登记制将知乎纳入国家广电总局重点视听业务监管平台以后，在总局和北京市广电局领导的帮助和指导下，知乎视频和直播业务发展快速。2022年知乎新增短视频69万小时，用户播放时长2.81亿小时。2022年暑期，知乎尝试自制两档综艺节目《荒野会谈》和《我的高考笑忘书》，均取得较好成绩，全网曝光量超过15亿次，知乎站内图文内容消费量超过5亿次。其中《我的高考笑忘书》荣获国家广电总局2022年年度和第三季度优秀网络视听节目推选活动优秀作品。

2022年，知乎上线自制节目《我的高考笑忘书》

知乎公司的视听业务包括第二类互联网视听节目服务的（四）（五）（六）（七）项、第三类互联网视听节目服务的第二项、第四类互联网视听节目服务的第三项。知乎公司非常重视内容安全管理和视频直播审核制度规范，截至2022年年底，公司共有从事视听业务的审核人员1308名，视听业务技术人员292名。知乎公司内容审核严格按照广电总局的管理要求，根据直播场次和视频数量、时长等分配对应的审核人员和技术人员。公司副总裁、总编辑王豫斯负责网络视听内容的总调控、总把关，组建由政府事务、品质、法务、市场、技术、审核监控等各相关部门负责人组成的网络视听业务专项组，严把节目导向关和内容关，并且组建专职的视听业务审核团队，与其他部门可快速协调。同时，知乎公司建立了信息安全管理委员会制度、人工审核制度、视频审核制度、直播审核制度等十余项内容安全管理制度，对审核流程、审核标准、应急处置、内容管理、数据安全等各方面进行明确规定，并在实践过程中根据政府部门的监管政策和业务实际，不断补充完善。

**北京思维造物信息科技股份有限公司** 北京思维造物信息科技股份有限公司成立于2014年6月。在线上，核心产品包括得到App和“罗辑思维”微信公众号；在线下，陆续推出得到图书、“时间的朋友”跨年演讲、“启发俱乐部”知识脱口秀、得到高研院等，从而形成了线上线下双贯通的知识服务和终身学习产品矩阵。其中，得到App线上知识产品形态涵盖了音频课程、讲座、得到听书、得到电子书、得到锦囊等，自2016年5月推出至2022年12月底，已上线589门音频课程，解读3200余本经典图书，汇集8万本精品电子书，并在此基础上，开发基于“得到大脑”的移动知识搜索引擎，从而全方位服务于5500万终身学习用户。在线下，得到图书定位于以更便捷、精准的方式呈现智能互联时代的各领域新知；得到训练营则直奔问题解决，让用户有方法、学得会；而得到高研院则打造一个新时代行业人才的热带雨林。2022年12月31日，第八届“时间的朋友”跨年演讲在深圳书城龙华城开讲，深圳卫视、抖音和得到App同步直播。此次演讲主题为“这个思路有启发”，罗振宇在有“深圳最美书城”之称的深圳书城龙华城，带来一场“边走边聊”的跨年演讲，从空间设计回归“知识”。这届跨年演讲共7个板块22则故事，主讲人罗振宇通过新方式为观众带来了一场“沉浸式”体验。该直播的主创人员有：总制片张艺、马想，导演张军，内容策划李天田、宣明栋、李倩、孙筱颖、冯启娜、刘怡、杨霁琳、柳昊、孙谋等，现场钢琴演奏师罗维。2022 年 2 月 17 日，思维造物公司入选中国信通院“数据安全共同体计划（DSC）”首批成员单位。2022 年 3 月 22 日，国家市场监督管理总局国家标准化管理委员会发布“基于互联网的个人知识服务通用要求”国家标准，该标准由思维造物与中国标准化研究院共同牵头起草。2022 年 7 月，思维造物被北京朝阳国家文化产业创新实验区管理委员等认定为“北京市朝阳区 2022—2023 年度蜂鸟企业”。2022 年 11 月，思维造物被北京市朝阳区发展和改革委员会认定为“北京市创新型中小企业”。

（以上内容由各相关单位供稿）

# 北京市部分民营影视制作公司

**北京光线传媒股份有限公司**　北京光线传媒股份有限公司（以下简称“光线传媒公司”）创建于 1998 年，2011 年 8 月 3 日在国内创业板上市。公司业务以影视剧项目投资、制作、发行为主，围绕影视内容核心，公司同时在横向的内容覆盖及纵向的产业链延伸两个维度布局，业务领域已覆盖电影、电视剧（网剧）、动漫、音乐、艺人经纪、实景娱乐、产业投资等领域，是国内覆盖内容领域最全面、产业链纵向延伸最完整的综合内容集团之一。光线传媒公司先后入选第五届（2013 年）、第六届（2014 年）、第十二届（2020 年）、第十三届（2021 年）“全国文化企业 30 强”名单。在业务管理上，公司实行多厂牌发展战略，成立光线影业、彩条屋影业、青春光线影业、五光十色影业、迷你光线影业、小森林影业和光线动画多个影视厂牌，各厂牌齐头并进，各自发力，每年为市场提供 20 部以上风格各异、类型多样的电影产品，保证公司项目的持续输出。光线旗下投资的文化娱乐公司达 70 家，包括 4 家影视娱乐类上市公司，其中猫眼娱乐是中国泛娱乐票务平台之一。光线传媒公司同时是国内重要的剧集制作公司、国内领先的新生代艺人培养经纪公司、拥有庞大电影主题曲和推广曲的独立音乐公司。公司自成立起至 2022 年成功投资出品包括《哪吒之魔童降世》《满江红》《美人鱼》《泰囧》《八佰》《疯狂的外星人》《港囧》《一出好戏》《金刚川》《姜子牙》《致我们终将逝去的青春》《匆匆那年》《从你的全世界路过》《超时空同居》等 160 余部优质影片，总票房超 600 亿元。2012 年光线传媒公司推出的影片《泰囧》，票房 12.70 亿元，成为中国第一部票房破 10 亿的国产影片，开启中国电影 10 亿票房时代；2016 年光线传媒公司出品上映影片《美人鱼》，票房 33.91 亿元，成为中国第一部票房破 30 亿元影片，开创中国电影 30 亿票房时代；2019 年上映动画影片《哪吒之魔童降世》，票房 50.35 亿元，成为中国影史第一部票房破 50 亿动画影片，推动国产动画电影向更高层次发展；2022 年光线传媒公司旗下上映《狙击手》《十年一品温如言》《冲出地球》等 7 部影片。2022 年，彩条屋影业出品的电影《哪吒之魔童降世》、光线传媒公司出品的电影《狙击手》荣获第十六届精神文明建设“五个一工程”奖优秀作品奖，其中电影《狙击手》讲述抗美援朝战争中，中国人民志愿军狙击手五班战士在敌我军备力量悬殊的境地下，与美军精英狙击手小队展开殊死较量的故事，展现中国狙击手们英勇无畏的牺牲精神与崇高的爱国信念。该片由张艺谋、张末联合执导，于2022年大年初一全国上映。光线传媒公司推进已有筹备项目制作，《山河枕》《春日宴》《拂玉鞍》《大理寺少卿游》等剧集已与相关视频平台达成合作并顺利推进，其中《大理寺少卿游》《拂玉鞍》已拍摄完成，其他项目如《我的约会清单》《照明商店》等也在顺利推进中。

**北京华谊兄弟娱乐投资有限公司** 北京华谊兄弟娱乐投资有限公司成立于2008年1月3日，注册资金44520万元人民币，是华谊兄弟传媒股份有限公司全资子公司，由公司创始人王中军、王中磊共同创建。北京华谊兄弟娱乐投资有限公司以内容生产为核心竞争力，坚持以人为本，与费振翔、韩青、李小江、张力川等多位著名导演合作，创作多部影视剧作品。其中，代表作品包括《古董局中局之掠宝清单》《古董局中局之鉴墨寻瓷》《人间烟火花小厨》《喜欢你时见好甜》《欢喜猎人》。2022年，公司继续秉承创新、专业、务实的经营理念，筹拍优质影视作品，为观众带来更多精彩的视听享受。

**海润影视制作有限公司** 海润影视制作有限公司（以下简称“海润公司”）成立于20世纪90年代中国电视剧走向市场化的最初岁月。作为第一批获国家广播电视总局批准取得电视剧制作许可证（甲种）的民营影视制作机构，经过近30年影视剧市场洗礼，海润公司创作出品电视剧《一场风花雪月的事》《重案六组》《永不瞑目》《青春之歌》《血色浪漫》《长恨歌》《玉观音》《小兵张嘎》《白求恩》《亮剑》《狼毒花》《震撼世界的七日》《和平饭店》《陪读妈妈》《羊城暗哨》《拿什么拯救你我的爱人》《北上广不相信眼泪》《猎人》《胭脂》《木府风云》《有你才有家》等近200部7000多集。出品的作品获“五个一工程”奖、“飞天奖”、“金鹰奖”、“华鼎奖”、中美电视节、“春燕奖”等200多项奖项。“海润牌”电视剧走进千家万户，李云龙、安心、肖童、程先生、常发、王琦瑶这些剧中人物走进越来越多的观众心中。海润公司通过自己的作品培养并成就了近百位优秀的演员。海润公司培养、吸纳、签约年轻的制片人、导演、编剧、演员等专业人才，为行业及公司的发展提供新鲜的血液与动力。2022年，海润公司储备的影视项目有《我心有歌》《战长城》《云胡不喜》《花脸》《浔上人家》《幸福里1号》，分别覆盖战争、青春献礼、谍战革命、民国爱情、家庭伦理等题材。

**北京东方飞云国际影视股份有限公司** 北京东方飞云国际影视股份有限公司成立于2002年，2016年11月15日在新三板挂牌，证券简称：东方飞云（证券代码：839672）。公司业务以影视剧制作为主，包括影视剧项目开发、影视剧拍摄及后期制作、营销发行、艺人经纪等。公司有四类主要作品：普法类电视栏目、电视连续剧、龙标电影、数字电影。普法类电视栏目：公司与中华人民共和国司法部共同主办，由公司拍摄制作近900期普法栏目《律师视点》，每期20分钟，2003年至2006年连续3年多在上海东方卫视黄金时间日播，获得第八届全国法制题材电影电视节（剧）目“金剑奖”。2012年至2022年，公司制作网络剧《山有木兮木有心》，电视连续剧《请赐我一双翅膀》《花谢花飞花满天》《新边城浪子》《新萧十一郎》《情定三生》《家宴》《暗花》《大明嫔妃之长门怨》《明珠游龙》等。公司制作的龙标电影有：《海大鱼》《冰火凤》《镜花缘之决战女儿国》《神龟岛》《龙无目》《美人皮》《人鱼缚》《巩仙》《诡婳狐》《妖手摧花》《猎妖记》《翠狐戏夫》等。2008年至2013年，公司拍摄制作近300部数字电影，每部电影时长90分钟，如《猎野人》《刺杀玫瑰》《女王》《四喜临门》《公主驾到》《啼笑情缘》等。2022年，东方飞云公司出品的龙标电影《纸画皮》《北游记之仙魂下凡》《南游记之闹三界》《浴火牡丹》在腾讯视频平台上线播出。

**北京完美世界影视有限公司** 完美世界影视业务起源于2008年，初名北京完美时空文化传播有限公司。2014年更名北京完美影视传媒有限责任公司，2021年更名为完美世界（北京）互动娱乐有限公司，业务定位有所变化，因此自2020年起影视业务由北京完美世界影视有限公司承接。公司成立以来，秉持多元化、精品化的理念，参与创作、出品及发行《钢的琴》、《失恋33天》、《北京青年》、《咱们结婚吧》、《老有所依》、《神犬小七》系列、《灵魂摆渡》系列、《深海利剑》、《忽而今夏》、《香蜜沉沉烬如霜》、《最美的青春》、《老酒馆》、《河山》、《冰糖炖雪梨》、《三叉戟》、《暴风眼》、《温暖的味道》、《光荣与梦想》、《和平之舟》、《昔有琉璃瓦》、《心想事成》等200余部优秀电视剧。其中，《失恋33天》《北京青年》《老有所依》曾入选国礼，在国家主席出访拉美期间，赠与巴西、阿根廷两国的元首政要。完美世界影视公司的作品多次获中宣部“五个一工程”奖、中国电视剧“飞天奖”、中国电影“华表奖”、大众电影“百花奖”等。为推动中国文化的国际传播，提升中华文化影响力，完美世界影视将多部剧集出口到美国、加拿大、新西兰、东南亚地区及非洲各国，得到当地观众的喜爱。与此同时，完美世界影视非常注重国际化合作。2016年2月，完美世界影视宣布与美国好莱坞六大制片公司之一环球影业达成片单投资及战略合作协议，这代表中国娱乐企业第一次直接与好莱坞知名制片公司签订长期合作协议。合作片单中，《至暗时刻》《魅影缝匠》《黑色党徒》《登月第一人》等多部影片获奥斯卡奖。2022年，完美世界影视出品或联合出品的作品有《昔有琉璃瓦》《仙琦小姐许愿吧》《蓝焰突击》《天才基本法》《摇滚狂花》《月里青山淡如画》《女师尊在上》等影视剧作品，取得较好收视成绩，网络播放和社会效益等方面全面丰收。其中，34集国风文物修复题材青春剧《昔有琉璃瓦》已发行到越南、马来西亚、印度尼西亚、北美、韩国、泰国等多个地区和国家；12集女性情感现代电视剧《摇滚狂花》通过爱奇艺平台发行到欧洲等地区。2022年12月27日，由北京完美世界影视有限公司、幸福蓝海影视文化集团股份有限公司出品的古装神话爱情40集电视剧《星落凝成糖》获得电视剧发行许可证。

**北京时代光影文化传媒股份有限公司** 2013年7月30日，北京时代光影文化传媒股份有限公司（以下简称“时代光影公司”）正式成立，并于2016年9月30日取得新三板挂牌函，股票代码839463。时代光影公司是一家集研发、制作、发行、营销及艺人经纪于一身的影视内容供应商。公司以电视剧生产为龙头，同时覆盖电影、网剧、电视综艺节目等全影视节目产业内容制作。时代光影牢记使命，坚守“为观众铸精品、为文化开新篇”的经营理念，坚持精品原创和IP开发并重，2017—2020连续四年获得北京民营企业文化产业百强荣誉。时代光影公司有成熟的项目孵化团队、制作团队、宣发团队，打通影视制作流程全链条。时代光影公司致力于打造完整的产业化生产链条，不仅在剧本孵化、制作、发行、营销方面达到行业内专业水准，更是拥有完整的艺人培养梯队，现有与公司全签约艺人20人。2022年8月28日，时代光影公司等联合出品的29集电视剧《决胜零距离》在CCTV-8频道播出；6月29日，联合出品的40集电视剧《幸福到万家》在优酷、北京卫视、东方卫视播出。

**四达时代通讯网络技术有限公司**　四达时代通讯网络技术有限公司（以下简称“四达时代”）成立于1988年10月18日，是中国广播电视行业颇具影响力的系统集成商、技术提供商和网络运营商。截至2022年年底，四达时代有员工超4500人，其中外籍员工占80%以上，四达时代在卢旺达、尼日利亚、肯尼亚、坦桑尼亚、乌干达、南非等30多个国家注册成立公司并开展数字电视和互联网视频业务运营，发展数字电视用户超过1300万、移动端用户超过2700万，成为非洲重要的视频流量拥有者和家庭视频流量入口。四达时代搭建起可支持千万量级用户规模运营的庞大网络体系，节目中继、直播卫星、地面数字电视传输和互联网视频四大基础网络平台，使节目信号覆盖撒哈拉沙漠以南非洲地区；拥有超过800个频道，覆盖资讯、综艺、儿童、体育、音乐、影视、时尚等内容，用汉语、英语、法语、葡萄牙语、斯瓦希里语、豪萨语、约鲁巴语等十余种语言播出。四达时代拥有53个自办频道，节目年更新量超过3万小时。四达时代于2011年成立译制中心，汇聚多国优秀译制创作人才，已建成具备汉语、英语、法语、葡萄牙语、斯瓦希里语、豪萨语、约鲁巴语等多个译配语种、产能超1万小时的大型节目译制基地，被授予“中国（北京）影视译制基地”称号。公司被评为“国家文化出口重点企业”“国家文化和科技融合示范基地”，获得2015年WQC（世界质量认证）国际之星金奖、欧洲质量研究会2016年最佳商业实践奖、改革开放40年——中国企业海外形象20强、2018年北京民营企业科技创新百强、2019年北京民营企业文化产业百强、2020年非洲影响力百强品牌20强、2021年北京新视听国际交流示范机构等荣誉。2022年，四达时代承接的中国援助非洲“万村通”卫星电视项目完成乌干达、布隆迪两国二期建设任务；参与第五届中非媒体合作论坛、首届电视中国剧场论坛、电视剧国际传播论坛、2022影视译制与传播高峰论坛；面向非洲播出2022中国文化和旅游展播月活动、脱口秀节目*INSIDE CHINA*、专题节目《看中国》等内容，讲好中国故事；制作系列专题节目，面向非洲报道2022年北京冬奥会、全国两会、党的二十大等时事热点内容。

2022年1月25日至2月24日，由文化和旅游部国际交流与合作局主办、四达时代承办的2022中国文化和旅游展播月活动，通过四达时代公司在非洲的数字电视频道播出

2022年2月4日，四达时代原创儿童栏目《卡卡冬奥行》播出，用动画形式向全世界儿童介绍北京2022年冬奥会

**北京鑫宝源影视投资有限公司** 北京鑫宝源影视投资有限公司（以下简称“鑫宝源公司”）成立于1998年5月，是一家集影视拍摄、制作、发行、演员经纪等业务为一体的影视公司。在国产电视剧的创作方面，以著名导演赵宝刚为创作主体的几支创作小组，凭借独具风格的作品推动中国偶像剧、言情剧的发展，并形成以都市情感、重大历史题材、惊险悬疑等为主的几大类系列，创作出众、贴合时代且有温度的电视剧作品，如《像雾像雨又像风》《奋斗》《我的青春谁做主》《北京青年》《青年医生》《老有所依》《深海利剑》《青春斗》等，作品独具风格，在国内外的电视剧市场很受欢迎，且多次荣获中宣部精神文明建设“五个一工程”优秀作品奖。此外，鑫宝源公司还与中国港台地区，以及新加坡等地多家影视文化机构合作，摄制和发行《少年英雄方世玉》《陌生人》《迷侠》《棋武士》《机灵小不懂》等多部合拍电视连续剧。这些剧作在全国各地电视台的播出均取得较高的收视率，其中一些剧目的收视更是位居收视排行榜榜首。公司多次被授予“中国电视剧十佳制作单位”“国家重点出口单位”等荣誉。公司具有强大的发行能力，不但自身生产的剧目自主发行，也接受委托发行其他公司剧目，发行网络覆盖全国几百家各级电视台。在综艺方面，鑫宝源公司2015年开始涉足综艺真人秀，先后参与投资制作《极限挑战》《跨界歌王》《跨界喜剧王》《欢乐中国人》《向往的生活》《无限歌谣季》等多档热门综艺。2022年，由北京鑫宝源影视投资有限公司、北京爱奇艺科技有限公司、北京宝昇影视文化传媒有限公司、北京完美世界影视有限公司、北京新力量影视文化有限公司联合出品的38集国安题材电视剧《特工任务》拍摄完成，进入后期制作阶段。

2022年，赵宝刚导演在电视剧《特工任务》外景地指导拍摄

（以上内容由各相关单位供稿）

# 大事记

# 2022年北京市广播影视大事记

## 1月

1月1日至3日　北京广播电视台文艺广播中心推出三集原创冬奥广播剧《归雁》。

1月6日　北京移动电视开播知识类图片栏目《巴斯课堂》，内容涵盖科学常识、健康养生、生活妙招等。

1月7日　新华社、中国新闻社等14家在京新闻媒体代表到北京广播电视台对冬奥纪实8K超高清试验频道开展采访报道活动。

1月7日至12日　由北京国际摄影周组委会支持，北京广播电视台科教频道中心、“北京时间”共同举办的“群星璀璨 聚焦光影 BRTV金色时光——光影新视界首届摄影联展”在中华世纪坛举办。这是国内首个由电视台栏目策划组织的摄影展览。《金色时光——光影新视界》栏目是2021年7月，在北京国际摄影周组委会支持下开播的。

1月9日　北京市广播电视局组织召开电视剧《欢迎来到麦乐村》赴非洲深扎调研团汇报会。该剧由完美影视公司出品，是北京电视剧“十四五”规划重点项目。在总局和国家卫健委支持指导下，主创团队顺利完成赴非洲实地考察、调研采风等工作任务，取得了第一手材料。国家广电总局电视剧司司长高长力，北京市广播电视局党组成员、副局长张苏参加会议并讲话。国家卫健委、北京市广播电视局电视剧管理处、优酷网、完美世界影视公司及主创团队赴非洲深扎调研团相关同志参会并发言。

1月9日　由北京市公安局、首都精神文明办、北京团市委共同主办，北京广播电视台联合举办的2021“北京榜样·最美警察”主题活动揭晓仪式在北京卫视播出。

1月10日至2月7日　四达时代ST-World Football、ST-Sports Premium频道，南非Sport2和Sport3频道对非洲杯赛事进行全场次转播，四达时代新媒体平台StarTimes ON App同步直播。

1月12日　北京市委常委、宣传部部长莫高义出席2022年北京广播电视台春节联欢晚会节目录制。北京广播电视台党组书记、台长余俊生和北京市委宣传部副部长王杰群、徐萍、徐和建、张际，北京市广播电视局党组书记、局长杨烁，副局长孔建华参加。

1月13日　国家广播电视总局党组成员、副局长朱咏雷一行8人到北京广播电视台进行2022年北京冬奥会安全播出专项检查，并听取北京广播电视台和北京市广播电视局以及北京新媒体集团关于迎接2022年北京冬奥会安全播出和网络安全保障工作情况汇报。

1月13日　北京北广传媒移动电视有限公司联合北京公交集团宣传部、北京巴士传媒股份有限公司为北京冬奥会宣传特别定制的“移动电视冰雪专车”上路运营。北京冬奥会期间，“冰雪专车喊你来玩”活动共举办3场。

1月14日　“北京之声·博物馆”入驻老舍纪念馆。“北京之声”是在北京市委宣传部领导下，由北京广播电视台主导发起并联合文博等多个机构，在博物馆、园林、胡同等多场景推出的城市有声导览标准化体系。该项目由北京讯听网络技术有限公司（听听FM）具体实施。

1月15日　北京卫视和优酷同步播出全国首档冰雪竞技人文探访真人秀《飘雪的日子来看你》第1期。该节目共11期，每周六晚播出。

1月17日　北京市广播电视局发布《北京广播电视网络视听发展基金2022年度项目资助申报指南》。

1月17日　经国家广播电视总局批准，北京广播电视台京津冀之声（调频100.6兆赫）在北京冬奥会延庆赛区开播。至此，该频率实现在北京中心城区、城市副中心、延庆城区和冬奥赛区的全覆盖。

1月18日　北京广播电视台新闻频道《北京新闻》推出系列报道《新春走基层・我在北京挺好的》第1集。该系列报道共10集，每集3分钟。

1月19日　北京市广播影视协会召开“立德自律 守正创新”职业道德建设座谈会，成立北京市广播影视协会职业道德委员会。

1月20日　北京市广播电视局结合冬奥8K应用示范社区落地，启动“北京视听零距离”新视听公共服务乐享冬奥系列主题活动，打造集冬奥开幕式8K直播、视听科技体验、冬奥知识科普于一体的公共服务场景，实现视听新技术、新产品、新场景与社区居民“零距离”。

1月20日至25日　北京广播电视台与石景山区委宣传部联合制作的大型人文纪录片《石景山》在BRTV新闻频道《北京您早》直播时段播出。该片共6集，“北京时间”“北京新闻”微信公众号及腾讯视频、今日头条、优酷等新闻客户端、视频网站同步推出。

1月21日　北京市委常委、宣传部部长莫高义到北京歌华传媒集团开展2021年全面从严治党（党建）工作考核现场督查。

1月21日　由北京奥运城市发展促进中心、北京广播电视台主办的“祝福北京”大型景观雕塑落成仪式在奥林匹克塔广场举行。

1月21日　北京广播电视台冬奥纪实频道开播系列人文纪录片《冬奥“三记”》。该纪录片历时两年纪实跟拍，共3集。

1月22日至23日　北京广播电视台卡酷少儿卫视原创互动贺岁儿童舞台剧《2022卡酷春晚大计划》在中国木偶艺术剧院卡酷剧场完成两天共6场的首演。这是经典品牌“卡酷动画春晚”首次走进剧场。

1月23日至25日　以“迎冬奥、过大年、促消费”为主题的大型融媒体新年活动“‘京津冀’年货嗨翻天！”播出。活动由北京广播电视台京津冀之声、网络传播中心联合天津海河传媒中心天津新闻广播、天津津云新媒体海河MCN、河北广播电视台新闻广播共同举办，特邀俞敏洪加盟，与北京广播电视台及河北新闻广播主持人在抖音直播间分享京津冀三地优质年货。

1月25日　北京市广播电视局、天津市广播电视局、河北省广播电视局以视频会议的形式启动京津冀“携手迎冬奥 同心过大年”活动。此次活动由中国（京津冀）广播电视媒体融合发展创新中心主办，主要包括两大部分：一是共享影视版权，丰富冬奥、春节期间的电视荧屏内容供给；二是发挥网络视听平台优势，引导三地群众线上欢乐过年。三地互赠影视版权共计41部，北京17家网络平台开展“京津冀免费看”活动，为三地人民呈现540部共10774集免费精品佳作，营造庆新春的浓厚氛围。专区浏览量4.76亿次，会员“转免”累计价值超过1亿元。

1月25日至2月24日　由中国文化和旅游部国际交流与合作局主办、四达时代承办的2022中国文化和旅游展播月活动，通过四达时代在非洲的数字电视平台和互联网视频平台面向非洲播放。

1月27日　由北京市委宣传部指导、北京广播电视台与北京市规划和自然资源委员会联合打造的节目《我是规划师（第二季）·共创都市》（12集）收官。

1月28日　农历春节前夕，中宣部副部长、国家广播电视总局党组书记、局长聂辰席到北京歌华有线电视网络股份有限公司检查安全传输保障工作并慰问一线干部职工。

1月28日　北京广播电视台广播端多频率和新媒体联合推出《“广播过大年·福虎闹新春”北京广播电视台2022春节特别节目》。

1月28日　“京8”App作为北京广播电视台推出的5G+8K高新视频台移动客户端在安卓平台各应用市场和苹果App Store上架。

1月28日　爱奇艺发布适配于车载端的“爱奇艺”App。

1月28日　北京日报客户端北京号2021年度影响力奖项公布。北京丰台官方发布、北京海淀官方发布、北京大兴官方发布、BRTV北京卫视获得“最具影响力奖”，北京东城官方发布、北京昌平官方发布、北京亦庄官方发布、北京朝阳官方发布、北京通州官方发布、北京门头沟官方发布获得“最具传播力奖”，北京东城官方发布、北京海淀官方发布、北京顺义官方发布获得“最佳组织奖”，北京延庆官方发布、北京石景山官方发布、北京顺义官方发布、首都广播电视、北京亦庄创新发布获得“最具成长力奖”，北京海淀官方发布徐磊、北京丰台官方发布徐伟获评“北京号之星”。

1月30日　北京广播电视台《2022卡酷动画春晚》在卡酷少儿卫视播出。节目收获多项收视数据排行榜第一，在全国35城4~14岁核心受众位列省级卫视同时段排名第一。

1月31日至2月21日　北京卫视推出全国省级卫视首档大型冬奥直播节目《北京向未来》，每天21:00至24:00开启三个小时的冬奥直播报道。

## 2月

2月1日　《2022年北京广播电视台春节联欢晚会》在北京卫视、BRTV文艺频道同步播出。节目在北京地区合计收视率13.68%，连续九年蝉联省级卫视同时段收视第一。

2月1日至6日　为迎接冬奥盛会，丰富春节期间京津冀人民群众的精神文化生活，爱奇艺推出“携手迎冬奥 同心过大年”京津冀人民免费看专区，专区包含五大品类170余部影视佳作。

2月3日　北京广播电视台和智谱AI、凌云光联合打造的“冬奥手语播报数字人系统”在《北京您早》等新闻栏目中投入使用，实现冬奥期间赛事新闻的实时专业手语翻译播报服务。

2月4日　《“双奥之城 冰雪荣耀”——北京广播电视台北京冬奥会开幕式特别节目》于19:00至22:20播出。该节目由北京广播电视台体育广播中心牵头组织，新闻广播、交通广播、京津冀之声、城市广播副中心之声同步并机播出，网络媒体中心、“听听FM”、北京广播电视台和北京广播视频号、体育广播快手号等多平台全程视频直播。

2月4日　北京广播电视台、探索传媒集团制作的2022年北京冬奥会开幕式纪录片《盛会》在北京广播电视台冬奥纪实频道首播。

2月5日　北京广播电视台广播级智能交互真人数字人“时间小妮”自当日起连续16天在冬奥纪实频道《冬奥早新闻》栏目和

移动端《时间小妮看奥运》栏目进行冬奥新闻播报和连线。

2月12日　北京广播电视台制作的纪录片《共和国医者——汉斯·米勒和中村京子的故事》在BRTV生活频道首播。

2月17日　由北京广播电视台财经频道中心主办的第七届诚信北京3·15晚会网络启动仪式暨百姓心中的诚信企业投票活动举行。仪式在“北京时间”、爱奇艺、诚信北京视频号、北京广播电视台微博四大平台同步直播。

2月18日　北京广播电视台新闻频道《北京新闻》栏目及“北京时间”推出《奋进新征程 建功新时代》专栏。

2月25日　北京广播电视台城市广播副中心之声举行《教育面对面》“2022北京高招大型直播咨询”发布会。活动通过“听听FM”、“北京时间”、城市广播副中心之声微博和视频号以及网易、新浪等平台同步直播，累计点击观看量近50万次。

2月28日　北京歌华有线电视网络股份有限公司如期交付中国广电5G核心网北方大区机房并顺利完成北京省级节点用户面调试。中国广电5G核心网北方大区机房达到国内A级通信类机房标准，由歌华有线承担建设和运维。

## 3月

3月1日　北京广播电视台卫视频道、财经频道和“北京时间”并机播出3小时《“约惠北京 乐享生活”——2022北京消费季启动特别节目》。

3月2日　由国家广播电视总局国际合作司主办，北京市广播电视局、北京市东城区委区政府支持的“视听中国”系列活动启动仪式暨“北京新视听”开年活动在北京举行。国家广播电视总局副局长、党组成员孟冬出席启动仪式。启动仪式对外发布2022年视听中国系列活动、2022中国（北京）国际视听大会主要内容、国家文化出口基地建设计划，并举行重点剧目赠播仪式。“视听中国”是中国视听节目海外传播推广品牌活动，以加强国际传播能力建设为宗旨，生动讲述精彩的中国故事。

3月3日至4日　为应对北京大风沙尘天气，北京广播电视台启动应急报道预案，《北京您早》《特别关注》等栏目播出相关报道8条，持续横飞提醒字幕达220余次；交通广播发挥本市应急广播作用，联动新闻广播，在广播频率和新媒体端共播发相关报道30余条次。

3月4日　北京广播电视台交通广播、体育广播、城市广播副中心之声、京津冀之声联合推出《“共享冰雪荣耀”——北京冬残奥会开幕式特别节目》。“听听FM”，北京广播电视台、北京广播、体育广播视频号、微博账号，以及新浪新闻、网易新闻、第一视频“不止于声”账号同步视频直播，观看人次超70万次。

3月4日　《全国妇联关于表彰2021年度全国三八红旗手标兵、全国三八红旗手、全国三八红旗集体的决定》公布，北京广播电视台卫视频道中心《向前一步》栏目组获得“全国三八红旗集体”称号。

3月5日　由北京宣传文化引导基金资助，北京广播电视台广播节目制作中心制作的《寻声问迹中轴线》系列新媒体产品发布上线，包括25期系列音频节目、小程序、元宇宙时空坐标等内容，展示中轴线风土民情、文化故事以及文化内涵。

3月5日　四达时代体育生活频道ST Sports Life播出北京冬奥会重点宣传电视剧《超越》，帮助非洲观众了解中国短道速滑历史。

3月9日　中国国家标准《基于互联网的个人知识服务通用要求》（GB/T 41306–2022）发布。主要起草单位：北京思维造物信息科技股份有限公司、深圳市蓝凌软件股份有限公司、中国标准化研究院、行之知识产权服务集团有限公司、福建省中科标准科技有限责任公司。该标准自2022年10月1日起开始实施。

3月9日　由北京广播电视台外语广播中心和网络传播中心联合制作推出的“云游北京”城市形象系列线上观光采访直播结束。在北京冬奥会、冬残奥会举办期间，面向闭环内境外注册媒体，外语广播采用双语视频直播方式介绍北京城市风貌，共完成直播14场。

3月11日　北京市广播电视局2022年广播电视媒体融合先导单位、典型案例、成长项目征集和评选工作启动。10月，评选出北京市广播电视媒体融合先导单位3家，北京市广播电视媒体融合典型案例9个，北京市广播电视媒体融合成长项目8个。其中，北京广播电视台“京津冀之声”入选2022年全国广播电视媒体融合典型案例；“北京城市声音金名片——北京之声”提名2022年全国广播电视媒体融合成长项目。

3月11日　搜狐创始人、董事局主席兼首席执行官张朝阳的搜狐视频直播节目《张朝阳的物理课》首次在线下举办。

3月15日　第七届诚信北京3·15晚会在北京广播电视台财经频道播出。本届晚会的主题是“向善向上 网络诚信”。

3月17日　《2022年世界防治结核病日特别节目》在北京广播电视台《我是大医生》栏目进行现场录制。节目于3月24日“世界防治结核病日”在北京卫视播出。

3月17日　由北京广播电视台、北京歌华传媒集团有限责任公司与浙江东阳震之影视公司联合出品的现实题材电视剧《鼓楼外》在北京卫视黄金档开播。

3月21日　北京市广播电视局主办的北京优秀影视剧海外展播季·阿拉伯地区之中约视听文化交流论坛在约旦哈希姆王国驻华大使馆举办。此次论坛是北京优秀影视剧海外展播季活动第一次走进约旦。北京市积极促进中阿视听交流，支持阿拉伯语译制项目累计4万余分钟，涉及传统文化、现代生活、汉语教学等题材，《美丽中国》《最美的青春》《最美的乡村》等一批北京视听精品面向阿拉伯地区进行传播，为约旦观众深入了解中国打开了窗口。

3月22日　北京广播电视台官方客户端“北京时间”接入国家中小学智慧教育平台，为北京市中小学生疫情期间居家学习提供免费课程资源。

3月25日　北京广播电视台和北京冬奥组委新闻宣传部共同组编的《冬奥小记者专刊》电子刊上线北京外语广播公众号。

3月28日　由国家广播电视总局、中华全国新闻工作者协会指导，北京市委宣传部、光明日报社、北京市广播电视局、北京市新闻工作者协会主办的以“创新驱动融合·生态支撑发展”为主题的首届新视听媒体融合创新创意大赛获奖结果公布，其中“媒体融合技术创新”奖10个，“媒体融合内容创新”奖20个，“媒体融合模式创新”奖19个。

3月28日　北京广播电视台与东城区委宣传部共同策划制作的纪录片《你们是我们的春天——东城14天抗疫纪实》在新闻频道中心《这里是北京》栏目播出。

3月31日　北京市委宣传部副部长、市电影局局长王杰群带队到中国（怀柔）影视产业示范区调研，并就影视产业发展、公共文化建设和文旅融合等方面开展座谈。

## 4 月

4 月 1 日　在雄安新区设立五周年之际，北京广播电视台京津冀之声联合河北广播电视台新闻广播、雄安融媒体中心在《早安京津冀》《京津冀新干线》中播出系列报道《未来之城看雄安》《建设雄安，投身未来——走近雄安筑梦人》和直播访谈《春满雄安》，设置“5 年发展看雄安”“雄安新区 5 岁了”等微博话题。北京广播电视台财经频道《京津冀大格局》栏目推出《看雄安画卷舒展》特别节目。

4 月 2 日　北京广播电视台在《北京新闻》等六档重点新闻栏目推出《文明驾车 礼让行人》专栏，在新媒体推送《“文明驾车 礼让行人”行动成果如何？让我们去各大路口看一看》等报道。

4 月 2 日　由北京市委宣传部组织的 2021 年度北京市文化精品工程重点项目评审结果公布。各艺术门类共计 45 个项目入选，其中包括电影《长津湖之水门桥》《狙击手》等 9 部，电视剧《我们的新时代》《先驱》等 11 部，电视纪录片《播“火”——马克思主义在中国的早期传播》等 3 部。

4 月 3 日　第 38 个首都全民义务植树日，北京广播电视台《北京新闻》推出《奋进新征程 建功新时代——大美北京》系列报道，用典型事例、翔实数字等生动展现北京坚持绿色发展、优化人居环境的举措和实效。

4 月 8 日　在人民大会堂举行的北京冬奥会、冬残奥会总结表彰大会上，北京广播电视台卫视频道中心、北京歌华文化发展集团有限公司获得“北京冬奥会、冬残奥会突出贡献集体”称号。

4 月 11 日至 20 日　北京广播电视台新闻广播中心、体育广播中心联合推出融媒体系列节目《冬奥之光，筑梦未来》。

4 月 14 日　北京市广播电视局组织召开网络视听地方立法座谈会。国家广电总局政策法规司、市人大常委会教科文卫办、市委宣传部、市司法局、市文化市场综合执法总队等部门负责人、行业专家、企业代表，以及市广电局有关人员参加会议。

4 月 14 日　由共青团北京市委员会、北京市政务服务管理局、北京广播电视台主办的“最美家乡味”授牌暨“最美家乡人”启动仪式在北京广播电视台举行。

4 月 15 日　北京广播电视台开展全民国家安全教育日主题宣传。BRTV 新闻频道全天六档新闻栏目共播发相关新闻超过 50 分钟；“北京时间”设立专题页面，普及国家安全相关知识。

4 月 16 日　北京广播电视台体育广播中心推出大型融媒体直播《双奥向未来——冬奥场馆赛后首次向公众开放》特别节目，通过“听听 FM”等 9 个平台同步直播。

4 月 19 日　北京冬奥会冬残奥会北京市 · 北京冬奥组委总结表彰大会在首钢文馆召开。北京广播电视台体育广播中心、北京广播电视台体育频道中心、北京歌华文化中心有限公司、朝阳区融媒体中心、石景山区融媒体中心采编中心、延庆区融媒体中心获得“2022 年冬奥会、冬残奥会北京市先进集体”称号；北京广播电视台马骏、杜波、杨凤临、杨洋、周波、梁雪松，北京市广播电视局王征、张超、段鹏涛，西城区融媒体中心刘辰，东城区融媒体中心张冰，石景山区融媒体中心张新，通州区融媒体中心周觅，门头沟区融媒体中心耿伟，歌华文化发展集团纪赢，歌华大型文化活动中心高颖等多名北京广电系统干部员工获得“2022 年冬奥会、冬残奥会北京市先进个人”称号。

4月19日至21日　由北京市广播电视局指导，首都广播电视节目制作业协会主办的2022年首都电视节目春推会采用线上模式举办。本届春推会共推介600余部作品，其中电视剧440余部，网络剧集70余部，微短剧40余部，其他项目近50部。线上参展单位240余家。

4月22日　北京广播电视台科教频道中心推出以“珍爱地球，人与自然和谐共生”为主题的大型科普直播节目，节目在自然资源部官方微博、“北京时间”、“学习强国”、《地理·中国》央视频等同步播出。

4月22日　北京移动电视智能媒体系统通过验收，开始试运行。

4月22日　为庆祝网站正式上线12周年，爱奇艺启用全新品牌Logo。相较于旧版，新版Logo以“突破边界、新绿升级、化方为圆、开放舒展”为导向，去除文字的上下边框，提高色彩饱和度，更改字母形状，以呈现舒适简洁的效果。

4月22日　中文互联网问答式在线社区知乎（运营主体北京智者天下科技有限公司）在香港联合交易所挂牌上市，成为首家以双重主要上市方式回港的中概互联网公司。

4月23日　北京卫视在世界读书日播出特别节目《书香之夜——阅读的力量》。

4月23日　由北京广播电视台联合北京市文旅局共同推出的“潮北京——北京网红打卡地攻略”系列丛书第二辑首发活动在首钢园举行。

4月23日至25日　由中央宣传部、北京市委市政府指导，中宣部出版局、北京市委宣传部主办，北京广播电视台承办的首届全民阅读大会在北京中关村国家自主创新示范区展示中心举行。大会期间，北京广播电视台完成9场融媒体现场直播节目。

4月27日　第二届中国（北京）国际视听大会首场预热活动——广播电视志论坛以线上线下结合的方式在北京举行。本次论坛由北京市广播电视局主办，北京新视听发展中心（北京音像资料馆）、中关村数字文化产业联盟协办。论坛以“从音像资料馆到视听博物馆”为主题，围绕史志、博物馆、圆桌会议畅想三大部分展开研讨。

4月27日　北京电视艺术中心有限公司与浙江华力影业有限公司等联合出品的电视剧《高兴的酸甜苦辣》在中央电视台电视剧频道播出。

4月28日　北京广播电视台与中国共产党早期北京革命活动纪念馆、北京新文化运动纪念馆联合制作的面向青年人群的融媒体系列节目《北大红楼读书会》在青年频道、故事广播和“听听FM”同步播出，该节目第一季共10期。

4月28日　北京市广播影视协会公布2021年度优秀广播电视节目评选结果。共评选出优秀作品173件，其中广播新闻类36件，电视新闻类57件，媒体融合类24件，境外播出节目类3件，广播文艺类10件，电视文艺类18件，广播播音主持类10件，电视播音与主持类15件。

4月28日　北京市广播电视局2022年媒体融合创新技术与服务应用征集评选工作启动。

4月至11月　北京歌华文化发展集团有限公司与中国艺术摄影学会、中国摄影家协会、中国新闻摄影学会、中国图片集团共同承办北京国际摄影周2022。本届摄影周以“影像：新时代·新视界”为学术主题，以中华世纪坛为主场，举办系列展览、影像论坛、摄影市场、特约活动等主体板块活动，采取“线下＋线上”“室内＋户外”灵活举办形式，总展览面积近1万平方米，共计举办展览19个，论坛17场，展出图片近4000幅（组），参与摄影师1700余人，吸引观众20万余人次，线上覆盖近300万人次。

## 5月

5月1日　北京广播电视台出品的电视动画片《大运河奇缘2》在卡酷少儿卫视播出。

5月5日　为响应世界上唯一一部版权领域的人权条约《马拉喀什条约》，爱奇艺联合中国传媒大学在“光明影院”上线13部“无障碍影片”，以保障阅读障碍者的文化权益。

5月7日　北京市广播电视局召开领导干部会议，宣布市委、市政府干部任免决定：王杰群任北京市广播电视局党组书记、局长，负责北京市广播电视局全面工作。此前，她担任北京市委宣传部副部长、北京市电影局局长。

5月7日　刚果（金）新任驻华大使巴卢穆埃内（François Nkuna Balumuene）携其夫人参观四达时代集团，并与四达时代集团总裁庞新星进行会谈。巴卢穆埃内大使高度赞赏四达时代在刚果（金）开展的业务以及已完成的“万村通”项目。

5月10日　北京广播电视台浓墨重彩报道庆祝中国共产主义青年团成立100周年大会，第一时间推送习近平总书记在大会上的重要讲话，采访社会各界特别是青年群体的热烈反响。

5月10日　北京移动电视对庆祝中国共产主义青年团成立100周年大会进行全程转播。

5月10日　国家广播电视总局同意在优酷信息技术（北京）有限公司设立“高新视频云交互创新国家广播电视总局实验室”。实验室由北京市广播电视局指导，以优酷为依托，由阿里巴巴云游戏（元境）团队执行建设，并联合国家广播电视总局广科院、阿里巴巴达摩院XG实验室、上海米哈游、华数传媒、苏州广播电视总台、中国传媒大学共建。

5月12日　爱奇艺社会责任制作视频《感谢为疫情防控付出的每一个你》，致敬抗疫工作中的每一位逆行者和普通人。

5月12日　在第14个全国防灾减灾日，北京广播电视台交通广播中心用“云课堂”的形式推出“防灾减灾日”特别直播节目和融媒体互动活动。

5月12日　在第111个国际护士节，北京广播电视台各档新闻栏目报道北京市委、市政府发出的《致全市广大护士的一封信》，送上对护士们的节日祝福。

5月14日　大型文化类慢综艺《书画里的中国》（第二季）在北京卫视开播。

5月14日　北京歌华有线电视网络股份有限公司完成192−10099双向呼入呼出测试，完成10099接入广电5G核心网任务，在中国广电客服10099通信平台层面具备192放号支撑能力。

5月15日　在全国助残日，爱奇艺公益频道上线公益主题短片《不说话的爱》，呼吁社会关心关爱听障人群。

5月18日　“北京时间”联合北京市政务服务管理局12345市民热线服务中心共同推出北京市“接诉即办”推广大使——AI数字人“时间小妮”。这是虚拟数字人参与智慧城市管理的创新应用。

5月18日　由北京市委宣传部、北京市广播电视局和安徽省委宣传部联合组织策划创作，北京北广传媒影视股份有限公司和安徽华星传媒投资有限公司承制的电视剧《觉醒年代》，作为北京市广播电视局“北京优秀影视海外展播季”的重点剧目在迪拜中阿卫视播出。

5月20日　北京广播电视台城市广播副中心之声联合网络传播中心在“听听FM”“北

京时间”等多平台推出2022年首场“名嘴带你探名校”网络移动视频直播活动。

5月20日至6月10日　爱奇艺上线“护苗行动2022”专题页，集纳众多经典名著、童话作品，全部免费开放。

5月24日　北京歌华有线电视特色高清视频点播产品“快点”上线，在线内容量50万小时。

5月26日　由中国（北京）星光视听产业基地、北京新视听发展中心（北京音像资料馆）、北京星光拓诚文化产业集团有限公司协办的第二届中国（北京）国际视听大会预热活动——XR虚拟制作产业论坛以线上方式在北京举行，本次论坛以“从影视制作基地迈向数字视听高地”为主题，围绕XR虚拟制作技术研发、XR技术设备应用推广领域、圆桌论坛三大部分展开讨论交流。

5月31日　国家广播电视总局批复，同意北京市设立全国第一家“电视剧制作技术创新研究与应用国家广播电视总局实验室”。该实验室由北京市广播电视局指导，鼎盛佳和（北京）文化传播有限公司为申报主体，国家广播电视总局广科院、中广电广播电影电视设计研究院等作为联合共建单位，聚焦电视剧制作科技创新研究与应用。

## 6月

6月1日　北京广播电视台广播、电视两端的《北京新闻》同步开辟迎接北京市党代会专栏，推出“四个中心建设”系列篇章；“北京时间”“听听FM”分别设置专栏，回望过去五年首都北京的发展进程。

6月1日　由国家广播电视总局宣传司、北京市广播电视局指导，北京广播电视台卡酷少儿卫视制作的《快乐的节日——2022年“六一”全国少儿晚会》播出，“北京时间”“听听FM”同步播出。

6月1日　爱奇艺社会责任和北师大中国公益研究院联合策划的“‘奇’观影，‘童’快乐”专题，在爱奇艺公益频道上线，以支持“中国儿童福利与保护宣传月（2022）”活动（北京师范大学中国公益研究院主办、联合国儿童基金会支持）。

6月1日至3日　由国务院新闻办公室对外推广局和国家广播电视总局国际合作司指导，北京市广播电视局主办的新加坡国际广播电视展（Broadcast Asia 2022）——中国（北京）线上展区举办。来自北京、天津地区的21家广播电视科技企业参与线上主题展区和企业视频直播推介活动，重点推介视音频编解码、超高清存储、智能拍摄、虚拟现实、动态捕捉、信息安全等技术领域的产品和技术解决方案超过40款。

6月2日　北京广播电视台卫视频道中心、文艺频道中心部分主持人与京视卫星公司签订经纪合同仪式举行。京视卫星公司与湖南芒果MCN公司开展合作，选拔具有潜力的主持人记者签订独家演艺经纪协议，进行账号MCN运营及各类商业性经营。

6月3日　北京广播电视台开始每日安排多路记者赴本市居民社区、商场超市、公园等公共场所的卡口共150余个点位，探访调查、记录疫情防控措施落实情况，并形成五分钟汇报片，在市疫情防控调度会上播放。

6月3日　作为北京国际摄影周2022年官方合作媒体，北京移动电视推出北京国际摄影周2022移动摄影展。

6月5日　北京广播电视台科教频道《创新北京》栏目推出《我在太空安个家》直播节目，派出特约记者近距离报道神舟十四号载人飞船航天员出发全过程；“北京时间”搭建专题开展“逐梦星辰大海 探索永无止境为中国航天员点赞”线上活动。

6月6日　中国广电歌华有线小街桥旗舰营业厅揭牌仪式在歌华大厦举办。中宣部、国家广电总局、工信部、财政部相关司局，中国广电集团、北京市通信管理局、北京市广播电视局，以及友好合作单位的领导出席揭牌仪式。

6月7日　北京市接诉即办工作表彰大会（主会场）在北京会议中心召开。北京市广播电视局行政审批处、北京歌华有线电视网络股份有限公司网管中心被授予“北京市接诉即办工作先进集体”称号，北京广播电视台新闻频道中心田海燕、北京市广播电视局办公室副主任刘保锋、北京歌华有线客户服务信息咨询有限公司接诉即办办公室主任助理麻晶被授予“北京市接诉即办工作先进个人”称号，北京广播电视台卫视频道中心《向前一步》栏目组《破解十二年“拆迁”难题，创新城市治理“新经验”》、新闻频道中心《接诉即办》栏目组《小区共治何去何从，接诉即办“解民忧”》被评为“北京市接诉即办工作优秀案例”。

6月10日　北京广播电视台科教频道中心、新纪实（北京）传媒投资有限公司制作的纪录片《我在人艺学表演》在北京广播电视台科教频道、咪咕视频首播。

6月10日　北京广播电视台联合首都精神文明办、北京市直机关工委、北京市交通委、北京市交管局、北京团市委等单位举行全市“文明驾车 礼让行人——我承诺 我礼让”接力活动启动仪式。接力活动持续至年底。

6月11日至12日　北京广播电视台新闻频道中心制作的纪录片《人类的记忆——中国的世界遗产之周口店寻找北京人》（上、下集）在CCTV-4首播。

6月12日　“北京时间”联合北京人民艺术剧院进行9个小时不间断地庆祝北京人艺建院70周年直播活动——“为人民而歌与时代同行”。北京文艺广播在微信视频号、微博、抖音号全程同步直播。

6月13日　北京市广播电视局在全局组织开展“新视听大讲堂”活动。“新视听大讲堂”第一课由机关党委专职副书记周旭民以《提高“三会一课”质量 夯实党支部全面建设基础》为题授课，全局在职党员干部共计163人通过“京办”会议系统参加在线学习。

6月13日至16日　北京卫视《档案》栏目播出5集纪录片《档案里的中国——回眸人艺七十年》。

6月20日　北京市广播电视局公布北京新视听2022年第一批公益广告扶持项目征集评审结果。本次共征集项目428个（其中广播作品197部，电视作品218部，传播机构13家），79个项目获得专项资金扶持。

6月20日　由四达时代承接的中国援布隆迪“万村通”二期项目和援布19万套数字电视终端接收产品项目交接仪式举行。中国驻布隆迪大使赵江平和布隆迪通信、信息技术与媒体部部长莱奥卡迪·恩达察伊萨巴出席仪式。

6月23日　在国际奥林匹克日，北京广播电视台音乐广播中心推出“大声唱冬奥 一起向未来”沉浸式虚拟声音展，通过“零的突破”“相约北京”“雪花的合唱”三个篇章，重温中国参加、申办、筹办、举办冬奥会的光辉历程。

6月24日　北京广播电视台与通州区融媒体中心合作举办“千年运河，北首启航”——京冀运河通航大型融媒现场直播特别节目。直播通过“听听FM”、“北京时间”，北京广播电视台及城市广播京津冀之声微博、视频号、快手号，北京通州发布、网易新闻、新浪新闻、央视频同步直播。

6月27日　北京广播电视台主办、“听

听FM”承办的“你好，大主播”2022融媒体主播大赛启动。

6月27日　“北京时间”上线毕业季专区，打造“校企毕业生就业供需对接平台”，推出“毕业季云招聘系列直播”“就业生活指南”“毕业福利大放送”等特别策划。

6月27日　北京歌华有线电视网络股份有限公司在歌华大厦举办“中国广电5G试商用北京启动仪式”。从中国广电5G业务预约库中抽取的5位用户在仪式现场领取中国广电5G号卡并开通业务，成为中国广电5G试商用北京首批友好用户。

6月28日　北京移动电视联合中华世纪坛共同创办的《周末去哪儿》栏目开播，每周为市民提供周末逛展看馆的第一手资讯。栏目首次尝试用“声连码”和“二维码”有机结合进行相关门票销售及互动宣传。

6月29日至7月3日　北京广播电视台音乐广播中心播出庆祝香港回归25周年特别节目《听见香港》。

6月30日　北京广播电视台新闻广播中心《新闻天天谈》推出庆祝香港回归25周年特别报道《京港同心，砥砺同行》。

6月30日　北京广播电视台交通广播中心和北京市青年联合会共同主办的“京港‘骑’缘——京港青年庆祝香港回归祖国25周年主题骑行活动”在王府井举办发车仪式。来自京港两地的25名青年骑行爱好者和北京青联骑行队、1039骑行队在16公里的骑行线路中，打卡香港驻京办、东方银座、故宫博物院、什刹海等具有香港元素和北京历史文化底蕴的经典地标。

6月30日　北京地面数字电视48频道单频网停播。

6月30日　北京爱奇艺科技有限公司出品的电视动画片《墨墨奇游记》在爱奇艺播出。

## 7月

7月1日　北京广播电视台新闻广播、交通广播、城市广播副中心之声、京津冀之声、外语广播和“听听FM”等新媒体平台推出40集融媒体系列报道《北京这十年》。

7月1日　庆祝香港回归祖国25周年大会暨香港特别行政区第六届政府就职典礼在香港会展中心举行。北京歌华城市电视有限公司户外大屏及楼宇电视对大会进行全程转播。北京移动电视也全程转播了就职典礼。

7月1日　北京中小学智慧教育平台上线。该平台由中国广电数字教育发展中心（设于北京歌华有线电视网络股份有限公司）与北京市教委合作推出，平台网站链入国家智慧教育公共服务平台，为全国中小学生提供在线数字教育服务。

7月5日至9月20日　由北京市委宣传部指导，北京广播电视台、北京市规划和自然资源委员会联袂打造的城市复兴题材大型季播节目《我是规划师（第三季）·生生不息》（12集）每周二在北京卫视首播。

7月6日　以助推北京节庆文化和区域品牌影响力提升为目标的“北京节节高”公益服务共同体启动仪式在京举行。“北京节节高”公益服务共同体由北京市广播电视局、北京市农业农村局、北京市文化和旅游局、北京市园林绿化局、北京市支援合作办公室、北京市国有文化资产管理中心和北京广播电视台共同发起，由“北京时间”、快手科技、北京各区融媒体中心和首都新视听“大宣传”联盟100余家媒体共同组成，是北京市广播电视局推动新视听“大宣传”在首都发展和城市治理中不断提升贡献度的创新举措。

7月7日　《北京市广播电视局关于服

务保障“两区”建设推动新视听改革创新的若干举措》印发。文件共制定相关措施15条。

7月12日　第三届中国广电媒体融合发展大会组委会组织召开“元宇宙与媒体融合”研讨会。北京市广播电视局、北京广播电视台相关负责人，以及中国移动通信联合会元宇宙产业委员会等10余位行业代表参加会议，共同探讨元宇宙新媒体的应用案例、发展趋势、应用场景以及对元宇宙媒体的监管、立法等问题。

7月13日　北京广播电视台第一期“五洲乐海·儿童音乐舞台剧训练营”毕业剧目《少年苏东坡》在中国木偶艺术剧院上演。

7月15日　由国家广播电视总局公共服务司指导、北京市广播电视局主办的“北京视听零距离”新视听公共服务志愿行动启动仪式在丰台区宛平新时代文明实践所举行。仪式上发布10项新视听公共服务典型案例并颁发荣誉证书，发布《新视听公共服务志愿行动倡议书》，宣布成立新视听志愿服务队并授旗。

7月15日　北京市广播电视局组织“我们的幸福生活”优秀短视频征集展播活动。市广电局联合抖音和快手平台面向北京地区居民开展历时一个月的征集活动。至8月15日，“我们的幸福生活”北京视听零距离话题页在抖音和快手平台共征集到作品1705个，涵盖微纪录片、快闪、Vlog、人物故事、创意视频等多种类别，总播放量达1627.2万。9月20日至11月10日，“我们的幸福生活”优秀短视频展播活动以“礼赞新时代 喜迎二十大”为主题，在抖音、快手、搜狐、优酷等7家新视听平台展播。

7月15日　北京市广播电视局开办“新时代·新视听”融媒之旅活动。活动面向北京市主要媒体、融媒体中心以及北京地区其他媒体融合相关单位，按照“城市纪实”“美丽乡村”“国风范儿”“青春之歌”四大主题征集融媒体短视频。本次活动共征集短视频400余部，征集数量是2021年“红色视听之旅”融媒行动短视频的两倍。9月，优秀作品在“北京时间”专区上线展播。

7月15日　由北京市文物局和北京广播电视台联合出品的全国首档文博探秘类文化互动真人秀节目《博物馆之城》在北京卫视播出。

7月17日　东方优选（北京）科技有限公司旗下农产品电商平台——东方甄选开始不定期地开展农产品产地的现场直播，第一场户外直播在北京市平谷区举办。截至12月，东方甄选共在6个省（自治区、直辖市）进行产地专场直播。

7月18日　由中共北京市委全面依法治市委员会守法普法协调小组、中共北京市委宣传部、北京市司法局主办，北京一轻食品集团协办，北京广播电视台承办的“迎接二十大 送法进万家”暨民法典颁布两周年集中宣传活动启动仪式在北京广播电视台举办。

7月19日　北京广播电视台交通广播中心《一路畅通》节目推出《北京迈向国际消费中心城市一周年特别直播》，邀请北京市商务局、北京市文旅局、北京市体育局相关负责人做客融媒体直播间，与受众直接互动交流北京开展国际消费中心城市培育建设一周年成果。

7月19日（塞内加尔时间）　四达时代集团塞内加尔子公司开业，宣布推出数字电视视听服务。四达时代对塞内加尔公众提供180条电视频道服务，包括塞内加尔国家台等非洲本地频道、CGTN等中国主流媒体频道、四达自办频道及国际频道。

7月20日　由北京市委宣传部、北京市援疆和田指挥部、北京市文学艺术界联合会、新疆和田地委宣传部和北京广播电视台联合出品，北京市宣传文化引导基金特别支持的大型北京援疆题材系列儿童广播剧《红柳花开》《沙海小球王》，在北京文艺广播、新疆和田地区地县两级广播电台和兵团十四师昆玉市融媒体中心同步陆续播出。

7月21日　国家广播电视总局党组成员、副局长乐玉成率队到北京新媒体（集团）有限公司检查安全播出和安全生产工作情况。北京广播电视台党组书记、台长余俊生，北京市广播电视局党组书记、局长王杰群，北京市广播电视局副局长杨培丽，北京广播电视台党组成员、副台长陈祥陪同检查。

7月23日　百度泛知识短视频创作大赛“好看CLUB·创作之城”在济南启动。近百位优秀短视频创作者通过48小时沉浸式实景创作，最终产生好看视频优质创作者大奖，“好看CLUB·创作之城”创作大赛优质作品奖、优秀团队奖、最佳作品奖、优秀网络雄文奖五大奖项。

7月25日至26日　由中宣部、文化和旅游部指导，北京市推进全国文化中心建设领导小组办公室、中共北京市委宣传部主办的首届北京文化论坛在北京举办。论坛评选出“全国文化中心建设2021年度十件大事”，北京市广播电视局推选的“8K超高清电视频道开播”“《觉醒年代》《长津湖》等重大革命历史题材文艺作品精彩呈现”入选。北京歌华传媒集团承担论坛整体会务服务等相关工作，北京广播电视台高标准完成论坛宣传报道。

7月29日　首届中国播音主持“金声奖”颁奖典礼在北京广播电视台录制。中宣部分管日常工作的副部长李书磊，中宣部副部长、国家广播电视总局党组书记、局长徐麟，国家广播电视总局党组成员、副局长孟冬，中央广播电视总台副台长蒋希伟、王晓真，北京市委常委、宣传部部长莫高义出席并为获奖者颁奖。北京广播电视台刘卓、李杰获得首届“金声奖”。

7月29日　北京市广播电视局和北京银行、天驰君泰律师事务所联动，到中国（怀柔）影视产业示范区开展“北京法治广电进园区”现场宣传交流活动。来自30余家企业和有关机构共50多人参加现场交流活动。

7月29日　北京市广播电视局和北京师范大学共同举办首届网络视听社会责任与发展研讨会。会上，北京师范大学互联网发展研究院发布《重点网络视听企业社会责任研究报告（2021）》，北京网络视听节目服务协会发布“2021年度北京网络视听行业社会责任优秀企业”，优酷、爱奇艺、抖音、快手、微博、百度、搜狐视频、凯叔讲故事等十家企业获评优秀企业。

7月30日　北京广播电视台出品的大型城市音乐探访节目《京城十二时辰》（第二季）在北京卫视开播。

7月　北京市广播电视局为做好网络视听领域“一业一册”工作，指导北京网络视听节目服务协会编印完成《北京网络视听平台企业合规手册（2022版）》，为网络视听平台企业提供合规指引。手册由“行业准入”“通用合规要求”“总编辑内容负责制管理要求”“网络视听业务合规指引”四个章节组成。第四章“网络视听业务合规指引”

2022年7月，《北京网络视听平台企业合规手册》印发

是手册的重点内容，针对长视频、短视频、直播等网络视听核心业务，提供全面的合规指引。该手册是全国广电系统编发的首个网络视听平台企业合规手册。

## 8月

8月1日　北京广播电视台城市广播副中心之声《教育面对面》推出《双减一周年教育回头看》系列节目，展现本市“双减”政策落地推行一周年成果。

8月2日　北京广播电视台参与主办的张家湾古镇红学文化论坛暨冯其庸学术研讨会在通州区张家湾设计小镇举行。

8月2日　北京移动电视智能媒体系统通过安全等级保护测试，并按照等保二级完成北京市公安局备案。

8月3日至12日　北京广播电视台音乐广播中心主办“2022广播之声全国青少年艺术节”，来自全国各地的青少年及家庭参加艺术节的个人展演和艺术公开课等活动。

8月4日　在2022年中国动画诞生100周年之际，由国家广播电视总局、北京市人民政府指导，国家广播电视总局宣传司、北京市委宣传部、北京市广播电视局、西城区委区政府联合主办的首届北京动画周启动仪式暨2021年度国产电视动画推优发布活动在北京科学中心举行。国家广播电视总局副局长、党组成员杨小伟，北京市政府党组副书记、常务副市长崔述强出席活动并致辞。在8月9日北京动画周主体活动闭幕后，优酷少儿、优酷动漫、腾讯视频、爱奇艺、北京IPTV、咪咕视频、哔哩哔哩平台的线上展播展映活动一直持续到10月。

8月5日　北京广播电视台新闻频道《这里是北京》栏目与北京市文物局合作进行100分钟网络直播活动“寻源大运河，探秘万寿寺”。

8月5日至7日　由北京市商务局、北京市石景山区人民政府联合主办，北京广播电视台、北京市汽车流通行业协会承办的“2022北京购车节汽车嗨购专场”在首钢园举办。

8月6日　四达时代自办体育频道对2022/23赛季德甲联赛306场赛事进行全场次转播，四达时代新媒体平台StarTimes ON同步直播。

8月7日　北京移动电视举办2022“云影像”大众手机摄影展“巴斯光影秀”专区颁奖活动。移动电视还选送32幅摄影作品在中华世纪坛举办为期11天的线下展览。

8月8日　北京广播电视台体育广播中心推出融媒体节目《双奥向未来》，通过音频、视频、新媒体矩阵等传播方式，全景展现双奥之城的文化、经济、人文、城市建设、场馆利用等丰硕成果。

8月9日　由国家广播电视总局、北京市人民政府指导，中共北京市委宣传部、北京市广播电视局主办的第四届北京国际公益广告大会在北京首钢园开幕。本届大会以“公益同心 光影同行”为主题，以线上线下相结合的方式举行。国家广播电视总局党组成员、副局长孟冬，中共北京市委常委、宣传部部长莫高义出席开幕式。国家广播电视总局传媒机构管理司司长袁同楠，北京市广播电视局党组书记、局长王杰群出席开幕式并致辞。本届大会为期3天，主要包括开幕式、主题论坛、大师盛宴、系列促进活动、公益盛典、公益广告作品大赛、优秀公益广告作品展映展示等多项活动。

8月9日　知乎首档自制节目《我的高考笑忘书》上线，节目由知乎12位高考过来人分享自己面对失利的经验和见解。

8月10日　北京广播电视台联合首都文

明办、市直机关工委、市交通委、市交管局、团市委举办“文明驾车 礼让行人 我承诺 我礼让”接力活动主题车贴发布会。

8月11日至12日　北京市广播电视局举办首届“规范网络主播从业行为专题培训”。培训邀请国家广电总局人事司和中国社会科学院世界传媒研究中心有关专家为学员们做专题辅导。抖音、快手、微博、百度、无忧传媒等14家网络直播平台及MCN机构的总编辑、直播运营总监、主播代表等50余人参加培训。

8月13日　北京广播电视台生活频道中心推出6集国潮中医文化系列纪录片《杏林医者》。

8月13日至20日　第十二届北京国际电影节在北京举办。

8月14日　由新浪微博、电影频道联合主办的“2022微博电影之夜”在北京广播电视台举行。“微博电影之夜”首次与北京国际电影节达成战略合作，纳入北影节活动体系。

8月14日至19日　第十二届北京国际电影节在河北省秦皇岛市北戴河新区远洋·蔚蓝海岸举办“沙滩放映”活动。

8月14日至27日　第十二届北京国际电影节电影嘉年华在中国（怀柔）影视产业示范区及庙城童牛影视小镇举办，吸引10余万市民游客“来影都过周末”。嘉年华5大会场销售额200余万元，全网累计曝光量超2000万次，“电影＋慢生活＋微旅游”的文旅新模式加快形成。

8月15日　北京广播电视台科教频道中心联合北京市科委、中关村科技园区管理委员会推出6集大型科技纪录片《创新的使命》，全面展现北京建设国际科技创新中心的顶层布局、发展历程和重要成果。

8月16日　第十二届北京国际电影节北京市场开幕仪式——“首都电影人才之夜”在雁栖湖国际会议中心举办，北京市广播电视局党组书记、局长王杰群，中国电影基金会理事长张丕民，北京市委宣传部二级巡视员韩方海等出席活动。

8月17日　北京北广传媒移动电视有限公司更名为“北京歌华移动电视有限公司”。

8月17日　北京市获得国家广播电视总局2021年度广播电视公益广告扶持项目8个，其中电视作品5个，广播作品3个；优秀传播机构1家（丰台区融媒体中心）；优秀组织机构2家（北京市广播电视局、北京广播电视台）。

8月18日　第二届中国影都发展论坛在北京雁栖湖国际会展中心举办。论坛围绕“数字赋能 影向未来”这一主题，以主题演讲及高端对话形式进行。

8月18日　怀柔国际影视摄制服务中心政务服务站挂牌运行，61个市区级事项实现集成受理。

8月19日　北京广播电视台动画频道中心制作的《筑梦新时代 争当好少年——首都未成年人思想道德建设展示活动》在北京广播电视台卡酷少儿卫视首播，卡酷App、“北京时间”客户端同步播出。

8月20日　第十二届北京国际电影节闭幕式暨颁奖典礼在央视频、北京卫视、1905电影网、“北京时间”、爱奇艺播出。

8月20日　北京广播电视台新闻频道中心联合西城区委宣传部推出的2022年西城区“京剧发祥地”系列活动暨“古今辉映文萃西城”西城区品牌文化沉浸式体验活动启动。

8月22日至24日　北京市广播电视局举办2022年（第27届）全国广播电视技术能手竞赛培训暨预选赛（北京赛区）。培训围绕调幅广播、调频和电视广播、卫星传输三个专业展开，来自全市系统内40余名技术骨干参加培训。

8月24日　北京市政协主席魏小东到北京广播电视台调研“市民对话一把手·提案办理面对面”直播访谈节目。北京市政协副主席程红、秘书长于长辉参加调研。

8月25日　由中国乡村发展基金会、北京市乡村振兴局、北京市国资委、北京市支援合作办指导，北京首农食品集团爱心支持，北京歌华城市电视有限公司和北京地铁通成广告公司共同主办的“奋斗！在幸福路上”乡村振兴主题成就优秀影像作品颁奖典礼暨第三届活动启动仪式在北京市东城区歌华大厦举行。作品征集活动自2021年5月启动，通过视觉中国、快手等征集平台，累计收到摄影作品22000余幅，短视频作品430余条。最终评选出一、二、三等奖，优秀奖和视频奖共计18件作品。

8月25日至26日　以“新愿景、新发展、新合作”为主题的第五届中非媒体合作论坛在北京举办。论坛由国家广播电视总局、北京市人民政府、非洲广播联盟主办，北京市广播电视局承办。中共中央政治局委员、中央书记处书记、中宣部部长黄坤明出席论坛开幕式，宣读习近平主席贺信并发表主旨讲话。论坛通过了《第五届中非媒体合作论坛共同宣言》，来自中国和42个非洲国家政府部门、媒体机构、视听企业、驻华使馆以及非洲联盟委员会、非洲广播联盟的240余位代表以线上和线下形式出席论坛活动。论坛之外还配套举办“首届非洲视听节目中国展播季”以及“我的中非友好故事”短视频征集等活动，并发布节目互播、纪录片创作、栏目创新、新媒体合作4个方面的12项合作成果。2022年正值中非媒体合作论坛创立十周年，本届论坛规格为历届最高。

2022年8月25日，第五届中非媒体合作论坛开幕式上，四达时代非洲籍主持人周埃乐现场采访报道

8月26日　北京市广播电视局局长王杰群，国家广播电视总局国际合作司二级巡视员史志燕，北京市广播电视局副局长王志等中方嘉宾，与非洲驻华外交使团团长、喀麦隆驻华大使马丁·姆巴纳，纳米比亚驻华大使凯亚莫，南非驻华大使谢胜文等非洲多国驻华大使及使领馆人员一行，到四达时代集团北京总部参观考察。

8月26日　国家广播电视总局发文公布2022年“中华文化广播电视传播工程”重点项目名单，北京广播电视台广播节目《长城内外是故乡——长城文化系列节目》，电视节目《博物馆之城》《最美中轴线（第二季）》《中国故事——中华文明5000年》4部作品入选，每个节目获得26万元资金扶持。

8月26日　为做好2022年服贸会期间驻地酒店境外卫星和有线电视服务安全保障工作，北京市广播电视局、市文化市场执法总队与东城区文化市场综合执法大队组成联合检查组对辖区驻地酒店进行广电播出专项检查。

8月26日至28日　HICOOL2022全球创业者峰会举办。北京广播电视台新闻广播《北京新闻》开设《全球创业者，北京欢迎你》专栏，新媒体端设置话题“Hi全球创业者”，报道峰会亮点、看展攻略以及北京通过创新大赛吸引全球高水平人才的政策、措施和成效，展示北京创业生态的整体优势。

8月29日至9月2日　由北京市文学艺术界联合会主办，北京电视艺术家协会承办的“北京视协2022电视文艺人才培训班”在京举办，共97名学员参加培训。

8月30日　《2022北京市中小学生公共安全开学第一课》在北京广播电视台新闻频道播出，“北京时间”客户端、“北京应急”微博、“北京应急”抖音等40余家新媒体平台同步推送。

8月31日至9月5日　2022年中国国际服务贸易交易会北京新视听展在石景山区首钢园区举办。北京新视听展位于首钢园区1号馆核心位置，展览面积1100余平方米，是服贸会文旅服务展区中面积最大的专题展区。北京新视听展以迎接党的二十大为主线，汇集北京视听行业头部企业，聚焦“视听改变生活，数字创造未来”，全景呈现新视听全产业链发展成果。新视听展共设置七个主题展区，包括8K超高清视听体验展区、智慧广电建设成就展区、科技冬奥成果示范展区、元宇宙视听沉浸式体验展区、数字经济视听消费场景展区、影音数字化修复体验展区和影视精品展区。

8月　北京广播电视台策划完成建军95周年宣传报道。“北京时间”联合全国多家媒体共同推出《致敬“最可爱的人”！八一建军节特别直播》。“听听FM”专题集纳《建军大业》等有声书、广播剧、节目音频资源，在客户端开屏及首页焦点图进行推送。

## 9月

9月1日至5日　2022年中国国际服务贸易交易会文旅服务专题展在首钢园区举办。本届文旅服务专题展由中共北京市委宣传部、北京市文旅局牵头，歌华传媒集团承办。文旅服务专题展围绕“数字赋能文旅发展，文化创新美好生活”年度主题，采取线上线下相结合方式，通过展览展示、论坛活动、成果发布、推介洽谈等集中展示当下科技赋能文化、文化赋能城市的高质量发展成就，并推进产业协同发展。其中展览展示在首钢园区1号馆和2号馆举办，面积为1.47万平方米，设立“文化新引擎”“创意新生活”两大主题展区，近500家企业线下参展。设置线上云展厅3D展台，使更多企业参展，共计900余家企业参与线上线下展览。

9月3日　由北京广播电视台主办、“听听FM”承办的“你好，大主播”2022融媒体主播大赛颁奖仪式服贸会期间在首钢园举行。共有13位主播新秀从全国1200余位报名选手中脱颖而出，分别斩获赛会大奖、赛会单项奖和网络人气大奖等5项大奖。

9月3日　北京移动电视推出自有版权的原创歌曲MV《共享未来》，对本届服贸会进行宣传推广。

9月4日　北京市委常委、宣传部部长莫高义到2022年服贸会文旅专题旅游服务展现场参观指导。

9月5日　知乎首档荒野系青年谈话节目《荒野会谈》上线。

9月7日至8日　2022 IAI传鉴国际创意节暨第22届IAI传鉴国际广告奖颁奖盛典在北京举行。北京歌华城市电视有限公司获得“年度影响力媒体”“媒体荣誉合作伙伴”两项大奖。

9月8日　由国家广播电视总局广播电视科学研究院、北京市广播电视局主办的北京视听零距离新视听科技体验——“走进超高清实验室”专题活动启动式暨志愿服务培训，在北京经济技术开发区超高清电视技术研究和应用国家广播电视总局重点实验室举行。“青春广电”和新视听志愿服务队的志愿者代表参加活动。在启动式上，北京市广播电视局向超高清实验室授予“北京视听小站”牌匾，将其作为新视听公共服务基地。

9月9日　由北京市委宣传部、北京经济技术开发区管委会主办，北京广播电视台与经开区工委宣传文化部共同承办的“明月寄相思·乐话中秋情——书香京城系列评选活动启动仪式暨中秋乐读会”在北京经济技术开发区亦城时代广场举办。中秋期间，该活动在北京广播电视台广播全频率播出。

9月10日　由北京市文化和旅游局、北京歌华城市电视有限公司联合出品的第七届“超级月亮”慢直播活动亮相北京世贸天阶大屏。活动以“月光下的北京”为主题，直播采用天文级月面观测望远镜，通过5G信号将高清月面图像回传世贸天阶大屏，超清月面细节“裸眼”可见。两小时直播累计观看人数35000余人。

9月10日　爱奇艺社会责任策划开展“悠悠师者心——致敬人民教师”主题公益活动，爱奇艺公益频道开设教师节专题，展播多部优秀教师的微纪录片。

9月10日至11月6日　由人民日报《国家人文历史》杂志社和北京广播电视台联合出品的电视戏曲节目《最美中国戏》（第二季）（8期）在北京卫视播出。

9月12日　北京广播电视台科教频道中心制作的首部党的领导力大型理论文献电视片《中国共产党领导力密码》播出。

9月13日　由国家广播电视总局、水利部指导，北京广播电视台、新纪实（北京）传媒投资有限公司联合制作的纪录片《黄河安澜》在北京广播电视台科教频道首播。

9月14日　中宣部副部长、国家广电总局党组书记、局长徐麟，北京市委副书记、市长陈吉宁到北京歌华有线电视网络股份有限公司调研考察，对党的二十大首都有线电视安全传输保障、推进有线电视智能化个性化服务工作作出指示。

9月14日　由北京广播电视台承办的专业技术人才知识更新工程北京市高级研修项目“文化节目创新与创优”高级研修班开班，来自北京广播电视台和各区融媒体中心有关部门的70余名学员以线上线下相结合的形式参加。

9月15日　中国广电集团、中国广电股份副总经理，北京歌华有线党委书记、董事长郭章鹏带队到北京广播电视台交流座谈，北京广播电视台党组书记、台长余俊生，党组成员、副总编辑边建及相关部门负责人参加。双方就继续推进台网深度合作达成共识。

9月15日　北京广播电视台新闻频道中心与“北京时间”联合完成“第八届北京王府井国际品牌节暨2022北京时装周开幕式”直播，设子弹时间、红毯现场、秀场后台和序厅访谈四大外场直播点位直击全程，全网观看量超64万次。

9月17日　爱奇艺联合中国电影基金会共同开展“新时代爱国强军谱新篇”2022“国防万映”公益展映活动，在公益频道“国防万映”播放专区集中展映40部优秀国防军事电影。

9月20日　由国家广播电视总局和中华全国新闻工作者协会指导，中共北京市委宣传部、光明日报社、北京市广播电视局、国家广播电视总局广播电视科学研究院和北京市新闻工作者协会共同主办的第二届新视听媒体融合创新创意大赛启动仪式暨新视听媒体融合峰会在北京城市副中心举行。本届大赛以“创意点亮梦想 融合开创未来”为主题，赛程从9月持续到12月，共设置“媒体融合技术创新”“媒体融合内容创新”“媒体融合模式创新”三个赛道，从技术、内容、模式三个维度推动媒体融合发展。大赛组委会在光明网设置第二届新视听媒体融合创新创意大赛专区。

2022 年 9 月 20 日，第二届新视听媒体融合创新创意大赛启动仪式暨新视听媒体融合峰会在北京城市副中心举行

9 月 21 日　北京广播电视台冬奥纪实频道调整为纪实科教频道，采取高清、标清同播方式覆盖全国（冬奥纪实 8K 超高清试验频道相应调整为纪实科教 8K 超高清试验频道，通过有线电视网络覆盖北京市）；原科教频道调整为体育休闲频道，采取 4K 超高清、高清、标清同播方式覆盖北京市，均为 24 小时不间断播出。

9 月 22 日　北京广播电视台与顺义区政府签署战略合作协议。签约仪式上，双方共同打造的“BRTV 北京时间数字文化产业基地”揭牌。市委宣传部副部长、北京广播电视台党组书记、台长余俊生，顺义区委书记高朋，顺义区委副书记、区长龚宗元出席活动。

9 月 22 日　2022 北京时装周闭幕盛典在张家湾设计小镇举行。北京广播电视台党组书记、台长余俊生出席闭幕活动，并前往北京广播电视台新闻直播间看望慰问工作人员。本届北京时装周由北京服装纺织行业协会、北京时尚控股有限责任公司、《时尚北京》杂志主办，北京市商务局、北京广播电视台联合主办。

9 月 23 日　由北京市人民政府新闻办公室出品，北京广播电视台制作的中英双语《京味》系列国际传播微纪录片发布。北京市委宣传部副部长徐和建，北京市委网信办副主任侯健美，北京市广播电视局副局长孔建华，东城区委宣传部长赵海英和北京广播电视台党组成员、副总编辑边建出席发布仪式。该片由北京广播电视台新闻频道中心历时两年制作，共 30 集。《京味》系列微纪录片分为中英双语，在海内外新媒体端和传统媒体端同时推出。

9 月 23 日　北京广播电视台新闻频道、音乐广播、京津冀之声推出中国农民丰收节宣传活动。

9 月 25 日　在第十九个全国律师宣传日，“北京时间”客户端上线“时间＋法”法律服务平台，由来自北京 10 家知名律所的近 30 位律师为用户提供在线法律咨询。

9 月 27 日　“奋进新时代”主题成就展在北京展览馆开幕。北京歌华文化发展集团有限公司完成 8700 平方米的展陈设计、施工布设和展期运维服务任务。

9 月 28 日　以“奋进新时代 创意赢未来”为主题的第六届北京文化创意大赛启动仪式，在北京文化产业促进中心展馆举行。本届大赛由北京市国有文化资产管理中心主办，北京市文化产业促进中心、北京歌华传媒集团有限责任公司承办，大赛启动仪式采用线下与线上相结合的方式举行。启动仪式上发布大赛总体方案，本次大赛于 9 月底至 2023 年 1 月举办，设置预选赛和总决赛两个赛事阶段。

9 月 28 日　北京广播电视台党组书记、台长余俊生与市委农村工作委员会书记、市农业农村局局长付兆庚共同签署《北京市农业农村局与北京广播电视台战略合作协议》。双方共同打造的“北京时间城市动物智慧服务平台暨北京时间爱宠频道”上线。

9 月 29 日　中国广电“光明影院”公益

点播专区全国上线启动仪式在歌华大厦举办，活动由中国广电、中国传媒大学主办，北京歌华有线电视网络股份有限公司承办。

9月30日　北京市广播电视局局长王杰群在市广播电视监测中心（北京市广播电视安全播出调度中心）指导“烈士纪念日向人民英雄敬献花篮仪式”电视直播保障工作。

9月30日　北京广播电视台联动大运河沿线津、冀、鲁、豫、皖、苏、浙七省市15家广播电视台，推出大型融媒体直播节目《我家住在运河边》。活动分为两个阶段：9月30日至10月7日八省市广播电视台每天上午1~2小时接力网络视频直播；10月12日，《我家住在运河边》节目以“广播+网络”方式推出3小时音视频收官特别直播。到10月12日晚，系列直播相关视频观看量1340余万人次，收获13个微博热搜，微博话题总阅读量2620余万次。

## 10月

10月1日　北京广播电视台文艺广播《广播剧场》开播30集原创系列广播剧《岁月有光——我们这十年》。

10月1日　北京移动电视开播自制人物专题系列报道《这十年》，向党的二十大献礼。

10月3日　北京卫视摄制的重点理论节目《思想耀江山·协调篇》在北京卫视三集连播。《思想耀江山》由国家广播电视总局策划指导，北京、江苏、浙江、上海、湖南五家卫视联制联播。

10月8日　北京瑞特影音贸易有限公司从建国门外大街14号迁至歌华大厦B座8层办公。

10月9日　国家广播电视总局公布2022年全国广播电视媒体融合先导单位、典型案例、成长项目征集评选结果，北京广播电视台“京津冀之声”入选全国广播电视媒体融合典型案例，“北京城市声音金名片——北京之声”提名全国广播电视媒体融合成长项目。

10月10日　由北京卫视金牌栏目《向前一步》团队打造的系列纪录片《我为群众办实事之基层报到》开播。

10月10日至14日　北京卫视开播5集短视频节目《见微知著——大国首都 十年跨越》。

10月13日　由北京市广播电视局、北京市科学技术协会指导，北京市广播影视协会与“学习强国”学习平台联合出品的《“共和国脊梁”科学家绘本丛书》有声书在“学习强国”学习平台、北京广播电视台、北京市17个区级融媒体中心同步上线播出。

10月15日　北京广播电视局在“首都广电”公众号开设《学习贯彻党的二十大精神》专栏。

10月15日（乌干达时间）　中国援助乌干达“万村通”项目二期竣工仪式在乌干达恩德培布诺诺小学举行。中国驻乌干达大使张利忠、经商处参赞蒋季青、乌干达通信部部长克里斯·巴里奥蒙西（Chris Baryomounsi）、恩德培地区长官芭古玛（Ms. Baguma）、项目承建商四达时代企业代表等出席仪式。

10月16日至23日　北京广播电视局以“突出政治站位、突出主题主线、突出传播时效、突出精品精致”为指导，打造新闻宣传主流阵地，在各新闻宣传平台开设《二十大时光》《庆祝二十大 建功新时代》《大美北京》《二十大报告解读》《岁月有光 我们这十年》《中国共产党第二十次全国代表大会特别报道》等10余个新闻专栏，及时跟进大会议程、解读会议精神、展现代表履职风采，以全景式、立体化的报道矩阵呈现大会盛况。

10月17日　四达时代ST Zone频道首播乡村体验真人秀节目《邀我到农家》。四达时代加蓬员工周埃乐作为节目主持人，与中国村民共同生活、共同劳动，给非洲观众讲述中国乡村振兴故事。

10月18日　北京广播电视台城市广播中心与通州区文旅局、通州文旅公司、通州区融媒体中心联合推出融媒体特别节目《共庆二十大，潮涌副中心》，讲述城市副中心的发展成果。

10月20日　国家广播电视总局举办的第二届高新视频创新应用大赛结果公布。北京广播电视台“8K超高清试验频道核心制播系统建设项目”获二等奖，“互动视频技术平台及创新应用”及北京北视英特维文化传播有限公司“轻量化8K电子现场制作技术系统创新应用”获三等奖。

10月27日　北京广播电视台城市广播中心举行第八届京津冀银发达人展示评选活动评审工作，从30位银发达人中评选出10位银发榜样。该活动由京津冀三地老龄办、老干部局指导，京津冀三地广播电视台主办，三地开放大学及北京社区服务协会支持。

10月28日　由北京市交通委员会、北京市商务局、北京市文化和旅游局、北京市体育局共同指导，北京广播电视台主办，交通广播中心承办的“向美好出发——20条骑游线路发现大美北京”融媒体策划活动举行发布仪式，北京交通广播及新媒体平台同步推出《向美好出发》系列报道及同名微信小程序。

10月27日　北京北广传媒影视股份有限公司企业名称变更为“北京歌华影视股份有限公司”。

10月28日　北京市广播电视局公布北京新视听2022年第二批公益广告扶持项目征集评审结果，共有23个项目获得专项资金扶持。

## 11月

11月1日　第27届电视文艺“星光奖”颁奖典礼在京举行。北京市广播电视局推荐的电视文艺栏目《档案》、少儿电视节目《花儿向阳 童心向党——庆祝中国共产党成立100周年全国少儿晚会》2部作品获奖，《土地 我们的故事》《紫禁城》《锡兰王子东行记》《最美中国戏》获提名奖。

11月1日　由北京歌华影视股份有限公司和安徽华星传媒投资有限公司承制的电视剧《觉醒年代》获得第33届“飞天奖”优秀电视剧奖，导演张永新获得第33届“飞天奖”优秀导演奖。

11月1日至5日　由国家广播电视总局指导，中共北京市委宣传部、北京市广播电视局等多部门主办的“2022中国·北京电视剧盛典”在北京市石景山区首钢园举办。盛典注册参展电视节目制作机构、网络视听节目制作机构及相关产业链机构200余家，注册买家100余家，参展项目约600部，其中电视剧400部、网络剧60余部、微短剧30余部，以及电影、网络电影、动画片、纪录片、电视栏目、综艺等85部。北京电视节目交易会在举办29届后提质升级为“2022中国·北京电视剧盛典”，成为党的二十大闭幕后北京广播电视业的首场重要盛会。

2022年11月2日，中国·北京电视剧盛典举办“北京之夜”主题活动

11月2日　第14届中国金鹰电视艺术节新闻发布会在湖南广播电视台节目生产基地——七彩盒子举行。北京地区电视纪录片《生命缘抗疫特别节目》、电视综艺（文艺）节目《最美中轴线》、电视动画片《宠物旅店》3部作品入围第31届中国电视“金鹰奖”提名奖名单。

11月3日　北京市广播影视协会组织“从中国新闻奖分析广播影视创作发展趋势”线上培训。

11月3日　北京广播电视台制作的纪录片《定海神针——纪念“九二共识”达成30周年》在北京卫视首播。

11月3日至12月30日　北京广播电视台新闻频道中心联合“北京时间”推出“一起亮出新时代的北京范”系列主题互动征集活动，征集网友拍摄的反映首都十年变化的图片和视频作品。

11月6日　由北京歌华影视股份有限公司和安徽华星传媒投资有限公司承制的电视剧《觉醒年代》获得第31届“金鹰奖”最佳电视剧奖，龙平平获得第31届“金鹰奖”最佳编剧奖，马少骅（饰蔡元培）获得第31届“金鹰奖”最佳男配角奖。

11月7日　北京广播电视台网络传播中心“云游北京”系列融媒体宣传活动收官。该活动历时9个月，联合北京市文旅局、北京市对外传播交流中心等20余个合作单位，围绕冬奥冬残奥、健身运动新理念、城市夜经济、大戏看北京、关爱老年人等重点宣传内容推出6大主题策划，采用“广播节目+移动视频直播+系列短视频+新媒体产品”的融媒体制作报道手法，视频直播总播放量超1500万次。

11月8日　第32届中国新闻奖评选结果公布，北京广播电视台10件作品获奖，其中一等奖4件，二等奖5件，三等奖1件。

11月9日　由北京歌华文化发展集团有限公司承办的2022中美青年创客大赛决赛颁奖暨“中美青年创客交流中心秘书处单位”揭牌仪式在中华世纪坛举行。这是歌华文化发展集团第7次承办该赛事。

11月10日　北京广播电视台制作推出以“热爱，领阅美好生活”为主题的2022“悦读之夜”晚会，倡导全民阅读。

11月10日　由北京市政务服务局等单位联合研发的“北京12345服务导图”应用在“北京时间”App上线。

11月10日　北京歌华移动电视智能媒体系统通过符合MA和CNAS标准的第三方专业测试，获得测试报告。

11月11日　北京市广播电视局召开“网络主播资质管理及成长研究”课题调研验收会。北京广播电视局协同中国传媒大学完成《网络主播资质管理与成长研究报告》12万余字，分为“我国网络主播发展现状及存在的问题”“网络主播的资质管理与成长现状”“网络主播的资质管理与成长对策建议”三部分。

11月11日　全国广播原创活动IP竞演大赛——第六届广播超级碗大赛结果揭晓，北京广播电视台广告运营中心报送的“北京广播‘开城计划’之八臂哪吒城”获得全国十佳“最佳活动案例奖”，“你好·‘鹏友’”获得“优秀活动案例奖”。

11月14日至16日　北京广播电视台体育广播中心联合市职业介绍服务中心推出“就业在北京”直播大会暨2022年劳务协作地区线上招聘活动，打造一站式就业服务平台，探索“媒体+政务+服务”的媒体融合发展路径。

11月15日　电视纪录片《中国，新的征程》豪萨语版本在四达时代豪萨语频道ST Dadin Kowa开播。《中国，新的征程》是由中央广播电视总台与泰国、尼日利亚、印度、土耳其等8个国家主流电视台联合制作的多语种纪录片。

11月16日　在《保护世界文化和自然遗产公约》通过50周年之际，北京广播电视台新闻频道中心推出大型融媒体网络直播《大咖“慢”谈中轴线》。

11月16日　国家广播电视总局举办的第二届广播电视和网络视听人工智能应用创新大赛评选结果揭晓，北京广播电视台“冬奥应用场景项目——超高清视频智能修复应用项目”获得视频修复技术应用一等奖；“基于大数据AI人工智能算法在北京IPTV中的应用”获得智能推荐技术应用一等奖；“中国首个广播级智能交互——真人数字人‘时间小妮’”获得虚拟数字人技术应用一等奖。

11月17日　国家广播电视总局公布“新时代·新品牌·新影响”广电媒体融合新品牌征集推选活动结果：“北京时间”“听听FM”获评平台品牌；“北京时间”旗下泛资讯短视频品牌“时间视频”获评新闻品牌。

11月18日　北京视协第七届网络视听节目创新与人才推优大会在北京市文联老舍剧场举办。本届推优活动共征集到从2021年4月1日至2022年3月31日期间上线播出的网络剧、网络电影、网络节目、网络栏目、网络纪录片、网络动漫、融合媒体创新、网络短剧等各类别网络视听作品328部。最终推选出年度优秀作品70部、“百年逐梦新征程”品质作品10部、优秀贡献人才19项（20人），以及优秀组织单位集体奖项7个。

11月19日　北京广播电视台新闻频道推出《面向世界的北京文学——2022年“北京作家日”》专题片。

11月19日　四达时代摄制的10集专题片《最金华》通过四达时代数字电视频道及新媒体StarTimes ON面向非洲观众播出。该专题片以非洲主持人游历金华为主线，介绍金华独具特色的新时代景象和风土人情。

11月21日　北京广播电视台“听听FM”（5.11版）上线发布，核心功能搭建了“用户成长体系”，打造任务中心和签到玩法，直播间（非广播聊天室）推出小蜗牛表情包。

11月23日　北京广播电视台体育广播获得2022卡塔尔世界杯赛事转播权，北京广播电视台成为中国大陆地区除中央广播电视总台外，唯一拥有该项赛事广播转播权的地方传播机构。

11月29日　国内首档青少年成长类足球纪实节目《超球少年》（第二季）在北京卫视、央视频和咪咕视频联合播出。

11月30日　北京市广播电视局举办第二期“北京新视听技术能力提升培训”。

11月30日　北京广播电视台新闻频道、纪实科教频道完成中国航天员首次太空会师报道。

11月　北京北广传媒数字电视有限公司国产条件接收系统建设项目通过行业专家验收。该系统按照国家广电总局《广播电视安全播出管理规定》（总局令第62号）及相关实施细则，以及国产密码相关法律法规要求建设实施，支持不低于1000套节目的同时加密传输，以及不少于100万用户的授权管控能力，完全满足鼎视集成平台的业务需求。同时在加密算法上也兼具基于国密算法（SM算法）和通用算法（AES/DES/RSA算法）的加解密能力。该项目于2022年8月通过国家广播电视总局广播电视规划院广播电视计量检测中心检测。

11月　由北京电视艺术中心有限公司等单位出品的电视剧《功勋》获得第33届电视剧“飞天奖”优秀电视剧奖及优秀男演员奖，获得第31届中国电视“金鹰奖”优秀电视剧奖。

## 12月

12月1日　北京卫视《养生堂》栏目与中国性病艾滋病防治协会、中国健康教育中心、中国疾控中心艾防中心联合推出《世界艾滋病日特别节目》。

12月2日　北京市委全面深化改革委员会召开第三次会议，审议北京市广播电视局制定的《关于加强和改进北京新视听国际传播工作的实施意见》等事项。会议指出，要加强国际传播能力建设，优化视听传播内容供给，在积极阐释习近平新时代中国特色社会主义思想、展示大国形象和大党形象、展示大国首都风范和城市魅力等方面下更大功夫。探索“市场运作+政策支持”模式，加大北京题材节目中外合作力度。拓宽传播渠道，持续打造各类国际视听交流平台和活动。充分利用新技术手段提升传播效果，促进视听技术、视听场景在海外落地推广，推动视听技术标准、装备制造走出去。

12月3日　由中国残联宣文部指导，中国残疾人事业新闻宣传促进会和阿里文娱公益合作开通优酷无障碍剧场视障用户身份认证。全国视力残疾人登录认证完成后，即可免费欣赏剧场内的无障碍影视作品。同日，无障碍电影《流浪地球》，无障碍剧集《回廊亭》《致勇敢的你》等一批最新佳作也同步上线。

12月8日　四达时代投资制作的肯尼亚本土电视剧《KIU》在内罗毕举行首映仪式。

12月9日　北京市广播电视局通过官网发布《北京新视听指引2022》，为北京市广播电视和网络视听行业内市场主体提供基本业务指南。

12月9日至28日　北京市广播电视局在全市范围开展“北京新视听艺术园”认定申报工作。

12月10日至12日　第二届北京国际运河艺术周特别制作的线上直播节目《世界运河“朋友圈”里的网红打卡地》在“北京时间”、北京市海外文化交流中心官网等平台上线。

12月14日　由北京市广播电视局主办、北京广播电视台京津冀之声承办的“北京视听零距离科技助老公益课”启动京津冀专场展播。展播持续至12月29日。

12月15日　北京市广播电视局党组书记、局长王杰群主持召开视听产业领军企业负责人座谈会（线上），围绕新视听行业平台发展、技术创新、精品创作、场景应用、国际传播、装备制造、园区发展等领域进行交流研讨。爱奇艺、优酷、快手、五洲传播中心、中国（北京）星光视听产业基地、利亚德集团、流金岁月、四达时代集团、贝壳如视、中科大洋等十家企业详细汇报相关工作。

12月20日　由北京歌华影视股份有限公司和安徽华星传媒投资有限公司承制的电视剧《觉醒年代》获得第十六届精神文明建设“五个一工程”奖。

12月21日至23日　第29届中国国际广告节在厦门举办。北京广播电视台共有13个媒企合作案例获得年度内容营销金奖、年度整合营销金奖、年度创新营销金奖、年度IP营销金奖等四大奖项。广告节期间，北京广播电视台陆续举行三场推介活动。

12月27日　北京市广播电视局2022年媒体融合创新技术与服务应用遴选推广计划评审结果公布，共确定入库项目76个、优秀项目40个、扶持落地项目7个。

12月28日至30日　北京广播电视台制作的纪录片《戏，在说》在北京广播电视台纪实科教频道首播。

12月29日　京津冀新视听媒体融合学

院第三期研学班开班。来自京津冀三地的省市级媒体、区县级融媒体中心、媒体融合相关企业代表，北京市广播电视局对口援建的内蒙古、新疆、西藏、青海等地的广电（融媒体）机构代表，以及首届新视听媒体融合创新创意大赛获奖优秀大学生代表等近500名学员线上参加学习。培训内容包括党的二十大报告关于全媒体传播体系建设的政策要求，广播电视媒体深度融合发展的实践探索，全媒体发展实操的新技术、新经验、新方法、新路径，短视频制作与营销、创新应用、运营变现等。京津冀新视听媒体融合学院由北京市广播电视局、河北省广播电视局、

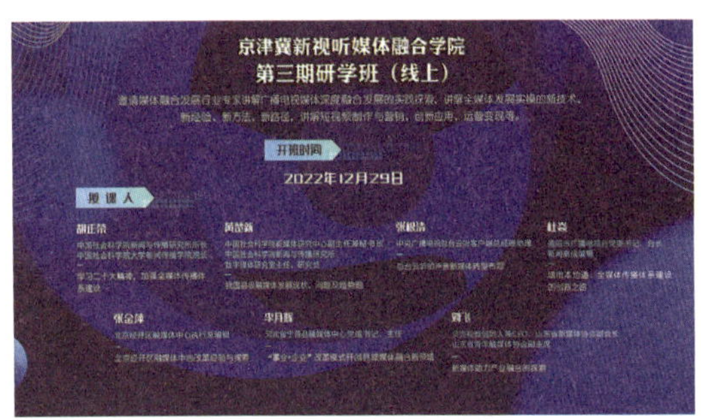


2022年12月29日，京津冀新视听媒体融合学院第三期研学班开班

国家广播电视总局研修学院于2020年联合成立，此前已举办两期研学班。

12月31日　爱奇艺会员数达到1.2亿。

12月31日　北京市委书记尹力到北京广播电视台调研疫情防控新闻报道工作，慰问一线编辑、记者，对全市新闻宣传战线一年来的辛勤工作给予充分肯定。北京市委副书记、代市长殷勇，市领导莫高义、赵磊，市政府秘书长戴彬彬参加调研、慰问。

12月31日　《踏上新征程——2023BRTV跨年之夜》播出。晚会由北京卫视与中赫工体联合举办，打造全球首个全屏覆盖硬核演唱会。

2022年12月31日16:00至2023年1月1日0:30　《听，流动的北京城——北京广播电视台“大声喊 新年好”》广播跨年融媒特别节目播出。北京广播电视台新媒体矩阵、广播全频率同步音视频直播，总观看量超过466万人次。

2022年　北京爱奇艺科技有限公司首次实现运营盈利，全年总营收290亿元，全年Non-GAAP(非美国通用会计准则财务指标)运营利润22亿元。

# 2022年区融媒体中心大事记

## 1月

1月1日　延庆区融媒体中心在《延庆报》开设专栏《冬奥来了》。

1月1日　海淀区融媒体中心在《海淀新闻》电视栏目中增加手语主持人和同期字幕，手语主持人出镜界面相比传统节目界面增大，大幅提升听障人士收看新闻的便利。

1月2日　“北京房山”微信公众号与房山区相关部门联合推出《品阅大美房山 打卡精品民宿》系列节目第九期。节目第一期于2021年10月30日发布，通过图文、短视频结合的形式宣传推广房山旅游文化资源。房山区融媒体中心除了在微信平台发布各期节目外，还在电视、报纸等全媒体平台同步推出，并推送至“学习强国”等上级媒体平台。

1月3日　怀柔人民广播电台生活服务类节目《我爱我家》在FM101.3兆赫开播，每周日播出一期，每期节目时长23分钟。

1月4日至7日　平谷区融媒体中心26名记者全程驻会，圆满完成平谷区“两会”宣传工作。

1月5日　北京2022年冬奥会和冬残奥会海淀区运行保障指挥部办公室联合海淀区融媒体中心制作推出“相约海淀 冬奥有我”线上冬奥助力平台，记录海淀人奋战冬奥的最美身影。

1月8日　丰台区融媒体中心与新华社北京分社合作开展“相约北京 圆梦冬奥——2022我们准备好了”第二场网络直播活动暨第七届丰台区欢乐冰雪季启动仪式网络直播，新华社客户端，“北京时间”，“丰台发布”抖音、快手号，“北京丰台”客户端、微博、今日头条号同步直播，累计浏览量超400万。

1月11日　石景山区融媒体中心继续开设《我家门口办冬奥》专栏。

1月13日　北京市广播电视局媒体融合发展处与丰台区融媒体中心召开指导推进丰台区融媒体中心建设工作会，对接中国（京津冀）广播电视媒体融合创新中心建设、智能融媒体创新实验室模式建设落实落地推动工作。

1月17日至18日　丰台区融媒体中心完成歌华803数字频道高清传输上线的设备安装、信号调试工作，区融媒体中心电视节目信号实现播出系统全面高清化。

1月20日　中央宣传部、文化和旅游部、国家广播电视总局发布《关于表彰第九届全国服务农民、服务基层文化建设先进集体的决定》，北京市昌平区融媒体中心榜上有名，成为北京市唯一获此殊荣的区融媒体中心。

1月20日　由房山区主办的“创文明城区 建幸福房山”短视频大赛评选结果揭晓，共有30个作品及账号获得一、二、三等奖，10个单位获得优秀组织单位奖。“北京房山”抖音号制作的短视频《第十个全国交通安全日》获得“创城政能量奖”一等奖，“北京房山”抖音号获得“优秀系列作品奖”，房山区融媒体中心获得“优秀组织奖”。

1月24日　在北京冬奥会开幕倒计时10天之际，海淀区融媒体中心制作的数字新闻作品《“数”说海淀 冬奥有我》推出。

1月25日　海淀区融媒体中心主办2022海淀网络春晚。晚会通过海淀网、“掌上海淀”客户端、“北京海淀”央视频号、“北京海淀”视频号、“海淀抖一抖”抖音号、“海淀第一手”快手号、“海淀新闻”微博号、“北京海淀”头条号、“北京海淀”百家号、“北京海淀”知乎号等海淀融媒传播矩阵进行全网直播。

1月27日　“这里是大兴”微信视频号开播。

1月27日　密云电视台《社会主义核心价值观内涵阐释》栏目开播。

1月28日　“北京东城”微博号在新浪优秀政务微博评选中获评2021年度“创新应用与传播优秀微博”。

1月28日　北京经济技术开发区“两区”工作领导小组办公室、北京经济技术开发区融媒体中心联合推出直播节目《“两区”建设听我说》。

1月30日　由中共昌平区委宣传部、昌平区文化和旅游局、昌平区融媒体中心主办的“喜迎冬奥会 欢乐过大年”2022年回天地区迎新春百姓春节联欢晚会在央视频客户端、人民日报客户端、北京时间客户端、昌平电视台综合频道、回龙观社区网、天通苑社区网、昌平区数字文化馆平台播出。

1月30日　延庆区融媒体中心建设的全市首家5G+8K“北京新视听小站”投入使用。

1月31日至2月6日　西城区融媒体中心推出《此心安处是吾乡》系列微视频，共7集。

## 2月

2月1日　朝阳区融媒体中心针对播出、网络、设备、用电安全等开展自查自检、演练，安排24小时值班值守，确保春节及北京冬奥会播出安全和生产安全。

2月2日至3月13日　延庆区融媒体中心出动记者242组466人次，全平台共播发冬奥新闻3179条次，其中延庆区广播、电视、报纸，“北京延庆”微博、微信和App共播发1760条次，中央、市级媒体、短视频和政务号平台共播发1419条次。

2022年2月3日，延庆区融媒体中心记者在八达岭长城报道北京冬奥会火炬接力活动

2月4日　海淀区融媒体中心在四季青镇新时代文明实践所打造的海淀区首个“北京视听小站”启用，留京过年的快递小哥和附近居民通过8K超高清电视观看冬奥会开幕式。本次活动既是“北京视听零距离”——新视听公共服务乐享冬奥主题活动之一，也是“我在海淀过大年”系列活动之一。

2月4日　《海淀报》推出冬奥特刊，头版刊发评论《共筑双奥城区梦想践行海淀表达》。

2月4日　顺义区融媒体中心策划的短视频《我与冬奥：虫虫的冰雪蜕变》在“北京顺义”微信视频号首播，并先后在“学习强国”北京学习平台、北京日报“北京号”等平台转发。

2月4日　北京经开区融媒体中心推出冬奥主题报道《北京2022年冬奥会开幕式上的这份浪漫来自“亦庄智造”》。

2月6日　东城区融媒体中心记者在王

府井和平菓局参加“双奥之城新气象——2022中外媒体北京行”城市形象特色采访活动。

2月7日　延庆区融媒体中心完成365期《我为冬奥倒计时》微视频制播工作。

2月14日　门头沟融媒视频号完成2022年门头沟区“上元月明 紫气东来”元宵节主题活动的直播，扩大门头沟融媒短视频平台影响力。

2月15日　丰台区融媒体中心联合新华社北京分社共同推出“虎跃龙腾闹元宵”主题网络直播。分别在北京世界公园和南宫五洲植物乐园，带观众云赏精美花灯，看非物质文化遗产——打铁花，感受威风锣鼓和舞龙舞狮表演。直播在新华社客户端、百度号，“北京时间”客户端，“北京丰台”客户端、微博、微信公众号、今日头条号，“丰台发布”快手号、抖音号等多个平台播出。45分钟的时间内，吸引128万人次观看。

2月18日　海淀区融媒体中心在全媒体平台播放《老小区来了新物业 衔春来报燕归巢》，这是“接诉即办”民生类全媒体栏目《社区伙伴来帮忙》的第一集。

2月21日　昌平区融媒体中心获得第四届“你好，新时代——心中的旗帜”青年融媒体作品大赛优秀组织奖。大赛由中宣部宣传教育局、中央网信办网络传播局、教育部思想政治工作司、共青团中央宣传部共同指导，中央广播电视总台新闻新媒体中心主办。

2月22日　密云电视台《新春走基层——家常夜话》栏目开播。

2月25日　《亦城时报》推出《首都“时代课题”下的亦庄答卷》专版，作为习总书记“2·26”重要讲话五周年特别报道。

2月28日　昌平区融媒体中心推出《一周新闻综述》手语新闻栏目。

## 3月

3月4日　门头沟区融媒体中心《办好群众身边事》栏目上线。

3月4日　通州区融媒体中心开启虎年第一场“我为群众办实事”公益直播。主持人带领观众云游宋庄镇向村陶艺咖啡馆，感受宋庄艺术创意小镇的魅力。

3月5日　全国第59个“学雷锋纪念日”，房山电视台在《房山新闻》栏目播出《奉献冬残奥 创文明城区》系列节目，在《今日关注》栏目播出《同在蓝天下 携手为公益》节目，营造全社会学习雷锋、争当雷锋的良好氛围。

3月8日　《大兴融媒探索“媒体+治理”服务新模式 助力基层治理突围破圈》一文在《北京日报》新媒体平台“北京号”月度热榜排名第一。

3月8日　房山电视台在《都市生活》栏目播出《女性朋友该如何做好自我提升》节目，《房山报》刊发《妇联巧搭“带货桥”拓宽村民致富路》专栏，对帮助村民致富的女性职工、党员干部、志愿者进行专题报道。

3月8日　丰台区融媒体中心联合区创建国家森林城市办公室开展“妙笔生花看丰台——百花争艳‘她’最美”庆祝妇女节主题网络直播活动，“北京丰台”客户端、“丰台发布”快手号同步直播。

3月8日　北京经济技术开发区融媒体中心推出《她力量》系列专题片，讲述为北京经济技术开发区发展做出贡献的巾帼力量。

3月9日　延庆电视台综合频道在IPTV播控平台（频道号305）上线，满足网络机顶盒用户观看本地电视节目的需求。

3月11日　西城区融媒体中心推出《身边》专栏，用身边人讲身边事、身边事教育身边人。

3月13日　怀柔区融媒体中心推出《主播说好书》系列专题节目。

3月14日　西城区融媒体中心推出《西城古建探秘》系列短视频。

3月15日　北京经开区融媒体中心主办、中国音协合唱联盟经典合唱团协办"新征程第一春——《亦城时报》千期相伴答谢活动暨红色经典走进经开区音乐会"，庆贺《亦城时报》出刊1000期。北京市记协主席梅宁华出席活动。

3月16日　朝阳区融媒体中心融媒体绩效考核系统正式运行。该系统以量化考核为主要手段，将媒体指挥调度和稿件系统进行整合，打通平面编校审系统和绩效考核系统、电子报等接口，实现多技术平台融合融通、资源共享，简化操作流程，提高工作效率，推进朝阳区媒体深度融合发展。

3月18日　门头沟区融媒体中心在"京西门头沟"微博号推出《办好群众身边事》专栏。

3月23日　石景山区融媒体中心摄制的《携手共进 "蓄能"乡村振兴》宣传片在石景山区2022年支援协作工作领导小组会议上播放。

3月25日　石景山区融媒体中心推出全新民生类全媒体栏目《在身边》。每周五歌华804频道《石景山新闻》后首播，"北京石景山"App同步直播。

3月25日　延庆区融媒体中心完成冬奥影像拍摄档案整理。2015年北京申办冬奥会成功后，延庆区融媒体中心成立档案收集专班，专门留存延庆赛区涉奥影像资料。8年来，中心累计派出记者5000余人次进行摄像摄影。最终，精选照片129项1006张、重要电视新闻53条、重要视频素材771条，总量超过130GB的档案移交区史志档案馆。

3月28日　北京市委常委、宣传部部长莫高义到门头沟区融媒体中心调研。

3月30日　北京经济技术开发区融媒体中心推出《看见·冬奥》纪录片。

3月31日　延庆电视台《最美冬奥城》栏目改版，设置《美丽延庆》《一线纪实》《幸福Vlog》三个全新板块，报道延庆区生态文明成果、文明城区创建成效以及市民的幸福生活。

3月　朝阳区融媒体中心根据朝阳区委编办通知要求完成朝阳报社注销手续。

## 4月

4月4日　怀柔区融媒体中心推出《庆祝怀柔撤县设区20周年》系列报道。

4月4日　延庆区融媒体中心通过可移动慢直播设备，在抖音、快手等直播平台进行慢直播，展现延庆区最美冬奥城的美丽春光。

4月5日　顺义区融媒体中心创作的短视频《传统节日节气系列》开播。短视频作品将诗词、时令、气候、物候、精神、哲思等元素有机结合，呈现"小而美、短而精"的特色。

4月8日　西城区融媒体中心推出短视频《后海不是海》。

4月12日至15日　平谷融媒客户端、"平谷融媒中心"抖音号、"北京平谷"微博号等新媒体同步直播北京平谷第二十四届国际桃花节暨阿里巴巴·平谷云上桃花节。

4月14日　丰台区融媒体中心启动"有事儿您说话·政务服务面对面"主题系列融媒体网络直播活动。北京丰台"两微一端"，"丰台发布"快手、抖音号，"北京丰台"

今日头条官方号，“北京时间”等融媒平台矩阵直播推送。

4月15日　新华社新闻信息中心、新华社县级融媒体研究中心在新华社总社举办“全国县融中心优秀案例”发布会。门头沟区融媒体中心《门头沟深山邮差王怀敬》获得优秀短视频策划奖，通州区融媒体中心《我在城市副中心为党送祝福》、东城区融媒体中心“东城社工”品牌系列报道、顺义区融媒体中心《无人驾驶出租车来顺义了，快来免费体验吧》获得优秀融合报道奖，大兴区融媒体中心《枣园百姓的“美好愿景”》获得优秀专题报道奖，怀柔区融媒体中心《长城之巅，探寻红色印记，传承长城精神》获得优秀直播报道奖，朝阳区融媒体中心“北京朝阳”App获得优秀管理与平台奖，经开区融媒体中心《外国人在亦城》系列报道获得优秀国际传播奖。海淀区、西城区、丰台区、石景山区、房山区、昌平区、平谷区、密云区、延庆区的融媒体中心获得“北京地区优秀协作奖”。

4月16日　《怀柔报》由每周一、周四出刊改为每周三出刊一期，版面由4开对开四版的黑白小报改为2开对开四版的彩色大报，并成为集纸质版、数字网络版、数字手机版为一体的多元化新媒体。

4月18日　平谷区融媒体中心与北京广播电视台北京交通广播共同举办一场云赏花直播。直播在“平谷融媒”客户端、“平谷融媒中心”抖音、北京交通广播微博等新媒体平台播出，共吸引205万人次在线观赏。

4月20日　丰台区融媒体中心与区政务服务中心共同举办“融媒体创新工作室”揭牌仪式。双方合作以“北京丰台”微信公众号为主平台，共同打造“有事儿您说话——政务服务面对面”品牌直播活动，为“媒体+政务”创新模式赋能。

4月20日　北京经济技术开发区融媒体中心推出《常态化防疫十二条》系列动画片。

4月20日至10月25日　顺义区融媒体中心推出系列月播节目《平原新城看顺义》，在顺义电视台高清频道和“北京顺义”微信视频号播出。

4月21日　北京经济技术开发区融媒体中心推出《北京经开区抗疫暖心故事》系列漫画。

4月24日　丰台区融媒体中心与新华社北京分社联合开展“中国航天日：逐梦苍穹”大型融媒体直播报道。

4月26日　西城区融媒体中心推出微视频《追思！李大钊英勇就义95周年》。

4月26日　北京市总工会、北京市人力资源和社会保障局发布《关于授予2022年首都劳动奖状、首都劳动奖章和北京市工人先锋号的决定》，朝阳区融媒体中心陈婧、怀柔区融媒体中心崔丹、石景山区融媒体中心刘宇被北京市总工会、北京市人力资源和社会保障局授予2022年首都劳动奖章。

4月28日　西城区融媒体中心推出短视频《当京剧触电“元宇宙”》。

## 5月

5月5日　怀柔区融媒体中心继续推出文化类短视频《100秒说怀柔》。

5月6日　门头沟区融媒体中心推出防疫原创系列短视频《“羊吞虎”的隔离日记》。

5月13日　顺义区融媒体中心为丰富市民在新冠疫情居家期间的文化生活，延长电视、广播节目播出时间。顺义电视台自主播出时间为11:40—16:00、19:30—23:30，每天下午加播一部经典电影或一台综艺节目，每天播出时间延长3小时。顺义人民广播电台全天播出时长为15.5小时，其中直播时长从原来的4.5小时延长到5小时。

5月16日　延庆区融媒体中心院内广播电视发射塔加固维修项目完成竣工验收，该发射塔已使用42年。

5月18日　海淀区融媒体中心制作的大型文物保护科普类栏目《镇“淀”之宝》在“北京文博”公众号及“海淀融媒”全媒体矩阵上线，成为2022年“5·18国际博物馆日”北京市线上活动重要组成部分。

5月18日　通州区融媒体中心“我为群众办实事”公益直播带货走进绿洲亿丰种植专业合作社，通过“北京通州发布”视频号对“菌中燕窝”——金耳菌进行推广。

5月20日　顺义区融媒体中心制作的短视频MV《我想看看你的模样》在“北京顺义”微信视频号首播。

5月27日　通州区融媒体中心与北京广播电视台在北京城市副中心规划实施六周年之际联合推出一档全媒体栏目《副中心会客厅》。该栏目在北京广播电视台城市广播副中心之声、通州广播电台、“听听FM”音视频首播，“北京时间”、通州电视台、“通州发布”、“融汇副中心”App、《北京城市副中心报》等平台全媒体刊播。

5月31日　丰台区融媒体中心联合丰台区少年宫举办线上作品征集活动——“缤纷夏日，‘粽’情儿童节”。活动分为“才艺伴童趣”“巧手慧童心”“劳动筑童年”3个板块，共设5个奖项：最佳才艺奖、最佳巧手奖、最佳厨艺奖、最佳创意奖、超级亲子秀。

5月至9月　由顺义区委宣传部、区委网信办、区教委、区融媒体中心共同主办的顺义区第八届青少年才艺大赛举行。大赛以“喜迎二十大 奋进新征程”为主题，共有80余所学校1000余名师生参赛，117个精彩节目亮相“北京顺义”App，累计投票点赞量达54万余人次。

## 6月

6月1日　丰台区融媒体中心配合丰台区疫情防控要求，开展“小手拉大手 共创文明城”主题网络直播，通过网络直播平台合唱《文明歌》，进行“文明画家园”童谣传唱活动等线上活动，庆祝“六一”国际儿童节。

6月3日　丰台区融媒体中心融媒矩阵宣传平台携手新华社客户端举办“静下来，不流动，今年的端午节，丰台融媒记者陪您一起云上过”现场云融媒体主题直播报道活动。

6月6日　平谷区融媒体中心多个新媒体平台对平谷区举行的首都物流高地重大投资项目签约仪式进行直播，实现平谷区融媒体中心成立以来首次自主直播。

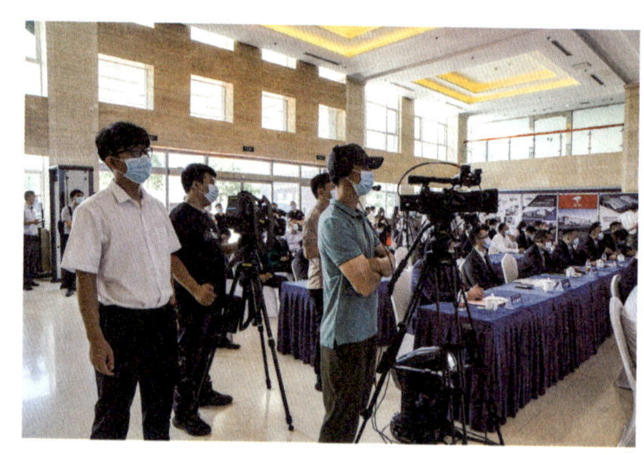

2022年6月6日，平谷区融媒体中心对首都物流高地重大投资项目签约仪式进行直播

6月8日　“丰台发布”抖音号粉丝突破40万。

6月10日　通州区融媒体中心承办北京城市副中心“‘职’等你来”云上招聘新时代文明实践活动。活动通过“通州发布”视频号、“通州发布”微博、“北京城市广播副中心之声”视频号、“北京城市广播107.3”微博、“融汇副中心”客户端、“通州就业服务”视频号等多个平台进行直播。

6月15日　北京市广播电视局党组书记、局长王杰群带队到延庆高山转播站实地察看转播站机房、配电间、管理用房、广播电视发射塔等设备设施运行使用情况。

6月17日　由海淀区发改委主办，海淀区融媒体中心承办的“惠企政策零距离，‘闪淀’服务暖人心——2022年海淀区优化营商环境政策云解读”开播。

6月24日　通州区融媒体中心推出航拍视频作品《大运河京冀段全线62公里通航》。

6月25日　经开区融媒体中心每天梳理分析11个新媒体账号的留言，编制成刊物《参阅》报送区工委管委会，以“未诉先报”引导“未诉先办”，为政府部门主动治理提供依据。

6月28日　密云区融媒体中心与成都索贝数码科技股份有限公司签订《密云电视台播出系统升级改造项目政府采购合同》，对高清电视播出系统进行升级改造。

6月30日　房山区融媒体中心为庆祝中国共产党成立101周年，在房山电视台、房山人民广播电台、《房山报》、“北京房山”微信公众号统一挂牌刊播《党旗在一线高高飘扬》系列报道。

6月30日　朝阳区融媒体中心孙帅、马耘共同完成的课题“媒体融合语境下，让红色文化传播走深走实、‘潮’起来、‘活’起来——以朝阳区融媒体中心‘建党百年主题红色文化宣传’实践为例”，获得2021年朝阳区中共党史课题研究成果优秀奖。

## 7月

7月1日　《平谷报》开设《学习贯彻北京市第十三次党代会精神》专栏，全年共刊登学习贯彻北京市第十三次党代会精神体会文章54篇。

7月7日　顺义区“网上新闻发布厅”挂牌仪式在区融媒体中心举行。

7月11日　中宣部副部长，国家广电总局党组书记、局长徐麟一行到平谷区融媒体中心调研。

7月12日　通州电视台《副中心新闻》节目推出新闻资讯类栏目《聚焦城市副中心六大产业高质量发展》。

7月14日　延庆区融媒体中心“新视听小站”项目完成竣工验收。项目投资471万元，包括室外和室内建设。室外在冬奥城市文化广场的旧屏更新为一座16∶9的4K大屏，总长19.2米，高10.72米，总面积205.824平方米；室内在区融媒体中心新址一层演播厅内安装互动VR滑雪机、互动VR动感单车、互动朗读亭等设施，为群众提供沉浸式体验。

7月15日　丰台区融媒体中心被北京市广播电视局授予“北京视听小站”牌匾。

7月16日　在由北京市人民政府新闻办公室指导，大兴区融媒体中心主办，光明网承办的“新时代、新视野，政务新媒体的传播与应用”2022政务新媒体座谈会上，大兴区“聚焦‘十四五’献礼二十大”系列宣传活动启动。

7月18日　丰台区融媒体中心策划的监督类融媒体节目《您说我办》在歌华有线803频道首播。

7月21日至22日　由国务院台办、教育部、全国青联和北京市人民政府共同主办，北京市台办、北京市教委、北京市青联、海淀区人民政府承办，海淀区融媒体中心策划执行的2022两岸青年峰会在海淀区举办。海淀区融媒体中心派出6+2讯道高清全媒体转播车一部及9人的转播团队，并使用4G移动信号传输。这是海淀融媒首次启用高清全媒体转播车保障大型会议宣传。海淀融媒利用自身传播矩阵对本次峰会进行全媒体宣传报道，并将制作的短视频内容第一时间向其他新媒体平台推送。

7月22日　在北京市委改革办赴丰台区调研“微改革、微创新”工作座谈会上，丰台区融媒体中心以“走好全媒体时代群众路线 丰台区探索建立‘社区新闻发声人’工作机制”为题作案例汇报。

2022年7月22日，丰台区融媒体中心在工作座谈会上汇报丰台区探索建立“社区新闻发声人”工作机制的情况。该工作机制被评为市委全面深化改革“微改革、微创新”典型案例

7月23日　“北京门头沟”公众号上线。

7月26日　通州区融媒体中心调整广播电视频率频道：保留901频道通州区电视台高清频道，902频道变更为通州区电视台标清频道，903频道变更为通州区调频广播频道，904、905频道取消。

7月27日　密云区融媒体中心召开“公仆心 云水情”干部教育实践活动动员部署会。至10月底，在区广播电台、电视台、《密云报》、“生态密云”公众号开设《公仆心 云水情》栏目，为全区干部教育实践活动做好宣传报道。

## 8月

8月1日　平谷电视台《平谷新闻》栏目开设《建设高大尚平谷 服务首都新发展》专栏。

8月2日　丰台区创建国家森林城市办公室与丰台区融媒体中心联合举行“走进森林城市 绽放社区之美”——创森与融媒体百日公益行动启动仪式。作为“妙笔生花看丰台”丰台城市品牌全媒推介的重要活动之一，本次公益行动分别从社区、街区、城区三个层面倡导共建共享“国家森林城市”。

8月2日　《丰台报》更名为《丰台时报》，由一周一刊增至每周三刊。

8月6日　丰台区融媒体中心和丰台区教育工作委员会联合主办以“强国复兴有我”为主题的第三届“云朗读”融媒体公益活动启动仪式。活动以“北京丰台”客户端为平台，面向全国的朗读爱好者，通过朗读爱国、爱党的文学作品，培养大家的爱国主义情感。

8月8日　房山区融媒体中心“北京房山”公众号推出《人人都是营商环境》系列专题报道，对各单位部门优化营商环境工作的开展情况、创新举措、典型经验做法及先进事迹进行报道。

8月16日　由丰台区委宣传部指导，丰台区融媒体中心和区文化创意产业促进中心联合主办的第二届“云端戏台等你来”活动在丰台区文化馆启动。

8月17日　《北京城市副中心报》与北京市测绘设计研究院联合策划推出《时空照相馆之副中心》系列报道。

8月18日　《房山报》开设《学习习近平总书记重要讲话精神 迎接党的二十大》专栏。

8月18日至26日　东城区融媒体中心推出《我们的新时代》五集专题片，分别是《古都新韵》《中轴新生》《老街新颜》《大戏新腔》《生活新风》。

8月19日　朝阳区融媒体中心下属企业北京朝融文化传媒有限公司完成法人工商变更，新的营业执照法定代表人为崔杨。

8月23日至26日　丰台区融媒体中心开展“社区新闻发声人”培训。

8月25日　北京经济技术开发区融媒体中心推出专题片《经开区 见未来》，讲述经开区三十年的发展历程。

8月25日至28日　北京经开区融媒体中心推出《发现亦庄之点亮青春之光》H5互动作品。

8月28日　由海淀区政府指导、海淀区融媒体中心制作的海淀融媒首档驻区企业专题栏目《科创中心“核”动力》推出。

8月28日　平谷区融媒体中心“北京平谷”微博号，以《开在人间的蟠桃会》为题，对刘家店镇蟠桃会开启图文直播。直播活动得到5527.2万网民关注，创下历史新高。

## 9月

9月1日　《平谷报》开设《新消费新生活》专栏，制作平谷咖啡地图、民宿地图、景区地图、露营地图等，展现平谷区新时尚新消费蓬勃发展的情况。

9月2日至10日　朝阳区融媒体中心在2022“北京CBD国际商务季”期间，组织7场新闻宣传活动，在“人民日报”客户端、“新华社”客户端、中新社、人民网、北京日报、北京电视台、新京报、北京青年报、北京广播电台、香港经济日报等媒体报道160篇次。

9月3日　“北京通州发布”视频号对电影频道在城市副中心举行“传媒荣誉之夜”活动进行8个小时的超长直播。

9月5日　《丰台时报》推出《京彩十年“丰”光无限》系列报道，讲述丰台故事，以优异成绩喜迎党的二十大。

9月5日　《石景山报》推出《中国国际服务贸易交易会》专刊。

9月9日　昌平区融媒体中心与昌平区文化和旅游局、昌平区文联等单位共同承办“居庸山月”——昌平中秋诗歌晚会，“北京昌平”客户端、抖音号、快手号、视频号以及北京电视台新闻频道、“北京日报”客户端、“北京时间”客户端、“北京青年报”客户端同步直播。

9月9日　平谷区融媒体中心记者用融媒体手法摄制的系列视频版咖啡地图推出。

9月10日　顺义区融媒体中心现场直播北京温榆河公园顺义一期开园活动，实现区融媒中心第一场自主直播。活动在“北京顺义”App和微信公众号同步播放。

9月10日　大兴区文旅局与区融媒体中心举办的“月圆京城 乐享中秋游园会”原创直播活动成为年度最高观看量场次，播放量超52万次。

9月10日至12日　房山区融媒体中心对2022北京西山民俗文化节暨“月圆京城 情系中华”房山区中秋节文化活动进行跟踪报道，通过“北京房山”抖音号、微博号对活动进行全程直播。

9月16日　由昌平区融媒体中心联合北京华都新雨影视文化发展有限公司出品的电影《九兰》全国公映。

9月16日　密云电视台《喜迎党的二十大“密云先锋”在行动》栏目开播。

9月19日　由海淀区人力资源和社会保障局、海淀区融媒体中心主办的中关村科学城“才聚云端”大型系列活动第三季暨“两区”建设领军企业云招聘启动。海淀融媒通过“掌上海淀”客户端、快手、微博、百度、知乎等平台同步播出。

9月20日　石景山区融媒体中心全媒体平台开设《喜迎党的二十大》专栏。

9月20日至10月15日　西城区融媒体中心推出《芳华遇见新时代》系列专题片，共12集，以小切口展现十年来西城区各领域高质量发展的故事，喜迎党的二十大。

9月20日至10月15日　石景山区委宣传部和区融媒体中心共同主办“诗颂新时代”和“幸福底色”评选展播活动。其中“诗颂新时代”是向全社会征集原创诗歌散文作品，“幸福底色”是征集原创摄影和短视频作品。

9月23日　怀柔区委宣传部、区文明办与区融媒体中心合办的“寻找‘最美怀柔人’”活动评选结果揭晓。

9月24日　北京市广播电视局党组书记、局长王杰群带队到房山区融媒体中心检查房山转播站安全播出和安全生产工作。

9月24日　北京（通州）大运河文化旅游景区系列文化活动的首场活动——2022运河文化时尚大赏7小时直播在“北京通州发布”视频号、“通州发布”抖音号、“融汇副中心”客户端、“北京时间”App等平台同步直播。

9月26日　“北京房山”公众号订阅粉丝达18万人，信息发布频次为工作日每天三发，每次2~8条；节假日每天两发，每次2~8条。

9月28日　顺义人民广播电台第九届听众节在北京国际鲜花港露营地举办，“北京顺义”视频号等新媒体端全平台直播。本届听众节以“听见好声音 奋进新征程”为主题，以“喜迎党的二十大”为主线，分为“美好生活”“多彩童年”“辉煌十年”“青春答卷”四个篇章。听众节是顺义区融媒体中心的品牌活动。

9月29日　“北京房山”公众号推出《欢度国庆 畅游房山》栏目，每日一期推介房山区的文旅热点。

9月29日　北京市政协新闻舆论民主监督组一行22人到丰台区融媒体中心开展“构建全媒体传播格局”调研和民主监督。

9月30日　“北京大兴”客户端下载量突破200万。

## 10月

10月4日　顺义区融媒体中心推出特别节目《喜迎二十大 国庆看顺义》，首次采用直播方式带领观众感受“国门空港城、创新前沿地、宜居示范区”的独特魅力。

10月5日　由石景山区委宣传部主办，石景山区文联、石景山区融媒体中心承办的“京西福地，五年蝶变”石景山区喜迎二十大成就展在国际雕塑园开幕。

10月8日　《北京城市副中心报》推出《喜迎二十大——千年之城，初显锦绣》系列报道。

10月10日　石景山区融媒体中心推出《喜看身边变化》系列短视频，在电视、公众号、App等平台全渠道推送。

10月11日　通州区融媒体中心向北京中广电系统工程有限公司购买节目制作多功能直播车小型客车，总中标成交金额142.89万元。

10月14日　昌平区融媒体中心围绕“礼赞新时代，喜迎二十大”主题，开展“我们的幸福生活——北京视听零距离·昌平融媒惠民进社区”直播活动。昌平区融媒体中心主播走进昌平三个社区，探访昌平居民的美好幸福生活，观看量超5万人。

10月15日　海淀区融媒体中心作为首都基层媒体代表，首次派出记者参加中国共产党第二十次全国代表大会的新闻报道。前后方人员密切合作，第一时间用全媒体的形式发出最新消息。

10月16日　朝阳区融媒体中心《朝阳报》推出“号外”，庆祝党的二十大胜利召开。大会期间，区融媒体中心作为首都基层媒体代表首次参与党的全国代表大会的现场报道，推出《朝融观察·走进党的二十大新闻中心》

《朝融观察·在二十大新闻中心“遇见朝阳”》等系列报道，陆续在报纸、电视、客户端、微信、抖音等全平台推送。

10月17日　“北京房山”公众号推出《喜庆党的二十大》专栏。

10月17日　通州区委统战部与区融媒体中心联合推出《情系二十大 共话统战百年史》系列专题节目。

10月17日至24日　朝阳区融媒体中心《朝阳报》推出4期《党的二十大特别报道》。

10月18日　“北京延庆”公众号推出《礼赞新时代 启航新征程——一把手访谈》系列报道。

10月21日　大兴区融媒体中心在“这里是大兴”公众号推出《我的这十年》15期短视频的第一期《赵鑫：以吾之青春 换国之荣光》。

10月22日　顺义区融媒体中心制作的短视频《秋的馈赠》在“北京顺义”视频号首发。视频通过儿童视角展现一幅幅顺义区新农人秋收时的喜人画面。《秋的馈赠》后被发布在“新华社”客户端，成为顺义区融媒体中心首个点击量破百万的短视频作品。

10月23日　房山区融媒体中心转播中国共产党第二十届中央政治局常委同中外记者见面会。

10月26日　海淀区融媒体中心推出《新征程·奋斗者说》专栏，宣传贯彻党的二十大精神。

10月26日　密云电视台《喜庆二十大 奋进新征程》栏目开播。

10月27日　新华社新闻信息中心、新华社县级融媒体研究中心发布全国县融中心2022年第三季度优秀案例和新媒体平台优秀作品，大兴区融媒体中心的微博号“北京大兴”、公众号“这里是大兴”、抖音号“大兴融媒”、快手号“北京大兴”获评“全国县融中心爆款创作优秀案例”，东城区融媒体中心《大城小事丨老街坊以花“汇”友，老胡同“美美与共”》获评“央媒平台优秀作品”。

10月31日　大兴区融媒体中心制作并播出60期以党建、医疗、教育、安全、健康、文化、民生等为主题的微课堂形式短视频。

10月31日　北京经济技术开发区融媒体中心推出《思想照我行》系列短视频。

## 11月

11月8日　昌平区融媒体中心举办“融聚力量 时代同行”线上文艺汇演，庆祝第23届中国记者节。活动通过昌平电视台综合频道、快手号、视频号、央视频、“北京时间”同步现场直播。

11月8日　由延庆区委宣传部指导，延庆区融媒体中心、延广融媒公司主办的“扬帆新时代·我们再出发”记者节主题活动举行。

11月8日　海淀区融媒体中心制作推出《〈海淀报〉创刊30周年》特刊，并于11月9日开始播出3集纪录片《三十而忆 正青春》《三十而立 薪火如愿》《三十而“励”永无“纸”境》。

11月8日　海淀区融媒体中心举办“新时代 新征程 新使命”《海淀报》创刊30周年暨《海淀融媒增质增效行动计划》发布活动，并启动“学习强国”海淀学习平台在“学习强国”PC端和App端同时上线运行。海淀学习平台由海淀区委宣传部主管主办，海淀区融媒体中心建设运营，是北京市首家“学习强国”区级学习平台。

11月8日至15日　顺义区融媒体中心开设《奋进新征程 建功新时代——顺义区学习宣传贯彻党的二十大精神“一把手”访谈》

栏目。节目在顺义电视台、“北京顺义”微信公众号、“北京顺义”App等全媒体平台播出。

11月9日　丰台区融媒体中心与区党史办共建丰台史志融媒体创新工作室，联合区党校、区文联在《丰台时报》推出《丰台史志》专版。

11月9日　北京经济技术开发区融媒体中心推出党的二十大精神学习微课堂——《二十大报告自习课》系列微动画。

11月18日　昌平区融媒体中心在北京视协第七届“网络视听节目创新与人才推优”活动中获得优秀组织单位称号，成为北京市唯一获此殊荣的区级融媒体中心。

11月19日　西城区融媒体中心推出视频《大栅栏“大家小院”开创议事新空间》。

11月21日　密云电视台《新时代 新征程 新伟业》栏目开播。

11月21日、25日　延庆区融媒体中心推出视频《学习宣传贯彻党的二十大精神——主播和您一起学报告》两集。

11月22日　丰台区融媒体中心民生新闻节目《您说我办》全新改版。节目设置《马上到现场》《文明广角镜》《办就办好》三个板块。每周二、四、六早上8:15在歌华有线803频道首播，当晚20:15，次日8:15、20:15重播。

11月25日　“北京门头沟”公众号实现一日五推。

11月28日　朝阳区融媒体中心推出《朝阳报·疫情防控知识宣传特刊》。

11月　大兴区融媒体中心《大兴报》推出10期《新大兴新国门十年蝶变纪念特刊》。通过报刊+新媒体平台+线下展示的方式，展现新大兴新国门跨越式发展成就。

## 12月

12月1日　平谷区融媒体中心“高大尚平谷”公众号制作海报《宅家战疫，送您6张护“心”贴》。

12月5日　朝阳区融媒体中心开始复工复产宣传报道。

12月8日　平谷电视台《平谷新闻》推出《平谷随手拍》专栏，以百姓视角来展现美好的身边事、新鲜事，传递社会正能量和温暖瞬间。

12月12日　密云电视台《权威发布》栏目开播。

12月13日　在北京市政府外办主办，中央广播电视总台国际在线承办的第二届“北京·国际范儿”短视频大赛闭幕式暨颁奖仪式上，东城区融媒体中心《五道营胡同》获得大赛优秀奖。

12月14日　朝阳区融媒体中心《朝阳报》开设《民生实事办结》专栏，对民生实事完成情况进行报道。

12月30日　由北京市委网信办指导、千龙网主办的第三届“京彩”网络正能量评选活动获奖作品名单公布，朝阳区融媒体中心《战疫一线的朝阳“大白”》和海淀区融媒体中心《社区伙伴来帮忙》获评“网络正能量动漫音视频作品”。

12月31日　《亦城时报》推出8个版的特别报道《致敬2022——向每一份亦城之力致敬》，回顾年度重点事件。

# 频率频道

# 2022年北京市属广电机构频率频道设置情况

## 北京广播电视台（广播端）频率一览表

| 频率名称 | 开办时间 | 播出时间 | 主要节目栏目设置 | 2022年新增节目栏目 |
|---|---|---|---|---|
| 新闻广播<br>FM94.5<br>AM828 | 1993年<br>3月1日 | 00:00—<br>24:00 | 《北京新闻》《新闻晨报》<br>《新闻热线》《整点快报》<br>《主播在线》《财富新动力》<br>《假日节拍》《编辑部的故事》<br>《乡村振兴风景线》《话里话外》<br>《新闻天天谈》《警法在线》<br>《健康北京》《大城小事》<br>《周末赛场》《乐享下午茶》<br>《主播的朋友圈》《周末活力派》<br>《新闻2022》《北京的声音》<br>《照亮新闻深处》《成长时光》<br>《智能时代》《夹叙夹议》 | 《大城小事》上午版 |
| 交通广播<br>FM103.9 | 1993年<br>12月18日 | 全天24小时<br>（周二<br>00:00—<br>05:30<br>停机检<br>修） | 《徐徐道来话北京》《1039新闻早报》<br>《交通新闻》《交通新闻热线》<br>《一路畅通》《跃动的坐标》<br>《1039汽车天下》《1039慧旅行》<br>《欢乐正前方》《1039听天下》<br>《1039服务热线》<br>《1039汽车音乐时间》《联e会》<br>《新闻要知道》《八点更新》<br>《1039先锋驾道》《蓝调北京》<br>《应急时刻》《应急真人秀》 | 《跃动的坐标》<br>《应急时刻》<br>《应急真人秀》 |
| 体育广播<br>FM102.5 | 2002年<br>1月1日 | 06:00—<br>24:00 | 新闻节目《雄鸡唱晓》下设栏目<br>《朝闻体坛》《体坛热搜榜》<br>《赛场锐观察》《主咖上麦》等<br>新闻节目《金戈铁马》下设栏目<br>《体坛快递》《主播有话说》<br>《今日焦点》等<br>访谈类节目《1025动生活》<br>《超级体验团》《界内界外》等 | 17:00《双奥向未来》（周一至周三，周六、周日）<br>17:00《青春起跑线》（周四、周五） |
| 故事广播<br>FM95.4<br>AM603 | 2009年<br>1月1日<br>2023年<br>1月1日<br>起，故事<br>广播停止<br>播出 | 05:00—<br>次日<br>01:00 | 《读书俱乐部》《大咖来了》<br>《我爱博物馆》《听听书场》<br>《情感夜航船》《声音梦工厂》<br>《十点答录机》 | 《大咖来了》<br>《我爱博物馆》<br>《听听书场》<br>《情感夜航船》<br>《声音梦工厂》<br>《十点答录机》 |

（续表）

| 频率名称 | 开办时间 | 播出时间 | 主要节目栏目设置 | 2022年新增节目栏目 |
|---|---|---|---|---|
| 音乐广播 FM97.4 | 1993年1月23日 | 00:00—24:00 | 《早安音乐秀》《汽车音乐汇》《全球华语歌曲排行榜》《音乐加块糖》《乐听乐流行》《复刻唱片行》《永恒的魅力》《古典也流行》《你的故事我的歌》《节奏驾到》《浪潮listenTO1》《娱乐最王牌》《中国歌曲排行榜》《男左女右》《974LIVESHOW》《乐海星歌》《午夜情歌》《国家大剧院》 | 《音乐加块糖》《乐听乐流行》《复刻唱片行》 |
| 文艺广播 FM87.6 | 1994年4月1日 | 00:00—24:00 | 《空中笑林》《我们出发吧》《娱乐72变》《打开文化之门》《乐享生活》《小说连播》《评书连播》《醒木有声书场》《广播剧场》《开心茶馆》《住在876》《吃喝玩乐大搜索》《娱乐麻辣烫》《小群姐姐晚安时间》《我们的夜晚》《午夜拍案惊奇》《876资讯》《影视非常道》《876影院》《京声京视》《戏迷乐》 | 《醒木有声书场》《娱乐麻辣烫》《小群姐姐晚安时间》《我们的夜晚》 |
| 城市广播副中心之声 FM107.3 AM1026 | 2020年10月19日 | 05:30—24:00 | 《教育面对面》《运河之上》《副中心会客厅》《京城帮帮团》《老年之友》《健康加油站》《健康投资家》《今夜私语时》等 | 《副中心会客厅》 |
| 外语广播 FM92.3 | 2004年9月17日 2023年1月1日起，外语广播停止播出 | 06:00—24:00 | 《Touch Beijing》《环球三十分》《英语PK台》 | 《青春对话世界》 |
| 青年广播 FM98.2 AM927 | 2017年6月26日 2023年1月1日起，青年广播停止播出 | 06:00—24:00 | 《少年说》《经典流行》《五洲乐海·儿童音乐舞台剧训练营特别节目》 | 《经典流行》怀旧芳华篇、怀旧主打歌篇、流金年代篇、光辉岁月篇、情歌永恒篇 |
| 京津冀之声 FM100.6 | 2021年2月26日 | 06:00—24:00 | 《早安京津冀》《京津冀新干线》《协同发展进行时》《乐行京津冀》《京津冀康养E站》 | — |

## 北京广播电视台（电视端）频道一览表

| 频道名称 | 开办时间 | 播出时间 | 主要节目栏目设置 | 2022年新增节目栏目 |
| --- | --- | --- | --- | --- |
| BRTV北京卫视 | 1979年5月16日北京电视台开播。2012年1月1日起综合频道标识由“BTV北京”变更为“BTV北京卫视”。2021年9月23日起频道标识变更为“BRTV北京卫视” | 05:30—次日05:30 | 《向前一步》《老师请回答》《为你喝彩》《大戏看北京》《养生堂》《档案》《我是大医生》《冬梦之约》《飘雪的日子来看你》《我的桃花源》（第二季）《暖暖的味道》《生命缘》《活过一百岁》《北京向未来》《表演班的春天》《我是规划师》（第三季）《书画里的中国》（第二季）《博物馆之城》《京城十二时辰》（第二季）《百川文明诀》《最美中国戏》（第二季）《百川可逗镇》《百川老朋友》《暖暖的火锅》《我为群众办实事之基层报到》《最美中轴线》（第二季）《超球少年》 | 《飘雪的日子来看你》《暖暖的味道》《活过一百岁》《北京向未来》《表演班的春天》《我是规划师》（第三季）《博物馆之城》《百川文明诀》《百川可逗镇》《百川老朋友》《暖暖的火锅》《我为群众办实事之基层报到》《超球少年》 |
| BRTV文艺 | 1988年12月30日开播。2021年9月23日起频道标识变更为“BRTV文艺” | 06:00—次日06:00 | 《笑动剧场》《多彩社区行》《每日文艺播报》《春妮的周末时光》《文化之约》 | 《多彩社区行》 |
| BRTV纪实科教 | 1999年12月27日开播，其前身为1993年11月1日开播的以教学节目为主的二十七频道。2021年9月23日起频道标识变更为“BRTV科教”。2022年9月21日频道调整为纪实科教频道 | 06:00—次日06:00 | 《法治进行时》《第三调解室》《法治中国60′》《现场说法》《律师帮帮忙》《气象观天下》《健康北京》《记忆》《民法典通解通读》《创新北京》《最北京》《一师亦友》《艺载中国》《非常向上》《庭审纪实》《精品纪录片展播》《佳片展映》《双奥之城》《中国故事》 | 《精品纪录片展播》《佳片展映》《双奥之城》《中国故事》 |
| BRTV影视 | 1992年5月4日开播。2021年9月23日起频道标识变更为“BRTV影视” | 06:00—次日06:00 | 6:10—9:20早剧场、9:30—15:10家和剧场、15:15—18:50英雄剧场、18:55—22:15首都剧场、次日1:30—次日6:10星光剧场 | — |
| BRTV财经 | 2001年7月1日开播。2021年9月23日起频道标识变更为“BRTV财经” | 06:00—次日02:30 | 《首都经济报道》《天下财经》《诚信北京》《数说北京》《京津冀大格局》《税收天地》《蜜蜂计划》《拍宝》《大家收藏》《财富剧场》《北京直通车》《金融街午餐会》《财经有约至味》《财经有约纪录》《消费面对面》《北京惠客厅》 | 《消费面对面》《北京惠客厅》 |

（续表）

| 频道名称 | 开办时间 | 播出时间 | 主要节目栏目设置 | 2022年新增节目栏目 |
| --- | --- | --- | --- | --- |
| BRTV生活 | 1996年11月8日开播。2021年9月23日起频道标识变更为“BRTV生活” | 06:00—次日06:00 | 《生活这一刻》《全民健康学院》《生活+家装攻略》《生活+全能改造》《味道掌门》《京城美食地图》《美食地图生活好物》《银发少年》《医者》《生活特供》《第一房产》《四海漫游》《我爱我车》《迷尚北京》《一起出发吧》《垃圾分类我们一起来》《成长加油站》《越省越开心》《选择》《快乐生活一点通》《快乐生活一点通·品味生活》《快乐生活一点通·乐享生活》《快乐生活一点通·食全食美》《快乐生活一点通·快乐周末》等 | — |
| BRTV青年 | 前身为2002年1月1日开播的BTV青少频道。2012年1月1日起调整为青年频道，频道标识变更为“BTV青年”。2021年9月23日起频道标识变更为“BRTV青年”。2023年1月1日起，青年频道停止播出 | 06:00—次日02:00左右 | 《书香北京》《戏里戏外》《青春快乐季》《北京全天候》《家装大课堂》《时尚生活》《青年下午茶》《北京评书大会》《小童大艺》《我是少年》《环球星少年》《报告！我来了》 | — |
| BRTV新闻 | 前身为2003年1月1日开播的BTV公共频道。于2011年1月1日推出BTV公共·新闻频道。2012年1月1日起调整为新闻频道，频道标识变更为“BTV新闻”。2021年9月23日起频道标识变更为“BRTV新闻” | 06:00—次日02:00左右 | 《北京您早》《特别关注》《北京新闻》《都市晚高峰》《红绿灯》《首都晚间报道》《这里是北京》《我是规划师》《北京议事厅》《美丽乡村》《新时代新担当新作为》《新闻手语》《北京城市副中心新闻》《接诉即办》《都市阳光》《美丽北京》《怎么看》《清风北京》 | — |
| BRTV卡酷少儿 | 2004年9月10日开播动画频道。2007年1月1日更名为卡酷动画卫视。2012年1月1日调整为卡酷少儿频道，频道标识变更为“BTV卡酷少儿”。2021年9月23日起频道标识变更为“BRTV卡酷少儿” | 06:00—次日06:00 | 自制少儿节目<br>《卡酷幼儿园》《大玩家》《七色光》《妈妈育上娃》《了不起的动画》《卡酷动物园》《卡酷偶剧院》<br>动画剧场<br>《可可剧场》《卡小酷剧场》《酷虎剧场》《卡卡牛剧场》《二酷剧场》 | 《了不起的动画》 |

（续表）

| 频道名称 | 开办时间 | 播出时间 | 主要节目栏目设置 | 2022年新增节目栏目 |
|---|---|---|---|---|
| BRTV体育休闲 | 2019年5月10日零时起上星播出，BTV体育频道同步停止播出。2021年9月23日起频道标识变更为“BRTV冬奥纪实”。2022年9月21日频道调整为体育休闲频道 | 06:00—次日06:00 | 《天天体育》《足球100分》《体坛资讯》《健身圈》《欢乐二打一》《谁是冠军——掼蛋精英挑战赛》 | 《体坛资讯》《谁是冠军——掼蛋精英挑战赛》 |
| 长城平台北京电视台频道（国际频道） | 2004年10月1日开播 | 每天首播7.22小时、24小时滚动播出 | 《养生堂》《暖暖的味道》《拍宝》《美食地图》《一师亦友》《迷尚北京》《戏里戏外》《档案》《记忆》《最北京》《生命缘》《我是大医生》《评书大会》《我是规划师》《新闻50+》《这里是北京》《每日文艺播报》 | — |

## 北京北广传媒数字电视有限公司频率频道一览表

| 频率频道名称 | 开办时间 | 播出时间 | 主要节目栏目设置 | 2022年新增节目栏目 |
|---|---|---|---|---|
| 中华特产频道 | 2019年10月16日 | 24小时轮播 | 《风物东方》《特产档案》《华豫之门》《记住乡愁》《河南的我们的》《老家的味道》 | 《华豫之门》《记住乡愁》《河南的我们的》《老家的味道》 |
| 四海钓鱼频道 | 2004年1月1日 | 24小时轮播 | 《带我黑坑吧》《黑坑江湖》《游钓中国（第八季）》《钓赛进行时》《四海战队》《四海大擂台》《海钓玩家》《路亚大本营》《鱼浪大鱼争霸赛》《湖库突击队》《寻根溯源》《家有山水》《回顾》《爆品新国货》 | 《游钓中国（第八季）》《爆品新国货》 |
| 车迷频道 | 2003年11月1日 | 24小时轮播 | 《车迷会》《极速狂飙》《酷车驾到》《养护宝典》《车迷演播室》《岩谈》 | — |
| 环球旅游频道 | 2005年4月8日 | 24小时轮播 | 《看中国》《环球文旅播报》《民宿里的中国》《美丽中华行》 | 《看中国》《环球文旅播报》《民宿里的中国》《美丽中华行》 |
| 优优宝贝频道 | 2004年1月1日 | 24小时轮播 | 《我的宝贝》《和宝宝一起》《明星妈妈》《成长指标》《奇趣大自然》《巴布熊猫》 | — |

（续表）

| 频率频道名称 | 开办时间 | 播出时间 | 主要节目栏目设置 | 2022年新增节目栏目 |
| --- | --- | --- | --- | --- |
| 生态环境频道 | 2020年6月16日 | 24小时轮播 | 《生态环境大讲堂》《绿水青山中国行》 | — |
| 爱家购物频道 | 2003年9月1日 | 24小时轮播 | 电视购物类节目 | — |
| 京视剧场频道 | 2003年9月1日 | 24小时轮播 | 电视剧《贫嘴张大民的幸福生活》《城里城外》《一年又一年》 | — |
| 弈坛春秋频道 | 2005年3月18日 | 24小时轮播 | 《围棋名局精解》 | — |
| 置业频道 | 2005年7月8日 | 24小时轮播 | 《海外地产》《乐享空间》《家居DIY》《完全装修手册》《乐淘家居》 | — |
| 动感音乐频道 | 2003年11月1日 | 24小时轮播 | 《高温派对》《华语至尊地带》《谁比我原创》《唱响北京》 | 《唱响北京》 |
| 戏曲广播频率 | 2003年11月1日 | 24小时轮播 | 《评书联播》《梨园金曲》《空中曲苑》《戏曲空间》《影视剧花园》 | — |
| 爵士音乐广播频率 | 2003年11月1日 | 24小时轮播 | 《爵士经典》《爵士列车》 | — |

## 北京歌华移动电视有限公司频道一览表

| 频道名称 | 开办时间 | 播出时间 | 主要节目栏目设置 | 2022年新增节目栏目 |
| --- | --- | --- | --- | --- |
| 北京移动电视 | 2004年5月28日 | 05:58—23:00 | 《这十年》《移动播报》《百姓就业》《一路同行》《国家大剧院》《巴斯秀》《城市播报》《巴斯课堂》《巴斯涂鸦》《巴斯光影秀》《协和医生说》 | 《这十年》《巴斯课堂》《巴斯涂鸦》《巴斯光影秀》《协和医生说》 |

## 北京歌华城市电视有限公司频道一览表

| 频道名称 | 开办时间 | 播出时间 | 主要节目栏目设置 | 2022年新增节目栏目 |
| --- | --- | --- | --- | --- |
| 城市电视 | 2005年8月1日 | 07:00—22:00 | 《城市播报》《健康北京》《城管在身边》《城市院线》《绿动北京》《城市视觉志》《演艺罗盘》《装个文化人》《保利剧院》《二十四节气》《城市一刻》《学习进行时》《首卫健康 你我同行》《数说中国这十年》《印记北京》《冬奥（残）会倒计时》《冬奥（残）时刻》《奋进新征程 建功新时代》 | 《首卫健康 你我同行》《数说中国这十年》《印记北京》《冬奥（残）会倒计时》《冬奥（残）时刻》 |

# 2022年北京市各区广电机构频率频道设置情况

<table>
<tr><th>频率频道名称</th><th>开办时间</th><th>播出时间</th><th>主要节目栏目设置</th><th>2022年新增节目栏目</th></tr>
<tr><td colspan="5">朝阳区融媒体中心频道一览表</td></tr>
<tr><td>801<br>（朝阳高清）</td><td>2008年8月8日</td><td>首播<br>19:30—24:00<br>重播次日<br>07:30—12:00<br>12:30—18:30</td><td>《朝阳新闻》《聚焦人力社保》<br>《全面健身总动员》《健康朝阳》<br>《同在蓝天下》《走进朝阳教育》<br>《这里是朝阳》《话说朝阳群众》<br>《与法同行》《阅读越朝阳》</td><td>—</td></tr>
<tr><td colspan="5">海淀区融媒体中心频道一览表</td></tr>
<tr><td>BRTV<br>新闻频道<br>海淀时段</td><td>2003年1月</td><td>首播<br>19:30—21:00<br>重播次日<br>07:30—09:00<br>12:30—14:00</td><td rowspan="2">《海淀新闻》<br>《科创中心“核”动力》<br>《社区伙伴来帮忙》<br>《冬奥小将向前冲》<br>《镇“淀”之宝》<br>《海淀1时间》<br>《海淀教育》<br>《警方在线》<br>《城管来了》</td><td rowspan="2">《科创中心“核”动力》<br>《社区伙伴来帮忙》<br>《冬奥小将向前冲》<br>《镇“淀”之宝》</td></tr>
<tr><td>802<br>海淀数字频道</td><td>2009年6月</td><td>07:30—23:30</td></tr>
<tr><td colspan="5">丰台区融媒体中心频道一览表</td></tr>
<tr><td>BRTV<br>新闻频道<br>丰台时段</td><td>2003年1月</td><td>首播<br>19:30—21:00<br>重播次日<br>07:30—09:00<br>12:30—14:00</td><td rowspan="2">《丰台新闻》《您说我办》</td><td rowspan="2">《您说我办》</td></tr>
<tr><td>803<br>丰台数字频道</td><td>2007年11月</td><td>首播<br>19:30—23:46<br>重播次日<br>06:30—19:30</td></tr>
<tr><td colspan="5">石景山区融媒体中心频道一览表</td></tr>
<tr><td>804<br>石景山<br>数字频道</td><td>2016年12月1日</td><td>全天播放时间<br>06:59—23:30</td><td>《石景山新闻》《今日视点》<br>《法制聚焦》《在身边》</td><td>—</td></tr>
<tr><td colspan="5">门头沟区融媒体中心频道一览表</td></tr>
<tr><td>BRTV<br>新闻频道<br>门头沟时段</td><td>2002年12月20日</td><td>首播<br>19:30—21:00<br>重播次日<br>07:30—09:00<br>12:30—14:00</td><td>《门头沟新闻》《门头沟视点》<br>《办好群众身边事》</td><td>《办好群众身边事》</td></tr>
</table>

（续表）

| 频率频道名称 | 开办时间 | 播出时间 | 主要节目栏目设置 | 2022年新增节目栏目 |
|---|---|---|---|---|
| **房山区融媒体中心频率频道一览表** | | | | |
| 房山人民广播电台FM107 | 1989年9月 | 06:00—24:00 | 《房山新闻》<br>《“北京房山”在线》<br>《生活广场》<br>《音乐早餐》 | 《生活广场》 |
| 房山人民广播电台FM96.9 | 2010年7月 | | | 《音乐早餐》 |
| BRTV新闻频道房山时段 | 2003年1月 | 07:30—09:00<br>12:30—14:00<br>19:30—21:00 | 《房山新闻》《今日关注》<br>《法治与生活》《funhill面对面》<br>《文化纪事》《学通房山》<br>《都市生活》 | — |
| **通州区融媒体中心频率频道一览表** | | | | |
| 通州人民广播电台FM107.7 | 2018年 | | 2022年通州人民广播电台FM107.7全年转播北京城市广播副中心之声FM107.3节目 | 《副中心会客厅》 |
| 高清综合频道 | 1994年 | 首播<br>19:30—21:00<br>重播次日<br>08:00—09:30<br>12:00—13:30 | 《副中心新闻》<br>《融汇副中心·文明通州》<br>《融汇副中心·最美潞城》<br>《融汇副中心·大市政新市容》<br>《融汇副中心·玉桥我们共同的家》<br>《融汇副中心·大家看法》<br>《融汇副中心·就业保障》<br>《融汇副中心·艺术宋庄》 | 《融汇副中心·艺术宋庄》（2022年6月） |
| BRTV新闻频道通州时段 | 2003年（2022年7月26日停止在BRTV新闻频道播出） | 首播<br>19:30—21:00<br>重播次日<br>07:30—09:00<br>12:30—14:00 | | |
| **顺义区融媒体中心频率频道一览表** | | | | |
| 顺义人民广播电台FM92.9 | 1998年1月20日 | 06:25—23:30 | 《新闻60分》《顺义新闻》<br>《越来越动听》《越聊越开心》<br>《大家帮助大家》《传奇》 | — |
| 顺义电视台一套 | 1994年9月2日 | 10:10—23:00 | 《顺义新闻》《安全伴你行》<br>《法治顺义》《科普时刻》<br>《奋进新征程 建功新时代——顺义区学习宣传贯彻党的二十大精神“一把手”访谈》<br>《平原新城看顺义》 | 《奋进新征程 建功新时代——顺义区学习宣传贯彻党的二十大精神“一把手”访谈》<br>《平原新城看顺义》 |

（续表）

| 频率频道名称 | 开办时间 | 播出时间 | 主要节目栏目设置 | 2022年新增节目栏目 |
|---|---|---|---|---|
| 昌平区融媒体中心频率频道一览表 | | | | |
| 昌平<br>综合广播<br>FM103.1 | 1987年<br>7月1日 | 06:30—15:30<br>17:00—21:30 | 直播节目：<br>《乐享时光》《新闻悦读听》<br>《1031畅行晚高峰》<br>自制录播节目：<br>《民法一典通》《昌平政法》<br>《与法同行》《逸闻趣事话西山》<br>《居庸叠翠访古录》<br>引进节目，每日播出9档，全年共播出以下节目：《阅润昌平》<br>《中华德育故事》《从前那些事》<br>《国学讲堂之论语》《乐读时光》<br>《倚天屠龙记》《荣宝斋》<br>《黑色破局》《历史传奇》<br>《我的特种生涯》《康熙》<br>《孔子学堂》《丽人榜样》<br>《苦难辉煌》《雷锋》<br>《红色远征》《天天书场》<br>《奶妈奶爸总动员》《金色年华》<br>《故事汇》《开心一家亲》<br>《解放之路》《相声大会》<br>《京城风云会》<br>《〈碟中谍〉音乐欣赏》 | 《居庸叠翠访古录》 |
| 昌平<br>综合频道 | 2009年<br>9月27日 | 自办节目时间<br>06:00—18:30<br>19:30—24:20<br>转播上级台<br>18:30—19:30<br>24:20—06:00 | 自制新闻类节目：<br>《昌平新闻》《一周新闻综述》<br>自制专题类节目：<br>《真情故事》《法治昌平》<br>《古今昌平》《视角》<br>《花开未来》《走进三农》<br>《聚焦四区建设 对话一把手》<br>《相约》《FIM时光》<br>《彩虹之家》《时空关注》<br>《迷你党课》《读书汇》<br>引进栏目：《X档案》《口述》<br>《品质》《有话直说》<br>《生活大参考》《非常幽默》<br>《时间简史》《超级大乐透》<br>《微电影》 | 《一周新闻综述》<br>《彩虹之家》<br>《聚焦四区建设 对话一把手》 |
| 大兴区融媒体中心频率频道一览表 | | | | |
| 大兴人民<br>广播电台<br>FM98.6 | 1995年<br>1月 | 06:25—24:00 | 《这里是大兴》《乌鱼来了》<br>《音乐随心听》等 | — |
| 大兴电视台<br>综合频道 | 1995年<br>1月 | 07:00—24:00 | 《大兴新闻》《言之有理》等 | — |

（续表）

| 频率频道名称 | 开办时间 | 播出时间 | 主要节目栏目设置 | 2022年新增节目栏目 |
|---|---|---|---|---|
| 怀柔区融媒体中心频率频道一览表 | | | | |
| 怀柔人民广播电台FM101.3 | 1996年11月 | 06:29—16:00<br>16:59—22:30 | 《怀柔新闻》《奶妈奶爸总动员》《丽人榜样》《天下档案》《市场监管之声》《空中书场》《健康伴你行》《生活百事通》《警法在线》《乐享生活》《品读时分》《科普生活》《悦读》《汽车音乐时间》《旅行号》《梦想旅行日志》《历史聊斋》《悦读时间》《军史纵横》《恋上怀柔》《故事酒吧》《汽车立体声》《消费生活新主张》《我家故事》《行走怀柔》《风从哪里来》《金色年华》《今夜私语时》《话说天下》 | 录播类节目：<br>《在听》<br>《听天下》<br>《旅行号》<br>《天天书场》<br>《赢在起跑线》<br>《云朵故事会》<br>《创业英雄谱》<br>《健康加油站》<br>《汽车音乐时间》 |
| 怀柔一频道（HRTV）（高标清同播） | 2009年5月 | 07:30—22:30 | 《怀柔新闻》《生活大观园》 | — |
| 平谷区融媒体中心频率频道一览表 | | | | |
| PGRM综合频道 | 2003年1月1日 | 首播<br>19:30—23:00<br>重播次日<br>08:00—11:30<br>12:00—15:30 | 《平谷新闻》《警法在线》《百姓身边》《热点进行时》《电视剧》 | — |
| 平谷人民广播电台FM89.2 | 1992年3月11日 | 06:30—08:20<br>11:00—12:00<br>18:30—19:30 | 《平谷新闻》《天气预报》《公益广告》《评书联播》《老柴说平谷》《政策问答》《善行至美》《农民与法》《农业科技》《卫生与健康》《美丽乡村》 | — |
| 密云区融媒体中心频率频道一览表 | | | | |
| 密云电视台8CH（无线数字覆盖） | 2021年6月 | 07:00—22:30 | 《密云新闻》《云聚英才》《檀州大舞台》《教育专线》《就业直通车》《科普开讲啦》《法润密云》《创城进行时》等 | 《云聚英才》 |
| 密云电视台（高清） | 2016年11月 | 07:00—20:30 | | |
| IPTV网络电视 | 2019年6月 | 07:00—22:30 | | |

（续表）

| 频率频道名称 | 开办时间 | 播出时间 | 主要节目栏目设置 | 2022年新增节目栏目 |
|---|---|---|---|---|
| 密云人民广播电台FM94.1 | 1989年 | 06:28—21:23 | 《密云新闻》《今日密云》《法治传真》《我的社区我的家》《教育园地》《密云经济在线》《三农有约》《工会在身边》《音乐随身听》《评书联播》《广播剧场》《我爱国粹》《科普五分钟》《风从东方来》《100位科学家的中国梦》等 | 《100位科学家的中国梦》 |
| **延庆区融媒体中心频率频道一览表** | | | | |
| 延庆综合频道 | 2003年1月 | 首播<br>19:30—23:30<br>次日<br>07:30—11:30<br>重播<br>12:30—16:30 | 《延庆新闻》《聚焦时分》《一周新闻综述》《印象妫川》《追寻红色印记》《玩转妫川》《延庆人说延庆事》 | — |
| 延庆人民广播电台FM 92.8 | 1997年1月 | 06:29—21:50 | 《延庆新闻》《生活导航》《美丽延庆新农村》《快乐调频928》《佳作欣赏》《市场监管进万家》《大东说消费》 | — |

# 节目栏目

# 北京广播电视台

## 优秀热播节目

《北京新闻》 新闻资讯类节目。北京广播电视台新闻广播每天7:00播出，时长25分钟。节目创办于1949年2月2日，是一档以紧跟时代、关注现实、服务听众为目标，迅速、准确地报道发生在北京政治、经济、科教、文化、社会等各个领域重要新闻的节目。节目组曾获“全国巾帼文明岗”称号。70多年来，该节目始终保持着强大的生命力，在历次社会调查中都位居北京地区广播节目各项收听数据排名的前列。主创人员：贾萌、覃倩、檀彦杰、葛文婕、朱峰、滕欢、刘佳、兆龙、佳池、超峰、小菲。

《北京新闻》节目组获得全国“巾帼文明岗”称号

《主播在线》 新闻资讯类节目。北京广播电视台新闻广播每天7:30播出，时长90分钟。该节目是一档早间新闻和资讯服务性节目，吸引听众的除了丰富有价值的新闻、有分量的观点、有意思的资讯，还有主播“个性说新闻”的方式。该节目的市场份额一直保持在同时段前两位。主创人员：于浩、郑磊、孙畅、李玲、康利坡、钱冰冰、赵奕阳、翟烜、化宇、翟瀚。

《交通新闻热线》 专题服务类节目。北京广播电视台交通广播每周一至周五7:17—7:25、13:17—13:25播出，时长6分30秒。该节目以“接诉即办”的方式追踪“大交通”及城市治理中相关领域的热点事件、民生话题与群众诉求，高质量完成各类应急突发和重大主题报道。节目通过广播端及抖音、快手、微信公众号、视频号、今日头条、“听听FM”、“北京时间”等新媒体平台推出。相关新媒体号被纳入市委督查室督办程序，有效提升报道影响力和问题答复与解决的效率。2022年收听率、市场份额等较以往实现跃升，在北京广播电视台交通广播各栏目中位居前列。主创人员：朱凌翔、陈常松、李天一、苏宁、苏婉、张赛男、齐良博。

《雄鸡唱晓》 新闻资讯类节目。北京广播电视台体育广播每天7:00—8:30播出，时长90分钟。该节目以讲述的形式传递体育新闻，时报时评，夹叙夹议，打造早间权威性体育新闻综合节目。2022年，节目加强媒体融合，在新媒体平台同步播出，树立新媒体传播思维。该节目经过20年的发展，受到京城体育迷的认可，被体育迷称为“京味儿十足”的精神早餐，是体育生活大百科。主创人员：晓丽、王昇、子昂、康乐、夏萌、孟群、李瀛、梦莹、楚嫣。

《娱乐最王牌》 综艺娱乐类节目。北京广播电视台音乐广播每周一至周日17:00—19:00播出。该节目以流行音乐、热门影视、精品演出及国际流行热点为主要内容，始终坚持以青春之歌唱响主旋律、弘扬正能量。

节目主要特点：一是贴近青春、贴近潮流，用娱乐范儿展现文化内涵；二是用音乐诠释传统文化，让国风、国潮更动心；三是探索融媒整合营销路径。该节目是北京广播电视台音乐广播晚高峰黄金时段节目，2022 年节目的市场份额比 2021 年上涨 56.7%，在所有频率同时段节目份额增长净值中位列第一，其中 20~40 岁听友占比近 80%。主创人员：白杰、戴艺、艾珂、思萌、张鹏飞。

**《打开文化之门》** 专题节目。北京广播电视台文艺广播每周一至周五 10：00—11：00 播出。该节目深度触摸古都文脉，积极助推北京“全国文化中心”建设，立足首都，面向全国，放眼世界，通过特别策划、聚焦现场、专家访谈等多角度展现首都文化的力量，着力打造首都新文化名片。2022 年，节目制作人、主持人米夏（刘卓）获得首届中国播音主持“金声奖”，《长城内外是故乡——长城文化系列节目》入选国家广电总局 2022 年“中华文化广播电视传播工程”重点项目名单。节目还多次被评为国家广电总局年度广播电视创新创优节目。节目策划推出的《宣传贯彻党的二十大精神——文化传承访文化“大家”》，获得 2022 年度北京广播电视网络视听发展基金扶持。节目策划的《“中轴线上的石狮”融媒体系列报道》，被评为北京市 2022 年度优秀广播电视节目。主创人员：米夏。

**《运河之上》** 专题访谈类节目。北京广播电视台城市广播每天 8:00—9:00 播出，时长 60 分钟。该节目围绕大运河文化带，从运河沿线建设、文旅开发、运河非遗、诗词等角度切入，讲好千年运河故事，展现京华风范、运河风韵、人文风采和时代风尚；记录协同推进大运河文化带建设情况，促进京津冀协同发展；挖掘“运河上漂来紫禁城”深刻含义；联合运河沿线广播电台，共同传播大运河文化。该节目入选国家广电总局“2022 年度（二十大）重点节目”，并纳入 2022 年度北京市“推进全国文化中心建设”工作重点任务清单、折子工程，获评北京市广电局优秀文化栏目。主创人员：刘冰、黄彦、李瑶昕、钱岳、于越。

**《早安京津冀》** 新闻资讯类节目。北京广播电视台京津冀之声每天 7:00 首播、9:30 重播，时长 30 分钟。这是一档权威发布京津冀协同发展各项方针政策、全面报道京津冀协同发展进程与阶段性成就、全力服务于京津冀地区社会公众的综合性新闻节目。通过与京津冀三省市兄弟媒体的携手联动，每天早晚直播，节目同时与新媒体联动，将节目内容提炼发表在官方微博账号中。主创人员：朱思朦、马骁、谢雅而、林志强、李可、何昊澜。

**《北京市中小学生公共安全开学第一课》** 科学普及类节目。北京广播电视台新闻频道 2022 年 8 月 30 日 19:55 播出。该节目自 2019 年开播，至 2022 年已经举办四届，每年新学年开学季在北京广播电视台及全网 40 余网络平台播出。本届节目聚焦公共安全工作重点、舆论热点，依据应急突发事件统计数据和典型案例，通过生动形象的讲解和实验，科普安全领域知识。该节目先后获评“2021 年度全国优秀少儿节目十佳电视精品节目”“2022 年度北京市优秀少儿节目”“第三届全国应急管理普法作品征集展播活动特色普法作品一等奖”。主创人员：黄瑨、卢晓楠、黄佳、杨蔚莀、蒋敞、夏晶瑜。

**《京味》** 国际传播系列微纪录片。北京广播电视台新闻频道中心《这里是北京》栏目与北京市人民政府新闻办公室合作推出，2022 年 9 月 23 日至 10 月 15 日在电视端、海内外网络平台推出，共 30 集，每集 3~5 分钟。该片从 30 个维度，全面立体展示北京古都焕新，展现可信可爱可敬的中国形象，讲好最新最美最好的北京故事。总浏览量超过2.5亿人次，国内网络浏览量1.85亿人次，海外浏览量874.4万人次，电视端观看量超3000万人次。主创人员：边建、张庆、黄瑨、颜匀、张晓达、黄佳、陈岳、宋敏怡、唐远、佟美佳。

**《中国梦365个故事》** 新闻专栏。北京广播电视台新闻频道播出。自2013年创办以来，围绕“中国梦”主题，坚持“以人民为中心”，将话筒、镜头对准各行各业的人，以3分钟微纪录片形式，呈现一幅幅勇毅前行的人物肖像，展示一个个拼搏奋斗的逐梦人生。2022年是党的二十大召开之年，也是“中国梦”提出十周年，栏目以一个个短小、精彩的故事反映党的十八大以来国家命运、人民生活的深刻变化。在北京冬奥会前后和新冠疫情防控阶段，栏目也推出大量新闻性强的人物专题。选题人物立足北京、辐射全国。作为全媒体视听产品，《中国梦365个故事》已累计制播700期。主创人员：黄瑨、吴群、陈岳、王宇。

**《我为群众办实事之基层报到》** 新闻纪实类节目。北京广播电视台卫视频道2022年10月10日起每周一21:05播出，共12期，每期时长30分钟左右。为庆祝党的二十大胜利召开，《我为群众办实事》第二季推出全国首档聚焦“‘基层小白’成长记”的纪录片《我为群众办实事之基层报到》。每期节目关注一个基层领域，推动解决一类“急难愁盼”的民生问题，见证一名应届大学毕业生在“经风雨、见世面”中真实转变为“勇于担当、善于作为”的基层工作者。本季节目共计荣登各平台榜单22个，节目相关话题累计阅读量超11.93亿次，总计视频播放量超5614.8万次，累计有133家新闻媒体相继报道。入围2022年微博纪录片综合热度Top10。主创人员：邵晶、李潇、岳月、刘径驰、王晓晖、王轩、李小龙、路颜西、陈梦圆、张颖勉、林瞳瞳、韩靖、冯乐、闫帅、温惠迪、闫一可、孙宇、张育文、李鑫、李予民、张杰、侯雷钢、唐克、邱越、李晨辉。

**《北京向未来》** 新闻直播类节目。北京广播电视台卫视频道2022年1月31日至2月21日每天21:00播出，时长180分钟左右。该节目是北京卫视在北京冬奥会期间连续22天每晚黄金档推出的一档大型新闻直播节目，采用“新闻直播+演播室访谈”创新样态，实时串联演播室与新闻现场，8路记者同时进驻冬奥赛区，22期节目直播总时长超70小时，总抢发时效新闻达810条。节目创造多个“第一”“独家”，推出多个爆款融媒产品，受到社会各界广泛好评。播出后收视多次位列同时段省级卫视第一，收获全网热搜180余个，全网视频播放量超4亿次，新媒体话题阅读量超20.3亿次。卫视频道中心凭借对北京冬奥会的出色报道获得党中央、国务院授予的“北京冬奥会、冬残奥会突出贡献集体”称号。主创人员：卫视频道中心集体。

**《改变世界的30分钟》** 科学普及类节目。北京广播电视台纪实科教频道每周日19:30播出，时长30分钟。节目旨在普及科学知识、弘扬科学精神，每期邀请1位知名科学家解读前沿科研成果，讲述科学家攻坚克难的岁月，展现科学家百折不挠的精神。2022年节目邀请40余位国内外顶尖院士、专家参加录制。其中两次将录制场地搬到大国重器现场，一次是在位于南海的982深海钻井平台上，一次是在位于安徽合肥科学岛的全超导托卡马克装置旁。2022年，该节目在电视端的收视率位于同类科普节目前列，在互联网端粉丝人数超25万，平均每期点击量超60万，总点赞量超3700万，总浏览量超10亿次。多期节目内容被中学教师下载作为教学案例。主创人员：严崴、杨子云、张恺轩、秦溯、焦宏翊、王文博。

**《强国复兴有我 传承冬奥精神——北京冬奥精神宣讲》** 宣讲类节目。北京广播电视台体育休闲频道2022年9月21日起循环播出，共17期，每期时长8~10分钟。来自不同岗位的冬奥精神宣讲员通过分享自己的冬奥故事，从多个角度诠释北京冬奥精神的内涵。节目采用全媒体传播手段，在北京广播电视台、“北京时间”、北京市1.8万辆公交车、23条地铁线路、6000多台楼宇电视和城市大屏、全国“八纵八横”铁路近3000对动车组17万块显示屏、中国国航400多架飞机700余条航线上开展短视频云宣讲，直接受众超过1亿人次。主创人员：林蒙、张娟、宋淼。

**《金融街午餐会》** 访谈类专题节目。北京广播电视台财经频道隔周周日19:30播出，时长30分钟。为献礼党的二十大、隆重纪念“金融街建设发展三十年”，西城区首创“产融媒”一体化平台，特别制作《金融街i客厅走进专精特新》12集节目在北京广播电视台卫视频道、财经频道播出，着重宣传北交所服务创新型中小企业主阵地的重要作用，展现首都金融服务实体经济的生动案例。主创人员：乔卫、韦嘉、颜莹、信薇娜。

**《生活这一刻》** 民生服务类节目。北京广播电视台生活频道每周一至周日18:45播出，每期时长60分钟。节目恪守民生定位，坚持“做首都市民的贴心人”，形成热线接诉、派单采访、监督办理、播出反馈的工作流程，成为北京广播电视台最重要的“接诉即办”平台之一。特色板块《生活帮扶团·大家帮大家》创新性地引入“专家团队”，通过记者沟通，形成多方合力，为市民排忧解难。特色板块《天天3·15》聚焦消费领域，倾听消费者诉求，帮助百姓维权。2022年，《生活这一刻》共有227条话题登上微博热搜同城榜，43条话题登上微博热搜总榜，在微博平台“接诉即办”“天天3·15”“我为群众办实事”等相关内容话题阅读总量超过5亿次。节目多次获得北京新闻奖，收视率稳居北京地区常规节目排名前十。主创人员：刘春艳、张楠、杨苗、李晥、张劲松、张毓倩等。

**《意想不到的北京》** 国际传播类专题片。北京广播电视台青年频道2022年1月29日至2月13日播出第一季、10月10日至21日播出第二季。第一季节目围绕北京冬奥、北京冬季运动、新北京三个维度，以外国人的视角、沉浸式的体验方式，生动展现北京城市面貌焕然一新和迎冬奥的火热氛围；第二季节目围绕人文北京、科技北京、绿色北京三大维度，邀请来自美国、英国、法国等多个国家的“红色”友人讲述者，以融通中外的国际化表达方式，向世界展现出他们眼中“意想不到”的北京，以此迎接党的二十大胜利召开。第一季节目获北京市广播电视局2022年第一季度电视创新创优奖、北京广播电视网络视听发展基金扶持基金奖励。第二季节目被国家广播电视总局评为2022年第四季度优秀广播电视新闻作品。主创人员：张苏、徐剑、李菡、杨珊珊。

**《哇！冰球》** 少儿季播节目。北京广播电视台卡酷少儿频道2022年1月29日至4月16日每周六18:50播出，共12期，每期时长45分钟。节目召集17名来自全国的冰球少年组成“酷虎队”，在国际及国家级冰球教练专业指导下共同生活、刻苦训练，真实记录少年们的所思所行，展现当代青少年热爱冰雪运动、不惧挑战、勇于拼搏的风采。在BRTV融媒矩阵的支持下，节目实现多屏共振，网络端话题持续发酵，破圈引发关注热潮，累计曝光量超1.4亿。主创人员：余俊生、韦小玉、秦新春、周小芳、李严、赵磊、杨钊、王淳、袁媛、李菲菲、陈歌、史江泓、苏勇、邱楠楠、冯焕斌、张正一。

## 优秀节目

**《新闻 2022》** 新闻资讯类节目。北京广播电视台新闻广播每天 18:00—19:00 播出。

**《双奥向未来》** 访谈类节目。北京广播电视台体育广播每周一至周三，周六、周日 17:00—17:25、17:30—17:55 首播，19:00—19:25、19:30—19:55、21:00—21:25、21:30—21:55 重播。

**《读书俱乐部》** 社教类节目。北京广播电视台故事广播每天 18:00—20:00 播出。

**《京声京视》** 专题类节目。北京广播电视台文艺广播每周六、周日 19:00—20:00 播出。

**《博物馆之城》** 文博探秘类文化互动节目。北京广播电视台卫视频道 2022 年 7 月 15 日起每周五 21:05 播出，每期时长 70 分钟。

**《暖暖的火锅》** 美食情感类节目。北京广播电视台卫视频道 2022 年 10 月 9 日起每周日 21:05 播出，每期时长 70 分钟。

**《新时代新担当新作为》** 新闻专题类节目。北京广播电视台新闻频道每周四 20:47—21:07 播出，每期时长 20 分钟。

**《美丽乡村》** 专题类节目。北京广播电视台新闻频道每周五 20:37—21:07 播出，每期时长 30 分钟。

## 优秀融媒体节目

**《向美好出发——20 条骑游线路发现大美北京》融媒体特别策划** 融媒体项目类节目。10 月 9 日至 11 月 21 日在北京广播电视台交通广播《新闻要知道》每周一和周五的节目中播出，共计 8 期。相关内容还通过微博、微信、抖音等进行全平台传播，并在“向美好出发”微信小程序聚合展示、长期运营。该重大主题报道以“骑行”为切口，推出 20 条主题骑游线路，用骑行带出线路、用线路聚合地标、用地标输出内容，把百年征程、四个中心、“两区”建设、双奥遗产、乡村振兴、绿水青山等国家和首都新时代十年伟大变革与“骑行”这个亲民时尚的交通方式深度整合。该节目微博话题总阅读量超 800 万，两个微博话题登上同城热搜，其中微博话题“北京秋日骑行路线推荐”阅读量达 414.5 万，短视频各平台总观看量 21.1 万，“北京发布”“千龙网中国首都网”等微博账号发布相关视频和资讯，微博微信端及小程序图文产品总阅读量超 72 万。主创人员：蔡明可、谢先进、金盛博、贾天阳、赵鹏、马龙、谢思楠、贾智慧、梁和芝、孙潇、郭炜、李嘉佳、陈常松、赵明聪、王楠、李天一、张赛男、苏宁、苏婉、薛晓明、辛疆琦、赵阳东、朱来生、王敏、朱凌翔、彭菲、刘慧明、李萌、贾润、曾雨田、黄河、任雪娇、齐良博。

**《北京话匣子》** 新媒体节目。北京广播电视台网络传播中心 2019 年为移动端打造的一档短视频节目，每周 4 集，时长 1~2 分钟。曾获北京广播电视台年度新媒体品牌栏目、北京广播电视网络视听发展基金专项奖励、北京市优秀融媒体新闻作品、全国广电融媒体营销创新大赛银奖等荣誉。该节目以京腔京韵讲好北京文化故事，为北京推进全国文化中心建设助力赋能。2022 年，该节目生产短视频 198 条，其中冬奥主题短视频《冰墩墩为何有一层透明外壳》，单条播放量突破 1 亿次，成为北京广播电视台冬奥短视频爆款之一。主创人员：鲁春艳、赵松、梁言、董平远、李涟臣。

**《北大红楼读书会》（第一季）** 音视频融媒体节目。北京广播电视台故事广播、新闻广播、青年频道、财经频道、“听听FM”播出，第一季共 10 期，每期时长 50 分钟。该节目是一个面向广大青少年的校外课堂，以北大红楼内已经复原为一百年前原貌的文物级教室为主要场地，每堂课聚焦一位红色经典人物的经典作品，邀请知名学者、特级教师对其设计符合青少年认知特点的授课内容，在现场进行深入浅出的讲解。北京广播电视台全程记录授课过程，并进行后期编辑制作，在北京广播电视台“听听FM”App、青年频道、故事广播及融媒体声音联盟等多个平台同步宣发，实现视频音频、网上网下、大屏小屏的全媒体传播。主创人员：杨家毅、陈彦旭、李卓、乔鲁京、索南卓玛、武晶静。

**《走进中轴线上的网红打卡地》** 融合产品。2022年10月1日《北京中轴线文化遗产保护条例》实施，BRTV新闻新媒体推出系列融合产品《走进中轴线上的网红打卡地》，该产品集VR全景视频、5G慢直播、手绘长图、互动H5、互动征集社区等多形态内容于一体，通过VR视频营造沉浸式体验，以故事线的呈现方式在互动中传播北京中轴线历史知识；设置独家视角的5G慢直播，从高点机位俯瞰中轴线南北两端点的云卷云舒、车水马龙，展现新时代首都北京的壮美繁华。此融合产品让文博知识和传统文化以更生动丰富的形式走近用户，成为一款“新闻+历史”的富媒体产品。主创人员：田刚、邓力、孙迪雅、薛宇洁、李欣、祖冲亚。

**《江山多娇——探访国家文化公园》** 融媒报道。在党的二十大胜利召开之年，北京广播电视台联合上海广播电视台等全国42家电视台共同推出《江山多娇——探访国家文化公园》系列融媒报道，从8月底到11月中旬，历时3个月带领观众网友们一起走进五大国家文化公园。该系列融媒报道分为“长城”“黄河”“大运河”“长江”“长征”五大篇章，由10场网络直播+18场慢直播+系列短视频组成。系列直播在各参与台客户端及第三方平台自有账号的点击和观看量近4800万。主创人员：田刚、曹宁、薛宇洁、高长悦、陈博、国培源、石雨濛、祖冲亚。

**北京广播电视台名牌栏目一览表**

| 栏目名称 | 播出时间 | 播出频率频道 |
|---|---|---|
| 北京新闻 | 每天7:00 | 新闻广播FM94.5、AM828 |
| 1039听天下 | 每周一至周日5:30—6:00 | 交通广播FM103.9 |
| 运河之上 | 每天8:00—9:00 | 城市广播FM107.3、AM1026 |
| 京声京视 | 每周六、周日19:00—20:00 | 文艺广播FM87.6 |
| 娱乐最王牌 | 每周一至周日17:00—19:00 | 音乐广播FM97.4 |
| 向前一步 | 每周日21:05 | BRTV北京卫视 |
| 为你喝彩 | 每周三21:50 | BRTV北京卫视 |
| 首都晚间报道 | 每天22:00—22:40 | BRTV新闻 |
| 美丽乡村 | 每周五20:37—21:07 | BRTV新闻 |
| 春妮的周末时光 | 每周六19:30 | BRTV文艺 |
| 法治进行时 | 每周一至周日12:30 | BRTV纪实科教 |
| 京津冀大格局 | 隔周周三20:05 | BRTV财经 |
| 味道掌门 | 每周五19:45 | BRTV生活 |
| 了不起的动画 | 每周五17:00—17:25 | BRTV卡酷少儿 |
| 天天体育 | 每天18:50 | BRTV体育休闲 |

# 北京北广传媒数字电视有限公司

《看中国》　专题服务类栏目。环球旅游频道播出，每周一期，每期10分钟。该节目以青年的视角观察开放的中国，向全世界的青年介绍美丽的中国。内容包含“外国青年影像计划”“民宿里的中国”“一镜还乡·乡村振兴”等主题。主创人员：徐萌（责编）。

《民宿里的中国》　专题服务类栏目。环球旅游频道播出，每周一期，每期30分钟。该节目以轻松的表现方式，通过“一景一线”寻找一条黄金线路，感受一处路上美景；“一访一宿”入住一晚当地民宿，与民宿主人畅谈心路历程；“一茶一饭”寻访当地美食名茶，感受地域美食文化；“一件一品”寻找当地风物与特色非遗，品味祖国多彩民俗；“一信一心”体验官留下对民宿生活的体验感悟。主创人员：徐萌（责编）。

《美丽中华行》　专题服务类栏目。环球旅游频道播出，每周一期，每期30分钟。《美丽中华行》栏目是美丽中国的缩影，主要向社会大众介绍中华文明、旅游景观、神州变迁以及全国各地经济、生活、文化等领域的发展动态。主创人员：徐萌（责编）。

# 北京歌华移动电视有限公司

《这十年》　新闻专题类节目。北京移动电视6:00—23:00播出，时长3分钟，共50期。2022年10月1日，北京移动电视特别推出系列报道《这十年》，以专题的形式，从《国企篇》《社区篇》《先进个人篇》三个维度，以“点、线、面”三个角度，采访典型人物，讲好党的故事，传播党的二十大精神。主创人员：牛振青、相华、杨帆、王宇、孙宇、阎絮、刘军、李信扬。

《古都北京新风貌》　专栏类节目。北京移动电视6:00—23:00播出，时长3分钟，共40期。北京移动电视通过选择公交线路上的地标性建筑物，以多种形式制作融媒体产品，以网络投票的方式与观众互动，选取优秀内容进行展播，为首都文化和旅游发展做贡献。主创人员：相华、杨帆、王宇。

《百姓就业》　专题服务类栏目。北京移动电视6:00—23:00播出，时长5分钟。《百姓就业》节目由移动电视与北京市人力资源和社会保障局合作打造，该栏目分为四大节目形式和一个固定板块，即新闻专题、人物专题、互动类节目、职介活动特别节目和服务信息类招聘信息板块，内容兼具服务性、可视性及实用性。节目以四种形式轮换播出，招聘信息每期固定播出。主创人员：相华、杨帆、王宇、孔源源。

《巴斯课堂》　图文专栏。北京移动电视6:00—23:00播出，2022年共播出海报240张，总计播出21900次。《巴斯课堂》是图文栏目，将科普从线下转到线上，通过鲜活

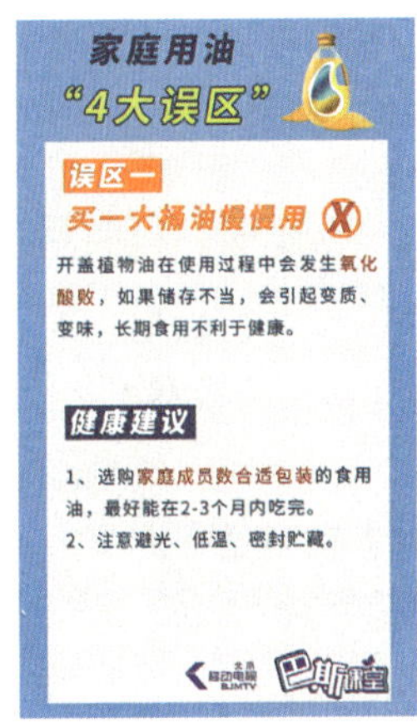


2022 年 1 月 6 日，北京移动电视上播知识类图文栏目《巴斯课堂》

生动的形式，日复一日、“润物细无声”地将科学文化知识传递给受众。主创人员：相华、王宇、宋若微、于雪颖、谭馥天。

《百变巴斯》　融媒 H5 互动产品。北京移动电视 6:00—23:00 播出。该产品是为公交乘客提供的车上游戏，通过手机扫码参与。2022 年推出配合北京冬奥宣传所做的“手指滑雪大挑战”互动小游戏，推出开盲盒、抽奖、打地鼠、扭蛋等轻松小游戏，把主题宣传融入游戏中，寓教于乐。主创人员：相华、王宇、宋若微、于雪颖。

## 北京歌华城市电视有限公司

《学“习”进行时》　新闻专题类栏目。歌华城市电视播出，时长 1 分钟。栏目精选习近平总书记在不同场合讲话中蕴含真理力量、思想力量、智慧力量、人格力量的“金句”进行宣传。在重要政治时期，制作相关图片及口号播出，如《全国两会专辑》《党的二十大专辑》等。《学“习”进行时》作为户外主流舆论宣传的重要载体，定期更新播出。主创人员：杨洋春子、关宏。

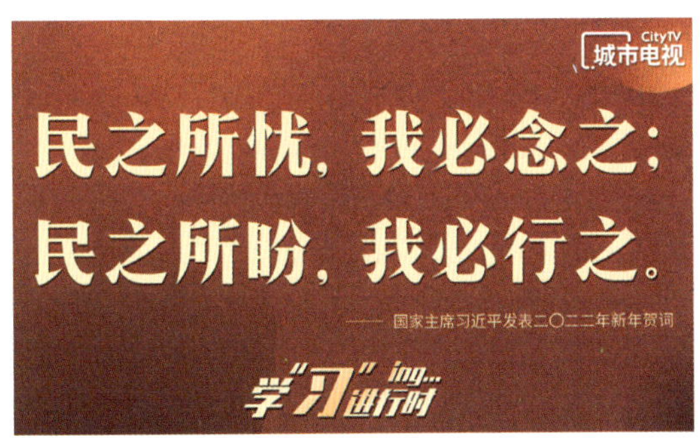


《学“习”进行时》在城市电视播出画面

《首卫健康 你我同行》　专题服务类栏目。歌华城市电视播出，时长 2 分钟。《首卫健康 你我同行》是城市电视和北京市卫生健康委员会、北京市疾控中心倾力打造的一档健康科普栏目，旨在引导首都市民共创健康生活，推动卫生健康事业高质量发展。栏目邀请卫生系统各领域专家为首都市民提供专业的健康讲座、健康科普，助力市民了解最权威健康生活知识，提升市民健康生活意识。主创人员：张振楠、关宏。

《数说中国这十年》　新闻专题类栏目。歌华城市电视播出，时长 1 分钟。栏目展现党的十八大以来中国的发展变化，讴歌中国共产党领导下的新时代。栏目以多幅连组图片形式组成，图文并茂、内容充实、画面简洁、色彩明快，用宏观数据，看微观变化，生动述说中国这十年取得的历史性成就。主创人员：张悦航、陈建强。

《印记北京》　专题服务类栏目。歌华

《印记北京》2022 年 8 月 4 日开播

城市电视播出，时长 2~3 分钟。栏目聚焦首都城市多元化、新业态发展，串联各类消费新场景，解锁有故事的文化点、网红打卡点，将北京的文旅资源、发展成果通过新语境短视频进行呈现。栏目风格轻松活泼，镜头动感时尚，观众“感同身受”。主创人员：张振楠、巫菁菁。

**《冬奥（冬残奥）时刻》** 新闻专题类栏目。歌华城市电视播出，时长 1 分钟。栏目全景报道冬奥会赛事赛况，《冬奥·盛典》开闭幕式板块、《冬奥·看点》赛事预告板块、《冬奥·瞬间》精彩集锦板块、《冬奥·速递》赛事播报板块等，全方位、多角度展现冬奥会、冬残奥会盛况。观众在户外“全景”看冬奥，展现出首都户外“双奥之窗”的责任与担当。主创人员：杨洋春子、关宏。

# 朝阳区融媒体中心

**《话说朝阳群众》** 专题服务类栏目。在歌华有线 801 数字频道播出，时长 30 分钟。《话说朝阳群众》是朝阳区融媒体中心制作的一档大型融媒系列栏目。主创人员：朱文悦。

**《健康朝阳》** 专题服务类栏目。在歌华有线 801 数字频道播出，时长 8 分钟。《健康朝阳》是由朝阳区卫健委与朝阳区融媒体中心联合主办的一档健康栏目。朝阳融媒体中心将《健康朝阳》每期内容都上传到北京朝阳新闻网、“北京朝阳”App，并通过《朝阳报》进行纸媒宣传，是朝阳区唯一一档集电视、报纸、网站于一身的健康节目。主创人员：张翔。

**《同在蓝天下》** 专题服务类栏目。在歌华有线 801 数字频道播出，时长 10 分钟。《同在蓝天下》由朝阳区残疾人联合会和朝阳区融媒体中心合办。主创人员：潘婷。

**《聚焦人力社保》** 专题服务类栏目。在歌华有线 801 数字频道播出，时长 10 分钟。《聚焦人力社保》由朝阳区融媒体中心与朝阳区人力资源和社会保障局合办。主创人员：田爽。

**《安全视界》** 专题服务类栏目。在歌华有线 801 数字频道播出，时长 10 分钟。《安全视界》由朝阳区融媒体中心主办。主创人员：高鹏飞。

**《与法同行》** 专题服务类栏目。在歌华有线 801 数字频道播出，时长 8 分钟。《与法同行》由朝阳区依法治区领导小组办公室与朝阳区融媒体中心合办。主创人员：许盛业。

# 海淀区融媒体中心

**《海淀新闻》** 新闻资讯类节目。BRTV新闻频道海淀时段、歌华有线802海淀数字频道每晚19:30播出，时长15分钟。《海淀新闻》是海淀区融媒体中心主打的电视新闻节目。主创人员：王立民、吉伟、王晓娟、范杰、王赫、刘伟曦、刘悦等。

**《社区伙伴来帮忙》** 专题服务类栏目。BRTV新闻频道海淀时段、歌华有线802海淀数字频道单季播出，每集25分钟。《社区伙伴来帮忙》是北京市区级融媒体中首个“接诉即办”民生类全媒体栏目，通过报道海淀区在物业管理和基层治理的创新举措，提升居民的获得感与幸福感。海淀融媒依托“海淀区网上接诉即办受理平台”提供的接办件，对社区居民“急难愁盼”的民生问题进行走访追踪。主创人员：佟志伟、刘文婷、杨凯博、肖威、谢春阳、李洪亚、王洁、鲁特、高子旗、闫春蕊、李剑一。

《社区伙伴来帮忙》制作团队在跟踪采访

**《科创中心“核”动力》** 新闻资讯类节目。BRTV新闻频道海淀时段、歌华有线802海淀数字频道自2022年8月28日每周播出5集，每集8分钟。《科创中心“核”动力》以企业案例为切入点，从人工智能、集成电路、量子科学、智能制造与装备、区块链、云计算、大数据、卫星航天、光子芯片、“5G+”等16个产业方向，讲述企业创新和品牌成长故事，展现海淀区建设国际一流科学城的进程。节目兼具科普性和新闻性，是独具特色的科创内容融媒体传播产品。2022年，节目共制作播出65期。主创人员：海淀融媒采编中心创作团队。

**《冬奥小将向前冲》** 系列全媒体作品。BRTV新闻频道海淀时段、歌华有线802海淀数字频道2022年2月1日至2月3日播出，每集4分钟。为迎接2022年北京冬奥会开幕，海淀区融媒体中心创作3集全媒体作品《冬奥小将向前冲》，分别选取短道速滑、花样滑冰、冰球三个冬奥项目，为观众展示海淀速滑小子、花滑少女、冰球兄弟的冰雪故事。主创人员：佟志伟、刘文婷、杨凯博、王洁、谢春阳、李洪亚、鲁特、袁刚。

海淀区融媒体中心制作全媒体作品《冬奥小将向前冲》

**《镇“淀”之宝》** 专题服务类节目。BRTV新闻频道海淀时段、歌华有线802海淀数字频道2022年5月18日至6月11日播出，每集15分钟。《镇“淀”之宝》是海淀区融媒体中心制作的大型文物保护科普类节目，一共4集。每期节目走进一个博物馆，用镜头记录三山五园优美景色，讲述博物馆藏品背后的故事，展现文博非遗和“潮”起来的国潮风尚。节目还设置交互问题，网友在观看中能够深度参与。主创人员：佟志伟、张庆洁、卫东、刘文婷、杨凯博、肖威、王楠、谢春阳、王洁、鲁特、高子旗、闫春蕊、叶林茂、杨思、周宇迪等。

《2022海淀网络春晚》 BRTV新闻频道海淀时段、歌华有线802海淀数字频道1月25日播出。晚会还通过海淀网、“掌上海淀”客户端、“北京海淀”央视频号、“北京海淀”视频号、“海淀抖一抖”抖音号、“海淀第一手”快手号、“海淀新闻”微博号、“北京海淀”头条号、“北京海淀”百家号、“北京海淀”知乎号等海淀融媒传播矩阵进行直播。海淀网络春晚节目编排紧扣“迎冬奥 过大年”主题，将海淀区“文化”“科技”两张金名片通过文艺作品精巧呈现。首次运用虚拟现实技术，结合三山五园数字场景应用，由专业演员表演的全息舞蹈《遇见！三山五园》，成为传统文化与现代文明交相辉映的精彩节目。网络春晚注重多元群体共情表达，对抗疫工作者、新就业群体、对口帮扶地区挂职干部、冬奥服务保障人员等都有所展现。主创人员：佟志伟、张庆洁、卫东、马素芳、刘文婷、王晓磊、任晓娟、杨凯博、刘仁、梁雯、倪恒虎、王洁、袁刚、闫春蕊等。

## 丰台区融媒体中心

《您说我办》 新闻监督类节目。2022年7月开播，歌华有线803丰台数字频道播出，周二、周四20:15首播，时长20分钟。该节目重塑“策采编发”流程，在“融”字上创新，在提升传播力上下功夫，民有所呼、我有所应，着力打造有特点、有深度、有影响的融媒体节目。《您说我办》节目通过深度报道、原创报道，讲好丰台故事，探索新闻监督和媒介治理新方式。主创人员：乔晓鹏、徐星、李悦、葛毅、白云霞、侯明、左征。

## 石景山区融媒体中心

《在身边》 民生类全媒体栏目。2022年3月25日开播，在石景山电视台（歌华有线804数字频道）每周五19:50首播，周六7:20、12:20、19:50重播，周日7:20、12:20重播，时长10分钟。栏目发挥主流舆论阵地功能、综合服务平台功能、社区信息枢纽功能，关注社区居民生活中的热点、难点问题，引导群众、服务群众，展现石景山区“接诉即办”的速度、温度和力度。主创人员：新闻采编中心。

# 门头沟区融媒体中心

**《门头沟新闻》** 新闻资讯类栏目。BRTV 新闻频道门头沟时段，每天 19：35 首播，时长 15 分钟。主创人员：王正、耿伟、康金洁、闫吉、何依锋、陈凯、谢琪锦、杨铮、张欣皓、高佳帅、杨爽、郭映虹、姚宝良、李怡锦。

# 房山区融媒体中心

**《房山新闻》** 新闻资讯类栏目。房山电视台有线、无线频道播出，首播时间 19：36，时长 15 分钟。2022 年《房山新闻》先后推出《创城进行时》《创森进行时》《安全视界》《“两区”建设房山在行动》《健康房山》《喜庆党的二十大》《奋进新时代 美丽新房山——学习贯彻区第九次党代会精神系列报道》《疫情防控进行时》《抗疫情 抓发展》《奋进新征程 建功新时代》《新春走基层》《迎冬奥 庆新春》《首季开门红》《生态宜人 美丽房山》《优化营商环境》《环保在行动》《酒乡之路》《聚焦城市管理》等专栏。

房山区融媒体中心《房山新闻》推出《创城进行时》专栏

**《今日关注》** 社会新闻类栏目。房山电视台有线、无线频道播出，首播时间 19：58，时长 15 分钟。2022 年，该栏目播出《党旗基层一线高高飘扬》《创城进行时》等系列节目，“健康生活”系列科普视频等。

**《生活广场》** 生活服务类广播节目。房山人民广播电台每周六、周日 19:37 播出，时长 5 分钟。节目内容涉及房山区区情、百姓民生、生活资讯、日常小提示、天气情况播报等。除资讯服务外，节目还适时推出公益广告，弘扬社会主义核心价值观。

# 通州区融媒体中心

**《聚焦城市副中心六大产业高质量发展》** 新闻资讯类栏目。2022 年 7 月 12 日在通州电视台高清综合频道、BRTV 新闻频道通州时段开播，每周一 19:30 首播，次日 8:00、12:00 重播，时长 3 分钟。该栏目深入挖掘六大产业领域各类宣传素材，打造副中心产业发展宣传矩阵。在传播手段上，通过微信矩阵及时对外发布六大产业各类信息；报道方式上，通过基层视角，充分展现副中心产业发展给百姓带来的安全感、获得感和幸福感。主创人员：卫欣、王小利、吴小强、吕建杰、韩银丽、李岳、郑实、裴丽娜、山筱楠、吕雪莹、张桐、王赫、王乙晴、孙颖、李梦园、马睿睿等。

《副中心会客厅》　全媒体访谈类栏目。2022 年 5 月 27 日开播，在北京广播电视台城市广播副中心之声 FM107.3、京津冀之声 FM100.6、北京通州人民广播电台 FM107.7、“听听 FM”播出，周一至周五 11:00 播出，时长 30 分钟。此外，节目还在《北京城市副中心报》、“融汇副中心”App、“北京通州发布”全媒体刊播。栏目邀请部门一把手、行业精英、企业家代表等走进直播间，展示高起点规划北京城市副中心建设的成果。该栏目最大特色是多级媒体、多个平台、多种形式的融媒体传播。市区两级媒体深度融合，在内容生产、管理手段、技术应用、队伍建设、平台终端等方面形成副中心媒体全域联动、共同发声、同向发力的传播矩阵。其次，在平台形式上，栏目以广播节目为主体，融合电视、新媒体形式，形成全媒体产品，实现多平台发布。在广播平台首次播出的同时，结合报纸、电视、新媒体的平台属性，进行二次加工生产，形成全媒体产品。同时，该栏目还强调媒体融合的统筹调度及拓展延伸，市区两级媒体平台负责人直接对重大新闻选题进行调度策划，畅通各平台分发途径。主创人员：卫欣、王娟、张斌、陈冬菊、张杨、王垚之、郑丹。

## 新媒体节目

《城市副中心主播说》　短视频。在“北京通州发布”视频号、抖音号，“融汇副中心”App，2022 年 10 月推出，每期时长 3 分钟。《城市副中心主播说》关注城市副中心重点工程建设、重大新闻事件及民生热点等，发布权威解读，用通俗易懂的语言传递主流媒体声音。2022 年，《城市副中心主播说》共发布短视频 80 期。在新冠疫情防控期间及时向受众传达疫情防控的最新政策，普及疫情防控的相关方法和措施，倡导以科学的手段保障生命健康安全。主创人员：卫欣、于亚辉、石靖楠、张斌、邹艳艳、王超、李佳桐、朱广帅、冉帅、刘小辉。

“我为群众办实事”公益直播　长直播。自 2022 年 4 月 4 日在“北京通州发布”视频号推出，每期时长 90 分钟。2022 年，通州区融媒体中心推进媒体融合，共组织策划 17 场“我为群众办实事”公益直播推广活动。主持人以“第一视角”带领观众体验陶艺制作、展现非遗手工技艺，走进乡镇直播带货城市副中心的特色农产品。主创人员：卫欣、于亚辉、石靖楠、张斌、邹艳艳、王超、李佳桐、朱广帅、冉帅、刘小辉。

2022 年 5 月 18 日，“我为群众办实事”公益直播推广走进绿洲亿丰种植专业合作社

# 顺义区融媒体中心

《健康新生活》 专题服务类节目。顺义人民广播电台 FM92.9 每天 16:00 播出，每期 60 分钟。节目以倡导健康生活方式、饮食方式、健身方式、健康心理为主要内容，设置健康资讯、健康主题等子栏目，采用直播方式进行。主创人员：杨茜、王苹。

《平原新城看顺义》 专题服务类节目。2022 年 4 月 20 日至 10 月 25 日在顺义电视台高清频道和“北京顺义”微信视频号每月播出一期，时长 5~8 分钟，共 6 期。节目通过实地走访的方式深度挖掘、记录顺义区经济、民生、医疗、教育、交通、环境等方面的发展变化及产业升级。节目被北京市广播电视局评为 2022 年度第二、第三季度北京市广播电视创新创优节目。主创人员：孙艳洁、孙丽琼、刘峥、刘伟、马环宇、刘一凡、熊威、张晓凯、何鑫、康冲、郭孟琛、曹逸、方攀、刘东昌。

《奋进新征程 建功新时代——顺义区学习宣传贯彻党的二十大精神“一把手”访谈》 专题服务类节目。2022 年 11 月 8 日至 15 日在顺义电视台一套 7:50 播出，时长 5~8 分钟。该节目邀请各镇、街相关委办局的主要负责人走进演播室，学习宣传贯彻党的二十大精神，理思路、谈发展、畅未来，推动党的二十大精神在顺义区落地生根、开花结果。主创人员：孙艳洁、孙丽琼、刘峥、熊威、刘一凡、刘伟、王清艺、刘东昌、张立丽、李朔峥、马环宇、季笑然、张晓凯、何鑫、康冲、梁振、方攀、张雨欣。

## 新媒体节目

《我想看看你的模样》 短视频。2022 年 5 月 20 日在“北京顺义”微信视频号首播。同时在“学习强国”客户端、“北京顺义”微信公众号、“北京顺义”客户端、顺义电视台高清频道等全媒体平台以及区内多个镇街、委办局的公众号、视频号平台播出。MV《我想看看你的模样》把当红热歌与抗击疫情时期的温情记录相结合，将风雪中坚守的医护工作者、深入基层的党员干部、社区工作者、志愿者在一线抗疫的动人画面呈现给观众。主创人员：孙艳洁、孙丽琼、刘峥、熊威、刘一凡、王清艺、刘东昌。

《我与冬奥：虫虫的冰雪蜕变》 短视频。2022 年 2 月 4 日在“北京顺义”微信视频号首播。节目在“学习强国”北京平台、北京日报北京号等平台转发。该节目在“学习强国”平台浏览量为 58672 次，点赞 2515 个；“北京顺义”视频号浏览量为 2 万余次，点赞 277 个。短视频通过呈现身边冬奥人物故事，向观众展示顺义人民对冰雪运动的热爱之情。主创人员：孙艳洁、刘峥、孙丽琼、季笑然、张晓凯。

《秋的馈赠》 短视频。2022 年 10 月 22 日在“北京顺义”视频号首播。视频通过儿童的视角展现顺义区新农人在秋收时节劳作收获的喜人画面，真实地记录丰收带来的幸福感。《秋的馈赠》还被发布在新华社客户端，成为顺义区融媒体中心首个点击量破百万的短视频作品。主创人员：熊威、王清艺。

# 昌平区融媒体中心

**《昌平政法》** 法治类录播栏目。昌平人民广播电台FM103.1每周二8:20—8:30播出，栏目包含政法新闻和政法风采两个板块。该栏目立足于加大昌平地区普法宣传力度，展示昌平区政法干警模范风采。主创人员：武红雪、吴彩彬、李晓洁。

**《与法同行》** 法治类录播栏目。昌平人民广播电台FM103.1每周三、周四8:20—8:30播出，该栏目以主持人与检察院检察官对话为主，以案说法，从法律和道德的视角观察社会现象，发挥警示教育作用。主创人员：武红雪、吴彩彬、王勤。

**《花开未来》** 教育服务类栏目。在昌平电视台综合频道每周五晚8:00播出，时长10分钟。栏目聚焦教育发展新政策，讲好昌平教育故事。栏目播出以来多部作品在“学习强国”App北京平台刊登。栏目获评2022年第二季度北京市广播电视创新创优节目；节目制作的《北京雪花 情系高原》获2022年度北京市广播电视媒体融合发展扶持资金项目二类。主创人员：王强、王子珺、陈贺、张婧雯。

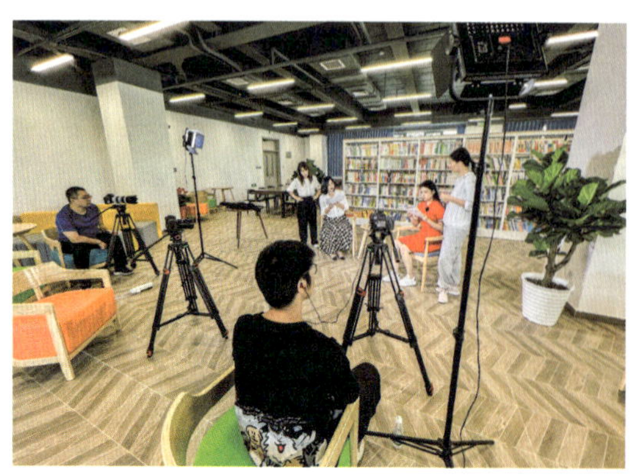

《花开未来》栏目组录制现场访谈

## 新媒体节目

**《时光里的西山》** 融媒体作品。2022年4月至12月在“北京昌平”App首播，共12期，每期1~3分钟，在“学习强国”北京平台陆续上线。作品聚焦三条文化带中的“西山永定河文化带”，以“小切口讲述大历史”思维甄选题材，选题涉及昌平文化起源、名川胜景、考古发现、文物遗存、石刻文化、古树文化、历史逸闻、红色革命故事等。在每期节目标题、撰稿、配音、剪辑和包装上，采用融媒表达，体现趣味性、揭秘性，实现传统媒体到融媒体的转变。该系列作品是专题节目立体传播的重要实践。主创人员：朱玉婷、王亚琦、于涛、孙铭阳。

**《回天看变化》** 融媒体作品。2022年7月至8月在“北京昌平”App首播，共6期，每期5~6分钟，在“学习强国”北京平台陆续上线。作品从党建、交通、教育医疗、创新创业等视角，运用朴素写实的镜头语言，以回天居民自述的方式记录“回天计划”启动以来，回天地区的巨大变化，展现居民的幸福感、获得感。作品获评2022年第二季度北京市广播电视创新创优节目。主创人员：王子珺、刘洋、陈贺、李映璇、张思路、刘思彤。

**《新新向党 暖心前行》** 融媒体作品。2022年7月至12月在“北京昌平”App首发，共5期，每期5~6分钟，在“学习强国”北京平台陆续上线。作品将镜头聚焦新业态新就业群体，通过小哥们的视角，叙事化的方式讲述高品质的暖新驿站、路客联盟社会自治组织、新就业群体党支部和大数据等技术手段为他们提供的服务保障和关心关爱，增进他们的职业尊荣感。节目用有温度的镜头语言展现昌平区通过党建引领、行业共建、区域联建等多种方式，引导新业态新就业群体积极参与社会治理，探索新业态新就业群体党建工作的“昌平经验”。作品获2022年度“学习强国”北京学习平台区级融媒体中心优秀作品冬季赛二等奖、2022年第四季度北京市广播电视创新创优节目称号。

**《支部书记，冲冲冲》** 专题类融媒体节目。在“北京昌平”微信公众号、“北京昌平”客户端刊发，每月一期，时长3~5分钟。昌平区融媒体中心联合昌平区委组织部共同策划。节目将镜头聚焦在基层第一线，展现昌平区村社区党组织书记在党建引领下，转变作风，真抓实干，团结带领广大党员干部为民解忧、为民服务的生动场景，引导和激励广大党员干部争先进、创一流。主创人员：刘静、庄超、焦瞳、于涛。

## 大兴区融媒体中心

**《这里是大兴》** 广播新闻节目。大兴人民广播电台FM98.6每天7：00—7：30、12：00—12：30、19:30—20:00播出，时长30分钟。主创人员：房晓鹏、靳石萌、袁媛、宫咏梅、杨景然、于蕾、杨颖、相阳、曹蕾、苏浩、曹译文、张鋆。

**《音乐随心听》** 广播文艺节目。大兴人民广播电台FM98.6周一到周日11:00—12:00播出，时长60分钟。主创人员：张婷婷。

**《乌鱼来了》** 广播娱乐节目。大兴人民广播电台FM98.6周一到周日8:00—9:00播出，时长60分钟。主创人员：袁媛、吴晋昊、于思森、苏浩。

**《大兴新闻》** 电视新闻栏目。大兴电视台一套（歌华有线901频道）周一至周日19:35—19:55播出，时长20分钟。主创人员：马宪颖、王娇、汪俊涛、米雪梅、计剑桥、廉海涛、杨朝杰、孙冉、孙继锋、戴玉涛、李虹洁、石青、苏健、王靓、张有鑫、张鋆、曹征、张东东、王剑锋、玉亮、罗燕东、李凯、彭京赣、高立刚。

**《言之有理》** 百姓与公共领域对话类栏目。大兴电视台一套（歌华有线901频道）7：00—24：00播出，平均时长35分钟。主创人员：马宪颖、王娇、麻强、张莉、李鹏。

### 新媒体节目

**“北京大兴”微博** 2022年，“北京大兴”微博结合微博热搜话题，发布民生、时政、便民服务、科技等全方位选题微博共1.08万条，总阅读量2.6亿，微博粉丝量已达149.6万。2022年在全市99家政务微博中影响力排名前二十，在16区政务微博中影响力排名第二。主创人员：马宪颖、王娇、赵亮、涂玲、王静思。

**“这里是大兴”微信公众号** 2022年，“这里是大兴”公众号以报道疫情新闻、接诉即办、扫黑除恶、优化营商环境等内容为主。截至2022年12月，用户订阅量为18.81万人，共发送推文4888条，总阅读量超1372万。主创人员：马宪颖、王娇、赵亮、张晶晶、张凯莉、林雨萱、董小晨。

**“北京大兴”App** 2022年，大兴区融媒体中心与大兴区经信局、大兴区政务服务局、建行北京支行合作完成“北京大兴”App改版升级，承载“新闻+政务+服务”等功能，优化“北京大兴”App的新闻资讯、公共服务、政务服务等功能，设立新闻资讯、网络问政、接诉即办等共14个板块栏目，新增不动产业务视频咨询功能，并接入新时代文明实践中心“点单派单”系统，集“看、查、办、问、评”于一身，运用智能语音导航系统的“开口办事”功能，实现7×24小时在线查询瞬时自动回复，并提供精准个性化服务的“千人千面功能”，打造智慧政务新模式。上线大兴号模块，截至年底，已有80家单位入驻，发布信息8700余条。加大内容生产力度，App原创内容日更量约30条，转载内容日更量约80条，实现区内重大信息在新闻栏目中的首发。截至2022年年底，App下载量超过204万次，实名注册量超过183万人；共发布各类新闻23614条，总阅读量1657.3万次。主创人员：马宪颖、王娇、麻强、张莉、姚尧、苏金喆、任立菲、王若辰。

**“大兴融媒”抖音号、“北京大兴”快手号** 2022年，大兴区融媒体中心抖音官方号“大兴融媒”共发布短视频1043个，播放量2.94亿，获赞153万。其中过百万播放量视频84个，总粉丝量101.7万。2022年，大兴区人民政府快手官方号“北京大兴”共发布短视频1042个，播放量5.59亿，其中过百万播放量视频90个，获赞249万，总粉丝量151.9万。主创人员：马宪颖、王娇、麻强、张莉、赵兴浩、邵建凯、赵旭、崔浩、宋浩然。

# 怀柔区融媒体中心

**《我爱我家》** 生活服务类栏目。2022年1月3日开播，怀柔人民广播电台FM101.3每周日10:21播出，时长23分钟。节目以访谈形式为主，邀请区内普通市民讲述各自的生活经历，进行不同思想的碰撞；邀请业内人士探讨家庭生活的快乐源泉，剖析家庭危机的症结，引导听众通过反思化解家庭矛盾，维护家庭幸福。主创人员：苏春颖。

**《在听》** 文学作品赏析栏目。怀柔人民广播电台FM101.3每周日12:05播出一期，每期23分钟。节目中，主持人对大家耳熟能详的文艺作品进行有声赏析，还不定期邀请诵读爱好者参与节目。主创人员：吴晶晶。

**《守护平安家园 抗疫你我同行》** 新闻资讯类栏目。2022年5月开播。BRTV新闻频道怀柔时段每月不定期播出，时长约2分钟。该栏目对怀柔区抗击疫情的先进人物及各镇乡、单位积极落实防疫措施、筑牢基层疫情防控安全网等工作进行动态报道。2022年共播出40期。主创人员：崔丹、贾贤。

**《建功新时代 奋进新征程——展翅腾飞看怀柔》** 新闻资讯类栏目。2022年1月开播。BRTV新闻频道怀柔时段每月不定期播出，时长约5分钟。该栏目围绕全区各镇乡街道全面贯彻新发展理念、加快构建新发展格局、全方位提升基层治理能力、打造优质高效的城市环境、影视文化科技融合发展等内容进行报道，展现出怀柔区以科学城为统领“1+3”融合发展的新局面。2022年共播出27期。主创人员：崔丹、贾贤。

# 平谷区融媒体中心

**《卫生与健康》** 专题类服务栏目。平谷人民广播电台FM89.2每周四播出一期，时长10分钟。栏目以普及健康生活、优化健康服务、完善健康保障、建设健康环境、加快推进健康中国建设为总基调，积极倡导健康文明的生活方式，树立大卫生、大健康的观念，提升全民健康素养，推动全民健身和全民健康的深度融合。2022年，栏目根据不同季节的特点，安排心理健康、科学锻炼、时令养生、提高免疫力等内容，全年共播出52期。主创人员：王晓明。

**《农业科技》** 农业社教类栏目。平谷人民广播电台FM89.2每周播出一期，时长10分钟。2022年共播出节目52期。栏目关注农业农技领域，以平谷广大农民朋友为主要受众群体，紧紧围绕平谷区农业中关村建设，结合平谷农业种植特色，传播农业科技知识和农业信息，促进平谷农民增产增收、农业发展。主创人员：张艳平。

**《农民与法》** 专题类栏目。平谷人民广播电台FM89.2每周播出一期，时长10分钟，2022年共播出52期。该节目以案例的形式宣传法律法规，普及法律知识，方便百姓用法律武器来维护自己的合法权益。为了方便百姓收听，《农民与法》节目在传统广播媒体播出的同时，还通过新媒体平台进行传播。主创人员：崔俊。

**《平谷新闻》** 新闻类栏目。平谷融媒体“PGRM”播出，时长15分钟。2022年《平谷新闻》共播出新闻5500条，在市级以上电视媒体播出260条，其中央视新闻和新华社播出94条。主创人员：李肖英、李东亮、张云辉等。

**《警法在线》** 专题类法治栏目。平谷融媒体“PGRM”播出，每周一期，每期15分钟。2022年共播出节目52期。内容包括《喜迎二十大 奋进新征程》特别节目，宪法、民法典、疫情防控等宣传内容，播出文明创城、燃气安全、廉政、禁放烟花爆竹等方面公益广告4000余次。栏目在微信公众号、“学习强国”、微博、快手、抖音等新媒体平台传播，总点击量达100万余次。栏目主创人员：赵明革、李晓燕、孙晓光、于海生、赵怡斌。

## 新媒体节目

**“平谷融媒中心”抖音号** 发布原创视频为主，每天推送视频2个以上，着力讲好平谷故事，传播平谷声音，树立平谷形象，汇聚平谷力量。2022年，“平谷融媒中心”抖音号制作疫情公告、进返京政策、核酸检测等疫情防控相关短视频100条，其中《居家隔离需足不出户》讲解了居家期间的一些注意事项，抖音浏览量469.7万；短视频《感谢每一个你》展现平谷区医护人员、党员干部、社区工作者、志愿者投身防疫工作，守护群众的健康平安，抖音浏览量超10万，视频被“学习强国”平台采用；萌宠小动物短视频系列中《毛鸡蛋里出了个宠物鸡》浏览量58万。2022年，该抖音号共制作750条短视频，粉丝数21.1万。主创人员：马振水、王健、高笑影、王雪、见雨童。

# 密云区融媒体中心

《密云先锋》　新闻专栏。2022年4月5日在密云电视台《密云新闻》栏目推出。栏目聚焦在全面建设社会主义现代化密云新征程中涌现出的先进典型和事迹进行报道。主创人员：陈宝国、齐如柏、宋晓磊、王建敏、张晓娜、张欣、黄婧、卢安拿、李芸倩、孟晨冉、孙征、杨笑哲、蔡立君、王朝、刘通、张艺、史明月、付圣杰、吴经纬、李享、曹月、赵丽、梁斯钰、王赛、王浩天、陈瑶。

《密云新闻》文字编辑和技术编辑正在制作节目

《学习宣传贯彻党的二十大精神——新时代 新征程 新伟业》　新闻专栏。2022年11月26日，密云电视台在《密云新闻》栏目推出《学习宣传贯彻党的二十大精神——新时代 新征程 新伟业》专栏。记者深入基层一线，生动呈现党的二十大精神进机关、进企事业单位、进城乡社区、进校园的典型事迹，激励全区上下把智慧和力量凝聚到落实党的二十大确立的发展目标和战略任务上来，昂首阔步迈向全面建设社会主义现代化密云新征程。主创人员：陈宝国、齐如柏、宋晓磊、王建敏、张晓娜、张欣、黄婧、卢安拿、李芸倩、孟晨冉、孙征、杨笑哲、蔡立君、王朝、刘通、张艺、史明月、付圣杰、吴经纬、李享、曹月、赵丽、梁斯钰、王赛、王浩天、陈瑶。

## 新媒体节目

《与密云朋友的一天——寻找冰雪乐趣》

2022年春节期间，密云区融媒体中心推出《与密云朋友的一天——寻找冰雪乐趣》节目。通过讲述身边人的故事，记录冬奥会对普通人生活的影响和启示。同时，通过呈现各类群众文化活动和庆祝冬奥会的活动，如冰雪文化展、冬奥会知识竞赛、冰上运动表演等，普及和推广冰雪运动。主创人员：刘志伟、郑宇、刘思琪、田思雨、于莲梅、祝新欣、秦一博。

《同心抗疫云水情》　节目主要介绍密云人民在2022年抗击新冠疫情中的先进事迹和奉献精神。通过深入访谈和现场记录，呈现出真实感人的故事，运用生动的画面和语言，体现大家同心抗疫的决心和行动，激励更多的人参与疫情防控。主创人员：密云区融媒体中心全体记者。

# 延庆区融媒体中心

**《生活导航》** 生活服务类栏目。延庆人民广播电台FM92.8、FM98.8每周一、周四20:00播出，时长18分30秒。该栏目以日常生活话题为主，传授生活小妙招，普及科学知识，引导健康生活方式，宣传延庆区贴近民生实际的利好政策。主播、主编：周雯露、渠晨。监制：刘杨、赵才。

**《美丽延庆新农村》** 专题服务类栏目。延庆人民广播电台FM92.8、FM98.8每周二、周五18:39首播，时长18分30秒。该栏目旨在反映延庆区农业新发展、农村新变化、农民新面貌。下设三个栏目板块：《资讯快递》板块传递农业政策、农业技术、农业发展等领域的前沿资讯；《农博士走一线》板块结合节气、延庆当地气候特点以及听众的日常生活，传播农技知识；《农民连心桥》板块结合打造优美人居环境，推进美丽乡村建设，宣传延庆的先进人物、农业产业以及文旅业态。主播、主编：于谨歌。监制：刘杨、赵才。

**《延庆新闻》** 新闻资讯类栏目。延庆综合频道每天20:00播出，时长15~20分钟。全年播出365期，总播出时长超100小时。2022年，《延庆新闻》新增挂牌栏目17个，包括《学习宣传贯彻党的二十大精神》《最美冬奥城 奋进新时代——迎接北京市第十三次党代会》《学习宣传贯彻落实市第十三次党代会精神 接续奋斗建设最美冬奥城》《落实六中全会精神和区党代会精神 奋力推动延庆绿色发展迈向未来》《创建全国法治政府建设示范区》《文明城区在行动 创城为民办实事》《乡村振兴新气象》等，共播发相关新闻百余条。编辑：赵倩女、肖克、徐春雨等。记者：丁宁、张彭程、张顺延等。主持人：杨竣翔、彭晨、周雯露等。后期：王婧、王琳、高亚男。制片人：冯亚玲、刘杨、杨竣翔。

2022年3月3日，延庆区融媒体中心主持人（左）在北京世园公园中国馆前主持2022年冬残奥会火炬接力展示活动

**《最美冬奥城》** 专题服务类栏目。延庆综合频道每周四20:20播出，时长12~15分钟。全年播出52期节目。2022年，《最美冬奥城》充分发挥冬奥资讯普及、动态宣传和信息传递的重要作用，成为延庆融媒矩阵中核心的冬奥宣传阵地。针对后冬奥时代建设最美冬奥城宣传推广的需要，栏目全面改版，设置《美丽延庆》《一线纪实》《幸福Vlog》三个新板块，报道延庆生态文明成果、文明城区创建成效以及市民的幸福生活等内容，围绕创城常态化主题展示延庆创城成果，关注问题治理，报道好经验、好做法，引导市民自觉践行文明新风。编导：彭晨、渠晨。记者：陆旭、张佳誉。主持人：彭晨、渠晨。后期：高亚男。制片人：李岩、张莹、刘杨。

**《聚焦时分》** 专题服务类栏目。延庆综合频道双周每周六20:20播出，时长12~15分钟。2022年，该栏目围绕服务保障冬奥、

“双减”工作开展情况、垃圾分类、房屋漏雨、基本无违建区创建、社区精细化治理等方面内容，与各职能部门紧密合作，从延庆区接诉即办工单入手，推动解决百姓身边“急难愁盼”问题。节目内容利用电视和新媒体平台广泛传播，在推动问题解决和普法教育中发挥重要作用。编导：彭晨、肖克。记者：苏浩、夏子豪。主持人：彭晨、周雯露。后期：郄美强。制片人：冯亚玲、张莹、杨竣翔。

## 新媒体节目

**《冬奥故事》** 新闻资讯类节目。在“北京延庆”微信公众号、“北京延庆”App刊发。围绕“冬奥”主题，深入报道冬奥筹办举办过程中，延庆区服务保障赛会和推动区域高质量绿色发展的生动实践，挖掘冬奥背后的感人故事，营造浓厚冬奥氛围，对外推介最美冬奥城延庆。

**《新时代文明实践》** 新闻资讯类节目。“北京延庆”微信公众号、“北京延庆”App刊发。聚焦延庆区内各新时代文明实践站（所）组织的文明实践活动，报道群众在劳动中、实践中、互帮互助中发生的故事，注重“以小见大”“接地气儿”，通过“小切口”展示延庆乡亲积极向上、团结互助的精神面貌，弘扬中华民族传统美德。

**《延延提示》** 专题服务类节目。在“北京延庆”微信公众号首推，“北京延庆”App、“北京延庆”抖音号、延庆综合频道、《延庆报》联合刊发。节目将具有延庆特色的卡通人物“延延”设定为主人公，围绕疫情防控、创建文明城区等，通过图文并茂的形式对公众进行安全提示和正确引导。2022年共推出15期。

# 媒体融合与智慧广电

# 北京市广播电视媒体融合发展情况

2022年，北京市广播电视局围绕贯彻落实中央和市委市政府关于加快推进媒体深度融合发展的决策部署，不断加强媒体融合管理和网络视听机构管理。

## 一、举办第二届新视听媒体融合创新创意大赛

第二届大赛由国家广播电视总局、中华全国新闻工作者协会指导，北京市委宣传部、光明日报社、北京市广播电视局、国家广播电视总局广播电视科学研究院、北京市新闻工作者协会主办，光明网、中国（京津冀）广播电视媒体融合发展创新中心承办。大赛以“创意点亮梦想 融合开创未来”为主题，共设媒体融合技术创新赛道、媒体融合内容创新赛道和媒体融合模式创新赛道三大赛道，同时首次设置市区媒体定向分赛道，并将参赛范围拓展至京津冀地区，构建立足北京、联动津冀的全媒体传播新格局。本届大赛共收集参赛作品589份，覆盖天津、重庆、河北、浙江、广东等23个省（直辖市、自治区），最终评选出媒体融合技术创新赛道一等奖1名、二等奖2名、三等奖2名、优秀奖2名；媒体融合内容创新赛道公共分赛道一等奖2名、二等奖4名、三等奖6名、优秀奖8名；媒体融合内容创新赛道京津冀媒体定向分赛道一等奖3名、二等奖4名、三等奖6名、优秀奖7名；媒体融合模式创新赛道一等奖2名、二等奖4名、三等奖6名、优秀奖8名。

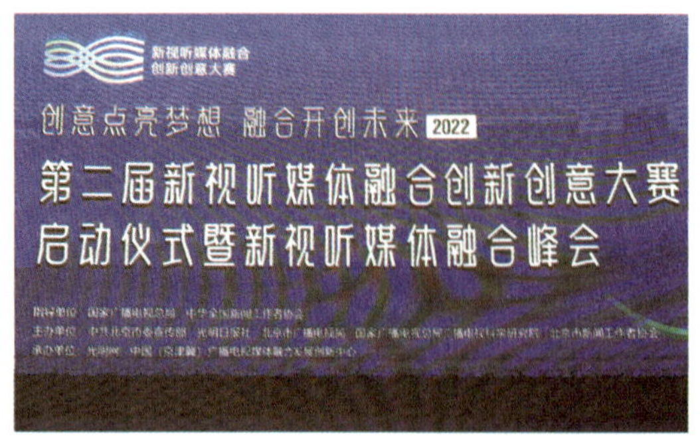


2022年9月20日，第二届新视听媒体融合创新创意大赛启动仪式暨新视听媒体融合峰会举行

## 二、推动京津冀广电融媒体协同发展

一是依托中国（京津冀）广播电视媒体融合发展创新中心协同机制，推出京津冀“同心过大年”系列活动，三地互赠影视版权共计41部，北京17家网络平台开展“京津冀免费看”活动，为三地人民呈现540部共10774集免费精品佳作。二是召开创新中心2022年工作会议，研究京津冀协同发展重点工作。三是牵头召开全国七家广播电视媒体融合发展创新中心线上会议，就多个项目达成初步合作意向。

## 三、加强融媒矩阵建设

开展“新时代·新视听”融媒之旅短视频征集评选活动，面向北京市媒体融合相关单位，围绕“城市纪实、美丽乡村、国风范儿、青春之歌”等四个主题，征集短视频400余部并在“北京时间”平台专区上线展播。建立北京广电融媒指数，监测评估融媒体中心在微信公众号、微博、今日头条、抖音、快手、央视频、新华号、人民号等8大平台账号的传播力、影响力，每周、每月发布指数榜单。举办“京津冀媒体号运营策略”交流

对接会，帮助融媒体中心调整传播策略，加大传播力度。

## 四、评选媒体融合发展典型

开展2022年北京市广播电视媒体融合先导单位、典型案例、成长项目征集评选工作，评选先导单位3家、典型案例9个、成长项目8个。其中，北京广播电视台“京津冀之声”项目入选2022年全国广播电视媒体融合典型案例，“北京城市声音金名片——北京之声”项目提名2022年全国广播电视媒体融合成长项目，展现了首都广播电视媒体深度融合发展成效。

## 五、推动媒体融合技术创新

开展2022年媒体融合创新技术与服务应用遴选推广工作，面向全国征集5G、大数据、云计算、人工智能等技术在媒体融合中的创新应用，评选出76个纳入“北京市媒体融合创新技术应用项目库”项目，优秀项目40个，推动7个项目在融媒体中心落地应用，更好地赋能媒体融合内容生产创作。

## 六、加强网络视听平台管理

一是加大网络视听许可审批力度。做好信息网络传播视听节目许可证行政审批，审核并申报北京日报社、北京科学技术出版社有限公司许可证并获批，支持北京广播电视台等单位增加移动端和直播业务。为持证单位纾困解难，支持企业吸纳社会资本优化股权结构。二是强化网络视听平台监管服务。按照“双随机一公开”要求，组织对22家信息网络传播视听节目服务持证机构和广播电视视频点播业务持证单位进行例行检查，结合日常行政审批业务，约谈问题单位30余次。开展2022年网络视听企业社会责任监测。举办首届网络视听社会责任与发展研讨会，与会专家学者围绕网络视听行业社会责任进行深入探讨。发布《重点网络视听企业社会责任研究报告（2021）》，发布2021年度北京网络视听行业社会责任优秀企业名单，优酷、爱奇艺、抖音、快手、微博、百度、搜狐视频、凯叔讲故事、京东、贝壳找房等10家企业获评优秀企业。

（北京市广播电视局媒体融合发展处）

# 北京广播电视台“北京时间”媒体融合发展情况

2022年，“北京时间”按照北京广播电视台制订的深度融合发展三年行动计划，与台内各频道、频率深度对接，实施成效显著。

## 一、坚持首善标准，创新主题报道

2022年，“北京时间”将全年重大主题报道贯穿始终。一是在庆祝党的二十大宣传报道中，探索“新闻报道+AI”方式，推出《我的北京时间——AI数字人对话二十大代表》系列融媒报道，获中国记协点赞推荐，微博话题“二十大我的北京时间”阅读量超千万次。二是在北京冬奥会期间，打造大型系列融媒体互动展示直播“双奥之城·看典”，20天直播活动，通过直播、短视频、图文等方式，在广播电视、互联网平台广泛传播，被誉为北京新闻中心的创新。三是在2022首届北京文化论坛上，“北京时间”上线“北京文化论坛专区”，推出“大咖专访”“文化大师谈”专题页面，并结合论坛涉及的3条参观线路，联合广播端、电视端共同打造融媒节目。“北京时间”持续做好学习宣传贯彻党的二十大精神、北京疫情防控最新动态等内容的报道，履行媒体责任，回应社会关切。

“北京时间”完成全国两会、北京市两会、中国共产主义青年团成立100周年、香港回归25周年、建军95周年等重要时间节点、重大主题的宣传并屡获佳绩。《暖心又给力！来听现场的“总理之声”》《航天点亮梦想》《北京抗疫24小时》《最美家乡味 最美家乡人》《云看北影节》《“发布汇”系列短视频》等多件作品荣获2022北京市优秀融媒体新闻作品奖，《@所有人 你最关心的这些民生数字 北京市政府工作报告都提到了！》荣获第十八届市人大好新闻奖，《BRTV北京首届老年春晚》荣获2022年度北京广播电视网络视听发展基金融媒体项目奖励。

2022年2月3日，《“国强盛·人少年”——北京首届老年春晚》在北京广播电视台播出，并在“北京时间”同步播出

## 二、坚持一体发展，深化台网融合

一是投入资金，组建团队，为大屏提供运营机制保障。“北京时间”优化制订媒体融合资金分配办法（2022—2023年度），拿出专项资金，对台内优质内容生产、转化及定制进行奖励，带动传统媒体转型。组建“北京时间”账号运营团队，打破渠道壁垒，创新平台运营，让全台优质内容以多种样态呈现在互联网平台，全年热搜话题600余个，话题总阅读量近50亿次，带动全台优质内容引爆社交网络。据统计，各垂类频道共发布稿件万余篇，总访问量超亿次。直播方面，“北京时间”协助频道（频率）完成直播近2000场，观看量超4亿次，覆盖用户近1亿，扩大了台内优质内容传播，受众数量成倍增长。

二是充分整合调动资源，为大屏创收做“增量”。“北京时间”携手北京广播电视台财经频道中心、科教频道中心打造《天下财经》《健康520》等网络栏目，为地面频道对外合作经营提供无限的网络空间。通过创新形式表达，与全台相关频道就科技、健康、少儿、家装等资源进行合作，打造航天系列融合报道、《健康520》医疗健康直播讲堂、《我是少年》才艺展示专区、《BRTV文艺新春大联欢》线上助力活动、《生活+》网络家装直播等，为频道拓宽宣推渠道，拓展资源价值；与全台相关频率共同策划，在“北京时间”开设“教育面对面——中招（高招）直播咨询”“文明驾车 礼让行人”“云赏冬奥会”“五洲乐海点亮梦想的舞台”等专区及线上专属活动，丰富节目对外合作形式。

三是统筹全台重点节目，服务定制开发专属线上产品。春节期间，协同生活、文艺频道，策划“一老一小”线上活动，推出《BRTV首届老年春晚海选活动》《我是节目推荐官 我为新春大联欢代言》互动活动，以“在线征集＋点赞投票＋互动奖励”的模式，带动用户对节目的参与和关注，有效提升节目的收视率。

## 三、坚持矩阵布局，巩固自有品牌

一是“时间直播”，2022年完成直播近600场，全网观看量突破5.9亿次，全网粉丝数超890万，直播矩阵平台数达43家。7月1日起，“北京时间”固定每周一、三、五全网独家直播天安门广场升旗仪式，仅一个月的时间，全网观看量突破400万。7月1日，为迎接党的生日，直播天安门广场升旗仪式，百万网友共同见证激动人心时刻，共祝祖国繁荣昌盛。8月1日，庆祝建军95周年之际，“时间直播”联合全国多家媒体，共同推出《致敬“最可爱的人”！八一建军节特别直播》，以天安门广场升旗仪式直播为起点，将直播镜头延伸到祖国各地边疆哨所，展现新时代军人风采荣光，记录当代军人建功边疆的感人场景，百万网友在线观看并点赞留言。二是短视频品牌“时间视频”，全平台流量已达59.4亿次，矩阵粉丝量超2300万，优质的视频新闻报道频频获得人民日报、新华社、央视等转载。2022年，“时间视频”围绕喜庆党的二十大、北京高质量发展成就等主题，先后策划推出《征程再起 不忘初心》系列微纪录片、《原来，你是这样的北京》系列短视频，以制作精良的视频内容，获得端内端外良好的传播效果。2022年，“时间视频”获评国家广播电视总局媒体融合新品牌推选活动“新闻品牌”称号。三是“时间号”平台，深耕垂直领域，锚定教育、医疗、文旅等，开通相关时间号90余个，有效丰富“北京时间”内容体量。四是拓展“北京时间”旗下官方端外账号，在多家平台开设官方账号达70余个，全网粉丝总量超4550万。11月初，首届“大戏看北京”展演季在北京拉开帷幕，“北京时间”官方抖音账号联动“北京发布”“文旅北京”组成共创团队，对“大戏看北京”线上近70场演出进行全程直播，话剧《香山之夜》首场云展演在抖音平台的播放量达240余万次。

（北京广播电视台）

# 北京广播电视台“北京时间”开通首都名中医挂号预约服务平台

2022年8月19日，在第五个中国医师节来临之际，北京广播电视台官方新媒体平台“北京时间”上线“首都名中医挂号预约服务平台”。该平台由“北京时间”和阿里健康·小鹿中医联合打造。平台整合北京优质中医服务资源，汇聚北京市中医管理局认证的“首都国医”“首都名中医”“优秀名中医”“首都中青年名中医”和近30家三甲医院的300多位中医专家，每周可提供2000多个三甲医院中医号源，面向全国用户，提供便捷、优质的挂号预约服务。

平台立足“新闻＋服务”，积极创新，通

过线上挂号＋线下进社区义诊、线下讲座＋线上科普直播的运营模式，丰富拓展中医文化及服务。上线至今总访问量超过 30 万次。平台持续制作中医药科普内容，通过“北京时间”媒体矩阵传播，近百万用户收看。北京广播电视台通过这一融媒产品集结多方力量实现“新闻＋服务”创新，贯彻落实《“十四五”中医药发展规划》提出的“实施中医药健康促进行动，推进中医治未病健康工程升级”的要求。

“首都名中医挂号预约服务平台”充分利用互联网科技进行平台搭建，内容丰富，形式新颖，为垂类用户提供精准服务，实用性强。该应用满足人们方便快捷挂号看病的需求，用户可在“北京时间”App“首都百位名中医守护你的健康”服务专区进行挂号预约，实现首都中医药资源在平台最大化应用和传播，取得良好的社会效益。

“北京时间”客户端内“首都百位名中医守护你的健康”服务专区入口

“北京时间”客户端内“首都名中医挂号预约服务”界面

（北京广播电视台）

## “我在海淀过大年”融合传播打造本土文化 IP

在疫情防控和倡议“留京过年”背景下，“云过年”成为传统过年方式的有益补充。海淀区融媒体中心充分发挥区级媒体“引导群众 服务群众”资源优势，精心组织开展“我在海淀过大年”春节系列活动，为在疫情防控常态化下区级融媒体中心参与社会治理、服务就地过年、搭建网络“舞台”、引导社会舆论做出探索，取得良好反响。“我在海淀过大年”春节系列活动融合传播打造本土文化 IP，话题多次登上快手热榜，微博话题总访问量突破9500万次，综合传播量超过1.4亿次。“‘我在海淀过大年’融合传播打造本土文化IP”获评2022年北京市广播电视媒体融合典型案例。

## 一、以网络传播诠释传统节日文化底蕴

2022年“我在海淀过大年”春节系列活动内容丰富，看春晚、享冬奥、晓年俗，以网络传播为媒，海淀融媒为海淀人民群众带来新感受、新体验、新收获，“我在海淀过大年”春节系列活动话题四上快手热榜。

### （一）看春晚 不一样的春节一样的祝福

“我在海淀过大年·2022海淀网络春晚”全新升级，节目编排凸显科技元素、时尚元素、青春元素、国际元素，彰显主流媒体价值观，近四个小时的晚会欢声笑语不断，节目精彩纷呈。首次运用虚拟现实技术，结合三山五园数字场景应用，邀请专业院团舞蹈演员，创作恢宏灵动的全息舞蹈《遇见！三山五园》，这是传统文化与现代文明交相辉映的点睛之笔。首次实现与海外、受援地、冬奥场馆联动，节目参与度、覆盖面前所未有。

“我在海淀过大年·2022海淀网络春晚”《遇见！三山五园》节目画面（摄影：高政）

### （二）享冬奥 不一样的春节一样的快乐

“我在海淀过大年”春节系列活动以宣传北京冬奥会活动、上线冬奥节目为抓手，用多彩场景演绎海淀热情好客、奋发向上的精神风貌。2022年2月4日，北京冬奥会火炬在颐和园传递，海淀区融媒体中心聚合全媒力量，展现海淀居民参与冬奥热情，特别制作2022北京冬奥会大型交互式全景节目《传递海淀力量 冲刺北京冬奥》，在100分钟内全景展现火炬传递现场的火热画面以及海淀居民热情迎冬奥的场景，同步联动全区各户外大屏，在全社会营造出“相约海淀 冬奥有我”的热烈氛围。开幕式前夕，携手海淀区体育局及2022年北京冬奥会官方转播商快手，在海淀体育馆举办“我在快手创纪录”活动，发动广大网友以共同创造世界纪录的方式助力冬奥会，完成吉尼斯世界纪录挑战，为北京冬奥会赛事献上专属祝福，相关话题访问量突破2500万次。

此外，利用报道北京冬奥会开幕式契机，海淀区融媒体中心上马8K项目，在四季青镇新时代文明实践所启用海淀首个“北京视听小站”，为新就业群体带来震撼的视觉体验。北京冬奥会举办期间，中心利用属地优势，深挖“海淀元素”，形成《开幕式上的冰墩墩》《跳舞时间最长的志愿者》《17天，海淀的温度、精度、热度、厚度、态度》等多篇图文视频专访内容，多篇报道被市媒、央媒转载。

### （三）晓年俗 不一样的春节一样的年味

年俗文化源远流长，年味重在传统文化传承。“互联网+春节”让年俗更具时代感。海淀区融媒体中心携手汇贤府餐厅举办“我在海淀过大年·家的味道”专场直播，为网友带来一场“宅家”做年夜饭的全新体验。大年初二上午，携手圆明园管理处举办“我在海淀过大年·云游‘万园之园’跨越时空的相遇”专场直播，带领网友足不出户游览圆明园。元宵节前夜，对2022“海之春”新

春文化季之元宵节民族音乐会进行全网直播，为市民带来一场高品质音乐盛宴。丰富的线上年俗活动受到网友大力追捧，为传统新春佳节增添时尚味道，让年味儿更加醇厚。

**（四）沁人心 不一样的春节一样的温暖**

海淀区融媒体中心举办的“我在海淀过大年”春节系列活动，推出系列主题报道，深度参与并见证大家留京过年，深入一线记录暖心故事，推出《新春走基层》等系列专题报道，深入基层一线，见证奋斗进程，记录温暖瞬间。通过“记者蹲点”方式多点位广泛报道医护人员、公安民警、社区工作者、消防员、冬奥志愿者等各行各业人员除夕夜值守的故事，其中采访的31个春节只回过三次家的公交驾驶员、在中国照相馆工作34个年头的摄影师等深深地打动了网友，引起强烈共鸣。春节期间，记者探访集中医学观察点的年味，见证小区解封、居民贺年的激动时刻，营造良好舆论氛围。

## 二、百家媒体推广传播催生爆款

“我在海淀过大年”新春系列活动，坚持移动优先战略，通过融媒制作、融合传播、市区联动，形成爆发式扩散效应，共有上百家主流媒体参与直播、报道和转发，中关村媒体融合发展联盟、海淀区融媒体中心各融媒体工作室、全区各系统各单位积极互动。《人民日报》、CGTN（中国国际电视台）法语频道、《光明日报》、《经济日报》、《科技日报》、《北京日报》、《北京青年报》、北京广播电视台以及中国新闻网、大公网、千龙网等通过网络新媒体平台报道。海淀区政府网、央视频、新华社现场云、快手、微博、今日头条、抖音、百度等平台参与直播。北京市委网信办、海淀区委网信办在推广上给予大力支持。京彩好评微博、中华网官微、头条新闻、凤凰网、花椒直播、爱奇艺资讯、时间视频、腾讯新闻客户端、网易新闻客户端、搜狐视频、优酷、梨视频、北青网、秒拍资讯、一点资讯同步转发直播活动。《海淀报》、海淀台、海淀网、掌上海淀移动客户端等海淀区融媒体中心自有平台，人民号、央视频、新华社现场云、北京号、北京时间号、微博、今日头条、抖音、快手、百度等平台账号，共同发出海淀好声音，形成最美和声。

2022年，海淀区融媒体中心举办的“我在海淀过大年”活动话题登上快手热榜（社会榜）

（海淀区融媒体中心）

# 丰台区融媒体中心多举措做好北京冬奥宣传

## 一、以全媒融合策划主题行动

深化央地协同“四全媒体”探索，丰台区融媒体中心与新华社北京分社合作，结合双奥之城的“双奥记忆”主题开展PUGC（Professional User Generated Content，专业或专家的内容生产）线上、线下互动传播项目，在北京世界公园冰雪嘉年华联合策划开展“相约北京 圆梦冬奥——2022我们准备好了”网络直播活动，讲述历届冬奥会冰雪故事，打卡世界各地冰雪风光，体验冰雪运动乐趣。新华社客户端、百度、新浪、“北京时间”，“丰台发布”抖音、快手号，“北京丰台”客户端、微博、今日头条号同步直播和采用，累计浏览量超500万次；在丰台融媒矩阵平台统一开设“助力冬奥 丰台有我”专栏，设置“冬奥小课堂、冬奥百科和北京冬奥一起向未来”等栏目，制作播发推送冬奥会主题系列融合报道300余条（篇），营造冬奥会舆论宣传氛围，提升广大市民参与热情。

## 二、用北京元素讲述冬奥会故事

深耕本地元素，找准区域特色，深入挖掘冬奥会故事和鲜活事例，通过丰台本地元素的“点”，诠释北京冬奥会魅力的“面”。以丰台基层体育工作者和北京冬奥会场馆工作人员为主线，用群众话语讲述双奥之城的感受，制作双奥人物公益短视频《2022我们准备好了！说出你的双奥故事！》，在“北京丰台”两微一端、北京号，“丰台发布”抖音、快手号同时发布，在全城城市电视8块户外大屏、6000块楼宇屏传播；在新华网首页置顶展示，新华社客户端点击量突破300万次，视频总播放量超过3000万次，1500多名网友留言评论；中英文对外报道在海外媒体平台播发，43家媒体转载播发，集束报道效应显著。

## 三、以百姓视角阐释奥运情怀

以开放互动的百姓视角，彰显北京冬奥会风采，采访双奥工程师、首台国产雪车设计师、首都的士雷锋车队队长、国家一级运动员、奥运志愿者等人物，展现“2022年北京已经准备就绪”的良好局面，引导大众分享难忘奥运记忆，分享自己的“双奥”故事；发动社区新闻发声人、体育健身达人等UGC（User Generated Content，用户生成内容）力量，制作《为冬奥发声·为新时代点赞》《我和冬奥有个约定》等系列微视频50余条，浏览量超110万次，“北京丰台”微博开设“说出你的冬奥故事”话题重点展示，阅读量超9万次；在丽泽金融商务区设置“2022我们准备好了”线下互动合影拍照墙，在世界公园“冰雪游园会”设置线下互动场景，给市民的冬奥感受赋予更强的仪式感和现场感。

（丰台区融媒体中心）

# 通州区融媒体中心
# 跨层级跨区域融合 打造城市副中心媒体矩阵品牌

通州区融媒体中心立足城市副中心高质量发展的新阶段，从政治责任上强化副中心意识，从思想认识上强化副中心概念，从工作思路和工作措施上凸显副中心特色。在北京市、通州区主管部门的指挥调动下，紧抓与市级媒体携手开展深度合作的契机，坚持一手抓新闻宣传提质增效，一手抓媒体融合向纵深推进，形成全域联动、协同作业、共同发声、同向发力的主流媒体传播矩阵，打造城市副中心媒体品牌。

## 一、跨级别深度融合，构建“城市副中心媒体矩阵”传播模式

通州区融媒体中心与市级媒体始终保持着积极的合作模式，协同发力，在构建“城市副中心媒体矩阵”的媒体融合之路上，不断实践总结“副中心经验”。主要推进内容融合、渠道融合和管理融合。

在内容融合方面，以“北京城市副中心形象宣传”为首要任务，通州区融媒体中心与北京日报社、北京广播电视台建立同向发力、联动协作、共同发声的高效合作模式。逐步构建“城市副中心媒体矩阵”。在渠道融合方面，与北京广播电视台合办副中心之声、京津冀之声，聚焦“十四五”规划纲要、副中心重大工程建设和京津冀三地协同发展等主题，凸显城市副中心的桥头堡作用。在管理融合方面，通州区融媒体中心与市级媒体密切协作，建立沟通协商机制。在人员配置上，北京日报社和北京广播电视台下沉业务骨干，长期入驻通州区融媒体中心，加强对基层编辑记者特别是新型宣传骨干人才的培养利用。

## 二、运用新媒体推进平台融合，打造“城市副中心媒体矩阵”品牌

以“北京通州发布”新媒体平台和“融汇副中心”客户端两个重要品牌为基础，推进城市副中心媒体的平台融合。“北京通州发布”品牌入驻头条号、抖音号、快手号、北京号等各大主流媒体平台，将传统广电媒体单一的传播形态和节目形式，变为新媒体多样态的融合产品，提高传播力和影响力。“融汇副中心”客户端贯通新时代文明实践中心、区级融媒体中心和政务服务中心，统筹全区各单位媒体形成基于客户端的新闻矩阵，大力度扩充掌上平台的信息容量；开设“接诉即办”“民呼我应”专栏，设置留言板块，广泛接收百姓反映的社会问题，积极对接政府部门推进解决百姓急难愁盼问题，为副中心百姓提供新闻、政务、民生的指尖化、移动化便捷服务，彰显媒体责任。截至2022年3月23日，“融汇副中心”客户端各平台总下载量160万次，注册用户22万人，日均活跃用户数约3万人。

## 三、成立直升机航拍团队，综合展示城市副中心建设进展和成就

通州区融媒体中心利用“运河人才”培养计划与地区航校开展合作，成立全国区县

级融媒体中心范围内首个直升机航拍团队。选取大运河、城市绿心、三大建筑、环球影城等地标性点位分阶段多次进行航空拍摄，综合展示北京城市副中心建设进展和成就。拍摄形成的7个多小时素材被北京广播电视台、中央广播电视总台、“学习强国”北京平台等多家媒体使用。

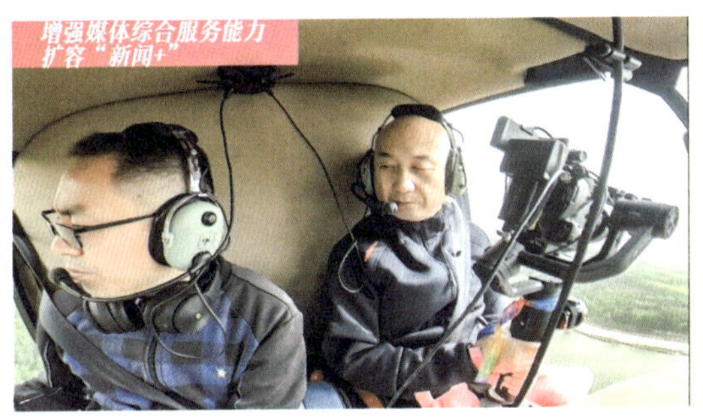

通州区融媒体中心直升机航拍团队航拍中

## 四、跨区域融合，开创京津冀媒体协同新格局

协同发展，媒体先行。通州区融媒体中心加强与津、冀两地媒体特别是与天津武清、河北廊坊媒体的互动联系，建立日常联络机制。“行走京津冀”暨高质量发展大型融媒采访活动，以通州、武清、廊房（及北三县）为主线，开展线上集中采访，主要围绕三地高质量发展阶段性成果、环境治理、水系治理等方面开展报道，展现京津冀协同发展对交通、教育、医疗、产业等建设的促进作用。2022年春节期间，通州融媒体中心与天津武清区融媒体中心、河北省廊坊市香河县融媒体中心三地联合制作并播出《2022春节特别节目》，展现三地节日文化，渲染节日气氛。

## 五、增强媒体综合服务能力，扩容“新闻+”

一是推行直播常态化。2022年，通州区融媒体中心共直播各类会议和活动300余场，内容涉及北京城市副中心新闻发布会、北京疫情防控新闻发布会、书香副中心、云游运河商务区等。二是突出便民服务。在“融汇副中心”客户端设置线上生活服务信息专栏，切实解决民生难题，与区商务局、文旅局深度合作，策划制作《运河岸边的家乡味》《品质生活惠购通州》等系列短视频产品，满足通州居民多元化的生活需求。2022年9月，在“‘运河这边 风景正好’北京（通州）大运河文化旅游景区系列文化活动”中，通州区融媒体中心开展长达7小时的“2022运河文化时尚大赏”长直播活动，以专家直播访谈、沉浸式游园体验、现场直播连线等多种方式，生动呈现大运河文化及运河两岸无限风光，线上线下反响热烈，仅微博平台“北京城市副中心运河文化时尚大赏”话题总浏览量就达6057万次，相关微博内容超过1万条。

2022年9月25日，“2022运河文化时尚大赏”活动在西海子公园举办

（北京市广播电视局媒体融合发展处、通州区融媒体中心）

# 顺义区融媒体中心媒体融合发展情况

2022年，顺义区融媒体中心坚定推进媒体深度融合，坚持一体化发展方向，坚持导向为魂、移动为先、内容为王、创新为要，丰富节目内容，创新话语表达，不断打造新型传播平台，持续扩大主流价值影响力版图，为全区经济社会高质量发展提供强大舆论支撑。

一是重大主题融合传播影响深远。深化理论宣传，开设《习近平新时代中国特色社会主义思想》《学习强国》栏目，推动习近平新时代中国特色社会主义思想在顺义大地落地生根，开花结果，形成更多生动实践。强化舆论支撑，聚焦迎接宣传贯彻党的二十大，北京冬奥会、冬残奥会，疫情防控，及创建全国文明城区等重大主题，创新开展全媒体报道和融合传播。开设《奋进新征程 建功新时代——顺义区学习宣传贯彻党的二十大精神一把手访谈》《喜迎冬奥会 当好东道主》《创建全国文明城区》等30余个栏目，综合运用H5、短视频、直播等新形式，推出丰富多彩的融媒体产品，以共情式、沉浸式、互动式融合传播做好重大主题宣传。

2022年9月，“北京顺义”客户端直播“顺义区2022年中秋文化节”

二是主流声音到达率持续提高。“北京顺义”微信公众号发布作品4619条，同比增长150%；原创作品占2/3以上，数量走在全市各区融媒体公众号前列。“北京顺义”微信公众号和头条号等多次位列北京广电融媒指数月榜单、周榜单第1名。“北京顺义官方发布”在北京日报北京号影响力Top10榜单排名一直位居前五，获得北京日报北京号2022年度最具传播力奖；在“北京时间”时间号传播力Top10榜单多次位居第1名。顺义区融媒体中心获得由新华社新闻信息中心、新华社县级融媒体研究中心发布的“全国县融中心2022年第三季度综合影响力优秀案例”“全国县融中心2022年第四季度互动传播优秀案例”。顺义区融媒体中心累计30余部作品获得新华社全国县融中心优秀融合报道奖、北京市广播电视创新创优节目、“学习强国”北京学习平台区级融媒体中心优秀作品秋季赛一等奖等奖项。

三是体制机制改革再深化。成立全媒体供稿的新闻中心，构建起一名记者负责一个单位（领域）的一体化内容生产体系。新闻中心下设小组，建立小而专的团队化组织，实现以移动端为重点的“统筹策划、一次采集、多种生成、多元传播”的采编流程再造。实行按稿计酬、按质计酬的考核办法。

（顺义区融媒体中心）

# 昌平区融媒体中心媒体融合发展情况

昌平区融媒体中心瞄准“主流舆论阵地、综合服务平台、社区信息枢纽”，实施“新闻＋服务＋政务”战略，进一步推进区属广播、电视、报纸、新媒体深度融合，以“北京昌平”App为主平台，以广播、电视、报纸、新媒体、市场运营优质资源为支撑，打造“一主五辅”全媒体布局，用好人民号、央视频、“北京时间”、北京号等23个有影响力的平台账号，建成资源集约、协同高效、内外联动的立体传播矩阵，探索走出“昌平模式”。2022年先后荣获“第九届全国服务农民、服务基层文化建设先进集体”等33项省市级以上荣誉。2022年，融合发展工作有以下亮点工作：

一是提升政治站位，夯实深度融合发展基础。持续推动中央媒体深度融合战略部署落地，聚焦供给侧改革，提升媒体服务能力。努力攻克体制机制和超额经费保障难题，在企业清理规范工作基础上，深化公司制改革，推进“事企分开”，完成治理结构搭建、管理体系建设等关键改革任务，初步实现企业独立运行，中心发展活力得到激发。与化工大学探索推进校媒融合战略合作，围绕跨平台会商、跨部门协同、跨身份作业等关键环节，探索建立实用、管用、有用的“校媒融合、产学共赢”合作发展机制，尝试打造校地融合与高等教育事业发展的新模式，共同助力人才培养，提升媒体人才梯队建设活力。坚持服务功能转型，推动“回天会客厅”建设，有效拓展记者站的社区覆盖面和触达率，常态化推进“镇街行”新闻实践活动，直播3期回应群众关切，通过12345“问政”平台累计解决群众难题43700余件，依托文明实践平台提供志愿服务项目3554项。强化“昌平号”运行，组织99家入驻单位及时发布政务信息1万余篇，有效巩固拓展“新闻＋政务”实效。

二是聚焦主责主业，巩固壮大主流舆论阵地。聚焦昌平改革发展重点，统筹推出大型融媒宣传17个，出动近5000组编辑记者深入一线采访。《昌平新闻》《古今昌平》等10档电视品牌节目播出2800余条新闻、530余期深度专题；电台每天跟踪昌平区热点直播三小时，创新推出《有事就找村书记》等3期系列广播音视频短剧；《昌平报》出版发行137期近5000份稿件，创新推出有声书栏目；新媒体发布内容3.6万余件，策划短视频、长图、H5、动画等精品内容近600件，阅读量（浏览量）超8亿次；突出抓好学习宣传贯彻党的二十大主题宣传，开设《奋进新征程 建功新时代》等17个融媒专栏，全方位反映昌平区各行各业生动实践；聚焦“作风建设年”推出《听民声察民情 解民忧办实事》等系列专题节目7期；聚焦“北京冬奥会和冬残奥会”精心制作系列动画25部，充分发挥公益宣传效能；围绕疫情防控新特点策划《昌平战疫第一时间》《主播说防疫》等10余个系列创新报道；聚焦昌平大事要事，先后组织25次策划，播发87篇评论，有效引导舆论走向；用好媒体热线、“民生·热线”板块等渠道及时回应群众关切，评论互动超500条，推出舆论监督报道30余个。

（昌平区融媒体中心）

# 北京经开区融媒体中心<br>尚亦城 App 应用发展情况

尚亦城 App 立足北京经开区区域产业功能实际与数据资源，以用户思维对标消费者需求，通过为个人和企业用户提供“双版本入口”、亦城数字身份——E-PASS 卡，探索“新闻 + 政务 + 服务 + 电商”的运营模式，实现一个端口满足政务生态、企业生产、居民生活全服务。截至 2022 年年底，尚亦城 App 注册量达到 135 万人，E-PASS 卡注册量 43 万人。

## 一、做好区域经济高质量发展“办事员”

尚亦城 App 融入 240 项政务服务功能与 140 余项高频审批事项，建设面向企业创新发展的服务平台。如尚亦城 App 的 VR 政务服务大厅可实现与线下同样的申报查询审批等功能。尚亦城 App 开发建设“小亦教您办”模块，将 140 余项高频审批事项通过“视频讲解 + 图文梳理 + 一键申请”的形式逐一拆解，为企业办理审批事项提供便利。在经开区科技创新局的指导下，尚亦城 App 创新性地建设“产业园区空间超市”模块，新入区的企业在该模块能够查看区内所有园区的地理位置、空间场景、产业布局、准入要求、面积、价格等信息，还可以根据自己的要求进行自定义查询搜索，并联系园区招商负责人进一步对接和选址。

尚亦城 App 上开发的“小易教您办”模块

## 二、打造百姓身边的“智能管家”

建立“数字孪生社区”，覆盖经开区内 34 个小区，建设引导本地百姓生活方式的服务平台。开设“文艺汇”线上云展厅，在经开区工委、管委会、组织人事部、商务金融局的指导下，分别设计开发经开区核酸检测点位地图、经开区工厂店地图等应用模块。核酸检测点位地图在地图上能够实现定位、导航等功能，并可按照经开区内和亦庄新城内、是否 24 小时营业等分类筛选显示，还新增动态数据查看点位排队情况等功能，解决疫情形势下常态化核酸检测的痛点，减轻点位负担，节省居民排队时间。经开区工厂店地图展示经开区内特色工厂店的地理位置及相关信息，助力疫情后期拉动消费、带动经济的工作目标。

## 三、拉动市民消费，做实区域经济“营销员”

承接了经开区工委、管委会指定的留京

过年消费券、疫苗消费券等各类电子消费券的发放任务，大幅拉动经开区职工居民零售品消费，在此基础上，还充分挖掘整合30多家区内企业，延伸开发运营“亦城优品”在线购物平台，上线200多种商品，先后发放10余次消费券，借助消费券发放带来的巨大用户流量，为区内企业提供商品展示空间和盈利路径，促进形成从工厂到家庭的区内特色产品智慧销购模式，实现“发券＋用券”的区内闭环，撬动区内消费高达数亿元。

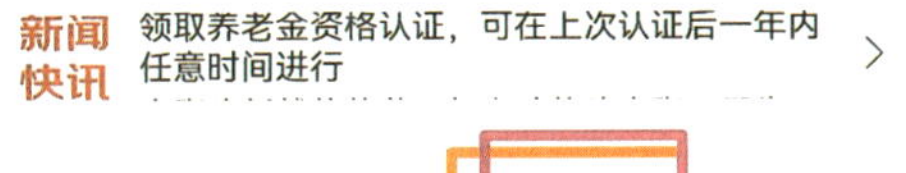

尚亦城App上开发“亦城优品”模块并发放消费券

## 四、开拓提升城市治理新渠道

一是尚亦城App与融媒体中心融媒联盟事业部紧密配合，积极联络融媒联盟成员单位，推进“融媒星云”板块建设。推动69家融媒联盟成员单位开通融媒星云账号，包括15个委办局机构，2个街道，36个企业，16个社区及小区。这些单位在尚亦城App实现官方途径的自主传播与发声，畅通单位、企业对外发布信息的权威性与效果，拓宽形象展示途径。

二是发挥基层社会治理枢纽的作用，畅通和规范基层群众诉求表达。自2022年6月25日起，融媒体中心编制《参阅》为政府部门提早进行主动治理提供依据。融媒体中心每天针对11个新媒体账号平台的网民留言进行梳理分析，总结诉求趋势特点，挖掘潜在风险规律，提出研判应对建议，形成报告送至工委、管委会，通过未诉先知、未诉先报，为工委、管委会相关部门主动治理提供参考。如2022年12月3日，由于社会面核酸检测点关停，造成群众核酸检测不便，许多用户在App后台留言询问核酸检测地点，《参阅》迅速出专报报送相关领导，经开区调整相关核酸检测点位，恢复部分核酸检测点，赢得群众支持。

（北京经济技术开发区融媒体中心）

# 北京市智慧广电建设情况

2022年，北京市广播电视局落实国家广电总局《关于促进智慧广电发展的指导意见》，推动媒体融合发展，打造智慧广电媒体，发展智慧广电网络，推动广播电视从数字化网络化向智慧化发展，推动新一轮重大技术革新与转型升级，从功能业务型向创新服务型转变。

1. 落实国家广电总局《关于促进智慧广电发展的指导意见》并印发《北京市智慧广电发展行动方案（2019—2022）》。根据方案设立智慧广电专项扶持资金。2020年至2022年，北京市广播电视局连续三年组织项目征集、评选和奖励，共计奖励扶持项目约90个，涉及60余家企业，涵盖全市智慧广电媒体、网络、服务和监管以及新一代信息技术应用等领域。三年间智慧广电专项资金引导和撬动作用显著，经不完全统计，共拉动研发投资超10.8亿元，营业创收192.41亿元，纳税超4.72亿元，推动全市广电视听领域科技创新、成果转化和应用推广，实现产业强链补链。2020年至2022年奖励项目惠及的60余家企业中，有13家为上市公司，占比达到20%。其中，2022年30个智慧广电优秀项目获得专项资金奖励扶持，全球最大超高清地面显示系统等12个场景落地服务北京冬奥会冬残奥会。

2022年，智慧广电领域创新技术和优秀成果转化应用于北京冬奥会期间的各项转播中

2022年北京冬奥会期间，北京市智慧广电领域创新技术和优秀成果得到集中转化和广泛应用，在4个方面、12个创新场景落地应用。2022年8月18日，中宣部“中国这十年”新时代宣传文化工作举措与成效新闻发布会上，国家广电总局对智慧广电助力科技冬奥予以高度评价。2022年8月，工业和信息化部、国家广播电视总局发布全国超高清视频典型应用案例，北京市入选18个案例，位于各省市之首，其中智慧广电贡献11个案例，占比超过6成，显示北京市智慧广电建设在推动超高清视频产业发展、加速示范推广应用落地中的引擎作用。

2. 贯彻落实《国家广播电视总局实验室管理办法》，鼓励北京市龙头企业申报国家广播电视总局实验室。2022年5月10日，优酷获批设立“高新视频云交互创新国家广播电视总局实验室”，高新视频高性能云互动开发工具在“哔哩哔哩”平台落地应用。2022年5月11日，鼎盛佳和获批设立全国第一家“电视剧制作技术创新研究与应用国家广播电视总局实验室”，深度开展电视剧制作创新研究与应用。依托超高清电视技术研究和应用国家广播电视总局重点实验室，开展4期“大视听产业沙龙”，组织广播电视技术能手竞赛培训，开展三维声体育赛事转播测试试验、超高清创新产品中试熟化（中间性试验）平台建设、云转播技术测试试验平台研发、8K 节目录制和云编辑规范编制等工作。

3. 依托智慧广电重点实验室，推进视听场景与实体经济融合发展。加快全国首场“5G+4K/8K+ 智能拍摄 + 交互式演出场景”落地，深化北京新视听工作协同创新，制定场景实施技术方案，组织国家广电总局等单位专家进行方案论证，推动智慧广电与文艺演出融合发展，培育视听消费新模式，为视听产业数字经济发展提供新动能。组织开展“5G+4K/8K+ 智能拍摄 + 交互式演出场景”实地测试，加快推进落地实施。智慧广电专项资金奖励扶持 30 个优秀项目，其中 10 个项目为智慧广电重点实验室孵化培育的项目，占比达到 33.3%。

4. 建设人工智能广播监管系统。完成“黑广播智能识别系统（一期）”建设，在北京市布局 18 处监测点位，实现全天候、全时空、全地域监控，提升对“黑广播”“灰广播”的智慧化监测能力，及时提供查办案件线索。

（北京市广播电视局科技处、规划发展处）

# 北京广播电视台“北京时间”智慧广电发展情况

“北京时间”不断实现自我突破，构建引领创新发展的技术支撑体系。

## 一、坚持技术引领，赋能内容生产

一是利用新技术，不断推进产品改版升级。2022 年，完成“北京时间”客户端 6 个版本迭代升级工作；完成 MIS 系统 6 个版本的研发上线工作，优化 14 项产品服务功能，不断满足业务应用的需求；完成社区服务、法律咨询、喵星人彩虹卡、民法典知识竞赛、我是少年、潮北京、春日小美好、“美育杯”全国舞蹈艺术展演、联通小记者招募、文明驾车礼让行人、服贸会互动答题、爱宠时间、展会预约等 13 个产品研发工作，丰富产品样态；完成北京市广播电视局“新技术在媒体融合领域的深度应用研究”项目调研及汇报；积极推进 IPv6 改造工作，如期完成并增强业务安全性；顺利完成冬奥会、全国两会、党的二十大等重大活动的安全加固、安全值守、网络保障、系统支撑等工作，先后参加公安部和广电总局的网络安全检查和攻防演练，以优异的成绩完成相关安全保障工作，牢牢守住技术安全“生命线”；在“北京云”技术平台移交及资产评估相关工作中发挥重要作用。

二是技术引领提升用户服务体验，助推平台升级。探索将 5G、AI、元宇宙等技术融入内容生产、新闻传播与交互体验的全流程。北京冬奥会期间，由北京广播电视台融媒体中心及“北京时间”共同打造中国首个广播级智能交互——真人数字人“时间小妮”参与赛事报道，《时间小妮看冬奥》融媒节目一经播出，引发广大网友关注；在党的二十大报道中，《我的北京时间——AI 数字人对话二十大代表》系列融媒报道，运用“时间小妮”与多名来自基层的二十大代表“跨时空”交流互动，畅聊非凡十年首都事业发展。

三是完成党的二十大主题成就展预约系统搭建及运维保障工作。2022 年 8 月，“北京时间”启动“奋进新时代”主题成就展预约系统搭建工作，完成团队预约系统4次版本迭代升级、公众预约系统3次版本迭代升级以及10余次文案校对工作，直至各系统顺利上线并稳定运行。10月31日，“奋进新时代”主题成就展面向社会公众开放预约参观。“北京时间”在“京华丹心”微信公众号、“北京时间”App、“BRTV北京时间”微信公众号开放预约通道，满足用户线上预约参观需求。

## 二、提升服务功能，丰富拓展“新闻+”

一是在“新闻+政务”方面，实施“接诉即办融媒工程”，实现“民有所呼 我有所应”的智慧融媒服务。2021年，“北京时间”与北京市政务服务管理局所属12345市民热线服务中心打通数据后台，将技术与内容结合，开创北京市首家视频接诉媒体项目——北京时间接诉即办融合应用，为社会公共服务和城市治理模式提供互联网时代解决新方案。截至2022年年底，该应用内容总浏览量1882万次，在微博播放量过亿次，热点新闻报道多次登上热搜总榜，得到网友的关注和热赞。2022年，“北京时间接诉即办融合应用”项目获第32届中国新闻奖应用创新类一等奖。

二是在“新闻+服务”方面，与北京市农业农村局共同打造上线“北京时间城市动物智慧服务平台”。该平台依托“北京时间”客户端搭建，上线运营“爱宠”频道。用户在“北京时间”客户端内为宠物完成注册后，可生成宠物免疫身份证。同时，可以享受宠物免疫信息查询、免疫预约、地图选点预约、宠物免疫提醒、宠物走失信息发布、流浪动物鼻纹拍摄匹配查询主人、养宠政策发布、科学养宠短视频等专业服务。平台立足于建设“2030消灭犬传狂犬病行动”的数字化服务能力，以伴侣动物免疫为抓手，建立联通宠主、动物医院、动物免疫职能部门、政府管理部门的全链条服务。用媒体融合及“互联网+”的技术为养宠物人士提供科学服务，创造和谐宜居的文明都市。通过“新闻+服务”模式，助力全市疫情防控，2022年5月，“北京时间”设计并印制2.7万余份与疫情防控相关的公益海报，覆盖全市各区60多个街道和单位，近800个社区。结合首都高质量发展，推出“文明驾车 礼让行人”系列融媒互动，吸引超百万人线上申领礼让卡成为“礼让执行官”，推动“礼让行人”成为首都社会文明新时尚。

三是在“新闻+商务”方面，与“听听FM”开展一体化经营，通过“北京之声”“我是大主播”等项目联合进行商业化运营，同步拓展商业合作客户、电商运营工作；通过工作室助农直播及“时间京选”带货直播等，实现经济效益和社会效益双丰收。

四是在“互联网+产业”方面，建设“BRTV北京时间数字文化产业基地”，并已与多个行业和头部企业形成联盟协作。

（北京广播电视台）

# 北京 IPTV 融合传播平台推动首都智慧广电建设

北京 IPTV 顺应时代发展潮流，落实国家广电总局“智能运营”精神，以改革创新为驱动，不断强化全新智慧平台的运营服务能力，加快从“看电视”向“用电视”转变，取得多项重要成果，“智能推荐”“8K 超高清技术研发”等技术获省部级奖项，观达智能运营系统、青荷大数据、智能语音功能、双屏互动功能、定制化频道、软终端等项目取得突破性成果，带动大屏行业进步。2023 年 1 月 19 日，北京广播电视台 IPTV 集成播控平台通过国家广电总局验收，获得广电总局颁发的 IPTV 集成播控业务许可牌照。

## 一、内容储备、运营模式、制度建设实现新突破

1. 丰富内容储备，开拓创新业务。2022 年，直播频道数量达到 160 路，率全国之先尝试 8K 直播频道（冬奥纪实 8K 超高清试验频道）。直播日均 200 万小时、峰值为 300 万小时。扩展点播流业务，创设“随心看”产品，由点播成流的频道由 30 路扩增为 52 路。点播内容储备达到 20.7 万小时，同比增长 20%。4K 和院线内容方面同比 2021 年有 30% 的增幅。点播日均时长约 20 万小时，点播收视次数约占平台总收视次数的 1/3，同比 2021 年增长 5%。推进短视频应用，自制短视频 1000 余条，“以短带长”，充分运用各类节目预告、花絮，提升用户观看、订购正片的活跃度。设立短视频内容专区，以影院模式推荐位、主题模块等形式进行呈现，增加新的流量。

2. 优化基础媒资，提升大屏体验。加大高清替换标清、4K 替换高清力度，引入派拉蒙超高清内容 160 部。改进填写规范、标签规范和内容整合规范，清晰梳理平台的同质化内容，让“一片多介质”的情况得到一定缓解。特别是启动节目标签的梳理和改进，为智能推荐系统的应用提前谋划。策划搭建“主题专区菜单”，以当月特殊节日、活动、最新上线等重磅内容为主题，重新进行整合编排，盘活平台底量内容，平均每半个月更新一版推荐页面，并在数据方面进行深入剖析，根据平台用户喜好做针对性调整，平均每月提升 EPG（电子节目指南）总收视人数 8%。

## 二、逐步形成全新的智慧平台运营服务能力

1. 助力 2022 北京冬奥会，实现北京地区普通家庭 IPTV 用户收看 8K 超高清直播。落实北京市 8K 试点项目，进行 UiOS 针对基于 Android 10.0 操作系统的机顶盒的适配及开发，于 2022 年 1 月先后完成移动、电信侧 8K 机顶盒的适配工作，确保北京冬奥会 8K 信号的试验示范播出。示范取得良好效果，在工信部、国家广电总局“关于征集超高清视频典型应用案例”项目中，入选典型应用案例。

2.“观达 AI”智能推荐系统一期项目落地，二期项目启动。“观达 AI”智能推荐系统为电视大屏智慧化运营打下基础，参加国家广电总局“新业态、新应用试验示范”项目，探索千人千面电视个性化服务。基于用户个性化推荐算法，结合编辑运营策略的

需要，对推荐效果、推荐模型及算法进行逐步迭代的优化，已在联通侧上线多个智能楼层推荐场景进行 A/B 测试，逐步实现千人千面的个性化精准服务。该系统入选国家广电总局 2022 年“全国智慧广电网络新服务”项目，获得国家广电总局举办的“第二届广播电视和网络视听人工智能应用创新大赛”智能推荐技术应用赛道一等奖，入选北京市广电局“2022 年广播电视媒体融合成长项目”。

3. 持续提升北京 IPTV“青荷大数据”的平台功能，拓展对内对外服务能力。北京 IPTV 青荷大数据平台实现对多源异构的海量业务数据汇聚、整合、分析、挖掘，不仅方便 IPTV 内部业务人员及时掌握更全面、准确的运营情况，以便及时做出响应，同时青荷大数据在 2022 年实现为北京广播电视台及北京联通提供实时服务及数据深度挖掘服务，推动 IPTV 数据服务走出去，向运营商提供用户使用证据链系统，初步实现数据价值的变现。

4. 推动 IMOS 服务深化及大小屏融合开发，进行多屏互动功能联动，打通移动端与电视屏之间的界限。其中 IMOS 已进入成熟运营阶段，实现对联通、电信侧开机用户 98% 以上的覆盖率，通过 EPG 向频道导流，频道向点播导流，有效提升 IPTV 日活流量的使用率，并通过互动答题、签到抽奖等多种方式，增强与用户之间的互动，促进其向付费用户转化。

5. 推进智能语音功能在多平台上线，进行“随心看”个性化智能编单功能的开发上线。2022 年 3 月在移动侧、电信侧完成智能语音遥控器功能开发，并分别于 4 月初和 5 月初完成投放。语音服务功能已全面支持联通电信移动三大运营商，正配合电信侧开发基于安卓 9.0 的小翼语音遥控业务适配；进行“随心看”个性化智能编单功能方案研讨及项目开发，实现“千人千面”个性化点播流播放，于 8 月 31 日在联通侧、11 月 10 日在电信侧上线。

6. 参与国家广电总局“频道定制化”技术研究项目。2022 年进行 i 频道（定制化频道）场景开发，该场景是将直播频道场景与智能推荐功能相结合创新出的全新用户场景，一期已于 9 月 26 日完成并具备上线条件，已开始进行二期功能优化。

7. 软终端、第三方连续支付功能的开发，为扩大使用场景、深入精细运营提供可能。与联通、电信运营商进行第三方连续支付功能开发，电信软终端也已进行长时间开发测试工作，已验证在电信华为平台可以正常使用软终端。

（北京广播电视台）

## 中国首个广播级智能交互——真人数字人“时间小妮”应用情况

中国首个广播级智能交互——真人数字人“时间小妮”是北京广播电视台打造的通过采用世界一流的人工智能视频合成技术，采集主持人徐春妮的形象和声音素材合成 AI

真人数字人产品。“时间小妮”是北京广播电视台以AI触角创新“新闻+政务、服务、商务”运营模式，推动“大屏小屏”互融、内容创新、媒体深度融合发展的创新性建设项目。2021年10月13日，该产品在第二届中国广电媒体融合发展大会省级广电媒体创新运营峰会上发布，引发热烈反响。截至2022年年底，AI数字人“时间小妮”完成的生产内容有：北京冬奥会宣传融合新闻节目；喜迎党的二十大主题宣传融合新闻节目；北京市接诉即办融合新闻节目、主题宣传片和AI交互节目；“文明驾车 礼让行人”专项行动；“北京时间”AI便民服务优化升级项目。此外“时间小妮”应用在“北京时间”客户端上，推出播报新闻、讲解知识、广告代言、交互问答等全智能视频服务。

“时间小妮”播报“文明驾车 礼让行人”活动专题报道

## 一、以智慧广电赋能创新融合发展

AI数字人“时间小妮”核心点就是通过采用集人工智能、深度学习、卷积神经网络学习技术于一体的人工智能视频合成技术，采集主持人徐春妮的形象和声音素材合成AI真人数字人产品。“时间小妮”达到数字人形象复刻还原度≥97%，数字人表情情绪复刻匹配度≥95%，数字人语流语调复刻仿真度≥95%，数字人肢体动作仿真度≥97%，数字人动作流畅度30帧/秒，数字人输出品质4K广播级画质。“时间小妮”以“人工智能+情景对话”的形式，在不同应用场景满足用户需求，突破主流媒体数字人产品多集中在虚拟主播领域的局限。“时间小妮”获得国家广电总局第二届广播电视和网络视听人工智能应用创新大赛数字虚拟人技术应用类一等奖、首届新视听媒体融合创新创意大赛运营模式创新类二等奖（一等奖空缺）、首届全国广播电视融媒体营销创新大赛银奖、北京市2022年广播电视媒体融合典型案例、北京市广电媒体融合新品牌产品等荣誉，获北京宣传文化引导基金2022年度新闻宣传类项目扶持。

## 二、创新“新闻+服务”运营

“时间小妮”接入“北京时间”平台，24小时同步为上千万用户提供信息和实时互动。2022年，“时间小妮”正式融入内容生产，从2月5日起，连续16天在电视端《冬奥早新闻》栏目和移动端《时间小妮看奥运》栏目进行北京冬奥会新闻播报和连线。在北京冬奥会期间，“时间小妮”与谷爱凌数智分身组成“数智双姝”，宣传奥运会，推广冰雪运动。

“时间小妮”播报北京冬奥会专题报道

党的二十大期间，“时间小妮”以“北京时间”客户端界面为载体，“打通”多维屏幕、“跨时空”对话来自基层的党的二十大代表，推出《我的北京时间——AI数字人对话二十大代表》系列融媒报道，微博原创话题“二十大我的北京时间”话题阅读量达到1050万次，单条视频阅读量突破70万次。

2022年，“时间小妮”播报疫情防控提示

疫情期间，在“北京时间”客户端上开设AI“时间小妮”信息服务内容，帮助市民解决问题；在北京市“文明驾车 礼让行人——我承诺 我礼让”接力活动中，引导172万用户在线打卡成为“礼让执行官”；在首届北京文化论坛期间，“时间小妮”参与特别节目录制，展示北京文化中心建设成果。

## 三、创新“新闻＋政务”运营

“时间小妮”参与智慧城市建设，通过与公共服务大数据和政府部门的连通对接，提升参与社会治理能力。2022年5月18日，智能交互真人数字人“时间小妮”成为北京市“接诉即办”推广大使。围绕接诉即办案例，“时间小妮”服务12345市民热线服务中心，朝阳区、顺义区等各区政府，通过AI数字人播报的新颖方式，助力城市基层治理体系和治理能力现代化建设。“时间小妮”参与生产《新身份解锁！“时间小妮”助力12345》等20期节目，多层次多角度展示基层党员为民服务的生动故事。此外，“时间小妮”还推出接诉即办智能交互小程序，收集接诉即办方面的高频共性问题，提供优解交互回答。“时间小妮”的接诉即办主题节目在“北京时间”客户端首发，同步在“时间视频”“北京时间”“北京时间直播”3个官方认证账号以及微博号、微信视频号、抖音号等平台进行矩阵推广。截至2022年10月，累计发布内容近70分钟，点击量超过210万次。

AI数字人“时间小妮”播报接诉即办节目

## 四、创新“新闻＋商务”运营

一是为各类展会、剧场提供定制服务。与北京工艺美术博物馆深层合作，创新性地用AI数字人为观众进行导览和藏品介绍，并在“北京时间”文旅频道搭建AI数字人宣传首都演艺资源专区——北京艺术展指南；在“北京视听零距离”新视听公共服务志愿行动启动仪式、第二届中国广电媒体融合发展大会等大型展会上，“时间小妮”展示首都媒体融合创新运营的新样本。二是为合作单位提供商务发布。6月16日，北京市工商联与中国建设银行北京市分行举办线上发布会，联合发布《关于进一步助力小微企业纾困解难和复工复产的十项举措》，活动邀请“时间小妮”对十项措施进行发布。三是推出“时间小妮＋北京地标”的专属数字藏品。“时间小妮＋北京地标”的数字藏品把北京广电打造的AI数字人与北京的地标元素相结合，探索具有文创属性的移动端拉新促活和增加营收的新路径。

（北京广播电视台、北京市广播电视局媒体融合发展处）

# 歌华有线智慧广电发展情况

2022 年，歌华有线在广电总局、市广电局和中国广电坚强领导下，全力保用户守阵地，紧抓广电 5G 建设一体化发展机遇，全面推进“有线 +5G”融合发展，贯彻广电总局“未来电视”战略部署，提升智慧广电建设服务水平，探索推进政企业务发展，取得良好成效。

## 一、全力推进广电 5G 建设发展

2022 年，歌华有线站位广电 5G 建设一体化发展全局，高质量建设完成广电 5G 核心网北方大区机房，并全面负责运维工作；承接完成中国广电一级客服中心建设，确保全国 10099 热线受理工作正常开展；顺利完成 700M 清频、支撑系统建设，率先完成旗舰营业厅建设，实现与其他电信运营商网间互联互通，并于 6 月 27 日全国首批启动广电 5G 试商用。在完成试商用阶段工作基础上，歌华有线按照中国广电统一部署，迅速进入规模推广阶段，对标学习三大运营商运营经验，积极借鉴兄弟省网有效做法，围绕任务指标，制订分解方案，创新营销策略，加大宣传推广，扩大渠道覆盖，全力加快用户拓展工作。截至 12 月底，歌华有线累计新发展广电 5G 用户 12.22 万，其中固移融合用户 11.64 万。

## 二、完成智能推荐频道试点推广

2022 年 7 月，广电总局部署“未来电视”战略，提升有线电视智能化个性化服务水平，推进智能推荐频道试点上线。歌华有线作为试点单位，积极落实广电总局“未来电视”战略部署，在中国广电大力统筹下，实现上海、浙江、北京三地内容互通共享，集成自有平台直播频道、精选点播内容，以及华数、东方有线、央视网的优质节目。截至 12 月底，歌华有线完成 194.54 万户 4K 终端升级上线。

## 三、推进电视服务提质升级

1. 上线升级一体化运营产品“快点”。2022 年 5 月 24 日，歌华有线特色高清视频点播产品“快点”上线，在线内容量 50 万小时。配合智能推荐频道上线，“快点”产品先后升级迭代近 10 版，已升级覆盖 194.54 万户超清智能机顶盒。

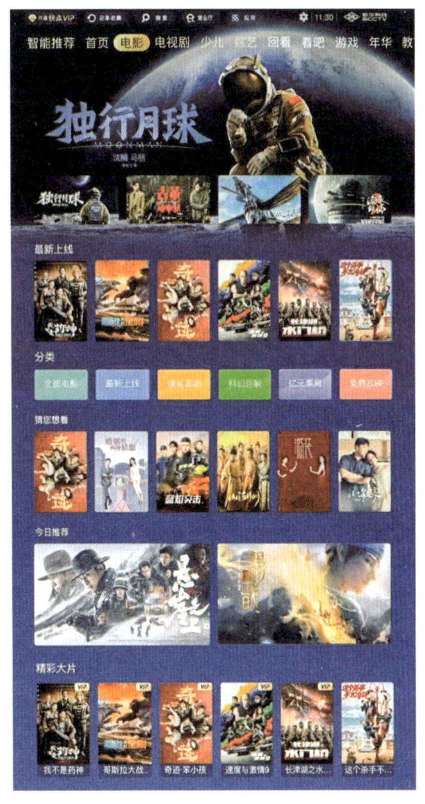


歌华有线特色高清视频点播产品“快点”界面

2. 深耕教育板块。中国广电集团正式批复歌华有线公司在北京建立“中国广电数字教育发展中心”；9月，中国广电教育服务平台被广电总局评选为“全国智慧广电网络新服务”的“智慧家庭创新应用”；承建上线“北京市空中课堂”网站；中标北京教育融媒体中心制作播出服务项目。按照市教委要求，重启播出“空中课堂”12个年级直播频道，累计浏览量超5600万次。

### 四、强化广电5G赋能，大力发展政企业务

按照中国移动和中国广电《政企业务合作协议》精神，歌华有线与北京移动、中广电移动北京分公司率先在全国签署《政企业务合作框架协议》。充分发挥广电5G优势，联合北京移动入围北京电力5G专网项目，新开展腾讯智能网联测试5G专网项目；在中国广电支持下，完成中国残联视频会议有关专线部署；积极拓展互联网行业市场，与抖音开展互联电路数据传输项目合作；扎实推进北京市委专用通信网络二期、市广电局发射站运维、市交通专网等重要政企业务项目工作。

### 五、技术升级改造，提升用户操作体验

围绕智能推荐电视服务，基于歌华云平台端到端数据归集系统，初步形成用户行为偏好画像，为有线电视智能化数据驱动、进一步满足用户个性化收视需求奠定良好基础。加强终端研发，规划开发4K、8K终端，软终端及IP直播等系列产品，完成60万台终端TVOS4.0操作系统升级，120万DVBIP−1000终端蓝牙语音遥控功能开发及HMT−2200终端IP化软件改造，进一步提升用户终端使用体验。

（北京歌华有线电视网络股份有限公司）

## 中国（北京）星光视听产业基地<br>产业协同，构建智慧广电服务新模式

2022年度，中国（北京）星光视听产业基地积极推动政企联动，加强示范引领，创新服务模式，全线贯通政策落地实施协调机制，全力打造产业化服务试点窗口平台，并获得ISO国际体系认证。智慧广电公共服务方面具体举措如下：

XR虚拟制作协同创新中心远程制作中心制作机房A

### 一、构建智慧广电协同创新平台

2022年，星光视听产业基地新投入1200万元，用于智慧广电公共服务平台专业改造

和设备升级。平台XR虚拟制作协同创新中心，完成600平方米大型XR虚拟演播室和远程制播平台、数字人实验室的总控集成工程，完成450平方米XR虚拟演播室的改造任务，并为该演播室配建虚拟技术国产化应用协同创新实验室；5G+4K/8K超高清远程制作中心，完成5G+超高清视音频制播系统、5G+超高清+XR虚拟制作系统、虚拟数字人系统、IP化网络系统在新改造机房区域的重新集成和创新部署；视听装备创新生产和集成，进行第一代国产XR虚拟制作移动演播室项目（虚拟魔盒项目）的集成研发，进行产品稳定性测试和市场化推广测试。

XR虚拟制作协同创新中心远程制作中心制作机房B

## 二、深耕视听产业链合作创新模式构建

XR虚拟制作协同创新实验室开放产业链合作，与墨码创造、中影年年、澜景、小象时光、秀狐、阿尔特等XR虚拟制作领域装备生产企业、研发企业、应用场景制作企业建立战略合作，共同推进XR虚拟制作应用场景研发、XR虚拟设备的国产化替代等产业任务。

## 三、虚拟数字人应用研发实验室开放

加强产业链合作，与青瞳、墨码创造、世优科技等动捕、影像追踪、数字人研发企业建立战略合作，共同研发虚拟数字人在视听内容创造和协同应用领域的实践课题，基于园区协同实验室，已推出青瞳自主研发消费级动捕装备以及多个虚拟数字人形象，包括主持人、虚拟偶像等。

## 四、促进优质产业资源积累、流动和共享

以视听科创为主导技术方向，形成以5G+超高清应用场景、XR虚拟制作应用场景、视听+AI应用场景等为应用研发环境和载体的5G+超高清+远程云制作协同平台、XR虚拟制作协同创新平台、虚拟资产和虚拟数字人创新应用平台等应用研发体系，通过视听内容生产服务、XR虚拟制作服务、虚拟资产交易网络、大型移动载体集成化生产等数字化、资产化价值转化模式，形成集群化高新智慧视听产业价值成果转化体系和可持续研发生态，至2022年年底已聚集产业链上下游关键结点企业100余家。

XR虚拟演播室公共技术平台演播室

## 五、推动视听产业文化、科技交流和互动

2022年，星光视听产业基地共召开小型推介会4次，参与大型节展活动3次，包括中国国际服务贸易交易会、元宇宙大会、ChinaJoy2022年线上展等，组织论坛活动3次，

包括2022年中国北京视听大会XR虚拟制作平行论坛、“科技赋能视听技术 XR改变传播场景”文科融合论坛、“科技赋能视听技术 场景催化产业转型”论坛等。

2022年5月26日下午，由中国（北京）星光视听产业基地、北京新视听发展中心（北京音像资料馆）、北京星光拓诚文化产业集团有限公司协办的第二届中国（北京）国际视听大会预热活动——XR虚拟制作产业论坛以线上方式在北京举行，本次论坛以“从影视制作基地迈向数字视听高地”为主题，围绕XR虚拟制作技术研发、XR技术设备应用推广领域、圆桌论坛三大部分展开讨论交流。国家广播电视总局科技司副司长、一级巡视员孙苏川，北京市广播电视局党组书记、局长王杰群发表精彩致辞，包括星光影视园董事长陈洋在内的国内XR领域7位行业专家进行主题演讲。

2022年8月，与文化产业园区协会合作举办“科技赋能视听技术、XR改变传播场景”文化园区SHOW直播活动以及文科汇“科技赋能视听技术 场景催化产业转型”产业交流活动。星光视听产业基地XR项目负责人参会并进行主题演讲。

## 六、有效提升产业服务带动各类政策落地

全线贯通政策落地实施协调机制，全力打造产业化服务试点窗口平台，提供包括线下审批（绿色通道）、视听业务咨询、政策培训、京津冀产业协同、版权工作站等在内的综合服务。2022年度完成和北京市广播电视局、北京市政府服务管理局的对接，并进行相关政务流程培训，为推进政务审批窗口落地星光视听产业基地试点工作打下基础。

（北京星光拓诚文化产业集团有限公司）

# 网络视听

# 2022年北京市网络视听管理情况综述

2022年，北京市广播电视局共审核重点网络影视剧规划备案4848部，审核网络剧剧本24部533集，网络电影剧本79部，网络微短剧剧本10部185集，网络动画片剧本3部46集；审核重点网络影视剧完成片561部次，其中网络剧144部次，网络电影236部次，网络微短剧112部次，网络动画片69部次。发放网络剧片发行许可证或上线备案号227部，其中网络剧58部，网络电影98部，网络微短剧43部，网络动画片28部。审核上线备案网络综艺节目79档474集，网络纪录片20档120集，网络视听专题节目5档30集。审核网上境外影视剧和动画片281部，核发发行许可证261部，其中境外电视剧33部463集，境外电影87部，境外动画片141部46998分钟。

## 一、推动网络视听宣传出新出彩

2022年，围绕迎接党的二十大、北京冬奥会、抗击新冠疫情等重大主题和重点任务，统筹发挥北京优势资源，全力抓好网络视听宣传工作。一是持续深入实施“首页首屏首条工程”，各视听节目网站、IPTV、互联网电视集成服务平台在首页首屏最重要位置，对展示习近平总书记重要思想和风采的时政节目、微视频、专题片等节目进行重点推送。二是统筹全市重点网络视听平台在首页首屏设置“新时代的答卷”“喜迎二十大 奋进新征程”“奋进新征程 建功新时代”等专栏专区，统一宣传标识，深入做好成就宣传、典型宣传、形势政策宣传，浓墨重彩展示党的二十大精神相关报道，展播百余部“弘扬社会主义核心价值观 共筑中国梦”主题原创网络视听节目，专题点击量超过1.2亿，专题视频播放量超过3.13亿次。三是联动市疾控中心，开展疫情防控政策措施和知识普及宣传。推送、刊发《科学防疫6法宝》《居家防疫应急物资储备指南》等图文、音视频，全年播放量3.7亿次。四是以“和满京城 奋进九州”为主题开展传统节日文化活动，把丰富多彩的民俗活动搬到“云端”，让广大市民在居家过节期间依然能够感受浓浓的节日气氛，“端午”“重阳”等主题短视频播放量近30亿次，直播活动观看量超1300万次。五是联动外省兄弟单位、各区委办局、北京市社会组织共同策划主题活动。携手河北省广电局开展“闯关冰雪季”冬奥直播答题，227万人次观看，“携手迎冬奥 同心过大年”短视频活动播放量超3.8亿次；组织京津冀三地“免费看”活动，专区浏览量4.76亿次，会员“转免”累计价值超过1亿元；联动北京慈善义工联合会，策划推出“抗疫战线上的平安红”百名慈善义工展活动；与北京市文物局、中共北京市昌平区委员会、北京市昌平区人民政府联合主办“2022明文化论坛”，邀请明史权威专家、学者以“焕新明文化 赋能十三陵”为主题交流对话，各大媒体平台的直播参与人数达到2086.5万人次，各平台话题、报道总浏览量超过3.5亿次。

## 二、筑牢网络视听安全防火墙

一是着力做好迎接党的二十大网络视听安全保障工作。组织召开北京网络视听迎接党的二十大内容安全工作专题调度会，督导全市平台做好网络视听内容保障工作。建立健全内容监看日报告制度，全面巡查各类网络视听节目，密切监测网络视听舆情信息，严防涉政有害等违规内容扩散传播，全年巡查清理不良视听内容70万条，处置违规账号约9万个。二是提升专项整治行动工作效能。开展“清朗视听”内容安全专项治理工作，重点整治IPTV、VOD、互联网电视等领域违规问题，责令“风行视频HD”等4款互联网电视应用程序下线停服。三是持续推进文娱领域综合治理。加强网络音频节目管理力度，清理违规低俗有害网络广播剧近200部，约谈“猫耳FM”主要负责人。处置违规低俗网络歌曲《我也想被哥哥钓》，组织督导全市平台清理歌曲原曲、背景音乐、使用歌曲素材的短视频及变形曲目，累计下线违规内容135587条。四是从严整治短视频领域违规问题。约谈违规平台主要负责人20余次，提请文化执法、通管部门查处“九七电影网”等无证网站12家。

## 三、激发网络原创力，推动文艺创新

一是策划“青春中国梦”喜迎党的二十大网络视听精品创作项目征集评选活动，推出一批青年题材、青年创作、青年鉴赏、青年评议的网络视听精品献礼党的二十大。共收到全行业投稿作品279部，经专家初评、复评，最终推选出网络剧《青春正好》、网络电影《黑鹰少年》、网络微短剧《反诈风暴》、网络纪录片《幸福中国》、网络综艺节目《登场了！北京中轴线》等20部优秀网络视听作品。二是组织召开迎接党的二十大重点网络影视剧创作生产推进会，对《青春正好》《在你的冬夜里闪耀》《浴血无名川之奔袭》《生死协议》《金牌少女》《排爆手》《特级英雄黄继光》《黑鹰少年》《抬头见喜》9部重点网络影视剧创作生产进行调度，听取爱奇艺、优酷汇报重大主题作品创作生产和播出情况。三是主动策划推出贯彻落实党的二十大精神网络视听精品项目。聚焦北京中轴线申遗工作，指导爱奇艺、优酷、抖音、快手等重点网络平台围绕北京中轴线题材，创作推出网络文化节目《登场了！北京中轴线》，网络微纪录片《一脉》，网络直播节目《听建・中轴》《中轴奇妙行》，短视频《至美中轴》，以及多场网络直播活动。四是推优评奖领跑全国。2022年，在国家广电总局发布的各类评优推选活动中，北京78部作品入选，其中，23个项目被评为国家广电总局年度优秀作品，6部作品入选精品创作传播工程，33个项目入选季度推优，16部作品被评为“弘扬社会主义核心价值观 共筑中国梦”主题原创网络视听节目征集推选和展播活动优秀节目。五是做好精品项目宣传推介和文艺评论工作。一方面，统筹组织各大平台，开展精品项目宣推会，充分发挥爱奇艺、优酷、抖音、快手、微博、好看视频、豆瓣、猫眼、知乎等平台资源，矩阵宣推优秀网络视听节目；另一方面，组织邀请业内知名专家，开展系列网络文艺作品深度评论和短评快评。六是提升基金扶持效能。完成2022年度两批北京广播电视网络视听发展基金评审，评选出网络剧《冰球少年》、网络电影《排爆手》、网络动画片《孙爷爷话说西游记》、网络纪录片《追光者第二季：奋斗的青春》、网络综艺《一年一度喜剧大赛》等9个类别63部作品。

## 四、多措并举推动平台企业健康发展

一是加强重点企业指导帮扶力度。开展爱奇艺、快手“一企一策”指导帮扶工作，帮扶方案得到市政府主要领导同志批示肯定。协调邀请市领导带队实地走访调研，联动发改、金融监管、银保监、人行等部门解决爱奇艺迫切诉求。二是强化合规指导和政策研讨。在全国广电系统率先编制印发《北京网络视听平台企业合规手册（2022版）》。指导北京网络视听节目服务协会发挥桥梁纽带作用，及时响应会员单位发展诉求，动态跟踪复工复产情况。组织召开互联网广告专题研讨会和贯彻落实《网络主播行为规范》专题研讨会，帮助长视频企业积极向国家市场监管总局反映实际困难和迫切诉求，围绕加强网络主播队伍建设和管理开展交流座谈和政策解读。三是坚持以强党建引领行业规范发展。指导快手建立健全党建体系，全面提升分管企业党建质量。邀请主管局领导为快手讲专题党课，全面宣讲党的二十大精神。开展网络主播党建工作大调研，形成“党建引领主播规范发展案例”。四是进一步提升备案制管理效能。重点吸纳头部未持证平台纳入登记备案管理，指导备案制平台健全总编辑内容负责制和节目自审机制，合规有序开展网络视听业务。2022年北京市共有备案制平台（App）48家，约占全国总数的60%。

## 五、抓好节目审核，优化营商服务

一是落实国家广电总局关于实施国产网络剧片发行许可的工作要求，为网络剧《青春正好》、网络电影《特级英雄黄继光》等30部优秀网络影视剧作品发放网络剧片发行许可证。二是牵头组织市公安局、市民族宗教委等6个部门建立重点网络影视剧协审机制，起草《关于建立健全北京市重点网络影视剧协审绿色通道联动机制的工作方案》。三是加强直播线上演唱会管理。修改完善备案审核流程，强化嘉宾审查和内容审核标准，严把节目导向关、内容关、人员关、宣传关，严格节目调控，严禁违法失德艺人公开出镜发声。组织抖音、快手等平台开展“抖音新春直播季”和“幸福中国年”系列直播活动。对优质直播演唱会扶持引导，丰富群众疫情期间文化生活。四是加强电商主题直播活动扶持指导，与京东、抖音和快手等平台建立沟通协调机制，为消费季、618、双11等电商主题直播活动开设绿色通道，即报即审，并指导开展了“京东晚8点”“超级品牌日”“好物节”以及“谁是京英”系列电商主题直播答题活动等品牌直播。五是落实局属事业单位机构职能编制规定和市审计整改工作要求，将网络剧、网络电影、网络动画片、网络综艺节目、网络纪录片等4大类9项网络原创视听节目审查工作全部交由视听中心完成。六是开展“小程序”类网络微短剧整治工作，督促市属平台自查整改。截至2022年年底，市属各平台共下线微短剧13846部，共计135万余集，170多万分钟；下架小程序321个，整改小程序26个；指导抖音、快手等平台发布相关整改公告6条。

（北京市广播电视局网络视听节目管理处）

# 2022年北京市持有“信息网络传播视听节目许可证”机构一览表

| 序号 | 许可证号（备案号） | 开办单位 | 网站名称 | 播出名称 | 登录地址 | 接收终端 |
|---|---|---|---|---|---|---|
| 1 | 0105094 | 华奥星空科技发展有限公司 | 华奥星空 | 华奥星空 | www.sports.cn | 计算机 |
| | | | — | 华奥星空 | sports.cn | 手机等手持终端设备 |
| 2 | 0103032 | 中广亚广播信息网络有限公司 | 中广网 | 中广网 | www.catv.net | 计算机 |
| 3 | 0103028 | 北京广播电视台 | BRTV北京时间 | BRTV北京时间 | www.btime.com | 计算机 |
| | | | — | BRTV北京时间 | — | 手机等手持终端设备 |
| | | | — | 歌华手机电视 | — | 手机等手持终端设备 |
| | | | — | 歌华互联网电视 | — | 电视机 |
| 4 | 0104056 | 北京千龙新闻网络传播有限责任公司 | 千龙新闻网 | 千龙网 | www.qianlong.com | 计算机 |
| 5 | 0104053 | 北京在线九州信息技术服务有限公司 | 天天在线 | 天天在线 | www.116.com.cn | 计算机 |
| 6 | 0104054 | 北京歌华有线电视网络股份有限公司 | 歌华宽带 | 歌华TV | www.gehua.net | 计算机 |
| 7 | 0105081 | 北京歌华文化发展集团有限公司 | 新视界 | 新视界 | www.dvod.com.cn | 计算机 |
| 8 | 0105087 | 北京联合网视文化传播有限公司 | 联合网视 | 联合网视 | www.uitv.com.cn | 计算机 |
| 9 | 0105097 | 乐视网信息技术（北京）股份有限公司 | 乐视视频 | 乐视视频 | www.le.com | 计算机 |
| | | | — | 3G乐视网 | — | 手机等手持终端设备 |
| | | | — | 乐视视频 | le.com | |
| 10 | 0105093 | 北京雷霆万钧网络科技有限责任公司 | tom网 | tom宽频站 | www.tom.com | 计算机 |
| 11 | 0108231 | 北京光线易视网络科技有限公司 | E视网 | E视网 | www.ewang.com | 计算机 |
| | | | — | E视网 | www.ewang.com | 手机等手持终端设备 |
| 12 | 0108272 | 网乐互联（北京）科技有限公司 | 听伴 | 听伴 | www.tingban.cn | 计算机 |

（续表）

| 序号 | 许可证号（备案号） | 开办单位 | 网站名称 | 播出名称 | 登录地址 | 接收终端 |
|---|---|---|---|---|---|---|
| 13 | 0107195 | 中共北京市委干部理论教育讲师团 | “宣讲家”网站 | “宣讲家”网站 | www.71.cn | 计算机 |
| 14 | 0108246 | 北京优朋普乐科技有限公司 | 优朋影视 | 优朋影视 | www.voole.com | 计算机 |
| 15 | 0108296 | 北京网尚文化传播有限公司 | 网尚宽频 | VV8影视网 | www.vv8.com | 计算机 |
| 16 | 0108251 | 北京网罗天下生活科技有限公司 | 100度享乐网 | 100度生活视频 | www.100du.com | 计算机 |
| 17 | 0108267 | 酷溜网（北京）信息技术有限公司 | 酷6网 | 酷6网 | www.ku6.com | 计算机 |
| | | | — | 酷6网 | ku6.com | 手机等手持终端设备 |
| 18 | 0108275 | 北京青年报网际传播技术有限公司 | 北青网 | 北青视频 | www.ynet.com | 计算机 |
| | | | — | 北青视频 | ynet.com | 手机等手持终端设备 |
| 19 | 0108270 | 北京时越网络技术有限公司 | 悠视网 | 悠视网 | www.uusee.com | 计算机 |
| 20 | 0108258 | 迈视（北京）网络传媒技术有限公司 | 迈视网 | 迈视网 | www.maxtv.cn | 计算机 |
| | | | — | 迈视 | maxtv.cn | 手机等手持终端设备 |
| 21 | 0108259 | 北京搜狐互联网信息服务有限公司 | 搜狐网 | 搜狐视频 | www.sohu.com | 计算机 |
| | | | — | 搜狐视频 | sohu.com | 手机等手持终端设备 |
| 22 | 0108290 | 北京风行在线技术有限公司 | 风行网 | 风行网 | www.fun.tv | 计算机 |
| | | | — | 风行视频+ | — | 手机等手持终端设备 |
| 23 | 0108283 | 优酷信息技术（北京）有限公司 | 优酷网 | 优酷 | www.youku.com | 计算机 |
| | | | — | 优酷 | youku.com | 手机等手持终端设备 |
| 24 | 0108268 | 北京花房科技有限公司 | 六间房 | 6.cn | www.6.cn | 计算机 |
| | | | — | 六间房 | — | 手机等手持终端设备 |
| 25 | 0108308 | 北京华艺汇龙网络科技有限公司 | 艺通网 | 艺通视频 | www.etoote.com | 计算机 |
| | | | — | 艺通视频 | etoote.com | 手机等手持终端设备 |
| 26 | 0110536 | 北京偶偶网络科技有限公司 | 偶偶网 | 偶偶网 | www.ouou.com | 计算机 |
| 27 | 0108265 | 北京动艺时光网络科技有限公司 | 时光网 | Mtime时光网 | www.mtime.com | 计算机 |
| | | | — | Mtime时光网 | mtime.cn | 手机等手持终端设备 |

（续表）

| 序号 | 许可证号（备案号） | 开办单位 | 网站名称 | 播出名称 | 登录地址 | 接收终端 |
|---|---|---|---|---|---|---|
| 28 | 0108284 | 北京万方数据股份有限公司 | 万博视 | 万方视频 | www.wanfangdata.com.cn | 计算机 |
| 29 | 0108278 | 北京智汇游信息技术有限公司 | 17173视频 | 17173视频 | www.17173.com | 计算机 |
| 30 | 0108271 | 新传在线（北京）信息技术有限公司 | 新传宽频 | 新传宽频 | www.zhibo.tv | 计算机 |
| 31 | 0108274 | 北京搜房科技发展有限公司 | 房天下 | 房天下视频 | www.fang.com | 计算机 |
| | | | — | 房天下视频 | m.fang.com | 手机等手持终端设备 |
| 32 | 0108291 | 北京捷报互动科技有限公司 | 捷报网 | 捷报网 | www.jeboo.com | 计算机 |
| 33 | 0108298 | 暴风集团股份有限公司 | 客户端软件名称：暴风影音 | 暴风影音 | 播出服务器网址：http://moviebox.baofeng.net/newbox1.0/index/index_1.html | 计算机 |
| | | | — | 暴风影音 | baofeng.com | 手机等手持终端设备 |
| 34 | 0108292 | 北京中视互动科技发展有限公司 | 互动宽频 | 互动宽频 | www.citv.cn | 计算机 |
| 35 | 0110516 | 北京百度网讯科技有限公司 | 百度 | Baidu视频<br>Baidu影视<br>Baidu贴吧 | www.baidu.com | 计算机 |
| 36 | 0108309 | 北京勤能通达科技有限公司 | 勤能影视圈 | 勤能影视 | www.tvquan.cn | 计算机 |
| 37 | 0108319 | 北京晨报社 | 北京晨报 | 晨报视频 | www.morningpost.com.cn | 计算机 |
| 38 | 0109404 | 北京和讯在线信息咨询服务有限公司 | 和讯网 | 和讯视频 | www.hexun.com | 计算机 |
| 39 | 0109359 | 北京华星互联文化传播有限公司 | 如意影视网 | 如意影视 | www.165tv.com | 计算机 |
| 40 | 0109343 | 同方股份有限公司 | 清华同方学堂 | — | www.edu—sp.com | 计算机 |
| 41 | 0108325 | 北京摩苍科技发展有限公司 | 摩视网 | 摩视网 | www.shanlink.com | 计算机 |
| 42 | 0110549 | 粉娱（北京）科技发展有限公司 | 粉娱网 | 粉娱网 | www.fenyucn.com | 计算机 |
| | | | — | 粉娱视频 | fenyucn.com | 手机等手持终端设备 |
| 43 | 0109388 | 赛尔网络有限公司 | 校园梦网 | 校园梦网 | www.cdream.com.cn | 计算机 |

（续表）

| 序号 | 许可证号（备案号） | 开办单位 | 网站名称 | 播出名称 | 登录地址 | 接收终端 |
|---|---|---|---|---|---|---|
| 44 | 0109368 | 北京三进宇通通信设备有限公司 | 三进宇通音乐网 | 三进宇通音乐网 | www.rock3g.cn | 计算机 |
| 45 | 0109360 | 北京互动百科网络技术有限公司 | 互动百科 | 百科视频 | www.baike.com | 计算机 |
| 46 | 0109362 | 北京酷我科技有限公司 | 酷我音乐网 | 酷我音乐 | www.kuwo.cn | 计算机 |
|  |  |  | — | 酷我音乐 | — | 手机等手持终端设备 |
| 47 | 0109376 | 北京天空世纪信息技术有限公司 | 天空宽频 | 天空宽频 | www.tvsky.tv | 计算机 |
| 48 | 0109379 | 北京空中信使信息技术有限公司 | 空中网 | 空中网视频 | www.kongzhong.com | 计算机 |
| 49 | 0109389 | 北京卡酷传媒有限公司 | 北京卡酷动画卫视网 | KAKU酷视听 | www.kaku.tv | 计算机 |
| 50 | 0109377 | 北京文国网络技术有限责任公司 | 文国网 | 文国V视 | www.veduchina.com | 计算机 |
| 51 | 0110427 | 掌中微视（北京）科技有限公司 | 微视网 | 微视网 | www.kinpower.com.cn | 计算机 |
| 52 | 0109380 | 华友世纪通讯有限公司 | 哈哇网 | Hawa音乐 | www.hawa.cn | 计算机 |
| 53 | 0109390 | 中传视友（北京）传媒科技有限公司 | 视友网 | 视友 | www.cuctv.com | 计算机 |
|  |  |  | — | 视友 | cuctv.com | 手机等手持终端设备 |
| 54 | 0110515 | 北京汉高华网络科技有限公司 | 欢喜首映 | 欢喜首映 | www.huanxi.com | 计算机 |
| 55 | 0110576 | 原上草网络信息技术（北京）有限公司 | 原上草 | 原上草 | www.igroot.com | 计算机 |
| 56 | 0109405 | 北京华通京信通信技术有限公司 | 腾空网 | 腾空网 | www.tengkong.com | 计算机 |
|  |  |  | — | 腾空视频 | tengkong.com | 手机等手持终端设备 |
| 57 | 0109500 | 北京飞宇电脑技术有限公司 | 飞宇网 | 飞宇视频 | www.feiyu.com.cn | 计算机 |
| 58 | 0109406 | 北京网高科技股份有限公司 | 财界网 | 今日财界 | www.17ok.com | 计算机 |
|  |  |  | — | 今日财界 | 17ok.com | 手机等手持终端设备 |
| 59 | 0110517 | 北京北纬通信科技股份有限公司 | 北纬30度 | 北纬30度 | www.bw30.com | 计算机 |
| 60 | 0110533 | 共青团北京市委员会 | 青檬网络 | 青檬网络 | www.qmoon.net | 计算机 |

（续表）

| 序号 | 许可证号（备案号） | 开办单位 | 网站名称 | 播出名称 | 登录地址 | 接收终端 |
|---|---|---|---|---|---|---|
| 61 | 0110525 | 北京中录国际文化传播有限公司 | 中录宽频 | 中录宽频 | www.zlvod.cn | 计算机 |
| 62 | 0110524 | 金银岛（北京）网络科技股份有限公司 | 金银岛 | 金银岛视频 | www.315.com.cn | 计算机 |
| 63 | 0110542 | 北京中润互联信息技术有限公司 | 8169 | 8169 | www.8169.com | 计算机 |
| 64 | 0110556 | 北京新媒视讯科技有限公司 | 新频道 | 新频道 | www.xinpindao.com | 计算机 |
| | | | — | 新频道 | — | 手机等手持终端设备 |
| 65 | 0110545 | 北京小度互娱掌讯科技有限公司 | 北京掌讯 | 远景视频 | www.handinfo.cn | 计算机 |
| 66 | 0110563 | 游艺星际（北京）科技有限公司 | 哈啪咪 | 哈啪咪 | www.hapame.com | 计算机 |
| 67 | 0110538 | 北京小唱科技有限公司 | 小唱 | 火星 | www.xiaochang.com | 计算机 |
| 68 | 0110534 | 北京比邻星空科技有限公司 | 颐家家居 | 颐家视听 | www.e—jjj.com | 计算机 |
| 69 | 0110551 | 优活联盟（北京）科技有限公司 | 优活联盟 | 优活联盟 | www.yoholm.com | 计算机 |
| 70 | 0110531 | 北京新东方迅程网络科技股份有限公司 | 新东方在线 | 新东方在线 | www.koolearn.com | 计算机 |
| 71 | 0110543 | 北京易车信息科技有限公司 | 易车 | 易车 | www.yiche.com | 计算机 |
| 72 | 0110553 | 北京车之家信息技术有限公司 | 汽车之家 | 汽车之家 | www.autohome.com.cn | 计算机 |
| | | | — | 汽车之家 | autohome.com.cn | 手机等手持终端设备 |
| 73 | 0110554 | 北京富华创新科技发展有限责任公司 | 金融界投资理财网 | 金融界视频 | www.jrj.com | 计算机 |
| | | | — | 金融界视频 | m.jrj.com.cn | 手机等手持终端设备 |
| 74 | 0110418 | 北京豆网科技有限公司 | 豆瓣网 | 豆瓣网 | www.douban.com | 计算机 |
| | | | — | 豆瓣 | douban.com | 手机等手持终端设备 |
| 75 | 0110544 | 北京爱奇艺科技有限公司 | 爱奇艺 | 爱奇艺 | www.iqiyi.com | 计算机 |
| | | | — | 爱奇艺 | iqiyi.com | 手机等手持终端设备 |
| 76 | 0110484 | 北京红番茄联众通信技术有限公司 | 蒜苔视频 | 蒜苔视频 | www.300hu.com | 计算机 |

（续表）

| 序号 | 许可证号（备案号） | 开办单位 | 网站名称 | 播出名称 | 登录地址 | 接收终端 |
|---|---|---|---|---|---|---|
| 77 | 0110552 | 北京智德典康电子商务有限公司 | 爱卡汽车网 | 爱卡视频 | www.xcar.com.cn | 计算机 |
| 78 | 0110583 | 北京瑞奥视科技有限公司 | 瑞网 | 瑞网 | www.today365.com.cn | 计算机 |
| | | | — | 瑞网 | — | 手机等手持终端设备 |
| 79 | 0111605 | 工控网（北京）信息技术股份有限公司 | 工控网 | 工控网 | www.gongkong.com | 计算机 |
| 80 | 0110446 | 北京天方金码科技发展有限公司 | 天方听书网 | 天方听书网 | www.tingbook.com | 计算机 |
| 81 | 0110461 | 北京宇晨亿荣网络科技有限公司 | 酷燃网 | 酷燃视频 | www.krcom.cn | 计算机 |
| 82 | 0110557 | 北京艾斯凯国际民族文化传播有限公司 | 中民网视 | 宅猫 | www.maoer.com | 计算机 |
| 83 | 0110428 | 北京康隆盛科技有限公司 | 乐看 | 乐看 | www.lekan.com | 计算机 |
| 84 | 0110550 | 北京新网视信传媒科技有限公司 | 橙果网 | 橙果娱乐 | www.chengo.com.cn | 计算机 |
| 85 | 0110569 | 北京赛鸽天地广告有限公司 | 赛鸽天地 | 赛鸽天地 | www.saigefan.com | 计算机 |
| | | | — | 赛鸽天地 | rpw.com.cn | 手机等手持终端设备 |
| 86 | 0110535 | 北京华思维泰克科技有限公司 | 维洱 | 维洱 | www.v2to.com | 计算机 |
| 87 | 0110562 | 北京雷盟盛通文化发展有限公司 | V族网 | V族网 | www.vzuu.com | 计算机 |
| 88 | 0110568 | 北京画娱天下科技有限公司 | 画娱网 | 画娱宽频 | www.hydiy.cn | 计算机 |
| 89 | 0110537 | 小糖互娱（北京）科技有限公司 | 糖豆网 | 糖豆网 | www.tangdou.com | 计算机 |
| | | | — | 糖豆网 | tangdou.com | 手机等手持终端设备 |
| 90 | 0110582 | 北京联想调频科技有限公司 | 联想阳光在线 | 联想阳光在线 | www.lenovo.net | 计算机 |
| 91 | 0110581 | 北京万企科技有限公司 | 北京万企科技有限公司网站 | TT视频 | www.cew.cn | 计算机 |
| 92 | 0110588 | 北京清大世纪教育投资顾问有限公司 | 清大学习吧 | 清大学习吧 | — | 计算机 |
| 93 | 0110453 | 大地时代文化传播（北京）有限公司 | 大地传播 | 大地传播 | www.dadifilm.com | 计算机 |

（续表）

| 序号 | 许可证号（备案号） | 开办单位 | 网站名称 | 播出名称 | 登录地址 | 接收终端 |
|---|---|---|---|---|---|---|
| 94 | 0110587 | 完美世界（北京）网络技术有限公司 | 完美世界 | 完美音乐在线 | www.wanmei.com | 计算机 |
| 95 | 0110416 | 北京库客音乐股份有限公司 | 库客数字音乐图书馆 | 库客数字音乐图书馆 | www.kuke.com | 计算机 |
| 96 | 0110426 | 北京新爱网络科技有限公司 | YOKA时尚网 | YOKA视频 | www.yoka.com | 计算机 |
| 97 | 0110437 | 北京太极国际体育发展有限责任公司 | 太极体育网 | 太极体育网 | www.21tjsports.com | 计算机 |
| 98 | 0110460 | 北京君合百纳通信技术有限公司 | 亮了网 | 亮了网 | www.liangle.com | 计算机 |
| 99 | 0110413 | 北京宽客网络技术有限公司 | 音悦网 | 音悦网 | www.yinyuetai.com | 计算机 |
| | | | — | 音悦网 | yinyuetai.com | 手机等手持终端设备 |
| 100 | 0110475 | 北京天天宽广网络科技有限公司 | 酷米网 | 酷米网 | www.kumi.cn | 计算机 |
| 101 | 0110438 | 北京世纪超星信息技术发展有限责任公司 | 超星图书馆 | 超星—尔雅学术视频 | www.superlib.com | 计算机 |
| 102 | 0110567 | 北京优视米网络科技有限公司 | 时间的朋友 | 时间的朋友 | www.umiwi.com | 计算机 |
| 103 | 0110424 | 芝麻开门网络数字技术（北京）有限公司 | 芝麻开门网 | 芝麻开门网视频 | www.zmkm.org.cn | 计算机 |
| 104 | 0110448 | 北京德法利投资有限公司 | 中彩新网 | 中彩视频 | www.zhcw—1.com.cn | 计算机 |
| 105 | 0110452 | 北京中童联合资讯服务有限公司 | 中童在线 | 中童在线 | www.looklook.cn | 计算机 |
| 106 | 0110471 | 北京《瑞丽》杂志社有限公司 | 瑞丽网 | 瑞丽视频 | www.rayli.com.cn | 计算机 |
| 107 | 0110594 | 中体彩彩票运营管理有限公司 | 竞彩网 | 竞彩网 | www.sporttery.cn | 计算机 |
| | | | — | 竞彩网 | m.sporttery.cn | 手机等手持终端设备 |
| 108 | 0111612 | 华录出版传媒有限公司 | 东东007 | 东东007 | www.dongdong007.com | 计算机 |
| 109 | 0111614 | 新星出版社有限责任公司 | 声动网 | 声动网 | www.singdoo.com | 计算机 |
| 110 | 0111622 | 国家大剧院 | 国家大剧院官方网站 | 国家大剧院精彩演出视频 | www.chncpa.org | 计算机 |

（续表）

| 序号 | 许可证号（备案号） | 开办单位 | 网站名称 | 播出名称 | 登录地址 | 接收终端 |
|---|---|---|---|---|---|---|
| 111 | 0113658 | 北京卓众出版有限公司 | 第一工程机械网 | 第一工程机械网视频 | www.d1cm.com | 计算机 |
| 112 | 0108269 | 京华时报社 | 京华网 | 京华网 | www.jinghua.cn | 计算机 |
| 113 | 0114665 | 北京广播集团有限公司 | 菠萝网 | 菠萝网 | www.bolo.cn | 计算机 |
| 114 | 1110559 | 北京中期移动传媒有限公司 | 都市宽频 | 都市宽频 | www.361cc.com | 计算机 |
| 115 | 0105136 | 第一视频通信传媒有限公司 | 第一视频网 | V1.CN | www.v1.cn | 计算机 |
| | | | — | V1.CN | — | 手机等手持终端设备 |
| 116 | 1010560 | 中数寰宇科技（北京）有限公司 | 易视腾视频 | 易视腾视频 | www.ysten.tv www.koomatch.com | 计算机 |
| | | | — | 视加 | — | 手机等手持终端设备 |
| 117 | 0122679 | 北京科学技术出版社有限公司 | 贝壳阅读网 | 知北针 | www.bkydw.cn | 计算机 |
| 118 | 0122682 | 北京日报社 | 京报网 | 京报网 | www.bjd.com.cn | 计算机 |
| | | | — | 北京日报 | — | 手机等手持终端设备 |
| 119 | 101320001 | 北京市朝阳区融媒体中心 | — | 朝阳融媒 | — | 手机等手持终端设备 |
| 120 | 101320002 | 北京市东城区融媒体中心 | — | 东城融媒 | — | 手机等手持终端设备 |
| 121 | 101320003 | 北京市海淀区融媒体中心 | 海淀网 | 海淀网 | www.bjhdnet.com | 计算机 |
| | | | — | 掌上海淀 | — | 手机等手持终端设备 |
| 122 | 101320004 | 北京市大兴区融媒体中心 | — | 北京大兴 | — | 手机等手持终端设备 |
| 123 | 101320005 | 北京市房山区融媒体中心 | 房山融媒网 | 房山融媒 | www.funhillrm.com | 计算机 |
| | | | — | 房山融媒 | — | 手机等手持终端设备 |
| 124 | 101320006 | 北京市平谷区融媒体中心 | — | 平谷融媒 | — | 手机等手持终端设备 |
| 125 | 101320007 | 北京市石景山区融媒体中心 | — | 北京石景山 | — | 手机等手持终端设备 |
| 126 | 101320008 | 北京市延庆区融媒体中心 | — | 北京延庆*融媒体 | yanqingrmzx.com | 手机等手持终端设备 |
| 127 | 101320009 | 北京市密云区融媒体中心 | — | 微视密云 | — | 手机等手持终端设备 |

（续表）

| 序号 | 许可证号（备案号） | 开办单位 | 网站名称 | 播出名称 | 登录地址 | 接收终端 |
|---|---|---|---|---|---|---|
| 128 | 101320010 | 北京市昌平区融媒体中心 | 昌平广播电视网 | 昌广传媒 | www.cprt.com.cn | 计算机 |
| | | | — | 北京昌平 | — | 手机等手持终端设备 |
| 129 | 101320011 | 北京市门头沟区融媒体中心 | — | 门头沟融媒 | — | 手机等手持终端设备 |
| 130 | 101320012 | 北京市通州区融媒体中心 | 副中心融媒 | 通州广播电视台 | www.fzxrm.com | 计算机 |
| | | | — | 通州广播电视台 | — | 手机等手持终端设备 |
| 131 | 101320013 | 尚亦城（北京）科技文化集团有限公司（北京亦庄融媒体中心） | — | 尚亦城 | — | 手机等手持终端设备 |
| 132 | 101320014 | 北京市怀柔区融媒体中心 | 北京怀柔 | 怀柔融媒 | www.huairtv.com | 计算机 |
| | | | — | 怀柔融媒 | — | 手机等手持终端设备 |
| 133 | 101320015 | 北京市丰台区融媒体中心 | — | 妙笔生花看丰台 | — | 手机等手持终端设备 |
| 134 | 101320016 | 北京市西城区融媒体中心 | — | 西城融媒 | — | 手机等手持终端设备 |
| 135 | 101320017 | 北京市顺义区融媒体中心 | 北京市顺义区融媒体中心 | 顺义融媒 | www.bjsytv.com | 计算机 |
| | | | — | 北京顺义 | — | 手机等手持终端设备 |

（北京市广播电视局媒体融合发展处）

# 2022年北京市网络剧发展情况

2022年，在政策和市场的双重引导下，北京市网络剧行业继续以“高质量发展”为目标，在守正中创新、在提质中突破，大力推动行业的规范化、标准化建设，积极引导、规范新兴文艺形态，为网络剧的繁荣发展提供更好的市场环境。

## 一、行业政策

国家广播电视总局发布《关于国产网络剧片发行许可服务管理有关事项的通知》，于2022年6月1日起正式施行，标志着国产网络剧管理从备案登记时代进入行政许可时代。该通知不仅明确了网络剧片发行许可实施的规范，而且要求国产重点网络剧片上线播出时使用同一标识（业内简称“网标”）并将发行许可证号固定于节目片头的显著位置展示。网络剧管理全面进入标准化、规范化、专业化的新阶段。

## 二、内容生产

2022年北京市拍摄备案公示网络剧170部，约占全国660部的26%；北京市成片审核通过网络剧58部，约占全国231部的25%。

2022年北京市属平台上线网络剧168部，约占全国241部的69.7%；北京市属平台网络剧累计正片播放指数1699.5万，约占全国2237.1万的76.0%。北京市属平台网络剧播放表现高于全国均值。

## 三、创作播出

现实题材表现突出。现实题材作品仍然是网络剧创作的主要方向，通过创新表达方式，融合不同类型元素，持续输出优质作品。爱奇艺独播分账剧《一闪一闪亮星星》在时空穿越概念下，讲述了一段“双向奔赴”的浪漫爱情，多重看点交织让观众看完后仍意犹未尽，获得分账收益突破亿元的好成绩。优酷视频播出的《青春正好》讲述了在北方都市高校毕业的年轻人，回到山区家乡，以都市创新理念振兴乡村，开启青春正能量职场题材剧集新风尚。腾讯视频播出的《在你的冬夜里闪耀》，讲述了爱情事业双双失意的职场女青年，在回乡途中遭遇小行星磁暴意外穿越，与平行时空的自己交换身份，得以重新审视自己的人生，弥补曾经的缺憾，鼓励观众积极向上，作品温暖鲜亮具有正能量。

悬疑剧口碑回暖。2022年悬疑剧口碑整体回暖，如《重生之门》《猎罪图鉴》《开端》《唐朝诡事录》等剧集凭借环环相扣的剧情、扣人心弦的悬念设置引发全网热议，并且迅速出圈，引爆用户追剧热潮。除题材新颖之外，该类型剧在内容叙事方面融入对社会现实、真实人性的探讨，成为网络剧市场发展的又一亮点。《重生之门》作为首部盗窃题材悬疑剧，讲述了刑警罗坚在侦破各类盗窃案件的过程中，与充满正义感的大学生联手打击犯罪，伸张正义，以丰富视觉效果呈现高科技偷盗手段与警匪对决的精彩戏码。《唐朝诡事录》在描绘大唐华美画卷的同时，聚焦扑朔迷离的案件和玄妙难鉴的人心，开播即掀起追剧热潮，获得观众一致好评，豆瓣评分7.9分。15集网络剧《开端》作为国内首部“无限流”剧集，以独具一格的形式开拓

“无限流＋”影视化垂直赛道，播出前腾讯视频的预约量就已遥遥领先，播出后口碑热度再次上升，全程高能，没有辜负观众和市场期望。

古装剧成为网络剧市场“主打款”。综观2022年网络首播剧市场，古装剧的表现明显优于现实题材、都市题材等其他类型，成为网剧市场的发展主力军。2022年播放前10剧集中有7部为古装剧，其中《梦华录》《苍兰诀》《星汉灿烂·月升沧海》《沉香如屑·沉香重华》《卿卿日常》等古装爱情类剧集都相继在各自平台热度破万，成为2022年的爆款网络剧。除此之外，《说英雄谁是英雄》《瓦舍江湖》等武侠、喜剧类剧集也拥有不错的播出表现。

IP改编热潮再度来袭。2022年网络剧播放量Top50中，IP改编数量为64%，与2020年的62%、2021年的56%相比，进一步回升，非IP改编数量轻微下降至36%。2022年热度与口碑均为上乘的一系列IP改编剧，在一定程度上引领了古装剧的审美流变。

网络微短剧发展已成规模。2022年，长视频平台和短视频平台均加大微短剧布局，积极抢占市场份额，微短剧进入发展快车道。腾讯视频的《拜托了！别宠我》、快手的《女人的觉醒》、抖音的《原谅不美好》等热门作品正片合集在相应平台的短视频播放量均突破5亿次。同时，微短剧内容上兼具灵活性、剧情化，制作上成本低、周期短，传统影视机构、音频平台等新玩家纷纷加盟，加快微短剧破圈传播。长信传媒先后推出竖屏短剧《女神酒店》《大唐来的苏无名》，灵河文化推出横屏短剧《浮生之异想世界》，拓宽了网络微短剧的题材类型和表达形式。喜马拉雅和芒果TV共同开发的微短剧《传闻中的陆神医》，成为国内首部在音频、视频双平台同步播出的微短剧作品。

## 四、平台表现

爱奇艺——产能持续领先，口碑剧集涌现。爱奇艺网络剧整体产量持续领先，内容口碑突出。如古装剧《卿卿日常》集合浓厚的喜剧元素以及日常化的表演方式，讲述轻松愉快的剧情，成为近年古装剧版图中独特的一抹色彩。《苍兰诀》的玄幻虐恋情节收获高口碑，成为暑期档爆款。《唐朝诡事录》作为近年来相对少见的古装悬疑剧，凭借口碑脱颖而出，唤醒观众对于经典古装悬疑剧的喜爱。

此外现代悬疑剧方面同样也有《罚罪》《暗夜行者》等，前者打破刑侦剧常见表现手法，突出人性的描述，让观众更易产生共鸣，引发讨论。

喜剧题材方面，爱奇艺独播的《破事精英》成为近年类型代表，其作为爱奇艺小逗剧场推出的职场情景喜剧，贴近现实而又一定程度跳脱其外，成为喜剧题材上进行突破尝试的新范本。

优酷——深耕类型创作，播放指数逆势增长。优酷全年推出多部爆款，从2022年播出网络剧来看，围绕“好选题、好故事、好技术、好传播、好人才”的全新内容价值观，优酷不断深耕网络剧精品内容供给，持续为用户推出更多“引领主旋律新潮流”“倡导新时代青年文化”“打造现实主义精品”等多方位的优秀作品。其宠爱剧场推出仙侠剧《沉香如屑·沉香重华》《与君初相识·恰似故人归》，都市爱情剧《点燃我，温暖你》等多部高热度作品；《重生之门》《冰雨火》《庭外》等良好呈现出悬疑剧场的悬疑+理念，以独特题材分别呈现精品悬疑故事。

此外，主旋律作品也同样表现突出，革命历史题材《血战毛松岭》，青春励志题材《青春正好》《炽道》等剧集从不同角度获得年轻观众的青睐和喜爱，也给当代年轻观众带来启示和力量。分账剧方面《我叫赵甲第》成为二季度分账剧黑马，刷新优酷现代题材分账剧票房纪录。

平台策略再度升级，加速优质内容良性发展。2022年优酷、爱奇艺、腾讯视频、芒果TV四大平台在分账模式上也分别再度进行调整升级，平台与内容方共担风险和利益，为剧集行业降本增效发展提升助力。优酷方面在原有分账模式基础上新增“播后定级”模式，将其纳入分账测算指标中，作为“有效会员观看时长分成收入”的规则之一，其分账计算公式为：有效会员观看时长分成收入＋广告分成收益。爱奇艺则取消平台评级按时长分账，其分账计算公式简化为：会员分账有效时长（小时）×分账单价（元/小时）。腾讯视频也取消平台分级，将会员观看时长作为更重要的分账计算指标，其分账计算公式为：会员累计观看时长×分账单价×合作方分账比例。芒果TV则将“会员观看时长”用户主动购买会员收入等作为核心指标，其分账计算公式为：核心用户分账＋自招商分成＋奖励。总的来说，优质内容将更容易收获较好的分账成绩，同时这也将持续促进网络剧市场走入优质内容创作、发行的良好循环。

# 2022年北京市网络电影发展情况

2022年，网络电影仍然处在“减量提质”的调整过程中，管理部门继续加强创作引导，视频平台进一步优化内容结构，制作机构不断调整内容生产策略，网络电影行业进一步推动产能优化。从网络电影新片上线数量、网络电影整体市场规模以及头部影片数量上来看，网络电影市场出现一定倒退，但网络电影在市场不断更新、变化的状态下，不断升级与进阶，呈现出不再一味追求数量，而是侧重巩固内容、提升品质的新格局。

## 一、生产情况

国家广播电视总局发布《关于国产网络剧片发行许可服务管理有关事项的通知》，于2022年6月1日起正式施行，标志着国产网络电影管理从备案登记时代进入行政许可时代。该通知不仅明确了网络电影片发行许可实施的规范，而且要求国产重点网络剧片上线播出时使用同一标识（业内简称“网标”）并将发行许可证号固定于节目片头的显著位置展示。网络电影管理全面进入标准化、规范化、专业化的新阶段。

2022年北京市拍摄备案公示网络电影318部，约占全国1129部的28%；北京市全年网络电影成片审核通过98部，约占全国410部的24%。

## 二、创作播出

现实题材表现亮眼。2022年，北京市各制作机构围绕迎接党的二十大胜利召开，庆祝北京冬奥会、冬残奥会成功举办，中国人民解放军建军95周年，中国共产主义青年团成立100周年等重大主题，开展网络电影精品创作工作，推出更多展现基层人物生活状态、弘扬主流价值、带有鲜明人文关怀意识的现实主义题材影片。《特级英雄黄继光》

以抗美援朝特级英雄黄继光的视角切入，讲述了黄继光及战友们冒着枪林弹雨为前线建立通信，为了守住阵地加入残酷战斗，最终以身躯堵枪眼壮烈牺牲的故事，豆瓣评分高达8.1分，成为2022年口碑最好的网络电影，也是网络电影诞生以来，首部豆瓣评分稳定在8分以上的作品。《黑鹰少年》根据真实事件改编，讲述了在四川大凉山深处一支名为“凉山黑鹰”的少年篮球队，凭着对篮球的一腔热爱和运动天赋，在青年业余教练阿木的带领下，从大凉山一路“打”到北京参赛的故事。《以青春之名》采用跨时空视角和篇章式结构，通览建团百年的历史区间，展现出不同年代、不同地域背景下的青春脉动。《飞吧，冰上之光》讲述了程焕与沈冰心两位素不相识的少年，因机缘巧合加入短道速滑吉北队，在冰雪之上一起为了梦想刻苦奋斗、挑战自我、力攀高峰的热血成长故事。

武侠题材水准提升。武侠题材网络电影融合侠义精神和动作元素，一直是观众喜欢的题材类型。由杨秉佳编剧并执导，魏君子担任制片人，谢苗领衔主演的网络电影《目中无人》讲述了盲眼“捉刀人”成瞎子，为惨遭灭门和凌辱的酒家女倪燕复仇的故事。该片2022年6月3日在爱奇艺上线，观众评价其内容品质已达院线水准，收获豆瓣评分7.1的成绩。

《张三丰》讲述了南宋末年，国家内忧外患，张三丰功夫超凡一心向武道，一朝师门被灭，自己也被卷入魔教的阴谋之中，于武林动荡中创成太极拳绝世神功的故事。该片领衔武侠类型电影，收获超3000万分账票房，位列年度分账排行第四。《倚天屠龙记之九阳神功》《倚天屠龙记之圣火雄风》等则突出体现网络电影在IP、演员、内容、制作品质等方面的全面升级。

惊悚题材占领头部。根据2022年网络电影分账数据，惊悚、动作、悬疑、喜剧等主要类型在网络电影中明显领先，累计票房前三影片《阴阳镇怪谈》《大蛇3:龙蛇之战》《开棺》等均带有惊悚元素，其热度上升得益于近年国内院线电影在该类型上几乎缺失，并且在创作上能够适配多种类型元素，在题材创新方面也显现出相当优势。如《阴阳镇怪谈》在民俗、惊悚元素的基础上增添了更多喜剧元素，多重元素的融合使其观感升级；《开棺》在同样结合民俗元素的基础上，也增加了悬疑、动作等要素；而《山村狐妻》以经典罗生门式叙事融入奇幻、悬疑元素，给观众带来良好的观影体验。

## 三、分账情况

2022年爱奇艺、优酷、腾讯三大平台上新网络电影的公开分账票房总规模达19.8亿元，比2021年的19.6亿元略有提升。《阴阳镇怪谈》《大蛇3:龙蛇之战》《开棺》等48部网络电影分账票房超千万元，破千万影片占上线影片总数的12.2%，基本与2021年持平。2022年分账票房最高的网络电影是《阴阳镇怪谈》，分账票房是4096.4万元，低于2021年的冠军《兴安岭猎人传说》的4449万元，也大幅低于2020年的冠军《奇门遁甲》的5641万元。

## 四、平台表现

爱奇艺——商业模式持续升级，联合推出“二创激励计划”。爱奇艺在新实行的分账规则中升级了平台推广资源，将原来以定级为基础匹配推广资源改为根据播放表现（播放时长、转化率、评分等）来匹配推广资源，以提高营销转化率。此外，爱奇艺还联合抖音推出“二创激励计划”——爱奇艺向抖音提供其内容资产中拥有信息网络传播权及转授权的长视频内容用于短视频创作，其中包括不少网络电影。与此同时，爱奇艺还允许部分优质网络电影通过云影院上映，可获得单片点播付费和会员观看分账，延长优质网络电影收益生命周期。同时上线云影院首映电影票房查询系统，片方可在该系统内直接获取影片每日票房及影片热度、用户画像等数据。根据2022年云影院首映电影票房榜单，在13部以PVOD模式在云影院上线的影片中有7部票房超千万，其中《盲战》票房成绩位居榜首。

优酷——聚焦精品供给，全链路扶持好内容。优酷电影发布“超级首映”品牌，从视听品质、主创阵容、题材特色、主题表达、内容创新等维度出发，精选优质内容，在影片宣推上给予更多资源加持。点播模式推出多元化优质内容，《倚天屠龙记之九阳神功》《倚天屠龙记之圣火雄风》《龙岭迷窟》《雪山飞狐之塞北宝藏》《排爆手》等先后上线。2022年优酷宣布建立网络电影专业营销公司认证库，正式发布认证标准以及首批通过认证的18家专业营销公司名单。9月，优酷推出《优酷网络电影营销有效性指导手册》，从搜索目标、营销预算、营销周期和渠道选择四个方向为营销有效性保驾护航。

腾讯视频——发挥资源优势，打造一站式营销平台。腾讯视频充分发挥平台资源优势，致力于打造电影全生命周期的一站式营销平台，不仅为网络电影片方提供丰富多元的站内营销资源，还充分联动微信、QQ、腾讯新闻等腾讯系生态资源为网络电影进行站外引流。腾讯视频VIP还联动天猫、京东、支付宝、美团、猫眼等多家头部电商，为网络电影搭建曝光矩阵。

各平台加大对网络电影档期营销的探索，围绕档期进行更加精细化的运营，持续提升制作水准与内容品质，推动网络电影产业朝着更好的方向发展。

# 2022年北京市网络综艺发展情况

2022年，北京市重点网络视听平台克服疫情等客观因素影响，按照“提质减量”的发展路径，不断开拓网络综艺的题材类型和表现形式，推出一批社会效益和经济效益“两效统一”的优秀节目。

## 一、政策背景

2021—2022年中国网络综艺行业在变革中不断摸索、寻求突破。随着网综市场日益成熟、影响力不断提升，更有力的监管政策也相应陆续出台，为行业发展画下“红线”。其中标志性事件是2021年8月3日，国家广播电视总局开展为期一个月的网络综艺节目专项排查整治，并下发《关于进一步强化网络综艺节目管理的通知》，要求严格控制偶像养成类节目，重点加强选秀类网络综艺节目管理，严格控制投票环节设置；坚决抵制追星炒星、泛娱乐化等不良倾向和“流量至上”、拜金主义等畸形价值观；进一步压实网络综艺节目制作和播出机构主体责任，加强对粉丝群体正向引导。9月2日，国家广电总局又发布《关于进一步加强文艺节目及其人员管理的通知》，要求广播电视行业坚决抵制违法失德人员，坚决反对唯流量论，不得播出偶像养成类节目，坚决抵制不良“饭圈”文化，坚决抵制泛娱乐化，杜绝“娘炮”等畸形审美，坚决抵制高价片酬，切实加强从业人员管理。

这些政策的出台给综艺市场风气带来极大转变，创作格局重新洗牌。急功近利、哗众取宠、重流量轻质量、重娱乐轻价值的投机心态从根本上得到进一步遏制。随之而来的是更良性的节目研发起点、更健全的平台内部合规机制、更明显的行业规范作用以及更严格的从业者自律要求。同时，更广阔的发展舞台和更明确的发展边界对网络综艺的内容创作提出了更高要求，也为真正有心有志探索综艺发展方向的创作者们提供了自我革新的契机和扩展的空间。

随着网络视听行业制度体系和治理体系日渐成熟规范，泛娱乐化倾向得到有效遏制，综艺节目在褪去浮躁后整体品质稳中有进，并呈现出一些共性：紧扣国家大政方针进行主题立意，持续弘扬中华优秀传统文化和社会主义先进文化；观照社会现实，正向引导社会情绪。通过打通代际交流、发扬女性力量、关爱老年群体、树立青年榜样、倡导多元文化、凝聚家庭关系等现实议题的设置，网络综艺在社会正能量宣传导向上发挥了不可小觑的作用。

## 二、重点平台综艺创作生产情况

### （一）爱奇艺

2022年爱奇艺上线的重点综艺共22档215期，包含正片15档161期，衍生7档54期，涵盖语言、音乐、情感、职场观察、喜剧、推理、体育等多类型。

1. 聚焦热点，深耕圈层文化。《超有趣滑雪大会》聚焦当下深受年轻人喜爱的滑雪运动，将体育项目与趣味创意游戏融于一体，为观众呈现滑雪运动的竞技性和观赏性。在2022北京冬奥会开幕倒计时20天的背景下，该节目适时上线，也是呼应国家“三亿人上冰雪”的号召，让大众感知滑雪运动的魅力，传递竞技运动精神和积极生活态度。

《一起露营吧》聚焦时下年轻人追捧的露营生活，露营家族展开5场两天一夜的旅途，走进大漠、雨林、草原、沙滩等多个不同的露营地，和观众一起“云”露营，感受祖国自然风景。节目把镜头对准露营家族的户外日常，将人与人之间的关系自然地展现在观众眼前，让观众从不同侧面看到他们经历过的生活、被忽略的生活、渴望与向往的生活。

于世界杯开赛前夕推出的世界杯前方球星谈话节目《米卢会客厅》，是国内首档全景呈现世界杯前方热点、以球星老友相聚为切入点的场景化谈话节目，中国人民的老朋友、传奇教练米卢与会客厅萌管家王化萌一起在卡塔尔的“米卢之家”开门迎客，与多位传奇球星共话足球，体验卡塔尔世界杯风情，通过独特的视角与球迷们共度这一场世界足球盛事。

2. 加大创新，激发创作活力。《元音大冒险》是全球首个将虚拟科技与游戏闯关真人秀相结合的综艺IP，节目运用了全球顶级的光学动作捕捉设备，打通虚拟拍摄、虚拟游戏、XR、全息等虚拟制作的全链路技术，观众在节目中不仅可以看到艺人操控动捕服的全貌，更可以看到技术动捕后的虚拟形象大秀，满足他们在综艺节目中“听看唱玩”的立体化、沉浸式娱乐体验。

《我们民谣2022》邀请多位民谣音乐人齐聚湖南长沙，通过镜头记录他们的音乐创作过程和日常生活，让观众近距离感受民谣音乐的魅力，音乐人们带着充满烟火气的民谣歌曲，与观众一同唱生活的歌。作为深受年轻人喜爱的音乐文化之一，民谣是人们唱诵爱情、表达理想的方式，也是社会潮流的注脚。民谣音乐具备包容性、叙事性、共情感、贴近生活等特点，同时兼具文学之美与人文关怀。《未来主人翁》《同桌的你》《平凡的一天》《理想三旬》《漠河舞厅》……这些民谣歌曲承载了无数有关理想、青春、人生、困惑、思念的动人故事，它们与情感的紧密结合，让民谣音乐具备抚慰人心的温暖力量。

3. 综 N 代持续领跑，优势赛道继续发力。2022 年，爱奇艺综艺保持住优势赛道的领先，无论是《中国说唱巅峰对决》，还是《萌探探探案（第二季）》《一年一度喜剧大赛（第二季）》等项目，都做出了独特风格和特色。

作为爱奇艺 2022 年暑期档的重磅综艺，《中国说唱巅峰对决》自录制以来便备受用户和市场的关注，多次登上微博热搜榜以及微博综艺待播榜榜首，再次展现了爱奇艺说唱 IP 的强大影响力。本季节目以“我要我的中国说唱更高，更强，更 REAL”为主题，说唱歌手们将通过不同的曲目表达自我，向世界传递这代年轻人的态度和思考。

作为一档国民爆款综艺，《萌探探探案（第二季）》在嘉宾阵容与 IP 选择上做了创新升级。全新“萌探家族”延续了第一季的超高国民度，覆盖老中青三代受众群体，更广泛地满足不同年龄层受众的喜好。内容体验方面，《萌探探探案（第二季）》延续影视 IP+ 探案真人秀的形式，进一步扩充国民级 IP，覆盖仙侠、悬疑、谍战、科幻、情景喜剧等多元类型内容。观众将在第二季节目中看到《流星花园》《武林外传》《大话西游》《仙剑奇侠传》等众多经典 IP。值得一提的是，《萌探探探案（第二季）》将带给观众更强的参与感和互动感，通过剧情疑点及趣味游戏，跟随嘉宾一同获取线索并寻找“真相”。

《一年一度喜剧大赛（第二季）》在多个方面进行了创新升级。首先，选手和导师阵容层面“扩容”，从编剧、表演指导、话剧演员到影视演员、短视频博主，甚至是素人，来自不同行业、背景多元的选手通过节目，为喜剧行业提供新的人才力量。导师团方面，除了常驻的由多位知名演员担任的组委会会长，本季节目分赛段邀请神秘的飞行会长，以新的观察视角为节目带来多面的观点表达。同时，《一年一度喜剧大赛（第二季）》挖掘更多喜剧类型，打造贴近大众生活议题的作品，持续开拓喜剧赛道的潜能。

2022 年，爱奇艺的综艺围绕时代主流价值观，通过根植普通人的生活，展现年轻人的情感与热爱。未来，爱奇艺将继续以创新思维打造更多精品优质内容，温暖和滋养观众。

**（二）优酷**

2022 年，优酷紧紧围绕主流社会情绪，结合综艺核心用户群体——青年受众的精神需求，不断创新内容策略、强化价值输出、彰显人文关怀，在“青年热爱”“国风国潮”“聚焦湾区”三大创作方向上，共计出品 32 档自制综艺（含正片及衍生），收获高口碑与高热度，持续为用户打造“年轻叙事、主流表达”的高品质综艺矩阵。

1.“青年热爱”：关注青年精神需求，释放向上青春能量。云合数据分析显示，29 岁以下用户是优酷综艺的核心受众群体，占比达到 55%，观众平均年龄在 27.5 岁左右。围绕当下年轻人自信、奋进、开放、创新等多彩青春底色，优酷针对年轻人多元的兴趣爱好，持续夯实街舞、音乐等潮流赛道；针对年轻人深度社交的情感诉求，持续夯实社交情感赛道；针对年轻人快乐解压的精神诉求，持续夯实喜剧赛道。

“街舞”作为优酷的传统优势赛道，在 2022 年产出《这！就是街舞 5》《了不起！舞社》两档燃炸全网的爆款综艺。《街舞 5》以“奋烈有时、传承希望”为主题，意在搭建面向全球的街舞平台，向青年舞者们提供延续梦想的机会，在交流与竞技中共同展望中国街舞的未来。数据显示，节目上线1小时，实时全网综艺正片播放市场占有率高达45%，首播4小时优酷热度值破万，成为优酷首档热度破万的综艺节目。《舞社》则定位女子街舞齐舞竞技，凭借《无双》《木兰》等多个国风作品出圈，并获得国家广播电视总局“2022年网络视听年度优秀网络综艺”表彰。

在“音乐”赛道上，优酷推出《朝阳打歌中心》《超感星电音》两档节目，前者致力于为年轻音乐人提供音乐舞台，后者希望用电音这一新兴的潮流音乐风格表达年轻人的音乐态度。其中《朝阳打歌中心》吸引了超过300组原创音乐人报名，播出后豆瓣评分最高达8.6，成为2022年音乐综艺口碑冠军。

在“情感”赛道上，《没谈过恋爱的我》将镜头转向无恋爱经验的单身群体，帮助他们获得建立亲密关系的能力和亲密关系的相处知识；《相遇的夏天》则将恋爱与旅行结合，希望用更多元的恋爱样本，给予年轻人爱的正向引导。

在“喜剧”赛道上，《麻花特开心》是喜剧厂牌开心麻花的首档团体综艺，不仅为观众带来很多欢乐，也为招商低迷的2022综艺市场开了一个好头。节目招商品牌数量达到12个，成为2022年第一季度商业化表现突出的综艺。

2.“国风国潮”：焕新传统文化，彰显文化自信。近年来，优酷持续深耕传统文化主题创作，不懈推动中华优秀传统文化的创新化、年轻化、网络化表达。2022年优酷陆续推出《山海奇幻夜》《新民乐国风夜》《2022“中国节日”系列奇妙游》等9档叫好、叫座的传统文化综艺，推动文化典籍、民族音乐、非遗文化等以更加时尚、潮流、活泼的形式走入当下年轻人的生活。

《山海奇幻夜》是一档以中华文化中的瑰宝《山海经》为创作灵感的晚会节目，用“技术＋艺术”的融合创新手法，拓展传统文化题材的新表达。节目将年俗瑞兽、上古英雄、福佑门神等山海文化与现代国潮音乐深度融合，奏响年俗文化新潮之音。节目还以XR（扩展现实）技术呈现山海奇幻舞台，映射出中华文化的东方之美，激发起年轻人对传统文化的情感共鸣。

《新民乐国风夜》是一档创新国风主题的民乐晚会节目，采用“网剧＋网综”的节目编排方式，以中国传统音乐文化新表达为核心立意，以中国民乐为基础，与流行音乐、戏曲、传统武术、非遗文化、舞蹈等舞台表演形式跨界创新结合，以电影化制作手法呈现出一台具有Z世代审美的民乐晚会。

3.“聚焦湾区”：讲好“大湾区”故事，促进民心相通。为庆祝2022年香港回归25周年，优酷前置布局、专项策划，陆续推出励志综艺《无限超越班》、短视频《有为·赤子心》等主题内容，力争用“润物细无声”的方式促两地民心相通，展现香港回归祖国25年来的发展成就，营造共庆回归的欢乐祥和氛围。

其中《无限超越班》是一档由优酷联合浙江卫视、TVB共同出品的演员专业艺训励志综艺节目，以“岁月凝结美好，未来无限超越”为主题，用港剧经典砥砺当下，集合众多优秀的香港与内地演员，深度交流、合作共创，探索演绎方式，精进艺术技能。节目播出后，登顶云合数据2023年长视频平台自制综艺榜单；收官演唱会不仅创下澳门近3年来上座率之最，线上付费直播的观看人数也达到同品类的第一名。

为讲好“大湾区”故事，优酷还将持续打造湾区主题节目带，如《无限超越班2》《无限叮叮车》等，发挥网络视听优势，不断促进大湾区年轻人的文化交流。

4.“街舞宇宙”：走出国门，向世界展示中国青年奋进群像。助力国际传播能力建设、提升国际传播效能，是优酷责无旁贷的时代使命。2022年，优酷围绕“街舞宇宙”《这！就是街舞》《了不起！舞社》两档国际化的街舞真人秀节目，积极发挥青年题材海外传播优势，融入中华优秀传统文化和民族文化元素，立足本土、面向国际，展现当代青年舞者奋发有为的时代群像，向世界展示传统与现代、民族与世界融合的中国街舞文化。

《街舞5》国际化制作、宣发升级，推动海外影响力跃升。第五季节目，共计吸引全球超过50位海外舞者参与，包括法国人体几何“大神”Dykens、日本顶尖Hiphop舞者kyoka等。节目在国内热播的同时，也在优酷国际版App同步上线了英语、泰语、印尼语、越南语、西班牙语、中文等六种字幕。尤其节目总决赛的海外直播，在第四季节目同声传译的基础上，为用户提供了实时英文字幕。这一翻译模式的升级，也吸引了更多海外用户观看，收到大量好评。截至决赛结束，节目相关话题成功登上越南、泰国、新加坡、马来西亚等多国推特趋势榜高位，最高达到第一名。

《舞社》强化海外本地化运营，提升国际用户黏度。节目具有中国传统文化特色的国风内容，深受海外观众喜爱。《舞社》在YouTube优酷官方频道上线了英语、泰语、越南语、印尼语等四语种字幕，另外还吸引了大量海外用户自发投稿翻译西班牙语、阿拉伯语字幕，主动帮助节目触达更多海外观众，有效提升了节目海外传播的触达深度。此外，节目还结合海外市场的本地化需求，将国内的创新玩法带到海外，丰富用户体验，如探索海外衍生品售卖、发起“了不起的reactor”等线上互动活动等，激发海外用户更大参与热情。

2023年是贯彻落实党的二十大精神的开局之年，优酷将继续在北京市广播电视局的指导下，坚持首善标准、探索“精品创作北京模式”，计划推出《剧好听的歌》《了不起！舞社2》《这！就是街舞6》《这！就是灌篮5》《无限超越班2》《无限叮叮车》等一系列类型丰富、主题鲜明、制作精良的“京产”综艺作品，更好地满足人民群众高质量文化需求。

（三）抖音

2022年，抖音通过自制、出品、合作等模式推出《开场白2》《贾乙丙丁》《历史开讲》《我在岛屿读书》《宠物医生》《普通男孩俱乐部》《赤热城市》《百川综艺季》《人生半场》《她的双重奏》等多种类型的重点网络综艺节目，持续通过推动知识普惠、艺术交流丰富大众文化生活，为用户提供更多有价值的内容，助力文化与科学素养提升。

1. 用精品化节目内容丰富内容生态。抖音坚持内容精品化，打造文化影响力，通过多样性的节目，持续为用户提供结构化、体系化的知识内容。同时，不断培育良好的知识内容创作土壤，打造优质的知识内容生态。《我在岛屿读书》邀请了写书人、出书人、爱书人共同前往一座远离喧嚣的岛屿。在这里，他们生活、相处、读书、写作，享受阅读带来的乐趣和意义。节目旨在用有意思、接地气的内容，将好的书目、好的阅读方式以及嘉宾关于读书写作意义的思考呈现给观众和用户，拉近普通人与“阅读”的距离，积极响应服务“倡导全民阅读”的主题。

《贾乙丙丁》结合当下时代的热点议题展开讨论，通过分享故事实现思想碰撞，激发当下人对人生困境和社会问题的理解、思考，以更健康的姿态面对人生、面对世界，传递一种积极向上的价值观和人生观。

《开场白 2》基于“关注普通高校、平衡教育资源”的初衷，旨在为广大普通青年大学生带来高品质的公益文化演讲，对青年大学生予以精神鼓励与心灵滋养。节目真正关注青年人所思、所忧、所盼，邀请各界文化名人、学者，同青年人进行面对面的交流，帮助青年人解决好他们在毕业求职、社会融入、机会选择、人生发展等多方面的困扰与问题，努力为青年人创造良好的发展条件，让他们感受到关爱就在身边。

2. 涉足中视频微综艺，深耕垂直领域。《宠物医生》关注宠物医生这一垂类细分领域，通过展现宠物医疗行业现状，窥见宠物、医生与宠物主三方彼此紧密关联的情感联系，引发大众对于人与动物和谐共处的思考、对宠物健康的关怀与重视，传递爱与责任，引导人们重新审视生命的意义。

《人生半场》《她的双重奏》聚焦职场瓶颈、家庭事业平衡等中青年群体的现实困惑，一起直面现实，解构焦虑。

3. 创新综艺节目形式，给予市场新活力。《百川综艺季》节目一共由《百川文明诀》《百川可逗镇》《百川乐时空》《百川老朋友》《百川狂想曲》《百川高校声》6 档子节目构成。是一场综艺创制的脑暴会，深度探讨国产综艺的创新出路，以自我革新与先锋探索的勇气和使命，赋予综艺制作行业源源不断的灵感和启迪。

2023 年抖音将更加关注精品化内容的创作，同时会更加注重向科技、知识、原创、公益等方向发展，制作出既满足商业效益也符合社会效益的好节目。

**（四）快手**

2022 年，快手在综艺领域持续发力，以打造精品为宗旨，以发挥自身平台特点为抓手，筹备推出《声声如夏花》《出发吧！老妈》等网络综艺节目。

《声声如夏花》聚焦音乐主播这一新兴职业群体，从女性视角出发，落脚于平凡的生活与个人的成长蜕变。节目围绕 30 位怀揣音乐梦想的快手女主播展开，她们中有辛勤的园丁、平凡的母亲、大山里的学生……年龄不一、经历不同的她们通过在舞台上展现个人直播实力和唱跳水平，在节目中提升自身的职业性与专业性。《声声如夏花》通过将音乐主播的成长故事呈现在小屏幕上，突破了长视频、短视频、直播的内容边界，为大众带来沉浸式观看体验。节目正片总播放量超过 16 亿次，总互动量达 1724 万次，全网总曝光量超过 151.5 亿次。

《出发吧！老妈》以母子旅行体验为切入点，在主持人的带领下，明星儿子们为老妈策划了一场高燃又高甜的宠妈行动。作为一档亲子类真人秀，《出发吧！老妈》首先以身份设置的反转刷新了观众的观看体验，节目的推进动力也由“带孩子”转向了“陪妈妈”。《出发吧！老妈》还以独特的视角深度关照了亲子沟通与中老年人的子女陪伴等重要的社会话题。通过不同亲子间的交流模式呈现，节目为观众带来了亲子交流互动的新理念，体现出快手自制综艺高度的社会关注和人文关怀。8 期节目带来宠妈之旅的同时，也不断为观众提供新的惊喜。给观众们带来的专属母子的惊喜之旅，不仅仅是一次充满意外与惊喜的创新体验，更是立足代际情感，关照现实境遇，为全社会提出了新的命题。8 期节目累计观看量超 5.24 亿，累计互动量近 9500 万。

**（五）知乎**

2022 年 8 月，知乎开始播出自制网综纪录片节目《我的高考笑忘书》和《荒野会谈》，播出期于 10 月底结束。节目总计播放量 1.7 亿，全网曝光量 15 亿。有超过 30% 的知乎用户观看过这两档节目，人均观看节目超过4期。

《我的高考笑忘书》播出后，节目话题传播热度高，讨论性强。“王菊说自己高考后开始接受现实”话题登上微博热搜总榜6位，并形成“自来水”传播；《我的高考笑忘书》登上微博综艺榜单纪录片品类榜第一。有约24%的知乎用户观看过《我的高考笑忘书》，节目最受18岁以下用户欢迎。知乎站内503位用户给出了76%的推荐率，话题浏览量7340万，讨论量5.6万。

有29%的知乎用户看过《荒野会谈》，节目在25~30岁人群中最受欢迎，观看率达到近45%。《荒野会谈》也在豆瓣上得到较高的分数，有3759位豆瓣用户对《荒野会谈》给出评价，豆瓣评分达到8.6分。知乎站内3084位用户给出86%的推荐率，话题浏览量达到1.7亿，讨论量3.4万。

（北京市广播电视局网络视听节目管理处）

# 2022年度北京市网络视听节目优秀案例

## 一、网络剧、网络微短剧

《重生之门》 26集网络剧，由优酷信息技术（北京）有限公司出品。本剧讲述了刑警罗坚在侦破各类盗窃案件的过程中，得到一位充满正义感的大学生庄文杰的协助，警民携手，捍卫正义，坚决打击犯罪分子，最终法网恢恢，让正义得以伸张的故事，通过故事表达了惩恶扬善、邪不压正的主题。总制片人：敦淇、张为为。制片人：张继东、刘海英、水磊、蒋谧。导演：杨冬。出品人：孟钧、袁立章、李遂芳。联合出品人：张为为。领衔主演：张译、王俊凯。剧本总监：杨冬。编剧：张金克、邬扬广、戴正阳、常乐、王天华。播出平台：优酷。

《点心之路》 24集网络剧，由北京爱奇艺科技有限公司出品。本剧讲述了曾经辉煌一时的知名大厨何弦，在一场星厨争霸赛中，因点心比拼环节负于对手，落败而归。曾经看不起点心的他，决定从哪里跌倒就从哪里爬起来，为了东山再起，何弦拜师“面点之神”，并集结三位优秀队友，组成点心战队，参加“点心之王”的争夺战。点心战队成员在师父的带领下，不断游学试炼，探索中式点心的奥义，以热血和实力过关斩将

网络剧《点心之路》海报

挺进决赛，最终成长为真正的“点心之王”。从中他们也收获了爱与友谊，同时用美食治愈人心，继续坚守匠心，将中华美食文化弘扬世界。总编剧：李喆。导演：蓝海瀚、王飞。

**《青春正好》** 33集网络剧，北京漫索文化传媒有限公司出品。本剧讲述了当代北方都市背景下，高校毕业的方梦初、陆瑶瑶，进城打工的常笑、柳欢和本地人韩木阳等人，怀揣梦想，为事业打拼着。在追梦的过程中，他们有得失有成败。村支书彭书望的到来，让这些年轻人的生活揭开了一个新的篇章。方梦初回到家乡绿野山区，众多朋友也因各种原因在此相聚，他们与山区青年文彤、钱小泉一道，在彭书望书记的引导支持下，以都市创新理念，开启新时代乡村建设的“梦想工程”。在青春最美的时光里，他们实现了自我价值，也经历情感的分分合合，最终在共同的事业中结下良缘。导演：马艺恒。编剧：萧洋。摄影指导：曹耀鹏。美术指导：沈涛。音乐：刘锐。主演：王一哲、叶祖新、何蓝逗。

网络剧《青春正好》海报

**《在你的冬夜里闪耀》** 24集网络剧，由北京开火文化传媒有限公司出品。本剧是一部都市奇幻类剧集，爱情事业双失意的“社畜”女青年郑达前在返乡途中因小行星磁暴意外穿越，与平行时空中的另一个她交换了身份，得以重新审视自己的人生，并在时空差中弥合了亲情、友情和爱情的缺憾。导演：田宇。摄影：戴越。美术：陈震。编剧：石建磊、陈俊伊。主演：乔欣、马思超。

网络剧《在你的冬夜里闪耀》海报

**《反诈风暴》** 24集网络微短剧，由北京中艺美华影视文化发展有限公司出品。本剧讲述了反诈精英郑大千是城西反诈中心的副队长，领导将刚入职的小警员钟艺交给他当徒弟。热血毛躁的钟艺在史上最严师父郑大千的带领下，一同破获了冒充公检法、投资返利、情感交友等种种诈骗案例，抓住诈骗团伙中的洗料工、卡农、车手、话务员等人，顺着线索直抵团伙老巢。在这个过程中，原本互看不顺眼的师徒也逐渐建立了深厚的感情。在与诈骗团伙进行决斗前，他们发现团伙头目吕一道正是多年前导致二人亲人良师被骗跳楼的元凶，于是，一场智与勇的交锋就此展开。监制：张潮。导演：栗心博。制片人：刘振华。编剧：吕姝欣、宋晓。

**《我是名角儿》** 24集网络微短剧，由北京八月映像影视有限公司出品。本片是一部都市青春励志题材的网络微短剧，出生于京剧世家的北京大妞金小豆因给过气歌手赢赢唱京剧副歌意外走红，而成了对方的声替。赢赢向公司提议希望能与金小豆共组跨界组合，不料小豆却患有严重的舞台恐惧症。在恋人董枪和好友赢赢的帮助下，她克服心魔，勇敢地站上了舞台，与病愈的父亲一道，共同为京剧的传承与发展贡献自己的一份力量。制片人：霍宗慧。导演：王宥皓。编剧：李多甜、王季萌。

**《新来那小子》** 18集网络微短剧，由北京吉时影视文化传媒有限公司出品。本剧讲述了95后年轻人走进基层社区，体味人间百态，寻找人生理想的励志故事。丁墨北是一名有着摇滚梦想的海归富二代，因遭遇合同诈骗被迫听从父亲安排进入八月里社区实习，他从抗拒排斥到逐渐被社区人情味打动，在领悟生活真谛的同时也找到了音乐梦想的正确出口。导演：李彦锋。编剧：文霞。摄影指导：席永安。

网络微短剧《新来那小子》海报

**《高碑店故事》** 50集网络微短剧，由北京众创纪文化科技有限公司出品。本剧讲述北京高碑店青年张小磊毕业后在村委会工作，结识从海外回来的职业经理人宋子淇，在与租户谈判的过程中，两人切实抓住租户的内心诉求，解决了一些居民生活中的问题，入驻新兴产业园的企业发展良好，宋子淇说服父母，回到家乡发展。作品反映高碑店通过产业转型升级、文化注入实现乡村振兴的成果。顾问、策划指导：范周。艺术顾问、编剧：朱年龙。策划、编剧：雷鸣。编剧：戴庆辉。制片人、策划：刘蒙蒙。制片人、策划、编剧：孙煦。制片人：侯雪彤。

网络微短剧《高碑店故事》海报

**《花开烂漫时》** 16集网络微短剧，由北京快手科技有限公司出品。本片是一部都市青春励志题材的网络微短剧，改编自网络小说《冰山被我甜到时》，讲述了小镇姑娘赵正正为将中国传统绒花技艺传承下去，只身来到繁华都市寻找机会，结识了落英集团负责人孟子羡，在对方的帮助下，寻回自己的亲人并成长为优秀的非遗传承者同时收获爱情的故事。导演、编剧：朱鹏飞。

网络微短剧《花开烂漫时》海报

**《麻辣律师团》** 31集网络微短剧，由北京光彩世纪传媒股份有限公司出品。该剧以普及《民法典》为核心，讲述了一个充满青春朝气的律师团队如何进行民事纠纷调解的故事。年轻律师孟欢、高可以、白雨濛应聘加入麻辣律师团，在老律师的带领下，经历了金钱的诱惑、职业风险的考验，调解各种民事纠纷，最终领悟到人生的真谛和律师的使命。编剧、执行制片人：崔莉。制片人：郭伟英。执行制片人：曹越。导演：金鑫。主演：柳明明、王婧蕊。

## 二、网络电影

**《生命摆渡者》** 网络电影，由北京诺澜影业有限公司出品。本片讲述21岁的李楠被安排在殡仪馆从事逝者家属接待工作，因犯下错误不愿意面对家属，师父韩生笑与她约定，只要收集10个感谢就可以转岗，李楠凭借坚韧和爱心超越自己，最终成为一名优秀的遗体化妆师，在工作中也体会到生命的意义。出品人：刘垚。制片人：李健彬、陈侠。编剧：张雷。

**《穷兄富弟》** 网络电影，由北京奇树有鱼文化传媒有限公司出品。该片讲述了网约车司机王有财身患尿毒症，换肾治病成为唯一活下去的选择，却苦于囊中羞涩，困难

网络微短剧《麻辣律师团》海报

网络电影《穷兄富弟》海报

重重。在妻子杜鹃的陪同下，王有财住进破败的小旅馆，这里的所有住客皆是重病且少钱医治的患者，人生百态尽在眼底。王有财在这个名不见经传的旅馆，结识了表面纨绔但内心善良的患有先天心脏病的富家子弟李致远。两个完全不同层级的男人在互相较劲中慢慢惺惺相惜，偏偏二人又阴差阳错的配型成功，在李志远父亲李啸东的操作下，一份关于器官移植的“生死协议”把二人的生命紧紧牵绊在一起。编剧：张五毛。导演：海涛。制片人：黄秋实。

《抬头见喜》 网络电影，由环宇名艺（北京）传媒科技有限公司出品。该电影以当今日新月异的时代为背景，采用短片集的形式，聚焦中年危机、家庭责任、老人关爱、子女教育等热门话题，运用喜剧的视听手法，分别讲述了企业职员中年下岗不向命运低头励志创业；大宝闺女反对二宝寄养与长辈斗智斗勇“赢”回弟弟；外孙利用元宇宙科技让外公与已故外婆再次相逢；幼稚富二代在乡村接受命运改造结交真情找到人生价值，四个开心、励志、温暖、感动、积极向上的精彩故事展现了满满的社会正能量。编剧、导演：刘江江、吴有音、高可、胡国瀚。

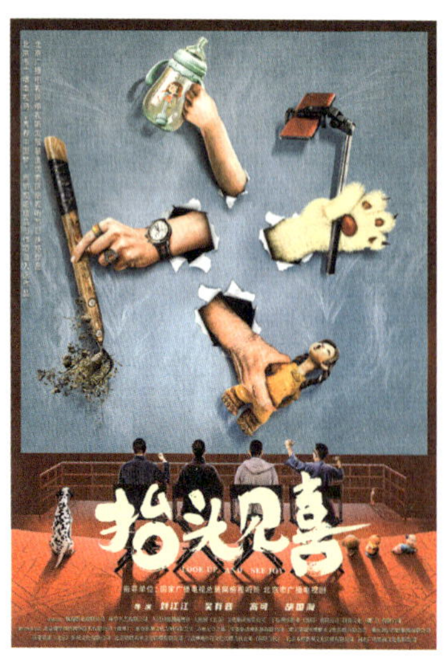


网络电影《抬头见喜》海报

《特级英雄黄继光》 网络电影，由北京淘梦网络科技有限责任公司出品。本片讲述了朝鲜战争特级战斗英雄黄继光的故事，展示了黄继光如何参军并在军队中得到锻炼，不断提高自己的意志力和战场技巧，最终成为一名优秀的战士。在上甘岭战役中，为了完成上级安排的任务，为了整个部队的胜利，面对地堡中敌人的机枪，黄继光牺牲自己，英勇用身体堵枪眼，为战友争取到短暂的时间，从而消灭了敌人。总编剧：连秀凤。导演、编剧：周润泽。编剧：朱子奇。制片人：张翰文、郭润泽。

《黑鹰少年》 网络电影，由北京新惟影业有限公司出品。该片讲述阿木心怀篮球梦想，不顾父亲的反对，得到村里女婿索吉的帮助，在凉山阿沙莫村建起一支少儿篮球队，把自己的积蓄都投入球场建设，村民不理解，但孩子们对篮球的热爱坚定了阿木的理想信念。经过努力，阿木获得带孩子们到

网络电影《黑鹰少年》海报

北京参加比赛的机会，实现了走出大凉山的梦想。导演：安佳星。联合执导：陈亮言。编剧：朱天龙、安佳星、梁释跃。制片人：梁释跃。联合出品人：马达。

**《星门深渊》** 网络电影，由北京臻视未来传媒有限公司出品。本片讲述未来人类创造了“星门系统”，飞船可以在极短时间内抵达外星，飞船“摘星号”因躲避追捕，意外被困“星门深渊”，二十一名乘客中只有四名能进入冬眠仓，得到活下去的机会，船长选择杀死船上的乘客，换取自己的存活机会，船长偷运的基因合成怪兽挣脱束缚，要杀光乘客，飞行员路明粉碎了船长的阴谋，用自己的生命获取女孩小多的生存。总制片人：孙放。制片人：林娜、武宇科。导演、编剧：张小北。监制：罗登。营销总监：王娉。

网络电影《星门深渊》海报

**《以青春之名》** 网络电影，由北京以孚艺术文化传播有限公司出品。本片分为五个单元，讲述新民主主义革命时期、社会主义革命和建设时期、改革开放初期、社会主义现代化建设时期、中国特色社会主义新时代五个不同时期青年人的故事。依次聚焦发生在东北、西北、东南、西南和华北五个地域的五段青春故事，展现在不同年代、不同地域背景下的青春脉动。监制：董润年、吕行、田宇、黎志、姚婷婷。导演：李雨谏、岳宇阳、潘雨莹、庄灿杰、张翔鹏。编剧：张翔鹏、张翅、李雨谏、周云竹、潘雨莹、田圣璇、刘赛、岳宇阳。主演：姚弛、徐均朔、徐卫、夏浩然、艾米等。播出平台：腾讯视频、优酷、爱奇艺。

**《烧烤之王》** 网络电影，由北京嘉喜文化传媒有限公司出品。本片讲述郑能量借一个烧烤摊将郑言抚养长大，郑言已成为一家公司的老板，郑能量依旧经营着那家烧烤店。郑言委托李炎焱用正当手段将郑能量的顾客抢走，好让父亲安度晚年。郑能量的烧烤店在竞争中成为网红，但因劳累过度住院。经过这件事情，父子两人坦诚相待，矛盾得到化解。制片人：白文娟、陈渡、邵小楠。导演：崔志佳、王梓。编剧：崔志佳、张冠男。播出平台：腾讯视频。

网络电影《烧烤之王》海报

## 三、网络动画片

**《孙爷爷话说西游记》** 50集网络动画片，由北京金丁美奇动画有限公司出品。作品以著名儿童启蒙教育家孙敬修先生的广播故事《西游记》为动漫故事框架蓝本，为3~8岁处于人生启蒙阶段的儿童讲述中国传统文化经典故事。动画片选取《西游记》中孙悟空保护唐僧去西天取经的一些片段，分为降服黑熊怪、高老庄收服猪八戒、流沙河收服沙僧、三打白骨精、大闹五庄观、莲花洞降服金角大王和银角大王、比丘国降妖救孩子几个段落，从一个个侧面展现了师徒四人西天取经的艰难经历。总导演、总美术设计：武珉。总美术设计：程可槑。出品人：丁春阳。制片人、文学统筹：马向前。作曲、音乐总监：安平。制作总监：李鹏飞。产品设计指导：马泉。美术设计主管：陈婧、李江凰。

**《有兽焉》（第一季）** 12集网络动画片，由北京分子互动文化传播有限公司出品。本剧讲述了中国传统神话里的神兽们进入当代自然生活的趣味日常。剧中各个角色均出自《山海经》和中国神话传说，有贪吃的貔貅皮皮，精明的鹿人店老板四不像，活泼乐观的兔爷兔托尼，打工还债的金角银角两兄弟，追寻自我价值的吐宝鼠等一众性格各异的小神兽。它们在森林里一起无忧无虑地生活、成长、冒险，遇到新的伙伴，发生新的故事。导演：张喆。美术总监：吴若眉。

网络动画片《有兽焉》（第一季）海报

**《非人哉·冬至篇》** 12集网络动画片，由北京分子互动文化传播有限公司出品。故事围绕女主角九尾狐九月展开，表现生活在当代都市中的九月作为一名普通的上班族努力工作挣钱，与时俱进的成长历程。同时，讲述了许多我们耳熟能详的中国神话传说人物在当代生动有趣、丰富多彩的日常生活。作品氛围轻松搞笑，内容和表达形式多变，在尊重神话传说的基础上，保留了传统神话的精髓，并结合传统神话人物的性格特点，展现这些角色与现代文明和科技的碰撞和适应，讲述了一个个充满创意的故事，用大家喜闻乐见的形式传达出剧中人物积极向上的生活态度。动画导演、原动画监督：钟鸣。播出平台：腾讯视频。

网络动画片《非人哉·冬至篇》海报

## 四、网络纪录片

**《真实生长》** 4集网络纪录片，由北京西米视觉文化传媒有限公司出品。该片聚焦高中校园成长，讲述了3个孩子在不同的生活环境、教育环境和心理状态下寻找成长内驱力的故事，在成长中不仅有不同的人生道路，也有不同的人生收获。片中，有明亮的校园、肆意的青春、平等的师生、开放的教育环境，有成人世界的压力和关于学习、父母、师生等关系的真实记录，还有青春成长、人生选择的纠结和挣扎。导演：张琳。监制：周浩、朱乐贤。剪辑指导：徐小明。播出平台：腾讯视频。

《我不是英雄》 5集网络纪录片，由北京快手科技有限公司出品。该片将五个身份、地域、职业完全不同的快手用户串联起来，他们从事着最普通的职业：卡车司机、搬运工、理发师……他们身上闪烁着共同的特质：生于平凡却奋发向上，在自己的岗位上尽己所能地照亮他人，实现自我价值。主创团队：裴雪珂、刘婧、钱冰桃、郭磊、李建。播出平台：快手App。

网络纪录片《我不是英雄》海报

《侣行十年》 3集网络纪录片，由优酷信息技术（北京）有限公司出品。这是一档以张昕宇、梁红为主人公的户外纪录片，总结了自2012年起二人自驾或搭乘各种交通工具在世界各地探险、不断挑战自我的经历。纪录片内容融合中国新一代年轻人的梦想、爱情、友情、勇气和行动力，从主人公回看过往十年的角度出发，展现世界各地的新奇文化和自然风光，结合主人公的传奇故事和人生态度，在理性的记录里流露温情，在冷峻的现实中展现人文关怀。出品人：朱雁春、张昕宇。总制片人：王晓楠、张昕宇。制片人：罗媛、郑雁飞、梁红。总导演：李晓霞。拍摄团队：朱明星、肖建冰、王旷涵、张罡、马子淘、徐立新。商务：胡峰。外联：王子冠、陈佳佳。后期：辛昊晨、王一文、李凤茹、代云梦、王明星。播出平台：优酷。

网络纪录片《侣行十年》海报

《漫画一生》 4集网络纪录片，由快看世界（北京）科技有限公司出品。本片带大家走进一个真实的国漫行业，记录了坚持不懈、怀揣热爱、为国漫而努力奋斗的人们。片中有功成名就的漫画家，有刚刚起步的漫画新人，也有不忘初心在行业里沉淀的编辑；有每天为了画稿呕心沥血的爆肝创作，也有随性而为边走边画的生活。以镜头为笔向大众描绘出漫画家们的工作生活，讲述他们被误解、被嘲笑，甚至陷入窘境，但他们不曾放弃，执着地用笔描绘着自己的梦想，让大众看到和了解当代国漫。出品人：陈安妮。总监制：叶名香。总导演：范俭。导演：余润泽。播出平台：腾讯视频、优酷、哔哩哔哩、爱奇艺等视频平台。

网络纪录片《漫画一生》海报

## 五、网络短视频系列节目

《有为·无畏》 网络短视频系列节目，由优酷信息技术（北京）有限公司出品。该片由青年演员赵丽颖担任讲述者，重点聚焦中国短道速滑运动员、冬奥冠军武大靖，青年舞者孟庆旸，青年骨科医生吴南，90后清华听障博士生江梦南，世界技能大赛中国首枚奖牌获得者90后技工裴先峰，邀请他们讲述奋斗路上的无畏故事，传递无畏青春态度。主创：吴倩、张薇、高珊、徐姝丹、祝辉、刘兆璇。特别出演：赵丽颖。主要出镜嘉宾：中国短道速滑运动员、冬奥冠军武大靖；《只此青绿》青年舞者孟庆旸；五四奖章获得者、青年骨科医生吴南；“感动中国”获奖者、90后清华听障博士生江梦南；世界技能大赛中国首枚奖牌获得者90后技工裴先峰。播出平台：优酷。

网络短视频《有为·无畏》海报

《破茧》 网络短视频系列节目，由北京快手科技有限公司出品。《破茧》是一次对传统水墨动画的创新，在北京冬奥会的背景下，创新国风视觉艺术表达，输出中国传统文化，展现中国青年创作者的新视野，用中国青年的方式，为这一届在家门口的冬奥会加油助威。两位青年创作者在制作过程中所展现出的对动画的热爱，对质量的执着，对细节的专注，与冬奥会上的 7 个大项上所需要的品质相互呼应：坚韧、绝不服输、专注、无畏……因为热爱，所以勇敢；因为热爱，所以坚持；因为热爱，所以才能破茧成蝶。主创团队：裴雪珂、孙夏、黄迪、吴飞、苏梓凡、甄强。播出平台：快手 App。

《此致 2021》 网络短视频系列节目，由北京快手科技有限公司出品。本片中 13 位快手用户以泥塑、面塑、剪纸等其各自擅长的手艺，演绎了 2021 年发生的 11 件大事，站在普通人的视角，回顾如建党百年、袁隆平逝世、神舟飞船发射等这一年发生的大小事件。短片中的每个人都是时代洪流中的参与者，他们用自己的方式记录并见证了这个时代。这既是普通人对时代的致敬，也是对普通人的致敬，致敬在大时代下为更好的生活努力的姿态。主创团队：裴雪珂、孙夏、黄迪、吴飞。播出平台：快手 App。

《前进吧！中国》 网络短视频系列节目，由北京快手科技有限公司出品。短片由快手邀请包括乌合麒麟在内的 21 位创作者创作场景，并根据场景将五四运动以来发生在中华大地的标志性事件集结成片。本片的整支动画以一位代表中国的女孩的视角展开，女孩始终保持前行的姿态，一路走过五四运动、长征、开国大典、港澳回归、1998 洪水、2008 奥运等 20 个具有国民情怀的恢宏事件场景，以身临其境的画面与音效，展现中华民族百余年来不畏艰险的步履，以及无数先烈保护中国一路走来的付出与决心。最终长大的女孩，来到一望无际的稻田，代表中国先辈的红色巨人们将中国未来托付给屏幕前的用户。主创团队：裴雪珂、孙夏、黄迪、吴飞。播出平台：快手 App。

网络短视频《前进吧！中国》海报

《48 小时直击一头鲸的力量》 网络短视频系列节目，由北京快手科技有限公司出品。该片再现了青岛海边一头长 7.4 米重 25 吨的鲸鱼冰雕，在上万人的注视下逐渐融化，褪去冰肤，显露白骨以及它腹腔内被塞满的塑料垃圾的全过程。短片以一场象征生命消逝的融化，呈现一头误食塑料垃圾的鲸鱼最后 48 小时的挣扎，并向大众暴露它死亡的真相，在世界地球日之际发出“保护海洋，也是人类的一次自救”的呼吁。主创团队：裴雪珂、孙夏、黄迪、吴飞。播出平台：快手 App。

# 2022年北京市审核网站引进电影、电视剧和动画片情况

2022年受理审核北京市网络视听持证服务机构报审的网上境外影视剧281部。核发发行许可证261部，其中电影87部，电视剧33部428集，动画片141部6377分钟，通过率92.9%。不通过20部，其中电影14部，电视剧2部30集，动画片4部1188分钟，不通过率7.1%。

### 2022年北京市审核网站引进境外电影情况一览表

| 序号 | 中文剧目名称 | 产地 | 时长（分钟） | 引进单位 | 许可证号 | 发证日期 |
|---|---|---|---|---|---|---|
| 1 | 少年侦探 | 加拿大 | 100 | 北京搜狐互联网信息服务有限公司 | （京）剧审网字（2022）第0008号 | 2022-01-12 |
| 2 | 团圆饭 | 新加坡 | 100 | 北京爱奇艺科技有限公司 | （京）剧审网字（2022）第0006号 | 2022-01-12 |
| 3 | 毕业那年我爱你 | 泰国 | 99 | 北京风行在线技术有限公司 | （京）剧审网字（2022）第0011号 | 2022-01-18 |
| 4 | 双簧巨星 | 泰国 | 110 | 北京风行在线技术有限公司 | （京）剧审网字（2022）第0013号 | 2022-01-18 |
| 5 | 沙开联队 | 泰国 | 94 | 北京风行在线技术有限公司 | （京）剧审网字（2022）第0012号 | 2022-01-18 |
| 6 | 菜鸟飞行员 | 泰国 | 95 | 北京风行在线技术有限公司 | （京）剧审网字（2022）第0026号 | 2022-01-29 |
| 7 | 真爱24小时 | 泰国 | 92 | 北京风行在线技术有限公司 | （京）剧审网字（2022）第0025号 | 2022-01-29 |
| 8 | 芬奇 | 英国 | 115 | 优酷信息技术（北京）有限公司 | （京）剧审网字（2022）第0028号 | 2022-01-29 |
| 9 | 小屁孩日记（动画版） | 美国 | 90 | 优酷信息技术（北京）有限公司 | （京）剧审网字（2022）第0027号 | 2022-01-29 |

（续表）

| 序号 | 中文剧目名称 | 产地 | 时长（分钟） | 引进单位 | 许可证号 | 发证日期 |
|---|---|---|---|---|---|---|
| 10 | 你看起来很好吃 | 日本 | 85 | 北京爱奇艺科技有限公司 | （京）剧审网字（2022）第0031号 | 2022–02–16 |
| 11 | 白色大厦 | 柬埔寨 | 90 | 北京爱奇艺科技有限公司 | （京）剧审网字（2022）第0033号 | 2022–02–16 |
| 12 | 异类 | 美国 | 94 | 北京搜狐互联网信息服务有限公司 | （京）剧审网字（2022）第0035号 | 2022–02–24 |
| 13 | 简单美食：顶级厨娘戴安娜 | 墨西哥 | 80 | 北京搜狐互联网信息服务有限公司 | （京）剧审网字（2022）第0037号 | 2022–03–01 |
| 14 | 法国万岁 | 法国 | 94 | 北京瑞奥视科技有限公司 | （京）剧审网字（2022）第0042号 | 2022–03–01 |
| 15 | 房产 | 瑞典 | 88 | 北京瑞奥视科技有限公司 | （京）剧审网字（2022）第0039号 | 2022–03–01 |
| 16 | 最棒的倒霉日 | 日本 | 128 | 北京瑞奥视科技有限公司 | （京）剧审网字（2022）第0059号 | 2022–03–21 |
| 17 | 不可抗拒 | 美国 | 101 | 优酷信息技术（北京）有限公司 | （京）剧审网字（2022）第0052号 | 2022–03–21 |
| 18 | 中转停留 | 美国 | 88 | 优酷信息技术（北京）有限公司 | （京）剧审网字（2022）第0053号 | 2022–03–21 |
| 19 | 静水城 | 美国 | 139 | 优酷信息技术（北京）有限公司 | （京）剧审网字（2022）第0055号 | 2022–03–21 |
| 20 | 灯塔 | 美国 | 110 | 优酷信息技术（北京）有限公司 | （京）剧审网字（2022）第0051号 | 2022–03–21 |
| 21 | 金属之声 | 美国 | 120 | 北京搜狐互联网信息服务有限公司 | （京）剧审网字（2022）第0063号 | 2022–03–24 |
| 22 | 花样男子最终章 | 日本 | 131 | 北京搜狐互联网信息服务有限公司 | （京）剧审网字（2022）第0064号 | 2022–03–24 |
| 23 | 终极拳手 | 英国 | 109 | 北京瑞奥视科技有限公司 | （京）剧审网字（2022）第0067号 | 2022–04–01 |
| 24 | 狐狸猎手 | 美国 | 130 | 北京搜狐互联网信息服务有限公司 | （京）剧审网字（2022）第0075号 | 2022–04–13 |

（续表）

| 序号 | 中文剧目名称 | 产地 | 时长（分钟） | 引进单位 | 许可证号 | 发证日期 |
|---|---|---|---|---|---|---|
| 25 | 美丽城警察 | 法国 | 90 | 北京爱奇艺科技有限公司 | （京）剧审网字（2022）第0082号 | 2022-04-13 |
| 26 | 心有猛兽 | 美国 | 104 | 北京搜狐互联网信息服务有限公司 | （京）剧审网字（2022）第0084号 | 2022-04-19 |
| 27 | 黑匣子 | 法国 | 126 | 优酷信息技术（北京）有限公司 | （京）剧审网字（2022）第0093号 | 2022-04-27 |
| 28 | 莫里哀情史 | 法国 | 120 | 迈视（北京）网络传媒技术有限公司 | （京）剧审网字（2022）第0092号 | 2022-04-27 |
| 29 | 父亲的身份 | 美国 | 110 | 北京搜狐互联网信息服务有限公司 | （京）剧审网字（2022）第0094号 | 2022-04-27 |
| 30 | 结婚“计”念日 | 澳大利亚 | 90 | 优酷信息技术（北京）有限公司 | （京）剧审网字（2022）第0095号 | 2022-04-27 |
| 31 | 冰川时代：巴克大冒险 | 美国 | 70 | 优酷信息技术（北京）有限公司 | （京）剧审网字（2022）第0086号 | 2022-04-27 |
| 32 | 付之一炬 | 美国 | 97 | 北京风行在线技术有限公司 | （京）剧审网字（2022）第0089号 | 2022-04-27 |
| 33 | 大脱狱 | 日本 | 84 | 北京字节跳动科技有限公司 | （京）剧审网字（2022）第0090号 | 2022-04-27 |
| 34 | 安德森的坠落 | 比利时 | 84 | 迈视（北京）网络传媒技术有限公司 | （京）剧审网字（2022）第0096号 | 2022-05-10 |
| 35 | 越狱协议 | 智利 | 137 | 北京搜狐互联网信息服务有限公司 | （京）剧审网字（2022）第0097号 | 2022-05-10 |
| 36 | 爱情无色无味 | 德国 | 121 | 北京搜狐互联网信息服务有限公司 | （京）剧审网字（2022）第0101号 | 2022-05-10 |
| 37 | 审判 | 美国 | 109 | 北京搜狐互联网信息服务有限公司 | （京）剧审网字（2022）第0110号 | 2022-05-13 |
| 38 | 海上花 | 中国台湾 | 113 | 北京搜狐互联网信息服务有限公司 | （京）剧审网字（2022）第0103号 | 2022-05-13 |
| 39 | 助理 | 美国 | 87 | 北京风行在线技术有限公司 | （京）剧审网字（2022）第0108号 | 2022-05-13 |

（续表）

| 序号 | 中文剧目名称 | 产地 | 时长（分钟） | 引进单位 | 许可证号 | 发证日期 |
|---|---|---|---|---|---|---|
| 40 | 小镇缉凶 | 澳大利亚 | 117 | 北京搜狐互联网信息服务有限公司 | （京）剧审网字（2022）第0109号 | 2022-05-13 |
| 41 | 黑色党徒 | 美国 | 135 | 优酷信息技术（北京）有限公司 | （京）剧审网字（2022）第0112号 | 2022-05-13 |
| 42 | 逃狱兄弟3 | 中国香港 | 90 | 北京爱奇艺科技有限公司 | （京）剧审网字（2022）第0113号 | 2022-05-26 |
| 43 | 援助 | 英国 | 98 | 北京汉高华网络科技有限公司 | （京）剧审网字（2022）第0124号 | 2022-05-31 |
| 44 | 恋爱小说 | 墨西哥 | 106 | 北京汉高华网络科技有限公司 | （京）剧审网字（2022）第0123号 | 2022-05-31 |
| 45 | 大红狗 | 美国 | 92 | 北京爱奇艺科技有限公司 | （京）剧审网字（2022）第0122号 | 2022-05-31 |
| 46 | 青春誓言 | 英国 | 129 | 北京爱奇艺科技有限公司 | （京）剧审网字（2022）第0134号 | 2022-06-28 |
| 47 | 冰封之地 | 美国 | 105 | 迈视（北京）网络传媒技术有限公司 | （京）剧审网字（2022）第0125号 | 2022-06-28 |
| 48 | 黑夜传说2：进化 | 加拿大 | 106 | 北京搜狐互联网信息服务有限公司 | （京）剧审网字（2022）第0126号 | 2022-06-28 |
| 49 | 遇见你之前 | 英国 | 110 | 北京爱奇艺科技有限公司 | （京）剧审网字（2022）第0133号 | 2022-06-28 |
| 50 | 不要哭教练 | 日本 | 111 | 北京瑞奥视科技有限公司 | （京）剧审网字（2022）第0135号 | 2022-06-29 |
| 51 | 莎拉的钥匙 | 法国 | 111 | 北京瑞奥视科技有限公司 | （京）剧审网字（2022）第0136号 | 2022-06-29 |
| 52 | 蜘蛛侠：英雄无归 | 美国 | 148 | 北京搜狐互联网信息服务有限公司 | （京）剧审网字（2022）第0139号 | 2022-07-12 |
| 53 | 间谍之妻 | 日本 | 115 | 北京在线九州信息技术服务有限公司 | （京）剧审网字（2022）第0143号 | 2022-07-12 |
| 54 | 新雾都孤儿 | 英国 | 90 | 北京在线九州信息技术服务有限公司 | （京）剧审网字（2022）第0140号 | 2022-07-12 |

（续表）

| 序号 | 中文剧目名称 | 产地 | 时长（分钟） | 引进单位 | 许可证号 | 发证日期 |
|---|---|---|---|---|---|---|
| 55 | 老鼠也能上天堂 | 捷克 | 91 | 北京在线九州信息技术服务有限公司 | （京）剧审网字（2022）第0148号 | 2022-08-01 |
| 56 | 奇梦女王 | 中国香港 | 99 | 中数寰宇科技（北京）有限公司 | （京）剧审网字（2022）第0150号 | 2022-08-08 |
| 57 | 激辩风云 | 美国 | 126 | 北京字节跳动科技有限公司 | （京）剧审网字（2022）第0166号 | 2022-08-30 |
| 58 | 本X | 比利时 | 81 | 北京字节跳动科技有限公司 | （京）剧审网字（2022）第0167号 | 2022-08-30 |
| 59 | 特斯拉 | 美国 | 103 | 北京瑞奥视科技有限公司 | （京）剧审网字（2022）第0165号 | 2022-08-30 |
| 60 | 冰路营救 | 美国 | 109 | 北京瑞奥视科技有限公司 | （京）剧审网字（2022）第0164号 | 2022-08-30 |
| 61 | 小情人 | 泰国 | 110 | 北京搜狐互联网信息服务有限公司 | （京）剧审网字（2022）第0180号 | 2022-09-08 |
| 62 | 天才不能承受之重 | 美国 | 107 | 北京搜狐互联网信息服务有限公司 | （京）剧审网字（2022）第0184号 | 2022-09-21 |
| 63 | 北欧人 | 美国 | 140 | 优酷信息技术（北京）有限公司 | （京）剧审网字（2022）第0189号 | 2022-10-17 |
| 64 | 高卢英雄大战凯撒王子 | 法国 | 112 | 北京搜狐互联网信息服务有限公司 | （京）剧审网字（2022）第0199号 | 2022-11-02 |
| 65 | 最后一封信 | 日本 | 120 | 北京艾斯凯国际民族文化传播有限公司 | （京）剧审网字（2022）第0200号 | 2022-11-02 |
| 66 | 加州之王 | 美国 | 93 | 北京瑞奥视科技有限公司 | （京）剧审网字（2022）第0193号 | 2022-11-02 |
| 67 | 透过欧内斯托的眼睛 | 巴西 | 123 | 中数寰宇科技（北京）有限公司 | （京）剧审网字（2022）第0202号 | 2022-11-02 |
| 68 | 别对映像研出手 | 日本 | 113 | 优酷信息技术（北京）有限公司 | （京）剧审网字（2022）第0203号 | 2022-11-02 |
| 69 | 预谋猎杀 | 中国香港 | 107 | 中数寰宇科技（北京）有限公司 | （京）剧审网字（2022）第0194号 | 2022-11-02 |

（续表）

| 序号 | 中文剧目名称 | 产地 | 时长（分钟） | 引进单位 | 许可证号 | 发证日期 |
| --- | --- | --- | --- | --- | --- | --- |
| 70 | 囚室211 | 法国 | 100 | 北京字节跳动科技有限公司 | （京）剧审网字（2022）第0212号 | 2022-11-15 |
| 71 | 王者之路 | 美国 | 107 | 北京字节跳动科技有限公司 | （京）剧审网字（2022）第0213号 | 2022-11-15 |
| 72 | 宝贝老板2 | 美国 | 107 | 北京字节跳动科技有限公司 | （京）剧审网字（2022）第0214号 | 2022-11-15 |
| 73 | 超完美男人 | 美国 | 100 | 北京字节跳动科技有限公司 | （京）剧审网字（2022）第0215号 | 2022-11-15 |
| 74 | 奇奇与蒂蒂：救援突击队 | 美国 | 93 | 北京字节跳动科技有限公司 | （京）剧审网字（2022）第0218号 | 2022-11-15 |
| 75 | 好莱坞星光女孩 | 美国 | 99 | 北京字节跳动科技有限公司 | （京）剧审网字（2022）第0217号 | 2022-11-15 |
| 76 | 曼尼 | 美国 | 88 | 北京字节跳动科技有限公司 | （京）剧审网字（2022）第0219号 | 2022-11-15 |
| 77 | 产前阵痛 | 美国 | 90 | 北京瑞奥视科技有限公司 | （京）剧审网字（2022）第0211号 | 2022-11-15 |
| 78 | 克里蒂，童话的小屋 | 法国 | 74 | 中数寰宇科技（北京）有限公司 | （京）剧审网字（2022）第0229号 | 2022-11-23 |
| 79 | 手表谜事 | 匈牙利 | 119 | 中数寰宇科技（北京）有限公司 | （京）剧审网字（2022）第0233号 | 2022-11-23 |
| 80 | 信号 长期未解决事件搜查组 剧场版 | 日本 | 122 | 中数寰宇科技（北京）有限公司 | （京）剧审网字（2022）第0232号 | 2022-11-23 |
| 81 | 香水 | 法国 | 100 | 中数寰宇科技（北京）有限公司 | （京）剧审网字（2022）第0231号 | 2022-11-23 |
| 82 | 和声 | 韩国 | 115 | 中数寰宇科技（北京）有限公司 | （京）剧审网字（2022）第0230号 | 2022-11-23 |
| 83 | 猎豹行动 | 中国香港 | 87 | 北京搜狐互联网信息服务有限公司 | （京）剧审网字（2022）第0227号 | 2022-11-23 |
| 84 | 爱你长久 | 法国 | 117 | 北京在线九州信息技术服务有限公司 | （京）剧审网字（2022）第0237号 | 2022-12-06 |

（续表）

| 序号 | 中文剧目名称 | 产地 | 时长（分钟） | 引进单位 | 许可证号 | 发证日期 |
|---|---|---|---|---|---|---|
| 85 | 永恒记忆 | 瑞典 | 131 | 北京在线九州信息技术服务有限公司 | （京）剧审网字（2022）第0236号 | 2022-12-06 |
| 86 | 勇闯16街区 | 美国 | 102 | 北京在线九州信息技术服务有限公司 | （京）剧审网字（2022）第0235号 | 2022-12-06 |
| 87 | 曼联之路 | 英国 | 89 | 北京搜狐互联网信息服务有限公司 | （京）剧审网字（2022）第0239号 | 2022-12-06 |

## 2022 年北京市审核网站引进境外电视剧情况一览表

| 序号 | 中文剧目名称 | 产地 | 集数 | 时长/集(分钟) | 引进单位 | 许可证号 | 发证日期 |
|---|---|---|---|---|---|---|---|
| 1 | 空中情缘 | 日本 | 10 | 46 | 北京艾斯凯国际民族文化传播有限公司 | （京）剧审网字（2022）第0002号 | 2022-01-06 |
| 2 | 流星之绊 | 日本 | 10 | 48 | 北京艾斯凯国际民族文化传播有限公司 | （京）剧审网字（2022）第0003号 | 2022-01-06 |
| 3 | 我是自愿让他杀了我 | 中国台湾 | 4 | 25 | 优酷信息技术（北京）有限公司 | （京）剧审网字（2022）第0014号 | 2022-01-18 |
| 4 | 经常请吃饭的漂亮姐姐 | 韩国 | 16 | 50 | 北京爱奇艺科技有限公司 | （京）剧审网字（2022）第0036号 | 2022-02-24 |
| 5 | 梨泰院CLASS | 韩国 | 16 | 70 | 优酷信息技术（北京）有限公司 | （京）剧审网字（2022）第0060号 | 2022-03-24 |
| 6 | 从海底出击第二季 | 德国 | 8 | 60 | 优酷信息技术（北京）有限公司 | （京）剧审网字（2022）第0076号 | 2022-04-13 |
| 7 | 梅艳芳 | 中国香港 | 5 | 45 | 北京汉高华网络科技有限公司 | （京）剧审网字（2022）第0083号 | 2022-04-13 |
| 8 | 时光之轮第一季 | 美国 | 8 | 56 | 北京搜狐互联网信息服务有限公司 | （京）剧审网字（2022）第0085号 | 2022-04-19 |
| 9 | 大力女子都奉顺 | 韩国 | 16 | 60 | 北京搜狐互联网信息服务有限公司 | （京）剧审网字（2022）第0087号 | 2022-04-27 |
| 10 | 粉红色时光 | 中国台湾 | 20 | 45 | 优酷信息技术（北京）有限公司 | （京）剧审网字（2022）第0100号 | 2022-05-10 |

（续表）

| 序号 | 中文剧目名称 | 产地 | 集数 | 时长/集(分钟) | 引进单位 | 许可证号 | 发证日期 |
|---|---|---|---|---|---|---|---|
| 11 | 白色强人2 | 中国香港 | 30 | 45 | 优酷信息技术（北京）有限公司 | （京）剧审网字（2022）第0102号 | 2022-05-13 |
| 12 | 梦幻岛第一季 | 美国 | 10 | 43 | 北京搜狐互联网信息服务有限公司 | （京）剧审网字（2022）第0111号 | 2022-05-13 |
| 13 | 重生之爱 | 泰国 | 26 | 47 | 北京字节跳动科技有限公司 | （京）剧审网字（2022）第0114号 | 2022-05-31 |
| 14 | 快递特工队第一季 | 中国香港 | 26 | 12 | 优酷信息技术（北京）有限公司 | （京）剧审网字（2022）第0131号 | 2022-06-28 |
| 15 | 彷徨之刃 | 日本 | 6 | 45 | 优酷信息技术（北京）有限公司 | （京）剧审网字（2022）第0142号 | 2022-07-12 |
| 16 | 天才班2 | 泰国 | 13 | 45 | 北京风行在线技术有限公司 | （京）剧审网字（2022）第0144号 | 2022-07-21 |
| 17 | 追匪游戏 | 泰国 | 38 | 45 | 优酷信息技术（北京）有限公司 | （京）剧审网字（2022）第0169号 | 2022-09-08 |
| 18 | 柔美的细胞小将 | 韩国 | 14 | 60 | 北京风行在线技术有限公司 | （京）剧审网字（2022）第0176号 | 2022-09-08 |
| 19 | 开膛街第五季 | 英国 | 6 | 60 | 北京搜狐互联网信息服务有限公司 | （京）剧审网字（2022）第0173号 | 2022-09-08 |
| 20 | 开膛街第二季 | 英国 | 8 | 60 | 北京搜狐互联网信息服务有限公司 | （京）剧审网字（2022）第0171号 | 2022-09-08 |
| 21 | 开膛街第一季 | 英国 | 8 | 60 | 北京搜狐互联网信息服务有限公司 | （京）剧审网字（2022）第0170号 | 2022-09-08 |
| 22 | 开膛街第四季 | 英国 | 7 | 60 | 北京搜狐互联网信息服务有限公司 | （京）剧审网字（2022）第0172号 | 2022-09-08 |
| 23 | 需要浪漫 | 泰国 | 16 | 45 | 北京搜狐互联网信息服务有限公司 | （京）剧审网字（2022）第0186号 | 2022-09-21 |
| 24 | 风骚律师第六季 | 美国 | 13 | 54 | 北京搜狐互联网信息服务有限公司 | （京）剧审网字（2022）第0187号 | 2022-10-08 |
| 25 | 仁医完结篇 | 日本 | 11 | 57 | 北京艾斯凯国际民族文化传播有限公司 | （京）剧审网字（2022）第0201号 | 2022-11-02 |

（续表）

| 序号 | 中文剧目名称 | 产地 | 集数 | 时长/集(分钟) | 引进单位 | 许可证号 | 发证日期 |
|---|---|---|---|---|---|---|---|
| 26 | 犯罪心理第二季 | 美国 | 23 | 45 | 优酷信息技术（北京）有限公司 | （京）剧审网字（2022）第0195号 | 2022-11-02 |
| 27 | 92班：联赛梦未成第二季 | 英国 | 2 | 58 | 北京搜狐互联网信息服务有限公司 | （京）剧审网字（2022）第0209号 | 2022-11-15 |
| 28 | 我的解放日记 | 韩国 | 16 | 70 | 优酷信息技术（北京）有限公司 | （京）剧审网字（2022）第0216号 | 2022-11-15 |
| 29 | 92班：联赛梦未成第一季 | 英国 | 2 | 58 | 北京搜狐互联网信息服务有限公司 | （京）剧审网字（2022）第0208号 | 2022-11-15 |
| 30 | 我的家 | 日本 | 10 | 45 | 北京艾斯凯国际民族文化传播有限公司 | （京）剧审网字（2022）第0228号 | 2022-11-23 |
| 31 | 我的天才女友 第三季 | 意大利 | 8 | 60 | 优酷信息技术（北京）有限公司 | （京）剧审网字（2022）第0260号 | 2022-12-26 |
| 32 | 我的巨星男友 | 泰国 | 12 | 45 | 优酷信息技术（北京）有限公司 | （京）剧审网字（2022）第0259号 | 2022-12-26 |
| 33 | 火神的眼泪 | 中国台湾 | 10 | 48 | 北京搜狐互联网信息服务有限公司 | （京）剧审网字（2022）第0261号 | 2022-12-26 |

## 2022 年北京市审核网站引进境外动画片情况一览表

| 序号 | 中文剧目名称 | 产地 | 集数 | 时长/集（分钟） | 引进单位 | 许可证号 | 发证日期 |
|---|---|---|---|---|---|---|---|
| 1 | 冲天小队第二季 | 美国 | 26 | 30 | 优酷信息技术（北京）有限公司 | （京）剧审网字（2022）第0001号 | 2022-01-06 |
| 2 | 公主骑士奈拉 第一季 | 美国 | 40 | 30 | 优酷信息技术（北京）有限公司 | （京）剧审网字（2022）第0004号 | 2022-01-07 |
| 3 | 小天才罗斯帝 第一季 | 美国 | 26 | 30 | 优酷信息技术（北京）有限公司 | （京）剧审网字（2022）第0007号 | 2022-01-12 |
| 4 | 小狼乐宾第二季 | 法国 | 39 | 7 | 优酷信息技术（北京）有限公司 | （京）剧审网字（2022）第0005号 | 2022-01-12 |
| 5 | 博人传 火影忍者新时代 2021新篇章(第32~34回) | 日本 | 3 | 24 | 优酷信息技术（北京）有限公司 | （京）剧审网字（2022）第0010号 | 2022-01-12 |
| 6 | 旋风战车队第5季 | 美国 | 20 | 30 | 优酷信息技术（北京）有限公司 | （京）剧审网字（2022）第0009号 | 2022-01-12 |

（续表）

| 序号 | 中文剧目名称 | 产地 | 集数 | 时长/集（分钟） | 引进单位 | 许可证号 | 发证日期 |
|---|---|---|---|---|---|---|---|
| 7 | 学园奶爸 | 日本 | 12 | 25 | 优酷信息技术（北京）有限公司 | （京）剧审网字（2022）第0024号 | 2022–01–29 |
| 8 | 缇娜托尼全知道 | 俄罗斯 | 12 | 3 | 优酷信息技术（北京）有限公司 | （京）剧审网字（2022）第0021号 | 2022–01–29 |
| 9 | 巴塔木童谣 | 英国 | 26 | 2 | 优酷信息技术（北京）有限公司 | （京）剧审网字（2022）第0017号 | 2022–01–29 |
| 10 | 憨豆先生 动画版 第三季 | 英国 | 26 | 11 | 优酷信息技术（北京）有限公司 | （京）剧审网字（2022）第0022号 | 2022–01–29 |
| 11 | 超凡战队第二十七季 | 美国 | 22 | 22 | 北京搜狐互联网信息服务有限公司 | （京）剧审网字（2022）第0023号 | 2022–01–29 |
| 12 | 旋风战车队第2季 | 美国 | 20 | 30 | 优酷信息技术（北京）有限公司 | （京）剧审网字（2022）第0015号 | 2022–01–29 |
| 13 | 小马宝莉之魔力新世界 | 美国 | 26 | 11 | 北京搜狐互联网信息服务有限公司 | （京）剧审网字（2022）第0016号 | 2022–01–29 |
| 14 | 博人传 火影忍者新时代2021新篇章(第35~37回) | 日本 | 3 | 24 | 优酷信息技术（北京）有限公司 | （京）剧审网字（2022）第0020号 | 2022–01–29 |
| 15 | 巴塔木流行儿歌 第二季 | 英国 | 33 | 2 | 优酷信息技术（北京）有限公司 | （京）剧审网字（2022）第0019号 | 2022–01–29 |
| 16 | 巴塔木流行儿歌 第一季 | 英国 | 43 | 2 | 优酷信息技术（北京）有限公司 | （京）剧审网字（2022）第0018号 | 2022–01–29 |
| 17 | 石纪元第一季 | 日本 | 24 | 25 | 优酷信息技术（北京）有限公司 | （京）剧审网字（2022）第0029号 | 2022–01–30 |
| 18 | 博人传 火影忍者新时代2021新篇章(第38~40回) | 日本 | 3 | 24 | 优酷信息技术（北京）有限公司 | （京）剧审网字（2022）第0030号 | 2022–01–30 |
| 19 | 半妖的夜叉姬 | 日本 | 24 | 25 | 优酷信息技术（北京）有限公司 | （京）剧审网字（2022）第0032号 | 2022–02–16 |
| 20 | 加菲猫的幸福生活第四季 | 法国 | 54 | 11 | 优酷信息技术（北京）有限公司 | （京）剧审网字（2022）第0034号 | 2022–02–24 |
| 21 | 车宝四兄弟第3季(33~52集) | 俄罗斯 | 20 | 5 | 北京爱奇艺科技有限公司 | （京）剧审网字（2022）第0038号 | 2022–03–01 |
| 22 | 达娜的恐龙世界 第二季 | 加拿大 | 26 | 11 | 优酷信息技术（北京）有限公司 | （京）剧审网字（2022）第0041号 | 2022–03–01 |
| 23 | 达娜的恐龙世界 第一季 | 加拿大 | 26 | 11 | 优酷信息技术（北京）有限公司 | （京）剧审网字（2022）第0040号 | 2022–03–01 |
| 24 | 头文字D Legend3 梦现 | 日本 | 1 | 65 | 优酷信息技术（北京）有限公司 | （京）剧审网字（2022）第0050号 | 2022–03–14 |

（续表）

| 序号 | 中文剧目名称 | 产地 | 集数 | 时长/集（分钟） | 引进单位 | 许可证号 | 发证日期 |
|---|---|---|---|---|---|---|---|
| 25 | 头文字D Legend2 斗走 | 日本 | 1 | 61 | 优酷信息技术（北京）有限公司 | （京）剧审网字（2022）第0049号 | 2022–03–14 |
| 26 | 魔法泡泡美人鱼 第一季 | 西班牙 | 13 | 5 | 优酷信息技术（北京）有限公司 | （京）剧审网字（2022）第0045号 | 2022–03–14 |
| 27 | 头文字D Legend1 觉醒 | 日本 | 1 | 62 | 优酷信息技术（北京）有限公司 | （京）剧审网字（2022）第0048号 | 2022–03–14 |
| 28 | 头文字D Extra Stage 2 | 日本 | 1 | 55 | 优酷信息技术（北京）有限公司 | （京）剧审网字（2022）第0047号 | 2022–03–14 |
| 29 | 诗歌奇遇记 | 法国 | 40 | 3 | 优酷信息技术（北京）有限公司 | （京）剧审网字（2022）第0044号 | 2022–03–14 |
| 30 | 头文字D Extra Stage | 日本 | 1 | 54 | 优酷信息技术（北京）有限公司 | （京）剧审网字（2022）第0046号 | 2022–03–14 |
| 31 | 博人传 火影忍者新时代2022新篇章(第1~3回) | 日本 | 3 | 24 | 优酷信息技术（北京）有限公司 | （京）剧审网字（2022）第0043号 | 2022–03–14 |
| 32 | 莉娅和泡泡第一季 | 西班牙 | 29 | 2 | 优酷信息技术（北京）有限公司 | （京）剧审网字（2022）第0057号 | 2022–03–21 |
| 33 | 莉娅和泡泡第二季 | 西班牙 | 28 | 2 | 优酷信息技术（北京）有限公司 | （京）剧审网字（2022）第0058号 | 2022–03–21 |
| 34 | 小魔女祖卡 | 法国 | 52 | 11 | 优酷信息技术（北京）有限公司 | （京）剧审网字（2022）第0056号 | 2022–03–21 |
| 35 | 泡泡孔雀鱼第四季 | 美国 | 14 | 30 | 优酷信息技术（北京）有限公司 | （京）剧审网字（2022）第0054号 | 2022–03–21 |
| 36 | 萌宠幼儿园1 | 英国 | 20 | 23 | 北京搜狐互联网信息服务有限公司 | （京）剧审网字（2022）第0062号 | 2022–03–24 |
| 37 | 博人传 火影忍者新时代2022新篇章(第4~6回) | 日本 | 3 | 24 | 优酷信息技术（北京）有限公司 | （京）剧审网字（2022）第0061号 | 2022–03–24 |
| 38 | 机动奥特曼第二季 | 日本 | 6 | 24 | 北京爱奇艺科技有限公司 | （京）剧审网字（2022）第0065号 | 2022–03–24 |
| 39 | 小猪佩奇第四季 | 英国 | 26 | 5 | 北京搜狐互联网信息服务有限公司 | （京）剧审网字（2022）第0069号 | 2022–04–01 |
| 40 | 巴塔木数理逻辑儿歌 | 英国 | 19 | 4 | 优酷信息技术（北京）有限公司 | （京）剧审网字（2022）第0070号 | 2022–04–01 |
| 41 | 小猪佩奇第三季 | 英国 | 26 | 5 | 北京搜狐互联网信息服务有限公司 | （京）剧审网字（2022）第0068号 | 2022–04–01 |
| 42 | 工作细胞BLACK | 日本 | 13 | 30 | 优酷信息技术（北京）有限公司 | （京）剧审网字（2022）第0066号 | 2022–04–01 |

（续表）

| 序号 | 中文剧目名称 | 产地 | 集数 | 时长/集（分钟） | 引进单位 | 许可证号 | 发证日期 |
|---|---|---|---|---|---|---|---|
| 43 | 百变小猫敏萝 第一季(上) | 英国 | 26 | 11 | 北京搜狐互联网信息服务有限公司 | （京）剧审网字（2022）第0074号 | 2022-04-01 |
| 44 | 巴塔木ABC短片 | 英国 | 26 | 1 | 优酷信息技术（北京）有限公司 | （京）剧审网字（2022）第0072号 | 2022-04-01 |
| 45 | 巴塔木中文儿歌 | 英国 | 29 | 2 | 优酷信息技术（北京）有限公司 | （京）剧审网字（2022）第0071号 | 2022-04-01 |
| 46 | 巴塔说第一季 | 英国 | 12 | 6 | 优酷信息技术（北京）有限公司 | （京）剧审网字（2022）第0073号 | 2022-04-01 |
| 47 | 游戏王 新世代（上） | 日本 | 60 | 24 | 优酷信息技术（北京）有限公司 | （京）剧审网字（2022）第0081号 | 2022-04-13 |
| 48 | 怪物数学小分队2 | 加拿大 | 20 | 12 | 北京搜狐互联网信息服务有限公司 | （京）剧审网字（2022）第0079号 | 2022-04-13 |
| 49 | 多尔与神奇伙伴1 | 加拿大 | 26 | 22 | 北京搜狐互联网信息服务有限公司 | （京）剧审网字（2022）第0080号 | 2022-04-13 |
| 50 | 怪物数学小分队1 | 加拿大 | 30 | 12 | 北京搜狐互联网信息服务有限公司 | （京）剧审网字（2022）第0078号 | 2022-04-13 |
| 51 | 博人传 火影忍者新时代2022新篇章(第7~9回) | 日本 | 3 | 24 | 优酷信息技术（北京）有限公司 | （京）剧审网字（2022）第0077号 | 2022-04-13 |
| 52 | 百变小猫敏萝 第一季(下) | 英国 | 26 | 11 | 北京搜狐互联网信息服务有限公司 | （京）剧审网字（2022）第0091号 | 2022-04-27 |
| 53 | 石纪元第二季 | 日本 | 11 | 25 | 优酷信息技术（北京）有限公司 | （京）剧审网字（2022）第0088号 | 2022-04-27 |
| 54 | 哆啦A梦第四季 | 日本 | 104 | 12 | 优酷信息技术（北京）有限公司 | （京）剧审网字（2022）第0098号 | 2022-05-10 |
| 55 | 哆啦A梦第二季 | 日本 | 156 | 8 | 优酷信息技术（北京）有限公司 | （京）剧审网字（2022）第0099号 | 2022-05-10 |
| 56 | 憨豆先生 动画版 第二季 | 英国 | 52 | 11 | 优酷信息技术（北京）有限公司 | （京）剧审网字（2022）第0107号 | 2022-05-13 |
| 57 | 憨豆先生 动画版 第一季 | 英国 | 52 | 11 | 优酷信息技术（北京）有限公司 | （京）剧审网字（2022）第0106号 | 2022-05-13 |
| 58 | 游戏王 新世代（中） | 日本 | 60 | 24 | 优酷信息技术（北京）有限公司 | （京）剧审网字（2022）第0105号 | 2022-05-13 |
| 59 | 博人传 火影忍者新时代2022新篇章(第10~12回) | 日本 | 3 | 24 | 优酷信息技术（北京）有限公司 | （京）剧审网字（2022）第0104号 | 2022-05-13 |
| 60 | 魔法泡泡美人鱼 第二季 | 西班牙 | 13 | 5 | 优酷信息技术（北京）有限公司 | （京）剧审网字（2022）第0117号 | 2022-05-31 |

（续表）

| 序号 | 中文剧目名称 | 产地 | 集数 | 时长/集（分钟） | 引进单位 | 许可证号 | 发证日期 |
|---|---|---|---|---|---|---|---|
| 61 | 博人传 火影忍者新时代2022新篇章(第13~15回) | 日本 | 3 | 24 | 优酷信息技术（北京）有限公司 | （京）剧审网字（2022）第0116号 | 2022–05–31 |
| 62 | 斯坦李的超级英雄幼儿园 | 美国 | 26 | 24 | 优酷信息技术（北京）有限公司 | （京）剧审网字（2022）第0115号 | 2022–05–31 |
| 63 | 巴塔故事时间 | 英国 | 36 | 6 | 优酷信息技术（北京）有限公司 | （京）剧审网字（2022）第0119号 | 2022–05–31 |
| 64 | 巴塔木特攻队 第二季 | 英国 | 26 | 12 | 优酷信息技术（北京）有限公司 | （京）剧审网字（2022）第0121号 | 2022–05–31 |
| 65 | 巴塔木特攻队 第一季 | 英国 | 26 | 12 | 优酷信息技术（北京）有限公司 | （京）剧审网字（2022）第0120号 | 2022–05–31 |
| 66 | 巴塔木ABC英语学习 | 英国 | 26 | 5 | 优酷信息技术（北京）有限公司 | （京）剧审网字（2022）第0118号 | 2022–05–31 |
| 67 | 怪兽邦森 | 美国 | 26 | 30 | 优酷信息技术（北京）有限公司 | （京）剧审网字（2022）第0128号 | 2022–06–28 |
| 68 | 哆啦A梦第一季 | 日本 | 156 | 8 | 优酷信息技术（北京）有限公司 | （京）剧审网字（2022）第0127号 | 2022–06–28 |
| 69 | 博人传 火影忍者新时代2022新篇章(第16~18回) | 日本 | 3 | 24 | 优酷信息技术（北京）有限公司 | （京）剧审网字（2022）第0129号 | 2022–06–28 |
| 70 | VIP宠物第二季 | 西班牙 | 13 | 7 | 优酷信息技术（北京）有限公司 | （京）剧审网字（2022）第0130号 | 2022–06–28 |
| 71 | 宝乐学习记 一起数一数 第四季 | 新加坡 | 60 | 11 | 优酷信息技术（北京）有限公司 | （京）剧审网字（2022）第0132号 | 2022–06–28 |
| 72 | 博人传 火影忍者新时代2022新篇章(第19~21回) | 日本 | 3 | 24 | 优酷信息技术（北京）有限公司 | （京）剧审网字（2022）第0137号 | 2022–07–12 |
| 73 | 神探加杰特第1季 | 美国 | 26 | 30 | 北京搜狐互联网信息服务有限公司 | （京）剧审网字（2022）第0138号 | 2022–07–12 |
| 74 | 可爱巧虎岛第七季 | 日本 | 34 | 10 | 北京字节跳动科技有限公司 | （京）剧审网字（2022）第0141号 | 2022–07–12 |
| 75 | 哆啦A梦 第三季（112~312集） | 日本 | 201 | 8 | 优酷信息技术（北京）有限公司 | （京）剧审网字（2022）第0145号 | 2022–07–22 |
| 76 | 博人传 火影忍者新时代2022新篇章(第22~24回) | 日本 | 3 | 24 | 优酷信息技术（北京）有限公司 | （京）剧审网字（2022）第0146号 | 2022–08–01 |

（续表）

| 序号 | 中文剧目名称 | 产地 | 集数 | 时长/集（分钟） | 引进单位 | 许可证号 | 发证日期 |
|---|---|---|---|---|---|---|---|
| 77 | 汪汪队立大功 第三季 | 美国 | 26 | 30 | 优酷信息技术（北京）有限公司 | （京）剧审网字（2022）第0147号 | 2022–08–01 |
| 78 | 哆啦A梦 第三季（1~111集） | 日本 | 112 | 8 | 北京风行在线技术有限公司 | （京）剧审网字（2022）第0149号 | 2022–08–08 |
| 79 | 欧力的怪兽包 第一季 | 美国 | 26 | 30 | 优酷信息技术（北京）有限公司 | （京）剧审网字（2022）第0168号 | 2022–08–30 |
| 80 | 夏目友人帐 铃响的残株 | 日本 | 1 | 25 | 北京字节跳动科技有限公司 | （京）剧审网字（2022）第0153号 | 2022–08–30 |
| 81 | 夏目友人帐 曾几何时下雪之日 | 日本 | 1 | 25 | 北京字节跳动科技有限公司 | （京）剧审网字（2022）第0155号 | 2022–08–30 |
| 82 | 巴塔木小巧手 | 英国 | 11 | 11 | 优酷信息技术（北京）有限公司 | （京）剧审网字（2022）第0159号 | 2022–08–30 |
| 83 | 巴塔木合集 | 英国 | 21 | 37 | 优酷信息技术（北京）有限公司 | （京）剧审网字（2022）第0160号 | 2022–08–30 |
| 84 | 搞笑小蜘蛛 | 法国 | 52 | 5 | 优酷信息技术（北京）有限公司 | （京）剧审网字（2022）第0161号 | 2022–08–30 |
| 85 | 博人传 火影忍者新时代2022新篇章(第25~27回) | 日本 | 3 | 24 | 优酷信息技术（北京）有限公司 | （京）剧审网字（2022）第0163号 | 2022–08–30 |
| 86 | 夏目友人帐 梦幻的碎片 | 日本 | 1 | 25 | 北京字节跳动科技有限公司 | （京）剧审网字（2022）第0158号 | 2022–08–30 |
| 87 | 夏目友人帐 第五季 | 日本 | 11 | 25 | 北京字节跳动科技有限公司 | （京）剧审网字（2022）第0152号 | 2022–08–30 |
| 88 | 夏目友人帐 和猫咪老师的第一次跑腿 | 日本 | 1 | 25 | 北京字节跳动科技有限公司 | （京）剧审网字（2022）第0156号 | 2022–08–30 |
| 89 | 虫师 | 日本 | 26 | 25 | 北京字节跳动科技有限公司 | （京）剧审网字（2022）第0162号 | 2022–08–30 |
| 90 | 夏目友人帐 一夜杯 | 日本 | 1 | 25 | 北京字节跳动科技有限公司 | （京）剧审网字（2022）第0157号 | 2022–08–30 |
| 91 | 夏目友人帐 第二季 | 日本 | 26 | 24 | 北京字节跳动科技有限公司 | （京）剧审网字（2022）第0151号 | 2022–08–30 |
| 92 | 夏目友人帐 游戏之宴 | 日本 | 1 | 25 | 北京字节跳动科技有限公司 | （京）剧审网字（2022）第0154号 | 2022–08–30 |
| 93 | 博人传 火影忍者新时代2022新篇章(第28~30回) | 日本 | 3 | 24 | 优酷信息技术（北京）有限公司 | （京）剧审网字（2022）第0174号 | 2022–09–08 |

（续表）

| 序号 | 中文剧目名称 | 产地 | 集数 | 时长/集（分钟） | 引进单位 | 许可证号 | 发证日期 |
|---|---|---|---|---|---|---|---|
| 94 | 名侦探柯南零的日常 | 日本 | 6 | 14 | 北京爱奇艺科技有限公司 | （京）剧审网字（2022）第0177号 | 2022-09-08 |
| 95 | 汪汪队立大功 第四季 | 美国 | 26 | 22 | 优酷信息技术（北京）有限公司 | （京）剧审网字（2022）第0178号 | 2022-09-08 |
| 96 | 小老鼠雷迪克 第三季 | 乌克兰 | 20 | 1 | 优酷信息技术（北京）有限公司 | （京）剧审网字（2022）第0179号 | 2022-09-08 |
| 97 | 巴塔木圣诞新年合集 | 英国 | 15 | 2 | 优酷信息技术（北京）有限公司 | （京）剧审网字（2022）第0175号 | 2022-09-08 |
| 98 | 盖比娃娃屋第二季第五卷 | 美国 | 7 | 30 | 优酷信息技术（北京）有限公司 | （京）剧审网字（2022）第0182号 | 2022-09-21 |
| 99 | 盖比娃娃屋第二季第四卷 | 美国 | 8 | 30 | 优酷信息技术（北京）有限公司 | （京）剧审网字（2022）第0181号 | 2022-09-21 |
| 100 | 小小科学探索家 | 法国 | 26 | 4 | 优酷信息技术（北京）有限公司 | （京）剧审网字（2022）第0183号 | 2022-09-21 |
| 101 | 缇娜托尼 第三季 第一部 | 俄罗斯 | 13 | 5 | 优酷信息技术（北京）有限公司 | （京）剧审网字（2022）第0185号 | 2022-09-21 |
| 102 | 花园宝宝ZinkyZonk特别篇 | 加拿大 | 6 | 15 | 优酷信息技术（北京）有限公司 | （京）剧审网字（2022）第0188号 | 2022-10-08 |
| 103 | 超凡战队第28季 | 美国 | 22 | 22 | 北京搜狐互联网信息服务有限公司 | （京）剧审网字（2022）第0192号 | 2022-10-17 |
| 104 | 博人传 火影忍者新时代2022新篇章(第31~33回) | 日本 | 3 | 24 | 优酷信息技术（北京）有限公司 | （京）剧审网字（2022）第0190号 | 2022-10-17 |
| 105 | 克蕾欧与小酷 | 西班牙 | 78 | 7 | 北京搜狐互联网信息服务有限公司 | （京）剧审网字（2022）第0191号 | 2022-10-17 |
| 106 | 宝可梦 XY&Z | 日本 | 49 | 25 | 北京字节跳动科技有限公司 | （京）剧审网字（2022）第0198号 | 2022-11-02 |
| 107 | 宝可梦 XY2 | 日本 | 44 | 25 | 北京字节跳动科技有限公司 | （京）剧审网字（2022）第0196号 | 2022-11-02 |
| 108 | 宝可梦 太阳&月亮 | 日本 | 43 | 25 | 北京字节跳动科技有限公司 | （京）剧审网字（2022）第0197号 | 2022-11-02 |
| 109 | 博人传 火影忍者新时代2022新篇章(第34~36回) | 日本 | 3 | 24 | 优酷信息技术（北京）有限公司 | （京）剧审网字（2022）第0204号 | 2022-11-10 |
| 110 | 亮亮和晶晶第三季 | 美国 | 20 | 30 | 优酷信息技术（北京）有限公司 | （京）剧审网字（2022）第0206号 | 2022-11-15 |
| 111 | 芭比之美人鱼历险记 | 荷兰 | 1 | 75 | 优酷信息技术（北京）有限公司 | （京）剧审网字（2022）第0207号 | 2022-11-15 |

（续表）

| 序号 | 中文剧目名称 | 产地 | 集数 | 时长/集（分钟） | 引进单位 | 许可证号 | 发证日期 |
|---|---|---|---|---|---|---|---|
| 112 | 旋风战车队第3季 | 美国 | 20 | 30 | 优酷信息技术（北京）有限公司 | （京）剧审网字（2022）第0205号 | 2022-11-15 |
| 113 | 小小科学探索家 第二季 | 法国 | 26 | 4 | 优酷信息技术（北京）有限公司 | （京）剧审网字（2022）第0210号 | 2022-11-15 |
| 114 | 贝丽符小姐（上） | 瑞士 | 26 | 13 | 北京搜狐互联网信息服务有限公司 | （京）剧审网字（2022）第0226号 | 2022-11-23 |
| 115 | 大胡子塔皮 | 波兰 | 13 | 11 | 北京风行在线技术有限公司 | （京）剧审网字（2022）第0222号 | 2022-11-23 |
| 116 | 网球王子 剧场版 英国式庭球城决战 | 日本 | 1 | 87 | 北京字节跳动科技有限公司 | （京）剧审网字（2022）第0221号 | 2022-11-23 |
| 117 | 网球王子 最强之战 1 | 日本 | 1 | 46 | 北京字节跳动科技有限公司 | （京）剧审网字（2022）第0220号 | 2022-11-23 |
| 118 | 皮皮布布环游世界特别篇 | 法国 | 4 | 22 | 北京风行在线技术有限公司 | （京）剧审网字（2022）第0224号 | 2022-11-23 |
| 119 | 皮皮布布环游世界 | 法国 | 78 | 7 | 北京风行在线技术有限公司 | （京）剧审网字（2022）第0223号 | 2022-11-23 |
| 120 | 天线宝宝：准备出发! | 加拿大 | 10 | 2 | 北京搜狐互联网信息服务有限公司 | （京）剧审网字（2022）第0225号 | 2022-11-23 |
| 121 | 博人传 火影忍者新时代2022新篇章(第37~39回) | 日本 | 3 | 24 | 优酷信息技术（北京）有限公司 | （京）剧审网字（2022）第0234号 | 2022-11-29 |
| 122 | 游戏王 新世代（下） | 日本 | 60 | 24 | 北京风行在线技术有限公司 | （京）剧审网字（2022）第0240号 | 2022-12-06 |
| 123 | 小鸡勇斗傻狐狸 第一季 | 新加坡 | 117 | 7 | 北京风行在线技术有限公司 | （京）剧审网字（2022）第0238号 | 2022-12-06 |
| 124 | 博人传 火影忍者新时代2022新篇章(第40~42回) | 日本 | 3 | 24 | 优酷信息技术（北京）有限公司 | （京）剧审网字（2022）第0241号 | 2022-12-06 |
| 125 | 米菲 第三季：颜色，数字和图形 | 荷兰 | 30 | 5 | 北京字节跳动科技有限公司 | （京）剧审网字（2022）第0243号 | 2022-12-13 |
| 126 | 米菲 第一季：经典系列 | 荷兰 | 52 | 5 | 北京字节跳动科技有限公司 | （京）剧审网字（2022）第0242号 | 2022-12-13 |
| 127 | 速度与激情：特工飞车手 第二季第六卷 第二部分 | 美国 | 6 | 30 | 优酷信息技术（北京）有限公司 | （京）剧审网字（2022）第0245号 | 2022-12-13 |

（续表）

| 序号 | 中文剧目名称 | 产地 | 集数 | 时长/集（分钟） | 引进单位 | 许可证号 | 发证日期 |
|---|---|---|---|---|---|---|---|
| 128 | 123数字总动员 第一季 | 英国 | 26 | 11 | 优酷信息技术（北京）有限公司 | （京）剧审网字（2022）第0246号 | 2022–12–13 |
| 129 | 小狗特福 | 波兰 | 52 | 9 | 北京搜狐互联网信息服务有限公司 | （京）剧审网字（2022）第0247号 | 2022–12–13 |
| 130 | 米菲第四季：3D动画米菲和朋友们 | 荷兰 | 78 | 5 | 北京字节跳动科技有限公司 | （京）剧审网字（2022）第0244号 | 2022–12–13 |
| 131 | 圣斗士星矢：黄道十二宫战士 第二季(4~6集) | 日本 | 3 | 24 | 北京爱奇艺科技有限公司 | （京）剧审网字（2022）第0256号 | 2022–12–26 |
| 132 | 圣斗士星矢：黄道十二宫战士 第二季(7~9集) | 日本 | 3 | 24 | 北京爱奇艺科技有限公司 | （京）剧审网字（2022）第0257号 | 2022–12–26 |
| 133 | 数码宝贝幽灵游戏(1~3集) | 日本 | 3 | 24 | 北京爱奇艺科技有限公司 | （京）剧审网字（2022）第0249号 | 2022–12–26 |
| 134 | 数码宝贝幽灵游戏(10~12集) | 日本 | 3 | 24 | 北京爱奇艺科技有限公司 | （京）剧审网字（2022）第0252号 | 2022–12–26 |
| 135 | 数码宝贝幽灵游戏(13~15集) | 日本 | 3 | 24 | 北京爱奇艺科技有限公司 | （京）剧审网字（2022）第0253号 | 2022–12–26 |
| 136 | 数码宝贝幽灵游戏(16~18集) | 日本 | 3 | 24 | 北京爱奇艺科技有限公司 | （京）剧审网字（2022）第0254号 | 2022–12–26 |
| 137 | 圣斗士星矢：黄道十二宫战士 第二季(1~3集) | 日本 | 3 | 24 | 北京爱奇艺科技有限公司 | （京）剧审网字（2022）第0255号 | 2022–12–26 |
| 138 | 数码宝贝幽灵游戏(7~9集) | 日本 | 3 | 24 | 北京爱奇艺科技有限公司 | （京）剧审网字（2022）第0251号 | 2022–12–26 |
| 139 | 数码宝贝幽灵游戏(4~6集) | 日本 | 3 | 24 | 北京爱奇艺科技有限公司 | （京）剧审网字（2022）第0250号 | 2022–12–26 |
| 140 | 圣斗士星矢：黄道十二宫战士 第二季(10~12集) | 日本 | 3 | 24 | 北京爱奇艺科技有限公司 | （京）剧审网字（2022）第0258号 | 2022–12–26 |
| 141 | 欢唱小浣熊第一季 | 俄罗斯 | 26 | 7 | 优酷信息技术（北京）有限公司 | （京）剧审网字（2022）第0248号 | 2022–12–26 |

（北京市广播电视局网络视听节目管理处）

# 技　术

# 2022年北京市广播电视科技发展情况综述

抓扶持引领，全市8K制作能力显著提升。用好全国第一支8K超高清扶持资金，以内容扶持带动产业发展。两年来，市广电局在撬动8K内容生产、丰富题材类型、提升作品质量上狠下功夫，累计扶持作品169部，扶持总时长达456小时。《北京冬奥会开幕式（8K）》《大美北京》《胡同里的光》等一批反映时代主题、城市发展的作品应运而生。全市8K制作能力、生产数量明显提升，一批反映新时代辉煌成就、北京冬奥会冬残奥会精彩赛事、中华优秀传统文化、北京文脉传承和时代变迁、群众性体育和娱乐活动的精品力作集中呈现。

抓平台建设，广电科技研发实力日趋强大。以实验室建设为重点，以龙头单位为主体，聚焦广电发展关键领域，汇聚科研人才和优势资源，不断壮大科研实力。超高清电视技术研究和应用实验室获批挂牌国家广播电视总局重点实验室，优酷获批设立“高新视频云交互创新总局实验室”，鼎盛佳和获批设立全国第一家“电视剧制作技术创新研究与应用总局实验室”。获批总局实验室与北京市智慧广电实验室形成部市科研良性互动，一大批广电科研实体快速形成。

抓项目孵化，加速科技创新成果落地转化。把应用场景建设作为工作重点，指导科技创新项目立项，推动科研成果在京落地。在2022年总局和工信部超高清视频典型应用案例评选中，“北京广播电视台8K超高清融合传播平台”等18个项目入选案例名单，入选总数高居全国榜首。在总局第二届高新视频创新应用大赛中，“自由视角技术在北京冬奥赛事应用”等16个项目榜上有名，3个项目荣获第一名。在总局第二届人工智能创新应用大赛上，8个项目获奖，4个项目荣获第一名，两项大赛获奖总数、一等奖数均位居全国省级单位第一名，突出体现了北京市广电科技创新能力。

抓创新应用，科技冬奥示范展示成功实现。联合市经信局，在城市公共空间、高校、社区建设20块8K超高清大屏，在170个社区建设8K电视机示范试点，首次实现了全球规模化8K超高清直播冬奥会开闭幕式及赛事内容，累计受众达到15000余人次。“京津冀之声”在延庆赛区顺利开播，实现中心城区、城市副中心、延庆赛区及北三县等地全覆盖。多项云转播及8K关键技术列入科技冬奥技术库，“8K AVS3视频接收技术”“5G云转播背包技术”等6项技术被评定为国际先进技术，13项先进技术在冬奥期间推广应用。

［北京市广播电视局科技处（公共服务处）］

# 2022年北京市广播电视局科技委工作情况

2022年，北京市广播电视局科技委按照保“稳”、创“新”、求“实”总体思路，围绕全年重点工作，圆满完成竞赛选拔推荐、职业技能培训、政策宣讲等工作。

## 一、组织参加全国竞赛奖项情况

一是组织参加全国广播电视技术能手竞赛。局科技委参与组织了全国广播电视技术能手竞赛预选赛（北京赛区）及选手选拔工作。为提高各单位重视程度，局党组书记、局长王杰群作出批示并指导工作，科技处在超高清电视技术研究和应用总局重点实验室举办隆重的开班仪式，总局广科院、市总工会、经开区、北京广播电视台、歌华传媒集团领导出席活动。全市集中培训暨预选赛在8月22日至24日举办，围绕调幅广播、调频和电视广播、卫星传输三个专业展开。结合疫情防控要求，本次培训采取小班授课，邀请总局、中国传媒大学及行业专家进行基础理论授课，邀请一线技术骨干进行模拟实操指导。考试期间，局科技处专程赴考场巡检，认真核实考生信息，严格监考、严格阅卷，确保考试成绩真实有效。除理论考试外，考试现场还对参训学员逐一进行实操考核。在全国总决赛中，市广电局推荐的选手两人荣获二等奖、一人荣获三等奖，市广电局荣获团体二等奖。

二是鼓励支持制作播出机构、科技企业参评各类全国奖项。指导开展创新应用场景建设，推动形成一批可落地创新项目。联合市经信局组织申报总局和工信部超高清视频典型应用案例，“北京广播电视台8K超高清融合传播平台”等18个项目入选案例名单。组织参加第二届高新视频创新应用大赛，“自由视角技术在北京冬奥赛事应用”等16个项目榜上有名，3个项目荣获第一名。组织参加第二届广播电视和网络视听人工智能应用创新大赛，“冬奥应用场景——超高清视频智能修复应用项目”等8个项目获奖。

## 二、广电科技从业人员职业技能培训情况

持续发挥“广电科技云讲堂”品牌作用，依托超高清电视技术研究和应用国家广播电视总局重点实验室，举办两期北京新视听技术能力提升培训。培训以提升高新视频创新应用、广电科技实验室建设管理水平为目标，围绕“高新视频关键技术标准与应用、全真互联技术传媒行业应用探索、加强实验室管理 助力行业高质量发展”等主题展开。按照北京市疫情防控要求，通过线上直播方式进行，参培人员通过注册登录可在手机端、电脑端进行学习，得到了各界的广泛参与。同时，市广电局将此次培训作为对口支援和东西部协作工作的重要内容，将受援地区广电从业人员纳入培训范围，新疆和田地区，兵团第十四师，西藏拉萨市，青海玉树州，内蒙古呼和浩特市、赤峰市、乌兰察布市、通辽市、呼伦贝尔市、兴安盟、锡林郭勒盟广播电视（融媒体）业务骨干积极参与。

（北京市广播电视局科技委）

# 北京市广播电视局科技冬奥工作情况

北京市广播电视局在北京冬奥会、冬残奥会举办期间，积极推动冬奥会云转播与体育新消费示范、冬奥会8K超高清示范展示、冬奥会安全播出保障等工作，全力服务保障冬奥会、冬残奥会顺利举办。

## 一、推动云转播技术广泛应用

加强云转播核心技术研发和相关标准制定。依托4K/8K超高清电视技术研究和应用国家广电总局重点实验室，搭建了云转播技术测试环境，开展了云转播仿真测试实验等应用测试，验证云转播端到端系统的技术可行性。开展市科委冬奥专项“国际云转播（北京）中心技术方案及仿真测试环境搭建”课题研究，完成云转播标准云转播系统技术要求——总体部分草案，积极向国家广播电视总局申报。

开展科技冬奥关键技术梳理。按照科技冬奥专班有关工作要求，市广电局对行业相关单位技术应用情况进行了汇总，共征集到4家单位16项云转播及5G+8K相关技术应用。其中，5G云转播背包技术、自由视角技术被评定为国际先进技术，超高清云转播技术、5G云转播背包技术、无人混合采访技术、自由视角技术确定在冬奥会开幕式及正赛期间应用，服务冬奥宣传展示。

推动云转播技术应用在北京市广泛落地。为门头沟区纪念建党百年暨“两优一先”表彰大会提供云转播服务，顺利完成老干部采访和异地联合宣誓活动，为表彰大会提供新的互动形式和转播形式。完成海南琼北文旅（石家庄）推介会网络直播活动，提供由现场拍摄、云端导切、互联网分发组成的全流程服务，基于云转播系统将信号分发到各个媒体平台，展现推介会精彩画面。在“相约北京”冬奥测试活动中，于五棵松体育中心、国家体育馆、首都体育馆和国家速滑馆等四个主要场馆测试了轻量化赛事云转播、远程无人混合采访、远程新闻发布厅三大应用场景。

推动云转播技术应用服务冬奥会转播。一是5G云转播背包服务冬奥会开闭幕式。冬奥会开幕式暖场环节“多地实时连线”应用了超高清云转播技术和5G云转播背包技术，在冬奥会开幕式前，已完成黑龙江哈尔滨、新疆阿勒泰、江苏南京等地点的实时连线演练，在开幕式暖场环节将演练素材播放在鸟巢的两个大屏上，并通过电视直播画面呈现给观众。参与闭幕式总台新闻特别报道《双奥之城一起向未来》直播节目，直播时长6小时。应用5G云转播背包技术实现了冬奥会闭幕式“移动跟拍”，直播期间，为该节目提供三路高质量直播信号画面：一路鸟巢全景转播机位、一路主火炬景观转播机位和一路记者采访移动跟拍机位。二是自由视角技术服务雪上赛事拍摄。在冬奥会张家口云顶滑雪公园空中技巧滑雪和单板滑雪U型池两项比赛中，应用了“自由视角”制作服务。比赛期间，完成了空中技巧滑雪和单板滑雪U型池两项赛事全部13场比赛的自由视角/子弹时间拍摄服务，OBS转播公共信号共播出162个镜头，总时长1122秒。这是首次由中国公司为奥运提供自由视角拍摄服务，也是首次由中国公司提供的自由视角信号作为奥运公共信号向全球播出。三是 INFO AV 系统服务冬奥会新闻发布。INFO AV 系统（冬奥会多语种音视频新闻发布系统）应用了 5G 超高清云转播技术，采用云端远程制作方式，前端覆盖冬奥会全部 17 个场馆，可同时支持 5 场并发的新闻发布会视频直播，每场直播支持 8 个音轨的同声传译。从 1 月 30 日服务北京冬奥会首场正式新闻发布至 2 月 20 日北京冬奥会闭幕，在 22 天的时间内通过云的方式对在 17 个异地场馆进行的 249 场新闻发布会提供视频直播以及点播下载，总时长 8049 分钟。直播结束后 40 秒左右即可提供点播素材并可以下载到本地供进一步编辑使用。项目的应用提升了本届冬奥会视频服务水平。本届冬奥会的单场发布会视频服务流量相当于东京奥运会的 6~8 倍，受到媒体记者广泛赞誉。

## 二、开展冬奥会 8K 超高清示范展示

根据科技冬奥有关工作安排，北京市使用 8K 超高清技术直播开幕式及重要体育赛事，并在全市建立了大规模城市化 8K 播放体系，让首都市民有机会通过 8K 超高清画面体验冬奥赛事。

指导北京广播电视台积极向国家广播电视总局申请，开播全国首个省级 8K 超高清频道，设立全国首支 8K 超高清视频制作专项扶持资金。冬奥会期间，北京广播电视台 8K 集成播控平台累计播出中央广播电视总台 8K 冬奥会赛事节目约 200 小时，包括开闭幕式、赛事、颁奖的直播和重播等，确保了 8K 冬奥会赛事节目播出。

按照市科技冬奥专班统一部署，北京市广播电视局协同相关部门和单位，在全市建设了 20 块 8K 超高清城市公共空间大屏和 170 个社区 8K 电视机示范试点，对冬奥会赛事等节目进行 8K 超高清播出。冬奥会期间，全市各社区示范点位共有约 15000 人次群众观看冬奥赛事 8K 展示，其中开幕式观看群众约 1800 人，闭幕式观看群众约 1200 人。社区居民在观赛的同时通过手机参与北京市广播电视局组织的“北京视听零距离 · 乐享冬奥”云课堂等活动，通过大屏、小屏直击现场，共话冬奥趣闻，与奥运健儿一起奔赴冰雪之约。

## 三、全力做好冬奥会赛事播出安全保障工作

冬奥会前，为保障 8K 节目内容安全顺利播出，北京市广播电视局印发专项通知、召开专题会议，明确属地、播出、传输、终端、监测五方职责和安全保障具体要求。冬奥会期间，局领导带队对海淀区、朝阳区、昌平区、平谷区、延庆区、丰台区 6 个区共 11 个冬奥 8K 超高清示范展示社区点位，6 个冬奥 8K 超高清示范大屏点位，以及 3 个融媒体中心安全保障工作进行检查，为北京冬奥会期间广播电视安全播出保障工作奠定了坚实的基础。

赛事期间，坚持局三级值班与安全播出指挥调度相结合，北京冬奥会开幕式、闭幕式等重点时段局领导在监测中心现场指挥调度，全力确保了开幕式、闭幕式节目在北京市 165 个频道转播或传输安全无事故，170 个 8K 电视社区、10 个高校、20 个 8K 大屏示范展示平稳有序，顺利完成安全保障任务。

［北京市广播电视局科技处（公共服务处）］

# 2022年北京广播电视台科技工作综述

## 一、2022年重点项目建设

2022年，北京广播电视台依托财政专项资金，对已有8K技术系统进行功能完善和升级扩容，推动创新应用推广、产能规模扩充、业务效率提升以及视觉质量优化，主要包括8K电子现场制作（Electronic Field Production，EFP），规模化后期制作网、播传系统优化，“京8”App升级等。8K EFP系统定位于小型移动化现场制作系统，系统内部署广电级8K摄像机，定制研发国产8K电影机，作为讯道机使用；8K EFP采取模块化设计，可与经过8K化升级改造的4K转播车级联组合，实现4K/8K独立制作、混合制作能力。规模化后期制作网依托云平台架构，与台内现有后期系统整合打通，结合分层编码技术，实现8K/4K/HD多种视频格式深度兼容，依托统一架构支撑台内多种制作业务；播传系统创新实现制作域与播传域协同的字幕包装生产模式，制作域生成无包装纯净版成片和字幕包装文件，在播出域提取字幕包装内容和时间轴信息，精准叠加到播出画面，避免因修订字幕内容反复输出8K成片造成额外资源开销、影响业务效率。“京8”App重点提升移动框架适配能力，为接入更多高新视频业务提供便利，建立用户会员积分体系，完善运营功能，优化用户界面，助力拉新促活。

2022年，北京广播电视台4K二期项目建设完成。该项目以产能扩充、功能完善为主要目标，充实4K现场制作能力，扩建后期制作网，建设4K总控系统满足台内信号调度需求。具体内容包括：4K演播室新增远程制作设备，结合现有技术资源，实现4K摄像机在演播楼各演播室的移动化部署，以远程共享方式满足全台各主要演播室多种节目形态4K录制需求。4K后期制作网聚焦规模扩展和业务效率提升，大幅增加生产站点部署数量，加强4K收录、审片、演播、媒资管理全流程媒体能力，实现生产模式轻量化、便捷化、移动化以及网络安全提质增效；4K总控系统采用IP架构，采取软件定义网络（Software Defined Network，SDN）方式实现8K/4K/HD信号接收、调度和分发，同时配备IP调度业务管理系统，实现全台信号调度业务的智能化集中管理。4K智能媒资系统，满足4K超高清生产的需要，支撑台内全媒体格式内容管理，满足高效、快速、便捷的智能化内容处理，例如智能编目、智能标签、智能推荐、智能剪辑、智能审核等智能服务，要求支持对媒体内容的智能处理和规范化管理；具备转码、抽帧、迁移、技审视音频处理能力，为媒资业务管理提供技术支持；实现简易工程文件归档，提高媒资素材再利用水平。

## 二、创新应用

2022年，北京广播电视台在设备研发中取得了突破，研发了8K视频服务器、编解码器、8K分层编码集群编辑等设备，共申报了17项专利，其中7项专利已取得国家专利局授权，其余也均已进入公示实审阶段。取得国家专利局授权的专利中，8K视频服务器涉及的专利为：“具有逻辑联动功能的超高清视频播出系统及方法”“兼容不同格式或协议的超高清视频播出系统及方法”“一种IP

化视频主备数据过滤系统和过滤方法”。编解码器涉及的专利为：“一种视频感兴趣区域的提取方法和系统”“一种基于感兴趣区域的视频编码方法和系统”。8K 分层编码集群编辑设备涉及的专利为：“一种集群工作站编辑系统和编辑方法”。8K 多画面分割器涉及的专利为：“具有回显功能的超高清多画面显示系统及方法”。

结合 4K/8K 重点项目需求，北京广播电视台建设扩展现实（Extended Reality，XR）沉浸式演播室，打造多样态呈现能力，打通 8K+XR 现场制作虚拟制作流程；通过后期前置方式，实现虚拟元素与真实世界交互，将部分后期制作所需的工作提前完成，提高 8K 实时虚拟现场制作效率，减少后期制作工作量。现阶段，重点针对 8K 试验频道和新媒体发布需求，结合名胜古迹、艺术精品制作虚拟场景，现场主持人与虚拟人物进行实时交互，相关节目正在制作中。

8K 超高清作为高新视频乃至元宇宙的基础技术，为高端垂类场景拓展创造了广阔空间。与此同时，XR 沉浸式演播室日益成为高新视频内容制作的重要手段，不仅提供了灵活、高效、炫酷的视觉呈现能力，也为 8K 超高清技术开辟了全新应用场景。

通过 8K EFP 与经过 8K 化升级的转播车组合级联，充分发挥 EFP 的灵活性及转播车系统现场录制的强大优势，实现 8K/4K/HD 移动混合制作能力，并在《首届中国播音主持“金声奖”颁奖典礼》《第二十二届中国·盱眙国际龙虾节闭幕式文艺晚会》《第 33 届电视剧飞天奖颁奖典礼》《第 27 届电视文艺星光奖颁奖典礼》等多项节目现场录制中得到了充分的技术验证。

8K 超高清试验频道于 2021 年 12 月 31 日顺利开播，成为国内首家 24 小时常态化播出的 8K 超高清频道，每天播出至少 1 小时首播原生 8K 节目内容；2022 年 1 月 25 日，北京广播电视台 8K 超高清播出传送系统承担集成播控平台职能，正式点亮全市 20 块 8K 户外大屏幕，播出北京广播电视台 8K 频道内容，展示 8K 超高清优异视听效果。北京冬奥会期间，北京广播电视台 8K 超高清试验频道制播技术系统发挥关键支撑平台作用，全天候 24 小时播出原生 8K 节目，完整转播 200 小时以上中央广播电视总台 8K 赛事内容，结合台内自制 8K 精品节目，宣传北京历史文化和发展建设成就，依托冬奥会舞台，面向全社会集中展示了高质量格式视听效果优势。1 月 28 日，“京 8”App 全面登陆苹果、安卓等各大手机应用市场，为广大移动互联网用户提供 8K 高质量、沉浸式视听体验以及虚拟现实技术（Virtual Reality，VR）/ 增强现实（Augmented Reality，AR）、互动视频等媒体服务。LED 大屏、电视中屏、移动小屏三大 8K 传输分发渠道全部打通。

“京 8” App 界面展示

8K 技术系统升级项目支撑 8K 试验频道全天 24 小时不间断播出，2022 年制作完成《燕京八绝》《北京古建》《8K 博物馆之瓷说》《幽兰重宝》等一批精品节目；结合《阎维文民族声乐大师班（北京）师生音乐会》《龙虾节》等优质内容资源，探索 5G+8K 超高清和高新视频直播 / 云转播业务场景；与国家大剧院、北京京剧院等演出单位开展深度合作，有机结合高质量视听格式与高水准舞台演出，联合制作了《戏剧天地》《8K 综艺鉴赏》两档节目，在8K频道播出取得良好效果，有效带动了本市文化团体参与8K产业发展进程。

8K精品内容生产

在完善技术体系、扩充生产能力、支撑常态运转的基础上，北京广播电视台将立足长远需要，进一步完善运营机制、拓展业务场景、推动技术创新，实现8K业务发展良性循环。同时深入推进与市政府相关委办局、社会机构和资源的跨行业、跨领域合作，共同助力北京市5G+8K协同发展。

## 三、基础技术研发

2022年，北京广播电视台人工智能超高清视频处理方面取得显著进展。

依托4K/8K重点项目，立足超高清电视节目制作需求，由资深调色师制作高质量训练数据集，引入多感受野特征提取机制、基于自注意力的视频重建机制，成功研发逆色调上转换神经网络算法，对高价值素材进行4K/8K上转换，充实节目内容、补充产能规模。该算法已在北京广播电视台4K/8K频道落地应用并取得良好效果，画面质量和稳定性充分满足广播电视播出需求，同时避免了常规算法画面刻板的弊端。

针对4K/8K超高清移动端呈现画面暗沉、色彩失真等痛点问题，依托台内现有资源，先期推进开发人工智能视频处理工具，结合智能手机、平板电脑屏幕幅面、性能参数，对4K/8K成片进行画质增强和格式转换，实现接近高端调色师人工处理效果，在移动端充分体现超高清质量优势。该项目目前处于研发阶段，现已初步明确开发模式并实现概念验证，未来待条件成熟后尽早推出原型设备并在台内推广应用。

围绕生成式人工智能技术热点，结合台内业务场景、应用需求开展基础研究，现已在局部环节实现概念验证，计划在取得进一步成果后，申请财政资金支持，在北京广播电视台及行业范围内应用推广。其中主要涉及以下两个方向：一是开展智能化生产模式研究，围绕文稿、脚本、素材、剪辑、配乐等核心环节，优化智能生产工具、重构业务流程，切实提升整体效能。二是研发智能化交互式虚拟人，整合生成式人工智能作为中台能力，采用虚拟数字人前台作为前台界面，提升现场互动环节用户体验。

（北京广播电视台）

# 北京歌华移动电视全国首推“灵蝶”智慧系统

北京歌华传媒集团旗下户外媒体“北京歌华移动电视”，推出全新的“灵蝶”智慧媒体系统，全面升级公交车舆论宣传阵地。北京歌华移动电视作为歌华传媒集团户外媒体的代表，是公交车舆论宣传阵地的守护者，“灵蝶”寓意移动电视破茧成蝶、重铸辉煌。“灵蝶”智慧新系统的全面上线，为集团的户外统一平台打下了基础，同时也具备面向全国共建共享的体系架构。本系统是北京市宣传文化引导基金支持项目，也是歌华移动电视公司落实《北京市智慧广电发展行动方案（2019 年—2022 年）》，推动移动电视从数字化到信息化，再向智慧化的具体举措。

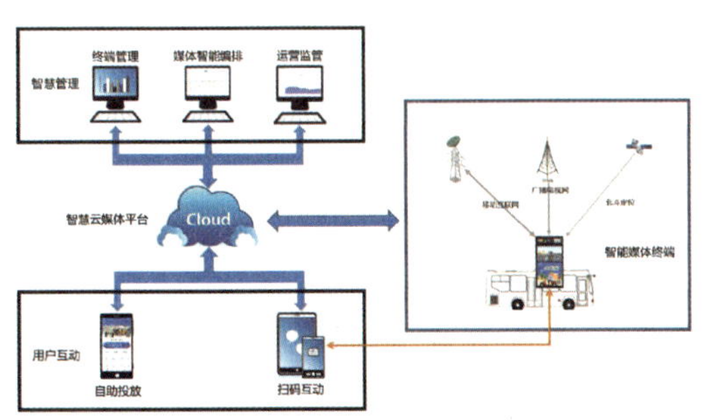


“灵蝶”智慧媒体系统依靠广电 DTMB+4G/5G 信号双保险，实现城乡公交线路全覆盖；依靠北斗定位 + 不同线路不同区域的差异内容推送，实现万余公交车“千屏千面”；依靠 32 寸高清屏幕的灵活分屏呈现，实现乘客在观看同时与屏幕互动。新系统大大提高了公交车公共信息服务的丰富性、精准性、互动性，带来移动电视在内容、运营和维护方面的全面升级，实现了移动电视媒体从纯广播式转变为广播与互联网融合媒体的重大转变，推动移动电视社会效益与经济效益双丰收。

北京歌华移动电视目前已在北京市 600 多条公交线路约 1 万辆公交车上安装了约 2 万个 32 寸高清屏幕，日受众超过 500 万人次。未来 3 年，可扩展到全部适装车辆，预计达到 1000 条线路 1.5 万辆车 3 万块屏幕，日受众将近 800 万人次。

## 城乡公交全覆盖

歌华移动电视推出的“灵蝶”智慧系统支持 DTMB+4G/5G 双通道传输电视节目，将移动电视的服务对象从原来的仅覆盖城区公交线路扩展为城乡公交线路全覆盖，缩小公共服务的城乡差距。

目前，移动电视内容的播出时间是每天 6 时至 23 时，每天 17 个小时，播放内容分为 16 个栏目，包括转直播节目北京新闻和新闻联播、重大事件的转直播等，以及常规播出的新闻资讯、社会公益和生活服务类节目。对于转直播节目，“灵蝶”智慧系统支持以流媒体方式进行，在无 DTMB 信号的区域也可以进行播出，进一步扩大宣传范围。同时公共视频服务将以更稳定、更流畅、更清晰的面貌出现在乘客面前，令观看过程更愉悦。尤其对于乘坐远郊通勤线路和市区超长公交线路的乘客来说，观看高质量高清移动电视画面的舒适度要远胜于埋头看手机。

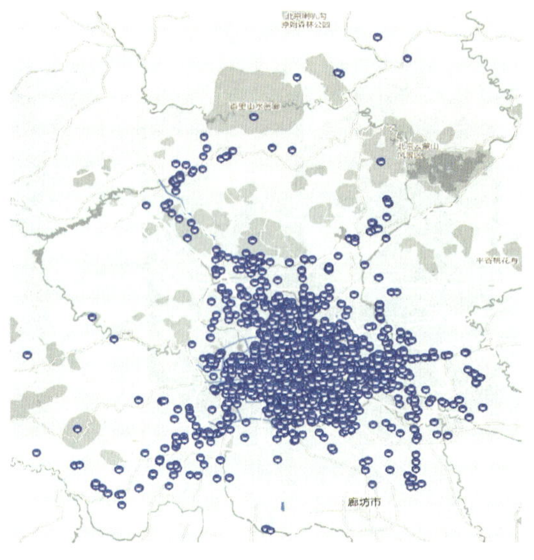


## 千屏千面助力消费升级

“灵蝶”系统上线后，北京歌华移动电视成为国内首个实现信息可以按地理位置精准投放的移动电视公司。系统支持后台设定播放区域，在北斗定位和大数据等技术的帮助下，移动电视屏幕中播放的节目可以根据公交车行驶中实时位置进行差异化推送，实现不同公交车在不同的区域播出不同的内容。

比如经过首都剧场、国家大剧院时，就可以预告近期演出剧目；经过著名商圈时，可以介绍最新优惠……以精准信息服务助力文商旅融合发展，助力市民消费升级。

## 大小屏互动，户外媒体网络化转型

新系统应用32寸高清屏幕，且屏幕可以实现全屏、分屏、上下屏联动，以及图片和视频的任意组合，使移动电视的播出形式更符合当下乘客的收视习惯。系统支持声联码、二维码等多种互动技术，乘客可以通过App，微信小程序等进行大小屏互动。未来还将通过App、微信小程序等提供乘客投屏、发弹幕、扫码关注领取优惠等功能，实现互联网思维下的移动电视服务模式转变。

同时，在新系统帮助下，移动电视告别了无互动、无数据、无用户画像的服务盲区，通过大数据分析，可以为后期决策做重要支撑，实现从传统媒体向互联网媒体的演进。

### 自助投放灵活搭配

全新推出的“灵蝶”系统，也为各条公交线路沿线的小微企业带来了福音。移动电视原有的广告投放模式为全域投放，也就是企业的广告一旦进入移动电视系统就要在所有公交车上铺开，传播范围虽广，但是门槛也高。而“灵蝶”系统按线路、按区域精准推送视频服务的核心技术，大大降低了广告投放门槛，对公交车沿线的小微企业格外友好。该系统配备广告自投放 App，客户可以选择感兴趣的线路或者商圈，并根据系统给出的多种菜单和组合，灵活投放广告。操作非常方便，也为小微企业节约了市场推广成本。

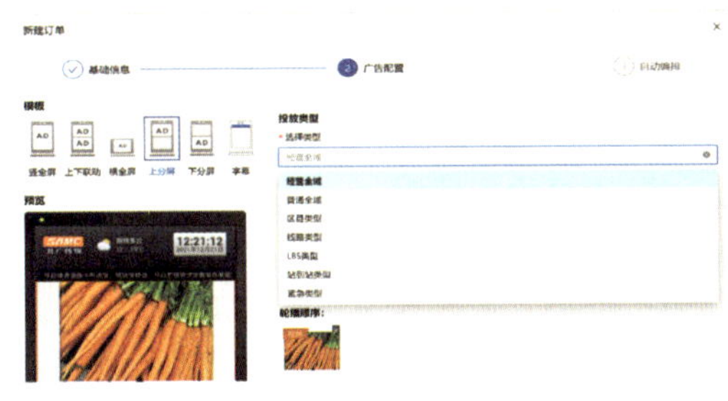

### 实时自检高效运维

“灵蝶”系统对于歌华移动电视公司自身的运营管理水平带来很大改进。从前，终端检测主要靠人力巡回检查，检测成本高且检测维护效率较低。“灵蝶”系统上线后，实现了每一个终端系统自检后通过 4G 通道远程实时上报故障信息，可以显著提升终端维护效率和效果，节省巡检成本。再加上在运营方面的海量数据精准分析，为移动电视开启了“网络可推送、实时可监测、效果可评估”的智慧运维新阶段，终端播出效果明显改善，给乘客和客户带来更好的体验。

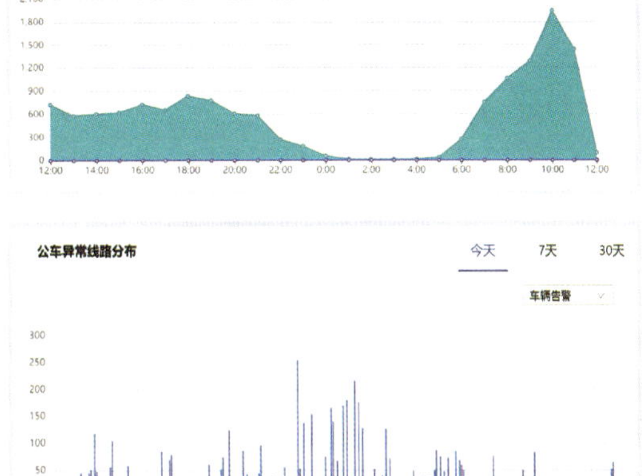


歌华移动电视将进一步深耕户外移动电视场景，践行服务政府公共管理、服务市民精彩生活的初心和理念。

（北京歌华传媒集团有限责任公司）

## 城市电视打造智能楼宇电视、户外大屏联播平台

2022 年，歌华传媒集团所属歌华城市电视公司加快数字化转型步伐，两大户外媒体数字化播控平台——户外大屏播控平台及楼宇小屏播控平台得到全面技术提升，支持节目制作编辑和素材规划保存的媒体资产管理系统，也进一步得到升级改造。

### 一、户外大屏数字化播控平台

城市电视新一代户外大屏播出系统从软件、硬件、流程、监控四方面入手，通过“联

网、联播、联控”模式整合屏媒资源、屏体业主资源、广告商资源，实现了“资源通融、内容兼融、宣传互融、利益共融”的数字化播控平台项目建设目标。首先，新平台不仅实现了4K超高清的播出，又依托AI技术实现了节目单的自动编单算法，从而为企业节省大量人力成本。其次，基于新的数字视音频技术、网络安全技术、数字电视播控技术、现代监控体系设计等手段，对显示屏的播放内容进行技术审核，让编排更紧凑、更有序、更严谨，为观众提供更合理、更丰富、更多样的视觉体验。最后，新平台在联网联控的基础之上进行户外大屏联播，通过公益广告定时定量播放，给城市增添新的宣传阵地和主流声音的发声渠道，助力营造文明和谐的社会氛围，体现良好社会效益。

## 二、户外楼宇屏数字化播控平台

城市电视公司新一代楼宇智能终端数字播控平台，利用传统广电单频网与无线互联网技术相结合的方式，汲取了广电的安全性与即时性优势，又与互联网的功能性和开放性优势融合到一起，打造了一套独有的数字交互式楼宇智能终端分发系统。新的数字化播控平台提升了IT设备资源的性能，使得新业务能够以最快的速度完成从节目内容制作、播控编单、播控下发到终端播出的全流程。新一代的楼宇智能终端采用了32寸、42寸、55寸等多种规格的数字液晶屏作为载体，屏体部分区域播出单频网电视信号，部分区域播出由无线互联网下发的多媒体节目信息。新楼宇小屏数字化播控平台不仅可以解决基于LBS定位技术的不同终端分组进行不同节目播放的需求，又可满足按照不同渠道进行不同业务逻辑的节目内容播放需要。它通过建立数字网格即时响应机制，推动新业务在各区域的扩展覆盖，从而全方位向北京市数字化社区管理提供有力支持，驱动开拓新传媒业务领域。

## 三、媒体资产管理系统

为全面支撑新一代城市电视公司户外大屏及楼宇小屏的信息化、数字化、交互式媒体播控平台应用，城市电视公司还特别配备了全数字媒体资产管理系统。此系统对媒体资源全面实现数字化和视频资源高清化，同时具备4K超高清开播能力。系统打破传统广电行业制作系统和播出系统间的壁垒，将传统业务中相互独立的各个媒体融合为统一的制播业务平台，提高了系统间相互配合的效率，简化了业务流程，节省了节目从汇聚制作到发布的响应时间。

2022年，歌华城市电视对未来楼宇小屏联播播控平台的新一代升级建设做了充分的科学研究和调查分析，依托现有大屏播控平台，升级研发可支持楼宇屏系统的联播管理平台，最终实现“一网统管”的数字化户外电子媒体联播平台。统一大小屏平台后，户外电子媒体的大、小屏终端播出，将采用大屏X86架构、小屏ARM架构模式，进一步提高城市电视数字化联播管理平台的兼容性，为未来接入更多的社会大、小屏屏体资源提供坚实基础，不断拓展应用场景。

（北京歌华传媒集团有限责任公司）

# 鼎视节目集成平台完成国产条件接收系统升级改造

为响应国家广电总局加密系统国产化的要求，提高用户服务质量，歌华传媒集团所属数字电视·鼎视公司于2022年5月启动了鼎视集成平台国产条件接收系统（永新视博系统）升级改造工作，该系统于2022年11月通过广电总局的验收，具备了正式上线运行条件。

## 一、系统概况

新建条件接收系统综合运用CAS的层级密钥机制，软硬件安全处理技术和安全管理手段实现视频内容的端到端安全保护。系统结构如下图：

系统前端完成对音视频内容的加扰，通过广播信道发送CA的授权信息，完成业务内容的加密保护和授权控制，实现CAS的各项功能。主要包括ECMG、EMMG、密钥管理和其他模块。

终端则通过在卫星接收设备中插入CAM卡配合独立智能卡来完成用户授权的合法性验证，解扰受保护的业务，实现节目的条件接收。

在加密算法方面，为积极响应国家广播电视总局“推动重点设备升级和国产化、产业化”的有关要求，结合国家密码管理局关于落实密码法，推进国产密码应用在广电行业

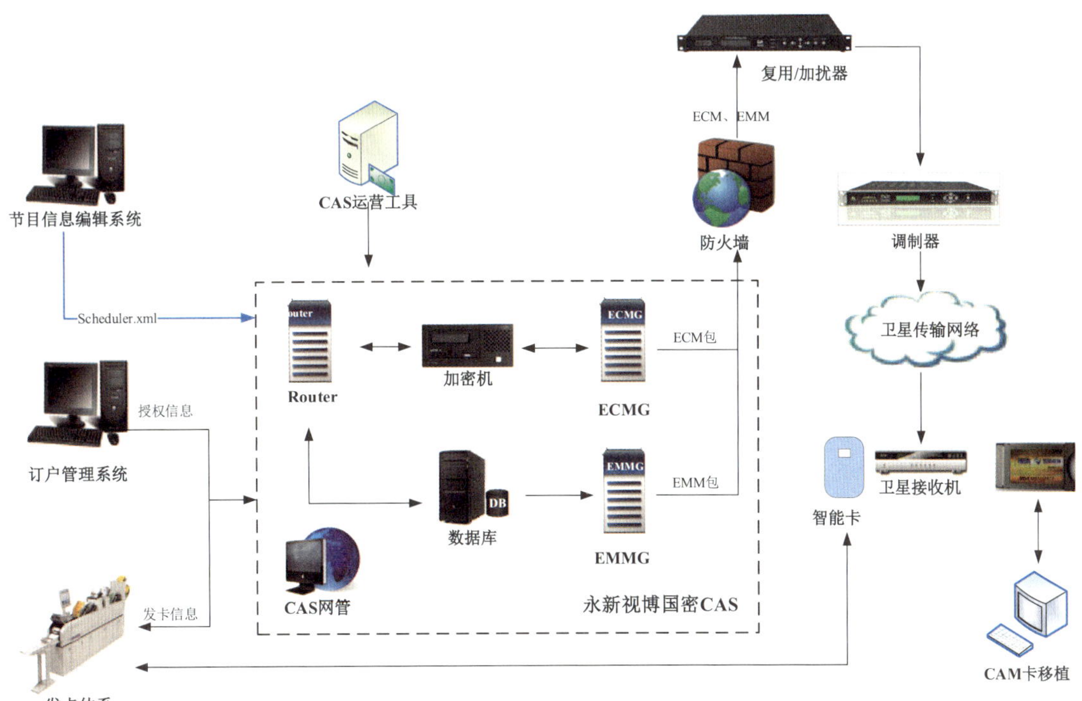


CA系统示意图

的落地的指导意见，新建条件接收系统采用国密算法并配合高安 CAM 的方式进行配置。

## 二、系统冗余设计

系统在设计和实施过程中充分考虑到系统运行的长效性和稳定性原则，全部前端设备及模块均采用冗余的配置，设备均为双电源，并做到系统级、硬件级和应用级的热切换，在系统、组件或某个应用程序发生故障时，关键应用程序可从故障中快速恢复，尽量减少停机时间，确保系统稳定工作。

### （一）应用模块冗余设计

CA 系统主要通过“主备方式”和“负载均衡”两种方式实现模块冗余，系统监控界面提供实时的系统状态监测与报警功能。在同一时刻，系统只有一个主模块，但同时存在多个备用模块。当主模块故障时，系统会自动选取一个备用模块作为主模块执行模块功能。同时，系统中还将具有负载功能的模块同时运行在不同的应用服务器上，每个模块均可独立完成模块功能而无须其他辅助。系统通过负载分担技术，将外部发送来的请求按每个模块当前工作状态或者模块配置属性来进行分配，而接收到请求的模块独立地处理此次请求，互不影响。

### （二）数据库双机热备

CA 系统使用 NEC EXPRESSCLUSTER 镜像型双机热备软件实现数据库冗余。主、备 CA 数据库服务器之间连接心跳线，实时探测系统状态，通过集群软件构成一个镜像型集群，实时进行同步，保证数据一致。集群软件还可以实时监控集群内两台数据库服务器的各种软、硬件故障，一旦运行的数据库服务或服务器本身发生故障则会将业务切换到另一台正常的服务器上继续运行，从而保证系统长期稳定连续运行，提高整个 CA 系统的可靠性和容错能力。同时在双机热备的基础上，CA 系统的数据库备份软件定期对数据库数据进行自动冗余备份，进一步保证数据安全。

### （三）加密机负载均衡设计

加密机是 CA 系统的核心加密设备，设计有安全防盗锁及盗拆保护功能，加密机支持两台及以上设备的负载均衡，加密机发生故障后，下一周期的 ECM 包会送入运行正常的加密机进行加密，已经发送给加密机的 EMM 包会加密失败，EMMG 会立即将这些加密失败的 EMM 包重新送入运行正常的加密机进行加密。多台加密机负载均衡，保证平台的稳定可靠运行。

### （四）网络设备冗余

CA 系统核心交换机使用堆叠方式实现相当于电源、引擎、模块的多重冗余，使用堆叠线连接的两台交换机可以当作一个单元设备来进行管理。两台防火墙采用主备模式使用心跳线实时同步，当一台防火墙出现故障时，流量会通过另外一台防火墙所在的链路转发，保证内外网之间业务正常运行。

### （五）第三备份系统

出于对系统稳定运行及故障恢复时长的考虑，此次新系统中增加了备份系统，包括备份系统服务器（集成主系统应用服务器与数据库服务器的业务能力和数据库）及备份加密机。备份系统所有业务配置与在线系统相同，当主、备系统同时故障，或单路故障且短时间无法恢复时，可立即使用备份系统将其替代，以恢复加密业务。

（北京歌华传媒集团有限责任公司）

# 北京歌华新新传媒打造“理论学习智慧云系统”

北京歌华新新传媒有限责任公司打造科技与内容相结合的“理论学习智慧云系统”，实现了内容多元化、方式智慧化、视听体验立体化，全新的学习教育方式有效破解优质理论学习教育资源获取难、精准对接基层单位党员群众学习需求难等问题，为提高理论学习教育质量提供有力支撑。

## 一、科技赋能＋内容为王，开启理论学习新篇章

传统理论学习因形式单一，缺乏交流和互动，基层党员群众学习效果差。而“理论学习智慧云系统”依托权威、专业的理论学习资源，结合 VR、5G、大数据、云计算、多媒体交互等技术，让理论学习进入全新的模式，高效赋能基层单位集体学习，是具有新时代特征的智慧学习基地和红色传播基地。

该学习系统主要应用模块有：“党媒汇览”，集成了中共中央党校（国家行政学院）、共产党员网、求是网、学习强国、新华网、人民网等国家级党媒党网，实现一键链接触达，供基层单位随时调取海量学习内容。“学习视频库”，近千个理论学习视频，总时长1万余分钟。包括习近平新时代中国特色社会主义思想系列解读、党史慕课、优秀党员事迹片、警示教育案例、廉政文化等。“学习面对面”，针对党的二十大精神、习近平总书记系列重要讲话、中央重大决策部署等重要内容，组织权威专家走进演播室进行专题课程录制，每月更新 1~2 期，保证内容的权威性、时效性和课程体系的科学性。“VR 实景红色博物馆”，通过 720 度实景有声 VR 视频，实现沉浸式场景化学习，足不出户便可身临其境般参观一大会址、井冈山、西柏坡等全国近百家红色博物馆，打造“三维立体可移动的红色教育基地”。“知识竞答”，党的二十大精神、党史、党建、理论类题目精选摘录，大屏出题，双人操作对站台按键进行答题，也可通过微信扫码直接参与，实现多人线上对战，提升学习趣味性和互动性。

该系统在先进的大数据、云技术赋能下，可实现多项强大功能。一是提供“一键学习”方式，为基层单位按月设定好学习规划，让其更便捷高效开展学习。二是具备后台管理统计功能，通过后台数据分析可以精准掌握学习情况，了解学习需求，改进学习内容，提升学习效果。三是具备中心播控功能，实现中心管控，内容一键分发。可通过设置账号权限来管理内容的观看权限。四是所有内容云端后台存储，可快速实现按需使用、即开即用，通过云加密，防止数据被篡改，最大限度地保证了海量数据的安全。

## 二、沉浸式体验、互动化传播，让理论学习提质增效

沉浸式学习模式在体验感、代入感、互动性等方面优势突出，党员群众喜闻乐见、参与度高。“理论学习智慧云系统”打破形式单一、缺少体验的学习模式，借助 VR、智能互动等多媒体交互元素的应用，让沉浸式体验赋予理论学习新的价值和意义。

“VR 实景红色博物馆”学习模块，对全

国具有核心学习价值的红色博物馆采用实景拍摄并非虚拟制作的制作方式，最终呈现出真实还原的 VR 红色博物馆系列作品。戴上 VR 眼镜给人身临其境的感受，在讲解员生动形象的讲解中，可深入细致地了解红色历史，沉浸感真实感极强。

“知识竞答”学习模块，创新采用“大屏出题，双人操作对站台竞答”模式，互动性强、竞赛感强，寓教于乐。也可通过微信扫码直接参与，实现 20 人线上集体对战，可提升学习兴趣，增强参与感。

## 三、理论学习内容通俗易懂，将党的二十大精神送到党员群众身边

系统依托公司视频内容生产优势，策划推出一系列理论学习节目，以百姓的视角，用通俗易懂的语言，将党的理论充分与人民群众的生活实际紧密结合，解疑释惑，凝聚共识。围绕脱贫攻坚全面小康、党史学习教育、建党百年、两个确立、共同富裕等重大主题，以及接诉即办、垃圾分类、社区治理、“两区”建设及市第十三次党代会精神等市委市政府重要会议重点工作，策划制作系列理论解读节目，并在学习系统中及时更新。为基层单位党员群众提供大量听得懂、能领会、可落实的生动鲜活的理论节目。

## 四、建章立制，确保学习系统意识形态安全

为保证意识形态安全，“理论学习智慧云系统”出台了内容策划审核、网络意识形态安全等方面的管理规定，严格多级内容审核和数据分级管控，防范各类意识形态安全风险，杜绝系统数据泄露篡改等事件发生，把党的声音以安全、高效的方式传达到基层。

## 五、系统推广覆盖取得初步成效

“理论学习智慧云系统”已陆续在中国国际服务贸易交易会、中国（深圳）国际文化产业博览交易会等大型会展上亮相展出，以其创新实用的功能吸引众多观众驻足观看体验。系统为近百家基层党组织和基层单位提供了学习支撑，如华夏银行、北投集团、奇安信集团等，覆盖了街道、乡镇、社区、国有企业以及互联网企业等，系统合作伙伴遍布北京、福建、内蒙古、黑龙江等数十个省份。

（北京歌华新新传媒有限责任公司）

# 高新视频云交互创新国家广播电视总局实验室成立

2022 年 5 月，国家广播电视总局正式批复设立“高新视频云交互创新国家广播电视总局实验室”。实验室由北京市广播电视局指导，以优酷为依托，由阿里巴巴云游戏（元

境）团队（以下简称“元境”）执行建设，并联合国家广播电视总局广科院、阿里巴巴达摩院 XG 实验室、上海米哈游、华数传媒、苏州广播电视总台、中国传媒大学共建。

## 一、国家广电总局牵头，多方构建高新视频新业态

该实验室建设是在国家信息化发展以及行业“智慧广电”建设的重大战略部署下，为加快推进广电 5G 商业化步伐、解决高新视频云互动内容短板、加速广电 5G 家庭和垂直行业应用发展，实现广电 5G 产业链关键技术自主可控，重点打造的广电 5G 产业化创新平台，对广电网络转型升级、推动中国经济社会数字化进程具有重要意义。

立足广电行业高新视频云互动技术及应用创新关键载体，实验室将集聚多方的优势资源，结合高新视频产业未来发展需求，重点研究高新视频云互动的内容制作技术架构和工具集、内容产品的云端审核技术、质量评测体系等，为构建高新视频新业态、加速产业生态健康发展提供重要支撑。

值得一提的是，实验室建设由元境领衔负责关键技术研究和产品原型开发，将以云游戏为典型应用，切入高新视频云互动领域共性基础技术最为集中的赛道，开展技术攻关，搭建技术集约型、行业集聚性研运一体平台，从技术底层探索解决行业性重点、痛点问题的通路，促进行业共同发展，推动实施高新视频领域应用示范工作。

## 二、元境以云游戏应用沉淀，领衔推动实验室技术攻关

元境是面向云互动内容企业、云游戏研发商及开发者的综合性的研运一体化服务平台，通过元境云游戏 PaaS、云互动 SDK、第三方内容工具等产品及服务，为云互动领域的内容企业和开发者提供云互动内容创作、运行环境、运营增长的全链路服务，帮助企业和开发者降低内容创作与开发门槛，构建产品的差异化能力，保障内容平台在云上快速部署与稳定运行。

元境在业界率先实现云游戏全平台容器、串流技术、云边协同弹性调度、基于云游戏的实时直播、多人联机等高新视频云互动关键技术，积极探索云端实时审核能力，并推动高新视频云互动开发 AI 引擎、云原生微渲染引擎等技术的研发。截至 2023 年年初，元境已服务于国内数百家中大型游戏客户，拥有超 2.5 亿小时的云游戏稳定运行记录，并获得良好市场反馈，其中包括《逆水寒》《云・原神》《三国志・战略版》《战舰世界》以及哔哩哔哩游戏中心等游戏和平台。

以全面支撑中国广电“国家级媒体融合传播网”为战略愿景，新建实验室成果转化将在领域内牵头为广大用户提供更好的基础云游戏体验服务，引领并推动产业创新，实现产业规模化增长。凝聚多方资源优势，元境将持续输出高新视频云互动技术能力，助力搭建科技研发和创新应用平台，为广播电视和网络视听行业快速发展贡献力量，并与合作伙伴一道，共同担负广播电视技术、内容创新的重任，构筑起广播电视科技赋能产业高质量发展的重要保障。

## 三、实验室技术创新

云原生开发引擎。随着高新视频实时云交互相关应用/元应用愈加复杂与精细，云上开发的优势会逐步体现，如无须考虑算力大小和存储空间是否足够、一键快速部署、即时查看效果等。元境搭建了基于云渲染的一站式内容生产平台，支持元应用在云端渲染、开发调试、部署运行、跨端发行等行为。这其中元境针对云上开发提供了多项创新能力。

分布式/多视角渲染。元境在自主研发的游戏运行时，完成了一系列云原生特有的能力，如真正实现了基于引擎渲染管线的分布式渲染，以及可让终端用户自主操控的多视角渲染能力，让多人游戏内容在无须开放服务端的基础之上就能够实现，为内容创作提供了新的可能性。

大规模同屏联机。元应用内容的创作，对于大规模的多人同屏互动也提出了新的挑战。元境自研的操作系统通过定制化的网络底层架构，能够实现超低延时的节点内和跨节点连接，让百万人在线的内容开发变得更加简单。同时，通过高性能的存储能力，让复杂大规模的开放世界场景拥有更多细节，使在内容创作中实现虚实融合的沉浸式场景成为可能。

面向内容开发调试。元境通过与引擎的渲染管线整合，能够让基于主流引擎开发的内容直接向云渲染平台输出。基于云渲染平台的特性，开发者无须顾虑不同性能终端在表现上的差异，仅须基于一套统一的硬件框架和终端能力进行开发，即可完成对云渲染平台支持的所有终端进行输出，大幅度降低了过去内容开发中硬件优化的成本。同时元境的云端运行环境通过与引擎打通，可以直接让开发者使用云端资源完成线上调试，多位开发者可以远程协作，让内容开发合作变得更加高效便捷。

[优酷信息技术（北京）有限公司]

# 公共服务

# 2022年北京市广播电视网络视听公共服务情况

2022年，北京市广播电视局创新实施广播电视和网络视听公共服务惠民工程，扩大优质精神文化产品和服务供给，坚持推进农村地区广播电视网络视听公共服务标准化、均等化、数字化，以高质量的公共服务助力乡村文化振兴。

## 一、加强广播电视惠民公共服务工程建设

### （一）实施优质内容供给精品创作工程

围绕迎接党的二十大主题，推出《先驱》《胡同》《心想事成》《情满九道弯》等电视剧，《同心·中国》《黄河安澜》等纪录片，《加油！中国式现代化》《向前一步》《接诉即办》等节目，《浴血无名川·奔袭》《青春正好》《穿越时空的古籍》等网络视听作品。深化北京广播电视网络视听发展基金引导扶持机制改革，2022年，全市广播电视网络视听发展基金扶持广播电视网络视听作品179部，涉及扶持资金8661万元。

### （二）创新智慧广电公共服务工程

用好“冬奥纪实”4K超高清、8K超高清试验频道，做好4K超高清电视全程直播和重点赛事、重大活动8K超高清试验频道直播，打造全景沉浸式北京冬奥会视听体验。开展科技冬奥8K超高清示范展示，在20块8K大屏、5个北京冬奥会场馆、10所高校和170个8K示范社区8K电视点位开通北京冬奥会广播电视节目信号。

### （三）实施公共服务创新示范工程

一是增设“北京视听小站”公共服务新载体。海淀区圆明园新时代文明实践所、石景山区鲁谷街道政务服务中心、延庆区融媒体中心等首批试点“北京视听小站”于北京冬奥会前对公众开放，免费提供冬奥开闭幕式8K超高清直播、无障碍音频服务、VR互动、线上知识科普等视听科技体验。第二批“北京视听小站”新增丰台区融媒体中心、超高清实验室两家。北京冬奥会期间，社区居民在视听小站共同观看开闭幕式超高清直播，手机参与“北京视听零距离·乐享冬奥”云课堂活动。春节、元宵节期间举办中国结编制、元宵节花灯剪纸等教学直播活动。

二是开展“北京视听零距离”公共服务。2022年围绕“乐享冬奥”云课堂、“共抗疫情 暖心服务”、科技助老公益课直播等主题组织开展126场线上线下活动。举办“北京视听零距离”新视听公共服务志愿行动启动仪式，组织27家机关、企事业单位联合发起新视听公共服务志愿行动倡议，推动22家企业、高校等成立北京新视听志愿服务队，发

2022年9月28日，在北京视听零距离新视听公共服务科技助老公益课直播活动中讲解优酷App适老化“长辈模式”的使用方法

布科技冬奥8K直播、京津冀过大年、精品创作剧组进社区、平台应用适老化改造、新视听助残爱心服务等10个典型案例，推进新视听公共服务向街道、社区、乡镇、农村延伸，惠及众多城乡居民。

三是创新成立“北京节节高”公益服务共同体。由北京市广播电视局联合北京市农业农村局、北京市文化和旅游局、北京市园林绿化局、北京市支援合作办、北京市国有文化资产管理中心和北京广播电视台共同发起，由100余家媒体组成公益宣传联盟，建立北京媒体传播、产销协作一体化平台，助推北京节庆文化和区域品牌提升。开展“北京节节高·尝鲜儿”主题宣传，精选各区地理标志和特色农产品，拍摄20种鲜果农特产品，陆续在北京广播电视台生活频道推出系列报道，展现京郊各区生态文明建设成果。

## 二、提升公益广告作品制播水平

按照“扶优、扶强、扶专、扶新”的原则，引导公益广告精品创作，召开公益广告精品创作调度会，从作品导向、创作规划、人才培训等方面对创作团队进行辅导。开展公益广告专项扶持资金作品的征集、扶持工作，共征集作品482部，其中，《冰雪有你更精彩》《您的声音》《建功新时代 喜迎二十大》等作品和相关制作播出机构获得扶持，扶持资金共1000万元。开展“2022第四届北京国际公益广告大会创意征集大赛”，共征集作品10066件，360余件作品入围评奖，其中，等级类作品100件，优秀类作品260余件。首发《2021全球公益广告发展报告(蓝皮书)》。

2分钟电视公益广告《冰雪有你更精彩》获2022年北京市广播电视公益广告专项资金特等扶持

## 三、广播电视网络视听助力乡村振兴

助力乡村直播活动。北京市广播电视局指导京东、抖音、快手等网络视听平台大力推进农民丰收节、山货节等直播活动助农，围绕美食、美景推出特色农产品和旅游项目直播活动；协调东方甄选开展“北京平谷行”电商直播带货活动，助力平谷大桃营销；指导抖音平台开展戏剧、非遗上线等活动，助力农村特色戏曲和非遗传承。指导开展“来抖音学农技”“乡村大师课”“快手幸福乡村带头人”等活动，合计播放量超61亿次，助力孵化乡村人才。

[北京市广播电视局科技处(公共服务处)]

# 2022年“北京视听零距离”新视听公共服务情况

“北京视听零距离”活动，是北京市广播电视局为适应新视听技术发展趋势、探索广播电视和网络视听公共服务新模式而打造的具有首都特色的公共服务品牌项目。2021年至2022年，“北京视听零距离”活动围绕北京冬奥会、建党百年、科技助老、8K超高清、精品创作等主题举办系列活动，调动行业开展新视听公共服务下沉到基层的实践探索，推动更多视听优质内容、科技体验、民生服务进社区、进乡村。

## 一、主要成效

2022年，北京市广播电视局继续组织开展“北京视听零距离”系列活动，进一步调动行业机构、广电科技企业力量，将视听新技术、新内容、新服务向街道、社区、乡镇、农村延伸，持续推动公共服务与人民群众心贴心、零距离。以“乐享冬奥”“共抗疫情暖心服务”“科技助老公益直播课”等为主题，先后开展线上线下活动百余场，覆盖全市16区30多个街道83个社区，服务群众超过30余万人次。

### （一）唱响冬奥主题

在北京冬奥会和冬残奥会期间，组织开展10场“乐享冬奥”主题活动，聚焦冬奥开闭幕式8K直播、超高清赛事收看、视听小站科技体验、冬奥知识科普等内容，直接服务83个8K超高清数字接收示范社区（村）等，惠及2.6万余位观众。

2022年2月，北京市8K超高清示范社区居民通过8K电视参与“北京视听零距离·乐享冬奥”云课堂活动

### （二）服务中心工作

开展“共抗疫情 暖心服务”科技助老主题活动，精准化提供压力疏导、居家健康、疫情防控知识科普、暖心行动4类新视听公共服务，运用直播、录播、电台音频开展61次活动，精准覆盖70多个社区（村）、69个社群，直接服务城乡13万余人次。联合抖音、快手等平台，面向全网组织开展“我们的幸福生活”短视频征集、展示活动，共征集短视频作品1705个，在7家视听平台、11家区级融媒体中心展播展映。其中31部优秀作品参加全国优秀短视频征集作品评选，14部作品被推选为“优秀作品”。

### （三）推动志愿行动

举办“北京视听零距离”新视听公共服务志愿行动启动仪式，发布活动Logo、服装、旗帜，联合市志愿服务联合会等27家单位发起新视听公共服务志愿行动倡议，推动22家企业、高校等成立北京新视听志愿服务队，发布科技冬奥8K直播、京津冀过大年、精品创作剧组进社区、平台应用适老化改造、新视听助残爱心服务等10个典型案例，推进新视听公共服务进一步向纵深发展，惠及更多城乡群众。

2022年7月15日，“北京视听零距离”新视听公共服务志愿行动启动仪式现场

## 二、主要措施

### （一）坚持正确方向，高效服务群众

坚持以人民为中心的发展理念，聚焦北

京冬奥会、党的二十大等重大主题和群众公共服务关切，将新视听技术和群众生活需要相融合，不断总结经验，扩大覆盖范围，致力形成可复制、可推广的公共服务新模式，丰富城乡群众精神文化生活。

**（二）坚持协调联动，完善机制建设**

2022 年，“北京视听零距离”继续向基层下沉，发起“百个社区、百场活动”。持续加强市区两级协调联动，固化与团市委、市老龄协会、相关高校的横向联系机制，与各区宣传及文旅等部门、街道、社区的纵向协调机制，统筹网络视听平台、志愿者群体深度参与，构建广泛支持、形成合力的工作体系。

**（三）坚持科技赋能，提供优质服务**

充分利用人工智能、大数据、云计算、AR/VR、5G/8K 等技术，重点围绕老年群体、远郊居民、残障人士等特殊群体的公共服务需求，为市民提供新闻资讯、视听节目、社会服务、数字娱乐、医疗健康等于一体的新视听公共服务，将好看、好听、好玩、好用的视听新技术送到群众身边。

**（四）坚持共建共享，打造开放平台**

发挥首都文化、科技、人才资源集聚优势，以政府为主导，鼓励引导社会力量共同参与广播电视公共服务体系建设，激活市场资源，激发创新活力，提高广播电视公共服务共建共享水平。

［北京市广播电视局科技处（公共服务处）］

# “北京节节高”之“尝鲜儿”主题活动全面开展

2022 年 6 月 21 日，“北京节节高”之“尝鲜儿”大型公益主题活动正式启动，该活动由北京市广播电视局联合北京市农业农村局、北京市文化与旅游局、北京市园林绿化局和北京广播电视台共同发起，北京广播电视台生活频道承办，联合 16 区和经开区融媒体中心以及快手短视频平台，并联动第十届北京惠民文化消费季，在 2022 年 6 月至 10 月期间，通过“广电大屏 + 互联网短视频 + 直播平台”的立体化宣推，深耕地方资源，生动阐释乡村振兴战略和广阔愿景，展现美丽乡村绿化建设和人居环境改善的成果，推动京味鲜果品牌建设，释放文旅消费新潜力。

## 一、首都新视听谱写乡村振兴“奏鸣曲”

从 2022 年 6 月 21 日夏至开始，“北京节节高”之“尝鲜儿”主题活动陆续在北京广播电视台生活频道《生活这一刻》《京城美食地图》《越省越开心》等栏目推出系列专题报道，通过兼具烟火气、趣味化、普适性的表达，带观众走进京郊大地田间果园品尝甜蜜共赴美好，开启一场鲜果奇遇之旅，全面展现美丽乡村建设的丰硕成果，歌颂奋进在新时代新农村建设道路上的奋斗者，加强美丽休闲乡村、休闲农业精品景点线路推介。

## 二、广电商城直播带货公益助农燃爆销售“热”

活动期间，生活频道中心通过搭建“广电优选 + 在线商城”模式，打通流通渠道，创新合作模式，优化合作机制，资源互补共享，推动产销对接。为更加精准实现产销对接，拉动消费需求，“北京节节高”之“尝鲜儿”活动发挥广电优选和短视频平台直播带货双引擎驱动作用，通过“广电优选+在线商城”搭建“边看边买”新场景，在节目中观众只需“扫一扫”屏幕二维码，即可登陆BRTV“i生活商城”的“北京节节高”之“尝鲜儿”专区，领取红包优惠券在线选购精选的京郊鲜果农特产品，帮助果农实现销售转化和经济收益，促进农业产业链延伸发展，为推进乡村振兴注入新的活力。在疫情防控的前提下，引导云上消费，拉动经济增长，打造业态内涵丰富的地标性节庆品牌。

### 三、充分发挥首都“新视听”“大宣传”平台效能

16区和经开区融媒体中心共同参与“北京节节高”之“尝鲜儿”专区内容生产和联合播出，并联动快手短视频平台全程支持。市区两级媒体携手宣推，深入开展乡村振兴系列专题宣传报道，共同打造“北京节节高”之“尝鲜儿”品牌宣传阵地，拓展品牌活动的认知度和影响力，持续扩大媒体声量，提升品牌价值。

### 四、榜单评选强化活动“后效应”，打造京味鲜果农特品牌方阵

“北京节节高”之“尝鲜儿”活动根据各区推荐，遴选出50个地标性鲜果农产品，于8月开展网络投票，评选出“我最喜爱的北京味道”榜单，多渠道分发宣传推广扩大影响力。评选结果在此次活动收官之际进行发布，展现京郊乡村生态文明建设成果，讲好品牌故事，打造北京味道之鲜果、农特本地品牌方阵，进一步提升京果品牌认知度和含金量。

（北京广播电视台　刘春艳 李皖）

## 北京广播电视台“北京之声”项目助力“博物馆之城”建设

“北京之声”项目是由北京广播电视台主导发起并联合文博等多个机构，在博物馆、园林、胡同等多场景推出的城市有声导览标准化体系。项目依托新技术手段，借助融媒体平台，深度布局城市公共文化服务体系，将有声导览作为实体场景的有益补充，丰富展陈形式，增强线上参观的感官体验。项目自2021年7月启动后快速推进，被列入北京市政府折子工程。截至2022年12月底，“北京之声·博物馆”项目总入驻博物馆数达到50家，项目小程序授权用户22万，有声导览总收听量超过200万次。项目依托北京广播电视台高水准音频制作能力，以北京广播电视台“听听FM”客户端和项目专属小程序“听听北京之声”为主体，提供移动收听收看、场景导览推送、专家专业讲解、特定人群版本、留言互动打卡等功能，搭建云端“有声博物馆”矩阵，助力博物馆服务升级和北京市“博物馆之城”建设，为群众游览博物馆提供新方式。

## 一、媒体融合平台与生态建设

“北京之声”项目以有声导览为抓手，通过打造“博物馆电台”“园林电台”“胡同电台”等多种云端有声矩阵，有效整合北京广播电视台专业主持人、专业制作、宣传矩阵等优势资源，形成强大的平台效应。

1. 拓展内容体量，强化生态布局。“北京之声”项目自启动以来，持续产出高质量的语音导览和精品有声内容，不断丰富文化产品和服务供给。截至 2022 年 12 月，已入驻中国共产党早期北京革命活动纪念馆（北大红楼）、中国人民抗日战争纪念馆、香山革命纪念地旧址、宋庆龄故居、中国铁道博物馆东郊展馆、孔庙和国子监博物馆、北京白塔寺、北京石刻艺术博物馆、大钟寺古钟博物馆、中国紫檀博物馆、老舍纪念馆、木作博物馆等 50 家博物馆。此外，项目还拓展公园场景的有声导览，完成香山公园香山寺和碧云寺的导览上线。

2. 以人为本，推出多版本服务。截至 2022 年 12 月底，项目共录制男声版、女声版、亲子版和英文版等多种版本的有声音频千余条，总时长近 20 小时。如：亲子版案例，中国铁道博物馆东郊展馆青少版 – 01.“0”号蒸汽机车；英文版案例，北京石刻艺术博物馆英文版 – 01.Introduction and Stupa。项目的专业水准受到合作方和用户的一致好评。

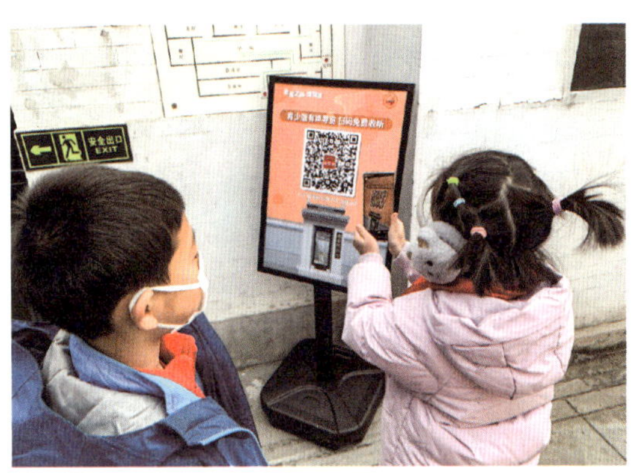

2022 年 1 月 14 日，“北京之声 · 博物馆”正式入驻老舍纪念馆，小朋友现场扫码收听老舍纪念馆介绍

3. 搭建微信小程序，增强互动体验。项目搭建官方小程序平台“听听北京之声”，通过云端有声矩阵，展示、推荐北京地区博物馆信息，为用户提供移动收听收看、场景导览推送、专家专业讲解、特定人群版本、留言互动打卡等功能。为每家合作的博物馆设立专属小程序页面，为用户提供关于馆方的基础信息、展览信息、语音导览等内容。截至 2022 年 12 月底，已有授权用户 22 万多人，有声导览总收听量超过 200 万次。同时，在小程序上，还可以为用户提供各种活动报名、互动直播、笔记打卡、文创商城等全方位服务，拓展了项目平台的实用性。

“北京之声”项目专属小程序平台“听听北京之声”二维码

## 二、项目模式拓展与运营

“北京之声”项目充分发挥北京广播电视台演播、制作、宣传等资源优势，通过创新模式，为合作方提供多元化服务，通过行业标准建设，规范行业准入门槛，促进社会效益和经济效益相统一。

1. 公益服务。项目以公益服务为入口，与各机构展开合作，从标准版有声导览，到线上空间运维，以及线下活动策划执行，均为免费公益服务。项目以客户端和小程序线上平台为依托，通过形式多样的线上和线下活动，推进“一馆一品”博物馆品牌建设，延展博物馆社会教育功能，加速博物馆向以人为本、以服务社会和公众为首要目标的、功能与使命更加多样的公益性机构转化。“北京之声”项目积极与各大博物馆联合策划多种线上和线下活动，如：与北京石刻艺术博物馆联合策划“福聚石刻馆——我记忆里的五塔寺”发笔记贺新春赢好礼活动，与孔庙和国子监博物馆合作推出“游孔庙和国子监写祈愿笔记 得文创好礼”线上打卡活动，与民航博物馆联合策划“5·18 国际博物馆日”系列活动，等等，均引起热烈反响。

2. 深入服务。项目与合作馆方共同策划品牌活动，通过在现场的音视频录制，夯实博物馆教育基地的功能属性。项目组与中国共产党早期北京革命活动纪念馆共同开展《北大红楼读书会》融媒体音视频节目，结合以北大红楼为代表的一批中国共产党早期北京革命活动旧址特有的优势，强化沉浸式体验和现场教学，通过每期时长 50 分钟的具有庄重感、参与感的主题授课，实现革命旧址现场体验和革命传统教育内容的强化对接，让革命旧址“活”起来，吸引更多青少年走进纪念馆。《北大红楼读书会》第一季融媒体节目共 10 期，截至 2022 年 12 月，已制作播出 9 期节目，在北京广播电视台青年频道、故事广播和“听听 FM”客户端以音视频节目、短视频、图文等多种形式传播。节目播出以来反响不断，5 次荣登新浪微博话题热搜，关注热度持续攀升，全网访问超千万次。

3. 定制服务。项目为每个合作方都定制专属的微信小程序页面，使每个小程序页面都成为合作方在线上的又一个官方展示平台。

4. 个性服务。项目团队与北京白塔寺联合开发了部分文创产品，在中国国际服务贸易交易会和线下文创空间进行展示和售卖，受到用户热捧。

5. 延伸服务。“听听北京之声”小程序可以打卡点赞、发笔记、评论留言、逛电子商城等，通过不同维度的推荐，结合多种形式的活动策划，实现项目的 O2O（Offline To Online，线下线上）模式。

6. 数据服务。依托庞大的用户数据，勾勒用户画像体系，借助其标签化、信息化、可视化的属性，进行多维度、全渠道洞察，是为相关部门和机构提供个性化推荐、精准化服务的强有力基础。

（北京广播电视台）

# 北京广播电视台财经频道制作播出第二届北京慈善文化创享会

2022 年 9 月 5 日是第 7 个“中华慈善日”，北京市举办第二届北京慈善文化创享会。该活动由北京市委社会工委、市民政局指导，首都公益慈善联合会主办，北京广播电视台财经频道创意，并在北京广播电视台 600 平方米演播大厅录制完成。本次活动以“携手

做慈善 传播真善美”为主题，展现出慈善公益力量的新面貌，分享创新慈善参与方式的新创意。

10年来，北京市紧紧围绕“慈善北京”建设，深化慈善领域改革，加强制度体系建设，大力营造慈善氛围，广泛动员社会参与。同时，“金融+慈善”和“互联网+慈善”方式的加深参与，更是极大地拓展了公益慈善新发展空间。为了呈现出这一新局面，北京广播电视台财经频道《天下财经》栏目组发挥财经专业优势，结合电视表达方式，对第二届北京慈善文化创享会现场活动进行特别策划，让整场活动既能看到慈善助人的动人之处，又能感受到慈善事业不断创新发展的探索精神。

1. 文艺演出展现慈善事业温度。这次的晚会节目策划以“光”为主线，寓意慈善公益像光一样温暖众人。为此，节目组特别邀请天使童声合唱团演唱歌曲《光亮》，配合大屏慈善主题镜头，用冷开场的方式，营造出慈善事业的温柔与力量。

2. 创新方式展示慈善事业成果。慈善事业成果的展示，是本次活动的重头戏。节目组通过制作“北京慈善事业发展巡礼”等成就视频，邀请国家话剧院一级演员张凯丽，携两位来自慈善工作一线的讲述人，共同完成一场关于慈善信托、基层慈善、互联网慈善的故事接力：用《慈善信托 善念传承》《将小爱，汇大爱》《谢谢你，跨时空的力量》这组真实事例的讲述，同时配合理性的大数据动画，展现金融手段和互联网技术是如何创新慈善参与方式、提供慈善发展力量的。

3. 带动行业助力互联网慈善发展。为推动首都互联网慈善事业快速发展，在活动现场，六家互联网企业共同发起成立“首都互联网慈善联合体”，并设立互联网慈善专项基金。为了强化带动效果，节目组安排企业联合以诵读的方式，号召广大在京互联网企业共同加入，致力于发挥行业聚集效应，打造首都互联网慈善品牌，推动互联网慈善行业发展，促进慈善和互联网的双向助力。

9月5日20时40分，《第二届北京慈善文化创享会》在北京广播电视台财经频道播出的同时，也在“北京时间”、微博、抖音、今日头条、视频号、爱奇艺等新媒体矩阵平台同步直播，并提前进行海报和话题预热。节目播出当天线上观看总人数近34万人次，微博话题“第二届慈善文化创享会”“看第二届北京慈善文化创享会”阅读量达到11.4万次。

（北京广播电视台　关月）

# 2022年歌华传媒集团发挥公共服务优势培育践行社会主义核心价值观

歌华传媒集团户外媒体共有覆盖北京全域600条线路的公交屏幕20000块，楼宇屏幕6000块及城市地标大屏12处14块，此外还有中华世纪坛等公共文化设施，是北京公共服务体系的重要组成部分。

2022年，歌华户外媒体贯彻落实新时

代爱国主义教育、公民道德建设，深入开展中国特色社会主义和中国梦宣传教育，加强公共文明宣传引导。歌华城市电视推出“奋斗！在幸福路上”乡村振兴成就影像户外展映活动，征集作品2万余张，曝光量超过5亿次，活动在2022年第四届北京国际公益广告大会创意征集大赛荣获三等奖；与北京市文旅局合作推出第七届超级月亮慢直播双屏互动——邂逅“月光下的北京”活动，通过文旅资源嫁接、多屏互动直播及文旅融媒体联推传播的形式，全面展现全媒体的高能效。歌华移动电视与北京市政务服务管理局合作完成接诉即办宣传片《您的声音》，通过一个个温暖细节展现北京接诉即办的成效，该片获评2022年北京市新视听公益广告优秀作品电视类一类作品。2022年，歌华户外媒体平台制作、上播公益海报（非防疫类）520张，宣传视频137条，平均每天每屏播出公益宣传不少于3小时，内容涉及国家安全教育、节约用电/夏季空调调高1℃、垃圾分类、光盘行动、文明出行、文明祭扫等公益主题，将提升社会风气和道德风尚融入市民日常生活，全面助力提高市民素质和社会文明程度。歌华城市电视被北京市广电局评为2022年北京优秀公益传播平台。

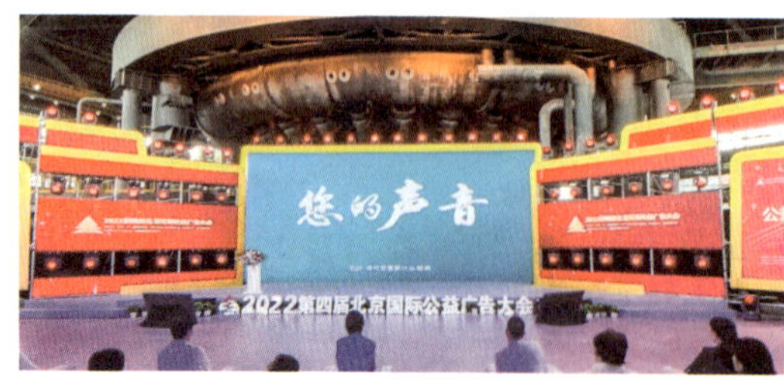

2022年8月9日，在第四届北京国际公益广告大会开幕式上，歌华移动电视制作的《您的声音》首次亮相

此外，为做好疫情防控宣传，歌华户外媒体充分发挥首都宣传主力军作用，全力配合北京市卫生健康委员会、市疾病预防控制中心、市广电局等部门，第一时间发布宣传引导信息和防疫公益宣传信息，确保把党中央和市委的部署及时传递下去。2022年，歌华户外媒体平台制播36组共计135张防疫相关系列海报，上播防疫相关视频70余条，平均每天每屏不低于2小时，重要时期每天每屏播出4小时左右，让广大群众更多了解疫情防控的政策措施和科学防控知识，传递信心和力量。

同时，歌华户外媒体积极拓展业务形态，与政府机构达成深度合作，在户外宣传基础上提供更多方面服务，扩大政府公共话题声量。比如，为北京市退役军人事务局提供专题片制作及全媒体刊播服务，联动公交电视与楼宇电视、户外大屏，并协调地铁电视及歌华有线资源，开展“最美退役军人”评选活动，制作并播出北京英烈事迹系列专题片，弘扬爱国主义与英烈精神；“人民满意的公务员”形象片《念民忧行民盼 办好急难愁盼》等作品获得北京市政务服务管理局认可，为北京接诉即办工作的推广贡献一份力量。

文化设施方面，中华世纪坛线上推出“中华家风北京馆”，线下推出“信仰·薪传——红色家书专题展”（展期：2021年12月22日至2022年2月28日）和“红色家风讲堂”等多个展览活动，深入贯彻落实习近平总书记关于注重家庭家教家风建设重要论述，以“弘扬中华传统美德，涵养首都文明新风”为主题，从北京家风文脉、名人家风典范、时代文明新风等不同视角，培育和践行社会主义核心价值观，以建设文明家庭、实施科学家教、传承优良家风为重点，系统呈现京华大地上浸润滋养的深厚家风传承和家国情怀。

（北京歌华传媒集团有限责任公司）

# 2022年歌华城市电视打造户外超级月亮慢直播活动

2022年9月10日中秋之夜，由北京歌华城市电视和北京市文化和旅游局联合主办的第七届超级月亮慢直播活动举行。活动以“月光下的北京”为主题，亮相北京世贸天阶、联合富力广场、王府井工美大厦、来福士广场等户外大屏，共同打造第七届超级月亮慢直播活动。活动通过丰富多彩的文旅专题线上作品展映和线下活动、现场直播、趣味互动、远程连线等环节，分享美好月色，展现首都文化魅力。

第七届超级月亮慢直播活动是对前几届超级月亮慢直播活动的升级。直播采用天文级月面观测望远镜，通过5G信号将高清月面图像回传至城市电视“户外大屏统一播控平台”，再进行户外分发至天阶等大屏。5G信号改善慢直播信号不稳定、信号质量差的情况。本届合作的天文台位于贵州省平塘县，与中国大型FAST射电望远镜比邻，使观测环境与展现效果比往届更佳，超清晰月面细节裸眼可见，让观众身在城市中也可以近距离、沉浸式赏月。

活动经过前期精心策划，设置远程连线、大小屏趣味互动等环节，巧妙地把文旅资源嵌入节目中，让观众在赏月的同时也能获得其他优质服务。如：直播中展播由“第十三届中国艺术节”“第十九届群星奖”中多位演艺名角录制的中秋超级月亮慢直播活动寄语及相关文艺类内容视频，通过精彩纷呈的文化文艺视觉盛宴传递文化气息，展现“十三艺”“群星奖”亮眼瞬间。活动兼具观赏性、趣味性和实用性，将传统节日、非遗文化、文旅文创等内容巧妙融合、广泛传播，让中国传统文化焕发时代新光彩。该项目为首都夜经济、新消费打造了新型传播方式。

同时，线下活动利用户外大屏及手机互动技术，在活动中穿插设计活动现场图片的实时上屏直播环节，通过游戏、图片上屏、送祝福等设置，为活动现场营造出温馨、欢快的节日氛围。在活动中，还设置与两家民宿主理人远程互动环节，介绍景点盛况，直播两端观众共赏一轮月，并远程进行提问。同时，利用歌华城市电视视频号平台进行“超级月亮”慢直播活动全程的直播，与观众朋友“云端”相聚，共话中秋团圆时。

第七届超级月亮慢直播双屏互动——邂逅“月光下的北京”直播画面

现场观众踊跃参与活动，两小时直播累计观看人数35000余人，点赞与评论万余次，全媒体发稿50余篇，百度收录相关信息15900余条，成功延续“超级月亮慢直播”活动IP。

（北京歌华传媒集团有限责任公司）

# 2022 年歌华有线公共服务情况

2022 年，歌华有线坚持把社会效益放在首位，推动实现社会效益和经济效益相统一。在确保安全传输和优质服务的前提下，推进有线电视服务升级，丰富节目内容，提升用户体验，实现平台平稳健康发展。

## 一、加强内容平台建设，满足用户多样化收视需求

配合党的二十大宣传，上线并持续更新“奋进新征程 建功新时代”主题专区；推出歌华特色高清视频产品“快点”，优质内容供给和内容数量大幅提升，在线节目达 50 万小时，加快产品普及推广，完成 194.54 万户 4K 终端用户升级覆盖；为满足用户高品质节目收视需求，加大超高清内容引进，累计上线 4K 节目近 7000 小时；满足中小学生线上学习需求，继续抓好空中课堂频道及网站运营；丰富免费内容供给，免费专区高清节目占比超 65%，策划各类专题 80 余档。疫情期间，歌华高清交互平台开设并持续更新“疫情动态”板块，服务北京疫情政策发布及防控措施宣传；落实中宣部、中央文明办要求，疫情期间多次开展电视院线等付费节目免费点播惠民服务，受到市民赞许和好评。

## 二、播放公益广告，做好全频道滚动字幕应急信息发布

2022 年，歌华有线围绕北京冬奥会、疫情防控、教育、反诈等重点主题和重要内容，全年在自有平台共播放公益广告约 32.5 亿户次。

歌华有线全频道滚动字幕为首都市民发布政府预警信息和相关公告，先后安排“春节、元宵节烟花爆竹禁放”“冬奥会交通提示”“清明祭扫服务宣传”“降雨”“大风降温”等多种预警类、服务类政府信息在全网发布，累计发布 29 条信息，滚动 800 余次，覆盖全市 537.9 万高清、超高清机顶盒用户，保障信息发布及时、准确，内容零错误。

## 三、推动“光明影院”在全国上线

作为“光明影院”项目发起方，歌华有线与中国传媒大学密切合作，持续推动每年 104 部无障碍电影制作，联合举办公益放映活动。2022 年 9 月 29 日，由中国广电、中国传媒大学主办，北京歌华有线电视网络股份有限公司承办的中国广电“光明影院”公益点播专区在全国有线电视上线启动仪式在歌华大厦举办。“光明影院”实现全国上线，通过有线电视平台为全国 1700 多万视障人士提供“无障碍电影”免费点播服务。

2022 年，中国广电“光明影院”公益点播专区界面

## 四、提供智慧广电电视云服务

一是为密云、延庆、平谷、怀柔、昌平、顺义、房山和大兴等8个区高清交互数字电视用户提供公共文化传播电视云服务，通过文字、图片、视频及全景影像等多种形式，向辖区居民提供当地文化资讯、演出活动、文化传承、非遗等公共文化内容服务。

二是根据通州区农业农村局“信息进村入户”工作需求，基于“歌华生活圈”电视云服务平台，为通州区各村镇提供属地化的与农民生产生活息息相关的信息资讯、政策、村务服务等内容，通过电视动画、语音播报、知识讲座等多种形式，全面实施乡村信息化服务的精准推送。截至2022年年底，完成对通州区9个乡镇256个行政村高清交互数字电视用户的服务覆盖。

三是与密云区教委合作，提供面向密云区中小学生的“精品课堂”和“精品微课”电视云服务。

## 五、持续抓好“接诉即办”工作，保障双热线畅通

通过人员培训、技术升级、系统优化等措施，全力保障热线畅通，全年歌华有线客服19个渠道共受理诉求760万件，其中，96196和10099双热线人工受理总量743.1万件，接通率98.61%；客户表扬总量18020起，用户满意度99.63%；接诉即办“三率”的成绩稳中有升，其中9月及11月考核成绩达到100分。

## 六、完善电子渠道建设，方便用户线上业务办理

电子渠道在实现电视端、PC端、移动端全覆盖基础上，基于5G业务线上推广，完成微厅、微信小程序、支付宝小程序、网厅（含WAP厅）、自助缴费终端等5G专区上线，全方位满足用户不同业务线上办理需求。

（北京歌华有线电视网络股份有限公司）

# 爱奇艺发挥平台社会责任开展公益传播项目

2022年，爱奇艺充分发挥平台的媒体属性，结合国家大事、社会热点精心策划推出一系列公益传播项目，借助爱奇艺公益频道进行广泛传播，让正能量获得大流量，并继续开展品牌项目——“光影助力成长计划”活动。

## 一、推出一系列公益传播项目

1.“携手迎冬奥 同心过大年”免费专区。大年初一到初六，为迎接冬奥盛会，丰富春节期间人民群众的精神文化生活，爱奇艺推出“携手迎冬奥 同心过大年”京津冀人民免费看专区，包含五大品类170余部影视佳作，以优质的文艺作品陪伴北京市、天津市、河北省人民共度新春佳节。

2. 助力防疫抗疫。1月7日，为支持新冠疫情防控工作，用文艺作品的力量温暖并鼓舞西安和咸阳人民，爱奇艺上线“西安和咸阳人民免费看”专区，专区涵盖电影、电视剧、综艺、纪录片、动画五大品类200余部影视佳作。5月12日，爱奇艺社会责任携手多位影视演员及歌手，制作视频《感谢为

疫情防控付出的每一个你》，致敬抗疫工作中的每一位逆行者和普通人。

3. 呵护未成年人。5月20日上线“护苗行动2022”专题页，集纳众多经典名著、童话作品在5月20日至6月10日期间全部免费开放。在暑假及开学季，爱奇艺小说App上线优质作品限时免费专题页，鼓励少年儿童多读书、读好书。6月1日，配合北京师范大学中国公益研究院主办、联合国儿童基金会支持的“中国儿童福利与保护宣传月（2022）”活动，爱奇艺社会责任和北师大中国公益研究院联合策划推出“‘奇’观影，‘童’快乐”专题，在爱奇艺公益频道上线，专题设置“未成年人保护微课”、“童”享片单等专区，让孩子们通过影视作品感受世界、开阔视野、体验情感，促进他们健康全面发展。

4. 关爱特殊人群。5月5日，响应版权领域唯一的人权条约《马拉喀什条约》对中国正式生效，爱奇艺联合中国传媒大学，在“光明影院”上线13部“无障碍影片”，保障阅读障碍者的文化权益。5月15日全国助残日，爱奇艺公益频道倾情呈现公益主题短片《不说话的爱》，邀请短片导演沙漠讲述创作初衷，呼吁社会关心关爱听障人群，同时，联合中国听力医学发展基金会、北京爱的分贝公益基金会开展听力健康科普宣传，多位爱奇艺明星志愿者联合发出“关爱听障群体”倡议。

5. 促进教育国防事业发展。9月10日教师节，爱奇艺社会责任策划开展“悠悠师者心——致敬人民教师”主题公益活动，爱奇艺公益频道开设教师节专题，展播多部优秀教师的微纪录片，邀请多位爱奇艺青年演员参与联合倡议，倡导社会大众尊师重道、感念师恩。9月17日，爱奇艺联合中国电影基金会共同开展“新时代爱国强军谱新篇”2022“国防万映”公益展映活动，爱奇艺与中国电影基金会、《国防教育》编辑部共同策划制作“看电影 学军史”观影课程，特邀军事科学院研究员进行授课，公益频道搭建“国防万映”播放专区，集中展映40部优秀国防军事电影。

## 二、开展“光影助力成长计划”项目

“光影助力成长计划”由爱奇艺社会责任与中国教育发展基金会于2019年共同发起，致力于以影视文化教育引导学生树立正确的人生观、世界观、价值观，促进中小学影视教育普及。四年来已惠及云南怒江、新疆和田、山西革命老区等地近千所学校50万名中小学生。2022年，该项目走进河北青龙满族自治县，为青龙县捐建10间影视教室设备，为该县65所中小学捐赠140张项目定制爱奇艺会员年卡，通过影视教育志愿课堂、优秀影片线上展映、专题纪录片制作展播等方式，发挥爱奇艺丰富的影视文化资源优势，助推学生德智体美劳全面发展。中国教育电视台一频道《教育新闻直播间》、凤凰卫视资讯台《凤凰正点播报》、北京广播电视台北京卫视和新闻频道《北京您早》等电视栏目对“光影助力成长计划——2022河北青龙”项目给予持续关注和充分肯定。同时，光明日报客户端、中国网、央广网、国际在线、北青网、凤凰网、网易等网络媒体也纷纷关注和报道该项目进展。

（北京爱奇艺科技有限公司）

# 2022 年优酷“无障碍剧场”平台建设情况

优酷始终坚持“数字包容”，致力于打破数字鸿沟，深化探索创新科技，为弱势群体提供暖心服务，从全流程多维度为用户打造更有温度的观影新体验。优酷立足于满足残障人士用户不断增长的文化需求，在平台交互界面、功能、内容、场景等多个维度上进行全新的开发与优化，使残障人士在数字时代享受便捷的同时，也能够感受到更多科技的温暖。

据统计，中国视障群体超过 1700 万人，其中 90% 以上的视障人士会在手机安装至少一款娱乐类 App，且每天使用音视频 App 的时长和普通人无异。但因互联网无障碍基础设施不健全和版权问题，视障用户通过网络观影一直面临阻碍。2020 年 12 月，优酷与中国盲文图书馆合作在行业内首次推出无障碍服务的网络视听平台，并在当年 12 月 3 日国际残疾人日正式上线“无障碍剧场”，包括对优酷 App 和影视内容两方面的无障碍化改造，特别针对短视频使用进行专项适配。优酷启动全面无障碍改造的工作，帮助视障用户更接近于真实地“看到”或“听到”外面的世界。

2022 年 5 月 5 日，《马拉喀什条约》在中国正式生效。作为世界上迄今为止唯一的版权领域人权条约，该条约要求各缔约方规定版权限制与例外，保障阅读障碍者平等欣赏作品和接受教育的权利。同时，中国完成著作权法第三次修改，针对条约制定规范性文件，为在中国制作和向阅读障碍者呈现无障碍视听作品提供法律依据。

2022 年 12 月 3 日国际残疾人日，在中国残联宣文部指导下，优酷携手中国残疾人事业新闻宣传促进会在优酷“无障碍剧场”上线视障用户身份认证功能，解决线上无障碍观影无法精准面向视障用户带来的版权风险，为“无障碍剧场”加快无障碍内容储备提供保障。视障人士只需登陆优酷，点击无障碍剧场，跳转中国残联官网完成身份验证后，即可免费欣赏剧场内的无障碍作品，包括无障碍电影、无障碍剧集、有声书音频等多个栏目。与认证入口同步上线的，还有《流浪地球》《回廊亭》《致勇敢的你》等一批无障碍影视作品。截至 2022 年年底，优酷无障碍剧场内，作品总量超 100 部（集），拓宽了视障人士的视听选择。

优酷无障碍剧场界面

为提高残障人士“观影”体验，优酷与残疾人综合服务中心及无障碍视听团队合作，优化无障碍影视作品。通过对普通电影增补对白、空白时段配音解说等手段，增加影片代入感，帮助残障人士更好地理解剧情、体会人物情感、享受观影乐趣。2022 年 8 月，优酷联合北京市红丹丹视障文化服务中心组织线下无障碍观影活动，邀请 50 位视障观众到北京双井 UME 影城一起欣赏电影《独行月球》。为保障活动当日视障朋友们的安全与服务质量，提前进行“无障碍观影”志愿者培训，邀请专业的引导老师到场对 35 位志愿者进行指导，确保观影活动流程安排合理，活动开展顺畅。

优酷联合北京市红丹丹视障文化服务中心组织无障碍观影活动现场

[优酷信息技术（北京）有限公司]

# 2022 年通州区融媒体中心加强综合服务能力建设

2022 年，通州区融媒体中心持续增强媒体综合服务能力。一是积极开展调研活动。前往区内各职能单位、乡镇街道实地了解区内重点事项的推进情况及宣传需求，制订相关宣传工作计划并组织实施。此外，前往其他媒体单位，学习、交流媒体融合发展经验及媒体宣传先进技术落地与应用等。二是推行直播常态化。2022 年，“融汇副中心”客户端和“北京通州发布”视频号的直播场次和数据大幅提升，共直播各类会议和活动 300 余场，是 2021 年的 8 倍。内容涉及北京城市副中心新闻发布会、北京疫情防控新闻发布会、书香副中心、云游运河商务区等。三是突出便民服务。在“融汇副中心”客户端设置线上生活服务信息，切实解决民生难题。与区商务局、文旅局深度合作，策划制作《运河岸边的家乡味》《品质生活惠购通州》等系列短视频产品，满足通州居民多元化的生活需求。四是开展“我为群众办实事”系列公益直播推广活动，通过直播，推介城市副中心的特色文创产品和生鲜农产品。2022 年，直播团队共深入 7 个乡镇、10 余家企业，举办“我为群众办实事”系列公益直播推广活动 17 场，近 30 万人次观看直播并参与互动。五是持续开展手语新闻宣传工作。2022 年，通州区融媒体中心继续在《副中心新闻》每周日播出的《新闻一周》栏目中邀请专业的手语老师录制手语新闻。

2022 年 4 月，通州区融媒体中心“我为群众办实事”直播推广活动现场，走进于家务回族乡富各庄村

（通州区融媒体中心）

# 电视剧

# 2022年北京电视剧制作发行情况

2022年，北京电视剧创作生产认真践行精品创作的“北京模式”，大力抓好重点电视剧创作生产，电视剧质量显著提高，涌现出了一批思想精深、艺术精湛、制作精良的精品力作。

## 一、备案拍摄发行情况

2022年，持有电视剧制作许可证（甲种）的单位7家。北京地区制作机构申请备案公示剧目451部（次），经市广电局初审上报232部，经总局审核备案公示共计136部，占比全国备案公示总数的29%，在全国省市区排名第一。

2022年核发电视剧制作许可证（乙种）14部（当代题材13部，现代题材1部），共472集。取得发行许可证的电视剧36部1260集，其中初审上报总局发证4部，在全国排名第一。在取得发行许可证的36部剧中，当代题材29部，占81%，其中当代都市题材23部，当代其他题材3部，当代军旅题材1部，当代科幻1部，当代青少1部；现代农村题材2部，占5%；近代传奇题材1部，占3%；古代题材3部，占8%，其中古代传奇题材1部，古代神话题材2部；重大革命题材1部，占3%。

## 二、精品创作情况

2022年，京产剧在央视一套黄金时间、各大卫视和视频平台播出37部，包括《狮子山下的故事》《胡同》《欢迎光临》《冰雪之名》《新居之约》《关于唐医生的一切》《风起陇西》等，主题鲜明，类型丰富，以多样化的态势满足人民的精神文化需求。电视剧《觉醒年代》获得中宣部“五个一工程”优秀作品奖；电视剧《觉醒年代》《香山叶正红》《理想之城》获得“飞天奖”优秀电视剧奖，获奖数量在全国排名第一；电视剧《觉醒年代》获得“金鹰奖”最佳电视剧奖，《对手》获得“金鹰奖”优秀电视剧奖。

推动“十四五”时期电视剧高质量发展，积极组织北京电视剧精品创作生产。一是加强选题规划。围绕中国人民解放军建军95周年、改革开放45周年、抗美援朝战争胜利70周年、毛泽东同志诞辰130周年、周恩来同志诞辰125周年、“一带一路”倡议10周年、“粤港澳大湾区”设立5周年、中国援助非洲70周年等重要时间节点和重大事件，策划和储备有亮点、有影响的优秀项目共计20余部。为进一步弘扬首都特色鲜明的“四个文化”，展现新时代新征程下的活力北京，制定《北京市广播电视局关于进一步创新北京题材电视剧创作的工作方案》，并策划六个重点主题方向。二是抓好剧本创作。加强现实题材电视剧剧本创作，与内容创作上下游机构建立信息沟通机制，推动更多文学作品转化为优秀电视剧剧本。建立与中国电影家协会、中国电视艺术家协会等行业机构的沟通协同机制，合作开发优质项目。同时，密切联系各区和相关单位开展调研交流，组织爱奇艺、优酷、华策、博纳、万达等重点制作机构围绕重点选题开展项目创作孵化。三是加强引导把关。坚持“以人民为中心”的创作导向，对《放心不下》《闯关》《人生五年》等重点项目实行建立“每月调度、每周跟进、专人负责”的“服务包”常态化工作制度。定期召开重点项目调度会，按月度、季度与重点电视剧项目主创座谈交流，了解创作进展，解决拍摄困难，从剧本论证、专家把关、摄制宣推、成片审查、播出平台、资源协调等各方面给予政策支持和服务保障。四是扶持重点项目。进一步加强基金扶持的针对性，完善基金的扶持方向、管理办法、评审标准、评审流程等，对重点题材作品加大扶持力度和资金倾斜，完成2022年度基金电视剧项目评审、资金拨付工作，共扶持电视剧30部，涉及扶持资金4230万元。

### 三、电视剧制作领域综合治理情况

落实片酬管理告知承诺制度，严把片酬关。先后召开23次电视剧告知承诺专题会，传达中宣部、总局和市广电局关于文娱治理的工作部署，要求各制作机构严格落实片酬、题材、审美取向及演员选用等各项规定。对125部电视剧进行了相关规定和风险告知，重申了片酬管理、阴阳合同、偷逃税款等相关规定和处罚措施，并与制作单位签署了承诺书。对58部内容审查阶段电视剧演员成本配置比例和主要演员片酬合同进行了备案审核。备案立项环节对耽美题材严格把关。重点对改编剧立项申报进行审核把关，同时，内容审查阶段严格把关，坚决防止“娘炮”审美、病态整容，要求不得过度化妆、过度使用滤镜。

（北京市广播电视局电视剧管理处）

## 2022年北京电视动画片、纪录片等制作发行情况

### 一、动画片生产情况

2022年，接受电视动画片备案28部1245集7792分钟，审查发行20部461集4351分钟。49个项目分别被纳入动画片种子库（11个）、项目库（19个）、片单库（19个）。2022年，北京地区制作出品的《甲骨文之妇好传》等12部电视动画片获国家广播电视总局优秀国产电视动画片季度推优。《有100扇门的玩具店》等2部作品入选总局2022年度“中华经典故事动漫创作工程”。《大运河奇缘2》等14部电视动画片获得北京广播电视网络视听发展基金扶持奖励。

2022年，北京电视动画片生产呈现如下特点：

题材丰富，满足多元观看需求。2022年，京产动画片的题材日趋丰富多元，聚焦中国历史、社会生活、未来科技、京韵文化等主题，释放出优质的内容价值，呈现生机盎然、百花齐放的生动局面，令人欣喜。《怪奇的虫洞》以两名小学生的成长过程为蓝本，用奇幻故事探讨与亲子生活密切相关的热点话题，生动反映当代中国家庭关系中有趣温暖的一面。《甲骨文之妇好传》讲述主人公少年妇好借助甲骨文这一丰富如画的象形文字给人带来的奇思妙想，与伙伴们一起踏上推动文明演变之路，守护部族和文明的故事。《我也会发明：闪电家族》以主角权小乐的视角讲述未来世界孩子的成长烦恼，展示科技城市的发明创造，带给观众对未来生活的无限遐想。《胡同漫游记》从“胡同的形成与变迁”“文化景观”“名人故居”“建筑艺术”“民俗饮食”五大方面入手，在主人公糖卷果、爱窝窝兄妹的带领下，展现北京胡同悠久的历史神韵

和深厚的人文气息，为青少年儿童奉献一道京韵文化大餐。

制作精良，优秀作品层出不穷。此次入选的优秀动画作品发力视听呈现、情节设计、叙事手法、角色塑造，凭借高水准的制作，进一步提升了京产动画片的吸引力和影响力。《瑞奇宝宝》运用3D+实景的技术打造出flash动画效果，画面色调美观柔和，能够更好地保护孩子们的眼睛，并最大限度地保证学龄前儿童集中注意力。《大运河奇缘2》在情节发展中融入大量历史典故和神话传说，在故事化的讲述中，串联起大运河、通州和北京城的文化地理空间，将璀璨耀眼的运河文明娓娓道来。《恐龙萌游记》将科普属性和儿童成长探险故事相结合，一方面用陆地、海洋、冰川、火山等丰富的场景变换满足儿童对史前世界的好奇心，输出科学知识；另一方面涵盖直面困难、团队合作、珍惜友情等价值内涵，兼具教育性、娱乐性和启发性，真正实现寓教于乐、寓学于乐。《宠物旅店》对动物角色的塑造、对喜剧氛围的营造可圈可点，该片通过拟人化的动作表情和拿捏得当的配音台词，让观众迅速感受到流浪猫乃乃的闲散随性、豚鼠布布的“鼠”小志高、波斯猫琪琪的傲娇高贵及小狗狸狸的忠厚憨实。

播撒种子，引导观众向善向美。优秀的动画作品不仅带来了不俗的观看体验，还能将积极、健康、向上的价值观潜移默化地传达给观众，起到涵养美德、滋养心灵的作用。《无敌鹿战队 第二季（下）》延续第一季的内容设定，糅合深受儿童喜爱的冒险元素，诠释了友爱、勇敢、责任等正向价值，对广大少年儿童的性格养成、情商发展具有积极意义。《墨墨奇游记》用拟人化的表达，通过一个个小故事，展现了海洋馆内温馨有爱的亲子关系、师生关系、朋友关系、动物与人类之间的关系等，从而培养孩子人际交往能力，树立正确的价值观。《薇薇猫的日常》记录下主角薇薇猫和朋友们怡然自得的“慢生活”与“小幸福”，营造了乌托邦式的童话世界，片中薇薇猫格外注重生活的仪式感，如立春要吃春饼、春分要放风筝、生日要吃长寿面等，有着专属于它的小追求和小放纵，引导观众以童心看世界，学会接纳不完美的自己。

2022年，北京动画创作生产的成功经验：一是强化选题规划。分时组织选题策划会、作品调度会、项目提案会，系统化推进精品创作。二是强化服务保障。通过“绿色通道”服务审批办理、“协审机制”严把作品导向、“五大资金”扶持动画精品（其中，2022年北京广播电视网络视听发展基金共扶持14个项目合计550万元，在国家广电总局12部推优作品中有8部获得过北京市广电局扶持奖励）、“矩阵宣传”扩大影响。三是强化基础支撑。打造“京声京视”文艺评论体系，推进专项课题研究，建设动画作品监管数字平台，创办首届北京动画周，为动画创作打好理论基础、夯实行业根基。

## 二、纪录片生产情况

2022年，北京市广播电视局在纪录片管理方面突出首善标准、首创精神，试运行“北京纪录片云上作品库”，运用数据化、技术化手段创新北京纪录片管理服务手段，有力推动了首都纪录片产业的高质量发展。在国家广电总局公布的四个季度国产纪录片片单中，北京共有18部优秀纪录片入选推荐片单，数量位居各省份第一。

一是加强创作引领规划。贯彻落实广电总局《关于推动新时代纪录片高质量发展的意见》，继续推动《关于支持北京纪录片业高质量发展的若干政策》（简称“京九条”）

及“京九条55条细化措施”不断落地，推动多出爆款精品、多出融合人才、多出口碑效益。制定2023北京纪录片创作生产规划，持续丰富、优化重点选题和精品项目库，形成谋划一批、创作一批、播出一批、储备一批的创作生产格局。二是探索用好纪录片管理数据化手段。从纪录片管理行业现状和难题出发，探索建好、用好“北京纪录片云上作品库”（该库还在研发和数据积累阶段）。“北京纪录片云上作品库”是国内首个数字化、可视化的纪录片管理服务“云平台”，以用活题材规划“数据库”、用好精品创作“风向标”、搭建推优展示“云平台”、畅通交流合作“新渠道”、打好管理服务“组合拳”为主体思路，以数据和技术推动纪录片管理服务创新。三是构建首都纪录片高质量发展生态。加强纪录片人才培养，把纪录片人才纳入首都传媒人才百人工程和千人计划。利用大咖培训班、专家评审、联合创作等方式，每年组织不少于500人次的纪录片创作业务培训。加强纪录片理论研究、文艺评论。充实首都纪录片发展顾问库力量，为纪录片业健康可持续发展提供专业指导。组织文化经济政策解读和培训，帮助制作机构掌握行业动态。积极协调有关部门，支持协助纪录片制作机构取景拍摄。促进精品内容和前沿技术深度融合，支持制播机构运用5G+8K、VR+8K等新的技术表现手法，不断提升纪录片的艺术性和表现力。

（北京市广播电视局宣传管理处）

# 北京市电视剧和动画片发行许可情况统计表

## 2022年北京市国产电视剧发行许可情况一览表

| 序号 | 剧名 | 题材 | 集数 | 时长/集(分钟) | 制作单位 | 制作许可证号 | 发行许可证号 | 发证日期 |
|---|---|---|---|---|---|---|---|---|
| 1 | 冰雪之名 | 当代都市 | 34 | 45 | 北京文投剧制影视文化有限公司 | （京）字第16371号 | （京）剧审字（2022）第001号 | 2022-01-17 |
| 2 | 冬奥一家人 | 当代都市 | 80 | 25 | 北京中奥泰和文化传媒有限公司 | 乙第02467号 | （京）剧审字（2022）第002号 | 2022-01-17 |
| 3 | 七彩虹部落之天天向上 | 当代青少 | 40 | 17 | 北京上腾赢美影视文化传播有限公司 | 乙第02465号 | （京）剧审字（2022）第003号 | 2022-01-19 |
| 4 | 胡同 | 当代都市 | 40 | 45 | 北京弋鹭影视传媒有限公司 | 乙第02453号 | （京）剧审字（2022）第004号 | 2022-01-19 |
| 5 | 妻子的选择 | 当代都市 | 12 | 60 | 北京金艺唐人影业有限公司 | 乙第02477号 | （京）剧审字（2022）第005号 | 2022-01-26 |

（续表）

| 序号 | 剧名 | 题材 | 集数 | 时长/集（分钟） | 制作单位 | 制作许可证号 | 发行许可证号 | 发证日期 |
|---|---|---|---|---|---|---|---|---|
| 6 | 先驱 | 重大革命 | 40 | 45 | 北京紫禁城影业有限责任公司 | 乙第02471号 | （广剧）剧审字（2022）第001号 | 2022-02-22 |
| 7 | 甜小姐与冷先生 | 当代都市 | 31 | 45 | 阿里巴巴影业（北京）有限公司 | 乙第02481号 | （京）剧审字（2022）第006号 | 2022-02-22 |
| 8 | 黄大发的奋斗史 | 现代农村 | 40 | 45 | 北京利畅天扬文化传媒有限公司 | （京）字第13963号 | （京）剧审字（2022）第007号 | 2022-03-28 |
| 9 | 风起陇西 | 古代传奇 | 24 | 40 | 北京森林影画文化传媒有限公司 | 乙第02445号 | （京）剧审字（2022）第008号 | 2022-04-02 |
| 10 | 多喝热水 | 当代都市 | 40 | 45 | 北京老有影视文化有限公司 | （京）字第12317号 | （京）剧审字（2022）第009号 | 2022-04-19 |
| 11 | 欢迎光临 | 当代都市 | 37 | 45 | 得闲影业（北京）有限公司 | （京）字第05268号 | （京）剧审字（2022）第010号 | 2022-04-21 |
| 12 | 凭栏一片风云起 | 近代传奇 | 40 | 45 | 北京中天鹊禧影视文化传媒有限公司 | 乙第02456号 | （京）剧审字（2022）第011号 | 2022-04-21 |
| 13 | 打开心世界 | 当代都市 | 18 | 45 | 光芒影业有限公司 | （京）字第08651号 | （京）剧审字（2022）第012号 | 2022-04-21 |
| 14 | 沉香如屑 | 古代其他 | 40 | 45 | 阿宝（北京）文化传媒有限公司 | （京）字第06540号 | （京）剧审字（2022）第013号 | 2022-04-29 |
| 15 | 我们的当打之年 | 当代都市 | 36 | 41 | 北京浩瀚星光影视有限公司 | 乙第02464号 | （京）剧审字（2022）第014号 | 2022-05-16 |
| 16 | 关于唐医生的一切 | 当代其他 | 36 | 45 | 北京爱奇艺科技有限公司 | 甲第360号 | （京）剧审字（2022）第015号 | 2022-06-06 |
| 17 | 大漠魂 | 现代农村 | 36 | 45 | 伟雄文化传媒（北京）有限公司 | 乙第02463号 | （京）剧审字（2022）第016号 | 2022-06-06 |
| 18 | 狮子山下的故事 | 当代其他 | 30 | 45 | 北京凡一文化传播有限公司 | （京）字第17475号 | （京）剧审字（2022）第017号 | 2022-06-09 |
| 19 | 九道弯（情满九道弯） | 当代都市 | 40 | 45 | 煌程影业（北京）有限责任公司 | （京）字第19639号 | （京）剧审字（2022）第018号 | 2022-06-14 |

（续表）

| 序号 | 剧名 | 题材 | 集数 | 时长/集(分钟) | 制作单位 | 制作许可证号 | 发行许可证号 | 发证日期 |
|---|---|---|---|---|---|---|---|---|
| 20 | 火星孤儿 | 当代科幻 | 8 | 70 | 北京百纳千成影视股份有限公司 | 甲第153号 | （京）剧审字（2022）第019号 | 2022-06-27 |
| 21 | 打开生活的正确方式 | 当代都市 | 40 | 45 | 北京漫寻影业有限公司 | 乙第02480号 | （京）剧审字（2022）第020号 | 2022-07-01 |
| 22 | 打火机与公主裙 | 当代都市 | 36 | 41.5 | 阿里巴巴影业（北京）有限公司 | 乙第02483号 | （京）剧审字（2022）第021号 | 2022-07-01 |
| 23 | 我知道我爱你 | 当代都市 | 25 | 45 | 光芒影业有限公司 | （京）字第08651号 | （京）剧审字（2022）第022号 | 2022-07-21 |
| 24 | 我爱轰炸机 | 当代军旅 | 30 | 45 | 臻禾影业（北京）有限公司 | 乙第02429号 | （京）剧审字（2022）第023号 | 2022-07-28 |
| 25 | 加油吧，兄弟 | 当代都市 | 32 | 45 | 北京杨梅果影视传媒有限公司 | 乙第02454号 | （京）剧审字（2022）第024号 | 2022-08-01 |
| 26 | 谢谢你医生 | 当代都市 | 40 | 41 | 北京喜悦嘉行影视文化有限公司 | 乙第02404号 | （京）剧审字（2022）第025号 | 2022-08-23 |
| 27 | 女人万岁 | 当代都市 | 36 | 41 | 北京爱奇艺科技有限公司 | 甲第360号 | （京）剧审字（2022）第027号 | 2022-08-31 |
| 28 | 独一有二的她 | 当代都市 | 24 | 45 | 北京爱奇艺科技有限公司 | 甲第360号 | （京）剧审字（2022）第026号 | 2022-08-31 |
| 29 | 亲爱的生命 | 当代都市 | 36 | 45 | 北京恒顿传媒有限公司 | 乙第02466号 | （京）剧审字（2022）第028号 | 2022-09-06 |
| 30 | 心想事成 | 近代传奇 | 38 | 45 | 北京青春你好文化传媒有限公司 | （京）字第04714号 | （京）剧审字（2022）第029号 | 2022-09-26 |
| 31 | 龙城 | 当代都市 | 37 | 45 | 北京爱奇艺科技有限公司 | 甲第360号 | （京）剧审字（2022）第030号 | 2022-09-26 |
| 32 | 月里青山淡如画 | 当代都市 | 24 | 44 | 北京完美世界影视有限公司 | 乙第02444号 | （京）剧审字（2022）第031号 | 2022-09-26 |
| 33 | 我们的日子 | 当代都市 | 38 | 41 | 北京光彩世纪传媒股份有限公司 | 乙第02460号 | （京）剧审字（2022）第032号 | 2022-12-26 |
| 34 | 梦中的那片海 | 当代都市 | 40 | 45 | 新湃传媒（北京）有限公司 | 乙第02482号 | （京）剧审字（2022）第033号 | 2022-12-26 |

（续表）

| 序号 | 剧名 | 题材 | 集数 | 时长/集（分钟） | 制作单位 | 制作许可证号 | 发行许可证号 | 发证日期 |
|---|---|---|---|---|---|---|---|---|
| 35 | 多大点事儿 | 当代都市 | 40 | 45 | 北京工匠伟业影视文化有限责任公司 | 乙第02470号 | （京）剧审字（2022）第034号 | 2022-12-27 |
| 36 | 星落凝成糖 | 古代神话 | 40 | 45 | 北京完美世界影视有限公司 | （京）字第18150号 | （京）剧审字（2022）第035号 | 2022-12-27 |

注：合计36部1258集。（此表不含央企制作机构的作品）

（北京市广播电视局电视剧管理处）

## 2022年北京市国产电视动画片发行许可情况一览表

| 序号 | 片名 | 题材 | 集数 | 时长/集（分钟） | 制作单位 | 发行许可证号 | 发证日期 |
|---|---|---|---|---|---|---|---|
| 1 | 甲骨文之妇好传 | 其他 | 26 | 12 | 北京妙音动漫文化股份有限公司 | （京）动审字〔2022〕第001号 | 2022-01-24 |
| 2 | 萌宝战警之远古巨兽（1~13集） | 童话 | 13 | 13 | 北京百世师影视传媒有限责任公司 | （京）动审字〔2022〕第002号 | 2022-01-24 |
| 3 | 薇薇猫的日常 | 其他 | 33 | 2 | 北京猫猫家文化传媒有限公司 | （京）动审字〔2022〕第003号 | 2022-01-26 |
| 4 | 瑞奇宝宝第四季 | 童话 | 52 | 5 | 放眼信息科技（北京）有限公司 | （京）动审字〔2022〕第004号 | 2022-02-23 |
| 5 | 怪奇的虫洞 | 科幻 | 26 | 25 | 北京空速动漫文化有限公司 | （京）动审字〔2022〕第005号 | 2022-02-23 |
| 6 | 萌宝战警之远古巨兽（14~26集） | 童话 | 13 | 13 | 北京百世师影视传媒有限责任公司 | （京）动审字〔2022〕第006号 | 2022-03-16 |
| 7 | 科学家故事：呦呦有蒿 | 现实 | 10 | 9 | 中国科学技术出版社有限公司 | （京）动审字〔2022〕第007号 | 2022-04-01 |
| 8 | 大运河奇缘2 | 童话 | 6 | 13 | 北京广播电视台 | （京）动审字〔2022〕第008号 | 2022-04-01 |
| 9 | 宠物旅店（14~26集） | 童话 | 13 | 12 | 北京猫猫家文化传媒有限公司 | （京）动审字〔2022〕第009号 | 2022-04-08 |
| 10 | 哈密故事第一季 | 现实 | 3 | 1.5 | 北京灌木互娱文化科技有限公司 | （京）动审字〔2022〕第010号 | 2022-04-18 |
| 11 | 恐龙萌游记 | 童话 | 26 | 8 | 北京爱奇艺科技有限公司 | （京）动审字〔2022〕第011号 | 2022-05-05 |
| 12 | 无敌鹿战队第二季（下） | 童话 | 20 | 12 | 北京爱奇艺科技有限公司 | （京）动审字〔2022〕第012号 | 2022-05-05 |
| 13 | 我也会发明：闪电家族 | 科幻 | 26 | 13 | 北京华映星球文化发展股份有限公司 | （京）动审字〔2022〕第013号 | 2022-06-14 |
| 14 | 墨墨奇游记 | 童话 | 32 | 6 | 北京爱奇艺科技有限公司 | （京）动审字〔2022〕第014号 | 2022-06-29 |

（续表）

| 序号 | 片名 | 题材 | 集数 | 时长/集(分钟) | 制作单位 | 发行许可证号 | 发证日期 |
|---|---|---|---|---|---|---|---|
| 15 | 薇薇猫的日常（64~109集） | 其他 | 46 | 2 | 北京猫猫家文化传媒有限公司 | （京）动审字〔2022〕第015号 | 2022–07–20 |
| 16 | 嘟当曼 第六季 | 童话 | 26 | 13 | 北京爱奇艺科技有限公司 | （京）动审字〔2022〕第016号 | 2022–08–11 |
| 17 | 三国演义 第三季 | 其他 | 26 | 13 | 北京银河长兴影视文化传播股份有限公司 | （京）动审字〔2022〕第017号 | 2022–09–09 |
| 18 | 航天双子星 | 科幻 | 26 | 9.5 | 北京神舟航天文化创意传媒有限责任公司 | （京）动审字〔2022〕第018号 | 2022–09–20 |
| 19 | 萌赛可 第1季 | 童话 | 25 | 13 | 北京爱奇艺科技有限公司 | （京）动审字〔2022〕第019号 | 2022–09–30 |
| 20 | 胡同漫游记 | 文化 | 13 | 6 | 首都图书馆 | （京）动审字〔2022〕第020号 | 2022–11–04 |

注：合计 20 部 461 集 4350.5 分钟。（此表不含央企制作机构的作品）

（北京市广播电视局宣传管理处）

# 2022 年北京市出品重点影视剧、动画片、纪录片介绍

## 一、影视剧

《狮子山下的故事》　27 集电视剧，由中央电视台、紫荆文化集团、上海腾讯企鹅影视文化传播有限公司、北京凡一文化传播有限公司出品。该剧以香港上一代普通小人物的视角展开，展现他们如何在狮子山下努力耕耘，多年来历尽几许变迁，有喜有悲，有聚有散，并在香港回归祖国的大时代中与他们的下一代一同延续香港人不屈不挠的精神，缔造出香港与祖国同心的故事。总编剧：陈宝华（中国香港）。总导演：吴锦源（中国香港）。领衔主演：黄觉、胡杏儿（中国香港）。该剧于 2022 年 6 月 12 日在央视综合频道首播，获 2022 年北京广播电视网络视听发展基金奖励、2022 年安徽卫视国剧盛典优秀剧集、2022 年微博电视剧大赏年度好剧推荐、第三届环球影视文化传播高峰论坛年度优秀剧集等奖项。

电视剧《狮子山下的故事》剧照

《胡同》　36 集电视剧，由霍尔果斯贰零壹陆影视传媒有限公司出品。该剧以一家三代女性居委会主任为主线展开故事情节。第一代田枣代表 20 世纪 50 年代劳动人民，

积极入党，肩负起第一代居委会主任的责任使命。改革开放初期，居委会主任的接力棒交到田枣的女儿晓敏手中，她带动胡同青年成为个体户勇敢创业，为个体户排忧解难。新世纪后，田枣的孙女林悦成为第三位居委会主任，在现代科技与知识的帮助下，林悦将居委会的管理带上新台阶，与同样年轻有为的基层工作者欧阳辉共同投身老城区改造，反哺这座伴随他们成长的城市，三代女性共同见证祖国的繁荣发展。导演、编剧：付宁。主演：赵露思、蔡文静、关晓彤、侯明昊、刘欢、林一。该剧于 2022 年 9 月 25 日在央视电视剧频道首播，在芒果 TV 网络平台同步播出。

电视剧《胡同》海报

**《高山清渠》** 28 集电视剧，由北京利畅天扬文化传媒有限公司出品。该剧根据贵州遵义播州区“七一勋章”获得者黄大发的真实事迹改编而成。描写的是自 20 世纪 50 年代末开始，共产党员黄大发带领群众，历时 30 余年，靠着锄头、钢钎、铁锤和双手，在绝壁上凿出一条长 9400 米，地跨 3 个村的“生命渠”，结束了草王坝村长期缺水的历史！一辈子，一条渠，这种崇高无私，不改初心，不变信念，不屈的精神，不懈的追求，是值得学习和传承的。同时，黄大发也由一名普通的农民，成长为一名优秀的中国共产党党员。总编剧：雷献和。导演：楼健。主要演员：李健、马境。该剧于 2022 年 7 月 16 日在央视综合频道首播，并在贵州卫视、厦门卫视、优酷、腾讯视频、芒果 TV 播出。

**《我们的日子》** 38 集电视剧，由中央电视台、北京爱奇艺科技有限公司、霍尔果斯视外谊海传媒有限公司等出品。该剧聚焦从 20 世纪八九十年代到 21 世纪初近三十年的岁月，透过两代人的生活变迁和成长经历，描绘了时代变迁里四个家庭之间，最典型的中国邻里街坊温暖的亲情、友情和青梅竹马的爱情故事。导演：王雷、刘畅、傅子恩。编剧：娟子。主演：李小冉、李乃文、周依然、周奇、宋春丽等。该剧于 2023 年 2 月 6 日在央视综合频道首播，并在爱奇艺、腾讯上线播出，荣获 2023 首都广播电视节目制作业协会颁发的年度优秀电视剧奖。

电视剧《我们的日子》海报

**《心想事成》** 36集电视剧，由江苏稻草熊影业有限公司、青春你好文化传媒有限公司、北京完美影视传媒有限责任公司出品。该剧以一对土生土长的北京胡同姐妹孙心、孙想为叙述视角，讲述了两姐妹在互联网大势激流下，通过自身特长逐渐成就事业，最终找到属于自己幸福的故事。从2012到2020八年光阴，她们的生活越来越好，始终对未来充满信心。正因为有千千万万个如孙家姐妹一般奋进开拓的普通人，社会才稳步向阳发展，小康社会也渐渐成为现实。总制片人/艺术总监：梁振华。文学总监：万方。编剧：苏蓬。导演：刘一志。主演：毛晓彤、张俪、李泽锋。该剧于2023年3月9日在央视电视剧频道首播，并在爱奇艺、腾讯视频上线播出，获得2020年北京广播电视网络视听发展基金剧本扶持奖，2022年北京广播电视网络视听发展基金摄制与宣推奖。

**《欢迎光临》** 37集电视剧，由东阳正午阳光影视有限公司、得闲影业（北京）有限公司、重庆上下次元影业有限公司出品。该剧讲述了酒店门童张光正（黄轩饰）一向随波逐流、得过且过，对空姐郑有恩（白百何饰）的一见钟情，改变了他一成不变的生活状态。张光正努力学习通过考核获得深造机会，走向更广阔的天地，不断拉近与郑有恩的距离。张光正的执着与勇气也改变了独来独往的郑有恩、不敢面对真心的王牛郎、因害怕失败而放弃考研的陈精典等人，众人在偌大的城市中，以真心待人，为了成为生活的英雄而努力着，成就了更好的自己。导演：李雪。编剧：袁子弹。总制片人：侯鸿亮。主演：黄轩、白百何。该剧于2022年5月18日在北京卫视和东方卫视首播，并在腾讯视频同步播出，获得酷云互动2023年“未来之路”文娱责任影响力年度盛典年度台播剧。

电视剧《欢迎光临》剧照

**《情满九道弯》** 40集电视剧，由儒意影业、阿里影业、煌程影业出品。该剧讲述在老北京胡同九道弯里长大的几个年轻人，伴随着改革开放四十年，一起经历人生的沟沟坎坎，爱情的兜兜转转，事业的起起伏伏，一同奋斗与成长的故事。编剧：王之理。导演：刘家成。主演：韩东君、热依扎、陈瑶、萨日娜等。该剧于2023年2月17日在央视电视剧频道首播，并在优酷播出，获得北京广播网络视听发展基金剧本扶持、摄制扶持。

电视剧《情满九道弯》剧照

**《关于唐医生的一切》** 36集电视剧，由北京爱奇艺科技有限公司出品。该剧讲述了在国外行医多年的心外科医生唐佳瑜忽然回国，成为安和济生医院心脏中心主任并成立重病组，助推国产“全磁悬浮人工心脏”

的研发应用。在多次手术中，唐佳瑜和麻醉科医生叶弈明密切配合，攻克难题。叶弈明帮助唐佳瑜在一次次手术中找回对心外科纯粹的热爱，在医学团队的共同努力下，最终推动国产“全磁悬浮人工心脏”进入临床。出品人：龚宇。导演：温德光。编剧：王子。制片人：戴莹。主演：秦岚、魏大勋、黄觉、高露。该剧于2022年6月25日在央视电视剧频道、爱奇艺平台独家全球播出，获评“时代旋律，家国情怀”第三届环球影视文化传播高峰论坛年度优秀剧集、2022年国剧盛典年度优秀剧作、2022年中美电视节年度金天使奖电视剧、2022年北京广播电视网络视听发展基金优秀作品代表等奖项。

电视剧《关于唐医生的一切》剧照

**《冰雪之名》** 34集电视剧，由北京文投剧制影视文化有限公司出品。该剧讲述了1980年，乡村教师严义国的儿子严振华和学生唐剑被选拔到了哈尔滨的重点体校，唐剑因为一次意外折戟速滑战场。严振华跟城中姑娘李冰河成为双人滑搭档并相恋，经历种种波折，最终遗憾分手，严振华转向短道速滑继续奋斗，三人最终分道扬镳。2019年，中国正在为2022年冬奥会做充足准备。严振华的儿子严阳从地方俱乐部入选短道速滑国家奥运训练营，从作为女队员的陪练一路奋进成为正式队员，逐渐加深了对体育精神、奥运精神的理解。找寻到父辈故事的他，更加坚定自己奋斗的道路，也收获了爱情和友情。上一代的冬奥征程，充满拓荒的遗憾和无尽的惋惜；新时代的冰雪人，接过接力棒，奋斗不止。永不磨灭的，是中国人对冰雪运动的热情和向往。编剧：梁振华。导演：白涛。制片人：虞怡。主演：欧豪、梁洁、蒋欣、彭小苒、陈若轩、刘天佐等。该剧于2022年2月5日在北京卫视、浙江卫视、江苏卫视首播，并在吉林卫视、河北卫视、央视电视剧频道、黑龙江卫视、优酷、爱奇艺、腾讯视频播出。

**《风起陇西》** 24集电视剧，由中央电视台、新丽电视文化投资有限公司、北京爱奇艺科技有限公司、北京森林影画文化传媒有限公司、北京自由酷鲸影业有限公司、华策影业（天津）有限公司出品。该剧讲述了天下三分，烽火四起，在这个英雄辈出的时代，秘密情报线上的生死角逐，正涌动于滚滚洪流的阴影当中。两个不被乱世聚焦的“小人物”——陈恭（陈坤饰）与荀诩（白宇饰），他们生死相依的兄弟情在惊心动魄的谍战中爆发出夺目光辉，谱写出一段英雄传奇。总

电视剧《风起陇西》剧照

出品人：薛继军。出品人：曹华益、龚宇、孙倩、傅斌星。总制片人：夏晓辉、田甜、杨蓓、张麟。导演：路阳。编剧：金海曙、金昱。摄影：韩淇名。音乐：川井宪次（日本）。美术：韩忠。造型：梁婷婷。特效：黎子洋。领衔主演：陈坤、白宇。该剧于2022年4月27日在央视电视剧频道首播，并在爱奇艺上线播出，获评CMG首届中国电视剧年度盛典年度优秀电视剧、年度海外传播剧、年度突破男演员、年度幕后，第27届亚洲电视大奖最佳编剧，2022爱奇艺尖叫之夜戏剧单元年度创新剧集，第二十八届上海电视节“白玉兰奖”最佳中国电视剧、最佳摄影、最佳美术三项提名。

（北京市广播电视局电视剧管理处）

**《星落凝成糖》** 40集电视剧，由北京完美世界影视有限公司、幸福蓝海影视文化集团股份有限公司出品。该剧讲述了人族皇后离奇生下了一正一邪双生姐妹，姐姐青葵温婉善良，受人族敬仰，被神族册为天妃；妹妹夜昙则聪慧狡黠，受尽欺凌，因此被许给魔界做魔妃。神魔两界迎亲时，双生姐妹花轿意外错换，夜昙上天与神君玄商成为欢喜冤家，而青葵入魔成为三殿下嘲风争储的棋子，两对璧人闹出无数笑话，也彼此情愫渐生。此时灭世危机袭来，四界得知双生姐妹身份关乎四界存亡后，想要杀掉双生姐妹，四人面临巨大考验。后姐妹俩以勇气破局，迎来黑暗后的光明。总制片人：刘宁、杨抒。总导演：朱锐斌。总编剧：马佳。总编审：刘格林。艺术指导：李玲。总监制：杨抒、谢颖、陈晓通。主演：陈星旭、李兰迪、陈牧驰、何宣林。该剧于2023年2月16日在江苏卫视、浙江卫视首播，并在优酷视频同步播出。

（北京完美世界影视有限公司）

**《月里青山淡如画》** 23集电视剧，由优酷信息技术（北京）有限公司、北京完美世界影视有限公司、苏州梧月影视文化有限公司出品。该剧讲述了秋媛曾梦想成为文物修复师，但却没有机会入圈，在意外结识修复“大神”聿心斋老板秦致远后，利用“胶板”技术，化解了聿心斋的危机，却被连累而深陷危险之中。秋媛拜秦致远为师开始了正统的文物修复生涯，并在与秦致远的相处中互生情愫。然而秋媛多年前暗恋的左怀仁突然回国，为争夺《十二花神图》，左怀仁利用罗有钱和秋媛多次设计陷害秦致远，他对秋媛又爱又恨的感情也让秋媛陷入痛苦。最终风波平息爱恨落幕，秦致远和秋媛守住初心继续他们的文物修复生涯。总制片人：胡可、李峥。总导演：查传谊。编剧：苏娴、潘洋、张影、梁思达。总监制：谢颖、曾映雪。主演：李庚希、张超、周峻纬。该剧于2022年

电视剧《星落凝成糖》剧照

电视剧《月里青山淡如画》剧照

12 月 8 日在优酷宠爱剧场独播。

（北京完美世界影视有限公司）

**《决胜零距离》** 29 集电视剧，由中央电视台、中国人民解放军西部战区陆军政治工作部宣传处、上海欣怡宝文化传媒有限公司、北京时代光影文化传媒股份有限公司、西安电影制片厂有限公司、海宁优尼乐文化传媒有限公司出品。该剧以军队调整改革为背景，讲述了在战区陆军组织的一场名为“绝杀·死地”的演习中，骁狼特战队在队长贺天高和老队长柴胜华的带领下，勇猛破袭蓝军猛虎旅的两个作战单元，并与妄图破坏此次演习的境外恐怖势力做斗争的热血故事，阐释了“军人与战争”“训练与战场”只有保持“零距离”才能制胜未来的道理，展现了新时代中国军人从战斗思想到战斗能力的双重变化。制片人：马骏、赵小波、龚农、殷幕强、王艳。导演：许永昌。编剧：杨文森、王思锋。演员：经超、郭艳、孙祖君。该剧于 2022 年 8 月 28 日在央视电视剧频道首播。

电视剧《决胜零距离》海报

（北京时代光影文化传媒股份有限公司）

**《幸福到万家》** 40 集电视剧，由东阳春羽影视文化有限公司、东阳当代时光文化传媒有限公司、北京时代光影文化传媒股份有限公司、东阳花儿影视文化有限公司等出品。该剧讲述了何幸福嫁到万家庄，勇敢与村支书万善堂对簿公堂，得到征用耕地的合理补偿。幸福生孩子大出血，万善堂组织村民献血，救了幸福的命，幸福万分感恩。不料，她之前寄出的举报信引来了纪检人员，万善堂生气发病，引起村民众怒，幸福两口子不堪压力，进城打工。在城市生活中，幸福和丈夫冲突不断，婚姻亮起红灯。幸福回乡办民宿，带火了万家庄的旅游产业。保健品厂污染案发，幸福带领村民跟利益集团勇敢抗争，赢得了大家的尊重和拥护，万善堂主动让贤，幸福当选万家庄新的带头人。制片人：曹平。导演：郑晓龙、刘雪松、姚远。编剧：赵冬苓。演员：赵丽颖、刘威、唐曾。该剧于 6 月 29 日在北京卫视、东方卫视首播，优酷同步上线播出，是国家广播电视总局“第三批 2018—2022 年重点电视剧规划选题”入选项目，获得 2020 年度浙江文化艺术发展基金项目扶持、第十一届中国大学生电视节大学生赏析推荐作品。

（北京时代光影文化传媒股份有限公司）

## 二、电视动画片

**《甲骨文之妇好传》** 26 集电视动画片，由北京妙音数科股份有限公司出品。该动画片讲述了主人公少年妇好通过象形文字甲骨文所浓缩的图像，想到了不少对付奴隶主、强盗的智慧灵感，时常挫败他们的阴谋，为受压迫的部族百姓伸张正义，深受大家的爱戴，与族中结识的伙伴一起踏上推动文明演变之路，最终守护部族和文明。出品人 / 编剧：董志刚。导演：刘伟。该片于 2022 年 3 月 29 日播出。播出媒体有中国教育电视台 CETV1、济南少儿频道、河北广播电视台。该片获评由中共陕西省委宣传部、陕西省文物局和中国移动通信集团陕西有限公司联合主办的“第三届陕西历史文化动漫游戏大赛”历史文化组动画类三等奖，2022年国家广电总局第一季度优秀国产电视动画片。

**《大运河奇缘2》** 6集电视动画片，由北京广播电视台卡酷少儿卫视出品。该片是首部聚焦北京市大运河文化带保护建设的动画作品。该片以大运河的北起点、交通要冲和漕运仓储重地通州展开叙事，还原历史，以少年儿童易于接受的动画形式传承运河文化；细节着笔，从有温度、有趣味、有意义的故事入手，展现大运河建设过程中的民间故事和风土人情；聚焦通州，展现中国人民的伟大创造精神和民族复兴的梦想，展现京津冀协同发展的无限前景。总导演：李严。编剧：刘彭、朱业、李菲菲。该片于2022年5月1日在卡酷少儿卫视首播，被列入国家广播电视总局“中国经典民间故事动画创作工程”项目，获评2022年国家广电总局第二季度优秀国产电视动画片、2021年度北京市文化精品工程、2022年度北京广播电视网络视听发展基金电视动画片。

**《瑞奇宝宝 第四季》** 52集电视动画片，由放眼信息技术（北京）有限公司出品。该片讲述了五个有生命的小玩具在成长中遭遇的小挑战以及获得的大进步。“瑞奇宝宝”的世界就像一个微缩的幼儿园，没有暴力或是反面角色，只有一个个充满友谊、爱和温暖的小故事。也许，这些小故事也正在我们的孩子身边真实地发生着。导演：孙方园。编剧：李维多。该片于2022年8月播出。播出媒体有中央电视台、腾讯视频、优酷、爱奇艺、小米视频、华为视频、咪咕视频、西瓜视频、酷开、风行、康佳、TCL以及全国IPTV渠道。该片获评国家广播电视总局2022年第一季度优秀国产电视动画片。

**《恐龙萌游记》** 26集电视动画片，由北京爱奇艺科技有限公司出品。该片是一部针对学龄前儿童的动画片，讲述梦想做探险家的孩子们在自家后院发现外公遗留下的宝物——一颗神奇的恐龙蛋时光机。他们跟随时光机穿越回史前时期，在恐龙朋友们的陪伴下，展开了一次次的探险旅程，共同收获了成长。编剧：盖丽娜·曼西妮（巴西）、林玲玲。导演：蒋傲、昊子。配音演员：朔小蹦、胡小唯、闫夜桥。该片于2022年6月1日在爱奇艺平台独家播出。该片入选国家广播电视总局2022年第二季度优秀国产电视动画片，获北京广播电视网络视听发展基金播出奖励。

**《墨墨奇游记》** 32集电视动画片，由北京爱奇艺科技有限公司出品。该片讲述了海洋馆住着老墨父女和左邻右舍。小章鱼墨墨活泼好奇，爸爸老墨谨小慎微。墨墨带着老爸和朋友，探索海洋馆每个神秘角落。从安老师的水下教室，到夜晚深海出游，从趣味科普到喜剧日常，开启奇趣探险之旅！总编剧、总导演：汪绘雨。配音演员：周野芒、张予佟。该片于2022年6月30日在爱奇艺平台播出。该片获国家广电总局2022年第三季度优秀国产电视动画片，入选2023年“奋进新时代”北京市优秀项目选集，获第27届亚洲电视大奖最佳2D动画片提名、“流光浮动——中国动画百年纪念展活动”优秀动画作品称号。

**《无敌鹿战队 第二季（下）》** 20集电视动画片，由北京爱奇艺科技有限公司出品。该片讲述了凯奇、娜娜、雷米、多比四只小鹿组成“无敌鹿战队”，不断帮助他人、化解危机的故事。在新一季中，小鹿们的冒险拓展到了雪山、水晶洞、太空等新的场景，还结识了新的伙伴——拥有神奇水晶力量的晶晶。面对新的危机与挑战，无敌鹿战队出动！导演：杨晓轩。编剧：李子勃。该片于

2022年7月28日在爱奇艺首播。该片获评2022年第二季度优秀国产电视动画片。

《胡同漫游记》 13集电视动画片，由首都图书馆出品。该片以“北京的胡同”为主题，从胡同的形成与变迁、文化景观、名人故居、建筑艺术、民俗饮食五大方面入手，讲述北京胡同的历史变迁、人文特色与发展现状。糖卷果、爱窝窝兄妹是小学生，来到胡同里燕子姐姐的书屋过暑假。兄妹二人遇到从小在胡同里长大的同龄人——墩仔。三个小伙伴意外发现燕子姐姐的“胡同书屋”连接着一个奇妙的胡同世界。在那里，有个一百多岁的“书爷爷”向他们讲述胡同的故事，那些八百多岁的建筑则会告诉他们自己前世今生的秘密。在一次次的穿越和冒险中，他们收获了友谊与知识，领略了北京胡同悠久的历史神韵和深厚的人文气息。他们对传统文化的保护与发展也有了新的认识，增强了传承并创新传统文化的责任与担当。出品人：毛雅君。总策划：李念祖。导演：张皖。编剧：刘洁婷。该片于2022年11月在首都图书馆少年儿童图书馆官网、“首图动漫在线”App播出，被国家广播电视总局推荐为2022年第四季度优秀国产电视动画片。

（北京市广播电视局宣传管理处）

## 三、电视纪录片

《盛会》 2集纪录片，由北京广播电视台、探索传媒集团制作。北京2022年冬奥会开幕式纪录片《盛会》由北京广播电视台冬奥纪实频道发起，历时三年拍摄，揭秘了开幕式创作过程中以总导演张艺谋为代表的主创团队的责任担当以及对于艺术创作的极致追求，解读了开幕式创意的深层含义，展现了从2008年夏奥会到2022年冬奥会中国以及中国人民的发展与变化。在三年的时间里，纪录片创作团队采用直接电影的手法，“无盲点”记录，捕捉到了大量真实、生动的情节，用不“暴露”的剪辑方式，“纯粹”“干净”“流畅”的制作，将1000天的跟踪拍摄凝结为100分钟的两集纪录片。该片以丰富的内容、可共情的感染力以及国际化的表达，展现了开幕式创作过程中的幕后故事，让观众身临其境地看到一条巧思如何变成一个方案，又如何在不断试错与创意中成型，再经过精雕细琢，呈现出最终的开幕式盛会。导演：秦蕾。该片于2022年2月4日在北京冬奥纪实频道首播。该片获评2022年第一季度优秀国产纪录片。

《向南流的河》 6集纪录片，由有味无痕文化传媒（北京）有限公司、珠海市华天下影视文化发展有限公司、华夏五洲国际文化传播（北京）有限公司制作。始于中国境内蜿蜒南流的河不只一条，而唯有澜沧江这一条，一路向南，流向一片温润之地。澜沧江－湄公河流域，中国、老挝、缅甸、泰国、柬埔寨、越南6个亚洲国家共享，90多个不同的人类族群繁衍生息。只有走入人们的传统与日常，才能体会它的波澜不惊，奔流不息。河流变化剧烈，生活千姿百态。只有走进人们的内心，才能真正了解这条河流。历经三年，跨越六国，该片摒弃对澜沧江－湄公河流域地理、人文、历史的全景关照，而从关系出发，寻找河流两岸紧密相连却又独立生长的人物故事，尝试对浮生、自在、心法、持守、顺应、共生六个命题进行解读，呈现出澜湄流域源远流长的生命智慧。导演：陈庆纪。该片于2022年3月20日在中国国际电视台（CGTN）首播。该片获评2022年第一季度优秀国产纪录片。

《冰雪Z世代》 6集纪录片，由新华网股份有限公司制作。该片以逐梦冰雪运动的青少年为拍摄主体，记录他们鲜活的成长故事和被冰雪运动改变的生活，折射出一个国家日益强盛、开放、包容的时代，人民更加阳光、自信、向上的社会风貌。导演：刘潇、李杰、王娟、郝一林。该片于 2022 年 1 月 23 日在腾讯视频、新华社客户端首播。该片获评 2022 年第一季度优秀国产纪录片。

《西藏 我们的故事》 4 集纪录片，由北京意如文化科技有限公司制作。2021 年是西藏和平解放 70 周年。该片讲述了 70 年来西藏各个领域都发生了翻天覆地的变化，西藏各族人民用自己的双手，创造了“短短几十年，跨越上千年”的人间奇迹。以壮美的画面、独特的视角、真实的镜头为依托，通过讲述西藏各族人民团结奋斗的故事，展现西藏便捷现代的生活状态、雪域高原的军民情深、人与自然的和谐共处等，热情讴歌了西藏和平解放以来，特别是党的十八大以来，西藏社会发展建设取得的伟大成就，为观众呈现了一个现代、积极、幸福的新西藏。导演：井华、程名飞。该片于 2021 年 11 月 25 日在央视纪录频道首播。该片获评 2022 年第一季度优秀国产纪录片。

《古道足音》 1 集纪录片，由北京广播电视台制作。该片以纪录片的形式，用真实生动的镜头语言、鲜为人知的幕后故事、感人至深的人文情怀，全景式呈现了 5 年来北京模式口历史文化街区保护更新的历程与成果，带领观众感受“千年古街”的悠久历史文脉，探索文保区保护更新的新方式、新路径，整体有深度、有广度，更有温度。主创团队：《我是规划师》节目组。该片于 2021 年 11 月 29 日在北京广播电视台首播。该片获评 2022 年第一季度优秀国产纪录片。

《冬奥之约》 5 集纪录片，由新华社音视频部、北体传媒科技（北京）有限公司制作。这是一组冬奥会预热报道系列纪录片，包括《梦的追逐》《我的奥运》《力的觉醒》《安的守护》《绿的行动》共五集。该片围绕习近平总书记对冬奥会的重要指示用一个个精彩的案例展示 6 年来筹备过程中的点点滴滴：京津冀协同发展、科技力量助力运动员、疫情防控团队忙碌有序、运动员备战冬奥的心路历程和奋斗身影等多个故事，故事生动精彩、以小见大，展示了中国一以贯之的办奥理念、办奥要求和兑现承诺的决心。其中片子中采访的人物徐梦桃、苏翊鸣、谷爱凌等运动员共获得 7 枚冬奥会奖牌，成为冬奥会场上炙手可热的焦点。导演：赵琳琳、李杰、解植岗、宋绪柳、孙开泰、王超、李佳琳、吴昊、王梁、郝一林。该片于 2022 年 1 月 30 日在新华社客户端首播。该片获评 2022 年第一季度优秀国产纪录片。

《土地 我们的故事（贺岁篇）》 1 集纪录片，由北京三多堂传媒股份有限公司、中视传媒股份有限公司北京分公司、中国农业电影电视中心制作。该片是中国第一部全部以农民为主人公的口述历史纪录片，以“大时代、小人物”的视角，以全面小康、两山理念、乡村振兴等现实话题为切入点，从最小的历史细节出发，讲述一个个农民的个人或家族奋斗史，讲述他们与土地血肉相连的故事，讴歌一百年来中国共产党如何带领乡村发生巨变，带领农民实现全面小康的丰功伟绩。导演：刘军卫。该片于 2022 年 1 月 1 日在央视农业农村频道首播。该片获评 2022 年第一季度优秀国产纪录片。

《共和国医者——汉斯·米勒和中村京子的故事》 1 集纪录片，由北京广播电视台制作。该片主创团队历经一年时间，独家记录并呈现了来自德国和日本的两个“洋八路”如何在中国的土地上相识相爱，为了中国人民的健康奔走一生的感人故事。主创团队：《医者》节目组。该片于 2022 年 2 月 12 日在北京广播电视台生活频道首播。该片获评 2022 年第一季度优秀国产纪录片。

纪录片《共和国医者——汉斯·米勒和中村京子的故事》海报

**《唱片里的中国》** 5集纪录片，由北京鼓润影视文化传媒有限公司、北京影画起源影视文化传媒有限公司制作。该片通过唱片业工作者、音乐创作者、收藏者、演奏者、爱乐者等一群普通而又不普通的人的视角，讲述历史选择了中国共产党给整个中国带来的巨大社会进步，在人性化讴歌国家变迁的辉煌历程的同时，也奏响青春中国的奋斗颂歌。导演：吴琦。该片于2022年6月6日在央视纪录频道首播。该片获评2022年第二季度优秀国产纪录片。

**《我在人艺学表演》** 10集纪录片，由北京广播电视台科教频道中心、新纪实（北京）传媒投资有限公司制作。该片以北京人民艺术剧院“表演学员培训班”传授表演艺术的过程为主线，跟踪拍摄了从千余名报考者中选拔出来的15名学员在培训班历时一年的学习成长经历。从基本功到业务课、从课堂学习到舞台实践，让观众看到一个合格演员的诞生，一个优秀演员的破茧蝶变。该片全面反映出北京人艺主动担负起传播正能量、引导正向价值观的责任与使命，以及作为中国话剧殿堂级剧院独特的演剧风格。导演：傅琼。该片于2022年6月10日在北京广播电视台科教频道、咪咕视频首播。该片获评2022年第二季度优秀国产纪录片，入选2020年北京广播电视网络视听发展基金扶持项目、2022年“十四五”纪录片重点选题规划。

纪录片《我在人艺学表演》海报

**《人类的记忆——中国的世界遗产之周口店寻找北京人》** 1集纪录片，由北京广播电视台制作。该片讲述了中华文明的历史长河源远流长，不仅涌动着五千年波澜壮阔的中华文明史，更潜藏着古老的文化瑰宝与悠久的人类遗存。在北京的房山区，作为世界文化遗产的周口店北京猿人遗址就是人类起源的圣地。周口店北京猿人遗址承载的不仅仅是人类发展演化的光辉历史，更蕴藏了中国近现代考古发掘的发展历程。该片于2022年6月11日在央视中文国际频道首播。该片获评2022年第二季度优秀国产纪录片。

**《香港，我们的故事》** 7集纪录片，由填海影业（上海）有限公司制作。该片是为庆祝香港回归25周年和喜迎党的二十大而拍摄的重点纪录片项目，共7集，每集40分钟。该片由香港中联办指导，优酷、深圳卫视、香港电视广播有限公司联合出品，填海影业承制。在香港由治及兴的关键时刻，通过记录生活在香港的科学家、企业家、建筑师、艺术家、几代移民、中产人群、传统文化守护者、创业的年轻人、穿梭城市白天和夜晚的普通人等各类人群的香港故事、中国故事，让观众感受“东方之珠”的精神和魅力，唤起人们深层的情感观照，呈现主流价值观念，吸引香港和内地观众，特别是年轻人群的关注。导演：干超、唐俊。该片于 2022 年 9 月 4 日在优酷、深圳卫视首播。该片获评 2022 年第三季度优秀国产纪录片。

纪录片《香港，我们的故事》海报

**《我是规划师》（第 3 季）之《青山》** 1 集纪录片，由北京广播电视台制作。2020 年，门头沟区最后一个煤矿关停，标志着北京千年采煤史的终结。安静下来的“百里矿区”等待着一个契机。本片围绕门头沟地区关闭煤矿、京西“一线四矿”及周边区域协同发展概念规划方案国际征集活动等内容，着重讲述了在时代发展变迁中，门头沟区一条山谷里人们命运的转变，以及山谷外的规划师们来到这一地区，发掘文旅资源，为这里描绘未来绿色发展蓝图的故事。导演：黄瑨、吴群、王宇、李颖、董元杰。该片于 2022 年 8 月 16 日在北京卫视首播。该片获评 2022 年第三季度优秀国产纪录片。

纪录片《我是规划师》（第 3 季）海报

**《雨林之子》** 5 集纪录片，由北京盛视华通网络科技有限公司制作。该片是一部以 8K 超高清制作的热带雨林自然人文纪录片。本片以西双版纳的雨林保护为核心，从亚洲象的故事和现状、原住民的认知和变化、雨林环境的变迁和重生等角度，以声音切入，记录和呈现雨林的现状和变化。在技术层面，利用 8K 超高清技术，突出超高清特点，融合“8K 全流程制作 + 杜比全景声 +8K VR”前沿技术，以杜比全景声技术制作，通过“声音”的切入和表达强调沉浸感，将云南自然、人文、民俗等维度的内容全面呈现在大众面前，让观众身临其境感受自然和生态带来的美与震撼。导演：刁玮珺、刘晨捷、朱德遇、熊力。该片于 2022 年 4 月 19 日在腾讯视频首播。该片获评 2022 年第三季度优秀国产纪录片。

**《神奇的嫦娥五号》** 12 集纪录片，由中科海镁（北京）科技有限公司制作。该片以“嫦娥五号从发射到回家全过程中的关键环节和核心技术”为主线，将纪实与动画演示相结合，围绕嫦娥五号任务的核心技术解读科学原理，是中国首部以探月工程为题材的全方位、多维度、立体化的科普纪录片。导演：窦欣平。该片于 2022 年 7 月 28 日在科普中国、科技工作者之家、咪咕视频首播。该片获评 2022 年第三季度优秀国产纪录片。

**《戏，在说》** 3 集纪录片，由北京广播电视台制作。该片讲述了北京人艺在 70 年的辉煌历程中，始终坚持以人民为中心，“做人民喜欢看的戏”，紧跟时代，接续传承老舍、曹禺、焦菊隐、于是之等众多大师的艺术理念，与几代观众一起见证并创造中国戏剧历史的内在力量。该片以《茶馆》《雷雨》等经典代表作为基础，通过一代代“人艺人”的真实故事，生动体现北京人艺致敬经典的态度和守正创新的追求，同时辅以具有鲜明时代特征和历史传承感的实物，营造强烈的代入感，最终达到“听人艺人结合人艺的剧，通过人艺的物件儿讲述人艺的故事”的艺术效果，进而展现出北京人艺站人民立场、展艺术风格、树家国情怀的核心理念，彰显北京人艺长盛不衰的“魂儿”，独树一帜的“味儿”。导演：朱蕾、刘芳、赵新月。该片于 2022 年 12 月 28 日在北京广播电视台纪实科教频道首播。该片获评 2022 年第四季度优秀国产纪录片，入选 2022 年北京广播电视网络视听发展基金扶持项目。

纪录片《戏，在说》海报

**《定海神针——纪念“九二共识”达成 30 周年》** 1 集纪录片，由北京广播电视台制作。本片以口述抢救历史，以亲历引出故事，在“九二共识”达成 30 周年的重要历史节点，用独特的视角回望这段历史，通过对两岸亲历者、见证者、推动者抢救式的采访，全景展现 1992 年海协会与海基会会谈幕前幕后，以及“九二共识”达成始末，并凸显“九二共识”为两岸民众福祉起到的关键作用。回顾 30 年来两岸关系走过的曲折历程，在“九二共识”达成 30 周年的重要历史节点，在中华民族走向伟大复兴的关键时刻，本片也见证了两岸同胞携手努力，坚持一个中国原则和“九二共识”，共创祖国统一的历史伟业，共享民族复兴的伟大荣光。导演：黄炜、游洋、张蜜蜜。该片于 2022 年 11 月 3 日在北京卫视首播。该片获评 2022 年第四季度优秀国产纪录片。

（北京市广播电视局宣传管理处）

# 书报刊出版

# 2022年北京市广播影视书报刊一览表

## 公开出版物

| 类别 | 书籍名称 | 主管单位 | 作者 | 出版单位 |
|---|---|---|---|---|
| 图书 | 《2022北京广播影视年鉴》 | 北京市广播电视局 | 北京广播影视年鉴编辑委员会 | 北京出版社 |
| 图书 | 《我们的十年》 | — | 北京广播电视台、中共北京市东城区委宣传部 | 北京人民出版社 |
| 图书 | 《新时代新担当新作为》 | — | 市委组织部、市委宣传部、北京广播电视台 | 化学工业出版社 |
| 图书 | 《潮北京——北京网红打卡地攻略系列丛书2》 | — | 北京市文化和旅游局、北京广播电视台 | 北京出版社 |
| 图书 | 《跟着节气寻味京城农产品》 | — | 北京广播电视台城市广播、北京市农产品质量安全中心 | 中国农业科学技术出版社 |
| 周刊 | 《北京西城报》 | 西城区委宣传部 | 西城区融媒体中心 | 西城区融媒体中心、北京日报社 |
| 日报 | 《北京城市副中心报》 | 通州区委宣传部 | 通州区融媒体中心 | 通州区融媒体中心、北京日报社 |

## 内部出版物

| 类别 | 报刊名称 | 主管单位 | 主办单位 |
|---|---|---|---|
| 季刊 | 《金色时光》 | 北京广播电视台 | 北京广播电视台 |
| 每周二期 | 《新东城报》 | 东城区委宣传部 | 东城区融媒体中心 |
| 每周二期 | 《平谷报》 | 平谷区委宣传部 | 平谷区融媒体中心 |
| 周刊 | 《密云报》 | 密云区委宣传部 | 密云区融媒体中心 |
| 每周三期 | 《延庆报》 | 延庆区委宣传部 | 延庆区融媒体中心 |
| 每周三期 | 《亦城时报》 | 北京经济技术开发区工委 | 北京经济技术开发区融媒体中心 |
| 每周二期 | 《房山报》 | 房山区委宣传部 | 房山区融媒体中心 |

# 2022 年北京市广播影视书报刊简介

## 《2022 北京广播影视年鉴》

《2022 北京广播影视年鉴》是由北京广播影视年鉴编辑委员会编纂（北京市广播电视局主持，北京广播电视台、歌华传媒集团、歌华有线公司、北京市各区文旅局及融媒体中心、部分社会影视机构等协编）的一部资料性工具书，创刊于 2005 年，每年编纂一卷，2022 年卷由北京出版集团北京出版社公开出版发行。

《北京广播影视年鉴》全面反映北京市广播电视和网络视听的基本情况和发展变化风貌，客观记述上一年全市广播电视和网络视听行业的新情况、新资料，为广播影视从业人员、教学科研人员、决策管理人员以及社会各界了解和研究北京市广播电视和网络视听提供可靠信息。

2022 版《北京广播影视年鉴》为第 18 卷，共有 18 个栏目：特载、专项纪事、概况、大事记、频率频道、节目栏目、电视剧、媒体融合与智慧广电、网络视听、技术、公共服务、典型经验、获奖作品、组织机构、受众调查、书报刊出版、统计、附录，全书 97.3 万字。国内书号：ISBN 978-7-200-17618-6。

（北京新视听发展中心）

## 《金色时光》

《金色时光》是北京广播电视台退休职工专刊，主要反映台改革发展情况、老干部工作动态及退休职工生活。是台里与离休职工、退休职工之间互通信息、交流情感的“家园”和“桥梁”。

HUIWANGHUIHUANGLU FENJINXINZHENGCHENG
回望辉煌路 奋进新征程

为您咨询

北京电视台的第一场综艺直播

文/图 汪苏苏

1993年5月2日是我难忘的日子，北京电视台从皂君庙搬到海淀区苏州街的新台址后，我们要在150平米的全新演播室进行《为您咨询》节目的直播，这是在新台址演播室进行的第一次直播。

150平米演播室主要用于新闻和综合类节目的直播和录播。当时演播室设备刚刚安装调试完成，全套的设备是由日本国际协力事业团提供的，视频切换台使用草谷公司生产的GVG200模拟复合切换台，摄像机使用日立公司生产的SK-F710座机，录像机使用索尼公司生产的BVW70P和BVW75P录像机。BVW75P的最大特点是有磁头动态跟踪，在播放片头和小片时录像带上的保护带不会显现，这就保证了播出的质量。

调音台使用索尼公司生产的24路输入多路输出的2900调音台。时钟、TALLY（摄像机、电视墙等系统节点的切换指示灯）、通话、节目返送、时间基准、显示部分和现在演播室的功能基本一样，虽然这些系统采用的都是模拟信号，但在当时已经是最先进的，这些设备一直使用到2006年才进行了更新。

直播工作一般采取前后延时20秒的方法用来保证安全，前方的电视信号发生问题可以在前延时监视器上发现并进行处理，如果演播室的电视信号出现问题，可以通过播控的后延时进行处理。

现在的直播演播室有备份视频切换台和音频调音台，一旦主台出现问题可以使用备台替换工作，可当年的150平米演播室里都

20 | 金色时光 | 2022年 第4期

杂志由原电台和原电视台的《退休生活》《金色岁月》资源整合而来，2022年起增加了电子版。杂志内容设置《拾金人生》《多彩金秋》《流光跃金》《守护健康》《金色信风》《交流互动》6大板块23个子栏目，并根据不同时期重点工作开设专栏。2022年开设了《永远跟党走》《回望辉煌路 奋进新征程》《党的二十大学习体会》等专栏。其中《回望辉煌路 奋进新征程》台史征文专栏，共收到稿件30多篇，总字数达11万余字。2022全年发稿70多篇，12万余字，书画影印图片100余张。

（北京广播电视台）

## 《我们的十年》

《我们的十年》是北京历史文化类图书，北京广播电视台与中共北京市东城区委宣传部共同编著，2022年12月由北京出版集团北京人民出版社出版。该书以核心区“十年”发展为主线，共分为十个篇章，结合历史与现实、理论与实践、国际与国内，全面系统、深入浅出地向读者讲述十年来首都功能核心区各项事业取得的历史性成就、发生的历史性变革，涌现出一个个鲜活生动的案例故事。重点聚焦党的十八大以来，东城区在政治、经济、文化、社会、生态文明“五位一体”总体布局的战略目标指引下取得的丰硕成果，从不同角度展现了东城区各行各业的发展成果，诠释了在建设首善之区、追求美好生活道路上的东城创新、东城力量、东城气象。

（北京广播电视台）

## 《新时代新担当新作为》

本书由北京市委组织部会同市委宣传部、北京广播电视台联合创作。书中选取2022年

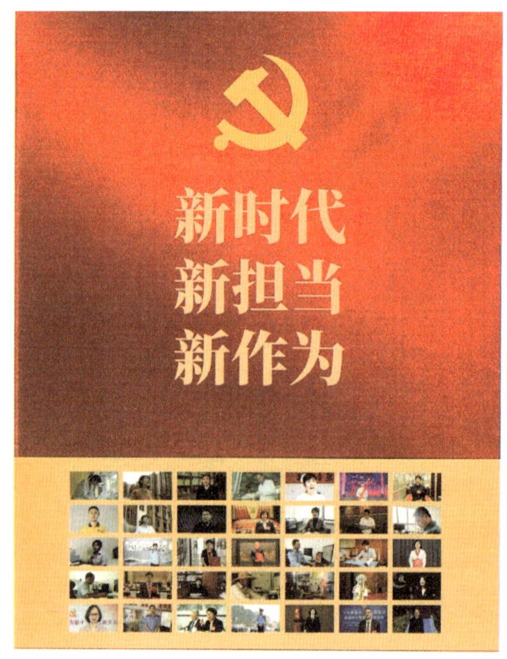

《新时代新担当新作为》节目中街道社区、乡镇村、职能部门的优秀基层党员干部，宣传他们在全面深化改革、推动“疏解整治促提升”、引领基层社会治理创新、落实“最后一公里”等工作中的感人事迹、先进经验、创新方法，用生动的文字和精美的照片，还原优秀基层党员干部的日常工作，展现基层工作者为北京城市建设和发展做出的努力与奉献，诠释他们敢于担当、勇于作为的时代精神。

（北京广播电视台）

## 《潮北京——北京网红打卡地攻略系列丛书2》

“潮北京——北京网红打卡地攻略”系列丛书第二辑由北京广播电视台、北京市文化和旅游局共同推出，2022 年 4 月由北京出版社出版。图书创新性地以“京城十二时辰”的时间顺序统筹全书。邀约著名作家、知名艺术家、社会知名人士及北京广播电视台主持人为作者，以“行走京城”的第一视角形式，通过优美散文梳理出从清晨、正午到黄昏、子夜等不同时段各具特色的网红打卡地，将北京城历史厚重与新潮时尚融合，勾勒出北京网红打卡地的新面貌，呈现出一部有温度、有情怀的文字作品，让更多人了解北京、爱上北京。本书在世界读书日当天被纳入由市委党校向全市党员干部推荐的第五期书单中。

（北京广播电视台）

## 《跟着节气寻味京城农产品》

《跟着节气寻味京城农产品》是农业、科普类图书，北京广播电视台城市广播中心联合北京市农产品质量安全中心编写，2022 年 12 月由中国农业科学技术出版社出版。主要介绍北京市地域特色农产品的农耕文化内

涵，推介京郊优质“京产”农产品，介绍了京郊 29 个品类的特色优质农产品和 39 家优秀生产企业，涵盖京郊农业的主导产业，是北京农业的缩影。本书同名有声栏目在“听听 FM”上线。

（北京广播电视台）

## 《北京西城报》

1992 年 1 月《北京西城报》创刊，1995 年 5 月《宣武报》创刊，2010 年 7 月，原西城区新闻中心和原宣武区新闻中心合并后，《北京西城报》继续发行。2021 年 1 月 5 日起，《北京西城报》从每周三期调整为每周两期，周二、周五出报。2021 年 7 月 27 日起，由西城区委宣传部、西城区融媒体中心和北京日报社共同创办的《北京西城报·街道专版》上线出报，在《北京西城报》每期原有四个公共版面的基础上，新增四个街道专版。

2022年10月18日 星期二 第1578期 农历壬寅年九月廿三

北京西城报 BEIJING XICHENG NEWS

社会主义核心价值观 富强 民主 文明 和谐 自由 平等 公正 法治 爱国 敬业 诚信 友善

中共北京市西城区委宣传部 主办 每周二、五出版 准印证号:99-L0242 邮发代码:1-4019

孙硕、刘东伟现场调度疫情处置 检查公共场所防疫工作

要求共筑群防群控严密防线

区委常委会召开会议

听取第三季度全面从严治党苗头性、倾向性问题等汇报

区委书记孙硕主持会议

区十七届人大常委会召开第十五次主任会议

奋力开创中国特色社会主义新局面

——热烈祝贺中国共产党第二十次全国代表大会开幕

2022 年，《北京西城报》出报 86 期，688 个版面。开设《学习宣传贯彻党的二十大精神》《喜迎盛会，史向未来》《学党史悟思想办实事开新局》《奋进新征程建功新时代》《接诉即办》《文明实践》《创城有我文明同行》《新春走基层》《社区书记说》《西城典靓》《老问题新办法》《跨越世纪的致敬》等栏目，共计 480 余万字。

（西城区融媒体中心）

## 《新东城报》

2022 年，《新东城报》全年共出刊 99 期，刊发稿件近 1700 篇；围绕迎接学习宣传贯彻党的二十大、经济社会高质量发展等主题开设各类专栏近 60 个，推出各类专栏文章近 500 篇，专题报道 176 个。其中，围绕迎接学习宣传贯彻党的二十大精神，先后开设 13 个专栏，共刊发稿件 130 余篇，推出深度专题报道近 50 个。开设《街道高质量发展》《奏响高质量发展最强音·东城这十年》《二十大时光》《全面落实“崇文争先”理念，做实出彩“六字文章”》等专栏专刊，刊发《矢志不渝笃行不怠 书写新征程上新答卷》《前门草厂“小院议事厅”升级 2.0 版》等一批深度报道，大力宣传党的二十大精神深入人心、落地生根的生动实践；持续加大对经济高质量发展的宣传力度，开设《做好“劲”字文章 推动经济高质量发展》《聚力“两区”建设 推动高质量发展》《紫金服务 优化营商环境 东城在行动》《加快

建设国际消费中心城市示范区》等专栏专刊。在策划方面，更加注重采写的系统性、连续性、深入性，推出“东城商圈”系列、在建文创园探访、走进市场主体等一批系列化重点报道，深入反映东城经济发展成就和商圈提升成效。2022年《新东城报》融合报道思路进一步深入，增加传播策划的创新意识。在以“街道高质量发展”为主题的系列报道中，策划先行，同步刊登街道的视频和相关海报，实现传播形式多样化。同时，继续加大融媒记者的转型力度和融媒素养，探索形成“文字、摄影、摄像”由1人完成的新闻采访工作模式，进一步提高融媒产品的生产效率。

（东城区融媒体中心）

## 《北京城市副中心报》

2021年10月19日，《北京城市副中心报》正式公开出版发行。《北京城市副中心报》共四版，周五出刊，紧扣城市副中心目标定位进行版面设置。

一版为要闻版，主要聚焦发生在城市副中心的重要政务活动及城市副中心建设的重大成就、全市性重大新闻等。二版为新闻版，重点围绕加强“四个中心”功能建设、提高“四个服务”水平这个首都发展核心要义，充分展示城市副中心作为北京重要一翼，服务保障首都功能，发挥辐射带动作用，建设国际一流的和谐宜居之都示范区、新型城镇化示范区和京津冀区域协同发展示范区的生动实

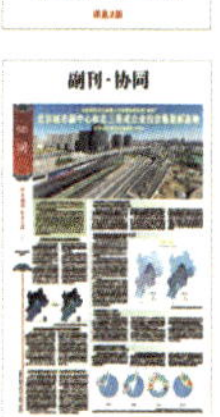

践。三版为综合版，主要承接通州区委机关报职能。四版为专副刊版，分设科创、文化、协同、城韵、热点、观察、人物、新思等主题版。

2022 年，《北京城市副中心报》以习近平新时代中国特色社会主义思想为指导，围绕推进北京城市副中心高质量发展这个主题，深入学习贯彻落实北京市委市政府、城市副中心党工委管委会、通州区委区政府决策部署，持续推进新闻报道业务开展。

（通州区融媒体中心）

## 《平谷报》

《平谷报》由中共北京市平谷区委宣传部主办，平谷区融媒体中心出版。2010 年 4 月 16 日试刊，2010 年 8 月 1 日创刊，每周一出版。2018 年 10 月 8 日，改为一周两期，每周一和周四出刊。2022 年《平谷报》紧跟区委区政府步伐，紧靠全区中心工作，牢固树立政治意识、大局意识、责任意识和阵地意识，唱响主旋律，打好主动仗，积极做好宣传服务工作，为全力推进平谷实现高质量发展提供正确的舆论导向。2022 年全年《平谷报》出刊 100 期，刊发稿件 2100 余篇，文字 240 万，照片 1300 余幅。

（平谷区融媒体中心）

## 《密云报》

《密云报》创刊于 2005 年 3 月 25 日，原名《生态密云》报，创刊号为对开四版，铜板纸印刷，免费向全区赠阅。2010 年更名为《密云报》。2017 年 9 月 4 日改版为大报，并实现手机浏览。2019 年 6 月，《密云报》编辑工作全部转至密云区融媒体中心。《密云报》每周五见报，对开四版全彩印刷。一

平谷报
PING GU BAO [京内资准字2010-L0042号]
感应时代脉动 记录精彩平谷
2022年1月 6 星期四
第1期
区委理论学习中心组学习暨学习贯彻党的十九届六中全会精神专题交流研讨会召开
唐海龙吴小杰刘震李永生葛海斌出席
坚持党建引领政治建警 为平谷高质量发展贡献公安力量
强化检察履职使命担当 护航“平安平谷”发展大局
擦亮“桃醉平谷”名片，打造世界休闲谷

密雲報
MIYUN NEWS
2022年5月20日 星期五
要坚定信心、严防死守，从快从严落实各项防控部署要求，坚定不移推进社会面动态清零行动，坚决打赢这场疫情防控歼灭战。
密云区坚决打赢疫情防控歼灭战
更快速度更严标准更实措施主动出击
坚定信心严防死守压紧压实四方责任
党旗在社区防控一线高高飘扬
科技赋能搭建核酸检测信息“高速路”
密云企业为全市核酸检测采样点捐赠“凉白开”

版聚焦时政新闻和民生新闻，二版聚焦社会和重点工程，三版展现创城工作最新进展，四版承担主题内容宣传，并根据宣传主题适时策划专版、专刊等。

2022 年《密云报》累计出版 51 期。其中策划了《喜迎二十大 奋进新征程》系列特别报道，通过六大主题报道、二十个镇街成就性报道专版展示密云区五年来经济社会、绿色高质量发展成就。在报道疫情防控工作中，通过转版、通版等形式打破版面对内容的限制，先后策划了《一体推进冬奥防疫 城市防疫》《万众一心众志成城 共筑防疫钢铁长城》《在“战疫”中接受考验 为防疫大局做出密云贡献——密云澜茵山小区“封、管、服、解”纪实》等五个通版，以图为主呈现密云区委区政府主动出击、以快制快，坚决阻断病毒传播链条，防止输入性疫情续发本地传播所做的努力。围绕密云区创建文明城市三年目标，策划编辑 30 多期《创城文明城市 密云进行时》专版，以聚合传播的效果展现全区在创城方面的成效，使创城工作入眼、入耳、入心、入行。

（密云区融媒体中心）

## 《延庆报》

《延庆报》创刊于 2000 年 7 月，2018 年改由区融媒体中心出版，2019 年 1 月 2 日，《延庆报》正式改版为对开四版，每周一、三、五出报，双面全彩印刷，成为延庆服务保障冬奥会、世园会和地区高质量发展的见证者、记录者、传播者。2021 年 6 月 16 日，《延庆报》电子报正式上线北京日报客户端，成为全市第三家入驻报纸，进一步开拓了对外宣传渠道。2022 年，《延庆报》全年刊发 155 期 654 个版面，发行量 16000 余份。2022 年，

延慶報

YANQING NEWS

2022年1月1日 星期六 农历辛丑年十一月廿九

BEIJING 2022

距 34 天

让我们一起向未来

祝福国泰民安

共圆冬奥梦 一起向未来

习近平主席新年贺词让冬奥延庆赛区干部群众备受鼓舞

牢记政治嘱托 决战决胜冬奥会 绿色发展迈向未来

二〇二二年新年贺词

吹响冲刺号角 决战决胜冬奥

全市冬奥誓师动员大会后延庆干部群众群情激奋意气风发

北京2022年冬奥会和冬残奥会延庆赛区运行保障指挥部（领导小组）第26次专题会召开

按时高质量完成各项筹办任务 为如期安全顺利办赛夯实基础

区委书记穆鹏以“办冬奥、开新局”为主题开展专题调研

统筹做好冬奥筹办和疫情防控工作

《延庆报》重点报道了冬奥会和冬残奥会举办相关新闻 1068 条、疫情防控新闻 545 条、疫情防控指南 33 个整版、党的二十大学习宣传贯彻落实等相关报道 20 余篇。

（延庆区融媒体中心）

## 《房山报》

《房山报》创刊于 1992 年 10 月 1 日，为中共房山区委机关报。作为党报，《房山报》始终坚持贯彻党的路线、方针、政策，牢牢把握正确的舆论导向，积极宣传改革开放以来房山区各行各业所取得的成就，正面宣传各条战线的先进人物和典型事迹，认真负责地当好区委区政府的喉舌，发挥党和政府联系群众的桥梁纽带作用，为推动房山经济社会各项事业发展服务。《房山报》设有 4 个

版面，每周一、四出刊。

（房山区融媒体中心）

## 《亦城时报》

报道最近的新闻　感知创新的力量

北京·亦庄 BEIJINGETOWN

2022年12月21日 星期三

农历壬寅年十一月廿八

亦城時報

ETOWN TIMES

第968期 今日8版

新闻热线：010-67882260

合作热线：010-67884713

学习贯彻党的二十大精神 亦起奋进新征程

工委（扩大）会议传达学习中央经济工作会议精神和市委常委会（扩大）精神，强调

推动党中央和市委决策部署在亦城落地见效

经开区一药店免费分发退烧药近800片

“药不多，留给有需要的人！”

市级重点工程提速建设

产值目标将超额完成

订单额有望远超预期

经开区多方组织协助解难题　拜耳医药加速推动满工满产

“订单按时完成了，非常圆满”

一线写真

复工返岗提示

超宽带通信产业联盟将落地经开区

《亦城时报》最早为1997年5月创刊的《拆迁之友》。1998年3月更名为《开拓者通讯》。2002年前后更名为《BDA时讯》。2009年1月，通过政府购买服务，与北京日报集团下属北京娱乐信报社合作办报，并将《BDA时讯》更名为《亦庄时讯》。2018年1月，与北京日报集团下属北京商报社合作办报。2020年1月，更名为《亦城时报》。

《亦城时报》每周出版3期，每期发行25000份，分别投放到市委、市政府及市各委办局；经开区工委、管委会、亦庄控股及各职能局、专业公司，区内各重点企业、街道社区；大兴、通州区委、区政府及各乡镇街道等。报纸相关报道在各类网络媒体平台年均转载近十万篇次，中央及市属媒体转载百余次，媒体监督栏目《小亦跑腿》每年促进解决区内社会问题近百个，并多次获得市委阅评组专报点评。

（北京经济技术开发区融媒体中心）

# 受众调查

# 2022 年北京广播市场竞争态势调查

2022 年，中国广视索福瑞媒介研究有限责任公司对北京地区的三大广播传媒机构——中央广播电视总台的中央人民广播电台（以下简称“中央台”）、中国国际广播电台（以下简称“国际台”），北京广播电视台广播端（以下简称“北京台”）的收听情况进行了调查，现将调查结果刊登于下。

## 一、北京广播市场发展情况

### （一）市场整体：收听率保持稳定，车上收听率持续增长

根据索福瑞测量仪北京地区收听数据显示，北京广播市场 2022 年整体收听率为 4.559%，较 2021 年基本保持稳定，同比下降 0.007 个百分点，降幅为 0.15%。

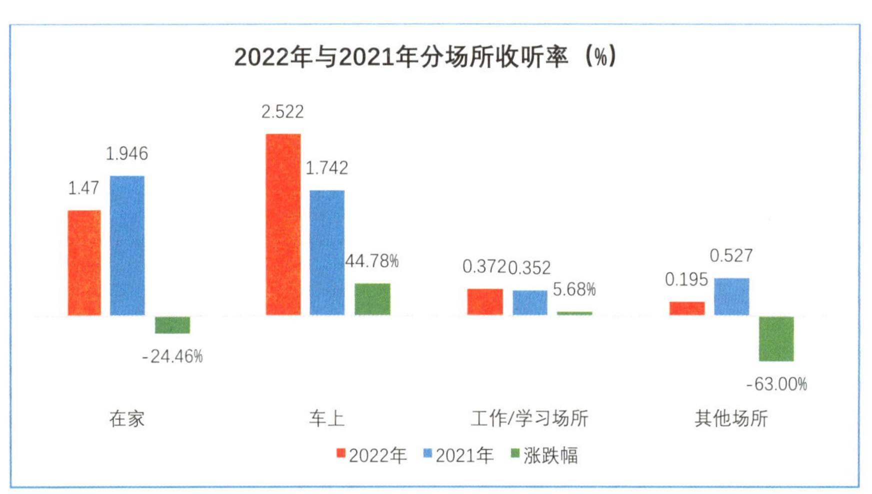


从分场所收听情况来看，2022 年在家收听率同比继续下滑，降幅 24.46%；车上收听率同比持续大幅增长，涨幅达 44.78%；工作 / 学习场所收听率同比小幅回升 5.68%；其他场所收听率同比下降 63%。

### （二）分项数据：听众规模略有缩减，收听时长稳步增长，忠实度保持稳定

2022 年、2021 年北京地区广播市场全天收听表现

| 单位 | 2022年 | 2021年 | 差值 | 涨跌幅 |
|---|---|---|---|---|
| 到达率（000） | 4520 | 4772 | −252 | −5.28% |
| 人均收听时长（听众）（分钟） | 90.5 | 85.6 | 4.9 | 5.72% |
| 忠实度 | 4.6 | 4.6 | 0 | 0.00% |
| 人均收听段数 | 3 | 5 | −2 | −40.00% |
| 平均每段收听时长（分钟） | 30.2 | 16.2 | 14 | 86.42% |

2022年北京累计452万人曾收听广播，与2021年相比听众规模略有缩减；广播日均收听人数为329.1万人，同比减少37.4万人，降幅10.20%；人均收听时长方面，听众平均每天收听广播时长为90.5分钟，同比继续增加4.9分钟，增幅为5.72%。2022年人均收听段数降至3段，每段收听时长由16.2分钟大幅增至30.2分钟，增幅为86.42%。听众忠实度仍为4.6，同比保持稳定。

**（三）分时段收听率：增长时段增多，早、午、晚收听峰值回落**

2022年北京广播市场全天48个30分钟时段，其中31个30分钟时段收听率上升，较2021年增加12个，17个30分钟时段收听率下降。

具体来看，上午10:00—11:00是全天增长净值最多的时段，30分钟增长净值超过0.4个百分点。晚间至凌晨21:00—6:00、中午11:00—12:00、下午13:00—16:00、晚间19:00—20:00收听率也有所增长。收听率下降时段集中在早间6:00—9:30、午间12:00—13:00、下午16:00—19:00及晚间20:00—21:00。其中早间7:00—8:00是收听率下降净值最大的时段，同比下降超过1个百分点。

**（四）分月收听率：低开高走，下半年同比涨幅较大**

2022年分月收听率低开高走，1月为全年最低值4.263%，2月—3月逐渐增长，4月达到全年最高值4.83%，超过2021年同期水平；随后5月收听率出现小幅回落，6月起逐月稳步攀升，7月—11月收听率均高于2021年同期，10月同比增幅为全年最大值9.43%；而后在12月再次出现回落，基本回归至2021年同期水平。

## 二、北京广播市场三大台竞争情况

**（一）市场份额：北京台持续增长，中央台、国际台持续下滑**

2022年北京广播电视台广播端市场份额为84.294%，同比持续增长，较2021年上升6.825个百分点，增幅为9.16%。中央台2022年市场份额同比下降5.616个百分点，降幅为26.78%，降至15.355%。国际台市场份额同比再降1.132个百分点，降幅为25.43%，市场份额降至3.32%。

**（二）分项数据：听众规模持续萎缩，北京台逆势增长**

**2022年、2021年北京地区广播收听率、到达率、市场份额、人均收听时长表**

| 单位 | 广播机构 | 2022年 | 2021年 | 同比差值 | 同比涨跌幅 |
| --- | --- | --- | --- | --- | --- |
| 收听率（%） | 北京台 | 3.706 | 3.401 | 0.305 | 8.97% |
| | 中央台 | 0.7 | 0.958 | −0.258 | −26.93% |
| | 国际台 | 0.151 | 0.203 | −0.052 | −25.62% |
| 市场份额（%） | 北京台 | 81.294 | 74.469 | 6.825 | 9.16% |
| | 中央台 | 15.355 | 20.971 | −5.616 | −26.78% |
| | 国际台 | 3.32 | 4.452 | −1.132 | −25.43% |
| 到达率（000） | 北京台 | 4452 | 4766 | −314 | −6.59% |
| | 中央台 | 4063 | 4611 | −548 | −11.88% |
| | 国际台 | 2496 | 3950 | −1454 | −36.81% |

（续表）

| 单位 | 广播机构 | 2022年 | 2021年 | 同比差值 | 同比涨跌幅 |
|---|---|---|---|---|---|
| 人均收听时长（分钟） | 北京台 | 88.6 | 78.5 | 10.1 | 12.87% |
| | 中央台 | 77 | 61.3 | 15.7 | 25.61% |
| | 国际台 | 61.7 | 37.8 | 23.9 | 63.23% |

北京台2022年累计听众规模为445.2万人，同比减少31.4万人，降幅为6.59%。中央台听众规模从2021年的461.1万人减少至2022年的406.3万人，同比减少54.8万人，降幅为11.88%。国际台2022年的听众规模为249.6万人，同比减少145.4万人，降幅为36.81%。三大台组2022年总体听众规模均有缩减，国际台降幅较大。

三大台人均收听时长同比均有增长。北京台2022年人均收听时长为88.6分钟，同比涨幅为12.87%。中央台人均收听时长为77分钟，同比增加15.7分钟，涨幅为25.61%。国际台人均收听时长增加23.9分钟，增至61.7分钟，增幅为63.23%，增加净值及增幅均为三大台组中最大。

从整体的收听率和市场份额表现来看，北京台收听率持续稳步提升，2022年收听率为3.706%，同比增长8.97%，市场份额由2021年的74.469%继续提升至81.294%，涨幅9.16%。中央台、国际台收听率和市场份额均有所下降。中央台2022年收听率为0.7%，降幅达26.93%，市场份额15.355%，降幅为26.78%。国际台收听率同比下降25.62%，降至0.151%，市场份额3.32%，降幅为25.43%。

**（三）分场所收听：家中收听继续回落，北京台车上收听率持续猛涨**

从分场所收听率同比变化情况看，随着疫情防控政策变化、日常出行增多，三大台在家收听率同比继续下滑，其中北京台降幅为18.93%，降幅最小；中央台、国际台降幅分别为38.82%、39.22%。北京台车上收听率与2021年相比持续大幅增长，增幅为57.20%，在三大台中继续保持领先；中央台车上收听率同比略有回升，增幅为3.05%；国际台同比略有下滑，降幅为1.54%。北京台工作/学习场所收听率较2021年同期继续上涨，增幅为18.44%；中央台、国际台工作/学习场所收听率有所下降，降幅分别为27.47%、5.88%。三大台其他场所收听率同比继续大幅下滑，降幅均超过50%。

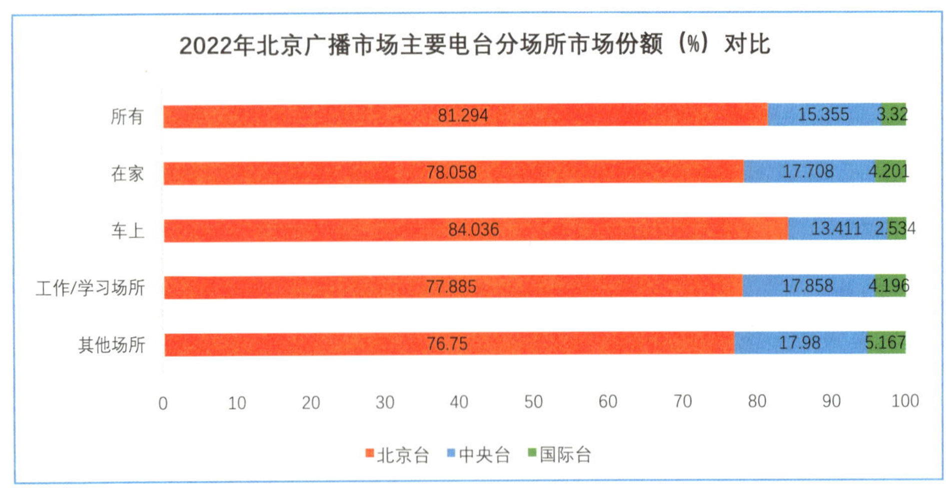

车上收听市场是北京台重要阵地，车上市场份额高于各场景均值 2.742 个百分点，在家市场份额低于各场景均值 3.236 个百分点。中央台、国际台车上市场份额低于各场景均值，在家及工作 / 学习场所市场份额高于各场景均值。

## 三、北京广播市场主要电台听众构成

### （一）性别：三大台组男性占比增长较多，听众性别比例失衡

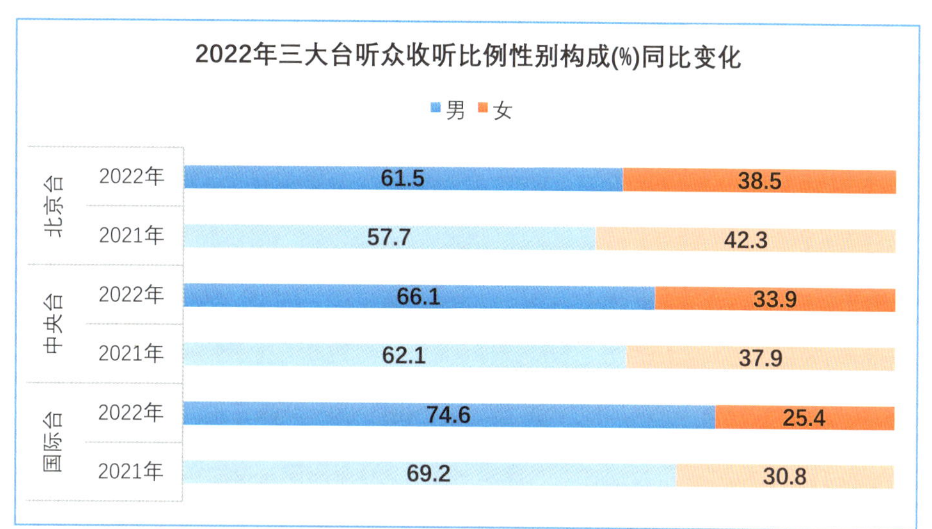


2022 年，三大台组男性听众比例均有增长，听众性别比例略有失衡。北京台男性听众比例为 61.5%，同比增加 3.8 个百分点，女性听众比例降至四成以下。中央台男性听众比例同比增长 4 个百分点，增至 66.1%，女性听众占比为 33.9%。国际台男性听众比例增长最多，与 2021 年相比增加 5.4 个百分点，增至 74.6%，女性听众比例仅为四分之一，男女听众比例保持悬殊。

### （二）年龄：中青年听众比例增加，北京台、国际台中老年听众占比有所减少

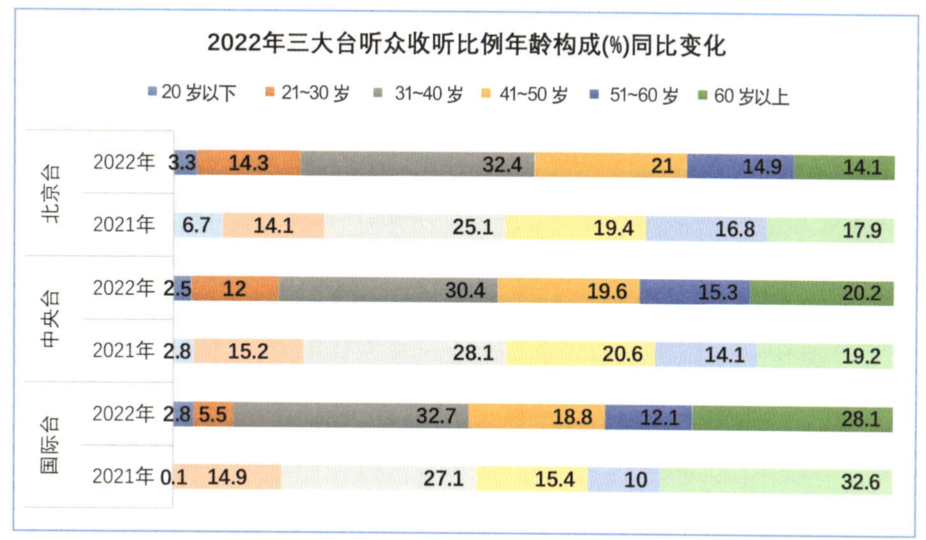

2022 年，北京台 30 岁以下听众比例同比有所减少，但在三大台组中仍保持最多，为 17.5%；中央台次之为 14.5%，同比继续下降 3.5 个百分点；国际台同比大幅回落，降至 8.3%，仍为三台中最低。三大台 31~40 岁听众比例较 2021 年均有所回升，增至三成以上；北京台增长净值最多，增至 32.4%；中央台小幅增至 30.4%；国际台同比增至 32.7%，在三台中比例最高。北京台、国际台 41~50 岁听众比例有所增长，占比分别为 21%、18.8%；中央台略有下降，为 19.6%。北京台 51~60 岁听众比例同比小幅回落，降至 14.9%；中央台、国际台略有增长，分别增至 15.3%、12.1%；北京台、国际台 60 岁以上听众比例有所下降，中央台基本保持稳定。总体来看，三大台 31~50 岁中青年听众比例同比均有所增长，中央台 50 岁以上中老年听众比例略有增加，但变化不大。

**（三）受教育水平：三大台组听众高学历化趋势明显**

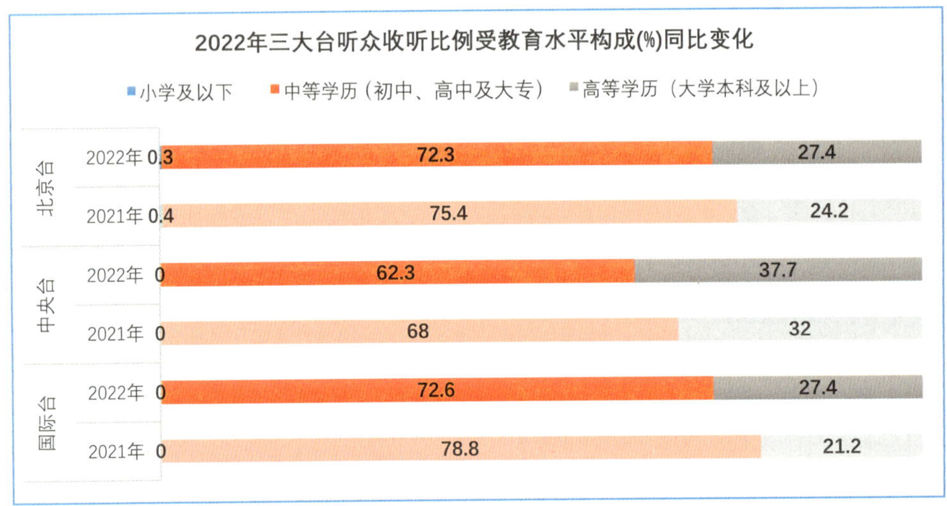


整体来看，三大台小学及以下听众比例几乎都趋近于 0。三大台中等学历听众收听比例与 2021 年相比均有减少，中央台为 62.3%，在三台中占比最低；北京台、国际台中等学历听众比例分别为 72.3%、72.6%。三大台组高等学历听众收听比例同比均有增加，中央台高等学历听众比例仍最高，为 37.7%；北京台、国际台均为 27.4%。三台听众构成高学历化趋势明显。

**（四）收入：三大台组中高收入人群收听比例均有增加**

2022 年，三大台组 3000 元以下较低收入听众比例均有减少，其中中央台组占比最少，下降净值也最多。3001~5000 元中等收入人群是收听主力，北京台、中央台收入 3001~5000 元听众比例均有减少，占比分别为 41.5%、37.2%；国际台 3001~5000 元收入听众占比增加，在三台中比例也最大，超过五成。收入在 5001~8000 元的听众比例也较大，北京台、中央台该档收入听众比例有所增加，占比均在三成以上；国际台收入 5001~8000 元的听众比例略有减少，降至两成左右。三大台组收入在 8001 元以上的高收入听众比例同比均有增长，其中北京台、国际台该档收入听众比例均为 11%，中央台收入在 8001 元以上的听众在三台中比例最高，增至 17.5%。

## 四、北京广播市场各频率竞争态势

### （一）市场排名：头部频率地位稳定，超六成频率份额下滑

北京广播市场 22 频率收听率、市场份额同比排名

| 频率 | 收听率（%） | | | | 市场份额（%） | | | | 排名 | | 排名变化 |
|---|---|---|---|---|---|---|---|---|---|---|---|
| | 2022年 | 2021年 | 差值 | 差幅 | 2022年 | 2021年 | 差值 | 差幅 | 2022年 | 2021年 | |
| 北京交通广播 | 1.833 | 1.856 | −0.023 | −1.24% | 40.212 | 40.64 | −0.428 | −1.05% | 1 | 1 | — |
| 北京新闻广播 | 0.873 | 0.67 | 0.203 | 30.30% | 19.158 | 14.68 | 4.478 | 30.50% | 2 | 2 | — |
| 北京文艺广播 | 0.445 | 0.456 | −0.011 | −2.41% | 9.763 | 9.987 | −0.224 | −2.24% | 3 | 3 | — |
| 北京音乐广播 | 0.431 | 0.275 | 0.156 | 56.73% | 9.452 | 6.024 | 3.428 | 56.91% | 4 | 5 | ↑1 |
| 中央台中国之声 | 0.299 | 0.395 | −0.096 | −24.30% | 6.557 | 8.661 | −2.104 | −24.29% | 5 | 4 | ↓1 |
| 国际台环球资讯广播 | 0.107 | 0.158 | −0.051 | −32.28% | 2.343 | 3.452 | −1.109 | −32.13% | 6 | 7 | ↑1 |
| 中央台经济之声 | 0.106 | 0.177 | −0.071 | −40.11% | 2.326 | 3.879 | −1.553 | −40.04% | 7 | 6 | ↓1 |
| 中央台音乐之声 | 0.095 | 0.145 | −0.05 | −34.48% | 2.075 | 3.178 | −1.103 | −34.71% | 8 | 8 | — |
| 中央台中国交通广播 | 0.08 | 0.067 | 0.013 | 19.40% | 1.765 | 1.464 | 0.301 | 20.56% | 9 | 10 | ↑1 |
| 中央台文艺之声 | 0.069 | 0.079 | −0.01 | −12.66% | 1.51 | 1.733 | −0.223 | −12.87% | 10 | 9 | ↓1 |
| 国际台劲曲调频 | 0.043 | 0.043 | 0 | 0.00% | 0.946 | 0.933 | 0.013 | 1.39% | 11 | 12 | ↑1 |
| 北京青年广播 | 0.03 | 0.004 | 0.026 | 650.00% | 0.668 | 0.097 | 0.571 | 588.66% | 12 | 20 | ↑8 |
| 北京体育广播 | 0.026 | 0.036 | −0.01 | −27.78% | 0.571 | 0.795 | −0.224 | −28.18% | 13 | 14 | ↑1 |
| 中央台经典音乐广播 | 0.025 | 0.063 | −0.038 | −60.32% | 0.551 | 1.378 | −0.827 | −60.01% | 14 | 11 | ↓3 |
| 北京故事广播 | 0.024 | 0.019 | 0.005 | 26.32% | 0.522 | 0.409 | 0.113 | 27.63% | 15 | 17 | ↑2 |
| 北京城市广播 | 0.02 | 0.015 | 0.005 | 33.33% | 0.44 | 0.33 | 0.11 | 33.33% | 16 | 18 | ↑2 |
| 北京外语广播 | 0.015 | 0.031 | −0.016 | −51.61% | 0.324 | 0.674 | −0.35 | −51.93% | 17 | 15 | ↓2 |
| 中央台老年之声 | 0.014 | 0.02 | −0.006 | −30.00% | 0.317 | 0.443 | −0.126 | −28.44% | 18 | 16 | ↓2 |
| 中央台阅读之声 | 0.009 | 0.007 | 0.002 | 28.57% | 0.193 | 0.161 | 0.032 | 19.88% | 19 | 19 | — |
| 京津冀之声 | 0.008 | 0.038 | −0.03 | −78.95% | 0.185 | 0.832 | −0.647 | −77.76% | 20 | 13 | ↓7 |
| 中央台中国乡村之声 | 0.003 | 0.003 | 0 | 0.00% | 0.062 | 0.073 | −0.011 | −15.07% | 21 | 21 | — |
| 国际台轻松调频 | 0.001 | 0.003 | −0.002 | −66.67% | 0.032 | 0.067 | −0.035 | −52.24% | 22 | 22 | — |

2022年，排名在前五位的头部频率位次略有变化。北京交通广播继续占据市场份额第一的位置，但市场份额同比略有回落。北京新闻广播市场份额同比有较大幅度增长，排名保持第2位。北京文艺广播市场份额持续走低，排名仍保持第3位。北京音乐广播市场份额与2021年相比大幅增长，排名超越中国之声，升至第4位。中国之声市场份额持续下滑，排名降至第5位。

2022年与2021年相比，排在第6至第10位的频率构成不变，位次略有变化。环球资讯广播、经济之声市场份额均有较大幅度下滑，环球资讯广播降幅略小，份额超过经济之声，上升至第6位，经济之声降至第7位。音乐之声排名第8位，保持不变。中国交通广播市场份额同比有所增长，排名上升至第9位。文艺之声市场份额较2021年小幅下滑，排名下降1位，至第10位。

排名在后12位的北京青年广播、北京故事广播、北京城市广播市场份额都有较大幅度增长。京津冀之声市场份额同比降幅较大，排名降至第20位。

2022年，北京广播市场22个频率中，有超六成频率市场份额呈下降趋势，腰部尾部频率降幅更大。但份额增长不再有明显的位次集中，头、腰、尾部均有分布。

2022年北京广播市场22频率市场份额

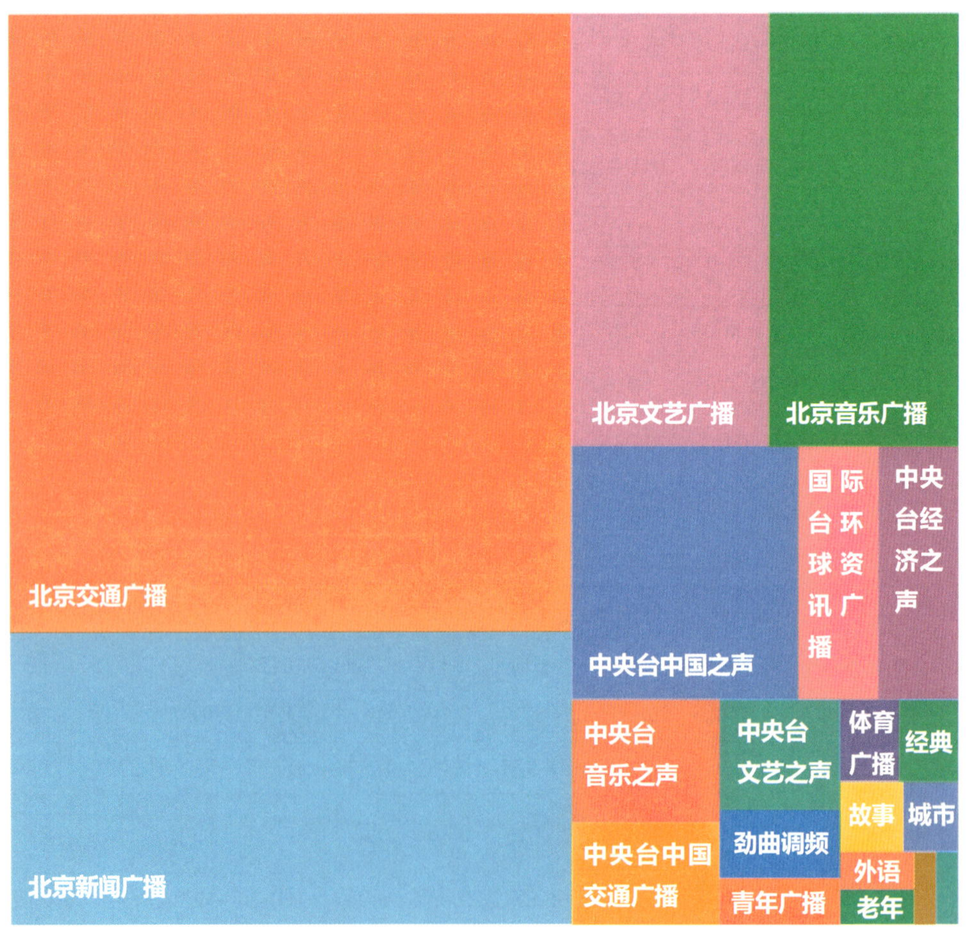

2022年排名前五位的频率构成不变，市场份额之和继续增长，由79.992%扩大至85.142%，头部频率竞争力进一步增强。

**（二）份额变化：头部频率增长明显，下降净值增大**

2022年北京广播市场22个主要频率中，有8个频率市场份额同比提升。其中北京新闻广播涨势最猛，市场份额同比上涨4.478个百分点，达到19.158%，创2016年以来新高；北京音乐广播市场份额同比上升3.428个百分点，增至9.452%，为2016年以来最高值；北京青年广播市场份额同比上涨0.571个百分点，达到0.668%。

14个市场份额同比下降的频率中，中国之声下降净值最多，超过2个百分点；经济之声次之，下降1.553个百分点；环球资讯广播下降1.109个百分点；音乐之声下降1.103个百分点。另外，北京交通广播、京津冀之声、经典音乐广播也有0.4个百分点以上的明显下降。各频率下滑净值较2021年明显增大。

（文中数据来源：索福瑞测量仪北京地区广播收听数据）

（北京广播电视台）

# 2022年北京电视市场竞争态势调查

2022年，中国广视索福瑞媒介研究有限责任公司对北京地区电视市场三大台组——北京广播电视台（以下简称“北京台组”）、中央广播电视总台（以下简称“中央台组”）、省级上星频道（以下简称“省级上星频道组”）以及其他频道组进行收视情况调查，现将调查结果刊登于下。

## 一、北京电视市场发展情况

**（一）市场整体：开机率下滑趋势放缓**

索福瑞测量仪北京地区收视数据显示，北京电视市场2022年全天时段整体开机率为8.63%，相比2021年下降0.15个百分点；晚间时段（18：00—23：00）开机率为20.69%，同比下降0.28个百分点，下滑趋势放缓。

**（二）分项数据：观众规模、忠实度小幅下滑，收视时长保持稳定**

2022年，北京地区日均观众规模为847.4万人，比2021年减少11.3万，保持逐年小幅下降的趋势，但累计观众规模同比略有增长。北京地区观众人均收视时长为297分钟，同比保持稳定。观众忠实度从2021年的9.1下降至9.0，同比略有下滑。

**（三）分时段收视：降幅明显减小，部分时段收视同比回升**

2022年北京电视市场全天48个30分钟时段，有10个时段收视率同比有所回升，37个时段收视率有不同程度下滑，1个时段收视率同比没有变化。

其中，0：30—2：30、10：00—11：30、16：00—17：00收视率略有上涨，增长净值均在0.1个百分点以内，深夜时段涨幅最大，最大涨幅为5.68%。

收视率同比下滑时段中，下降净值为0.02至0.49个百分点，降幅为0.46%至16.9%，与2021年相比下降幅度明显减小。其中，早间5：00—7：30收视率降幅最大，超过10%。

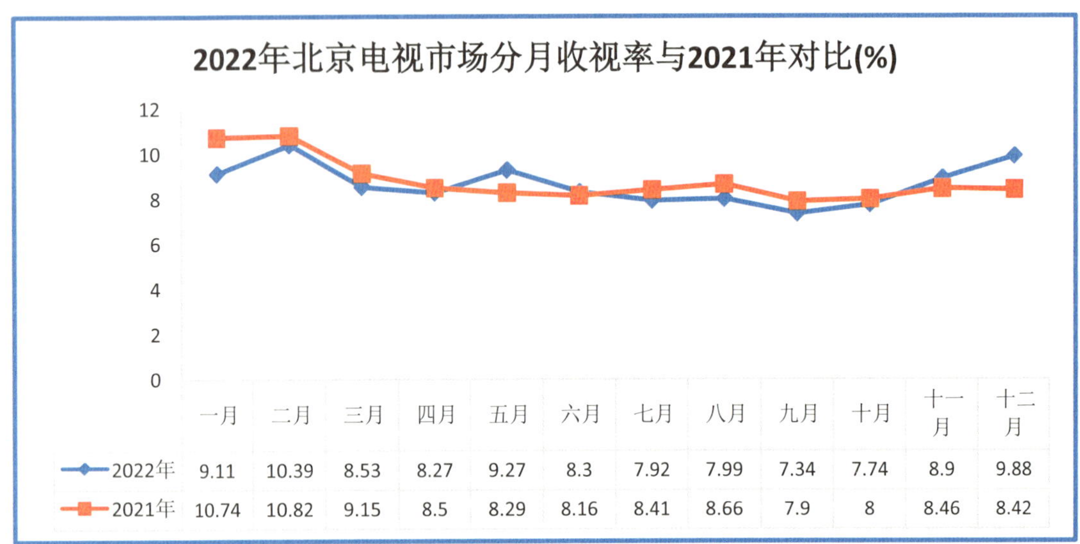


### （四）分月收视：走势略有波动，部分月份同比有所回升

2022 年全年，北京地区观众收视率分月走势略有波动。一季度收视率与 2021 年同期相比继续下滑，但仍为全年收视最高水平。受春节假期、北京冬奥会等利好因素影响，2 月仍为全年收视峰值，收视率达 10.39%。二季度收视先升后降，5 月受疫情居家影响收视略有增长，超过 2021 年同期水平，随后持续走低。9 月收视为全年最低值，降至 7.34%。四季度收视稳步回升，11 月—12 月因疫情居家，同时卡塔尔世界杯举办，收视率涨幅较大，与 2021 年同期相比有所增加。

## 二、北京电视市场三大台组竞争情况

### （一）市场份额：北京台组、省级卫视频道组持续下滑，中央台组明显回升

2022 年全天时段，北京地区三大台组中北京台组与省级卫视频道组市场份额继续小幅下滑，中央台组份额出现明显回升。2022 年中央台组市场份额同比增长 3.96 个百分点，增至 31.1%，涨幅为 14.59%。北京台组 2022 年市场份额 26.28%，同比下降 1.28 个百分点，降幅为 4.64%。省级卫视频道组市场份额同比下降 1.61 个百分点，降幅为 8.86%，市场份额降至 16.56%。此外，其他频道组市场份额 26.06%，同比回落 3.94%。

在晚间 18:00—23:00 时段，中央台组晚间时段份额 30.74%，与 2021 年相比增长 18.82%。北京台组 2022 年市场份额 31.25%，相较 2021 年降幅 7.54%。省级卫视频道组市场份额 14.82%，同比下滑 7.72%。

整体来看，北京台组市场份额 2022 年同比持续下滑，晚间时段降幅大于全天平均水平；中央台组市场份额相较 2021 年明显回升；省级卫视频道组市场份额在北京市场持续下降；其他频道组与 2021 年相比市场份额出现回落。

### （二）分项数据：观众规模持续缩减，收视时长均有回升

2022 年，三大台组累计观众规模同比继续缩减。2022 年北京台组全年累计观众为 1820.2 万人，同比减少 65.6 万人，降幅为 3.48%，减少的净值和幅度仍为三大台组中最

大。中央台组观众规模从2021年的1897万人减少到2022年的1893.3万人，同比减少3.7万人，降幅为0.20%。省级卫视频道组2022年的观众规模为1792.4万人，同比减少61万人，降幅为3.29%。

2022年，三大台组人均收视时长同比均有回升。北京台组2022年人均收视时长为120分钟，同比增加14分钟，增幅为13.21%。中央台组人均收视时长同比增长23分钟，增幅为21.30%，增至131分钟。省级卫视频道组人均收视时长增加15分钟，增幅为17.24%，增至102分钟。

从收视率和市场份额表现来看，北京台组、省级卫视频道组同比有所下滑，中央台组有所回升。北京台组收视率为2.27%，下降0.15个百分点，降幅为6.20%，市场份额26.28%，降幅为4.64%，降幅较2021年明显缩小。中央台组收视率同比增长0.3个百分点，增至2.68%，增幅为12.61%，市场份额同比增至31.1%，增幅为14.59%。省级卫视频道组收视率下降0.17个百分点，降至1.43%，降幅为10.63%，市场份额降至16.56%，降幅为8.86%。

**2022年、2021年北京电视市场三大台组收视表现**

| 单位 | 播出机构 | 2022年 | 2021年 | 同比差值 | 同比涨跌幅 |
|---|---|---|---|---|---|
| 收视率（%） | 北京台组 | 2.27 | 2.42 | −0.15 | −6.20% |
| | 中央台组 | 2.68 | 2.38 | 0.3 | 12.61% |
| | 省级上星频道组 | 1.43 | 1.6 | −0.17 | −10.63% |
| 市场份额（%） | 北京台组 | 26.28 | 27.56 | −1.28 | −4.64% |
| | 中央台组 | 31.1 | 27.14 | 3.96 | 14.59% |
| | 省级上星频道组 | 16.56 | 18.17 | −1.61 | −8.86% |
| 到达率（000） | 北京台组 | 18202 | 18858 | −656 | −3.48% |
| | 中央台组 | 18933 | 18970 | −37 | −0.20% |
| | 省级上星频道组 | 17924 | 18534 | −610 | −3.29% |
| 人均收视时长（观众）（分钟） | 北京台组 | 120 | 106 | 14 | 13.21% |
| | 中央台组 | 131 | 108 | 23 | 21.30% |
| | 省级上星频道组 | 102 | 87 | 15 | 17.24% |

## 三、北京电视市场观众构成

**（一）性别：北京台组、中央台组男性观众占比回落，省级卫视频道组男性观众比例增大**

北京台组2022年男性观众比例为47.1%，同比回落0.9个百分点，女性比例增至52.9%。中央台组男性观众占比也有回落，但在三大台组中比例仍为最高，2022年同比下降0.3个百分点，为52.5%。省级卫视频道组2022年男性观众比例同比有所增长，增至46.9%，女性观众占比回落，男女比例差距缩小。

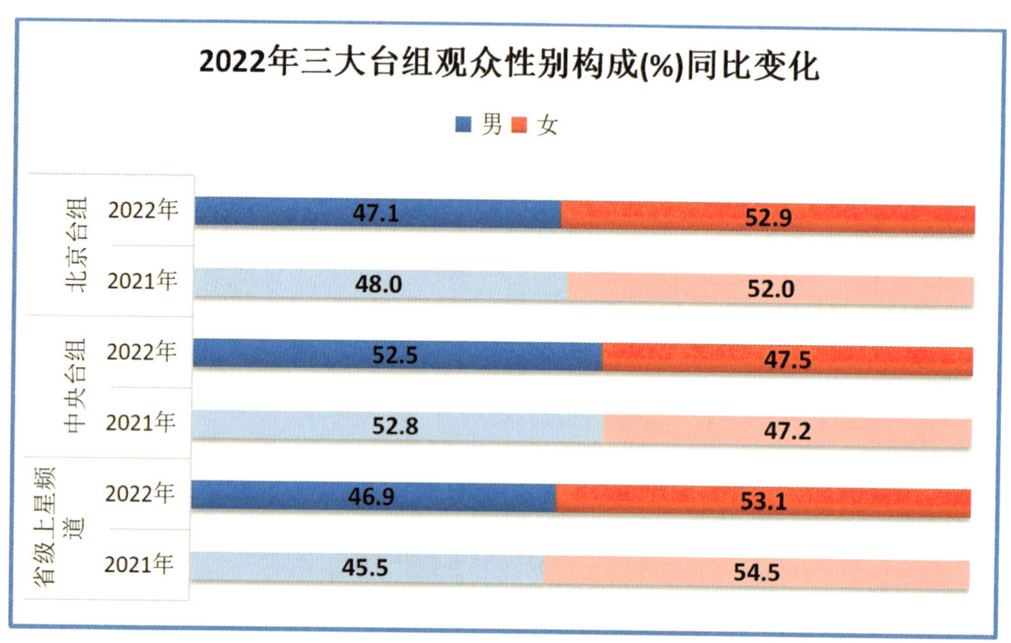


**（二）年龄：中老年观众比例减少，老龄化趋势有所缓解**

2022年，三大台组4~14岁青少年观众比例同比基本稳定，变化不超过0.1个百分点，其中省级卫视频道组青少年观众占比最多。三大台组15~44岁中青年观众占比同比均有所增长，北京台组由2021年的18.1%增加至19.7%，其中25~34岁观众占比同比增长1.4个百分点；中央台组15~44岁观众占比为18.7%，较2021年增长1.7个百分点，其中25~34岁观众同比增加2.3个百分点；三大台组中，省级卫视频道组15~44岁观众比例最大，为29.5%，同比增长4.1个百分点。北京台组45岁以上中老年观众占比同比减少，但占全部观众比例仍在八成以上；中央台组、省级卫视频道组45~54岁观众比例有所增长，分别增至20.3%、21.6%，55岁以上观众比例有所减少，分别降至58.7%、44.8%，三大台组观众老龄化趋势有所缓解。

**（三）受教育水平：中央台组、省级卫视频道组高学历观众占比增加，总体变化较小**

2022年，从三大台组观众受教育水平比例同比变化来看，三大台组整体继续保持稳定。北京台组、省级卫视频道组小学及以下学历观众占比较2021年有所增长，中央台组占比同比略有下降；其中省级卫视频道组小学及以下学历观众比例在三大台组中最高，为11.8%。三大台组初高中学历观众比例同比均有不同程度下降，北京台组由2021年的61.8%降至61.3%；中央台组由2021年的56.7%降至56.1%；省级卫视频道组下降净值最多，由2021年的54.5%降至51%。中央台组、省级卫视频道组大学及以上高学历人群比例同比有所增长，分别增至34.6%、37.3%，省级卫视频道组增长净值高于中央台组；北京台组大学及以上学历观众占比有0.1个百分点的下滑，同比基本持平。

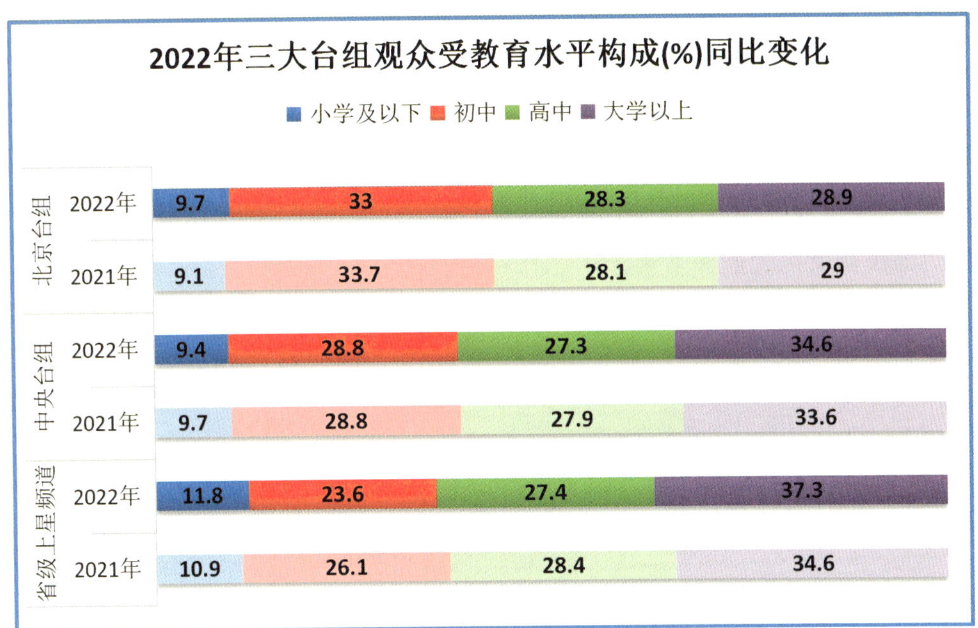


### （四）收入：中高收入人群收视比例持续提升

2022年，三大台组观众收入构成继续优化，低收入观众比例同比均有降低，中高收入观众比例同比增长。北京台组、中央台组、省级卫视频道组收入在4100元以下观众比例分别降至40%、31.1%、32.1%，其中省级卫视频道组下降净值最多，同比减少8.1个百分点。北京台组、中央台组、省级卫视频道组收入在4101元以上观众比例分别增至50.8%、60.4%、54.6%，其中省级卫视频道组增长净值最多，同比增加8.9个百分点。

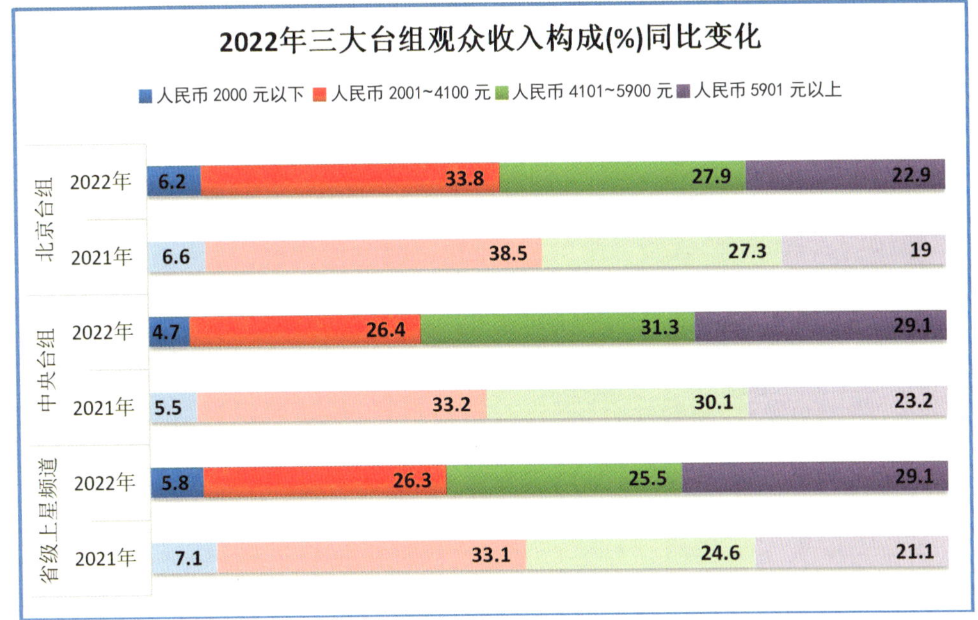

## 四、北京电视市场各频道竞争态势

### （一）频道排名：前十排位略有变动，北京台组7个频道进入北京地区排名前二十

从频道层面来看，与2021年相比，2022年在北京地区排名前五的频道中，北京卫视、北京台影视频道持续蝉联市场份额排名前两位，北京卫视市场份额从11.249%降至11.173%，北京台影视频道份额从5.895%回落至5.665%；央视四套、央视八套市场份额同比均有回升，仍分别占据第3、第4位；央视五套份额大幅增长，从2.431%提升至3.72%，排名进入前五位。

在第六至第十位中，央视新闻频道市场份额同比回升，排名保持第6位；央视综合频道份额同比有所增长，但排名从2021年的第5位降至第7位；中央台六套份额同比增长，排名升至第8位；湖南卫视份额同比基本稳定，排名保持第9位；江苏卫视跻身第10位。

北京台生活频道排名跌出前十，降至第11位；文艺频道排名保持第12位；与原科教频道相比，新开播的纪实科教频道排名上升1位，升至第14位；新闻频道排名上升2位，升至第17位；相比原冬奥纪实频道，新开播的体育休闲频道排名上升17位，跃升至第18位；卡酷少儿频道排名再降2位，退出前二十；财经频道、青年频道排名分别下降2位、4位，分列第29、第30位。

2022年北京地区所有频道排名前20位

| 排名 | 频道 | 收视率（%） | 市场份额（%） |
|---|---|---|---|
| 1 | 北京卫视 | 0.964 | 11.173 |
| 2 | 北京广播电视台影视频道 | 0.489 | 5.665 |
| 3 | 中央台四套 | 0.437 | 5.068 |
| 4 | 中央台八套 | 0.323 | 3.744 |
| 5 | 中央台五套 | 0.321 | 3.72 |
| 6 | 中央电视台新闻频道 | 0.32 | 3.712 |
| 7 | 中央电视台综合频道 | 0.315 | 3.658 |
| 8 | 中央台六套 | 0.234 | 2.712 |
| 9 | 湖南卫视 | 0.214 | 2.484 |
| 10 | 江苏卫视 | 0.181 | 2.097 |
| 11 | 北京广播电视台生活频道 | 0.173 | 2.004 |
| 12 | 北京广播电视台文艺频道 | 0.145 | 1.684 |
| 13 | 中央台三套 | 0.139 | 1.612 |
| 14 | 北京广播电视台纪实科教频道 | 0.138 | 1.596 |

（续表）

| 排名 | 频道 | 收视率（%） | 市场份额（%） |
|---|---|---|---|
| 15 | 浙江卫视 | 0.131 | 1.516 |
| 16 | 中央台二套 | 0.116 | 1.346 |
| 17 | 北京广播电视台新闻频道 | 0.104 | 1.209 |
| 18 | 北京广播电视台体育休闲频道 | 0.088 | 1.021 |
| 19 | 中央台九套纪录频道 | 0.088 | 1.015 |
| 20 | 东方卫视 | 0.082 | 0.946 |

**（二）市场份额：北京台组2个频道份额上涨，生活频道份额下降最多**

2022年，在北京电视市场的97个频道中，有27个频道市场份额同比提升，与2021年相比减少10个。其中，央视五套涨势最猛，市场份额同比上涨1.289个百分点，达到3.72%。央视新闻、央视综合、北京台体育休闲频道紧随其后，分别有0.901、0.72、0.54个百分点的提升。中央台组多个频道及江苏卫视、天津卫视等频道份额也有所上涨。

共有55个频道市场份额同比下降，其中12个频道的市场份额同比出现超过0.1个百分点的明显下降。北京台生活频道下降净值最多，为0.686个百分点；深圳卫视次之，下降0.657个百分点；浙江卫视下降0.563个百分点。此外，东方卫视、央视三套、北京台文艺频道等频道份额也都出现下滑。

北京卫视全天时段市场份额同比基本稳定，早间新闻时段、上下午重播剧场及次晚间健康养生时段份额均有小幅提升，晚间品质剧场和920节目带时段收视份额同比继续下滑。频道全天时段市场份额11.173%，降幅0.68%。

北京台组2022年全天时段市场份额同比增长的频道为新闻、体育休闲两个频道。新闻频道全天市场份额波动较大，6:00—8:30早间新闻、16:00—18:00重播时段、19:30—20:30《都市晚高峰》三个时段份额同比明显上涨，带动频道市场份额回升至1.209%，增幅2.46%；与原冬奥纪实频道相比，体育休闲频道8:30—11:00、13:00—14:00、15:00—22:00市场份额同比均有不同程度上涨，特别是18:00—19:00时段《欢乐二打一》节目带动时段份额猛涨，频道市场份额增至1.021%，增幅112.27%。

**2022年北京台组频道全天时段市场份额及排名同比变化**

| 频道 | 收视率（%） | | 市场份额（%） | | | | 排名 | | |
|---|---|---|---|---|---|---|---|---|---|
| | 2022年 | 2021年 | 2022年 | 2021年 | 差值 | 涨跌幅 | 2022年 | 2021年 | 变化 |
| 北京卫视 | 0.964 | 0.988 | 11.173 | 11.249 | −0.076 | −0.68% | 1 | 1 | — |
| 纪实科教 | 0.138 | 0.156 | 1.596 | 1.774 | −0.178 | −10.03% | 14 | 15 | ↑1 |
| 影视频道 | 0.489 | 0.518 | 5.665 | 5.895 | −0.23 | −3.90% | 2 | 2 | — |

（续表）

| 频道 | 收视率（%） | | 市场份额（%） | | | | 排名 | | |
|---|---|---|---|---|---|---|---|---|---|
| | 2022年 | 2021年 | 2022年 | 2021年 | 差值 | 涨跌幅 | 2022年 | 2021年 | 变化 |
| 文艺频道 | 0.145 | 0.179 | 1.684 | 2.038 | −0.354 | −17.37% | 12 | 12 | — |
| 财经频道 | 0.045 | 0.051 | 0.521 | 0.58 | −0.059 | −10.17% | 29 | 27 | ↓2 |
| 生活频道 | 0.173 | 0.236 | 2.004 | 2.69 | −0.686 | −25.50% | 11 | 7 | ↓4 |
| 青年频道 | 0.041 | 0.06 | 0.474 | 0.682 | −0.208 | −30.50% | 30 | 26 | ↓4 |
| 新闻频道 | 0.104 | 0.104 | 1.209 | 1.18 | 0.029 | 2.46% | 17 | 19 | ↑2 |
| 体育休闲 | 0.088 | 0.042 | 1.021 | 0.481 | 0.54 | 112.27% | 18 | 35 | ↑17 |
| 卡酷少儿 | 0.08 | 0.087 | 0.929 | 0.985 | −0.056 | −5.69% | 22 | 20 | ↓2 |

注：纪实科教频道、体育休闲频道2022年9月21日前数据分别为科教频道、冬奥纪实频道数据。（文中数据来源：索福瑞测量仪北京地区电视收视数据）

（北京广播电视台）

# 组织机构

（本栏目统计截至 2022 年 12 月 31 日）

# 北京市广播电视局

**领导成员：**

党组书记、局长：杨烁（2022年3月调离）

党组书记、局长：王杰群（2022年4月起任党组书记、2022年5月起任局长）

副局长：杨培丽

党组成员、副局长：张苏

党组成员、驻局纪检监察组组长：曲梅林（2022年12月起任职）

党组成员、副局长：王志

党组成员、副局长：孔建华

保留副局长级待遇：陈煜（2022年7月起任职）

副局长：余雷（挂职，2022年11月起）

**内设机构：**

办公室（安全监管办公室）、政策法规处、规划发展处（产业促进处）、行政审批处、宣传管理处、电视剧管理处、传媒机构管理处、网络视听节目管理处、媒体融合发展处、科技处（公共服务处）、财务处、人事处，另设机关党委、机关纪委、工会

**部门领导：**

办公室（安全监管办公室）：

主任：单志忠　副主任：刘保锋、夏超

政策法规处：

处长：王东迎　副处长：卢川

规划发展处（产业促进处）：

副处长：石磊、何薇

行政审批处：

处长：刘华阳　副处长：王汝通

宣传管理处：

处长：王亦君　副处长：谭素云、徐莹

电视剧管理处：

处长：韩云升　副处长：许立国、朱洁譞

传媒机构管理处：

处长：李国新　副处长：谢杰、肖永哲

网络视听节目管理处：

处长：夏斐　副处长：崔乐

媒体融合发展处：

处长：荣学良　副处长：訾薇

科技处（公共服务处）：

处长：秦旭东　副处长：张楠、焦一鸣

财务处：

处长：贾丁丁　副处长：孙益洁

人事处：

处长：解楠　副处长：郎志伟

机关党委：

专职副书记：周旭民

机关纪委：

书记：孙小兵

工会：

副主席：姜威

驻局纪检监察组：

副组长：李其利

地址：北京市通州区潞源街道达济街5号院

电话：010−55565513

邮编：101117

网址：gdj.beijing.gov.cn

# 北京市广播电视局综合事务中心

**领导成员：**

主任：邵顺荣

副主任：杨子君、郑兵

**内设机构：**

行政管理科、离退休干部保障科、综合一科、综合二科

地址：北京市通州区潞源街道达济街5号院

电话：010－55565545

邮编：101199

# 北京市广播电视监测中心（北京市广播电视安全播出调度中心）

**领导成员：**

主任：钱富奎

副主任：朱祥锋、吉春

**内设机构：**

办公室、网络安全科、安全播出科

地址：北京市建国门外大街14号

电话：010－65155241

邮编：100022

# 北京市视听节目监测中心（北京市广播影视作品审查中心）

**领导成员：**

主任：智黎明（2022年11月退休）

副主任：路梅

**内设机构：**

网络视听节目监测科、网络视听作品审核科、广播电视作品审查科、综合科

地址：北京市通州区潞源街道达济街5号院

电话：010－64081006

邮编：100010

# 北京新视听发展中心（北京音像资料馆）

**领导成员：**

主任：孙峰虎

副主任：段燕燕、赵晨

**内设机构：**

综合科、新视听发展科、资料研究科

地址：北京市通州区潞源街道达济街5号院

电话：010–67230445

邮编：100010

# 北京市广播电视局宣传中心

**领导成员：**

主任：石东正

副主任：刘文东、刘哲

**内设机构：**

综合科、宣传科、大数据科

地址：北京市通州区潞源街道达济街5号院

电话：010–55565472

邮编：101117

# 北京广播影视交流促进中心

**领导成员：**

副主任（主持工作）：董雪梅

**内设机构：**

人才建设科（办公室）、基金管理科

地址：北京市通州区潞源街道达济街5号院

电话：010–55565304

邮编：101117

# 北京市广播影视协会

**领导成员：**

理事长：李米莉

副理事长：姜宏志、黄瑨、李绍彪

秘书长：王亦君

监事长：罗向京

监事：刘珊、马青梅

**内设机构：**

协会秘书处、综合管理部、活动联络部、学术管理部

地址：北京市朝阳区建外大街甲14号附楼609

电话：010–65244948

邮编：100022

# 北京电视艺术家协会

**领导成员：**

主席：李春良

副主席：于丹、刘家成、刘燕铭、吴刚、张光北、张国立、果静林、侯鸿亮、郝金明、贾忠华、龚宇、智黎明

驻会副主席兼秘书长：贾忠华

地址：北京市西城区前门西大街95号

电话：010-65158599

邮编：100031

# 北京广播电视台

**领导成员：**

党组书记、台长：余俊生

党组副书记、副台长、机关党委书记：韦小玉

党组成员、副台长：陈祥

党组成员、副台长：李小明

党组成员、副总编辑：徐滔

党组成员、副总编辑：边建

党组成员、副总编辑：李秀磊

党组成员、副台长：彭司海

副局级、工会主席：王卫东

**台务会：**

台务会成员、行政管理部主任（兼）：李晓晖

台务会成员、北京广播集团有限公司法定代表人、董事长（兼）：李健

台务会成员、机关党委委员、技术管理部主任：毕江

**内设机构：**

19个内设机构：办公室、总编室、技术管理部、研究室、人力资源部、计划财务部、审计部、广告管理部、运营管理部、行政管理部、基建办公室、安全保卫部、机关党委（党建工作办公室）、机关纪委、工会、离退休干部办公室、广播电视报新媒体中心、服务保障中心、固定资产管理部

33个事业中心：融媒体中心、新闻广播中心、新闻频道中心、科教频道中心、财经频道中心、体育频道中心、卫视频道中心、文艺频道中心、影视频道中心、青年频道中心、生活频道中心、动画频道中心、纪实频道中心、北京国际电影节运行中心、交通广播中心、体育广播中心、故事广播中心、动听调频广播中心、音乐广播中心、文艺广播中心、城市广播中心、外语广播中心、青年广播中心、网络传播中心、广播节目制作中心、节目研发中心、广告运营中心、广电技术中心、播出中心、电视节目制作中心、转播传送中心、动力中心、信息网络管理中心

**部门领导：**

**职能部室：**

办公室：

主任：王浩洁

副主任：王昕、杨播、王鹏

总编室：

主任：孙巍

党支部书记、副主任（正处级）：宗燕红

正处级干部：李革、史椰森（北京快手

科技有限公司特殊管理股股东代表）

副主任：陈雪瑾、高諵、耿雪梅、刘莹、孙湘源

技术管理部：

主任：毕江（机关党委委员）

副主任：李湧、徐志军、高素萍

研究室：

主任：石群峰

副主任：崔海丰

人力资源部：

主任：孟庆存（机关纪委委员）

副主任：刘晓辉、刘虎、马玉章

计划财务部：

主任：余维杰（机关纪委委员）

副主任：汪红、李淼、姜春海、王京梅

审计部：

主任：陈春梅（机关党委委员、工会副主席、工会经费审查委员会主任）

副主任：周久兰（正处级）、王辉

广告管理部：

主任：赵峥铮

副主任：张秋萍、罗燕萍

运营管理部：

副主任：张蓉（暂主持工作）

正处级干部：张帆

副主任：刘方平、李晓亭

行政管理部：

主任：李晓晖

副主任：李晗、梁磊、刘海述

副处级干部：李雅涛

基建办公室：

副主任：朱晓宇（主持工作）、喻琳

安全保卫部：

主任：姚大禹

副主任：郑海涛（正处级）

正处级干部：王晶

副主任：卢英锁、张毅

机关党委（党建工作办公室）：

机关党委专职副书记、党建工作办公室主任：杨秀英

副主任：平建学、马兴、李江涛

机关纪委：

书记：侯召国（机关党委副书记）

副主任：林松雪（机关纪委副书记）、周志豪（机关纪委委员）

工会：

负责人、工会副主席：张常珊

工会副主席、女职工委员会主任：郝洪（正处级）

副主任：张苹

副主任、工会副主席：陈冬

离退休干部办公室：

主任：曹军

副主任：刘绍芬、游良婕

广播电视报新媒体中心：

主任：孙成刚

总编辑（正处级）：张彪

副总编辑：翟涛

服务保障中心：

主任：郭长征

副主任：常斌、于进军、张业京

固定资产管理部：

主任：刘晓光

正处级干部：王方

副主任：刘爽

**事业中心：**

融媒体中心：

主任：潘全心

常务副主任：宗昊（正处级）

副主任：丁晓阳、陈彦旭（兼）、芮浩（兼）

新闻广播中心：

主任：景兵

副主任：罗霄兵、张红力、邢立新

新闻频道中心：

主任：张庆（机关党委委员）

副主任：黄瑨、王毅、袁朴、李大功、柏广群、樊煜

科教频道中心：

主任：严崴

副主任：邱大卫、刘民、王勇

财经频道中心：

主任：张苏（兼）

副主任：李迎军、赵波、白平

体育频道中心：

主任：焦少波

副主任：宋健生、王少华、史月光

卫视频道中心：

主任：邵晶

副主任：田丰（保留正处长级待遇）、张震、张硕、田天

文艺频道中心：

主任：齐建彤

副主任：郭悦

影视频道中心：

主任：朱礼庆

青年频道中心：

主任：张苏

副主任：陈晔、徐剑

生活频道中心：

主任：赵彤

副主任：任友红、白艳军、齐学耕

动画频道中心：

主任：秦新春

副主任：张宾、周方

北京国际电影节运行中心：

主任：崔岩

副主任：郝洁

交通广播中心：

主任：蔡明可（机关党委委员）

副主任：延安、李哲勇、谢先进、金盛博

体育广播中心：

主任：张冬林

副主任：焦钰晖

副处级干部：张晓亮（援疆）

故事广播中心：

主任：陈彦旭

正处级干部：孟庆煜（北京虎嗅信息科技股份有限公司特殊管理股股东代表）

副主任：李卓

音乐广播中心：

主任：唐琼

副主任：宋梓祯、杨志梅

文艺广播中心：

主任：陈晖

副主任：李琳、徐学军

城市广播中心：

主任：张延红

副主任：杨晓轩

外语广播中心：

主任：张晶宇

副主任：曹军生

青年广播中心：

副主任：伍洲彤

网络传播中心：

主任：郑金诗

副主任：王伟（正处级）、边江

广播节目制作中心：

主任：吴曦

副主任：吕雪瑞、张丽、王金成

副处级干部：张友信

副主任：李蕴函（挂职）

节目研发中心：

主任：刘晓隽

副主任：陈炳岩、孙超、郑晓慧

广告运营中心：

主任：马宏

副主任：李康、程军、殷宗林、张睿、方乐、王文献

广电技术中心：
主任：张旭
副主任：邓亚程、谷会敏、周宏
播出中心：
主任：王立冬
副主任：金强、董秀琴
电视节目制作中心：
主任：周旭辉
副主任：王浩、孙海峰、陈嘉超、赵新生
转播传送中心：
副主任：韩士聪、叶志云
动力中心：
主任：王晓龙
副主任：刘颖、殷亮
信息网络管理中心：
主任：林平
副主任：李程、芮浩、王学奎

**其他**：
正处级干部：陈晓海（政协委员暂不退休）

**直属企业（含参照管理）**：
北京新媒体（集团）有限公司：
总经理：潘全心
北京广播集团有限公司：
董事长：李健
总经理：金鹏
北京电视产业发展集团有限公司：
董事长、总经理：张蓉
北京卡酷传媒有限公司：
董事长：秦新春
副总经理（主持工作）：李昊
北京京视传媒有限责任公司：
董事长：秦华（2022 年 11 月退休）
总经理：王文献
北京紫禁城影业有限责任公司：
董事长、总经理：金川
北京北视英特维文化传播有限公司：
董事长：毕江
总经理：陈嘉超
北京京视卫星传媒有限责任公司：
董事长：邵晶
北京京视电广传媒有限责任公司：
董事长：赵彤
副总经理（主持工作）：刘星
北京京视体育发展有限责任公司：
董事长：焦少波
副总经理（主持工作）：李晓玥
新纪实（北京）传媒投资有限公司：
董事长、总经理：严崴
北京国际电影节有限公司：
执行董事、总经理：崔岩
北京广播影视培训中心：
董事长：张磊
常务副主任：陈旭东
北京电视台培训中心：
理事长：孙海峰
校长：张硕
地址：北京市朝阳区建国路甲 98 号
电话：010-85338899
传真：010-65157259
邮编：100022
网址：http://www.brtv.org.cn/

# 北京歌华传媒集团有限责任公司

**领导成员**：
党委副书记、总经理：戴维
党委副书记：左亦
纪委书记：夏晗

副总经理：罗晓军、余競、杨建英

**内设机构：**

集团总部设7个职能部室：办公室、党群工作部（人力资源部）、财务部、监察专员办公室、战略规划发展部、媒体管理部（安全生产办公室）、审计部

**部门领导：**

办公室：

主任：韦向晖　副主任：孙树公

党群工作部：

主任：蔡廷杰　副主任：朱慧珍、黄艳霞

财务部：

主任：许新德

集团纪委：

副书记：刘江妹

战略规划发展部：

主任：高巍　副主任：辛双百

媒体管理部：

主任：梁自珍

审计部：

主任：桂宏

**集团直管下属二级企业：**

北京歌华文化发展集团有限公司、北京歌华影视股份有限公司、北京电视艺术中心有限公司、北京歌华新新传媒有限责任公司、北京音像有限公司、北京歌华移动电视有限公司、北京歌华城市电视有限公司、北京北广传媒数字电视有限公司、鼎视传媒股份有限公司、北京瑞特影音贸易有限公司、北京北广置业有限公司、北京歌华钟磬文化服务有限公司

地址：北京市东城区北小街青龙胡同1号歌华大厦8层

电话：010—84187399

邮编：100007

传真：010—84187500

网址：http://www.gehua.com/

# 北京歌华文化发展集团有限公司

**领导成员：**

党委副书记、总经理：肖红

党委副书记：梁燚

纪委书记：秦玉良（党委委员）

副总经理：黄春雷（党委委员）、王昱东、李斌

法务总监：戴迎春

**内设机构：**

党委办公室、集团办公室、企业管理部、人力资源部、计划财务部、研究宣传部、国际交流部、纪检监察审计部

**部门领导：**

党委办公室：

主任兼工会主席：杨志华　副主任：周静、山祎

办公室：

主任：佟芳　副主任：王一帆　安保总监：周金起

企业管理部：

主任：李丹　副主任：来欣　业务总监：李雪、庄园

人力资源部：

主任：朱会东　副主任：黄月欣　总监：李文武、陈雪超

计划财务部：

主任：李峰　副主任：苏京

研究宣传部：

主任：陈平沙　副主任：赵楠　研究总监：

刘晨

国际部：

主任：李丹　业务总监：李舟

纪检监察审计部：

主任：纪赢　审计总监：赵林

**直属企业：**

北京歌华文化中心有限公司

法定代表人、董事长：马龙

总经理：刘冰

北京歌华大型文化活动中心有限公司

法定代表人、董事长：高颖

北京歌华文化资产管理有限公司

法定代表人、董事长：秦玉良

总经理：朱珠

秦皇岛歌华营地文化传播有限公司

法定代表人、董事长：刘冰

总经理：宫丽娜

北京国际设计周有限公司

法定代表人、董事长：王昱东

总经理：安雅洁

北京歌华设计有限公司

法定代表人、董事长：李斌

总经理：姚松

北京歌华开元大酒店有限公司

法定代表人、董事长：马新军

总经理：邵世骏

北京歌华文化科技创新中心有限公司

法定代表人、董事长：刘冰

总经理：王利

北京和融投资有限公司

法定代表人、执行董事、总经理：周卫东

北京华北酒店管理有限公司

法定代表人、执行董事、总经理：来欣

北京文化艺术有限公司

法定代表人、执行董事、总经理：王利

北京歌华投资中心有限公司

法定代表人、执行董事、总经理：周卫东

北京歌华美术有限公司

法定代表人、执行董事、总经理：高颖

北京美光房地产开发有限公司

法定代表人、执行董事、总经理：陈工

北京歌华文化产业投资基金管理有限公司

法定代表人、执行董事、总经理：王利

北京歌华创意培训中心有限公司

法定代表人、执行董事、总经理：马龙

地址：北京市东城区北小街青龙胡同1号歌华大厦14层

电话：010-84186060

传真：010-84186001

邮编：100007

# 北京歌华影视股份有限公司

**领导成员：**

董事长：刘国华

**内设机构：**

办公室、财务部、文学部、制作部、发行部

地址：北京市东城区东直门北小街青龙胡同1号歌华大厦B座821室

电话：010-59260180

传真：010-59260181

邮编：100007

## 北京电视艺术中心有限公司

**领导成员：**

董事长：刘彤

总经理：张逸松

副总经理：沈然

艺术总监：郑晓龙

创作总监：李晓明

**内设机构：**

办公室（党群工作部）、财务部、策划部、制作部、宣发部

下属工作室：导演工作室、制片人工作室

下属单位：北京电视艺术中心音像出版社有限公司

地址：北京市海淀区皂君庙甲 2 号

电话：010–62127625

传真：010–62115814

邮编：100098

## 北京歌华新新传媒有限责任公司

**领导成员：**

党支部书记、执行董事、总经理：李洪兴

副总经理：康宁

**内设机构：**

办公室、财务部、党建节目部、品牌拓展部

地址：北京市海淀区皂君庙甲 2 号

电话：010–56317171

传真：010–56317100

邮编：100098

## 北京音像有限公司

**领导成员：**

总经理：颜丙利

**内设机构：**

办公室、财务部、企划出品部、节目制作部、技术工程部，人员编制 18 人

地址：北京市东城区安乐林路 18 号

电话：010–67262518

传真：010–87268961

邮编：100075

网址：http://www.bavc.com.cn

电子邮箱：bavc@bavc.com.cn

# 北京歌华移动电视有限公司

**领导成员：**

董事长：牛振青

副总经理：王跃（2022 年 9 月起任职）

副总经理：相华（2022 年 9 月起任职）

**内设机构：**

党群工作部、办公室、资产财务部、客户服务部、节目部、技术保障中心、整合营销中心

地址：北京市东城区北小街青龙胡同 1 号歌华大厦 A 座 809 室

电话：010–59260500

传真：010–59260501

邮编：100007

网址：www.bj–mobiletv.com

# 北京歌华城市电视有限公司

**领导成员：**

副总经理：李伟

副总经理：闫新疆

总经理助理：崔娟娟

**内设机构：**

行政部、财务部、媒体运营部、媒体开发部、广告部、技术部、大屏部

地址：北京市东城区东直门北小街青龙胡同 1 号歌华大厦 A801 室

电话：010–59260088–8000（前台）

传真：010–59260066

客户专线：4007000086

邮编：100007

网址：http://www.citytv.com.cn

微信服务号：bj–citytv

# 北京北广传媒数字电视有限公司

**领导成员：**

董事长、总经理：何公明（任期至 2022 年 12 月）

党支部书记：高巍（2022 年 12 月起任北京北广传媒数字电视有限公司董事长）

副总经理：艾禾、谈恒（2022 年 11 月起任职）

**内设机构：**

节目部、技术和安全播出保障部、市场运营部、创新业务部、财务部、综合办公室

地址：北京市海淀区皂君庙甲 2 号

电话：010–56317887

传真：010–56317980

邮编：100098

网址：http://www.bjdtv.com

# 鼎视传媒股份有限公司

**领导成员：**

总负责人：何公明（任期至2022年12月）

党支部书记：高巍（2022年12月起任鼎视传媒股份有限公司董事长）

副总经理：马宁（2022年11月起任职）

**内设机构：**

节目部、技术和安全播出保障部、市场运营部、创新业务部、财务部、综合办公室

地址：北京市海淀区皂君庙甲2号

电话：010—59260099

传真：010—59260138

邮编：100098

# 北京瑞特影音贸易有限公司

**领导成员：**

执行董事、总经理：何公明

监事、市场部经理：顾炜

工程部经理：秦磊

财务部经理：孟春敏（2022年11月已离职，现岗位空缺）

办公室主任：赵丽艳

**内设机构：**

市场部、工程部、财务部、办公室，实有正式职工20人

地址：北京市东城区青龙胡同1号歌华大厦B座820

电话：010—84187700

传真：010—84187705

邮编：100007

网址：http://www.ruite.cn

# 北京北广置业有限公司

**领导成员：**

董事长：桂宏

总经理：裴成虎

副总经理：张克英、马麟祥

**内设机构：**

办公室、财务部、前期部

**授权管理单位：**

北京现代电视艺术发展有限公司

北京市东方艺苑物资仓储服务有限公司

地址：北京市朝阳区崔各庄乡南影路2号综合楼

电话：010—64325207

传真：010—64325207

## 北京歌华钟磬文化服务有限公司

**领导成员：**

总经理：王通

副总经理：郭海峰

**内设机构：**

办公室、财务部、人力资源部、销售部、前台接待部、客房部、餐饮部、工程部、安保部

地址：北京市怀柔区红螺路5号

电话：010-60681145

传真：010-60681138

邮编：101400

## 北京歌华有线电视网络股份有限公司

**领导成员：**

党委书记、董事长：郭章鹏

党委副书记、副董事长、工会主席：马健

纪委书记：纪东来

董事、总会计师：胡志鹏

副总经理：康朝晖

副总经理：唐文伟

总工程师：曾春

副总经理：姜宏志

董事、副总经理：傅力军

**内设机构：**

公司部门设置为“十八部、九中心”，按模块化管理

战略牵引模块：党群工作部、企业管理部

核心业务模块：市场部、政企业务部、媒资管理部（下设总编室和新媒体运营中心）、重要用户保障部

业务与安全支撑模块：网络部（下设网管中心、播控中心、运维中心）、信息系统部、服务管理部、技术部（下设网络及信息安全中心和研发中心）

资源建设模块：计划建设部（下设交付中心）

风险控制模块：审计合规部、纪检监察部

职能及资源管理模块：综合部（下设安全保卫办公室）、投融资部（董事会办公室）、财务部、人力资源部、物资管理部

另设：城中、朝阳、海淀、丰台、石景山、门头沟、房山、大兴、通州、顺义、昌平、怀柔、密云、平谷、延庆15个分公司；北京歌华有线工程管理有限责任公司、歌华有线数字媒体有限公司、北京歌华益网科技发展有限公司、涿州歌华有线电视网络有限公司、歌华有线投资管理有限公司、燕华时代科技发展有限公司6个一级控股子公司；北京歌华益网广告有限公司、北京歌华有线客户服务信息咨询有限公司2个二级控股子公司

**部门主任：**

党群工作部：

主任：方丽　副主任：张宇航、赵永芳

纪检监察部：

主任：刘宇明　副主任：赵为民

审计合规部：
主任：于铁静　副主任：赵宇绯、李勇
综合部：
主任：杨云　常务副主任：张为尧
副主任：贾文杰、王晓芳、何琦、郑军港
综合部下设安全保卫办公室：
主任：贾文杰（兼）
财务部：
主任：李铭　副主任：杨楠、杨启薇、孙清涛、何亚峰
人力资源部：
主任：张宁　副主任：郝英
物资管理部：
主任：顾志强　副主任：范雪峰、孙玮钰
重要用户保障部：
主任：马刚
企业管理部：
常务副总经理：吴春燕（主持工作）
副总经理：刘娜
投融资部（董事会办公室）：
总经理：黄铁军
市场部：
总经理：陈慕风　副总经理：王星、孙国维、翟立飞、徐玢
政企业务部：
总经理：庄永　副总经理：郝建斌、吴为
媒资管理部：
总经理：张晓鲁　副总经理：张俭、丁晓旭、李兰、吉钰丽、张城瑞、敖海平
媒资管理部下设新媒体运营中心：
主任：李兰（兼）
媒资管理部下设总编室：
主任：张俭（兼）
网络部：
总经理：傅力军（兼）　常务副总经理：林霖
副总经理：陈森、李军炜、魏伯林、席群、于金升
网络部下设网管中心：
主任：魏柏林（兼）
网络部下设播控中心：
主任：陈森（兼）
网络部下设运维中心：
主任：于金升（兼）
信息系统部：
总经理：沈文　副总经理：王霍南
服务管理部：
主任：史言　副主任：乔晓欢、李航
技术部：
总经理：董原　副总经理：黄超、刘立军、贺飞、邹海川
技术部下设研发中心：
主任：邹海川（兼）
技术部下设网络及信息安全中心：
主任：刘立军（兼）
计划建设部：
总经理：满全安
常务副总经理：黄国安、孟宇明
副总经理：刁立军、刘光、娄海滨
计划建设部下设交付中心：
主任：刁立军
城中分公司：
总经理：石江明　副总经理：王波
朝阳分公司：
总经理：鞠维铭　副总经理：潘铭、李星梅、李越
海淀分公司：
总经理：马鑫　常务副总经理：权晓宇
副总经理：胡佚
丰台分公司：
总经理：王军　副总经理：李雷、马涛
石景山分公司：
总经理：汤军　副总经理：王彬
通州分公司：
总经理：吴建林　常务副总经理：宋宝贵

副总经理：时晨阳

昌平分公司：

总经理：赵宏伟　常务副总经理：李庆江

副总经理：樊京胜

顺义分公司：

总经理：郭国林　副总经理：李洁、周继旺

大兴分公司：

总经理：田秋　副总经理：周晓平、代国平

房山分公司：

总经理：郑林　副总经理：李燃、沈德忠

门头沟分公司：

总经理：王艽军　副总经理：徐长江

怀柔分公司：

总经理：王志亚　副总经理：李国童

密云分公司：

总经理：刘夫涛　副总经理：尹强

平谷分公司：

总经理：李明生　副总经理：赵宇、代保付

延庆分公司：

总经理：王国庆

涿州歌华有线电视网络有限公司：

董事长、总经理：赵寿强

副总经理：孙广智、刘悦

北京歌华有线工程管理有限责任公司：

董事长：唐文伟（兼）

总经理：黎江　副总经理：夏鹏、黄宇东

北京歌华有线数字媒体有限公司：

董事长、总经理：刘严　副总经理：郭伟、葛原

北京歌华有线客户服务信息咨询有限公司：

董事长：康朝晖（兼）　常务副总经理：邹玉华（主持工作）、闫宝利

北京歌华益网广告有限公司：

董事长：姜宏志（兼）　总经理：赵文

北京歌华益网科技发展有限公司：

董事长：姜宏志（兼）

总经理：王芳　副总经理：刘昕

歌华有线投资管理有限公司：

常务副总经理：吴春燕（兼）

东方嘉影电视院线传媒股份公司：

董事长：姜宏志（兼）

总经理：张婕　总工程师：李清

截至2022年12月31日，公司实有员工3409人（含分、子公司）

地址：北京市东城区北小街青龙胡同1号歌华大厦7层

电话：96196

邮编：100191

网址：http://www.bgctv.com.cn

# 北京中广传播有限公司

**领导成员：**

总经理：丁文辉

副总经理：黄晓波、佟东旭

**内设机构：**

党务综合部、财务部、业务部、技术运维部

地址：北京市海淀区复兴路65号10层

电话：010−62872993

邮编：100093

# 北京市东城区文化和旅游局

**领导成员：**

党组书记：胡国伟

局长：向旭东

副局长：贾宇恒（公安局挂职）、尧西·班·仁吉旺姆（挂职，2022年6月起）、李新（挂职，2022年9月起）、马庆军、俞浩、石蕾（2022年6月起任职）

执法大队长：田晓东

**内设机构：**

行政办公室、党群办公室、规划科（研究室）、公共服务科、大型活动科、行业管理科、产业发展科、安全与应急科（假日办）、文物管理科、行政审批科、艺术科、非物质文化遗产科、财务科、人事科

**所属单位：**

北京市东城区文化市场综合执法大队、北京市东城区文化馆、北京市东城区图书馆、北京市东城区文物研究中心、北京市东城区文物保护和管理中心、北京市东城区文化旅游推广中心、北京市东城区非物质文化遗产保护中心、北京市东城区图书馆会议中心、北京市钟鼓楼文物保管所、北京市东城区羊市口文化站、北京市东城区文化馆剧场、北京市东城区花市电影院、北京市东城区天坛南里文化娱乐中心、北京东方国际文化交流中心

地址：北京市东城区崇文门外大街7号

电话：010−67091091/67091092

传真：010−67091090

邮编：100062

邮箱：dcqwhw@bjdch.gov.com

# 北京市西城区文化和旅游局

**领导成员：**

党组书记、局长：靳真

党组副书记、副局长（正处）：岑运东

党组成员、副局长：林小牧

党组成员：赵廉

党组成员、区文化市场综合执法大队长：董伟民

副局长：古杨利、江宝山（挂职）、程婧（挂职）

**内设机构：**

办公室、政策法规科（研究室）、行政审批科、产业发展科（文创科）、公共服务科、非物质文化遗产科、文物科、文化建设科、对外交流与合作科、文化活动科、行业管理科、安全与应急科（假日办）、财务审计科、党群工作办公室、人事科、离退休干部科

代管单位：

西城区文化创意产业促进中心

双重管理单位：

西城区文化市场综合执法大队

归口管理单位：

西城区文物保护中心

**直属单位：**

区文化馆、区图书馆、区青少年儿童图书馆、区阅读推广中心、区旅游服务中心、区旅游产业发展中心、区社会文化管理所

地址：北京市西城区西安门大街115号
电话：010-66561230
传真：010-66561231
邮编：100032

# 北京市朝阳区文化和旅游局

**领导人员：**

党委书记：高春利（2022年1月1日—4月27日）、贾恩松（2022年4月28日—12月20日）、次仁卓嘎（2022年12月21日起任职）

局长：高春利（2022年1月1日—2022年4月27日）、贾恩松（2022年4月28日起任职）

党委委员、驻区文化和旅游局纪检监察组组长：张小洁

党委委员、副局长：刘芳、张爱军、王勇刚、王令（2022年1月20日任命）

党委委员、执法大队大队长：周升华

**内设机构：**

办公室、法制宣传科、行政审批科、公共服务科、文物管理科、产业发展科、行业管理科、安全与应急科、财务审计科、组织人事科

所属行政执法机构：北京市朝阳区文化市场综合执法大队［下设办公室（法制科）、执法一分队、执法二分队、执法三分队、执法四分队、执法五分队］

所属事业单位：北京市朝阳区文物管理所、北京市朝阳区图书馆、北京民俗博物馆、北京朝阳京剧文化艺术中心

地址：北京市朝阳区呼家楼北街36号
电话：010-65014855
传真：010-65086844
邮编：100026

# 北京市海淀区文化和旅游局（加挂北京市海淀区文物局）

**领导成员：**

党组书记、二级巡视员：孙鹏利

党组副书记、局长、二级巡视员，中共北京市海淀区委宣传部副部长（兼）：陈静

党组成员、副局长、二级调研员：卫东

党组成员、副局长：王森

党组成员、副局长：柳阑

**内设机构：**

办公室、公共服务科、宣传活动科、文物保护科、文物利用科、产业发展科、资源开发科、行业管理科、行政审批科、法制科、安全应急科、组织人事科

海淀区文化市场综合执法大队：综合协调科、执法一队、执法二队、执法三队、执法四队、执法五队、执法六队

地址：海淀区西四环北路11号，海淀区政府第二办公区
电话：010-82617811
传真：010-82614144
邮编：100195
网址：http://www.bjhd.gov.cn/（海淀区政府网站）

# 北京市丰台区文化和旅游局（加挂北京市丰台区文物局）

**领导成员：**

党组书记：史文彬

局长：樊维（2019 年 3 月—2022 年 9 月）、李世琪（2022 年 11 月起任职）

副局长：胡丽、李颖全

执法大队长：李正平

**内设机构：**

办公室、法制宣传科、公共服务科、文物管理科、行政审批科、行业监督管理科（安全生产科、环境保护科）、产业发展科、资源开发科、组织人事科、机关党委

所属行政执法机构：丰台区文化市场综合执法大队（下设综合科、执法一中队、执法二中队、执法三中队、执法四中队）

下属事业单位：丰台区文物管理所、丰台区旅游服务中心、丰台区文化馆、丰台区图书馆、丰台区基层公共文化指导中心（加挂丰台区非物质文化遗产保护中心牌子）

地址：北京市丰台区大红门街道南苑路 7 号

电话：010–83811361

传真：010–83811361

邮编：100071

# 北京市石景山区文化和旅游局

**领导成员：**

党组书记、局长：唐铭

党组成员、副局长：王振彪、白建其、黄杰

党组成员、文化市场综合执法大队队长：郝卫华

党组成员、副局长（挂职）：陈宜

一级调研员：郭平

二级调研员：郑彬

四级调研员：昭日格图

**内设机构：**

办公室、公共服务科、行业管理科（安全科、假日办）、文物科、发展规划科、组织人事科（主体责任办）

地址：北京市石景山区石景山路 18 号

电话：010–68607158（办公室）

传真：010–88680857

邮编：100043

## 北京市门头沟区文化和旅游局

**领导成员：**

党组书记、局长：夏名君

党组成员、副局长：刘德才、单晓飞、张士春、张勇、管瑞华

副局长：褚江川（挂职）、丁杰（挂职）

一级调研员：阎保安

二级调研员：张银星

**内设机构：**

办公室、政策法规科（行政审批科）、产业促进科、公共服务科、行业管理科、安全与应急科（假日办）、财务审计科、党建人事科、区文化市场综合执法大队（含执法一分队、执法二分队、执法三分队）

**下属事业单位：**

区文物事业管理所、永定河文化博物馆

地址：北京市门头沟区门头沟路 8 号

电话：010–69843315

传真：010–69860988

邮编：102300

邮箱：mtgwlj@bjmtg.gov.cn

## 北京市房山区文化和旅游局

**领导成员：**

局长：王化占

副局长：刘开平、王芳、高峰

执法队队长：黄胜勇

工会主席：马占昌

区文化活动中心主任：李清梅

区葡萄种植及葡萄酒产业促进中心主任：王学通

**内设机构（直属单位）：**

办公室、综合科、产业发展协调科、公共事业管理科、文物保护科、行政审批科、安全与应急科（假日办）、房山区文化市场综合执法大队、房山区文化活动中心、房山区文物保护所、房山区旅游发展中心、房山区旅游服务中心、房山区葡萄种植及葡萄酒产业促进中心

地址：北京市房山区良乡西潞南大街甲 12 号

电话：010–69352012

传真：010–69352106

邮编：102488

网址：http://www.bjfsh.gov.cn

## 北京市通州区文化和旅游局

**领导成员：**

党组书记、局长：张华

副局长：杨根萌、王凤荣、王冬生、马俊艳、盖畅

执法队长：彭绍常

**内设机构：**

办公室、公共服务科、政工科、文物保护科、规划发展科、行业管理科（行政审批科）、

文化行政执法队（下设法制科、执法一队、执法二队、执法三队、执法四队）

直属单位：

通州区文化馆、通州区图书馆、通州区博物馆、通州区文物管理所、通州区旅游咨询服务中心、通州区新华书店

地址：北京市通州区中仓街道车站路27号

电话：010-80574413

传真：010-80574674

邮编：101100

# 北京市顺义区文化和旅游局

领导成员：

党组书记、局长、一级调研员：李莉

党组成员、副局长：于伯宇、叶志建、许健

党组成员、文化市场综合执法大队大队长、三级调研员：张永山

党组成员、二级调研员：江华、苑新海

工会主席、三级调研员：杭志强

内设机构：

办公室、党建工作科、产业发展科（资源开发科）、行业管理科（行政审批科）、安全应急科（假日办）、公共服务科（文物管理科）、市场推广科、机关党委、机关纪委

所属行政执法机构：

文化市场综合执法大队，下设：一分队、二分队、三分队、法制科

下属单位：

事业单位：旅游产业发展服务中心、旅游咨询服务中心、旅游市场推介中心、文化馆、图书馆、博物馆、文物管理所、电影放映服务中心、北京焦庄户地道战遗址纪念馆

下属自收自支事业单位：影剧院

下属国有企业：新华书店

地址：北京市顺义区石园大街10号院2号楼

电话：010-69429918

传真：010-81496681

邮编：101300

# 北京市昌平区文化和旅游局

领导成员：

党组书记、局长：李攀

党组成员、副局长：李万升、于庆祝、宁永强、胡南

党组成员、执法大队队长：刘庆华

内设机构：

办公室、政工科、公共服务科、文物管理科、产业发展科、行业管理科、消费促进科、安全管理科

直属单位：

昌平区文化市场综合执法大队、昌平区文化馆、昌平区图书馆、昌平文物管理所（昌平区博物馆）、昌平区大运河白浮泉遗址管理服务中心、昌平区文化旅游服务中心、昌

平区新华书店

地址：北京市昌平区府学路 10 号

电话：010−69742257

传真：010−80110182

邮编：102200

网址：http://www.bjchp.gov.cn

## 北京市大兴区文化和旅游局

**领导成员：**

党组书记、局长：耿晓梅

党组成员、副局长、二级调研员：石磊

党组成员、副局长：高巍

党组成员、文化市场综合执法大队队长：胡德华

副局长：周雪峰

二级调研员：周武军

工会主席、四级调研员：张洁

三级调研员：王自丰

四级调研员：侯志、郝泽宏

**内设机构：**

综合办公室、公共文化科、产业发展科、市场管理科、组织人事科、内审科、党建办、纪检监察科、宣传科、行政执法队

**下属单位：**

北京市大兴区文物管理所、北京市大兴区文化馆、北京市大兴区图书馆、北京市大兴区文化活动服务中心、北京市大兴新华书店、北京市大兴区旅游发展服务中心、北京市大兴区旅游安全管理服务中心

地址：北京市大兴区永华南里 16 号

电话：010−69263870

传真：010−81296721

邮编：102600

## 北京市怀柔区文化和旅游局

**领导成员：**

党组书记、局长：王琦

党组成员、副局长：雷杰、田正科、郭大鹏、刘雅静

副局长：罗东

文化市场综合执法大队队长：张久敏

二级巡视员：周为

三级调研员：武学兵

四级调研员：钟宏城

**内设机构：**

行政科室：办公室、公共服务科、产业发展科、行业管理科、文物保护科、政工科

文化市场综合执法大队

事业科室：演艺活动服务中心、乡村旅游管理服务中心、旅游咨询服务中心、旅游市场推广中心

**直属单位：**

文化馆、图书馆、博物馆、电影发行放映服务中心、文物管理所

地址：北京市怀柔区迎宾北路 7 号
电话：010−69623483
传真：010−69633250
邮编：101400

## 北京市平谷区文化和旅游局

**领导成员：**

党组书记、局长：孙立妹（2022 年 9 月离任）

党组成员、副局长：张子昂（2022 年 9 月起主持工作）

党组成员、副局长：路大勇、独抒

文化市场综合执法大队队长：孟红霞

**内设机构：**

办公室、公共服务科、产业发展和市场推广科、行业管理科（安全生产综合管理科）、文物管理科（行政审批科）

**直属单位：**

北京市平谷区文化市场综合执法大队、北京市平谷区图书馆、北京市平谷区文化馆、北京市平谷区文物管理所、北京市平谷区文化发展服务中心、北京市平谷区旅游发展服务中心、北京市平谷区文化旅游综合服务中心、北京市平谷新华书店有限公司

地址：北京市平谷区府前西街 1 号
电话：010−69962871
传真：010−69962871
邮编：101200
邮箱：whwbgs@bjpg.gov.cn

## 北京市密云区文化和旅游局

**领导成员：**

党组书记、局长、一级调研员：赵志政

党组成员、副局长、三级调研员：胡书英

党组成员、副局长：王永库

副局长、三级调研员：郭红梅

党组成员、四级调研员：柴军

党组成员、执法队大队长：付海江

一级调研员：郭成德

二级调研员：李卫革

**内设机构：**

办公室、安全管理和行政审批科（安全生产科）、产业发展科、公共服务和宣传科、机关党委（党建科）、机关纪委、工会、乡村文化旅游发展中心、市场营销中心、人才发展中心、政策研究室

**直属单位：**

文化馆、图书馆、文物管理所、博物馆、密云大剧院

地址：北京市密云区城后街 20 号
电话：010−69043175
传真：010−69072399
邮编：101500
邮箱：myqwlj@126.com

# 北京市延庆区文化和旅游局

**领导成员：**

党组书记、局长：洪炜

党组副书记、二级调研员：张静

党组成员、副局长：刘满利、祁明东、侯琳

党组成员、文化市场综合执法大队队长：赵金光

二级调研员：尤宝军

三级调研员：曾小军

四级调研员：节红霞、胡一鸣、闫玲

**内设机构：**

办公室、公共服务科、行业管理科、产业发展科、文物遗产科（行政审批科）、安全与应急科（假日办）、人事科、文化市场综合执法大队

**直属单位：**

延庆区文化旅游宣传推广中心、延庆区全域旅游发展研究中心、延庆区民俗休闲产业服务中心、延庆区文化馆、延庆区图书馆、延庆区博物馆（延庆区文物管理所）、延庆区文化旅游综合服务中心

地址：北京市延庆区妫水北街72号

电话：010-69146491

邮编：102100

# 北京经济技术开发区工委宣传文化部

**领导成员：**

常务副部长：陈建民

副部长：闫英、王涛、王磊、李天凯

融媒体中心主任：边元松

融媒体中心总编辑：齐萱

**内设机构：**

综合办公室、文明宣教处、新闻宣传处、网信处、文化文物旅游处、文化产业处、出版广电处、媒体融合发展处

地址：北京经济技术开发区荣华中路15号博大大厦

电话：010-67880171

传真：010-67880171

邮编：100176

# 北京市东城区融媒体中心

**领导成员：**

党组书记、主任：王继志

党组成员、副主任：郭佳、高明

**内设机构：**

办公室、总编室、采访科、摄影科、摄像科、平媒制作科、视频制作一科、视频制作二科、新媒体一科、新媒体二科

地址：北京市东城区东四北大街265号

电话：010-67189465

传真：010-67189465

邮编：100007

邮箱：dcxwzxgyyx@bjdch.gov.cn

## 北京市西城区融媒体中心

**领导成员：**

党组书记、主任：李卓（区委宣传部副部长兼）

党组成员、副主任：李仲天、张海涛、姚苗苗

**内设机构：**

党群科、办公室、总编室、采访科、外宣科、摄影科、摄像科、新媒体科、编辑科、视频编导科、网络技术科、两刊编辑部

地址：北京市西城区太平桥大街 107 号

电话：010−66237773

邮编：100032

邮箱：qrmtzx@bjxch.gov.cn

## 北京市朝阳区融媒体中心

**领导成员：**

党组书记、主任：孙帅

党组副书记、副主任：梁雪琴

党组成员、副主任：刘振山、任艳华

**内设机构：**

综合办公室、人事科、财务科、总编室、新闻外宣科、舆情数据应急科、平面管理科、视频管理科、新媒体运行管理科、安全播出科、技术保障及设备管理科、媒资档案管理科

地址：北京市朝阳区六里屯西里 3 号

电话：010−65025172

传真：010−65022498

邮编：100026

网址：https：//chynews.bjchy.gov.cn/

## 北京市海淀区融媒体中心

**领导成员：**

党组书记、主任：佟志伟

党组成员、副主任：张庆洁、卫东、张东旭

**内设机构：**

办公室、电视上载审核科、媒资室、要闻部、编辑制作部、新闻采访一部、新闻采访二部、专题部、技术播出部、播音主持部、动漫制作部、事业发展部、人事科、财务科、特刊部、新媒体事业部、政务网站运营科、网络监测指导科、全媒体指挥调度科、期刊和规划发展科、行业协调指导科、技术服务保障科

地址：北京市海淀区西四环北路 11 号海淀区政府第二办公区

电话：010−88437116

传真：010−88487250

邮编：100195

网址：http://www.bjhdnet.com

# 北京市丰台区融媒体中心

**领导成员：**

党组书记、主任：乔晓鹏（区委宣传部副部长兼）

党组成员、副主任：刘宇、徐星

**内设机构：**

综合办公室、党建办公室、研究培训部、财务管理部、指挥调度部、融合报道部、策划编辑部、信息发布部、群众工作部、技术保障部、融媒产品部、品牌合作部

地址：北京市丰台区西四环南路64号

电话：010－63814361

传真：010－63814362

邮编：100071

# 北京市石景山区融媒体中心

**领导成员：**

党组书记、主任：王建强

党组副书记、副主任：刘长成

党组成员、副主任：徐晓洁、谭一兵、罗周智

**内设机构：**

党群工作部、行政办公室、财务部、总编室、融媒采编中心、新媒体制作部、视频制作部、图文制作部、时事评论部、专题节目部、客户端运营部、技术保障部

地址：北京市石景山区古城大街61号

电话：010－68840434

传真：010－68840434

邮编：100043

邮箱：sjsgdzxbgs@163.com

# 北京市门头沟区融媒体中心

**领导成员：**

党组书记、主任：苏燕平

党组副书记：李鹏

党组成员、副主任：王幸国（2022年7月退休）、蓝盛斓、王正

**内设机构：**

办公室、财务部、总编辑部、采访部、专题部、技术部、策划部、新媒体部、纸媒部、播出部、电台部

地址：北京市门头沟区新桥大街36号

电话：010－69843348

传真：010－69843348

邮编：102300

# 北京市房山区融媒体中心

**领导成员：**

党组书记、主任：路建华（区委宣传部副部长兼）（2022 年 2 月免）

党组书记、主任：王英开（区委宣传部副部长兼）（2022 年 2 月任）

党组成员、副主任、机关党委书记：朱惠强

党组成员、副主任、工会主席：马琳

副主任：武宏

党组成员、刊播部主任、机关党委委员：史跃鹏

党组成员、新闻部主任、机关党委副书记、机关纪委书记：王超

**内设机构：**

办公室、人力资源部、财务部、总编室、宣传办公室、新闻部、社会部、科教部、文艺部、刊播部、融创部、技术保障部、安全保障部、评审部、广告部

地址：北京市房山区西潞南大街 6 号

电话：010–69384937

传真：010–69370104

邮编：102488

网址：http://www.funhillrm.com/

# 北京市通州区融媒体中心

**领导成员：**

党组书记、主任：卫欣

党组成员、专职副书记：王雪征

党组成员、副主任：王小利、于亚辉、王娟

**内设机构：**

办公室、财务科、政工科、技术部、播出部、总编辑部、视频编辑部、融媒评审部、播音主持管理部、外联合作部、音频编辑部、融媒经营部、平面媒体部、新媒体部、融媒采访部、融媒制作部

地址：北京市通州区新华东街 256 号

电话：010–69545860

传真：010–69545860

邮编：101100

# 北京市顺义区融媒体中心

**领导成员：**

党组书记、主任：杨进军

党组副书记：杨文武

党组成员、工会主席：王会永

党组成员、副主任：马千里

**内设机构：**

顺义区融媒体中心内设新闻中心、视频采集部、视频制作部、策划调度科、产品发布科、技术保障科、监测评价科、成果运用科等 19 个科室

地址：北京市顺义区拥军路4号

电话：010–69466677

传真：010–69463670

邮编：101300

网址：http://www.bjsytv.com/

# 北京市昌平区融媒体中心

**领导成员：**

党组书记、主任：刘晓梅

党组成员、副主任、工会主席：刘大宾

党组成员、副主任：田东伟

党组成员、办公室主任：王晓治

**内设机构：**

办公室、宣传科、政工科、财务科、技术科、总编辑部6个机关科室，下设广播电视台、平面媒体中心、新媒体中心、媒体采访中心、媒体事务中心5个正科级事业单位

地址：北京市昌平区南环东路1号

电话：010–69746088

传真：010–69742578

邮编：102200

网址：http://www.cprt.com.cn

# 北京市大兴区融媒体中心

**领导成员：**

党组书记、主任：马宪颖（区委宣传部副部长兼）

党组副书记：侯晨侠

党组成员、副主任：汪俊涛、王娇、李强、柴通

**内设机构：**

办公室、后勤保障科、总编室、采访一部、采访二部、新媒体部、编发一部、编发二部、联络推广部、媒资管理部、技术发展部、制作播出部、人事教育科、内部审计科、财务管理科

地址：北京市大兴区兴政街7号

电话：010–69244977/69204416

传真：010–69244977

邮编：102600

邮箱：rmtzxbgs@bjdx.gov.cn

# 北京市怀柔区融媒体中心

**领导成员：**

党组书记、主任：刘剑

副主任：杨桂霞、石金虎、翟明杰

**内设机构：**

办公室、总编室、采访部、播音主持部、新闻专题部、制作部、电台部、通联部、《怀柔报》编辑部、《怀柔报》副刊部、客户端部、

策划运营部、新媒体编辑部、网络视频部、评论部、总工办、技术部、播出部、演播室运营部、信息安全部、媒资部、事业发展部、汤河口广播电视转播站、人事科(机关党委〈党建工作科〉)

地址：北京市怀柔区府前街19号

电话：010-69632646

传真：010-69644232

邮编：101400

邮箱：gdzx@bjhr.gov.cn

# 北京市平谷区融媒体中心

**领导成员：**

党组书记、主任：马春江

党组专职副书记：于刚

副主任：马振水、赵明革

**内设机构：**

办公室、政工科、财务科、总编室、新闻采编科、专题科、广播科、文艺科、报纸编辑科、新媒体科、播音科、技术科、播出科、产业发展科

地址：北京市平谷区旧城街8号

电话：010-69961255

传真：010-89983716

邮编：101200

邮箱：pggdzx@bjpg.gov.cn

# 北京市密云区融媒体中心

**领导成员：**

党组书记、主任：郭生海（2022年7月13日免党组书记、2022年9月5日免主任）

党组书记、主任：张波（2022年7月13日任党组书记、2022年9月5日任主任）

党组成员、副主任：陈宝国、廖玉熊

享受副处级待遇：石晓访

**内设机构：**

办公室、党建部、财务部、人力资源部、总编辑办公室、时政采访部、社会采访部、生态采访部、视频编辑部、音频编辑部、纸媒编辑部、网媒编辑部、专题部、播音主持部、播出部、广告部、通联部、技术部、媒体资源管理部、媒体研发部、保障部、“村村响”广播部

地址：北京市密云区西大桥路18号

电话：010-89096037

传真：010-89095645

邮编：101500

邮箱：rongmtzhx@bjmy.gov.cn

# 北京市延庆区融媒体中心

**领导成员：**

党组书记、主任：胡玖梅

党组副书记：孙庆国

党组成员、副主任：冯亚玲、郤屿杉

工会主席：张振龙

**内设机构：**

办公室、总编室、策划部、融合发展部、外宣通联部、融媒采访部、音视频制作部、图文制作部、新媒体部、技术保障部

地址：北京市延庆区高塔街73号

电话：010—69103462

传真：010—69103462

邮编：102100

邮箱：yqtv102100@sina.com

## 北京经济技术开发区融媒体中心

**领导成员：**

党委书记、董事长、总编辑：边元松

党委副书记、总经理、主任：齐萱

执行总编辑：张金萍

**内设机构：**

编务办公室、政务新闻中心、产经新闻中心、城市新闻中心、融媒平台实验室、新视听实验室、摄影工作室、融媒体联盟事业部

地址：北京经济技术开发区永昌北路9号北京智慧融媒体创新中心

电话：010—67887507

邮编：100176

邮箱：bdanews@163.com

## 北京星光拓诚文化产业集团有限公司

**领导成员：**

董事长、总经理：陈洋

常务副总经理：陈勇军

**内设机构：**

集团总部下设产业运营中心、产业发展中心、人力资源、财务管理、企业管理、质量和风险控制等部门

集团下设装备研发、传媒服务、园区建设、招商企服、物业管理、项目管理、文旅教育等核心子公司

地址：北京市大兴区西红门镇北兴路（东段）2号星光影视园A座一层

电话：010—60285000

传真：010—60299729

邮编：100162

网址：http://www.yingshiyuan.com

## 北京市怀柔区文化产业发展促进中心

**领导成员：**

党组书记、主任：于德利

党组成员、副主任：王青俊

党组成员：李洪英

**内设机构：**

综合部、招商部、项目部、活动部

地址：北京市怀柔区杨宋镇凤瑞一园三号院甲5号楼1层102室、103室

电话：010—69680036

邮编：101400

邮箱：wczx@bjhr.gov.cn

## 中国（北京）高新视听产业园

**领导成员：**

党委筹办组组长、执行董事、总经理：张志祥

副总经理：王东、于斌、黄南希、李志兵、武斌、和川、丁一文

**内设机构：**

综合办公室、经营管理部、战略投资部、工程维修中心、财务管理部、人力资源部、品质管理部、安全管理部、市场拓展部、审计法务部、信息中心

地址：北京经济技术开发区宏达北路十二号A座6层

电话：010—67880116

邮编：100176

邮箱：yzzy@etownestate.com

## 北京百度网讯科技有限公司

**领导成员：**

执行董事：李彦宏

监事：崔姗姗

经理：梁志祥

**内设机构：**

人事部、财务部、公共事务部、公关部、内容风险管理部、技术部、好看业务部、热点运营部等

地址：北京市海淀区上地十街10号百度大厦

电话：010—59928888

传真：010—59920000

网址：www.baidu.com

## 北京爱奇艺科技有限公司

**领导成员：**

执行董事、经理、法定代表人：耿晓华

监事：王晓晖

**内设机构：**

总编室、财务部、法律部、市场部、内容运营部、会员业务事业部、广告销售部、人力资源中心、技术产品中心

**下设子公司：**

北京爱奇艺科技有限公司杭州分公司

北京爱奇艺科技有限公司上海长宁分公司

北京爱奇艺科技有限公司深圳分公司

北京爱奇艺科技有限公司重庆分公司

北京爱奇艺科技有限公司上海分公司

地址：北京市海淀区北四环西路 52 号 1 层 107 房间

电话：010－62677171

传真：010－62677000

邮编：100027

网址：www.iqiyi.com

## 优酷信息技术（北京）有限公司

**领导成员：**

总裁：樊路远

总编辑：张丽娜

党委书记：杨伟光

**内设机构：**

总编室、法务合规部、财务部、人力资源部、内容评估中心、产品技术与创新中心、商业化中心、内容中心、运营中心、安审中心、会员中心、品牌市场

地址：北京市朝阳区望京东园四区 4 号楼

电话：010－58851881

传真：010－56972838

邮编：100102

网址：www.youku.com

## 北京花房科技有限公司

**领导成员：**

首席执行官、党支部书记：于丹

公共事务副总裁、总编辑：鲁林

**内设机构：**

公共事务部、投资部、财务部、产品运营部、技术部、人力资源部

地址：北京市朝阳区酒仙桥路甲 10 号 3 号楼 15 层 17 层 1701－48A

电话：010－57111097

## 北京搜狐互联网信息服务有限公司

**领导成员：**

首席执行官：张朝阳

**内设机构：**

版权影视中心、产品技术中心、安全与数据处理部、会员业务部、网络运营部、员工服务中心、财务、法务、人力资源

门户网站：搜狐（https://www.sohu.com）

视听播出平台：搜狐视频（https://tv.sohu.com）

移动客户端：搜狐新闻、搜狐视频

地址：北京市海淀区科学院南路搜狐媒体大厦

电话：010－56602142

传真：010－56412835

# 北京新东方迅程网络科技股份有限公司

**领导成员：**

董事长：俞敏洪

总经理、总编辑：孙东旭［兼任东方优选（北京）科技有限公司法人、总经理］

**内设机构：**

产品部、财务部、法务部、运营中心、行政部

**下设子公司：**

东方优选（北京）科技有限公司

地址：北京市海淀区海淀东三街2号18层1801—08室

电话：010—62609193

邮编：100080

# 北京智者天下科技有限公司

**领导成员：**

创始人、首席执行官：周源

合伙人、首席技术官：李大海

首席财务官：沙大川

党委书记、总编辑、副总裁：王豫斯

**内设机构：**

业务研发中心、技术中台、安全与治理中心、社区业务事业部、政府事务部

地址：北京市海淀区学院路甲5号1幢三层1号厂房3—010

服务热线：400—919—0001

邮编：100083

# 北京思维造物信息科技股份有限公司

**领导成员：**

董事长：罗振宇

总经理：李天田

副总经理：邓鑫鑫

**内设机构：**

总经办、总编室、课研中心、产品研发中心、后台支持中心等

地址：北京市朝阳区西大望路1号1号楼6层701

电话：010—85897509

传真：010—85897509

邮编：100025

## 北京光线传媒股份有限公司

**领导成员：**

法人代表：王长田

**内设机构：**

总裁办、财务部、内审部、法务投资证券部、人力行政部、品牌部、项目部、发行营销部、创意视频及网络内容部、影视技术部、光线影业、青春光线营业、小森林影业、五光十色影业、英事达、光线经纪、实景娱乐

地址：北京市东城区和平里东街 11 号航星科技园 3 号楼 3 层

电话：010−64516000

传真：010−84222188

邮编：100013

网址：http://www.ewang.com

## 北京华谊兄弟娱乐投资有限公司

**领导成员：**

法人、总经理：王忠磊

**内设机构：**

管理部、制作部、营销部、发行部、财务部

地址：北京市朝阳区新源南路甲 2 号北京华谊兄弟娱乐投资有限公司

电话：010−65805800

传真：010−85648131

网站：www.huayimedia.com

## 海润影视制作有限公司

**领导成员：**

法人、董事长：刘燕铭

**内设机构：**

总裁办、制作部、发行部、法务部、文学部、宣传部、财务部、策划部、行政部

地址：北京市朝阳区安慧北里安园 5 号

电话：010−64897799

传真：010−64935440

邮编：100101

网址：http://www.hairunmedia.com

## 北京京都世纪文化发展有限公司

**领导成员：**

董事长：尤小刚

副总经理：董煊、王正华

**内设机构：**

经营部、宣传部、演艺经纪部、影视基地、办公室、财务部

地址：北京市东城区广渠门外广渠家园名敦道商厦4号楼1206室

电话：010-67110812

传真：010-67177299

邮编：100022

网址：http://www.zjdtv.com

## 北京鑫宝源影视投资有限公司

**领导成员：**

总经理：丁芯

财务总监：赵雅丽

**内设机构：**

总经办、财务部、广告部、发行部、演艺部、新媒体中心、编辑部、制作部、法务部、行政部

地址：北京市朝阳区恒通国际创新园C8h105

电话：010-57805288

传真：010-57561288

邮编：100015

## 四达时代通讯网络技术有限公司

**领导成员：**

董事长兼总裁：庞新星

**内设机构：**

董事会办公室、总裁办公室、监审部、人力资源中心、财务中心、商务中心、行政事务部、法务中心、投资管理部、公共事务部、宣传部、品牌市场部；商业智能部、产品部、软件研发中心、大视频事业部、智能终端事业部；海外拓展中心、海外拓展支持部、项目管理中心、项目融资部、媒体数字化部、技术中心、基建工程部、技术支持部、运维中心；销售中心、物流中心、运营中心、融合电商事业部、广告中心、南非地区部、东非地区部、西非英语地区部、西非法语地区部、中非法语地区部、红酒事业部；版权经营中心、译制配音中心、传媒技术中心、制作中心、体育节目中心、中文频道、国际影视频道、非洲本地语频道、Guide Channel、OTT内容运营部

地址：北京经济技术开发区科创十四街5号院

电话：010-53012998

传真：010-53012997

邮编：100176

网址：http://www.startimes.com.cn/

## 北京东方飞云国际影视股份有限公司

**领导成员：**

董事长：白彩云

总经理：白月飞

副总经理：白絮飞、陈振斌

综合办公室总监：柯丽芳

财务部总监：尉赟

影视后期总监：郭洋

**内设机构：**

财务部、行政部、后期制作部、宣传部

地址：北京市房山区拱辰街道卓秀北街绿地诺亚方舟北区 1 号楼 12 层

邮编：102445

邮箱：940745697@qq.com

网址：www.z.dongfangfeiyun.com

## 北京完美世界影视有限公司

**领导成员：**

负责人：曾映雪

**内设机构：**

财务部、法务部、制作部、投资部、宣传部、评估部、发行部、行政部、人事部、公共事业部、内容营销部

子公司工作室：鑫宝源、完美蓬瑞、青春你好、刘宁工作室、完美远方、李峥工作室、柏年禾沐、完美星语、完美映相、完美加码、完美新奇、完美宣言、完美基沐

地址：北京市朝阳区望京东路 1 号院完美世界影视 D 座

电话：010–57805744

传真：010–57805780

邮编：100102

网址：www.pwpic.com

## 北京时代光影文化传媒股份有限公司

**领导成员：**

董事长：王锦

总经理：许振

常务副总：王梓

副总经理：张铧、胡磊、赵凯、秦风华、刘莹

艺术总监：马润建

**内设机构：**

董秘办、总经办、财务部、行政部、后期部、项目部、宣传部、制作部、艺人经纪部

地址：北京市朝阳区建外街道郎家园 10 号东郎电影创意产业园 D102

电话：010–85175355

传真：010–85175227

邮编：100022

网址：http://www.sdgytvdrama.com/

# 获奖作品

# 2021年度优秀广播电视节目评选结果目录

1．北京广播电视台：入选107件作品。

（1）广播类：40件。

①广播新闻类23件：

| 序号 | 类别 | 作品名称 | 送选单位 | 主创人员 |
|---|---|---|---|---|
| 1 | 评论 | 如此“满意”失民意，“人民至上”怎落地？！ | 北京广播电视台 | 姚柏言。编辑：姚柏言、刘芳 |
| 2 | 专题 | 《春天的脚步——开启新篇章》习近平总书记视察北京七周年特别策划 | 北京广播电视台 | 集体（林俐、马骏、陆健、史喻、郭雅婧、宗晓畅、孙媛、王劲清、刘鲸泽、齐良博、于泊川）。编辑：马骏 |
| 3 | 现场直播 | 一路奔冬奥 一起向未来——北京冬奥会开幕倒计时100天现场直播 | 北京广播电视台 | 集体（蔡明可、李哲勇、张志强、李嘉佳、曹僖、陈常松、孟洋、刘甜甜、赵鹏、朱艳婷、翟瀚、黄河、徐冉）。编辑：蔡明可、李哲勇、曹僖 |
| 4 | 短消息 | 京哈高铁今天全线贯通，北京到哈尔滨最快4小时52分 | 北京广播电视台 | 陈常松、孙媛。编辑：陈常松 |
| 5 | 专题 | 见证初心·百集京华党史故事 | 北京广播电视台 | 集体（李秀磊、景兵、邢立新、李哲勇、谢先进、张延红、焦钰晖、林俐、陆健、刘萤萤、马骏、程艳、郭雅婧、宗晓畅、史喻、唐思萌、蔡贺涓、左天驰、韩萌、肖佳佳、张博、杨帆、郭晋旭、张煜、郑建明、王劲清、王悦、霍玥、姚博、杨志梅、吴勇、郑婉乔、秦鲁一、林辰、孟洋、赵明聪、孙媛、陈常松、戚天、朱艳婷、齐良博、于泊川、孟群、陈妹、徐臻、曹宇、章维、石秀冬、澹台瑞芳、秦天、郭炜、滕欢、兆龙、于小菲、郭峥、李慈、彭妍、于浩、李小玉、高旭、董兴明、邓天一、杨洪、江宁、李青芮、王曼宁、杨迪、郑晨、唐甜甜、孟孟、梁和芝）。编辑：集体（杨洪、江宁、李青芮、王曼宁、杨迪、郑晨） |
| 6 | 短消息 | “一起向未来”——北京2022年冬奥会和冬残奥会主题口号发布 | 北京广播电视台 | 王劲清。编辑：王劲清 |

（续表）

| 序号 | 类别 | 作品名称 | 送选单位 | 主创人员 |
|---|---|---|---|---|
| 7 | 专题 | 河南暴雨背后挺身而出的普通人：北京蓝天救援队援豫一线记录 | 北京广播电视台 | 王悦。编辑：马骏、佳池 |
| 8 | 专题 | 克冠先行，铸就希望屏障 | 北京广播电视台 | 赵奕阳。编辑：赵奕阳 |
| 9 | 评论 | 鲜活农产品界定谁说了算 | 北京广播电视台 | 孙刚。编辑：孙刚 |
| 10 | 短消息 | 2020年北京PM2.5年均浓度再创新低 | 北京广播电视台 | 王琛琛。编辑：王琛琛 |
| 11 | 长消息 | 奥运史上首次公铁联运，直击北京冬奥会张家口赛区运动员全闭环转运演练 | 北京广播电视台 | 朱艳婷、赵鹏。编辑：朱艳婷 |
| 12 | 长消息 | 北京证券交易所开市将助力北京国际科创中心建设 | 北京广播电视台 | 张煜。编辑：张煜 |
| 13 | 评论 | 期待“局处长走流程”，不是一阵风，而是四季风 | 北京广播电视台 | 李锐。编辑：李锐 |
| 14 | 评论 | 大鸨是一面镜子 | 北京广播电视台 | 翟瀚。编辑：谢先进、赵明聪 |
| 15 | 评论 | 接诉即办入法，守护民心更有力量 | 北京广播电视台 | 姚柏言、刘芳、王梦宇。编辑：刘芳 |
| 16 | 专题 | 一张便签纸就完成的“转诊” | 北京广播电视台 | 于川梓。编辑：于川梓 |
| 17 | 专题 | 两个“王军”的雨夜救援 | 北京广播电视台 | 赵明聪、程艳。编辑：程艳 |
| 18 | 专题 | “二次元”精准套路青少年，梦想与爱如何照进现实？ | 北京广播电视台 | 澹台瑞芳、姚迪。编辑：澹台瑞芳 |
| 19 | 专题 | 礼让斑马线，安全记心间 | 北京广播电视台 | 集体（程艳、赵明聪、李天一、王楠、陈常松）。编辑：赵明聪 |
| 20 | 新闻访谈 | 信用医疗，新方式能否带来新体验 | 北京广播电视台 | 曹宇。编辑：曹宇 |

（续表）

| 序号 | 类别 | 作品名称 | 送选单位 | 主创人员 |
|---|---|---|---|---|
| 21 | 新闻节目编排 | 《新闻2021》7月21日 | 北京广播电视台 | 江宁、杨洪、李青芮。编辑：江宁、杨洪、李青芮 |
| 22 | 新闻栏目 | 主播在线 | 北京广播电视台 | 集体（李锐、孙畅、于浩、李玲、钱冰冰、赵奕阳、成强、康利坡、翟煊、化宇）。编辑：集体 |
| 23 | 社教类栏目 | 打开文化之门 | 北京广播电视台 | 刘卓（米夏）、尚远、张世强。编辑：刘卓（米夏）、尚远、张世强 |

②广播文艺类节目10件：

| 序号 | 类别 | 节目名称 | 送选单位 | 主创人员 |
|---|---|---|---|---|
| 1 | 广播剧 | 北大红楼 | 北京广播电视台 | 集体（余俊生、李秀磊、关金、任羽中、杨建英、陈晖、唐金楠、李琳、徐学军、陈波、徐然、庆新、于祥国、梁和芝、闫乔锋、李立宏、赵毅、宣晓鸣、季冠霖、任杰、王磊、郝明亮、霍彦辰、赵树仁、杨默、房大文）。编辑：徐然 |
| 2 | 综艺节目 | 大声喊 新年好——9小时广播跨年融媒特别直播 | 北京广播电视台 | 集体（李秀磊、张丽、杨洋、刘莹、陈彦旭）。编辑：张丽、杨洋、刘莹 |
| 3 | 音乐节目 | 没有共产党就没有新中国 | 北京广播电视台 | 吴雨桐、于越。编辑：吴雨桐 |
| 4 | 音乐节目 | 世纪芭蕾 | 北京广播电视台 | 张鹏飞、戴艺。编辑：张鹏飞 |
| 5 | 文学节目 | 重读《狂人日记》 | 北京广播电视台 | 靳桥。编辑：靳桥 |
| 6 | 戏曲节目 | 丹心谱英杰——三代党员京剧工作者现代戏的排演心得 | 北京广播电视台 | 尚远。编辑：尚远 |
| 7 | 长篇连播 | 英雄大爱 | 北京广播电视台 | 徐北威、晏积瑄。编辑：徐北威 |
| 8 | 综艺节目 | 百年筑梦正青春 | 北京广播电视台 | 集体（白杰、张鹏飞、郭鹏、王静娱、靳乔、贺琳、戴艺、李嘉佳、刘佳、唐甜甜、闫乔锋、马思萌）。编辑：张鹏飞 |
| 9 | 综艺节目 | 当电影遇上老北京 | 北京广播电视台 | 杨丹、郭炜。编辑：杨丹 |
| 10 | 广播剧 | 中轴线大冒险 | 北京广播电视台 | 集体（郝卫群、徐然、钱岳、张璐、周健、邱帅颖、应宁、王磊、郭炜）。编辑：徐然 |

③播音与主持作品节目 5 件：

| 序号 | 类别 | 节目名称 | 送选单位 | 主创人员 |
| --- | --- | --- | --- | --- |
| 1 | 广播播音 | 北京新闻 | 北京广播电视台 | 滕莹石、郭兆龙 |
| 2 | 广播主持 | 一路畅通 | 北京广播电视台 | 郭炜、李嘉佳 |
| 3 | 广播主持 | 打开文化之门——让文物活起来，正阳桥“镇水兽一哥”来了 | 北京广播电视台 | 刘卓 |
| 4 | 广播播音 | 主播在线 | 北京广播电视台 | 李锐 |
| 5 | 广播主持 | 打开文化之门——牛年真牛气，三十儿说“牛”戏 | 北京广播电视台 | 尚远 |

④境外（含对港澳台）播出节目 2 件：

| 序号 | 类别 | 作品名称 | 送选单位 | 主创人员 |
| --- | --- | --- | --- | --- |
| 1 | 广播类 | 北京中轴线的智慧 | 北京广播电视台 | 集体（张晶宇、曹军生、刘智嘉、戴蔚然、臧轶洁、洪新、徐帅、明月、朱乐艺、GAL ZILBERBOIM、崔英杰、王异戈）。编辑：刘智嘉、戴蔚然 |
| 2 | 广播类 | 从乡间别墅到红色展馆——不褪色的莫斯科中共“六大”史广播类 | 北京广播电视台 | 戴蔚然。编辑：戴蔚然 |

（2）电视类：53 件。

①电视新闻类节目 30 件：

| 序号 | 类别 | 作品名称 | 送选单位 | 主创人员 |
| --- | --- | --- | --- | --- |
| 1 | 专题 | 一支疫苗的诞生 | 北京广播电视台 | 李丹、符亚卯、胡乐 |
| 2 | 短消息 | 北京2022年冬奥会倒计时一周年 冬奥会和冬残奥会火炬正式发布 | 北京广播电视台 | 樊煜、张师琦、田雪吟、陈静岩、李琪 |
| 3 | 消息 | 北京证券交易所揭牌暨开市仪式举行 | 北京广播电视台 | 樊煜、张师琦、田雪吟、李琪、王一 |
| 4 | 评论 | 全面小康 全面解码 第一集 | 北京广播电视台 | 集体（黄炜、郝霖、廖祎蕾、肖远洁、王玥、王思凡、高红丹、张晶秋、赵相斌、于洋、王琳） |
| 5 | 专题 | 我为群众办实事之局处长走流程 | 北京广播电视台 | 徐滔、邵晶、李潇、刘掳、陈梦圆、刘径驰。编辑：张育文、章铎、焦建康 |

（续表）

| 序号 | 类别 | 作品名称 | 送选单位 | 主创人员 |
| --- | --- | --- | --- | --- |
| 6 | 栏目 | 接诉即办 | 北京广播电视台 | 集体（张庆、丁晓阳、林力、田海燕、宋杰、关杉、潘坤、李昆、李晓颖、崔倩、王伟、茂森、霍庆海、张虎、陈军、蔡崴丞） |
| 7 | 专题 | 我为冬奥制战衣 | 北京广播电视台 | 钱丹丹、齐芳、马勇杰 |
| 8 | 消息 | 大会揭秘：领诵员是怎样“炼成”的 | 北京广播电视台 | 赵芳、徐磊、牛月华、韩鹏健、郝欣 |
| 9 | 新闻现场直播 | 北京2022冬奥会倒计时100天特别节目——冲刺100天，我们准备好了！ | 北京广播电视台 | 王速、唐骏飞、滑小毛、张亚军、王浴浩、杨帆、石晶晶、金巍。编辑：李毅、郑天尧 |
| 10 | 专题 | 山水人和——习近平给建设和守护密云水库的乡亲们回信一周年 | 北京广播电视台 | 集体（艾冬云、张庆、黄瑨、颜匀、张晓达、宋敏怡、杨蔚莨、陶洁丽、唐远、谭江海、赵新生、魏伯寅、王一沫、胡嘉隆、张煜、赵鹏、孙萌、赵志鹏、姚银壮、吴铮、许鹏、喻莹、卓彤、朱永宾、陈鑫、李红国、刘浩、冯志远、刘珞莹、王霞、夏婷寅子、王博） |
| 11 | 专题 | 货运网约车乱象调查 | 北京广播电视台 | 刘春艳、张楠、万臻。编辑：田永娟 |
| 12 | 专题 | 我是规划师之当你老了 | 北京广播电视台 | 总监制：艾冬云。监制：张庆、黄瑨、刘民。总导演：吴群。导演：朱嘉、王宇、刘祺、林天趣、张亚珩、董元杰、尹谦。编辑：吴群、朱嘉 |
| 13 | 消息 | 冬奥村：用建筑讲好中国故事 | 北京广播电视台 | 梁雪松、李烨、王晓龙、徐磊 |
| 14 | 短消息 | 300万只候鸟迁徙北京 重点监测为候鸟保驾护航 | 北京广播电视台 | 李莲、吴迪 |
| 15 | 消息 | 记者体验延庆赛区“黑科技”小装置 | 北京广播电视台 | 董棠、谭亮 |
| 16 | 消息 | 同场竞技<br>促残健融合 | 北京广播电视台 | 马晓濛、徐泽龙。编辑：邢笑非 |
| 17 | 评论 | 大戏看北京——人艺新剧场启用 经典新排《日出》开启大幕 | 北京广播电视台 | 集体（马迟、康露、刘继葳、吕剑魁、蔡崴丞、国培源、陆放、西鸥） |
| 18 | 专题 | 第一书记扎根乡村绽放最美年华 | 北京广播电视台 | 白平、李海峰、王耀鸿、康静宜、田淑红、宋玉照 |
| 19 | 专题 | 逐梦北京 | 北京广播电视台 | 史月光、赵怡、马子俊。编辑：集体（王奕奕、张娟、李京海、段静欢、马潇） |

（续表）

| 序号 | 类别 | 作品名称 | 送选单位 | 主创人员 |
| --- | --- | --- | --- | --- |
| 20 | 专题（系列报道） | “豫见”系列报道 | 北京广播电视台 | 集体（王勇、陶继忠、郭玉林、贾术杰、王新华、杨波、高寅曦、刘洋、王丹、王卓、谷军岭、唐宇声、刘井元、薛东阳、田洋、张航、李越、郭擎浩、吴婷婷、武治华、杜明欣、林燕、王振龙、马良） |
| 21 | 专题 | 《生命缘》百年协和系列 | 北京广播电视台 | 杨懿丁、郭洪泷、章铎、王瑜、王美、毛雪。编辑：徐滔、邵晶、赖一锐 |
| 22 | 专题（系列、连续、组合报道） | 奋斗百年 同心向党 | 北京广播电视台 | 集体（张庆、李大功、张晓鲁、王毅、袁朴、黄瑁、周欣、翟珵、李伟、张竞超、付江红、张惠荣、陈钢、张然、王建、朱虎、李莲、王晓龙、王岩、张春明、杨效春、褚文胜、侯爵、燕兆麟、蒋宝琛、王绪龙、赵煦、蔡崴丞、陈思如、何海东、蔡晶晶、薛宇洁、曹宁、吴重柳、崔倩、田智钢、屈博、张晓沁、胡知奂、牛月华、田刚、陈晶磊、邓力、赵芳、王伟、李烨、杨玉卓、颜葵、赵文龙、石雨濛、白雪薇、马蔷、毕轩语、郑雪婧、龚飞、徐磊、张虎、郝欣、郭丽娜、金华、刘欣、康露、茂森、霍庆海、王强、李琪、刘继葳、武治华、杜明欣、吴建锋、王旭东、张博、黄河、韩萌、宗晓畅、景云、魏伯寅、李明、胡嘉隆、赵鹏、王一沫） |
| 23 | 专题 | 保护“个人信息”不做“透明人” | 北京广播电视台 | 李迎军、常海龙、经春、姬婷婷。编辑：李昂 |
| 24 | 专题 | 伟大的抗美援朝精神——长津湖战役 | 北京广播电视台 | 刘民、王未央、刘薇、左博、杜昕、陈阿茫、徐宜华 |
| 25 | 专题 | 百余件乾隆宫廷器首次亮相 探寻传统文化中的数字“八五七” | 北京广播电视台 | 李迎军、范红军、孙一歌、王峥、赵宸。编辑：彭博筠 |
| 26 | 专题 | 外国友人聊冬奥 | 北京广播电视台 | 孙起、谭亮、王速、李磊、叶佩琳 |
| 27 | 新闻访谈 | 照片里的中轴线——钟鼓楼记忆 | 北京广播电视台 | 黄瑁、颜匀、张晓达、佟美佳、夏婷、王博 |
| 28 | 新闻访谈 | 主动脉疾病“战神” | 北京广播电视台 | 张民、吕雅堃、郭亚丽、陆放、金昌 |
| 29 | 新闻节目编排 | 特别关注 | 北京广播电视台 | 集体（赵欣、刘紫昀、高迪、王欢、邢远、周俊皓、刘恩国、桑朝晖、赵彬彬） |
| 30 | 栏目 | 创新北京：神舟十二飞天纪实/科学流言求真榜 | 北京广播电视台 | 杨子云、赵鹏、陈银江、耿志宏、秦溯 |

②电视文艺类节目 17 件：

| 序号 | 类别 | 作品名称 | 送选单位 | 主创人员 |
| --- | --- | --- | --- | --- |
| 1 | 电视综艺节目 | 第十一届北京国际电影节开幕式 | 北京广播电视台 | 齐建彤、孙勤、郭妍、杭昕、苑明旺、张蕊、梦帆 |
| 2 | 电视纪录片 | 紫禁城 | 北京广播电视台 | 总监制：徐滔。监制：严崴、邵晶。制片人：吴志勇。总导演：吴志勇。执行制片人：沈鹏飞。导演组：杨姗、沈鹏飞、陶丽洁、李冰、吴波、孙闽一、张聪。视觉导演：赵新生。主持人：谭江海。制片主任：苗毅（离职）。制片统筹：陈涛、卢飞、翟娜。后期制作：吴波、何晓琳、张金秋。调色：李红国、武经纬、刘珞莹。包装特效指导：欧阳三明。第一集导演：杨姗。第二集导演：沈鹏飞、柏晨波。第三集导演：曾唯。第四集导演：孙君伟、陶丽洁。第五集导演：王纯、夏雪。第六集导演：李冰、吴波。第七集导演：李冰、吴波。第八集导演：李冰、吴波、孙闽一。第九集导演：孙闽一。第十集导演：张聪。第十一集导演：李瑱、孙静婧、杨姗。第十二集导演：李瑱、孙静婧、陶丽洁 |
| 3 | 电视文艺栏目 | 档案 | 北京广播电视台 | 集体（黄炜、胡杰、郝霖、吴志勇、谭江海、廖祎蕾、高红丹、杨姗、游洋、肖远洁、王海、赵苓汐、赵廉、成诚、于洋、王思凡、张蜜蜜、崔鑫琳、吴炳彦、吴猛、黄姗、俞欣、胡晗廷、孙闵一、张聪、田青禾、曾龙、陶丽洁、王琳、王玥、王子昂、张晶秋、孙欣、刘力玮、崔鑫琳） |
| 4 | 电视纪录片 | 播“火”——马克思主义在中国的早期传播 第1集 | 北京广播电视台 | 黄炜、郝霖、张晶秋、廖祎蕾、吴炳彦、肖远洁、游洋、于洋、王琳 |
| 5 | 少儿电视节目 | 花儿向阳 童心向党——庆祝中国共产党成立100周年全国少儿晚会 | 北京广播电视台 | 集体（韦小玉、秦新春、周方、张宾、李严、赵磊、李菲菲、王淳、杨钊、袁媛、朱业、孔雯、翟重阳、李卓然、庞子栋、张媛媛、王晓楠、张敏、赵伊娇、杨瑒、郭衍超、王沛珊、张唯） |
| 6 | 电视广告节目 | 《一起向未来》MV | 北京广播电视台 | 徐滔、白鸥 |
| 7 | 电视综艺节目 | “人民的心声”——北京市庆祝中国共产党成立100周年专场演出 | 北京广播电视台 | 于东玉、褚旭、殷鹤鸣、孙孝甲 |
| 8 | 电视综艺节目 | 2021卡酷动画春晚 | 北京广播电视台 | 集体（秦新春、周方、李严、杨瑒、郭衍超、朱业、袁媛、李菲菲、赵磊、王淳、杨钊、王沛珊、李卓然、庞子栋、刘婷、张媛媛、庄盘石、史江泓、邱楠楠、孔雯、汪莎莎、朱晓娟） |

（续表）

| 序号 | 类别 | 作品名称 | 送选单位 | 主创人员 |
|---|---|---|---|---|
| 9 | 电视纪录片 | 中国滑雪医生 | 北京广播电视台 | 尹思懿、潘旭、俞恺、张洁 |
| 10 | 电视文艺栏目 | 七色光 | 北京广播电视台 | 秦新春、周方、蒲文苑、刘若玉、路漠、马子俊、王巍巍、王珏 |
| 11 | 电视文艺专题节目 | 北京大学：百年信仰，初心如一 | 北京广播电视台 | 刘民、王未央、刘薇、郑芳、陈阿茫、韩贤 |
| 12 | 电视文艺专题节目 | 书画里的中国 | 北京广播电视台 | 集体（张苏、蓝霖、徐剑、乔鲁京、余文、李菡、杨珊珊、郝涛、李纯、石冀明、杨柳、冯博、于晓琳、白岚、赵雪） |
| 13 | 电视科普节目 | 创新北京——2022科学跨年之夜 | 北京广播电视台 | 严崴、杨子云、邹晶、赵鹏、张恺轩、陈银江、张文瑞、张富容。编辑：朱伟华、王文博、黄一鹤 |
| 14 | 电视科普节目 | 我是大医生防疫特别节目 | 北京广播电视台 | 集体（邵晶、赵菲菲、杨威、刘萌萌、李一林、任天许、王啸、陈龙、仲欣、卢亭亭、徐陶然、王媛媛、董皓、刘洪悦、翟优、李文戈） |
| 15 | 优秀原创歌曲节目 | 最美中轴线 | 北京广播电视台 | 集体（徐滔、邵晶、郭畅、黄蒂一、王兆海、侯思羽）。编辑：集体（郭畅、黄蒂一、王兆海、侯思羽、席海燕、任浩获、高帅、孙雨露、崔幸、李静、张明姣） |
| 16 | 电视文学节目 | 悦读之夜 | 北京广播电视台 | 集体（张苏、徐剑、李向远、穆同、乔鲁京、康健、杨柳、冯博、白岚、于晓琳、杨珊珊、余文、田雯） |
| 17 | 电视艺术片 | 潮白河补水 | 北京广播电视台 | 王寅、白鸥 |

③播音与主持作品 5 件：

| 序号 | 类别 | 节目名称 | 送选单位 | 主创人员 |
|---|---|---|---|---|
| 1 | 电视播音 | 北京新闻 | 北京广播电视台 | 孙扬 |
| 2 | 电视主持 | 向前一步——拆与建的加减法 | 北京广播电视台 | 马骧 |
| 3 | 电视主持 | 春妮的周末时光——“北京中轴线”系列节目“古都风韵 时代风貌” | 北京广播电视台 | 徐春妮 |
| 4 | 电视主持 | 庆祝建党100周年特别节目《今日中国》北京篇 | 北京广播电视台 | 聂一菁 |
| 5 | 电视主持 | 档案：红星传奇 | 北京广播电视台 | 谭江海 |

④境外播出节目 1 件。

| 序号 | 类别 | 节目名称 | 选送单位 | 主创人员 |
|---|---|---|---|---|
| 1 | 电视类 | 自然北京 | 北京广播电视台 | 沈鹏飞、穆彤、杨璐斯 |

（3）媒体融合类：14 件。

| 序号 | 类别 | 节目名称 | 送选单位 | 主创人员 |
|---|---|---|---|---|
| 1 | 电视类 | 副处长变身外卖小哥累瘫街头 | 北京广播电视台 | 徐滔、邵晶、张震、李潇、刘虓、陈梦圆、刘径驰。编辑：刘影慧、王沛东、张育文 |
| 2 | 电视类 | 百年寻梦，2021请回答 | 北京广播电视台 | 田刚、孙迪雅、邓力、潘灿、吴文娟、韩育延、陈博、谭敬。编辑：张庆、李大功 |
| 3 | 电视类 | 村书记拆违建救全村 | 北京广播电视台 | 邵晶、张震、杨凌一、于跃、赖一锐。编辑：朱佩霞、钊贝贝、郭赫 |
| 4 | 电视类 | 《主播说冬奥》系列短视频 | 北京广播电视台 | 集体（策划：梁爽、孙辉。记者：邬晔纬、张默。编辑：胡瑞芳、邬晔纬、张默。技术：刘通。制作：胡瑞芳、刘通、杨明媚） |
| 5 | 电视类 | 双向奔赴！街道打造暖心家园 骑手变身城市“守护者”——“暖城记”融媒体系列报道 | 北京广播电视台 | 潘全心、宗昊、沈澜、肖丽妮、翁熙钞、任千惠 |
| 6 | 电视类 | 直击北京暴雨来袭！应对强降雨北京在行动 | 北京广播电视台 | 集体（编辑：张庆、李大功。策划导播：田刚。出镜记者：陈博、曹宁、崔倩、刘欣、陆林、刘旭、祖冲亚、高天阳、毕轩语、张晓丹。摄像：赵博雅、茂森、楚健、杨钧、王岩、褚文胜、霍庆海、陈军、张虎、曹宁。技术保障：冯澈、许骞。美编：潘灿。视频编辑：薛宇洁、孙迪雅） |
| 7 | 电视类 | 启航北交所 开市全记录 | 北京广播电视台 | 总监制：赵波。总导演：关月、柏松。执行导演：朱慧。主持人：董莉。出镜记者：张伟、曲雪畅。编辑：吕士超、王志杰、刘雯雯、高莹。导播：郭健。技术：荀丁、程璐。摄像：项英、刘晔、白磊 |
| 8 | 广播类 | 上新了，北京地铁 | 北京广播电视台 | 集体（景兵、邢立新、罗霄兵、郑金诗、杨洪、李锐、江宁、杨迪、钱冰冰、王曼宁、陆健、刘萤萤、马骏、宗晓畅、郭雅婧、唐思萌、吴思、蔡贺涓、王劲清、王悦、李青芮、李慈、彭妍、郭峥、鲁春艳、张天军、祁志兵、冯毅、张一凡、刘夏、焦楠、张翔宇、刘晶、王鹤、杨俊楠、孙畅、赵奕阳、化宇）。编辑：杨迪、钱冰冰 |

（续表）

| 序号 | 类别 | 节目名称 | 送选单位 | 主创人员 |
|---|---|---|---|---|
| 9 | 广播类 | 广播剧《北大红楼》融媒体宣传 | 北京广播电视台 | 集体（陈晖、李琳、徐学军、刘安地、刘志飞、杨红光、靳诗羽、徐然、李涟臣）。编辑：刘志飞、杨红光 |
| 10 | 广播类 | 探访疫情防控新政实施后早高峰环京通勤 | 北京广播电视台 | 赵阳东、辛疆琦、薛晓明、苏宁、陈常松。编辑：薛晓明 |
| 11 | 广播类 | “长城文化带”系列融媒体行动 | 北京广播电视台 | 集体（边江、鲁春艳、曹蕾、张翔宇、陈霈、孙庭飞、杨晓宇、张天军、张月娇、赵松、李涟臣、董平远、刘夏、纪佩佩、郭凡、苏醒、王烨、李志春）。编辑：陈霈 |
| 12 | 广播类 | 北京中轴线的智慧 | 北京广播电视台 | 集体（张晶宇、曹军生、刘智嘉、崔英杰、戴蔚然、臧铁洁、洪新、徐帅、明月、朱乐艺、GAL ZILBERBOIM、王异戈）。编辑：刘智嘉、崔英杰 |
| 13 | 广播类 | 哦，你是这样的北京 | 北京广播电视台 | 集体（景兵、邢立新、刘萤萤、陆健、彭妍、李慈、郭峥、姚天宇、马骏、韩萌、史喻、唐思萌、王劲清、兆龙、罗霄兵、雷森、郭晋旭、宗晓畅、左天驰、何程程）。编辑：集体（彭妍、李慈、郭峥、姚天宇、马骏、韩萌、史喻、唐思萌、王劲清） |
| 14 | 广播类 | 同唱一首歌 | 北京广播电视台 | 集体（李秀磊、景兵、罗霄兵、邢立新、郑金诗、杨洪、李锐、孙畅、李凯、陈蕾、钱冰冰、郑晨、张立新、江宁、马骏、杨帆、赵奕阳、成强、王曼宁、张亮、陆健、郭峥、鲁春艳、杨晓宇、孙庭飞、张一凡、张天军、赵松、李涟臣，焦楠、张翔宇、曹蕾、苏醒、李玲、王乐陶）。编辑：陈蕾、钱冰冰、郑晨 |

2．各区融媒体中心：入选55件。

（1）广播类：18件。

①广播新闻类13件：

| 序号 | 类别 | 作品名称 | 送选单位 | 主创人员 |
|---|---|---|---|---|
| 1 | 广播专题 | “扁担”上的垃圾行动队 | 房山融媒体中心 | 张佳佳、王雨佳、魏婷婷、朱晶 |
| 2 | 广播新闻评论 | 以“绣花功夫”服务保障冬奥会各项工作 | 延庆融媒体中心 | 播音、制作：周雯露。记者：赵财 |
| 3 | 广播短消息 | 宏福苑小区里的特别志愿服务队 | 昌平融媒体中心 | 王星宇、王琦、崔昕頔、王勤 |
| 4 | 广播系列报道类 | 追循总书记的足迹：城市副中心记者走进承德 | 通州融媒体中心 | 策划：于亚辉。编辑：吕建杰、王子寅、李跃、陈冬菊。记者：韩银丽、韩强。主持人：张斌 |

（续表）

| 序号 | 类别 | 作品名称 | 送选单位 | 主创人员 |
|---|---|---|---|---|
| 5 | 广播短消息 | 卫星监控助力大兴打赢蓝天保卫战 | 大兴融媒体中心 | 靳石萌、曹蕾、房晓鹏 |
| 6 | 广播新闻专题 | “蜜蜂博士”罗其花助蜂农过上甜蜜生活 | 密云融媒体中心 | 记者：黄婧。编辑：黄晨昭。策划：李芸倩。制作：吴经纬 |
| 7 | 广播专题 | 生命如虹 灿如夏花（11分43秒） | 昌平融媒体中心 | 王思琦、李晓洁、吴彩彬、武红雪 |
| 8 | 广播长消息 | 跑秒计时——延庆区冬奥医疗保障中心救治首位外籍创伤运动员 | 延庆融媒体中心 | 记者：渠晨、赵财。播音、编辑、制作：渠晨 |
| 9 | 广播长消息 | 怀柔深山村民吃上“星空饭” | 怀柔融媒体中心 | 策划：崔颖。记者：段铮。播音：吴晶晶。制作：任欢 |
| 10 | 广播新闻 | 桃棚村奏响“红绿”交响曲 让村民走上乡村致富路 | 平谷融媒体中心 | 于丽丽、潘晓政 |
| 11 | 短消息 | 顺义区首个非公企业党校揭牌 | 顺义融媒体中心 | 张坤、丁越、赵福艳、陈婕 |
| 12 | 广播新闻长消息 | 副中心温度：跨省调卷隔离不隔爱隔离考生实现就地借考 | 通州融媒体中心 | 策划：吴小强。编辑：李跃。记者：王乙晴、苗志坤 |
| 13 | 广播新闻访谈节目 | 畅谈十四五 对话一把手 | 通州融媒体中心 | 策划：于亚辉。编辑：吕建杰、王子寅、李跃、陈冬菊。记者：韩银丽、裴丽娜、山筱楠、郑实、柴福娟、李梦园、赵紫楠、王治家、苗志坤、李岳、王鹏威、韩强、李磊、李文东、李增辉。主持人：吴小强、周思思、石静楠、王超、张斌、邹艳艳、李佳桐、朱广帅 |

②广播播音与主持节目 5 件：

| 序号 | 类别 | 节目名称 | 送选单位 | 主创人员 |
|---|---|---|---|---|
| 1 | 广播类 | 城市副中心 消费新高地——服贸会直播访谈 | 通州融媒体中心 | 主持人：王超 |
| 2 | 广播类 | 《三农有约》新发地蔬果“大王”组团扶助密云 | 密云融媒体中心 | 主持人：杨洋 |
| 3 | 广播类 | 怀柔新闻 | 怀柔融媒体中心 | 彭明亮、吴晶晶 |
| 4 | 广播类 | 冬奥连着我和你 | 延庆融媒体中心 | 渠晨 |
| 5 | 广播类 | 百炼成钢 | 顺义融媒体中心 | 张雨欣 |

（2）电视类：29 件。

①电视新闻类 19 件：

| 序号 | 类别 | 作品名称 | 送选单位 | 主创人员 |
| --- | --- | --- | --- | --- |
| 1 | 电视新闻纪录片 | 爱上大运河 | 通州融媒体中心 | 编导：李骁、郑育娟、吴小强。摄像：李大龙、李晶。撰稿：董继东 |
| 2 | 新闻访谈节目 | 言之有理——如何让老旧小区“重生” | 大兴融媒体中心 | 总监制：马宪颖。监制：王娇。总制片：麻强。制片：张莉。总导演：李鹏 |
| 3 | 专题类 | 最美冬奥城 | 延庆融媒体中心 | 播音：彭晨。后期：高亚男。记者：陆旭、张佳誉 |
| 4 | 长消息 | 都市阳光——全市首例！西城区率先打造老旧小区改造“租赁置换”新模式 | 西城融媒体中心 | 编导、剪辑：杨怡华。摄像：吴朝光、苏凯 |
| 5 | 专题类 | “东城味道”系列节目 | 东城融媒体中心 | 集体 |
| 6 | 电视系列报道 | 防控疫情 我们在行动——封控社区里的温暖守护 | 昌平融媒体中心 | 集体（王君、王司同、董岩、王友、谭硕、王燕平、杨志来） |
| 7 | 纪录片 | 与密云朋友的一天 | 密云融媒体中心 | 杨理光、吴婷、张鑫、祝新欣、秦一博 |
| 8 | 专题类 | 探访北京冬奥村（冬残奥村） | 朝阳融媒体中心 | 杨荣、盛明 |
| 9 | 长消息 | 谁动了我的“绿桶”？这个社区新闻发声人的“寻桶行动”不简单 | 丰台融媒体中心 | 乔晓鹏、李悦、张国震 |
| 10 | 长消息 | 区人力社保局：全程体验办事流程 向前一步为民服务 | 房山融媒体中心 | 庞艳芳、宿廷尉、范承鼎立、田永超 |
| 11 | 栏目 | 话说红色门头沟 | 门头沟融媒体中心 | 策划：高蕾。编导：韩晴。摄制：黄彬 |
| 12 | 专题 | 村里来了个“博士书记” | 海淀融媒体中心 | 佟志伟、张庆洁、刘仁、周逸飞、闫春蕊、范杰 |
| 13 | 短消息 | 北京首个“碳中和”智慧主题公园今天开放 | 昌平融媒体中心 | 张宜恬、初瑞林、赵楠、杨志来 |
| 14 | 短消息 | 怀柔长城保护员获评最美文物守护人 | 怀柔融媒体中心 | 摄像：段峥、单昆宇。采编：崔颖、高宇晴 |
| 15 | 电视新闻 | “京环”在行动 闭环管理涉疫生活垃圾 | 平谷融媒体中心 | 于丽丽、韩宇 |
| 16 | 电视新闻 | 《顺义好人》节专题系列报道 | 顺义融媒体中心 | 编导：熊威（兼摄像）、刘一凡、孙丽琼、方攀。后期：刘峥、李东华 |
| 17 | 短消息 | 空中俯瞰北京环球度假区 副中心亮出首都文旅新名 | 通州区融媒体中心 | 柴福娟、黄亮、韩强、李岳 |

（续表）

| 序号 | 类别 | 作品名称 | 送选单位 | 主创人员 |
|---|---|---|---|---|
| 18 | 专题类 | 光荣在党五十年 我还是那个少年 | 石景山融媒体中心 | 王哲、靳晶、穆慧 |
| 19 | 长消息 | 都市阳光——椿树书苑品国学 白水故居读经典 | 西城融媒体中心 | 编导：王京娜。剪辑：王斯文。摄像：何鑫 |

②电视播音与主持节目 10 件：

| 序号 | 类别 | 节目名称 | 参评单位 | 主创人员 |
|---|---|---|---|---|
| 1 | 电视类 | 2022北京冬奥：让“冬梦”在朝阳展翅“飞翔” | 朝阳融媒体中心 | 田爽 |
| 2 | 电视类 | 延庆新闻 | 延庆融媒体中心 | 周雯露 |
| 3 | 电视类 | 韩建展览馆 | 房山融媒体中心 | 张陆宇 |
| 4 | 电视类 | 机关干部路口执勤 志愿服务助力创城 | 密云融媒体中心 | 祝新欣 |
| 5 | 电视类 | 《海淀新闻》20210102 | 海淀融媒体中心 | 孟凡惠 |
| 6 | 电视类 | 聚焦“四区”建设 朝阳文化正朝阳 | 朝阳融媒体中心 | 杨荣、周杨俊 |
| 7 | 电视类 | 网红打卡地——北京城市副中心胡同里的家文化 | 通州融媒体中心 | 主持人：朱广帅。摄像：张斌 |
| 8 | 电视类 | 科普时刻 | 顺义融媒体中心 | 刘东昌 |
| 9 | 电视类 | 医疗精准扶贫 承载“心”的希望——访全国脱贫攻坚先进个人、昌平区中医医院医生戚学政 | 昌平融媒体中心 | 宋超 |
| 10 | 电视类 | 防火常抓不懈 确保百姓平安 | 平谷融媒体中心 | 段文超 |

（3）媒体融合类：8 件。

| 序号 | 类别 | 节目名称 | 送选单位 | 主创人员 |
|---|---|---|---|---|
| 1 | 创意互动 | 一封穿越时空的家书 | 密云融媒体中心 | 杨理光、张鑫、王浩天、田思雨、杨皓月、闫妍、张艺、史明月 |
| 2 | 专题类 | 《爱我东城》系列节目 | 东城融媒体中心 | 杨晓嘉、常骞壬、朱丹、李若比 |
| 3 | 短视频专题类 | 昌平快递界的“冠军” | 昌平融媒体中心 | 卫思佳、赵宇 |
| 4 | 融合创新 | 《建党百年 百日打卡》海报 | 大兴融媒体中心 | 集体（马宪颖、王娇、麻强、张莉、张剑、张晶晶、涂玲、姚尧、董小晨、林雨萱、李天雨） |
| 5 | 短视频专题 | “毛泽东号”机车：开领袖车 做领军人 | 丰台融媒体中心 | 卢劼、邓支悦、柯澜、徐旭 |
| 6 | 融合创新 | “数”看海淀发展 | 海淀融媒体中心 | 佟志伟、卫东、马素芳、刘文婷、杨凯博、倪恒虎、赵磊、陈乃禾 |
| 7 | 创意互动 | H51921-2021次开往延庆的红色列车 | 延庆融媒体中心 | 制片：胡玖梅、冯亚玲。策划：付冬月、祁海凤。编辑：曹海娇、郄美强。拍摄：王世奇 |

（续表）

| 序号 | 类别 | 节目名称 | 送选单位 | 主创人员 |
|---|---|---|---|---|
| 8 | 短视频 | 100秒说怀柔·非遗篇 | 怀柔融媒体中心 | 尹航、鲁靖、邹文献、赵祎博、张子杨、刘雨晨、张馨晏 |

3. 北京歌华新新传媒有限责任公司、北京歌华移动电视有限公司、北京歌华城市电视有限公司、北京北广传媒数字电视有限公司：入选11件。

①电视新闻类8件：

| 序号 | 类别 | 作品名称 | 送选单位 | 主创人员 |
|---|---|---|---|---|
| 1 | 专题系列报道 | 解难题办实事 物业管理开新局 | 歌华传媒（歌华新新） | 策划：康宁。记者：陈枫、黄栋、祁迪。制作：张梦桥 |
| 2 | 专题系列报道 | 学史力行 我为群众办实事 | 歌华传媒（歌华新新） | 策划：王文辉。记者：刘潇、魏宇泽、赵晓曦、叶志娟。制作：冯泰歌 |
| 3 | 专题系列报道 | 信仰的力量 | 歌华传媒（歌华新新） | 记者：张维、刘香玺、刘方、夏艺翀。制作：赵菲。摄像：张永钱 |
| 4 | 专题系列报道 | 以史为鉴 开创未来（十九届六中全会精神系列解读） | 歌华传媒（歌华新新） | 策划：柳秀彬。记者：王文平、李少峰。制作：张梦桥 |
| 5 | 专题系列报道 | 家书见初心 | 歌华传媒（歌华新新） | 策划：王文辉。记者：刘潇、魏宇泽、赵晓曦、叶志娟。制作：冯泰歌 |
| 6 | 专题 | 为教育事业奋斗终身 | 歌华传媒（歌华新新） | 策划：柳秀彬。记者：张维。摄像：张永钱。制作：赵菲 |
| 7 | 专题 | 01.电视新闻：永远跟党走——永为人民守平安 | 歌华移动电视 | 策划：王宇。记者：孙宇、阎絮。摄像：孙宇。制作：杨帆 |
| 8 | 专题 | 03.电视新闻：北京扶贫故事——让手机成为新农具 | 歌华移动电视 | 策划：杨帆。记者：隗炜、宋若微。摄像：隗炜。制作：孔源源 |

②文艺类作品1件：

| 序号 | 类别 | 节目名称 | 选送单位 | 主创人员 |
|---|---|---|---|---|
| 1 | 电视文艺 | “援”二代的扶贫手记 | 歌华移动电视 | 策划：杨帆。记者：隗炜。摄像：杨帆。制作：隗炜、祁源 |

③媒体融合类作品2件：

| 序号 | 类别 | 节目名称 | 送选单位 | 主创人员 |
|---|---|---|---|---|
| 1 | 创意互动 | 逛逛服贸会——寻找冬奥元素 | 歌华移动电视 | 策划：孙宇、阎絮。记者：隗炜、刘军。编辑：于雪颖。技术：杨帆。制作：王宇 |
| 2 | 融合创新 | 红色印迹 星火燎原——北京香山革命纪念地 | 歌华移动电视 | 策划：刘军、阎絮。记者：薛霞、邢艺龙。编辑：隗炜。技术：杨帆。制作：王宇 |

（北京市广播影视协会）

# 北京广播电视网络视听发展基金 2022年度扶持项目汇总表

## （第一批）名单

（共计95部）

### 一、电视纪录片扶持及奖励作品名单（18部）

| 序号 | 项目名称 | 制作单位 | 作品类别 |
|---|---|---|---|
| 剧本扶持类项目（6部） | | | |
| 1 | 思想耀江山 | 北京广播电视台 | 剧本 |
| 2 | 古都北京 | 北京发现纪实传媒有限公司 | 剧本 |
| 3 | 生命缘——国之大医 | 北京广播电视台 | 剧本 |
| 4 | 动画里的中国 | 北京广播电视台 | 剧本 |
| 5 | 甲骨王朝 | 中澜视讯传媒科技有限公司 | 剧本 |
| 6 | 古建里的中国 | 北京三多堂传媒股份有限公司 | 剧本 |
| 摄制宣推扶持类项目（6部） | | | |
| 1 | 长城国家文化公园 | 北京广播电视台 | 摄制宣推 |
| 2 | 水下中国 第二季 | 北京泡泡海洋文化有限公司 | 摄制宣推 |
| 3 | 海云阿姨 | 北京三多堂传媒股份有限公司 | 摄制宣推 |
| 4 | 纪念碑 | 北京发现纪实传媒有限公司 | 摄制宣推 |
| 5 | 白羽毛 飞起来 | 北京同道真实文化传媒有限公司 | 摄制宣推 |
| 6 | 唱片里的中国（原名：百年回响） | 北京影画起源影视文化传媒有限公司 | 摄制宣推 |
| 奖励类项目（6部） | | | |
| 1 | 大足石刻：石头上的世界 | 东方良友影视传媒（北京）有限公司 | 奖励 |
| 2 | 最美中国：四季如歌 | 五洲传播出版传媒有限公司 | 奖励 |
| 3 | 共和国医者 | 北京广播电视台 | 奖励 |
| 4 | 和平使命 | 五洲传播出版传媒有限公司 | 奖励 |
| 5 | 百福记 | 北京三多堂传媒股份有限公司 | 奖励 |
| 6 | 百年巨匠·建筑篇 | 百年巨匠（北京）文化传播有限公司 | 奖励 |

## 二、电视动画片扶持及奖励作品名单（8部）

| 序号 | 项目名称 | 制作单位 | 作品类别 |
| --- | --- | --- | --- |
| 剧本扶持类（1部） | | | |
| 1 | 二十四节气密码：春之篇 | 北京华映星球文化发展股份有限公司 | 剧本 |
| 摄制宣推扶持类（3部） | | | |
| 1 | 大运河奇缘2 | 北京广播电视台 | 摄制宣推 |
| 2 | 无敌鹿战队 第二季（下） | 北京爱奇艺科技有限公司 | 摄制宣推 |
| 3 | 我也会发明：闪电家族 | 北京华映星球文化发展股份有限公司 | 摄制宣推 |
| 奖励类（4部） | | | |
| 1 | 无敌鹿战队 第二季（上） | 北京爱奇艺科技有限公司 | 奖励 |
| 2 | 繁花似锦 | 北京浩昊科技发展有限公司 | 奖励 |
| 3 | 宇宙护卫队之钢甲霸王龙 | 完美鲲鹏（北京）动漫科技有限公司 | 奖励 |
| 4 | 好伙伴 | 北京浩昊科技发展有限公司 | 奖励 |

## 三、广播电视作品扶持及奖励作品名单（23部）

| 序号 | 项目名称 | 制作单位 | 作品类别 |
| --- | --- | --- | --- |
| （一）广播节目（9部） | | | |
| 剧本扶持类（7部） | | | |
| 1 | 岁月有光——我们这十年 | 北京广播电视台 | 剧本 |
| 2 | 足迹 | 北京广播电视台 | 剧本 |
| 3 | 迎接党的二十大 奋进新征程 | 北京广播电视台 | 剧本 |
| 4 | 寻找二十四节气 | 北京广播电视台 | 剧本 |
| 5 | 双奥向未来——北京奥运遗产系列节目 | 北京广播电视台 | 剧本 |
| 6 | 诗歌里的24节气 | 北京广播电视台 | 剧本 |
| 7 | 行走京津冀 | 北京广播电视台 | 剧本 |
| 奖励类（2部） | | | |
| 1 | 永远的双奥之城——北京奥运遗产全记录（体育遗产系列） | 北京广播电视台 | 奖励 |
| 2 | 冬奥的脚步系列融媒体报道 | 北京广播电视台 | 奖励 |
| （二）电视节目（10部） | | | |
| 剧本扶持类（1部） | | | |
| 1 | 北京节节高 | 北京广播电视台 | 剧本 |
| 摄制宣推扶持类（5部） | | | |
| 1 | 中国共产党领导力密码 | 北京广播电视台 | 摄制宣推 |
| 2 | 大戏看北京 | 北京广播电视台 | 摄制宣推 |

（续表）

| 序号 | 项目名称 | 制作单位 | 作品类别 |
|---|---|---|---|
| 3 | 活过100岁 | 北京广播电视台 | 摄制宣推 |
| 4 | 社区伙伴来帮忙 | 北京市海淀区融媒体中心 | 摄制宣推 |
| 5 | 北大红楼读书会 | 北京广播电视台 | 摄制宣推 |
| 奖励类（4部） | | | |
| 1 | 悦读之夜 | 北京广播电视台 | 奖励 |
| 2 | 意想不到的北京 | 北京广播电视台 | 奖励 |
| 3 | 2022卡酷动画春晚——酷虎出山 | 北京广播电视台 | 奖励 |
| 4 | 人民的心声——北京市庆祝中国共产党成立100周年专场演出 | 北京广播电视台 | 奖励 |
| （三）融媒体项目（4部） | | | |
| 奖励类（4部） | | | |
| 1 | BRTV北京首届老年春晚 | 北京广播电视台 | 奖励 |
| 2 | 红耀海淀谱新篇 | 北京市海淀区融媒体中心 | 奖励 |
| 3 | 哦你是这样的北京 | 北京广播电视台 | 奖励 |
| 4 | 《我是规划师》第二季新媒体系列 | 北京广播电视台 | 奖励 |

## 四、电视剧项目扶持及奖励作品名单（15部）

| 序号 | 项目名称 | 公司名称 | 项目类别 |
|---|---|---|---|
| | 剧本扶持类（8部） | | |
| 1 | 欢迎光临 | 得闲影业（北京）有限公司 | 剧本 |
| 2 | 你好生活 | 煌程影业（北京）有限责任公司 | 剧本 |
| 3 | 灿烂！灿烂！ | 北京完美世界影视有限公司 | 剧本 |
| 4 | 非常律师 | 北京天岸马文化传媒有限公司 | 剧本 |
| 5 | 鲲鹏击浪 | 北京天润大美影视文化有限公司 | 剧本 |
| 6 | 美丽妈妈 | 北京尚人创艺影视文化中心 | 剧本 |
| 7 | 打开生活的正确方式 | 北京漫寻影业有限公司 | 剧本 |
| 8 | 王牌 | 北京悦虎文化传媒有限公司 | 剧本 |
| | 摄制宣推扶持类（3部） | | |
| 1 | 心想事成 | 北京青春你好文化传媒有限公司 | 摄制宣推 |
| 2 | 黄大发的奋斗史 | 北京利畅天扬文化传媒有限公司 | 摄制宣推 |
| 3 | 龙城 | 北京爱奇艺科技有限公司 | 摄制宣推 |
| | 奖励类（4部） | | |
| 1 | 对手 | 北京爱奇艺科技有限公司 | 奖励 |
| 2 | 理想之城 | 北京聚海文化传媒有限公司 | 奖励 |
| 3 | 乔家的儿女 | 得闲影业（北京）有限公司 | 奖励 |
| 4 | 冰雪之名 | 北京文投剧制影视文化有限公司 | 奖励 |

## 五、网络视听节目扶持及奖励作品名单（31部）

| 序号 | 项目名称 | 项目类别 | 申报机构 | 扶持/奖励 |
|---|---|---|---|---|
| 网络剧（2部） | | | | |
| 1 | 那一天 | 网络剧 | 北京爱奇艺科技有限公司 | 奖励 |
| 2 | 冰球少年 | 网络剧 | 咪咕文化科技有限公司 | 奖励 |
| 网络电影（7部） | | | | |
| 1 | 浴血无名川之奔袭 | 网络电影 | 海空雄鹰文化传媒（北京）有限公司 | 剧本扶持 |
| 2 | 排爆手 | 网络电影 | 北京淘梦网络科技有限责任公司 | 摄制宣推扶持 |
| 3 | 金牌少女 | 网络电影 | 北京奇树有鱼文化传媒有限公司 | 摄制宣推扶持 |
| 4 | 藏草青青 | 网络电影 | 北京奥创世纪网络影视发行有限公司 | 奖励 |
| 5 | 生死速度 | 网络电影 | 北京淘梦网络科技有限责任公司 | 奖励 |
| 6 | 冲出战俘营 | 网络电影 | 北京奇树溢彩文化传媒有限公司 | 奖励 |
| 7 | 凡人英雄 | 网络电影 | 优酷信息技术（北京）有限公司 | 奖励 |
| 网络动画片（2部） | | | | |
| 1 | 风起洛阳之神机少年 | 网络动画片 | 北京爱奇艺科技有限公司 | 奖励 |
| 2 | 少年歌行之风花雪月篇 | 网络动画片 | 优酷信息技术（北京）有限公司 | 奖励 |
| 网络纪录片（8部） | | | | |
| 1 | 你好，儿科医生 | 网络纪录片 | 北京字节跳动科技有限公司 | 奖励 |
| 2 | 一路象北 | 网络纪录片 | 优酷信息技术（北京）有限公司 | 奖励 |
| 3 | 追光者2：奋斗的青春 | 网络纪录片 | 优酷信息技术（北京）有限公司 | 奖励 |
| 4 | 迎篮而上的女孩 | 网络纪录片 | 优酷信息技术（北京）有限公司 | 奖励 |
| 5 | 我们村 | 网络纪录片 | 北京字节跳动科技有限公司 | 奖励 |
| 6 | 神奇的老字号 | 网络纪录片 | 优酷信息技术（北京）有限公司 | 奖励 |
| 7 | 棒！少年 | 网络纪录片 | 北京爱奇艺科技有限公司 | 奖励 |
| 8 | 穿越时空的古籍 | 网络纪录片 | 北京字节跳动科技有限公司 | 奖励 |
| 网络综艺节目（3部） | | | | |
| 1 | 一年一度喜剧大赛 | 网络综艺节目 | 北京爱奇艺科技有限公司 | 奖励 |
| 2 | 很高兴认识你2 | 网络综艺节目 | 北京微播视界科技有限公司 | 奖励 |
| 3 | 师父！我要跳舞了2 | 网络综艺节目 | 优酷信息技术（北京）有限公司 | 奖励 |

（续表）

| 序号 | 项目名称 | 项目类别 | 申报机构 | 扶持/奖励 |
|---|---|---|---|---|
| 网络视听专题节目（2部） | | | | |
| 1 | 冰雪荣耀——北京冬奥会和冬残奥会开闭幕式特别节目 | 网络视听专题节目 | 北京广播电视台 | 奖励 |
| 2 | 开场白 | 网络视听专题节目 | 北京微播视界科技有限公司 | 奖励 |
| 网络短视频系列节目（5部） | | | | |
| 1 | 未来写真 | 网络短视频系列节目 | 北京聚本文化传媒有限公司 | 奖励 |
| 2 | 云赏冬奥会 | 网络短视频系列节目 | 北京广播电视台 | 奖励 |
| 3 | 医者 | 网络短视频系列节目 | 北京广播电视台 | 奖励 |
| 4 | 有为 | 网络短视频系列节目 | 优酷信息技术（北京）有限公司 | 奖励 |
| 5 | 银花 | 网络短视频系列节目 | 优酷信息技术（北京）有限公司 | 奖励 |
| 网络音频节目（广播剧）（2部） | | | | |
| 1 | 《诗云》广播剧 | 网络音频节目（广播剧） | 北京喵斯拉网络科技有限公司 | 奖励 |
| 2 | 中国冬奥音频节目 | 网络音频节目（广播剧） | 北京广播电视台 | 奖励 |

## （第二批）名单

（共计45部）

### 一、电视剧项目扶持及奖励作品名单（15部）

| 序号 | 项目名称 | 公司名称 | 项目类别 |
|---|---|---|---|
| 剧本扶持类（3部） | | | |
| 1 | 三界碑 | 开明盛世（北京）国际文化发展有限公司 | 剧本扶持 |
| 2 | 厂里厂外 | 北京米加文化传媒有限公司 | 剧本扶持 |
| 3 | 一路朝阳 | 华策影视（北京）有限公司 | 剧本扶持 |
| 摄制宣推扶持类（7部） | | | |
| 1 | 就爱你淘气 | 北京工匠伟业影视文化有限责任公司 | 摄制宣推 |
| 2 | 打开生活的正确方式 | 北京漫寻影业有限公司 | 摄制宣推 |
| 3 | 灿烂！灿烂！ | 北京完美世界影视有限公司 | 摄制宣推 |
| 4 | 大河之水 | 北京大河之水影视文化有限公司 | 摄制宣推 |
| 5 | 皓月当空 | 北京华声志海文化传播有限公司 | 摄制宣推 |
| 6 | 温暖的，甜蜜的 | 北京完美世界影视有限公司 | 摄制宣推 |
| 7 | 九道弯 | 煌程影业（北京）有限责任公司 | 摄制宣推 |

（续表）

| 序号 | 项目名称 | 公司名称 | 项目类别 |
|---|---|---|---|
| 奖励类（5部） | | | |
| 1 | 香山叶正红 | 北京北广传媒影视股份有限公司 | 奖励 |
| 2 | 欢迎光临 | 得闲影业（北京）有限公司 | 奖励 |
| 3 | 狮子山下的故事 | 北京凡一文化传播有限公司 | 奖励 |
| 4 | 关于唐医生的一切 | 北京爱奇艺科技有限公司 | 奖励 |
| 5 | 新居之约 | 北京左城右隅影视文化传媒有限公司 | 奖励 |

## 二、网络视听节目扶持及奖励作品名单（30 部）

| 序号 | 项目名称 | 申报机构 | 扶持/奖励 |
|---|---|---|---|
| （一）网络剧（4部） | | | |
| 奖励类（1部） | | | |
| 1 | 重生之门 | 优酷信息技术（北京）有限公司 | 奖励 |
| 摄制宣推类（3部） | | | |
| 1 | 点心之路 | 北京爱奇艺科技有限公司 | 摄制宣推 |
| 2 | 青春正好 | 北京漫索文化传媒有限公司 | 摄制宣推 |
| 3 | 在你的冬夜里闪耀 | 北京开火文化传媒有限公司 | 摄制宣推 |
| （二）网络微短剧（6部） | | | |
| 剧本扶持类（5部） | | | |
| 1 | 反诈风暴 | 北京中艺美华影视文化发展有限公司 | 剧本扶持 |
| 2 | 我是名角儿 | 北京八月映像影视有限公司 | 剧本扶持 |
| 3 | 新来那小子 | 北京吉时影视文化传媒有限公司 | 剧本扶持 |
| 4 | 高碑店故事 | 北京众创纪文化科技有限公司 | 剧本扶持 |
| 5 | 花开烂漫时 | 北京快手科技有限公司 | 剧本扶持 |
| 摄制宣推类（1部） | | | |
| 1 | 麻辣律师团 | 北京光彩世纪传媒股份有限公司 | 摄制宣推 |
| （三）网络电影（8部） | | | |
| 剧本扶持类（3部） | | | |
| 1 | 生命摆渡者 | 北京诺澜影业有限公司 | 剧本扶持 |
| 2 | 穷兄富弟 | 北京奇树有娱文化传媒有限公司 | 剧本扶持 |
| 3 | 抬头见喜 | 环宇名艺（北京）传媒科技有限公司 | 剧本扶持 |
| 摄制宣推类（3部） | | | |
| 1 | 特级英雄黄继光 | 北京淘梦网络科技有限责任公司 | 摄制宣推 |
| 2 | 黑鹰少年 | 北京新惟影业有限公司 | 摄制宣推 |
| 3 | 星门深渊 | 北京臻视未来传媒有限公司 | 摄制宣推 |

（续表）

| 序号 | 项目名称 | 申报机构 | 扶持/奖励 |
|---|---|---|---|
| 奖励类（2部） | | | |
| 1 | 以青春之名 | 北京以孚艺术文化传播有限公司 | 奖励 |
| 2 | 烧烤之王 | 北京嘉喜文化传媒有限公司 | 奖励 |
| （四）网络动画片（3部） | | | |
| 摄制宣推类（2部） | | | |
| 1 | 孙爷爷话说西游记 | 北京金丁美奇动画有限公司 | 摄制宣推 |
| 2 | 有兽焉 第一季（1~12集） | 北京分子互动文化传播有限公司 | 摄制宣推 |
| 奖励类（1部） | | | |
| 1 | 非人哉 冬至篇（85~96集） | 北京分子互动文化传播有限公司 | 奖励 |
| （五）网络纪录片（4部） | | | |
| 奖励类（4部） | | | |
| 1 | 真实生长 | 北京西米视觉文化传媒有限公司 | 奖励 |
| 2 | 我不是英雄 | 北京快手科技有限公司 | 奖励 |
| 3 | 侣行十年 | 优酷信息技术（北京）有限公司 | 奖励 |
| 4 | 漫画一生 | 快看世界（北京）科技有限公司 | 奖励 |
| （六）网络短视频系列节目（5部） | | | |
| 奖励类（5部） | | | |
| 1 | 有为 无畏 | 优酷信息技术（北京）有限公司 | 奖励 |
| 2 | 破茧 | 北京快手科技有限公司 | 奖励 |
| 3 | 此致2021 | 北京快手科技有限公司 | 奖励 |
| 4 | 前进吧！中国 | 北京快手科技有限公司 | 奖励 |
| 5 | 48小时直击一头鲸的力量 | 北京快手科技有限公司 | 奖励 |

## （第三批）名单

（共计 40 部）

### 一、电视纪录片项目拟扶持及奖励作品名单（9 部）

| 序号 | 项目名称 | 单位名称 | 项目类别 |
|---|---|---|---|
| 电视纪录片剧本扶持类（6部） | | | |
| 1 | 戏，在说 | 北京广播电视台 | 剧本扶持 |
| 2 | 跨越时空的北京中轴线 | 中外文国际传播发展（北京）有限公司 | 剧本扶持 |
| 3 | 生态北京 | 北京发现纪实传媒有限公司 | 剧本扶持 |
| 4 | 外科先锋 | 北京三多堂传媒股份有限公司 | 剧本扶持 |
| 5 | 中国马拉松 | 北京三多堂传媒股份有限公司 | 剧本扶持 |

（续表）

| 序号 | 项目名称 | 单位名称 | 项目类别 |
|---|---|---|---|
| 6 | 青藏科考 | 北京发现纪实传媒有限公司 | 剧本扶持 |
| 电视纪录片摄制宣推类（3部） | | | |
| 1 | 思想耀江山 协调篇 | 北京广播电视台 | 摄制宣推 |
| 2 | 生命缘——国之大医 | 北京广播电视台 | 摄制宣推 |
| 3 | 向南流的河 | 北京龙世文化集团有限公司 | 摄制宣推 |

## 二、电视动画片项目拟扶持及奖励作品名单（6部）

| 序号 | 项目名称 | 单位名称 | 项目类别 |
|---|---|---|---|
| 动画片摄制宣推类（3部） | | | |
| 1 | 家有灶君 | 北京爱奇艺科技有限公司 | 摄制宣推 |
| 2 | 京剧猫之脚踏实地 27~70集 | 北京璀璨星空文化发展有限公司 | 摄制宣推 |
| 3 | 萌宝战警之远古巨兽 | 北京百世师影视传媒有限责任公司 | 摄制宣推 |
| 动画片播出奖励类（3部） | | | |
| 1 | 宠物旅店 | 北京猫猫家文化传媒有限公司 | 奖励 |
| 2 | 恐龙萌游记 | 北京爱奇艺科技有限公司 | 奖励 |
| 3 | 大运河奇缘2 | 北京广播电视台 | 奖励 |

## 三、广播节目项目拟扶持及奖励作品名单（10部）

| 序号 | 项目名称 | 单位名称 | 项目类别 |
|---|---|---|---|
| 广播节目剧本扶持类（3部） | | | |
| 1 | 大运河畔的歌谣 | 北京广播电视台 | 剧本扶持 |
| 2 | 打开文化之门“二十大”主题节目 | 北京广播电视台 | 剧本扶持 |
| 3 | 十年 | 北京广播电视台 | 剧本扶持 |
| 广播节目摄制宣推类（4部） | | | |
| 1 | 小康之后，北京之治 | 北京广播电视台 | 摄制宣推 |
| 2 | 戏曲曲艺老艺术家口述历史系列访谈 | 北京广播电视台 | 摄制宣推 |
| 3 | 手艺——春夏秋冬里的非遗故事 | 北京广播电视台 | 摄制宣推 |
| 4 | 京声京视（2023年度） | 北京广播电视台 | 摄制宣推 |
| 广播节目播出奖励类（3部） | | | |
| 1 | “大声唱冬奥一起向未来”沉浸式虚拟声音展 | 北京广播电视台 | 奖励 |
| 2 | 问民生，我为群众办实事 | 北京广播电视台 | 奖励 |
| 3 | 追光吧，青春！ | 北京广播电视台 | 奖励 |

## 四、电视节目项目拟扶持及奖励作品名单（11部）

| 序号 | 项目名称 | 单位名称 | 项目类别 |
|---|---|---|---|
| 电视节目剧本扶持类（3部） | | | |
| 1 | 春妮的周末时光——“打开科学之门”系列节目 | 北京广播电视台 | 剧本扶持 |
| 2 | 2023卡酷动画春晚 | 北京广播电视台 | 剧本扶持 |
| 3 | 蜜蜂计划——金融卫士特别节目 | 北京广播电视台 | 剧本扶持 |
| 电视节目摄制宣推类（2部） | | | |
| 1 | 快乐的节日——2022年“六一”全国少儿晚会 | 北京广播电视台 | 摄制宣推 |
| 2 | 诚信北京3·15晚会 | 北京广播电视台 | 摄制宣推 |
| 电视节目播出奖励类（6部） | | | |
| 1 | 向前一步抗疫特别节目 | 北京广播电视台 | 奖励 |
| 2 | “和平·友谊·爱”音乐会 | 中外文国际传播发展（北京）有限公司 | 奖励 |
| 3 | 哇！冰球 | 北京广播电视台 | 奖励 |
| 4 | 照片里的中轴线 | 北京广播电视台 | 奖励 |
| 5 | “百年回响青春激荡”精诚医者致敬盛典 | 北京广播电视台 | 奖励 |
| 6 | 生命缘——抗疫特别节目 | 北京广播电视台 | 奖励 |

## 五、融媒体项目拟扶持及奖励作品名单（4部）

| 序号 | 项目名称 | 单位名称 | 项目类别 |
|---|---|---|---|
| 播出奖励类（4部） | | | |
| 1 | 《长城文化带》系列融媒体行动 | 北京广播电视台 | 奖励 |
| 2 | 欢乐正前方·热爱吧！悦读 | 北京广播电视台 | 奖励 |
| 3 | 远去的白马 | 北京广播电视台 | 奖励 |
| 4 | 我的奥运收藏 | 北京广播电视台 | 奖励 |

（北京市广播电视局电视剧管理处）

# 2022 年北京市广播电视公益广告扶持项目终评结果

## 第一批

| 类别 | 排名 | 主题分类 | 作品名称 | 报送单位 | 时长（秒） |
|---|---|---|---|---|---|
| 电视类 | | | | | |
| 特等 | 1 | 冬奥 | 冰雪有你更精彩 | 北京加利谷影业文化传媒有限公司（中央广电总台总经理室） | 120 |
| 一类 | 2 | 反诈 | 2020防范非法集资公益广告 | 北京广播电视台 | 80 |
| | 3 | 外宣推广 节庆纪念 | 生日·节日 | 中国搜索信息科技股份有限公司 | 100 |
| | 4 | 建党百年 | 献礼建党百年 有一种精神从未变过 | 北京泰美时光文化传媒有限公司 | 120 |
| | 5 | 其他 | 致敬2021 见证每一次抵达 | 人民日报数字传播 | 180 |
| | 6 | 其他 | 2021 道别每一滴眼泪 | 人民日报数字传播 | 180 |
| | 7 | 国家战略 | 小家圆满 大国梦想 | 北京泰美时光文化传媒有限公司 | 115 |
| 二类 | 8 | 冬奥 | 荣耀之花 自强不息 | 北京广播电视台 | 90 |
| | 9 | 首都发展 | 保护文物遗产 传承中华文明 | 北京广播电视台 | 60 |
| | 10 | 冬奥 | 生活之美 运动之美 | 北京中智瀚金文化传媒有限公司 | 120 |
| | 11 | 首都发展 | 遇见戏曲 源远流长 | 北京市丰台区融媒体中心 | 90 |
| | 12 | 冬奥 | 银花 | 优酷信息技术（北京）有限公司 | 90 |
| | 13 | 其他 | 加油中国 | 北京新彩华章网络科技有限公司 | 60 |
| | 14 | 二十大 | 领航 | 中国外文局文化传播中心 北京菲乐影视文化传媒有限公司 | 120 |
| | 15 | 冬奥 | 一起向未来MV 易烊千玺完整版 | 北京广播电视台 | 145 |
| | 16 | 国家战略 | 优酷新青年系列 开篇《有为》 | 优酷信息技术（北京）有限公司 | 90 |
| | 17 | 社会治理 | 2022科学的乐章MV | 北京广播电视台 | 145 |
| | 18 | 建党百年 | 理想之光 照耀中国 | 北京广播电视台 | 60 |
| | 19 | 首都发展 | 以戏观城 | 北京市丰台区融媒体中心 | 90 |
| 三类 | 20 | 党风廉政 | 强国有我 请党放心 | 北京广播电视台 | 60 |
| | 21 | 国防军事 | 共和国不会忘记 人民不会忘记 | 北京艺典堂文化传播有限公司 | 180 |
| | 22 | 冬奥 | 小小志愿者 行动助冬奥 | 北京市昌平区融媒体中心 | 115 |
| | 23 | 传统文化 | 守护西山文化 | 门头沟区融媒体中心 | 65 |
| | 24 | 党风廉政 | 鲜衣怒马少年时 不负韶华行且知 | 北京市大兴区融媒体中心 | 120 |

（续表）

| 类别 | 排名 | 主题分类 | 作品名称 | 报送单位 | 时长（秒） |
|---|---|---|---|---|---|
| 三类 | 25 | 其他 | 电影共享美好生活 | 央影（北京）传媒有限公司 | 130 |
| | 26 | 抗疫 | 防控疫情 我们在行动 | 祎珈传媒（北京）有限公司 | 50 |
| | 27 | 外宣推广 | 看！这就是世遗 | 人民日报数字传播 | 180 |
| | 28 | 抗疫 | 一米线 | 顺义区融媒体中心 | 65 |
| | 29 | 敬老 | 言传身教 孝心传递 | 北京众诚鼎鑫科技有限公司 | 70 |
| | 30 | 法制宣传 | 人民权利的宣言——《民法典》 | 门头沟区融媒体中心 | 100 |
| | 31 | 冬奥 | 双奥之城因我而美 | 北京广播电视台 | 180 |
| | 32 | 残奥 | 你比想象中更加强大 | 北京广播电视台 | 60 |
| | 33 | 旅游 | 飘雪的日子来看你 | 北京广播电视台 | 60 |
| | 34 | 首都发展 | 创文明城区 建幸福房山 | 房山区融媒体中心 | 120 |
| | 35 | 冬奥 | 冬奥明珠华彩绽放 | 延庆区融媒体中心 | 160 |
| | 36 | 冬奥 | 中国移动5G冰雪之队主题曲《燃》 | 咪咕文化科技有限公司 | 170 |
| | 37 | 健康中国 | 2021健康北京宣传周系列公益广告 | 北京市疾病预防控制中心 | 30 |
| 广播类 | | | | | |
| 一类 | 1 | 首都发展 | 北京中轴线：一列时光列车 | 北京广播电视台 | 60 |
| | 2 | 健康中国 | 请多给眼睛放个假 | 北京广播电视台 | 60 |
| | 3 | 法制宣传 | 没说完的话 | 北京定安文化传媒中心 | 75 |
| | 4 | 冬奥 | 双奥北京 | 北京广播电视台 | 60 |
| | 5 | 国家战略 | 中国式浪漫 | 北京俊俊快跑影视文化传媒有限责任公司 | 90 |
| | 6 | 安全教育 | 做孩子的引导者和帮助者 | 北京广播电视台 | 60 |
| 二类 | 7 | 安全教育 | 礼让斑马线 走出人情味 | 北京广播电视台 | 60 |
| | 8 | 国防军事 | 清澈的爱 只为中国 | 北京瑞禾金诚广告有限公司 | 105 |
| | 9 | 社会治理 | 善待他人 点亮希望 | 北京琦昊林国际文化科技有限公司 | 60 |
| | 10 | 冬奥 | 每一次 | 中视锦成（北京）文化科技有限公司 | 70 |
| | 11 | 其他 | 声音记忆：重返联合国 | 北京广播电视台 | 60 |
| | 12 | 健康中国 | 古今爱眼论 | 北京广播电视台 | 60 |
| | 13 | 社会治理 | 高空坏蛋 | 北京新晏文化发展有限公司 | 60 |
| | 14 | 社会治理 | 上楼 | 北京广播电视台 | 60 |
| | 15 | 社会治理 | 每个孩子都有自己的闪光点 | 北京广播电视台 | 60 |
| | 16 | 国家战略 | 一条大河波浪宽红色歌曲背后的故事 | 北京瑞禾金诚广告有限公司 | 120 |

（续表）

| 类别 | 排名 | 主题分类 | 作品名称 | 报送单位 | 时长（秒） |
|---|---|---|---|---|---|
| 二类 | 17 | 社会治理 | 身体拒绝加班 | 北京广播电视台 | 60 |
| | 18 | 文旅 | 红色足迹懂初心 | 北京广播电视台 | 60 |
| 三类 | 19 | 社会治理 | 收起小小好奇心 | 北京广播电视台 | 60 |
| | 20 | 首都发展 | 一条路看遍老北京 | 北京广播电视台 | 60 |
| | 21 | 二十大 | 百年中国梦 献礼二十大 | 北京中外翻译咨询有限公司 | 90 |
| | 22 | 文旅 | 多彩假期 绚丽生活 | 北京广播电视台 | 60 |
| | 23 | 社会治理 | 网眼儿里的月亮土 | 北京广播电视台 | 60 |
| | 24 | 冬奥 | 中国文化拥抱奥林匹克 | 北京广播电视台 | 60 |
| | 25 | 首都发展 | 北京中轴线的声音 | 北京广播电视台 | 60 |
| | 26 | 冬奥 | 冬奥会的青春风暴 | 北京广播电视台 | 60 |
| | 27 | 社会治理 | “1米”的城市 | 北京广播电视台 | 60 |
| | 28 | 首都发展 | 京味道 | 北京众诚鼎鑫科技有限公司 | 30 |
| | 29 | 国家战略 | 青春心向党 | 北京琦昊林国际文化科技有限公司 | 70 |
| | 30 | 社会治理 | 声音情绪调味盘 | 北京广播电视台 | 60 |
| | 31 | 社会治理 | 孩子们的“空间” | 北京广播电视台 | 60 |
| | 32 | 乡村振兴 | 协力共奏乡村振兴的乐章 | 北京广播电视台 | 60 |
| | 33 | 首都发展 | 今非昔比 欢迎你来北京 | 北京阳洋新通科技发展有限公司 | 60 |
| | 34 | 冬奥 | 筑梦冬奥 有你有我 | 延庆区融媒体中心 | 60 |
| | 35 | 社会治理 | 讲究卫生除四害 细菌病毒全走开 | 延庆区融媒体中心 | 30 |
| | 36 | 法制宣传 | 做好事有保障 民法典守护你 | 北京新晏文化发展有限公司 | 60 |

| 类别 | 排名 | 机构名称 |
|---|---|---|
| 播出机构类 | | |
| 一类 | | 空缺 |
| 二类 | 1 | 北京广播电视台 |
| 三类 | 2 | 北京歌华城市电视有限公司 |
| | 3 | 顺义区融媒体中心 |
| | 4 | 北京市丰台区融媒体中心 |
| | 5 | 延庆区融媒体中心 |
| | 6 | 北京市门头沟区融媒体中心 |

## 第二批

| 类别 | 排名 | 作品名称 | 报送单位 | 时长（秒） |
|---|---|---|---|---|
| **电视类** | | | | |
| 一类 | 1 | 您的声音 | 北京歌华移动电视有限公司 | 120 |
| 二类 | 2 | 建功新时代 喜庆二十大 | 北京华夏盛视文化传播有限公司 | 115 |
| | 3 | 这十年 | 北京中智瀚金文化传媒有限公司 | 45 |
| | 4 | 信仰的力量 | 新京报 | 60 |
| | 5 | 誓言 | 中国外文局文化传播中心<br>北京京奇时光咨询顾问有限公司 | 120 |
| 三类 | 6 | 没有共产党就没有新中国<br>红色旅游振兴新农村 | 北京广播电视台 | 120 |
| | 7 | 繁城依旧 | 北京悠视文化传媒有限公司 | 130 |
| | 8 | 乘风破浪 深海拓荒 | 北京广播电视台 | 120 |
| | 9 | 喜庆二十大 家庭赛诗会 | 电影频道节目中心<br>北京定安文化传媒中心 | 45 |
| | 10 | 大戏看北京 处处是舞台 | 北京广播电视台 | 60 |
| | 11 | 弘扬传统文化 喜庆二十大 | 中国中医药报社<br>北京志诚中医传播交流中心 | 90 |
| | 12 | 新时代接力棒 | 中国人民大学附属中学 | 60 |
| **广播类** | | | | |
| 一类 | 1 | 开往乡村振兴的列车 | 中视锦成（北京）文化科技有限公司 | 105 |
| 二类 | 2 | 致敬退役军人：变与不变 | 北京广播电视台 | 60 |
| | 3 | 拳拳之心 铮铮誓言 献礼二十大 | 北京御风映画文化发展有限公司 | 120 |
| | 4 | 号角 | 北京广播电视台 | 60 |
| 三类 | 5 | 颂咏二十大 | 电影频道节目中心<br>北京定安文化传媒中心 | 60 |
| | 6 | 守护市容 平凡英雄 | 北京市城市管理委员会<br>北京柏雅传媒广告有限责任公司 | 45 |
| | 7 | 跨越时空的同一天 | 北京市小靓文化传媒有限公司 | 45 |
| | 8 | 喜庆二十大 | 一品盛世文化传播（北京）有限公司 | 90 |
| | 9 | 民族复兴的声音 | 太和怡康文化传播（北京）有限公司 | 90 |
| | 10 | 文化自信 自尊自爱！自信自强！ | 北京瑞禾金诚广告有限公司 | 90 |
| | 11 | 文化自信从“家”开始<br>献礼二十大 | 北京艾普拉斯文化发展有限公司 | 120 |

（北京市广播电视局传媒机构管理处）

# 2022年度北京市广播电视收听收看优秀作品评选结果

| 序号 | 作品名称 | 奖项名称 | 获奖部门及人员 |
|---|---|---|---|
| 1 | 北京新闻 | 优秀新闻栏目 | 北京广播电视台新闻频道 |
| 2 | 主播在线 | | 北京广播电视台新闻广播 |
| 3 | 春妮的周末时光 | 优秀文艺栏目 | 北京广播电视台文艺频道 |
| 4 | 徐徐道来话北京 | | 北京广播电视台交通广播 |
| 5 | 法治进行时 | 优秀法制栏目 | 北京广播电视台纪实科教频道 |
| 6 | 法治中国60分 | | 北京广播电视台纪实科教频道 |
| 7 | 七色光 | 优秀青少栏目 | 北京广播电视台卡酷少儿频道 |
| 8 | 教育面对面 | | 北京广播电视台城市广播 |
| 9 | 为你喝彩 | 优秀科教栏目 | 北京广播电视台卫视频道 |
| 10 | 科创中国 | | 北京广播电视台京津冀之声 |
| 11 | 2022 | 优秀体育栏目 | 北京广播电视台体育休闲频道 |
| 12 | 金戈铁马 | | 北京广播电视台体育广播 |
| 13 | 数说北京 | 优秀财经栏目 | 北京广播电视台财经频道 |
| 14 | 京津冀大格局 | | 北京广播电视台财经频道 |
| 15 | 我为群众办实事之基层报到 | 优秀民生服务类栏目 | 北京广播电视台卫视频道 |
| 16 | 老年之友 | | 北京广播电视台城市广播 |
| 17 | 养生堂 | 优秀健康养生类栏目 | 北京广播电视台卫视频道 |
| 18 | 健康加油站 | | 北京广播电视台城市广播 |
| 19 | 中国共产党领导力密码 | 党的二十大主题精品节目 | 北京广播电视台纪实科教频道 |
| 20 | 见微知著——大国首都十年跨越 | | 北京广播电视台卫视频道 |
| 21 | 档案："冬奥传奇"系列 | 冬奥主题精品节目 | 北京广播电视台卫视频道 |
| 22 | 运河之上："看冬奥 红妆素裹分外俏"系列 | | 北京广播电视台城市广播 |
| 23 | 生命缘：抗疫特别节目 | 疫情防控宣传引导精品节目 | 北京广播电视台卫视频道 |

（续表）

| 序号 | 作品名称 | 奖项名称 | 获奖部门及人员 |
|---|---|---|---|
| 24 | 我的桃花源 第二季 | 季播综艺精品节目 | 北京广播电视台卫视频道 |
| 25 | 书画里的中国 第二季 | | 北京广播电视台卫视频道 |
| 26 | 博物馆之城 | | 北京广播电视台卫视频道 |
| 27 | 我是规划师 第三季 | | 北京广播电视台新闻频道 |
| 28 | 超球少年 第二季 | 年度少儿精品节目 | 北京广播电视台卫视频道 |
| 29 | 2022北京广播电视台春节联欢晚会 | 精品晚会/特别节目 | 北京广播电视台 |
| 30 | 2022悦读之夜 | | 北京广播电视台青年频道 |
| 31 | 听见香港 | | 北京广播电视台音乐广播 |
| 32 | 黄河安澜 | 年度最佳纪录片 | 北京广播电视台纪实科教频道 |
| 33 | 归雁 | 年度最佳广播剧 | 北京广播电视台文艺广播 |
| 34 | 共和国医者 | 年度最佳收视作品 | 北京广播电视台生活频道 |
| 35 | 京味 | 年度最受观众欢迎作品 | 北京广播电视台新闻频道 |
| 36 | 全景中轴 | 年度最佳融媒传播作品 | 北京广播电视台新闻频道 |
| 37 | 数说中国这十年 | 党的二十大宣传优秀作品 | 北京歌华城市电视有限公司 |
| 38 | 北京党史“慕课” | 特别策划优秀作品 | 北京歌华新新传媒有限责任公司 |
| 39 | “冰雪专车”喊你来玩 | 最佳提名作品 | 北京歌华移动电视有限公司 |
| 40 | 疫情防控系列视频 | | 北京歌华城市电视有限公司 |
| 41 | 芳华遇见新时代 | 党的二十大宣传优秀作品 | 西城区融媒体中心 |
| 42 | 歌声飘过这十年 | | 顺义区融媒体中心 |
| 43 | 我们的新时代 | | 东城区融媒体中心 |
| 44 | “我们的新时代”大型直播活动 | | 昌平区融媒体中心 |
| 45 | “双奥”民警冯涛：离大跳台最近却从没认真看过比赛 | 冬奥宣传优秀作品 | 石景山区融媒体中心 |
| 46 | 最美冬奥城 | | 延庆区融媒体中心 |
| 47 | 城市副中心主播说 | 疫情防控宣传优秀作品 | 通州区融媒体中心 |
| 48 | 小兴兴说健康 | | 大兴区融媒体中心 |
| 49 | 短评：疫情防控中 温暖与爱从未缺席 | | 平谷区融媒体中心 |

（续表）

| 序号 | 作品名称 | 奖项名称 | 获奖部门及人员 |
|---|---|---|---|
| 50 | 小蜜蜂托起密云乡村振兴梦 | 乡村振兴优秀作品 | 密云区融媒体中心 |
| 51 | 奋斗者正青春——苑媛：用艺术力量唤醒乡村活力 推动乡村文化振兴 | | 怀柔区融媒体中心 |
| 52 | 身边的故事——带头致富“新农人” | | 门头沟区融媒体中心 |
| 53 | 镇“淀”之宝 | 形象宣传优秀作品 | 海淀区融媒体中心 |
| 54 | 帧·朝阳 | | 朝阳区融媒体中心 |
| 55 | 外企看亦城 | | 经开区融媒体中心 |
| 56 | 您说我办 | 特别策划优秀作品 | 丰台区融媒体中心 |
| 57 | 人人都是营商环境 | | 房山区融媒体中心 |
| 58 | 讲好家门口的“红色”故事 | 最佳提名作品 | 大兴区融媒体中心 |
| 59 | 党旗在一线高高飘扬 | | 房山区融媒体中心 |
| 60 | 两座场馆一种使命 相约海淀冬奥有我 | | 海淀区融媒体中心 |
| 61 | 李楠：轮椅上的双奥志愿者 | | 朝阳区融媒体中心 |
| 62 | 亦起冬奥吧 | | 经开区融媒体中心 |
| 63 | 顺顺迎冬奥 | | 顺义区融媒体中心 |
| 64 | 科学防护 守护健康 | | 东城区融媒体中心 |
| 65 | 防疫物品说防疫 | | 经开区融媒体中心 |
| 66 | 左家庄“爱心车队”24小时接力守护 | | 朝阳区融媒体中心 |
| 67 | 百姓身边——生态立区 绿水青山就是金山银山 | | 平谷区融媒体中心 |
| 68 | 北京地名故事之房山篇 | | 房山区融媒体中心 |
| 69 | 千年风雨话大兴 | | 大兴区融媒体中心 |
| 70 | 平原新城看顺义 | | 顺义区融媒体中心 |
| 71 | 与密云朋友的一天 | | 密云区融媒体中心 |
| 72 | 共绘文明海淀 | | 海淀区融媒体中心 |
| 73 | “两区”建设听我说 | | 经开区融媒体中心 |
| 74 | 探展“世遗宝藏 大明风华——明十三陵历史文化陈列展” | | 昌平区融媒体中心 |

（北京市广播电视局宣传管理处）

# 2022年北京市优秀少儿广播电视节目名单

## 广播节目

| 序号 | 节目名称 | 制作机构 |
|---|---|---|
| 市级 | | |
| 1 | 小虎爱推理红领巾特辑：藏在邮票里的秘密 | 北京广播电视台<br>故事广播中心 |
| 2 | 晚安时间冬奥小课堂 | 北京广播电视台<br>文艺广播中心 |
| 3 | 成长时光 | 北京广播电视台<br>新闻广播中心 |
| 4 | 童声唱响千万雪花 | 北京广播电视台<br>新闻广播中心 |
| 区级 | | |
| 1 | 向上好少年 | 顺义区融媒体中心 |

## 电视节目

| 序号 | 节目名称 | 制作机构 |
|---|---|---|
| 市级 | | |
| 1 | 快乐的节日——2022年“六一”全国少儿晚会 | 北京广播电视台<br>动画频道中心 |
| 2 | 哇！冰球 | 北京广播电视台<br>动画频道中心 |
| 3 | 喜迎二十大主题晚会“少年筑梦新时代” | 北京广播电视台<br>青年频道中心 |
| 4 | “2022北京市中小学生公共安全开学第一课”融媒体课堂 | 北京广播电视台<br>新闻频道中心 |
| 5 | 科技创新小达人 | 北京广播电视台<br>动画频道中心 |
| 区级 | | |
| 1 | 从怀柔长城看拱圈原理、青龙峡大坝如何建成、红肖梨的甜度秘诀 | 怀柔区融媒体中心 |
| 2 | FIM时光 | 昌平区融媒体中心 |

（北京市广播电视局宣传管理处）

# 2022年北京市广播电视创新创优节目名单

| 序号 | 节目名称 | 制作机构 |
|---|---|---|
| 第一季度 | | |
| 市级广播节目 | | |
| 1 | 冬奥广播剧《归雁》 | 北京广播电视台文艺广播中心 |
| 2 | "大声唱冬奥 一起向未来"沉浸式虚拟声音展 | 北京广播电视台音乐广播中心 |
| 3 | 2022年全国两会特别节目《对话京津冀》 | 北京广播电视台新闻广播中心 |
| 4 | 诗话冬奥 | 北京广播电视台体育广播中心 |
| 5 | "广播过大年·福虎闹新春"2022年春节特别节目 | 北京广播电视台 |
| 市级电视节目 | | |
| 1 | 我是规划师 第二季 共创都市 | 北京广播电视台新闻频道中心 |
| 2 | 约惠北京乐享生活——2022北京消费季特别节目 | 北京广播电视台财经频道中心 |
| 3 | 档案："冬奥传奇"系列节目 | 北京广播电视台卫视频道中心 |
| 4 | 我是大医生——2022世界防治结核病日特别节目 | 北京广播电视台卫视频道中心 |
| 5 | BRTV第七届《诚信北京3·15晚会》 | 北京广播电视台财经频道中心 |
| 6 | 哇！冰球 | 北京广播电视台动画频道中心 |
| 7 | 意想不到的北京 | 北京广播电视台青年频道中心 |
| 8 | 就业服务专员——讲政策 搭平台 释疑问 | 歌华传媒集团 |
| 区级节目 | | |
| 1 | 系列短视频《我与冬奥》 | 顺义区融媒体中心 |
| 2 | 办好群众身边事 | 门头沟区融媒体中心 |
| 3 | 社区新闻发声人\|探访创森记 | 丰台区融媒体中心 |
| 4 | 《众志成城 齐心战疫》系列节目 | 东城区融媒体中心 |
| 5 | 迎奥运——一起"滑"起来 | 房山区融媒体中心 |
| 第二季度 | | |
| 市级广播节目 | | |
| 1 | 追光吧，青春！ | 北京广播电视台音乐广播中心 |
| 2 | 寻声问迹中轴线 | 北京广播电视台广播节目制作中心 |
| 3 | 我骄傲，我是中国青年 | 北京广播电视台外语广播中心 |
| 4 | 《协同发展进行时》特别节目《千古古运河，新生润两岸》 | 北京广播电视台京津冀之声 |
| 市级电视节目 | | |
| 1 | 快乐的节日——2022年"六一"全国少儿晚会 | 北京广播电视台动画频道中心 |

（续表）

| 序号 | 节目名称 | 制作机构 |
|---|---|---|
| 2 | 我的桃花源 第二季 | 北京广播电视台卫视频道中心 |
| 3 | 《老师请回答》特别节目——我的冬奥故事 | 北京广播电视台卫视频道中心 |
| 4 | 生命缘——抗疫特别节目 | 北京广播电视台卫视频道中心 |
| 5 | 向前一步·抗疫特别节目 | 北京广播电视台卫视频道中心 |
| 6 | 为你喝彩·我们这五年 | 北京广播电视台卫视频道中心 |
| 7 | 书画里的中国 第二季 | 北京广播电视台卫视频道中心 |
| 区级节目 | | |
| 1 | 这里是朝阳——喜迎二十大特别节目 | 朝阳区融媒体中心 |
| 2 | 回天看变化 | 昌平区融媒体中心 |
| 3 | 中国航天日：逐梦苍穹 | 丰台区融媒体中心 |
| 4 | 身边的故事——擦亮红色名片 助力乡村振兴 | 门头沟区融媒体中心 |
| 5 | “两区”建设听我说 | 经开区融媒体中心 |
| 6 | 最美冬奥城 | 延庆区融媒体中心 |
| 7 | 花开未来 | 昌平区融媒体中心 |
| 8 | 法制聚焦 | 石景山区融媒体中心 |
| 9 | 平原新城看顺义 | 顺义区融媒体中心 |
| 第三季度 | | |
| 市级广播节目 | | |
| 1 | 庆祝香港回归25周年特别节目《听见香港》 | 北京广播电视台音乐广播中心 |
| 2 | 欢乐正前方·1039无限电 | 北京广播电视台交通广播中心 |
| 3 | 广播剧《红柳花开》 | 北京广播电视台文艺广播中心 |
| 4 | 寻找二十四节气 | 北京广播电视台新闻广播中心 |
| 5 | 互联网诊疗的现在进行时 | 北京广播电视台城市广播中心 |
| 市级电视节目 | | |
| 1 | 中国共产党领导力密码 | 北京广播电视台科教频道中心 |
| 2 | 博物馆之城 | 北京广播电视台卫视频道中心 |
| 3 | 京城十二时辰 第二季 | 北京广播电视台卫视频道中心 |
| 4 | 向前一步——36号楼63年的心愿 | 北京广播电视台卫视频道中心 |
| 5 | 开往春天的列车 | 北京广播电视台卫视频道中心 |
| 6 | 我是规划师 第三季 生生不息 | 北京广播电视台新闻频道中心 |
| 7 | 卡酷偶剧院之酷虎成长大计划 | 北京广播电视台动画频道中心 |
| 8 | 一年月色最明夜——2022北京广播电视台中秋晚会 | 北京广播电视台文艺频道中心 |
| 9 | 活过100岁 | 北京广播电视台卫视频道中心 |
| 10 | 数说中国这十年 | 歌华传媒集团 |
| 区级节目 | | |
| 1 | 杨存信：41年守望百年车站 退而不休继续讲好中国故事 | 延庆区融媒体中心 |

（续表）

| 序号 | 节目名称 | 制作机构 |
|---|---|---|
| 2 | 系列微广播剧《顺顺家的美好生活》 | 顺义区融媒体中心 |
| 3 | 平原新城看顺义 | 顺义区融媒体中心 |
| 4 | 文脉赞中华 非遗颂党恩 | 房山区融媒体中心 |
| 5 | 外企看亦城 | 经开区融媒体中心 |
| 6 | 身边的故事——带头致富“新农人” | 门头沟区融媒体中心 |
| **第四季度** | | |
| **市级广播节目** | | |
| 1 | “听，流动的北京城——大声喊 新年好”北京广播电视台广播跨年融媒传播行动 | 北京广播电视台 |
| 2 | 融媒体微剧《咱们这十年》 | 北京广播电视台<br>文艺广播中心 |
| 3 | 《向美好出发——20条骑游线路发现大美北京》融媒体报道 | 北京广播电视台<br>交通广播中心 |
| 4 | 《小虎爱推理红领巾特辑：藏在邮票里的秘密》 | 北京广播电视台 |
| 5 | 《跃动的坐标》“大国重器中的他们”特别节目 | 北京广播电视台<br>交通广播中心 |
| 6 | 融媒体系列报道《十年时钟》 | 北京广播电视台<br>新闻广播中心 |
| 7 | 读书俱乐部“筑梦向未来”特别节目 | 北京广播电视台<br>故事广播中心 |
| 8 | 《识北京》系列《国际语言环境“老布”谈》 | 北京广播电视台<br>外语广播中心 |
| **市级电视节目** | | |
| 1 | 2022悦读之夜 | 北京广播电视台<br>青年频道中心 |
| 2 | 我为群众办实事之基层报到 | 北京广播电视台<br>卫视频道中心 |
| 3 | 桃花源里看十年 | 北京广播电视台<br>卫视频道中心 |
| 4 | 暖暖的火锅 | 北京广播电视台<br>卫视频道中心 |
| 5 | 最美中轴线 第二季 | 北京广播电视台<br>卫视频道中心 |
| 6 | 踏上新征程——BRTV跨年之夜 | 北京广播电视台 |
| 7 | 《京味》系列国际传播微纪录作品 | 北京广播电视台<br>新闻频道中心 |
| 8 | 2023科学跨年之夜 | 北京广播电视台<br>科教频道中心 |
| 9 | 见微知著——大国首都 十年跨越 | 北京广播电视台<br>卫视频道中心 |

（续表）

| 序号 | 节目名称 | 制作机构 |
|---|---|---|
| 区级节目 | | |
| 1 | 您说我办 | 丰台区融媒体中心 |
| 2 | 新新向党 暖心前行 | 昌平区融媒体中心 |
| 3 | 顺义这十年 | 顺义区融媒体中心 |
| 4 | 身边的故事——江水河村的“云推荐官” | 门头沟区融媒体中心 |
| 5 | 传统节日节气系列 | 顺义区融媒体中心 |

（北京市广播电视局宣传管理处）

# 2022年北京市优秀融媒体新闻作品名单

| 序号 | 作品名称 | 制作机构 |
|---|---|---|
| 第一季度 | | |
| 1 | “危险重重”的盲道 | 北京广播电视台<br>新闻广播中心 |
| 2 | 三亿分之一 | 北京广播电视台<br>新闻广播中心 |
| 3 | 新格局下京津冀协同发展 | 北京广播电视台<br>京津冀之声 |
| 4 | 跳台起跳点，运动员在空中飞行140多米 | 北京广播电视台<br>体育广播中心 |
| 5 | 记者卧底7-11曝光后厨乱象 | 北京广播电视台<br>生活频道中心 |
| 6 | 暖心又给力！来听现场的“总理之声” | 北京时间 |
| 7 | 速降1000米长歌！全赛段顶配版高山滑雪，10个长镜头看一遍不够！ | 北京广播电视台<br>新闻频道中心 |
| 8 | 我在太空安个家系列八：太空课堂 | 北京广播电视台<br>科教频道中心 |
| 9 | 两座场馆一种使命 相约海淀冬奥有我 | 海淀区融媒体中心 |
| 10 | 风雪同心战疫情 | 丰台区融媒体中心 |
| 11 | 雪容融正式上岗了 | 歌华传媒集团有限公司 |
| 12 | 延庆融媒邀您《一起来滑雪》 | 延庆区融媒体中心 |
| 13 | 全国首个！顺义区全运营区域落地共享单车“蓝牙道钉”技术，规范共享单车停放 | 顺义区融媒体中心 |
| 14 | 一只会“叫”的风筝 | 怀柔区融媒体中心 |

（续表）

| 序号 | 作品名称 | 制作机构 |
|---|---|---|
| 15 | 刘立宏：巧手剪冬奥 指尖送祝福 | 朝阳区融媒体中心 |
| 第二季度 | | |
| 1 | 《中国好邻居“感染者218”》系列融媒体报道 | 北京广播电视台<br>新闻频道中心 |
| 2 | 抗击疫情温暖北京 | 北京广播电视台<br>生活频道中心 |
| 3 | 不用囤，管够！ | 北京广播电视台<br>新闻频道中心 |
| 4 | 航天点亮梦想 | 北京新媒体集团<br>北京时间 |
| 5 | 在北京 有一种亲人叫“街坊” | 北京广播电视台<br>新闻频道中心 |
| 6 | 北京抗疫24小时：致敬抗疫背后那些忙碌但坚毅的身影 | 北京新媒体集团<br>北京时间 |
| 7 | 三甲医院太平间的“天价殡葬费” | 北京广播电视台<br>新闻广播中心 |
| 8 | 青年，青年！ | 北京广播电视台<br>网络传播中心 |
| 9 | 千年运河，北首启航——京冀运河通航大型融媒现场直播 | 北京广播电视台城市广播中心、网络传播中心<br>通州区融媒体中心 |
| 10 | 苏翊鸣哥哥和小朋友精彩互动 | 北京广播电视台<br>体育广播中心 |
| 11 | 疫情防控系列视频 | 歌华传媒集团有限公司 |
| 12 | 李大钊英勇就义95周年之追忆 | 西城区融媒体中心 |
| 13 | 100秒说怀柔 | 怀柔区融媒体中心 |
| 14 | 《通州区融媒体中心记者管控区亲历实录》系列报道 | 通州区融媒体中心 |
| 15 | MV《我想看看你的模样》 | 顺义区融媒体中心 |
| 16 | 探访昌平区社区防控数据组：和数据赛跑，终有一天能跑赢 | 昌平区融媒体中心 |
| 17 | 疫情防控《常态化防疫十二条》 | 经开区融媒体中心 |
| 18 | 《致敬最美逆行者》系列微视频 | 东城区融媒体中心 |
| 第三季度 | | |
| 1 | 夜京城，yeah Beijing | 北京广播电视台<br>新闻广播中心 |
| 2 | 《北京新玩法》融媒系列报道 | 北京广播电视台<br>新闻广播中心 |
| 3 | 延庆乐动中秋十二时刻 | 北京广播电视台<br>京津冀之声 |
| 4 | 《“京港‘骑’缘”》融媒系列报道 | 北京广播电视台<br>交通广播中心 |

（续表）

| 序号 | 作品名称 | 制作机构 |
|---|---|---|
| 5 | 2022服贸会来了！问你“服”不“服”？ | 北京广播电视台<br>网络传播中心 |
| 6 | 全景中轴 | 北京广播电视台<br>新闻频道中心 |
| 7 | 探访国家文化公园 | 北京广播电视台<br>新闻频道中心 |
| 8 | 最美家乡味·最美家乡人 | 北京新媒体集团<br>北京时间 |
| 9 | 云看北影节 | 北京新媒体集团<br>北京时间 |
| 10 | “发布汇”系列短视频 | 北京新媒体集团<br>北京时间 |
| 11 | 第七届超级月亮慢直播双屏互动，邂逅“月光下的北京” | 歌华传媒集团有限公司 |
| 12 | 门头沟战“疫”1680小时 | 门头沟区融媒体中心 |
| 13 | 致燃烧青春的你 | 大兴区融媒体中心 |
| 14 | 《我们的新时代》融媒系列报道 | 东城区融媒体中心 |
| 15 | 100秒说怀柔 | 怀柔区融媒体中心 |
| 16 | 你好 双奥朝阳 | 朝阳区融媒体中心 |
| 17 | 高质量发展看北京城市副中心 | 通州区融媒体中心 |
| 18 | 北京顺义：无人机为2万余亩玉米防病“健身” | 顺义区融媒体中心 |
| 19 | 支部书记冲冲冲 | 昌平区融媒体中心 |
| | **第四季度** | |
| 1 | 《二十大代表风采》融媒专题 | 北京广播电视台<br>听听FM<br>新闻广播中心<br>交通广播中心 |
| 2 | 权威专访！新冠发病7日图，“居家小药箱”应备这些药 | 北京广播电视台<br>新闻广播中心 |
| 3 | 多措并举保物流畅通，京东、顺丰等物流企业运力恢复九成 | 北京广播电视台<br>交通广播中心 |
| 4 | H5产品：《我家住在运河边》 | 北京广播电视台<br>网络传播中心 |
| 5 | 北京各商场将恢复营业 | 北京广播电视台<br>京津冀之声 |
| 6 | 北大红楼读书会 | 北京广播电视台<br>青年频道中心<br>故事广播中心 |
| 7 | 《从阳过到阳康》新闻调查 | 北京新媒体集团<br>北京时间 |

（续表）

| 序号 | 作品名称 | 制作机构 |
| --- | --- | --- |
| 8 | 这双手让人心疼 奋战在抗疫一线的护士双手冻伤坚持工作 | 北京广播电视台<br>新闻频道中心 |
| 9 | “科学防控 守护健康”系列微视频 | 东城区融媒体中心 |
| 10 | 城市副中心主播说疫情防控系列短视频 | 通州区融媒体中心 |
| 11 | 代表来了 | 大兴区融媒体中心 |
| 12 | 致我们的2022，十图见证门头沟的蝶变之路！ | 门头沟区融媒体中心 |
| 13 | 非凡十年看顺义 | 顺义区融媒体中心 |
| 14 | 非凡十年 一个大型社区的逆袭 | 昌平区融媒体中心 |
| 15 | 坚守为民初心 当好服务群众“螺丝钉” | 延庆区融媒体中心 |
| 16 | 防疫用品说防疫 | 经开区融媒体中心 |
| 17 | 委员对话一把手·提案办理面对面 | 丰台区融媒体中心 |

（北京市广播电视局宣传管理处）

# 2022年北京市优秀广播电视新闻作品名单

| 序号 | 作品名称 | 制作机构 |
| --- | --- | --- |
| 第一季度 | | |
| 广播新闻作品 | | |
| 1 | 大山里的百灵鸟——冬奥开幕式上，唱着奥运会歌的山里孩子 | 北京广播电视台<br>新闻广播中心 |
| 2 | 春天的脚步——构建新格局 | 北京广播电视台<br>新闻广播中心 |
| 3 | 高质量发展看北京城市副中心 | 北京广播电视台<br>城市广播中心 |
| 电视新闻作品 | | |
| 1 | 北京向未来 | 北京广播电视台<br>卫视频道中心 |
| 2 | 飞扬向未来——北京2022年冬残奥会火炬传递特别节目 | 北京广播电视台<br>科教频道中心 |
| 3 | 大山里的歌声 | 北京广播电视台<br>体育频道中心 |
| 4 | 《“冰雪专车”喊你来玩》系列报道 | 歌华传媒集团有限公司 |

（续表）

| 序号 | 作品名称 | 制作机构 |
|---|---|---|
| 区级融媒体中心作品 | | |
| 1 | 李楠：轮椅上的双奥志愿者 | 朝阳区融媒体中心 |
| 2 | 11项冬奥工程用上顺义“黑科技” | 顺义区融媒体中心 |
| 3 | 社区伙伴来帮忙——老小区迎来新物业 衔春来报燕归巢 | 海淀区融媒体中心 |
| 4 | 北京市昌平区十三陵镇有序推进非法墓地迁移工作 | 昌平区融媒体中心 |
| 5 | 成群珍稀鸟类齐聚小漕村 | 密云区融媒体中心 |
| 6 | “双奥”民警冯涛：离大跳台最近 却从没认真看过比赛 | 石景山区融媒体中心 |
| 7 | 如厕“快人一步”大兴843座公厕实现“一键导航” | 大兴区融媒体中心 |
| 8 | 《坐地铁打卡最美“地下中轴线”》系列节目 | 东城区融媒体中心 |
| 第二季度 | | |
| 广播新闻作品 | | |
| 1 | 百年新生——北京丰台站开通运营特别直播 | 北京广播电视台<br>交通广播中心 |
| 2 | 奋斗者 正青春 | 北京广播电视台<br>新闻广播中心 |
| 3 | 《冬奥九金——冬奥之约，中国之诺》系列专题报道 | 北京广播电视台<br>体育广播中心 |
| 电视新闻作品 | | |
| 1 | 我们这5年 | 北京广播电视台<br>卫视频道中心 |
| 2 | 《向前一步》抗疫特别节目 | 北京广播电视台<br>卫视频道中心 |
| 3 | 《生命缘》抗疫特别节目 | 北京广播电视台<br>卫视频道中心 |
| 4 | 我是规划师 第二季 银发人的梦 | 北京广播电视台<br>卫视频道中心 |
| 5 | 《奋进新征程 建功新时代——迎接北京市第十三次党代会首都五年发展巡礼》系列报道 | 北京广播电视台<br>卫视频道中心、<br>新闻频道中心 |
| 区级广播电视新闻作品 | | |
| 1 | 检察·正青春 | 丰台区融媒体中心 |
| 2 | “防范养老诈骗”宣传短片温情上线 | 平谷区融媒体中心 |
| 3 | 小朋友手绘图画赠“大白”，暖心又清凉 | 西城区融媒体中心 |
| 4 | 战疫一线的朝阳“大白” | 朝阳区融媒体中心 |
| 5 | 确认密接后自我隔离并主动报备——北七家镇居民为好邻居点赞 | 昌平区融媒体中心 |
| 6 | 主播说好书 | 怀柔区融媒体中心 |

（续表）

| 序号 | 作品名称 | 制作机构 |
|---|---|---|
| 7 | 《世界读书日打卡东城宝藏书店》系列节目 | 东城区融媒体中心 |
| 8 | “静”下来的封控区 “动”起来的热心人 | 门头沟区融媒体中心 |
| 9 | 李氏柳编——杨柳依依寄乡愁 | 大兴区融媒体中心 |
| | **第三季度** | |
| | **广播新闻作品** | |
| 1 | 《北京这十年》系列报道 | 北京广播电视台<br>新闻广播中心<br>交通广播中心 |
| 2 | 我在服贸会等你——打造京张文化体育旅游带 | 北京广播电视台<br>京津冀之声 |
| 3 | 《双奥向未来——北京冬奥组委部长访谈录》系列 | 北京广播电视台<br>体育广播中心 |
| | **电视新闻作品** | |
| 1 | 奋进新征程 建功新时代——聚焦全国文化中心建设 | 北京广播电视台<br>新闻频道中心 |
| 2 | HICOOL大赛系列节目——奔跑的创业者 | 北京广播电视台<br>卫视频道中心 |
| 3 | 向前一步：叩开通往广仁街的“心门” | 北京广播电视台<br>卫视频道中心 |
| 4 | 2022北京市中小学生公共安全开学第一课 | 北京广播电视台<br>新闻频道中心 |
| 5 | 喜迎二十大 北京新变化 | 北京广播电视台<br>新闻频道中心 |
| | **区级广播电视新闻作品** | |
| 1 | 走进怀柔科学城 | 怀柔区融媒体中心 |
| 2 | 记者探访医保新政实施 政策不懂有解答 就医流程更便捷 | 通州区融媒体中心 |
| 3 | 海淀区保障性租赁住房迎来首批应届毕业生 | 海淀区融媒体中心 |
| 4 | 制书匠人张晓栋与他的龙鳞装 | 朝阳区融媒体中心 |
| 5 | 杨存信：41年守望百年车站 退而不休继续讲好中国故事 | 延庆区融媒体中心 |
| 6 | 平谷区黄松峪水库发现“水中大熊猫”桃花水母 | 平谷区融媒体中心 |
| 7 | 丰台“两山”绿游记——“涅槃重生” | 丰台区融媒体中心 |
| 8 | 用时间换取空间 顺鑫石门市场全市首设潮汐交易区 | 顺义区融媒体中心 |
| | **第四季度** | |
| | **广播新闻作品** | |
| 1 | 北京这样接诉即办 | 北京广播电视台<br>交通广播中心 |

（续表）

| 序号 | 作品名称 | 制作机构 |
| --- | --- | --- |
| 2 | 《新闻天天谈》“你好，新百年”系列报道 | 北京广播电视台<br>新闻广播中心 |
| 3 | 千年长河多风情，洹水安阳名不虚 | 北京广播电视台<br>城市广播中心 |
| 4 | 青年强 国家强 | 北京广播电视台<br>体育广播中心 |
| 电视新闻作品 | | |
| 1 | 《健康中国·十年答卷》二十大特别系列节目 | 北京广播电视台<br>卫视频道中心 |
| 2 | 意想不到的北京 第二季 | 北京广播电视台<br>青年频道中心 |
| 3 | 党的二十大开幕会当天 北京PM2.5浓度低至每立方米1微克 空气质量创造历史同期监测到的最好水平 | 北京广播电视台<br>新闻频道中心 |
| 4 | 新时代 看北京 | 北京广播电视台<br>生活频道中心 |
| 区级广播电视新闻作品 | | |
| 1 | 非凡十年专题新闻 | 经开区融媒体中心 |
| 2 | “门头沟小院”金招牌 成为“两山”理念最美实践 | 门头沟区融媒体中心 |
| 3 | 《情系二十大 共话统战百年史》系列报道 | 通州区融媒体中心 |
| 4 | 丰台“两山”绿游记——“脱胎换骨”园博园 | 丰台区融媒体中心 |
| 5 | 《东城区学习宣传贯彻党的二十大精神》系列节目 | 东城区融媒体中心 |
| 6 | 量足价稳！夜访石门 | 顺义区融媒体中心 |
| 7 | 大兴区高效落实“助企纾困优化营商环境34条” | 大兴区融媒体中心 |
| 8 | 对话党的二十大代表李萌 | 东城区融媒体中心 |
| 9 | 军庄村——打造美丽宜居新农村 | 门头沟区融媒体中心 |
| 10 | 姚连梅：上好美丽乡村“文化课”当好文化宣传“轻骑兵” | 延庆区融媒体中心 |
| 11 | 另辟蹊径找出路 老梨窖焕发新活力 | 密云区融媒体中心 |
| 12 | 下交之后 他们来了 | 平谷区融媒体中心 |
| 13 | 锚定“四区”建设发展目标 昌平打造首都数字经济北部增长极 | 昌平区融媒体中心 |

（北京市广播电视局宣传管理处）

# 北京市广播电视局2022年优秀网络视听作品推选活动优秀作品目录

| 序号 | 片名 | 类别 | 申报机构 | 奖项 |
|---|---|---|---|---|
| 1 | 一路象北 | 网络纪录片 | 优酷信息技术（北京）有限公司 | 总局2021年第三季度优秀网络视听作品推选活动优秀作品（总数8） |
| 2 | 棒！少年 | 网络纪录片 | 北京爱奇艺科技有限公司 | |
| 3 | 追光者2：奋斗的青春 | 网络纪录片 | 优酷信息技术（北京）有限公司 | |
| 4 | 你好，儿科医生 | 网络纪录片 | 北京字节跳动科技有限公司 | |
| 5 | 这！就是街舞4 | 网络综艺节目 | 优酷信息技术（北京）有限公司 | |
| 6 | 向往的国潮 | 网络综艺节目 | 北京百度网讯科技有限公司 | |
| 7 | 这！就是灌篮4 | 网络综艺节目 | 优酷信息技术（北京）有限公司 | |
| 8 | 快手状元——同学，请接招直播答题学党史 | 网络直播节目 | 北京快手科技有限公司 | |
| 9 | 冰球少年 | 网络剧 | 咪咕文化科技有限公司<br>北京影幻韵成影视传媒有限公司 | 总局2021年网络视听节目精品创作传播工程入选作品(总数6) |
| 10 | 藏草青青 | 网络电影 | 北京奥创世纪网络影视发行有限公司 | |
| 11 | 中国母亲 | 网络电影 | 森海映画（北京）影业有限公司 | |
| 12 | 浴血无名川之奔袭 | 网络电影 | 海空雄鹰文化传媒（北京）有限公司 | |
| 13 | 排爆手 | 网络电影 | 北京淘梦网络科技有限责任公司 | |
| 14 | 幸福中国 | 网络纪录片 | 优酷信息技术（北京）有限公司 | |
| 15 | 再见，那一天 | 网络剧 | 北京爱奇艺科技有限公司 | 总局2021年第四季度优秀网络视听作品推选活动优秀作品（总数11） |
| 16 | 真相 | 网络剧 | 阿里巴巴（北京）软件服务有限公司<br>优酷信息技术（北京）有限公司 | |
| 17 | 藏草青青 | 网络电影 | 北京爱奇艺科技有限公司 | |
| 18 | 凡人英雄 | 网络电影 | 优酷信息技术（北京）有限公司 | |
| 19 | 冲出战俘营 | 网络电影 | 北京奇树溢彩文化传媒有限公司<br>杭州平治影视有限公司 | |
| 20 | 神奇的老字号 | 网络纪录片 | 浙江天猫技术有限公司<br>优酷信息技术（北京）有限公司 | |
| 21 | 了不起的店铺 | 网络纪录片 | 阿里巴巴（北京）软件服务有限公司<br>优酷信息技术（北京）有限公司 | |
| 22 | 最美中国 第六季 | 网络纪录片 | 优酷信息技术（北京）有限公司 | |
| 23 | 江湖菜馆2 | 网络纪录片 | 优酷信息技术（北京）有限公司 | |
| 24 | 上新吧！山川湖海 | 网络纪录片 | 阿里巴巴（北京）软件服务有限公司<br>优酷信息技术（北京）有限公司 | |

（续表）

| 序号 | 片名 | 类别 | 申报机构 | 奖项 |
|---|---|---|---|---|
| 25 | 一年一度喜剧大赛 | 网络综艺节目 | 北京爱奇艺科技有限公司 | |
| 26 | 浴血无名川 | 网络电影 | 北京爱奇艺科技有限公司 | 总局2021年度优秀网络视听作品推选活动优秀作品（总数23） |
| 27 | “同学，请接招”直播答题学党史 | 网络直播节目 | 北京快手科技有限公司 | |
| 28 | 约定 | 网络剧 | 北京爱奇艺科技有限公司 | |
| 29 | 再见，那一天 | 网络剧 | 北京爱奇艺科技有限公司 | |
| 30 | 司藤 | 网络剧 | 优酷信息技术（北京）有限公司 | |
| 31 | 草原上的萨日朗 | 网络电影 | 北京爱奇艺科技有限公司 | |
| 32 | 藏草青青 | 网络电影 | 北京爱奇艺科技有限公司 | |
| 33 | 扫黑英雄 | 网络电影 | 北京爱奇艺科技有限公司 | |
| 34 | 凡人英雄 | 网络电影 | 优酷信息技术（北京）有限公司 | |
| 35 | 劳生不悔 | 网络纪录片 | 北京爱奇艺科技有限公司 | |
| 36 | 一路象北 | 网络纪录片 | 优酷信息技术（北京）有限公司 | |
| 37 | 棒！少年 | 网络纪录片 | 北京爱奇艺科技有限公司 | |
| 38 | 追光者2：奋斗的青春 | 网络纪录片 | 优酷信息技术（北京）有限公司 | |
| 39 | 战疫启示录 | 网络纪录片 | 北京字节跳动科技有限公司 | |
| 40 | 离不开你 | 网络纪录片 | 北京爱奇艺科技有限公司 | |
| 41 | 百年巨匠：建筑篇 | 网络纪录片 | 百年巨匠（北京）文化传播有限公司 | |
| 42 | 你好，儿科医生 | 网络纪录片 | 北京字节跳动科技有限公司 | |
| 43 | 最美中国（第六季） | 网络纪录片 | 优酷信息技术（北京）有限公司 | |
| 44 | 神奇的老字号 | 网络纪录片 | 浙江天猫技术有限公司<br>优酷信息技术（北京）有限公司 | |
| 45 | 一年一度喜剧大赛 | 网络综艺节目 | 北京爱奇艺科技有限公司 | |
| 46 | 登场了！洛阳 | 网络综艺节目 | 北京爱奇艺科技有限公司 | |
| 47 | 指尖上的非遗 | 网络综艺节目 | 优酷信息技术（北京）有限公司 | |
| 48 | 这！就是街舞4 | 网络综艺节目 | 优酷信息技术（北京）有限公司 | |
| 49 | 冰球少年 | 网络剧 | 北京影幻韵成影视传媒有限公司 | 总局2022年第一季度优秀网络视听作品推选活动优秀作品（总数6） |
| 50 | 生死速度 | 网络电影 | 北京爱奇艺科技有限公司 | |
| 51 | 烧烤之王 | 网络电影 | 北京嘉喜文化传媒有限公司 | |
| 52 | 很高兴认识你 第二季 | 网络综艺节目 | 北京微播视界科技有限公司 | |
| 53 | 2021—2022优酷文化跨年·时间的路口 | 网络直播 | 优酷信息技术（北京）有限公司 | |
| 54 | 北京新闻中心大型系列融媒体互动展示直播“双奥之城·看典” | 网络直播 | 北京时间有限公司 | |

（续表）

| 序号 | 片名 | 类别 | 申报机构 | 奖项 |
|---|---|---|---|---|
| 55 | 冰球少年 | 网络剧 | 北京影幻韵成影视传媒有限公司 | 总局2022年“弘扬社会主义核心价值观 共筑中国梦”主题原创网络视听节目征集推选和展播活动优秀节目（总数16） |
| 56 | 真相 | 网络剧 | 最高检影视中心<br>优酷信息技术（北京）有限公司 | |
| 57 | 那一天 | 网络剧 | 北京爱奇艺科技有限公司 | |
| 58 | 重启地球 | 网络电影 | 北京奇树有鱼文化传媒有限公司 | |
| 59 | 凡人英雄 | 网络电影 | 优酷信息技术（北京）有限公司 | |
| 60 | 飞吧，冰上之光 | 网络电影 | 北京爱奇艺科技有限公司 | |
| 61 | 一路象北 | 网络纪录片 | 优酷信息技术（北京）有限公司 | |
| 62 | 上新吧，山川湖海 | 网络纪录片 | 优酷信息技术（北京）有限公司 | |
| 63 | 追光者2：奋斗的青春 | 网络纪录片 | 优酷信息技术（北京）有限公司 | |
| 64 | 最美中国6 | 网络纪录片 | 优酷信息技术（北京）有限公司 | |
| 65 | 我的时代和我2 | 网络纪录片 | 北京三多堂传媒股份有限公司<br>优酷信息技术（北京）有限公司 | |
| 66 | 树洞 | 网络动画片 | 中国传媒大学动画与数字艺术学院 | |
| 67 | 念念青春 | 网络综艺节目 | 优酷信息技术（北京）有限公司<br>北京视纳华仁印象影视制作有限公司 | |
| 68 | 观复嘟嘟2022 | 网络综艺节目 | 优酷信息技术（北京）有限公司<br>北京观复文物服务有限公司 | |
| 69 | 中国女排：一种精神的成长史 | 网络音频节目 | 信义娱乐（北京）网络科技有限公司 | |
| 70 | 时代镜像 | 短视频 | 中科数创（北京）数字传媒有限公司 | |
| 71 | 重生之门 | 网络剧 | 优酷信息技术（北京）有限公司 | 总局2022年第二季度优秀网络视听作品推选活动优秀作品（总数8） |
| 72 | 了不起的D小姐 | 网络剧 | 北京爱奇艺科技有限公司 | |
| 73 | 我不是英雄 | 网络纪录片 | 北京快手科技有限公司 | |
| 74 | 深夜书房 | 网络综艺节目 | 北京百度网讯科技有限公司 | |
| 75 | 了不起！舞社 | 网络综艺节目 | 优酷信息技术（北京）有限公司 | |
| 76 | 上班啦！妈妈（第二季） | 网络综艺节目 | 北京爱奇艺科技有限公司<br>北京沐光时代文化传媒有限公司 | |
| 77 | 没有一头鲸想这样告别 | 短视频 | 北京快手科技有限公司 | |
| 78 | 银花的冬天 | 短视频 | 北京缤果文化传媒有限公司 | |

（北京市广播电视局网络视听节目管理处）

# 2022年北京市广播电视媒体融合先导单位

| 序号 | 单位名称 |
|---|---|
| 1 | 北京讯听网络技术有限公司 |
| 2 | 北京经开区融媒体中心 |
| 3 | 北京市大兴区融媒体中心 |

（北京市广播电视局媒体融合发展处）

# 2022年北京市广播电视媒体融合典型案例

| 序号 | 申报单位 | 项目名称 |
|---|---|---|
| 1 | 北京广播电视台 | 京津冀之声<br>（2022年全国广播电视媒体融合典型案例） |
| 2 | 北京广播电视台 | 向前一步 |
| 3 | 新京报社 | 新京报“我们视频” |
| 4 | 北京广播电视台 | 北京广播电视台媒体融合模式创新项目：中国首个广播级智能交互——真人数字人“时间小妮” |
| 5 | 北京市通州区融媒体中心 | 跨层级跨区域融合 打造城市副中心媒体矩阵品牌 |
| 6 | 北京市大兴区融媒体中心 | 以《言之有理》为抓手——探索“媒体+治理”模式助力社区基层治理 |
| 7 | 优酷信息技术（北京）有限公司 | 优酷“同心相融”文化节目创作与传播项目 |
| 8 | 北京市海淀区融媒体中心 | “我在海淀过大年”融合传播打造本土文化IP |
| 9 | 北京广播电视台 | 养生堂融媒体传播矩阵 |

（北京市广播电视局媒体融合发展处）

# 2022年北京市广播电视媒体融合成长项目

| 序号 | 申报单位 | 项目名称 |
|---|---|---|
| 1 | 北京广播电视台 | 北京城市声音金名片——北京之声（2022年全国广播电视媒体融合成长项目提名） |
| 2 | 北京广播电视台 | 《走进中轴线上的网红打卡地》融合产品 |
| 3 | 北京广播电视台 | 基于大数据AI人工智能算法在北京IPTV中的应用 |
| 4 | 北京经开区融媒体中心 | 北京经开区融媒体中心“融媒亦家”融合传播矩阵项目 |
| 5 | 北京广播电视台 | 北京时间MCN项目：“最美家乡味·最美家乡人”活动 |
| 6 | 北京日报社 | 北京日报客户端北京号政务新媒体聚合平台 |
| 7 | 北京市丰台区融媒体中心 | “云朗读”融媒体公益活动——以人民为中心，诵响主旋律，传播好声音 |
| 8 | 北京市延庆区融媒体中心<br>北京延广融媒文化发展有限公司 | 传统平台增动能 宣传阵地无弱点——电视云服务平台融媒发展项目 |

（北京市广播电视局媒体融合发展处）

# “新时代·新视听”融媒之旅优秀短视频名单

| 序号 | 分类 | 主题分类 | 申报单位 | 视频名称 |
|---|---|---|---|---|
| 1 | 一类 | 城市纪实 | 北京日报 | 胡同里的北京系列 |
| 2 | 一类 | 城市纪实 | 北京广播电视台 | 副处长送外卖12小时赚41元 |
| 3 | 一类 | 城市纪实 | 西城区融媒体中心 | 西城记忆 |
| 4 | 一类 | 城市纪实 | 石景山区融媒体中心 | 模式口 当古街变得不一样 |
| 5 | 一类 | 城市纪实 | 昌平区融媒体中心 | 回天蝶变记 |
| 6 | 一类 | 城市纪实 | 经开区融媒体中心 | 经开区·见未来 |

（续表）

| 序号 | 分类 | 主题分类 | 申报单位 | 视频名称 |
|---|---|---|---|---|
| 7 | 一类 | 国风范儿 | 新京报 | 95后中国姑娘用古筝在法国街头营造音乐“梦境” 全网粉丝超千万 |
| 8 | 一类 | 国风范儿 | 北京广播电视台 | 京城二十四节气 |
| 9 | 一类 | 青春之歌 | 新京报 | 社区书记的一天——坐下去的一瞬间，总觉得还有一件事没干完 |
| 10 | 一类 | 青春之歌 | 海淀区融媒体中心 | 台湾亲友如相问 我在北京都挺好 |
| 11 | 二类 | 城市纪实 | 北京日报 | “说疏”系列 |
| 12 | 二类 | 城市纪实 | 东城区融媒体中心 | 东城探秘系列 |
| 13 | 二类 | 城市纪实 | 西城区融媒体中心 | 北京最早的金融街 |
| 14 | 二类 | 城市纪实 | 朝阳区融媒体中心 | 在朝阳打开阅读的N种方式 |
| 15 | 二类 | 城市纪实 | 丰台区融媒体中心 | “毛泽东号”机车：开领袖车 做领军人 |
| 16 | 二类 | 城市纪实 | 海淀区融媒体中心 | 中关村里党旗飘 科技筑梦新征程 |
| 17 | 二类 | 城市纪实 | 房山区融媒体中心 | 高质量发展看房山 |
| 18 | 二类 | 城市纪实 | 通州区融媒体中心 | 100秒看城市副中心 |
| 19 | 二类 | 城市纪实 | 顺义区融媒体中心 | 走街串巷看顺义——老旧厂房变身体育艺术园区 |
| 20 | 二类 | 城市纪实 | 大兴区融媒体中心 | 奋进新征程 建功新时代 |
| 21 | 二类 | 城市纪实 | 平谷区融媒体中心 | 北京平谷世界休闲大会夜景航拍 |
| 22 | 二类 | 城市纪实 | 延庆区融媒体中心 | 41年守望百年车站 退而不休讲好中国故事 |
| 23 | 二类 | 美丽乡村 | 新京报 | 沿着G7看大美中国 |
| 24 | 二类 | 美丽乡村 | 门头沟区融媒体中心 | 山中大台——“蝶变”大台，由“煤”变“美” |
| 25 | 二类 | 美丽乡村 | 密云区融媒体中心 | 都说密云生态好 |
| 26 | 二类 | 国风范儿 | 北京广播电视台 | 粽说端午，一举高粽：今天是不能没有粽子的一天! |
| 27 | 二类 | 国风范儿 | 北京印刷学院 | 半寸猢狲 |
| 28 | 二类 | 国风范儿 | 朝阳区融媒体中心 | 一把泥里的北京味儿 |
| 29 | 二类 | 国风范儿 | 怀柔区融媒体中心 | 走进绒花 |
| 30 | 二类 | 青春之歌 | 昌平区融媒体中心 | 北京雪花 情系高原 |

（北京市广播电视局媒体融合发展处）

# 第二届高新视频创新应用大赛
# 北京市获奖项目名单

| 序号 | 项目名称 | 类别 | 主要完成单位 | 奖项 |
|---|---|---|---|---|
| 1 | 自由视角技术在北京冬奥会赛事应用——冬奥专项 | 互动视频——视角切换场景 | 北京国际云转播科技有限公司 | 一等奖 |
| 2 | 优酷自由视角视频交互技术——冬奥专项 | 互动视频——视角切换场景 | 优酷信息技术（北京）有限公司 | 一等奖 |
| 3 | 冬奥专场——基于沉浸式演艺设计的实时特效系统在冬奥会开幕式中的应用 | 沉浸式——沉浸式舞美演艺场景 | 北京电影学院 | 一等奖 |
| 4 | 8K超高清试验频道核心制播系统建设项目——冬奥专项 | 超高清——8K超高清视频场景 | 北京广播电视台<br>北京中科大洋信息技术有限公司<br>成都索贝数码科技股份有限公司 | 二等奖 |
| 5 | 《谍影成双》双人实时互动视频系统设计 | 互动视频——分支剧情选择场景 | 互影科技（北京）有限公司 | 二等奖 |
| 6 | 互动视频与信息流融合技术解决方案 | 互动视频——分支剧情选择场景 | 北京百度网讯科技有限公司<br>智令互动（深圳）科技有限公司 | 二等奖 |
| 7 | 亿级像素画布漫游交互式直播系统——冬奥专项 | 互动视频——视角切换场景 | 北京拙河科技有限公司 | 二等奖 |
| 8 | 轻量化8K电子现场制作技术系统创新应用 | 超高清——8K超高清视频场景 | 北京北视英特维文化传播有限公司 | 三等奖 |
| 9 | 备战冬奥会越野滑雪互动视频制作平台的创新应用体现 | 互动视频——分支剧情选择场景 | 北京体育大学<br>北体传媒科技（北京）有限公司<br>互影科技（北京）有限公司 | 三等奖 |
| 10 | 基于5G的智慧场馆多视角现场观赛 | 互动视频——视角切换场景 | 北京奇点智播科技有限公司<br>国家广播电视总局广播电视科学研究院<br>北京体育大学 | 三等奖 |
| 11 | 冬奥专项——互动视频技术平台及创新应用 | 互动视频——画面互动场景 | 北京广播电视台<br>腾讯云计算（北京）有限责任公司<br>智令互动（深圳）科技有限公司 | 三等奖 |
| 12 | 《城市·未来》LED五折幕CAVE沉浸式裸眼3D影像系统创新应用 | 沉浸式——裸眼3D呈现场景 | 中国传媒大学戏剧影视学院未来影像研究中心 | 三等奖 |
| 13 | 《THE9 “虚实之城”沉浸式虚拟演唱会》XR虚拟制作应用 | 沉浸式——沉浸式XR虚拟拍摄场景 | 北京爱奇艺科技有限公司 | 三等奖 |
| 14 | 《傩神》8K 3D VR技术创新应用 | VR——VR视频场景 | 中国传媒大学戏剧影视学院未来影像研究中心 | 三等奖 |

（续表）

| 序号 | 项目名称 | 类别 | 主要完成单位 | 奖项 |
|---|---|---|---|---|
| 15 | 阿里巴巴元境云游戏平台 | 云游戏——大屏云游戏场景 | 元境生生（北京）科技有限公司<br>阿里巴巴达摩院城市大脑实验室 | 三等奖 |
| 16 | 《尖叫岛》云游戏虚拟互动世界技术场景应用 | 云游戏——移动终端云游戏场景 | 北京爱奇艺科技有限公司<br>深圳市迷你玩科技有限公司 | 三等奖 |

（北京市广播电视局科技处）

# 第二届广播电视和网络视听人工智能应用创新大赛（MediaAIAC）市广电局推荐项目获奖名单

| 序号 | 项目名称 | 类别 | 主要完成单位 | 奖项 |
|---|---|---|---|---|
| 1 | 北京广播电视台人工智能项目：中国首个广播级智能交互——真人数字人“时间小妮” | 虚拟数字人技术应用 | 北京广播电视台（融媒体中心）<br>北京新媒体集团（北京时间） | 一等奖 |
| 2 | 深度人脸视频编辑与数据加工系统 | 深度合成技术应用 | 中国科学院自动化研究所<br>国家广播电视总局广播电视科学研究院 | 一等奖 |
| 3 | 冬奥应用场景项目——超高清视频智能修复应用项目 | 视频修复技术应用 | 北京广播电视台<br>腾讯云计算（北京）有限责任公司<br>福建帝视信息科技有限公司 | 一等奖 |
| 4 | 基于大数据AI人工智能算法在北京IPTV中的应用 | 智能推荐技术应用 | 北京新媒体（集团）有限公司<br>国家广播电视总局广播科学研究院<br>矢量光线（北京）科技有限公司 | 一等奖 |
| 5 | 冬奥应用场景项目——面向冬奥赛事播报等重大节目的数字人制播系统 | 虚拟数字人技术应用 | 凌云光技术股份有限公司<br>北京广播电视台 | 二等奖 |
| 6 | 冬奥应用场景项目——广播电台全流程深度人工智能技术的创新应用 | 深度合成技术应用 | 北京英夫美迪科技股份有限公司<br>云南广播电视台 | 三等奖 |
| 7 | 冬奥应用场景项目——基于人工智能技术的冬奥会开幕式演出实时特效系统 | 深度合成技术应用 | 北京电影学院 | 三等奖 |
| 8 | 老旧电影AI修复技术栈的研究及应用——修复、上色、超分及增强 | 视频修复技术应用 | 中国传媒大学<br>国家广播电视总局广播电视科学研究院<br>中科汇金数字科技（北京）有限公司 | 三等奖 |

（北京市广播电视局科技处）

# 获总局2022年季度广播电视创新创优节目一览表

| 奖项名称 | 获奖作品 | 类别 | 制作机构 |
|---|---|---|---|
| 2022年第一季度广播电视创新创优节目 | 归雁 | 广播节目 | 北京广播电视台 |
| | 哇！冰球 | 电视节目 | 北京广播电视台 |
| | 档案："冬奥传奇"系列节目 | 电视节目 | 北京广播电视台 |
| 2022年第二季度广播电视创新创优节目 | 追光吧，青春！ | 广播节目 | 北京广播电视台 |
| | 书画里的中国（第二季） | 电视节目 | 北京广播电视台 |
| | 为你喝彩·我们这五年 | 电视节目 | 北京广播电视台 |
| 2022年第三季度广播电视创新创优节目 | 听见香港 | 广播节目 | 北京广播电视台 |
| | 博物馆之城 | 电视节目 | 北京广播电视台 |
| | 中国共产党领导力密码 | 电视节目 | 北京广播电视台 |
| 2022年第四季度广播电视创新创优节目 | 咱们这十年 | 广播节目 | 北京广播电视台 |
| | 听，流动的北京城——"大声喊新年好" | 广播节目 | 北京广播电视台 |
| | 最美中轴线（第二季） | 电视节目 | 北京广播电视台 |
| | 桃花源里看十年 | 电视节目 | 北京广播电视台 |

（北京市广播电视局宣传管理处）

# 获总局2022年度国产纪录片及创作人才扶持项目一览表

| 一、优秀系列长片类 | | | |
|---|---|---|---|
| 序号 | 作品名称 | 制作单位 | 报送单位 |
| 1 | 黄河安澜 | 北京广播电视台科教频道中心 | 北京市广播电视局 |
| 2 | 我在人艺学表演 | 北京广播电视台科教频道中心 | 北京市广播电视局 |
| 3 | 香港，我们的故事 | 深圳广播电影电视集团<br>优酷信息技术（北京）有限公司<br>香港电视广播有限公司<br>填海影业（上海）有限公司 | 广东省广播电视局 |

（续表）

| 一、优秀系列长片类 | | | |
|---|---|---|---|
| 4 | 风味人间4·谷物星球 | 北京稻来传媒科技有限公司<br>上海腾讯企鹅影视文化传播有限公司 | 广东省广播电视局 |
| 5 | 梦幻凉州 | 北京伯璟文化传播有限公司 | 甘肃省广播电视局 |
| 6 | 最美中国：四季如歌 | 五洲传播出版传媒有限公司<br>北京逆光映像文化传媒有限责任公司<br>英国子午线影业 | 五洲传播出版社 |
| 二、优秀系列短片类 | | | |
| 1 | 雨林之子 | 北京盛视华通网络科技有限公司 | 北京市广播电视局 |
| 2 | 土地 我们的故事（贺岁篇） | 北京三多堂传媒股份有限公司<br>中视传媒股份有限公司北京分公司<br>中国农业电影电视中心 | 北京市广播电视局 |
| 3 | 我是你的瓷儿 | 上海哔哩哔哩科技有限公司<br>秘密水星（北京）文化传媒有限公司 | 上海市广播电视局 |
| 三、优秀长片类 | | | |
| 1 | 中国人丁龙 | 中央广播电视总台影视剧纪录片中心<br>北京科学教育电影制片厂<br>北京发现纪实传媒有限公司 | 中央新闻纪录电影制片厂（集团） |
| 2 | 与象同行 | 中国对外书刊出版发行中心<br>腾讯可持续社会价值事业部<br>缤纷自然（北京）文化传媒有限公司<br>云南省森林消防总队 | 中国外文出版发行事业局 |
| 四、优秀导演类 | | | |
| 1 | 严崴、左博、王嫄朝等《黄河安澜》 | 北京广播电视台科教频道中心 | 北京市广播电视局 |
| 五、优秀撰稿类 | | | |
| 1 | 陈宏建、韩斗斗、彭山等《黄河安澜》 | 北京广播电视台<br>科教频道中心 | 北京市广播电视局 |
| 六、优秀摄像类 | | | |
| 1 | 苏全军、徐澎、杜阳等《大约在冬季》 | 北京三多堂传媒股份有限公司<br>中央广播电视总台体育青少节目中心<br>央视国际网络有限公司 | 北京市广播电视局 |

| 七、优秀制作机构类 | |
|---|---|
| 序号 | 机构名称 |
| 1 | 北京广播电视台纪实科教频道 |
| 八、优秀组织机构 | |
| 序号 | 机构名称 |
| 1 | 北京市广播电视局宣传管理处 |

（北京市广播电视局宣传管理处）

# 获总局2022年度优秀国产电视动画片及创作人才扶持项目评审结果

<table>
<tr><th>作品名称</th><th>奖项名称</th><th>获奖部门及人员</th></tr>
<tr><td>大运河奇缘2</td><td rowspan="4">优秀作品</td><td>北京广播电视台</td></tr>
<tr><td>怪奇的虫洞</td><td>北京空速动漫文化有限公司</td></tr>
<tr><td>我也会发明：闪电家族</td><td>北京华映星球文化发展股份有限公司<br>央视动漫集团有限公司<br>华映星球（绍兴）互联网科技有限公司</td></tr>
<tr><td>宠物旅店（14~26集）</td><td>北京猫猫家文化传媒有限公司<br>上海腾讯企鹅影视文化传播有限公司<br>广州艺洲人品牌管理股份有限公司</td></tr>
<tr><td rowspan="5">—</td><td>优秀导演</td><td>北京华映星球文化发展股份有限公司刘可欣</td></tr>
<tr><td>优秀编剧</td><td>北京爱奇艺科技有限公司薛芳</td></tr>
<tr><td>优秀美术</td><td>北京爱奇艺科技有限公司李明翰</td></tr>
<tr><td>优秀制作机构</td><td>北京爱奇艺科技有限公司</td></tr>
<tr><td>优秀播出机构</td><td>北京广播电视台卡酷少儿频道</td></tr>
<tr><td>冰雪冬奥村</td><td rowspan="2">优秀国际传播作品</td><td>北京广播电视台</td></tr>
<tr><td>无敌鹿战队（第二季）</td><td>北京爱奇艺科技有限公司</td></tr>
<tr><td>—</td><td>优秀组织机构</td><td>北京市广播电视局宣传管理处</td></tr>
</table>

（北京市广播电视局宣传管理处）

# 获总局2022年度电视剧引导扶持专项资金支持项目

| 序号 | 项目名称 | 申报机构 |
|---|---|---|
| 1 | 灿烂！灿烂！ | 北京完美世界影视有限公司 |

（北京市广播电视局电视剧管理处）

# 获总局2022年度优秀少儿节目名单

| 作品名称 | 奖项名称 | 获奖部门及人员 |
|---|---|---|
| 晚安时间冬奥小课堂 | 优秀广播节目（精品节目） | 北京广播电视台 |
| 哇！冰球 | 优秀电视节目（精品节目） | 北京广播电视台 |
| “2022北京市中小学生公共 安全开学第一课”融媒体课堂 | 优秀电视节目（扶持节目） | 北京广播电视台 |
| 快乐的节日——2022年“六一” 全国少儿晚会 | 特别节目 | 北京广播电视台 |
| — | 优秀组织机构 | 北京市广播电视局宣传管理处 |

（北京市广播电视局宣传管理处）

# 获总局2022年度优秀国产电视动画片

| 序号 | 片名 | 集数×时长（分钟） | 制作机构 |
|---|---|---|---|
| 2022年第一季度优秀国产电视动画片 | 怪奇的虫洞 | 26×25 | 北京空速动漫文化有限公司 |
| | 瑞奇宝宝 | 52×5 | 放眼信息科技（北京）有限公司 |
| | 薇薇猫的日常（31~63集） | 33×2 | 北京猫猫家文化传媒有限公司<br>上海腾讯企鹅影视文化传播有限公司<br>广州艺洲人品牌管理股份有限公司 |
| | 甲骨文之妇好传 | 26×12 | 北京妙音动漫文化股份有限公司 |
| 2022年第二季度优秀国产电视动画片 | 大运河奇缘2 | 6×13 | 北京广播电视台 |
| | 宠物旅店（14~26集） | 13×12 | 北京猫猫家文化传媒有限公司<br>上海腾讯企鹅影视文化传播有限公司<br>广州艺洲人品牌管理股份有限公司 |
| | 恐龙萌游记 | 26×8 | 北京爱奇艺科技有限公司 |
| | 无敌鹿战队第二季（下） | 20×12 | 北京爱奇艺科技有限公司 |
| | 我也会发明：闪电家族 | 26×13 | 北京华映星球文化发展股份有限公司<br>央视动漫集团有限公司<br>华映星球（绍兴）互联网科技有限公司 |

（续表）

| 序号 | 片名 | 集数×时长（分钟） | 制作机构 |
|---|---|---|---|
| 2022年第三季度优秀国产电视动画片 | 墨墨奇游记 | 32×5 | 北京爱奇艺科技有限公司 |
| | 薇薇猫的日常（64~109集） | 46×2 | 北京猫猫家文化传媒有限公司<br>上海腾讯企鹅影视文化传播有限公司<br>广州艺洲人品牌管理股份有限公司 |
| 2022年第四季度优秀国产电视动画片 | 胡同漫游记 | 13×6 | 首都图书馆（北京市少年儿童图书馆、北京市古籍保护中心） |

（北京市广播电视局宣传管理处）

# 获总局2022年季度优秀国产纪录片推荐目录

| 序号 | 片名 | 制作单位 |
|---|---|---|
| 第一季度 | | |
| 1 | 了不起的冬天 | 北京科学教育电影制片厂<br>北京发现纪实传媒有限公司 |
| 2 | 中国人丁龙 | 北京科学教育电影制片厂<br>北京发现纪实传媒有限公司 |
| 3 | 盛会 | 北京广播电视台<br>探索传媒集团 |
| 4 | 向南流的河 | 有味无痕文化传媒（北京）有限公司<br>珠海市华天下影视文化发展有限公司<br>华夏五洲国际文化传播（北京）有限公司 |
| 5 | 冰雪Z世代 | 新华网股份有限公司 |
| 6 | 西藏 我们的故事 | 北京意如文化科技有限公司 |
| 7 | 古道足音 | 北京广播电视台 |
| 8 | 冬奥之约 | 新华社音视频部<br>北体传媒科技（北京）有限公司 |
| 9 | 土地 我们的故事（贺岁篇） | 北京三多堂传媒股份有限公司<br>中视传媒股份有限公司北京分公司<br>中国农业电影电视中心 |
| 10 | 共和国医者——汉斯·米勒和中村京子的故事 | 北京广播电视台 |
| 11 | 但是还有书籍（第二季） | 北京小河文化传媒有限公司 |
| 12 | 我们村 | 福建壹方维度传媒有限公司（版权单位：北京字节跳动科技有限公司、福建壹方维度传媒有限公司） |

（续表）

| 序号 | 片名 | 制作单位 |
|---|---|---|
| 13 | 中国（第二季） | 北京伯璟文化传播有限公司 |
| 14 | 精彩中国 | 五洲传播出版传媒有限公司<br>新西兰自然历史有限公司 |
| 15 | 粉雪奇遇 | 五洲传播出版传媒有限公司<br>法国外星人制作公司<br>欧亚文化中心<br>法国高山电视台八套 |
| 16 | 最美中国：四季如歌 | 五洲传播出版传媒有限公司<br>逆光映像影视制作公司<br>英国子午线影业 |
| | **第二季度** | |
| 1 | 全球公敌 | 中央新闻纪录电影制片厂（集团）<br>北京发现纪实传媒有限公司 |
| 2 | 唱片里的中国 | 北京鼓润影视文化传媒有限公司<br>北京影画起源影视文化传媒有限公司 |
| 3 | 我在人艺学表演 | 北京广播电视台科教频道中心<br>新纪实（北京）传媒投资有限公司 |
| 4 | 人类的记忆——中国的世界遗产之周口店寻找北京人 | 北京广播电视台 |
| 5 | 国家的孩子 | 北京神州启明文化传媒有限公司 |
| 6 | 文学的日常（第二季） | 福建省广播影视集团海峡卫视<br>优酷信息技术（北京）有限公司 |
| 7 | 滇越铁路·生命的故事 | 云文（北京）影业投资有限责任公司<br>云南广电云上互动传媒有限责任公司 |
| 8 | 梦幻凉州 | 北京伯璟文化传播有限公司 |
| | **第三季度** | |
| 1 | 他们与天地永存（第二季） | 北京科学教育电影制片厂<br>北京发现纪实传媒有限公司 |
| 2 | 总师传奇（第二季） | 中央新闻纪录电影制片厂（集团）<br>北京发现纪实传媒有限公司 |
| 3 | 黄河安澜 | 北京广播电视台<br>新纪实（北京）传媒投资有限公司 |
| 4 | 香港，我们的故事 | 深圳广播电影电视集团<br>填海影业（上海）有限公司（申报单位：北京市广播电视局） |
| 5 | 雨林之子 | 北京盛视华通网络科技有限公司 |
| 6 | 神奇的嫦娥五号 | 中科海镁（北京）科技有限公司 |
| 7 | 我是规划师（第三季）之青山 | 北京广播电视台 |
| 8 | 我是你的瓷儿 | 秘密水星（北京）文化传媒有限公司 |
| 9 | 舞台上的中国 | 五洲传播出版传媒有限公司<br>上海宽娱数码科技有限公司<br>英国雄狮电视公司 |

（续表）

| 序号 | 片名 | 制作单位 |
|---|---|---|
| 10 | 理解中国 | 五洲传播出版传媒有限公司 |
| 11 | 与象同行 | 缤纷自然（北京）文化传媒有限公司 |
| 第四季度 | | |
| 1 | 云冈 | 中央广播电视总台影视剧纪录片中心<br>北京科学教育电影制片厂<br>北京发现纪实传媒有限公司 |
| 2 | 良渚 | 中央广播电视总台影视剧纪录片中心<br>北京科学教育电影制片厂<br>北京发现纪实传媒有限公司 |
| 3 | 戏，在说 | 北京广播电视台 |
| 4 | 定海神针——纪念“九二共识”达成30周年 | 北京广播电视台 |
| 5 | 风味人间4·谷物星球 | 深圳市腾讯计算机系统有限公司<br>北京稻来传媒科技有限公司 |

（北京市广播电视局宣传管理处）

# 入选总局“2022优秀国产电视动画片集锦”

| 序号 | 作品名称 | 序号 | 作品名称 |
|---|---|---|---|
| 1 | 锡兰王子东行记 | 2 | 毛毛镇（第三季） |

（北京市广播电视局宣传管理处）

# 入选总局“2022优秀国产纪录片集锦”

| 序号 | 作品名称 | 序号 | 作品名称 |
|---|---|---|---|
| 1 | 黄河安澜 | 3 | 西藏 我们的故事 |
| 2 | 盛会 | 4 | 我在人艺学表演 |

（北京市广播电视局宣传管理处）

# 2022 年“中华文化广播电视传播工程”重点项目名单

| 节目名称 | 制作单位 |
| --- | --- |
| 广播节目 | |
| 长城内外是故乡——长城文化系列节目 | 北京广播电视台 |
| 电视节目 | |
| 博物馆之城 | 北京广播电视台 |
| 最美中轴线（第二季） | 北京广播电视台 |
| 中国故事——中华文明5000年 | 北京广播电视台 |

（北京市广播电视局宣传管理处）

# 获第十六届精神文明建设“五个一工程”奖名单

本届“五个一工程”主要评选表彰 2019 年 6 月 1 日至 2022 年 5 月 31 日首次播映、上演、出版的优秀作品。

| 作品名称 | 奖项名称 | 推荐单位 |
| --- | --- | --- |
| 山海情 | 优秀作品奖（电视类） | 福建省委宣传部<br>宁夏回族自治区党委宣传部<br>北京市委宣传部<br>海南省委宣传部 |
| 觉醒年代 | 优秀作品奖（电视类） | 北京市委宣传部<br>安徽省委宣传部 |

（北京新视听发展中心）

# 获第 33 届中国电视剧飞天奖名单

<table>
<tr><th>奖项名称</th><th>获奖方</th><th>出品单位</th></tr>
<tr><td>优秀电视剧奖：《生活·故事》篇</td><td>理想之城</td><td>北京爱奇艺科技有限公司</td></tr>
<tr><td rowspan="2">优秀电视剧奖：《信仰·使命》篇</td><td>觉醒年代</td><td>北京北广传媒影视股份有限公司<br>安徽华星传媒投资有限公司<br>优酷信息技术（北京）有限公司<br>上海克顿文化传媒有限公司<br>海宁新永胜影视文化有限公司</td></tr>
<tr><td>香山叶正红</td><td>中央电视台<br>腾讯影业<br>北广传媒影视<br>北京广播电视台<br>北京日报<br>中影股份<br>京视传媒<br>河北广电影视<br>腾阅文化<br>唐德影视</td></tr>
<tr><td>优秀导演奖</td><td>张永新《觉醒年代》</td><td>—</td></tr>
</table>

（北京新视听发展中心）

# 获第 31 届中国电视金鹰奖名单

| 奖项名称 | 获奖方 | 出品单位 |
| --- | --- | --- |
| 最佳电视剧奖 | 觉醒年代 | 北京北广传媒影视股份有限公司<br>安徽华星传媒投资有限公司<br>优酷信息技术（北京）有限公司<br>上海克顿文化传媒有限公司<br>海宁新永胜影视文化有限公司 |
| 优秀电视剧奖 | 对手 | 北京爱奇艺科技有限公司<br>北京海东明日影视文化传播有限公司 |
| 最佳电视剧编剧奖 | 龙平平《觉醒年代》 | — |
| 最佳男配角奖 | 马少骅《觉醒年代》 | — |

# 获第27届电视文艺“星光奖”名单

| 奖项名称 | 节目名称 |
| --- | --- |
| 电视文艺栏目奖 | 档案 |
| 少儿电视节目奖 | 花儿向阳 童心向党——庆祝中国共产党成立100周年全国少儿晚会 |

（北京市广播电视局宣传管理处）

# 典型经验

# 北京市广播电视局圆满完成党的二十大宣传报道任务

2022年10月16日至22日，中国共产党第二十次全国代表大会在北京胜利召开。北京市广播电视局围绕大会主题主线，抓好统筹、精心部署、重点布局，以高度的政治责任感、使命感，全力做好党的二十大广播电视宣传报道和安全播出保障工作，持续掀起党的二十大宣传热潮。

## 一、重要活动直播转播工作安全顺畅

为高质量、高标准完成党的二十大开幕会和新一届中央政治局常委同中外记者见面会两场重要活动直播转播任务，北京市广播电视局提前筹划部署，建立直播转播工作协调机制，制定工作流程和预案，确定市区广播电视媒体承担转播工作的广播主频率、电视主频道，明确相关工作负责人、联络人，确保各项工作及时传达、准确接收、有效落实。重要活动转播当天，北京市广播电视局主要领导在市安全播出指挥调度中心现场全程指挥全系统安全播出工作；北京广播电视台、各区融媒体中心主要领导深入一线、靠前指挥；各级业务骨干坚守岗位、严把安全关。转播过程中，画面、声音清晰，信号稳定，未发现擅自插播广告、字幕或不当遮挡央视台标等违规情况，确保了市区两级共10个广播主频率、16个电视主频道圆满完成党的二十大两场重要活动的直播转播任务。

## 二、视听领域意识形态工作平稳可控

严格落实意识形态工作责任制，局意识形态领导小组召开专题工作会，对做好党的二十大期间意识形态和舆情防控工作做出部署，要求坚持问题导向，强化源头防范，建立健全专人负责、专人督办、专人反馈等工作机制，有力有序做好广电视听意识形态领域舆情发现、处置等各项工作。9月30日至10月23日，每日对相关领域舆情进行收集、分析、研判，专题报告市委宣传部。对北京市区两级广播电视机构658档节目及北京时间、听听FM、微博3个新媒体端口就党的二十大主题宣传情况进行持续监听监看，对全市主题宣传报道和视听舆情及时进行正向引导，确保舆论氛围良好。加强对重点视听平台主体责任督导，针对排查发现的各类问题，第一时间通知各平台对违规节目和账号进行处理，确保党的二十大期间首都广电视听意识形态领域整体安全态势平稳可控。

## 三、主题宣传报道浓墨重彩

坚持以首善标准部署党的二十大精神的主题宣传工作，指导首都广电媒体在内容策划、制作播出、宣传推广层面持续发力，坚守主流阵地，立足首都发展，以“大宣传”工作格局助力党的二十大主题宣传的落地化呈现。

新闻宣传发力，坚守主流阵地。统一调度首都广电媒体的电视大屏、移动小屏、广播音频三大平台的新闻宣传资源，率先部署新闻舆论宣传的主流阵地。指导北京广播电视台以新闻节目为发力点，及时跟进大会议程、解读会议精神、展现代表履职风采，以全景式、立体化的报道矩阵呈现大会盛况，为党的二十大主题宣传营造浓厚舆论氛围。新闻频道《北京新闻》《北京您早》《特别关注》推出“喜迎二十大 奋进新征程”“中国共产党第二十次全国代表大会特别报道”“二十大特别报道”等特别节目。北京新闻广播、北京交通广播等栏目推出诸如《二十大代表风采》《岁月有光 我们这十年》等系列新闻报道，全景式渲染同心迎盛会的和谐气氛，奏响时代华章。北京时间、听听FM依托自身网络平台资源开展网络新闻专题报道，以微访谈、直播等多种融媒专题解读会议内容。北京广播电视台坚守新闻宣传主流阵地，以新闻节目为抓手，通过大小屏互动、音视频互文的方式直击党的二十大开幕会、北京市代表团全体会议、党代表通道等现场，同时汇报全市各领域学习领会主题报告精神的情况，展现首都各界干部群众不忘初心、砥砺前行的奋进决心，营造全民同心、喜迎盛会的热情氛围。

立足首都发展，“大宣传”小切口。指导北京广播电视台立足展现首都十年高质量发展成果，注重宏大主题的落地化呈现，将二十大精神的解读拆解为党代表、人民群众携手共筑中国梦的鲜活故事，以小切口的内容呈现强化“大宣传”格局的精神引领价值，使得党的二十大精神在京华大地的阐释有落点、见实效。新闻频道《北京您早》“侨心向党”专栏讲述首都侨界代表人士的奋斗故事，献礼党的二十大。北京文艺广播《咱们这十年》系列微剧，以首都市民“艾大爷”的视角，讲述北京城市发展成就和居民安居乐业的幸福故事。北京新闻广播“二十大时光”节目聚焦首都青年党代表群体，深情讲述其助力首都各行业发展的奋斗故事。党的二十大精神的宣传注重见人又见事，选取典型人物，结合个体故事，讲述北京近十年来各行业的突出变化，全面展现新时代十年思想实践成果与发展成就。

活化宣传语态，注重内容差异化。积极探索主题宣传工作的创新路径，引领首都广电媒体针对不同传播渠道中的受众特点、信息接受习惯对二十大精神的主题宣传进行差异化传播。新闻频道《这里是北京》推出大型人文纪录片《我们的十年》，以纪实影像的魅力阐释十年来北京发展成果，财经频道《京津冀大格局》播出“大美京津冀 献礼二十大”系列节目，以契合栏目受众收视兴趣的角度阐释二十大精神，北京故事广播《我爱博物馆》以“喜迎二十大 档案颂辉煌”节目带领听众沉浸式探访市档案馆，将声音媒介的优势发挥到极致。北京时间制作《微动漫 十年蝶变》系列动画视频、《叮咚！“时间小北”邀你打卡十年成绩单！“数说”盛世中华美好生活》创意图文资讯、《AI数字人对话二十大代表》系列融媒视频，以拟人化、互动式的融媒作品多角度阐释二十大会议精神。在北京市广播电视局的统一协调下，首都广电媒体根据不同传播平台的特征进行同一主题的差异化传播，夯实传统媒体平台传播基础的同时调整在新媒体平台的传播语态，以清新灵动的话语方式引领新媒体平台的舆论导向，丰富二十大主题宣传的层次。

## 四、广播电视节目有声有色

坚持以党的二十大主题精神为引领，积极把握时代热点，创新“新主流”叙事，以烟火气故事展现高质量发展成果；指导各媒体平台构建立体化节目矩阵，打造内容供给丰富、形式多样的宣传阵地；同时指导各栏目创作部门深耕精品内容，以良好制播水准引领社会价值风尚。

把握时代热点，创新主题创作。指导北

京广播电视台立足首都新发展，积极把握时代热点，创新主线精神表达方式，从百姓身边事出发，以小见大，用一个个富有烟火气的故事交织展现首都高质量发展成果。卫视频道《养生堂》、纪实科教频道《第三调解室》、青年频道《青春快乐季之青春歌汇》等栏目，结合自身特色分别策划播出《健康中国 十年答卷》《优秀人民调解员》《喜迎二十大 永远跟党走 奋进新征程》等特别节目，将党的二十大精神的阐释融于健康传播、法治建设、文化传承类的节目内容中。由国家广播电视总局统筹组织，5家卫视联合制播的重点理论节目《思想耀江山》，其中由北京卫视制作的“协调篇”邀请不同国家和行业的年轻人组成采访团，在北京特色地标实景中与群众面对面交流，年轻化的语态让抽象的发展理念得以具象表达，将一幅生动形象的发展画卷呈现在观众面前。又如，北京卫视《我为群众办实事之基层报到》以初出茅庐的毕业生为叙事主题，讲述他们扎入基层后的成长蜕变故事，以全新视角化解群众“急难愁盼”的治理难题，也回应了新时代青年如何作答“建设一个什么样的首都，怎样建设首都”的时代之问。

构建节目矩阵，舆论覆盖全面。蓄力构建立体多元的节目矩阵，指导各大品牌栏目适时推出二十大特别节目，各频道、多栏目从医疗、文化、历史、社会等角度发力，推出如《我的桃花源：桃花源里看十年》《养生堂：健康中国 十年答卷》《意想不到的北京》《运河之上：共庆二十大，潮涌副中心》等20余档系列栏目，内容供给丰富，营造热烈氛围。例如，《养生堂》特别策划《健康中国 十年答卷》系列节目，从医疗角度解码国家发展，在“守正创新”“扶贫助农”“扬帆出海”等命题中，展现中国在健康领域所取得的丰硕成果。《第三调解室》播出二十大特别节目《最美人民调解员》，走近基层司法工作者，以纪实镜头进行真实记录，以具体案例凸显调解员坎坷经历中积累经验、不断成长的真实经历，展现基层工作者下沉社区的奉献精神。《我的桃花源》播出《桃花源里看十年》系列节目，从文化传承到脱贫攻坚，再到生态文明，多角度、多层次勾勒京郊人民的物质生活和精神层面的变化。

深耕精品创作，树立时代标杆。充分发挥广电主流媒体的使命担当和价值责任，深耕精品创作，以良好制播水准引领社会价值风尚，实现精品内容赋能主题报道，强化对观众的正向引领，将献礼新时代、迎接二十大的气氛推向新高潮。北京广播电视台制作4集大型医学成就系列纪录片《生命缘·国之大医》，结合习近平总书记二十大报告指出的“推进健康中国建设”，从中国医学的创新突破入手，展现医疗工作者获取重要医学成果的艰辛历程，有效发扬国之大医勇于自主创新、推动健康中国建设的精神。播出5集短视频节目《见微知著——大国首都 十年跨越》，通过20个微缩景观模型作品打开叙事之门，以小人物、轻视角展现首都北京十年发展的难忘瞬间，于细微处将十年征程中的北京成就娓娓道来。《这里是北京》推出大型人文纪录片《我们的十年》，邀请10位来自不同领域的行业引领人物作为“东城探访官”，通过他们的所见所感展现东城区各行各业十年来的发展变迁，讲述时代故事。

## 五、融媒体创作出新出彩

加强全媒体传播体系建设，推动形成良好网络生态，多形式、多平台、多层次、全覆盖宣传报告精神，助力统一思想、凝聚共识，巩固壮大奋进新时代主流思想阵地，筑牢意识形态安全防线。

加强全媒体传播，形成良好网络生态。

指导“北京时间”平台、听听FM及微博微信平台做好二十大融媒宣传，推动良好网络生态的形成。北京时间推出“党的二十大特别报道”融媒专题，聚合“二十大报告”“重要发布”“党代表通道”等多元内容，分类聚合海量最新新闻报道，提升民众信息获取效率。听听FM推出《热烈庆祝党的二十大胜利召开》专栏，创新《一图速览二十大报告》《二十大报告这些话，振奋人心！》等图文报道，提炼会议内容，总结总书记讲话重点，助力提升民众对主流舆论认知程度。北京时间官方微信公众号继续做好二十大开幕会后总结、详细梳理报告中的“北京重点”，发布如《3D版最萌体验官上线，共享“京彩”十年!》等推文，呈现形式接地气的融合型作品，展现新时代中国风采，绘就同心圆，共筑中国梦。北京广播电视台官方微博以“北京新时代”话题聚合二十大最新消息，其中《写给未来的我》视频合集从青年视角切入，结合其自身经历生动讲述榜样人物故事，传承榜样力量，该话题阅读量超过4500万次。北京广播电视台新闻频道微博账号“京视频”发布《亲历二十大开幕，BRTV记者Vlog记录中外媒体眼中的盛会》短视频，跟随记者视角走进人民大会堂，采访中外媒体眼中的盛会，迎接二十大的胜利召开。各区融媒体中心自二十大开幕以来累计发布新媒体端相关内容2410条，涉及专题专栏2080条，解读报道296条，转载直播35条。如，延庆区把握“非凡十年”关键词，推出《非凡十年看延庆》系列短视频；经开区发布《思想照我行》系列短视频，将个人成长与国家发展相关联，弘扬奋斗者精神，展现各领域发展卓越成果；昌平区融媒体中心制作H5互动页面，以《非凡十年·一个大型社区的逆袭》为题，沉浸式带大众体验回天地区作为大型社区的逆袭之旅。

促进融媒宣传守正创新，提高网络舆论引导本领。以多形式、多平台、多层次、全覆盖做好党的二十大融媒宣传，推出多组特别策划。如上线《“共和国脊梁”科学家绘本丛书》有声书，深情讲述中国科学家服务人民事业的感人故事。北京时间、听听FM两端联动播出《北京市迎接党的二十大系列主题微访谈——社会民生专场》，邀请专家学者介绍北京社会民生相关情况，凸显政府在加大保障、改善民生等各项重点工作的显著成效。直播访谈节目累计观看量超过4.7万人次。北京时间以新媒体视频和图文资讯，全方位展现北京发展成果和二十大代表风采等。如创意图文资讯《叮咚！“时间小北”邀你打卡十年成绩单！“数说”盛世中华美好生活》以图片解说的形式展现中国各个地区的十年发展成就。网友评论：“在小北的带领下看到了中国的不懈努力和辉煌成果，十分震撼。”系列融媒视频《AI数字人对话二十大代表》采用AI主播时间小妮对话二十大代表贾莉的新颖形式，讲述北京红色香山文化薪火相传的故事。

壮大主流思想阵地，实现网络舆情正向传播。多档融媒报道在台网端取得良好的宣传效果，播放量屡创新高，网友评论以正面导向为主。例如在听听FM，北京青年广播《少年说》推出“喜迎二十大 争做好队员”特别融媒体直播活动，述说少先队员心中的中国梦。该直播实时获赞超3万，听友纷纷评论：“光荣的少先队员。”“满满的回忆感！”“今年是中国少年先锋队成立73周年，祝贺！”北京广播电视台持续推出《十年新变化 北京青年说》新媒体特别策划，报道北京青年侯志伟服务中国企业投融资及境外上市的先进事迹，展现其利用专业能力，助推中国企业在全球化背景下健康发展的积极作为。节目获得了“好青年”等正向反馈。微博话题“北京青年正当燃”累计阅读量超过540万。北京时间结合二十大热点资讯，微博推出话题“京外二十大代表团陆续抵京”累计阅读总量超过1.3亿，讨论次数超2500条，获得了“奋进新时代，启航新征程！”“关键时刻！期待二十大后产业也向新发展”等积极反馈，互动效果突出。卫视频道官方微博发布话题“清华硕士的社恐被大妈治愈了”上传《我为群众办实事》二十大特别节目“基层报到”最新一期视频，社恐清华学霸遇到热情广场舞大妈引发热烈讨论，登上微博热搜第六，获32家媒体联合发布讨论，话题阅读量达3.4亿次，获得“抵挡不住的热情，太有爱了”“给小姐姐和大妈点赞”“被大妈的温情治愈，工作更有热情了”等积极反馈。

（北京市广播电视局宣传管理处）

# 原创+融合双轮驱动，助力京津冀协同发展

## ——北京广播电视台《京津冀之声》收获成功经验

北京广播电视台《京津冀之声》于2021年2月26日正式开播，是由北京广播电视台牵头，联合天津海河传媒中心、河北广播电视台携手打造的跨地区、跨媒体、多领域的区域性广播频率和融媒体传播平台。其定位是“发布权威信息、展示发展成就、推动创新协调、服务民生福祉”。在开播的20个月里实践了“跨区域融合传播、与社会机构融合传播、与市场融合传播”，进行了卓有成效的“原创+融合双轮驱动”媒体融合发展探索。

### 一、打造京津冀协同发展重要新闻舆论平台，推动区域媒体协同合作

《京津冀之声》通过《早安京津冀》《京津冀新干线》两档早、晚新闻栏目，深入宣传习近平总书记关于京津冀协同发展的重要讲话和重要指示精神，权威解读京津冀协同发展战略的决策部署、政策措施，全面反映京津冀协同发展的重大举措、重大工程、重大项目推进情况和工作成果，切实肩负起助推京津冀协同发展的重要职责使命。目前，三地信息、资源、广播节目互联共享机制，品牌活动共同策划组织机制已基本形成。截至2022月9月底，《京津冀之声》广播共播发三地原创录音报道和文字稿件1780多篇，其中，北京、天津、河北三地内容分别占比40%、30%、30%。

### 二、构建优势互补、互利共赢的媒体融合发展新格局，致力新媒体建设

通过京津冀新视听媒体融合学院平台，《京津冀之声》组织三地27家各级融媒体中心构成“媒联体”，联合京津冀三地多家媒体进行多次媒体联合策划，包括与天津台合作“第五届世界智能大会”宣传报道、国家会展中心（天津）开馆首展宣传报道、《京津冀名嘴说奥运》、《京津冀名嘴说冬奥》；与河北综合广播、河北新闻广播联合策划“人民城市为人民”；与雄安新区融媒体中心共同原创系列视频“雄安四季”等。以微博官方账号“京津冀之声FM1006”为例，总阅读量超1.1亿次，全网话题总阅读量超过5.1亿次，平均每周登上同城热搜榜一次。

## 三、高起点组建专家智库队伍，为协同发展提供智力支持

与京津冀多家媒体融合的同时，《京津冀之声》也在积极与北京大学等社会机构融合，成立了《京津冀之声》智库。“智库”吸引包括2位国务院参事在内共54位京津冀三地财经金融、城市规划及交通、生态环保、科技创新、文化教育、法制建设、舆论传播等七大领域的领军人物、专家的参与加盟，为《京津冀之声》的创新发展、融媒建设提供智力支持和指导。

## 四、利用社会资源，搭建新型协作渠道，提升制作传播能力

除了媒体融合和社会机构融合，京津冀之声也在积极与市场融合。例如，与北京市美术家协会合作的《北京意象画展现场大师课》；与北京出版社合作的《新书预读》；与北京市延庆文旅局合作策划的“来延庆的100条路”品牌活动以及为文旅市场量身定做的“文旅融合”传播系列作品之一《乐动中秋十二时刻》，都是京津冀之声积极探索与市场融合的融媒体传播产品，在取得良好社会效益的同时也收获了经济效益。

两年来，《京津冀之声》始终坚持以优质的内容、新颖的形式实现传播有效性，更好地满足了受众的高体验需求。未来也将继续融合三地资源，始终沿着“融合＋原创双轮驱动”的方式做好媒体融合创新发展，更好助力京津冀协同发展重大国家战略。

（北京市广播电视局媒体融合发展处）

# 北京市广电领域“两区”政策创新成效显著

北京市广播电视局以“吃透政策、弄清实情、集成创新、项目落地”的工作思路狠抓“两区”任务落实。2021年5项“两区”建设任务全部落地；2022年，2项先行先试政策获国家广播电视总局复函支持，发布推动新视听改革创新“15条”，1项“两区”建设经验列入全市“两区”建设改革创新实践案例。在全市“两区”建设两周年新闻发布会上，作为市级文旅领域唯一代表作“两区”政策创新成效发布。

## 一、成效卓著

一是在优化政务服务上推出新举措。对中国（北京）自由贸易试验区所在6个行政区和北京经济技术开发区全域范围取消“电视剧制作许可证（乙种）核发审批”；对10种许可证推行电子证照；对17类政务服务事项实施告知承诺审批、对守信企业探索试点不需申请、不需材料、不需跑动的“三不”智慧政务新模式等。其中告知承诺制改革惠及企业611家，“三不”智慧政务新模式惠及企业2851家。

二是在创新回应企业需求上取得新进展。为17家区级融媒体中心、北京科学技术出版社有限公司、北京日报社颁发信息网络传播视听节目许可证。对48家重点网络视听平台（App）优化备案制服务。制定实施优审内容、优选资质、优化服务的措施，两年多来共有1035部视听作品因之受益。

三是在先行先试上获得新突破。经国家

广电总局批准，适当放宽对在京注册的中方制作机构与外方合作制作电视剧的资质要求，取消中方机构须持有电视剧制作许可证（甲种）的限制，持有广播电视节目制作经营许可证的在京注册中方制作机构即可与外方合作制作电视剧。两年来，由北京市广电局选送的10部中外合拍作品获得国家广电总局资金扶持，合作公司来自加拿大、法国、泰国、英国、俄罗斯和日本等。

四是在支持中外视听合作项目上又有新成绩。中国（怀柔）影视产业示范区国际影视摄制服务中心2021年5月28日挂牌成立，列入首批“拟在全市复制推广的‘两区’建设改革创新实践案例”；2022年8月18日，北京市首个集成市区两级事项的政务服务站——怀柔国际影视摄制服务中心政务服务站正式挂牌运行。2021年和2022年，“北京市提升广播电视网络视听业国际传播力奖励扶持专项资金”奖励扶持项目达214个。10家企业和3个项目入选商务部2021—2022年度国家文化出口重点企业和重点项目。

五是在扩大国际交流和协作上开创新局面。北京优秀影视剧海外展播季先后在俄罗斯、巴西、坦桑尼亚、英国等30个国家和地区成功举办。北京市广电局支持成立的中国（北京）影视译制基地，已具备英、法、葡等10余种语言译制能力，年译制产能超1万小时。为引进优秀境外影视作品开通审核绿色通道，两年引进境外影视剧468部。

六是在推进视听产业集群发展上取得新进步。经总局批准，2021年12月正式设立中国（北京）高新视听产业园。中国（北京）星光视听产业基地着力推进8K转播车集成研发平台和XR演播创新应用测试平台建设，列入第二批市级改革创新实践案例。《北京市5G+视听创新应用场景（2.0版）》和《北京5G+8K新视听产业地图》编制完成并持续更新。

七是在培育视听服务新业态新模式上取得新业绩。实施智慧广电行动方案，北京广电局联合总局广科院共建的4K/8K超高清电视应用创新实验室一期建设完成。2022年5月，优酷、鼎盛佳和分别获批设立“高新视频云交互创新国家广播电视总局实验室”“电视剧制作技术创新研究与应用国家广播电视总局实验室”。在工业和信息化部、国家广电总局举办的超高清视频典型应用案例征集活动中，北京市18个项目入选案例名单，占总数的17.3%，入选数量居全国首位。

## 二、基本做法

一是加强领导，在任务落实上下功夫。首先，成立专班，凝共识聚合力。成立由局一把手任组长、局领导班子成员分工负责，政策法规处统筹、机关各部门主要负责人参与的工作专班，提升工作层级，形成工作合力。其次，清单化管理，目标明责任清。根据首都广电工作实际，高标准制订工作方案和“两区”建设任务分工清单、与国家广电总局沟通对接事项清单和拟出台政策措施清单，明确工作目标和路线图、时间表，任务层层分解细化，统筹部门和责任单位同向发力。最后，建机制、频调度、通情况、解难题。召开“两区”建设外商投资、中外合作专题会等工作推进会15次，及时通报情况，汇总各成员单位工作意见建议。建立月报告和周报告制度，及时跟踪汇总各成员工作进展情况。建立督办制度，形成“两区”建设重点折子工作，纳入局绩效考核范围。

二是深入调研，在精准把握企业诉求上下功夫。及时把握企业诉求，两年来共组织“两区”建设工作调研20余次。局领导班子成员分头带队赴北京奥美集团、索尼影视公司、NBC环球公司、华纳兄弟等外商投资企业和中国（北京）星光视听产业基地、中国（怀柔）影视产业示范区、朝阳区国家文化产业创新实验区、东城区中关村雍和航星科技园、顺义区天竺综合保税区等园区进行调研。通过调研，精准把握企业诉求，加强政策措施优化和先行先试政策改革创新。

三是创新突破，在出举措优环境解难题上下功夫。第一，抓已有措施优化。积极统筹成员单位，加强审批审查服务和扶持政策措施优化。第二，抓难点问题政策突破。与有关处室共同加强向国家广电总局和中宣部沟通，争取先行先试政策在京实施。第三，抓重点项目推进。会同相关处室加强对涉“两区”建设重点项目推进，确保工作落到实处。通过以上措施，北京广电局“两区”建设顺利完成工作任务，两年来取得丰硕工作成果。

（北京市广播电视局政策法规处）

# 广播跨年融媒特别直播的探索与实践

2022 年 12 月 31 日 16:00 至 2023 年 1 月 1 日 0:30，“听，流动的北京城——北京广播电视台‘大声喊 新年好’广播跨年”融媒特别直播举行。此次活动以“听，流动的北京城”为主题，用充满仪式感的跨年骑行、名篇佳作诵读、全场景连线等形式，点亮新年、拥抱 2023。北京广播电视台新媒体矩阵、广播全频率同步音视频直播，总观看量超过 466 万人次，人均收听时长达到 67.6 分钟。微博话题“大声喊 新年好”阅读量 1118.8 万；“听 流动的北京城”“北京跨年骑行”合计阅读量超过 306 万。与此同时，共有 10663 名骑友按照“2023+ 兔子”路书参与了“大声喊，新年好”的跨年骑行。

## 一、集全台之力打造

2022 年末疫情防控政策优化调整，正值“大声喊 新年好”广播跨年项目策划推进实施的关键节点，多部门的联动调度尤其困难。广播节目制作中心、总编室、交通广播中心、音乐广播中心克服困难，反复研究、调整策划方案和应急预案，按照 8.5 小时最终呈现。网络传播中心、广电技术中心、“听听 FM”、广告运营中心广播经营团队、各频率中心、北广声动公司通力协作、紧密配合，各司其职、互相补位，保证此次跨年特别直播的圆满举行。

## 二、超长直播不间断

长达 8.5 小时不间断的“大声喊 新年好”广播跨年融媒特别直播，由四大主题板块组成。12 月 31 日 16:00—21:00 以“听，流动的北京城”为主题，以融媒直播间为中心，以跨年骑行为线索，结合户外快闪电台、播客、连线报道等形式，用声音故事、音乐等串联，形成主持人、嘉宾、骑行队员与不同平台用户的强互动，打造从声音出发，充满仪式感的广播跨年融媒直播；21:00—22:30，转播 BRTV2023“踏上新征程”跨年之夜晚会；22:30—23:55“诵读点亮新年”跨年特别策划；23:55—2023 年 1 月 1 日 0:30 主题为“你好 2023”，以北京跨年仪式、“记者现场连线报道＋海外媒体人新年祝福”为内容，同迎、同庆、同心祝福 2023 年。多路记者与“城市守夜人”一起跨年，记者特别关注了跨年夜执勤夜查的交警、保证航班进出港的工作人员，以及北京妇产医院的医护人员。寒夜相守，暖心相伴，大声问候“你好 2023”。

直播间主播合影

记者现场连线报道

## 三、跨年长距离骑行

活动策划者选择了一场直面挑战而又坚定、勇敢、积极、乐观，充满仪式感的跨年骑行作为此次跨年特别直播的主线，带领大家“听，流动的北京城”。62.8 千米骑行是本次广播跨年融媒传播的重点。要骑出“2023+小兔子”的轨迹，还必须按照直播时点、快闪电台的内容设置，完成行进式直播连线报道。

“2023+ 小兔子”轨迹图

北京广播电视台多名主持人与北京多家骑行俱乐部骑行爱好者共同组建北京广播电视台“大声喊，新年好”跨年骑行队。2022 年 12 月 31 日 16：00 骑行队从地质博物馆启程，经过 62.8 千米“2023+ 兔子”的骑行路线，抵达北京图书大厦。骑行沿途设置了 10 个快闪电台直播点位，4 路跨年流动直播，实时进行音视频同步直播及连线报道，分享路上的所见所闻。线路中既有带来“冬奥回忆”的鸟巢、新首钢大桥，也有“城市新地标”北京丰台站、新工体，更有充满历史沉淀的中轴线上的故宫；既有车流穿梭的环路，也有唤起旧时记忆的新街口、西单，还有充满烟火气的簋街和路边偶遇的街头歌手。移步异景，一路前行、一路描绘、一路回忆、一路感受跨年夜的人间烟火，为新一年的征程注入一份坚定的勇气和希望。

骑行队伍合影

与此同时，广播跨年融媒直播间内，主持人和嘉宾根据骑行队伍的进程同步与听众一起回顾 2022 年我们身边最值得记忆的“声音故事”。这些声音记忆既有经济、科技、文化发展的国家大事，也有百姓琐事；既关照北京作为四个中心城市发展的变化，更展现未来城市的美好蓝图，用声音汇聚力量，传递爱与希望！

直播间主持人与观众及嘉宾互动

## 四、诵读点亮新年

“诵读点亮新年”是广播跨年行动的重头板块，也是北京地区知名跨年品牌活动。此次跨年诵读之夜选择《人世间》《装台》《北上》《远去的白马》等作品，以“人·世·间”为命题，由作家当向导，以声音为媒介，传递人世间真情真爱，体味充满力量的生命之光，在书香中和努力走过这一年的所有人一起问候“新年好”。

“诵读点亮新年”活动海报

（北京广播电视台）

# 文艺展新姿 精品献人民

## ——首届“大戏看北京”展演季成功举办

首届“大戏看北京”展演季于2022年11月5日在国家大剧院启幕。截至2022年12月19日，已在国家大剧院、北京天桥艺术中心、北京保利剧院、全国地方戏演出中心等6家剧场共展演12家文艺院团及参演单位出品的12台30场优秀舞台作品。其中既有市属院团作品，如话剧《莲花》、评剧《蒲柳人家》、北京曲剧《茶馆》等，也有中央文艺院团的优质剧目，如舞剧《世纪》《昭君出塞》，还有民营演出机构的新创作品，如话剧《钟鼓楼》等。此外，还特邀外省市代表性剧目进京展演，如黄梅戏《不朽的骄杨》等。期间，展演季还与中国戏曲文化周联动，在园博园上演评剧《花为媒》，并在线同步直播。除线下展演外，展演季还在“北京时间”和抖音平台开设专属“云剧场”，通过网络、透过屏幕以预约直播、视频回放的方式上演大戏好戏，先后展播话剧《香山之夜》、杂技剧《呼叫4921》、京剧《锁麟囊》、昆曲《赵氏孤儿》等15家院团31部剧目，累计播放量超5243万次。在展演季宣传工作方面，中央新闻单位及市属媒体、新媒体平台纷纷以图片、文字、视频形式全方位、多角度报道展演季盛况。截至2022年12月19日，中央新闻单位共刊发展演季新闻报道、文艺评论21篇，市属媒体及相关新媒体平台刊发134篇。北京时间App推出展演季系列专区，引发社会关注。“花为媒亮相北京园博园”“大戏揭秘杨家岭的春天”等话题登微博同城热搜榜单，网友好评如潮。抖音主话题“首届大戏看北京展演季”播放量达3.2亿次，微博主话题“首届大戏看北京展演季”相关内容被50余家全国重点新闻单位账号转发，总阅读量近6600万。全网各类宣传物料观看量总计超过4.6亿人次。

展演季开幕前，北京广播电视台文艺频道中心提前组织拍摄著名作家刘心武、国家京剧院院长王勇、北京人民艺术剧院院长冯远征、中国国家话剧院院长田沁鑫、著名歌唱家雷佳等数十位文艺名家的祝贺视频，以及展演季主题宣传片。同时，还邀请知名文艺评论家观看开幕大戏舞蹈诗剧《杨家岭的春天》。北京评论家协会主席王一川表示：文艺属于人民、来自人民、为了人民，而《杨家岭的春天》正是这样一部作品。中国艺术研究院舞蹈研究所教授金浩认为：“为人民而舞”的红绸正代表了共产主义信仰的传承和信念的永生，它将在新时代的“春天”里依然凝显出炽热的光芒！值此，展演季启幕之刻便引发了社会广泛关注，点燃了深秋北京文化市场的热情。

在“大戏看北京”展演季过程中，文艺频道中心实现多元创新：

一是“云剧场看大戏”，创云端展演新探索。在做好线下剧目展演的同时，文艺频道中心与“北京时间”和抖音联合搭建展演季“云剧场”线上展演平台，精选50余部经典剧目，使广大网民足不出户便可尽情饱览精品大戏。而后新冠疫情态势不断严峻，线下展演受到冲击和影响，文艺频道中心迅速调整工作重心，与所有合作院团及出品单位紧急协调，征选更多精品力作加入线上“云剧场”的展演中，加大“云剧场”的展演排期力度，这一举措既满足了广大市民乃至全国观众在特殊时期的文化消费需求，又让“大戏看北京”展演季走进更多百姓家中与心中。同时，也对文艺演出未来在新媒体端的创新消费形态进行了有益尝试。

二是以全媒体思维，挺进文化宣传主战场。文艺频道中心围绕“北京时间”、抖音、微博、微信等新媒体平台策划共创话题，对参演院团及展演剧目进行人物专访、专题报道、权威剧评，并策划拍摄冯远征、田沁鑫、冯英等国家顶级艺术院团的院长、团长以及韩再芬、史依弘、刘心武等文艺名家的短视频金句，还针对展演剧目定制拍摄“演出花絮”“幕后探秘”等创意短视频，用丰富多彩的原创短视频内容助力“大戏看北京”展演季的融媒体宣传。

三是利用首都文化人才资源，搭建交流合作平台。文艺频道中心在展演季期间，以精准服务“大戏看北京”为着力点，以助力“出人出戏出精品”为核心诉求，全力打造《“大戏看北京”展演季专题访谈》系列特别节目。节目中还特别将视角对准近年涌现出来的年轻一代优秀编剧、导演、演员、音乐制作、舞美设计等戏剧专业人才，请他们讲述作品的立意、创作、所表达的精神文化内涵，向观众展示新时代青年戏剧文艺工作者砥砺前行，为时代、为人民创作的奋斗故事。

（北京广播电视台　齐建彤）

# 北京广播电视台推出大型纪录片《黄河安澜》

2019年9月18日，黄河流域生态保护和高质量发展座谈会在河南郑州举行，习近平总书记在会上发表重要讲话指出，保护母亲河是中华民族伟大复兴和永续发展的千秋大计。北京广播电视台推出大型纪录片《黄河安澜》，于2022年9月13日在纪实科教频道、卫视频道同步播出。该片以习近平总书记在黄河流域生态保护和高质量发展座谈会上的重要讲话精神为主题，形象阐释和生动展现我国在加强黄河流域生态保护，保障黄河长治久安，推进水资源的节约集约利用，推动黄河流域高质量发展，保护传承黄河文化的举措。全片分为《国脉千秋》《力挽危澜》《量水而行》《重现盎然》《发展新路》《幸福长河》六集，每集50分钟，共计300分钟。《黄河安澜》抓住黄河流域感人故事，努力呈现鲜活灵动的风格特征，既追求恢宏气势，也追求事例的细腻与生动性，既追求叙事的清晰与流畅，也追求切入点的灵活与多样，从四个方面全景式展现新时代黄河高质量发展的全貌。

一是塑大河之“魂”。习近平总书记指出，黄河文化是中华文明的重要组成部分，是中华民族的根和魂。为充分挖掘黄河文化蕴含的精神特质和时代价值，确保中华文明在新时代下赓续传承，北京广播电视局在督促与指导的基础上，还给予该片资金上的扶持。《黄河安澜》主创团队先后组织十余次研讨会，寻访上百位专家学者和一线技术人员，翻阅大量国家核心期刊文献，调研行程达几万千米，前后撰写文稿10万字，拍摄素材6万分钟，最终剪辑完成。

二是显大河之“安”。习近平总书记指出，黄河安澜是中华儿女的千年期盼。新中国成立后，党和国家高度重视黄河治理工作，特别是党的十八大以来，以习近平同志为核心的党中央着眼于生态文明建设全局，明确“节水优先、空间均衡、系统治理、两手发力”的治水思路，黄河流域经济社会发展和百姓生活发生了翻天覆地的变化。为全面把握70多年来黄河治理的历史发展轨迹、科学治理规律，充分展现黄河治理、开发、保护、发展等方面取得的成绩，每到一地，摄制组主创人员都会与当地宣传部、水利厅、发改委、文旅部门、广电局和电视台等多个相关单位进行调研、座谈，挖掘鲜活感人的“黄河人，黄河事”，充分展现以党的领导为根本保障、以人民至上为价值导向、以系统治理为基本方略的新时代黄河治理宝贵经验。

三是展大河之“绿”。习近平总书记强调，黄河流域必须下大气力进行大保护、大治理，走生态保护和高质量发展的路子。总书记的讲话，为沿黄河省区坚定不移走生态优先、绿色发展的现代化道路指明方向，注入强大动力。三年来，北京广播电视台摄制组深入一线，努力克服新冠疫情影响，从前后五次深入三江源，到万里跋涉东营黄河入海口，用镜头记录母亲河生态健康可持续发展的翻天覆地变化，见证三江源国家公园的成立和一系列保护措施的出台，让这里的牧民放下牧鞭端起生态碗，草原重现盎然的生动历程。在渤海之滨，摄制组捕捉到在河海交汇处的黄河三角洲国家级自然保护区内，由于生态补水和保护治理，湿地面积逐年回升，生物多样性明显增加，林丰草茂、重现盎然的壮美图景。力图展现新时期不一样的黄河，不一样的黄河百景图。

四是彰大河之“兴”。习近平总书记强调，着力加强生态保护治理、保障黄河长治久安、促进全流域高质量发展、改善人民群众生活、保护传承弘扬黄河文化，让黄河成为造福人民的幸福河。为讲好黄河流域的高质量发展故事，摄制组通过走访河南、陕西、甘肃、四川等9个省份40余座城市，通过宁夏中卫中国数据中心、西安高新产业园区、郑州世界级物流中心和青海光伏发电园区等鲜活案例，反映黄河流域历史变化，讲述黄河文化与自然生态保护故事及黄河流域高质量发展故事，集中展现黄河流域经济社会新发展理念，黄河两岸发展变化新气象。

此外，为给观众带来更好的视听感受，主创团队还在视觉与包装上力求创新，特别邀请曾创作《功夫熊猫》主题音乐的著名美籍华人作曲家王宗贤为该片作曲，适时向世界讲好黄河故事。

（北京广播电视台）

# 冰球季播节目《哇！冰球》创作经验

《哇！冰球》是北京广播电视台卡酷少儿卫视自主策划，在2022年第一季度推出的12期青少年冰球主题季播节目。《哇！冰球》播出期间，央视索福瑞北京4+收视份额位列所有同类卫视首位；全国64城组4~14岁核心观众收视份额在综合卫视频道同时段处于领先地位。网络合作平台优酷同步站内推广，微博端话题超1.4亿次，热搜话题一度冲至25名，原创主题曲MV首发当日点击量破30万次。大年初二，在优酷等网络视听平台合作的“中国网络视听年度盛典”中，“酷虎队”受邀与沈腾等众明星参与节目，观看直播用户达1.1亿人。节目收官时，网友在微博评论“通过这节目认识很多优秀的少年，喜欢上了冰球运动”“祝这些孩子早日代表国家队登上奥运赛场”。

《哇！冰球》是卡酷自有团队首次尝试大型少儿季播节目策划制作，是一次“破冰”之旅。节目策划从内容生产、融合传播、产业拓展三个层面下功夫，围绕冰球IP进行全媒融合、全产业打造的思路谋划布局。

## 一、专注儿童，将竞技体育与成长主题融合

节目2011年11月中旬面向全国进行海选面试，孩子的性别涵盖、生活环境、球龄长度让人惊叹冰球运动在全国的普及程度，意识到孩子情况的多样性正是“带动三亿人参与冰雪运动”的体现。最后挑选出17位10岁左右的优秀冰球少年，这些男孩女孩来自沈阳、广州、四川等地，以“酷虎队”之名共同生活、训练。这些孩子大多没有参与过节目拍摄，除了严格的冰球训练外，节目要从生活点滴中真实记录观察孩子成长，真实记录孩子们如何克服困难、如何与团队相处。随着节目进展，每个孩子独特的成长历程逐次引发情感爆点。落选首发阵容的李卓轩，从黯然失落到重整旗鼓；自带流量的潘思言初进队伍时自信满满，随着首战失利和训练受挫，转变为总结自身问题，帮助队友进步；

作为守门员的南方女孩刘与璐，从开始的不自信到最终的关键一扑，展现了新一代冰球小将的奋斗。节目在体现竞技体育的残酷激烈的同时，展现孩子们的点滴进步和对冰球的热爱，采取“体育 + 成长”的构思，正向传递教育理念，触达大众关心。

### 二、拓展深度，以立体视角承载文化教育需求

节目不仅专注体育本身，也承载了儿童成长过程中的教育方式、传统文化等话题，让竞技与合作、文化交错并进，平衡节目的竞技性与综艺性。节目穿插了新春年夜饭、精彩飞花令、海绵棒大战等趣味游戏；设置不同性格、不同身份的成人嘉宾，有柔和派的领队白凯南关照孩子生活，有严厉派的经理人、奥运冠军邢傲伟言传身教专业运动员生活，三个冰球教练也在确保专业水平基础上兼顾考虑女性教练、海外教练等不同类型，通过多元的教育方式在竞技中擦出火花；设置与老年冰球队的友谊赛，融入代际沟通、理解的温情，体现代际传承。节目最后，队员与家人真情告白，一字一句中的牺牲、感恩、欣慰是天下亲子关系间的温情缩影。

这些故事以“我们”这一叙事视角打造共情点，在少年挥洒的泪水与汗水中，折射出向上的蓬勃朝气，发挥文艺作品的教育功能与价值引领作用。

### 三、长线策划，以节目为突破口撬动垂类产业项目

“成长”是《哇！冰球》的内容线索，也是卡酷对这一项目的长线布局方向。节目获得凯文学校这个北京最好冰球场的录制机会，得到北京市体育局和北京市冰球协会的支持，酷虎队员可以进入北京市冰协人才储备库。通过节目，积累了大量冰球机构、经营方、参与者的资源和赛事经验，希望以节目为契机，打通垂类领域社会资源，推进北京地区的“卡酷杯”冰球赛常态化运作，为孩子们搭建平台，撬动新生代体育人才的发掘与培养，增强卡酷在少儿运动产业的影响力，以节目 IP 为核心，布局培训、展示、赛事的产业链条。

（北京广播电视台　赵磊）

## 为一座城市留下集体回忆<br>为一场盛事镌刻时代印记

——北京卫视大型新闻直播节目《北京向未来》全景展现双奥城市荣光

每天 3 小时以上，连续 22 天，北京卫视冬奥期间推出大型电视新闻直播节目《北京向未来》。收官这天，有网友留言：“你和冰墩墩都不要走！”节目播出后不仅得到中宣部阅评表扬，而且在同时段收视率多次达到省级卫视第一名，收获全网热搜 180 余次，全网视频播放量超 4 亿，新媒体话题量超过 12.1 亿次。

## 一、呈现有速度有温度的新闻

本届冬奥会的报道，创造了多个“第一”、“独家”和第一现场。包括第一时间连线武大靖、徐梦桃等多位冠军的家人；第一时间争取到所有奥运冠军赛后发布会的提问机会，而且全部是独家问题；第一时间在开幕前的张家口云顶滑雪公园独家采访巴赫，登上微博热搜；第一时间捕捉热点独家采访身上挂了 12 个冰墩墩的日本记者等。

在徐梦桃赛后发布会上，北京卫视注册记者赖一锐把父亲含泪告白视频放给徐梦桃看，徐梦桃当场泪奔，而父亲的视频是记者提前两个月远赴徐梦桃家乡拍好的；卫视记者刘书含在韩聪、隋文静的发布会上提问：“你们上场互相说的最后一句话是什么？”“葱桶组合”含泪说：“是荣辱与共。”每个注册记者在后方都有一个策划组，策划组在现场转播赛事时看到“葱桶组合”上场前相互对视说的那句话，所以才有了上面独家问题的设计。在羽生结弦的发布会上，记者提前 4 个小时在发布会门外苦等，终于在羽生结弦入场前的通道里得以独家提问。

独家和速度的背后是对新闻深加工的深入思考。武大靖、范可新、张雨婷、徐梦桃、齐广璞，等等，几乎所有的冠军经常是刚刚夺冠，几分钟后就实现与家属的连线。连线难，能提出和其他媒体截然不同的问题更难。齐广璞的妻子在连线中揭秘夺冠动作并不是千锤百炼，而是一天只能练习一次，因为太耗体力；苏翊鸣的母亲在连线中给儿子第一次念了一封情真意切的家书，解读为什么小苏在夺冠后要向看台父母的方向深深一鞠躬。北京卫视以这些独家又温暖的细节去展现奥运冠军生动真实的个性。

## 二、打造有态度的新闻

在每天的新闻直播中，他们都注重演播室的场景创新，实现新闻议题的创新设置，重塑新闻的叙事样态，增强新闻内容的包容性与多样性。

例如 2 月 14 日设置的“双奥之城迎团圆”主题，《北京向未来》现场装点了各种花束，用花语来解读奥运精神。例如用月桂来解读胜利、用玫瑰象征友爱、用绣球象征团结等，展现中国式的浪漫。又例如 2 月 21 日，《北京向未来》以“最是一年春好处”为主题，围绕“杨柳”这一富有诗意的浪漫意象，通过“拼搏”“自信”“高洁”“春天”“深情”五个篇章盘点北京冬奥会的高光时刻，深情勾勒“双奥”之城的最美画卷。

独家的议题设置背后是每天都进行到凌晨五六点钟的总结会和策划会。之所以要定在最艰苦的凌晨开这个会议，一是因为《北京向未来》直播的形态非常复杂，长达 3 个小时的时间有直播访谈、有数十条直播新闻的抢发、有必须独家的编排思路，以上内容策划需要采访组和编辑组坐在一起反复推敲讨论，例如火炬传递那天的串单就曾经修改过十几次，而采访组全天在外拍和编片，编辑组晚上全部在直播线上，大家唯一能在一起的时间只有凌晨；二是因为直播无小事，凌晨的会议首先要进行的是夜里 12 点直播结束后的总结会，对直播中发现的内容、技术问题确保不过夜，当天一早就能迅速解决；三是为了时效，只有凌晨把串单主题思路定下来，每天早上 7 点前采访部的组长才能向所有一线记者派出选题，确保当天所有新闻带着最新鲜的露珠。大家连续近一个月，每天只睡两三个小时，把所有的时间都奉献给了大直播。因为对新闻的追寻没有最好，只有更好！

### 三、温情凝视普通人的故事

奥运报道是一场宏大叙事，文风一定要设置合理、动人、能产生广泛共鸣，其中流淌的是人们心中最为质朴的感情。《北京向未来》，是一场对普通人的温情凝视。

节目从外国制冰师俯在最快的冰上听声音，来报道什么是制冰师的火候和匠心；拍摄因为忘戴帽子，睫毛和头发上全是冰霜的颁奖志愿者；从每天6万步的步数入手，报道在大雪中走遍雪如意附近所有高山、检查每一寸电缆的保电团队；记录防疫人员要在凌晨1点到5点，用五种抹布来擦拭冰面不同的区域来保证清洁；跟拍每天练习十几个小时、午饭都舍不得去吃的滑雪医生；记者亲身体验冬奥风洞实验室，通过被强风吹成水平线的头发告诉大家，风洞训练的科技含量和艰辛。无须拔高之语，镜头细节胜似一切。节目开辟了“冬奥住我家”“冬奥网红打卡地”“冬奥新标杆”等全新板块，用质朴的方式动情勾勒火热的全民冰雪滚烫生活，极致描摹冰雪运动之美。

节目同样关注了很多冰雪运动员的笑与泪，例如独家采访听不到声音的丹麦冰球队聋人队长，采访手指向天空、用金牌向因病去世的队友致敬的荷兰速滑队，独家采访热带运动员一人一国参赛的孤勇者。他们都是夜空中最不为人知但是又那么闪亮的星。

### 四、建构有特色的融媒体直播

直播期间，不仅推出了晒晒人生中的第一块奖牌等反响强烈的新媒体活动，还推出多个爆款融媒产品。例如28岁的武大靖长着50岁的脚，在一天之内不仅荣登微博、抖音双平台热搜第1名，且有100余家媒体跟进报道，包括央视新闻等央媒发声助力，触达人群超4亿。同时人民日报、北京日报等主流媒体也纷纷撰文，盛赞北京广播电视台的社会责任与担当。

2022年以来，北京卫视已形成《冬梦之约 第二季》《飘雪的日子来看你》《北京向未来》三足鼎立的宣传矩阵。全网热搜达到629个，微博话题阅读量达到93.48亿；全网视频播放量达到32.62亿，凭借高站位、强内容、新形式、强时效、深挖掘和独家视角交出了一份足够亮眼的成绩单。

（北京广播电视台　邵晶）

## 记录运河变迁　讴歌伟大时代

### ——《我家住在运河边》融媒收官直播精彩呈现

2022年10月12日，北京广播电视台联动大运河沿线北京、天津、河北、山东、河南、江苏、安徽、浙江8省市15家广播电视台推出大型融媒体音视频直播《我家住在运河边》。该节目是9月30日启动的系列直播节目。截至最后直播当天下午，《我家住在运河边》系列共推出直播节目9场，收获3700多万网友关注，为党的二十大顺利召开营造了良好的氛围。

### 一、穿越时空叙事，传递具有共鸣的精神力量

此次3小时收官直播创新表达方式，精

心设计以诗绘景、以诗识人、以诗抒情的场景。直播沿着大运河沿线城市，从南出发，一路北上。8省市，每个城市均以诗词开篇，通过一篇篇古典诗词引出一段段运河人物故事，在诗词和人物与运河脉络的一次次碰撞中，走进运河沿线8座风情各异的城市，带领受众进入充满诗意的文化之旅，铺就整体节目的“文化底色”。

在这场“运河游”中，暗含着一幅纵横古今的“运河图鉴”：从明清时期来往于中国南北的客商落足临涣带来的饮茶习惯，到江苏扬州沿湖村的渔民生活；从鲁南山花的皮影，到河南洛阳的“国家粮仓”；从杨柳青木版年画到“夜半不知行远近，一船明月过沧州”；最后到“无恙蒲帆新雨后，一支塔影认通州”的北京燃灯塔，通过诗词与人物，编织出一幅独有东方之美的“精神图腾”。

8个诗词城市小片构成一条“穿越时空”的虚实线，从古代到近代再到今天，既有过去与现在的对望，也有传统与现实的呼应，传递勤劳、力量、探索、智慧、信仰、自强、追梦等这些亘古不变的具有共鸣的精神力量。

除此之外，“视频化生存”的时代“无视频，非融媒”，短视频+直播成为新的流量模式。在音频版完成后，制作中心把音频版诗词小片做成视频版，使音频口述内容通过影像呈现意象美、内涵美、韵律美、表达美，“传递温暖、传播美好”，也使诗词小片实现“一鱼多吃”，在微博、抖音、视频号等平台二次传播，产生了很好的效果。

## 二、从以演播室为核心的单一叙事形态，转变为以文化场景阐释为目标的多元叙事格局

一部运河史，半部中华文明史。作品有力度，才能彰显中国力量、提供精神动力。本次收官直播反映时代之声，使历史与当下“交融”“会通”。

内容上，3小时直播通过记者实地探访体验，与专家展开访谈、与网友互动交流。从杭州意汇文化艺术有限公司创始人周意的运河工作室到中国“南水北调”关键点位江都水利枢纽现场；从隋唐运河古镇到台儿庄古城；从5月18日新开馆的隋唐大运河文化博物馆到天津非遗传人田恩祥喊号子现场；从9月26日开始试运营的北京燃灯塔，到大运河源头白浮泉遗址公园等，每个城市均选择一个具有代表性的地点或人物，通过这些音视频直播连线，全面呈现大运河沿线城市落实总书记重要讲话精神的生动实践，展现了运河沿岸生态美景、璀璨文化、新鲜气象。

视频呈现上，除了直播间的主视觉及音视频记者连线，直播全程均根据嘉宾叙述，在大屏幕上实时呈现相关图片和视频资料，比如嘉宾和主持人讲到拱宸桥、富义仓，在屏幕上会出现拱宸桥和富义仓图片，使此次视频直播在构思和视觉呈现上进一步加强，弥补了广播直播视频的单一性，为受众带来不一样的视觉盛宴。

嘉宾选择多元，四位直播嘉宾研究领域各有侧重，保证直播内容的多样性、客观性、严谨性。陈喜波，2007年开始在北京运河两岸进行田野工作，对北京副中心城市水系规划提供了合理化建议；摄影师刘世昭，时隔35年两次骑行京杭大运河，骑行1万千米，用照片记录了大运河的变化；作家陈国栋是中国自然资源作协主席和经济权威专家；陈凤英是中国现代国际关系研究院世界经济研究所原所长。

## 三、有思想、有温度、有品质，用心讲好中国故事

3小时直播准备过程中，始终坚持叙事要有深度，主创人员深耕文本，在作品内容

上下功夫，用心打造直播文稿。除诗词小片及连线外，主创团队还采访《北上》作者徐则臣、运河商务区Logo设计者韩美林、《我家住在运河边》歌曲作者和演唱者等。直播最后用温情小片收尾，用生动鲜活的故事表达人生，生动地呈现普通人与运河的故事，这些采访带来希望、温暖与安定的力量，律动着“古运河重生”的强劲时代脉搏，让受众感受到古老大运河焕发出的新活力。

### 四、主流媒体构建融合传播矩阵，收获多个热搜

北京新闻广播微博号围绕《我家住在运河边》收官直播设置相关话题，共推出图文视频报道20多篇，其中话题“58岁老通州7万张照片纪录运河时空”登上同城热搜榜，话题总览超216万次；同时发布直播内短视频《船工号子与周杰伦〈星晴〉的适配度》，绍兴籍主持人喊号子与流行歌曲混搭，趣味性十足，浏览量超10万次。此次3小时直播共准备了三套备选方案，确保直播精彩顺畅、安全播出。截至10月12日收官直播结束，《我家住在运河边》9场直播相关视频观看量1340万人次，收获12个微博热搜，微博话题总阅读量2390万。

（北京广播电视台　杨洪）

## 走进人类文明殿堂　见证民族复兴力量

——北京卫视《博物馆之城》创作经验

2022年7月8日，在中国国家博物馆创建110周年纪念日之际，习近平总书记回信国家博物馆专家，对博物馆的时代价值和文博工作者的职业使命给予充分的肯定和激励。正是在全国文化战线学习贯彻习近平总书记回信精神的热烈氛围中，7月15日，由北京广播电视台和北京市文物局联合策划出品的大型文化节目《博物馆之城》在北京卫视开播。

《博物馆之城》的推出是乘文化之势、应人民之呼、汇首都之光的一次文化自觉。党的十八大以来，习近平总书记高度重视中华优秀传统文化的保护传承，对博物馆工作做出过多次重要指示。他将博物馆比喻为保护和传承人类文明的重要殿堂，是连接过去、现在、未来的桥梁。他强调，中国各类博物馆不仅是中国历史的保存者和记录者，也是当代中国人民为实现中华民族伟大复兴的中国梦而奋斗的见证者和参与者。北京广播电视台将走进人类文明殿堂、见证民族复兴力量，作为创办这档节目的价值遵循。

过去十年间，全国博物馆数量增长了60%，年度展览数量增长了144%，接待观众数量增长了119%，参观博物馆成为人们享受美好生活的重要组成部分。人民对博物馆的热爱和需求，成为创办这档节目的精神动力。

北京作为全国文化中心，拥有204家博物馆，其中一级博物馆18家，位列全国之首，是当之无愧的“博物馆之城”。这档节目的播出是为了呈现博物馆文化的丰富多彩，并借此展现一座城市与博物馆之间，相互涵养、彼此点亮的关系。

《博物馆之城》的推出，是对中华文明独特价值的深刻挖掘，对中华民族精神标识的创新解读，为观众推开博物馆的“三重门”。

第一重门是文物之门，通过探秘未开放区域，带领观众品味中华文明的博大精深。《博物馆之城》8期节目分别走进北京8家各具特色的博物馆，每座博物馆都为观众首度公开一处从未开放过的区域，例如徐悲鸿纪念馆的文物库房、国家动物博物馆的标本资源库、北京艺术博物馆的古建修复现场等。在探秘未开放区域的过程中，很多"镇馆之宝"也首度与观众见面，例如万寿寺里的乾隆御笔《岁朝图》、徐悲鸿纪念馆里的《巴人汲水》原作等。通过这样的探秘，观众得以进入博物馆的隐秘世界，感受到中华文明的博大精深。

第二重门是匠心之门，通过体验基层文博工作，带领观众感受文物保护的精湛技艺。《博物馆之城》节目设立了独特的体验环节，邀请单霁翔领衔的"博物馆探秘团"，深度学习体验基层文博工作，将他们从"学者"变为"学生"。于是观众看到，单霁翔化身徐悲鸿纪念馆的库房管理员、化身为北京艺术博物馆的古建工程师、化身为首都博物馆的文物修复师，在深度学习这些专业技艺的过程中，展现文保工作的精湛技艺和非凡匠心。

第三重门是精神之门，通过对话文博工作者，带领观众感悟民族复兴的精神力量。《博物馆之城》通过对话文博人，讲述了很多文物背后的感人故事。例如，徐悲鸿纪念馆有一件特殊的藏品——肖像画《水兵战士》。画中人物是新中国历史上第一位"战斗英雄"称号获得者——海军战士赵孝庵。他在1950年参加表彰大会的前一天，接受徐悲鸿先生的邀请。当时赵孝庵坐在椅子上，而徐悲鸿先生坐在台阶上。有人曾问徐悲鸿先生，您为什么要坐在台阶上？徐悲鸿先生回答说，我要画出对战斗英雄的敬仰，这是一位爱国画家的朴素情感。很多年以后，赵孝庵的女儿赵怀青来到徐悲鸿纪念馆，在留言簿上写下心愿，希望能够再看一眼画中的父亲。徐悲鸿纪念馆的工作人员发现留言后，特地从库房中找出这幅画，以后的每年都会定期展览3个月，赵怀青也会专程从老家赶到北京，与画中的父亲重逢。一幅看似普普通通的画作，隐藏着跨越半个世纪的家国情，这就是文物身上闪耀的民族精神。

从文物之门到匠心之门，再到精神之门，《博物馆之城》为观众推开历史的三重门，让文明之光点亮心灵，也照亮了一座城。作为首都主流媒体，北京卫视在十年时间里，始终深耕北京历史文化资源，弘扬中华优秀传统文化，从《传承者》到《非凡匠心》，从《上新了·故宫》到《遇见天坛》，从《了不起的长城》到《我在颐和园等你》，从《最美中轴线》到《书画里的中国》，从《最美中国戏》到《博物馆之城》，打造出独具匠心的"国潮"文化品牌矩阵，19档节目荣获3座白玉兰奖、5座星光奖、7个广电总局创新创优节目等国家级奖项，在新媒体端收获话题阅读量408亿。

（北京广播电视台　王寅）

# 打造国际传播新模式 呈现新时代北京发展

## ——《京味》系列国际传播微纪录片创作经验

2022年9月23日，由北京广播电视台与北京市人民政府新闻办公室共同打造，新闻频道中心承制的中英双语《京味》系列国际传播微纪录片正式发布。从9月23日至10月15日，《京味》在近一个月的时间内共有30条视频推出，形成喜迎党的二十大的宣传高潮，总传播量超过2.3亿，取得良好的对内对外宣传效果。

### 一、《京味》，以工匠精神打造国际传播精品

《京味》系列国际传播微纪录片历经2年，围绕“传承、街巷、生长、更新、生灵”五大主题，从30个维度，全面立体地展示了最新、最美、最好的北京。

在创作之初，就锁定将“国际传播”作为目标。创作团队一直在思考要向世界展示怎样的“新京味”，最终明确以独特的首都文化、蓬勃的城市更新、人民生活的幸福感为抓手，用国际通行的影像载体、鲜活共情的镜头故事，让世界品读大美北京，让影像见证古都新貌。

### 二、《京味》，以国际语言讲好北京故事

小切口彰显大时代。《京味》创新性地选取了国际通行的拍摄手法——“微纪录片”。以微观的视角、客观的描述展示了北京人的生活、北京城市的发展乃至中国的时代精神。例如《北京雨燕和它600年的家》，主角是一只叫“强哥”的雨燕和正阳门雨燕的保护者。透过这个独特的视角，向世界讲述北京中轴线的申遗故事。

一座博物馆，一个剧场，一处市民文化中心，一块湿地，一个新兴的产业，30个微纪录片以小切口彰显大时代，见微知著地塑造了北京城的形象，为新时代的北京留下了微观的影像谱。

小人物讲述大变迁。《京味》的主角有城市的规划师、有给古树看病的医生、有怀揣戏剧梦的爱剧人、有爱逛书店的读书人、有博物馆的讲解员、有在北京生活的外国人。每一集选取最鲜活的平凡人物，以第一视角为切入点，润物细无声地展现首都历史的厚重、发展的领先、文化的博大、精神的包容、生态的和谐、万物的繁荣。

### 三、《京味》，以融合思路构建传播矩阵

《京味》在30余家海内外媒体亮相，取得良好的内外宣效果。海内外网络总浏览量超过2.3亿人次，国内网络浏览量超1.95亿人次，海外浏览量达874.4万人次，电视端观看量超3000万人次。

海外传播，探索国际语境。北京市境外社交媒体矩阵账号，总浏览量达874.4万人次。其中海外平台《把中轴线戴在身上》，触及人数近73万；《我在长城做考古》，触及人数超过34.5万；《我在北京逛书店》视频观看量达25万人次；《北京湿地成了鸟类安稳的家》视频观看量超过18万人次。

通过数据分析发现中轴线、长城等依然

是国际传播的热词，而生态也往往是国际共同关注的内容，这些国际共同聚焦的话题，是探索北京文化输出的捷径。

全台协作，打造国内矩阵传播。本次《京味》系列微纪录作品的传播，北京广播电视台各新媒体矩阵和全市多个新媒体平台联动，光明网、咪咕等几大平台建立专题页，矩阵传播量达到 9800 万次。新闻频道的新闻新媒体矩阵依据视频内容创建互动话题，其中微博主话题 2000 余万阅读量，分话题共计 6500 万阅读量。在喜迎党的二十大的宣传期内，《京味》在多档新闻节目播出，成功实现大小屏联动。

（北京广播电视台　张晓达）

# 全景记录新时代首都发展新面貌

## ——《我是规划师》（第三季）节目创作经验

《我是规划师》是蔡奇同志策划、指导、审阅的国内首档城市复兴题材电视节目。在党的二十大召开之年、新版北京城市总规颁布 5 周年之际，《我是规划师》制作团队在北京市规划和自然资源委员会等单位的指导和帮助下，克服新冠疫情影响和制作周期紧张等困难，全面梳理党的十八大以来北京城市建设发展的先进理念、典型案例和优秀成果，历时 8 个月，共拍摄 153 个城市点位，采访 226 位规划师、设计师、专家学者、普通市民，累积素材 64000 多分钟。通过故事讲述与现场纪实相结合的方式，从“记录者”的角度真实记录城市更新历程，从“体验者”的角度见证规划对群众生活和人居环境改善的重大作用，从“解读者”角度诠释规划理念。2022 年《我是规划师》创作完成第三季《生生不息》，共 12 集。

《我是规划师》第三季节目，着力进行以下几方面的探索：

一是科学性：立足科学规划，宣传规划理念，培育规划意识。《我是规划师》直面“建设一个什么样的首都，怎样建设首都”这个时代课题。涵盖北京的工业遗存、文化遗产、绿色空间、红色遗址、轨道交通、老城保护、新城建设、科创中心等多种城市空间和城市更新对象，在内容布局上力求全面深刻地体现 2022 年北京的变迁全貌。如在《青山》中，对门头沟“一线四矿”几十年来的发展变迁进行了清晰梳理，让观众理解了规划工作尊重历史、立足当下、面向未来的重要特性。在《商街》中，只有一平方公里的丽都片区开辟出方便、怡人的林下空间，展现了规划师打破传统观念、与各方多轮沟通的成果。

节目通过语言转化、视听解读、案例参证、平面包装等方式，实现对大量专业规划概念的科普和城市更新理念的输出，《晨光》中副中心三大建筑的“功能共享”理念，《高地》中怀柔科学城提出的“动态留白”理念，《底色》中温榆河公园尊重自然规律的“生态留野”理念等，让规划的概念新鲜有趣、贴近百姓。北京建筑设计研究院总建筑师吴晨评价道：“《我是规划师》是一部具有非常高的专业度的作品，是一部大众化的城市规划视觉教科书。”

《我是规划师》第三季中，共有 98 位规划学者、政策专家、政府官员、责任规划师走进演播室，为市民倾力讲解城市规划。梁思成、吴良镛等规划业界的前辈，也被悉心编织进节目的核心叙事。这让节目呈现出历史厚重与人文情怀。

二是人民性：坚持“以人为本”，凸显公众参与，书写人民城市。“要不是录像，我们两口子十多年都没有来过北京（城区）了。”2022年9月，居住在延庆区四海镇大吉祥村的村民潘拥和王秀琴夫妇，第一次来到北京广播电视台的演播室，为《乡居》一集中“共享院落”民宿产业的发展出谋划策。《我是规划师》第三季节目里出镜人物共226人，其中有195人走进节目组专门搭建的演播室接受专访。在这里，他们平等地表达对于城市规划的观察和思考。只有塑造好一个又一个的“人”，才能表达好“人民”这一更加宏大的命题。节目充分展现了北京市民积极参与城市规划与更新的生动场景，社区居民为老旧小区改造提供自治建议，驻街商户为商街整治参与资金众筹，厂矿职工尝试走出一条自力更生的更新之路……在镜头的注视下，这些普通人也正视自己，重新整理自己对于城市和生活的理解，发现原本并没有认识到的自我价值。

三是时代性：解读时代逻辑，关怀时代命运，礼赞城市更生。《我是规划师》第三季深刻刻画了古都北京在新时代新发展中，那些渐行渐远的背影和奋力奔跑的身影：《筋骨》中北重厂房里的一张巨幅宣传画，描绘出火热的首都大工业时代；《青山》中老矿长独自坚守深山的孤独与寂静，记录着矿区产业转型的阵痛与牺牲；《文脉》中明代古建宏恩观里腾退的咖啡馆，彰显着文保观念的普及与迭代；《街坊》里平安大街路中央新增的行道树和路岛，体现着街道尺度的观念更新与当代人对人居环境的思索探求。

《我是规划师》找到了与其他城市题材表达不一样的路径——锚定规划视角，展示城市发展变化的内在逻辑，向公众阐释更深刻的城市思考，即她从哪来、她到哪去、何以如此？知来处，明去处，只有把规划放在更长的时间和空间格局中去表达，放在时代发展变迁的大背景中，才能彰显题材价值，更好地体现历史的穿透力。

四是艺术性：彰显文化品格，升级视听体验，构建精致影像。《我是规划师》在风格气质上，带着浓烈的问题意识，以学术精神挖掘、探索城市发展变迁的表象与实质，探寻问题解决的方案，也呈现了北京的魅力之源。

表达手法上以深度访谈、纪实拍摄为主，以纪实语态和多维视角，将专业小众的知识进行语言和故事转化，使节目兼具可视性与学术性，厚重的主题得以轻巧落地。第三季的人物采访，选用演播室内景采访拍摄的方式，共同的背景、光效、机位、景别，营造出符合规划学科身份和特色的，统一的气质、风格和调性，人物表达的光彩与城市的魅力相得益彰。

制作品质上，一方面通过细腻的人物塑造和镜头语言、剪辑手段，让城市的魅力、规划的魅力得到最大程度的还原与释放；另一方面，运用三维动画技术的创新性应用，为抽象的城市规划赋予生动的表现形式，全面提升视听体验，打磨出一部经得起历史检验的精品力作。

制成于1750年的《乾隆京城全图》高14.1米、宽13.5米，《我是规划师》以此为基底，通过现代三维CG技术，建立起北京老城的三维特效模型系统，并进行丰富的视觉演绎。这一手法在《我是规划师》的节目中，屡获热评，全新的展现形式为观众带来奇妙的视觉观感，也对城市规划的趣味、互动传播起到了有力的推动作用。

（北京广播电视台　吴群 王宇）

# 歌华传媒集团党的二十大宣传收获新经验

## 一、聚焦主线，营造贯彻党的二十大浓厚氛围

歌华传媒集团党委切实扛起宣传贯彻党的二十大政治责任，制定了党的二十大宣传工作方案，分三个阶段统筹部署“喜迎二十大”主题宣传工作。一年来，集团媒体单位制作播出《数说中国这十年》《大会报告金句》《数读二十大报告》《这十年》《打卡新地标 礼赞新时代》等系列主题节目，日均覆盖1000万人次、曝光量2400万。其中，《数说中国这十年》荣获“2022年度北京广播电视收听收看优秀作品——党的二十大宣传优秀作品”奖。

集团所属户外媒体和新媒体阵地坚持理论宣传接地气，开辟专题专栏、制作金句海报、开发融媒产品、集成主题报道、播出理论视频等多种形式，推动党的创新理论深入人心、落地生根。党的二十大召开前后，户外媒体调整内容编排，每日播出二十大相关栏目总计超过20档，每日单屏播出时间超过5小时，推出《奋进新征程 建功新时代》系列专栏，引导人们以昂扬的精神风貌迎接党的二十大胜利召开。理论栏目《学“习”进行时》更新7期总书记重要讲话金句，收到良好反响。《怎么看》栏目及时推出学习党的二十大精神系列解读节目——《永远跟党走 奋进新征程》，推出习近平总书记在省部级专题研讨班上重要讲话精神和市十三次党代会精神等系列解读节目，并在歌华理论学习智慧云系统中同步推出，唱响主旋律、振奋精气神。

内容生产板块精业笃行，持续推出精品力作，唱响时代主旋律。《觉醒年代》集齐“五个一工程”“飞天”“白玉兰”“金鹰”重磅奖项，书写了京产剧新辉煌，同名有声剧在喜马拉雅平台播放超665万次。电视剧《鼓楼外》热播，《伟大的长征》《曙光》《看不见的战线》《大地，大地》《百家宴》加快创制，《香山叶正红》《温暖的土地》入选北京市重点电视剧片单。新新公司推出的《信仰的力量》《家书见初心》等6部作品获评北京市优秀广播电视节目，集团旗下各媒体另有9部作品获评市级广电相关类别优秀作品。

会展活动板块高水准完成“奋进新时代”主题成就展第二标段全部6个展馆的25家省市及港澳台和展望单元共计8700平方米展区的展陈设计、施工布设和展期运维服务。中华世纪坛艺术馆举办“礼赞新时代 再创新伟业”全国主流媒体新闻摄影展。联合中央文献出版社、中国艺术研究院篆刻院、西泠印社、文汇报社等单位举办“建功新时代 喜迎二十大——大众篆刻作品网络展”。

## 二、强基固本，压紧压实意识形态主体责任

集团党委不断完善制度建设，狠抓制度落实，进一步压紧压实意识形态安全责任。研究制定了《歌华传媒集团网络意识形态工作责任制实施细则》，在二十大召开前又制定了《歌华传媒集团服务保障党的二十大工作方案》《歌华传媒集团迎接党的二十大安全维稳应急预案》《歌华传媒集团迎接党的

二十大广播电视安全播出和网络安全保障工作方案》等系列方案，与集团原有的《意识形态工作责任制实施意见》《基层意识形态工作指引》《媒体、网站及新媒体内容管理办法》《歌华传媒集团网络安全管理办法》等制度构成集团意识形态工作的四梁八柱。

### 三、整改销账，坚决筑牢意识形态安全防线

为迎接党的二十大胜利召开，集团上下积极开展意识形态风险排查，抓严抓实阵地管理。2022 年 8 月，集团和所属各二级单位开展意识形态阵地分类排查，共排查出 116 个意识形态阵地（公共空间 13 个，公共媒体 18 个，网络阵地 7 个，新媒体 57 个，会展活动 11 个，内容创作 10 个）。对这些阵地都建立了详细台账，明确责任单位、具体工作责任人，媒体管理部对重点阵地进行不定期抽查。针对各类网络意识形态阵地，尤其是从事信息服务、具有媒体属性和舆论动员能力的网络传播阵地，集团媒体管理部进行了重点督查，督促各相关责任单位清理撤销 6 个僵尸账号，主要涉及运营主体注销、长期闲置、个人注册单位账号等问题。

（北京歌华传媒集团有限责任公司）

## 歌华传媒集团坚持“五个一”，确保安全播出

安全播出是广播电视的生命线。歌华传媒集团坚持安全为先、稳字当头，树立“大安全”理念，严格落实“一把手”负责制，始终保持如履薄冰的高度警觉，以“时时放心不下”的责任感，统筹抓好播出安全、网络安全、阵地安全、设施安全、安全生产和疫情防控工作。

### 一、记好一本账，强化风险排查和问题整改

严细深实开展自查整改。各安播责任单位严格按照市广电局下发的三个指南《安全播出风险排查工作指南》《网络安全保障工作指南》《安全播出保障能力提升工作指南》进行 4 轮安全播出和安全生产检查工作，总计自查 522 项内容，发现 22 个问题自行整改。其间，修订技术文档 50 余个，在播出机房制作张贴“设备状态巡查对照卡”进一步规范日常操作。

挂账督办落实问题整改。针对总局、市局检查中发现的 19 项问题，坚持挂账、督办、整改、回头看闭环管理，明确责任人和整改时限，集团统筹追踪进度，于 9 月中旬前全部完成整改，确保问题清零不反弹。

攻坚克难整改历史问题。重点安播责任单位数字鼎视公司在去年投入 4500 万元升级播出和集成平台技术系统的基础上，克服资金困难，2022 年又追加投入 100 万元进行国产 CA 系统升级和网络安全加固；针对历年故障频发节点组织技术专家组问诊把脉，针对 CA 加密系统增加了热备应急系统；完成黑龙江卫视、三沙卫视远程加密等问题的整改，解决了多年的历史遗留问题。

安播保障能力实质提升。在市局专家组进行的安全播出保障能力评估中，数字鼎视、移动电视、城市电视安播保障能力评估结果

均超90分，均获评最高“5A卓越”级别。

## 二、铆足一股劲，强化值班值守和巡查巡防

认真落实值班值守制度。集团及各单位领导班子成员24小时在岗值守确保通讯畅通，重要保障时段主要领导机房一线在岗带班，落实应急响应机制。执行每日安播“零”报告制度，并对当日情况进行分析研判，采取有效措施予以处置。

关键岗位人员封闭管理。数字鼎视、移动电视、瑞特公司克服困难，共安排21名关键岗位骨干技术人员分别在皂君庙机房、中央电视塔机房、建外大街办公区3个点位实行集中住宿封闭管理，防止涉疫情减员。

增加人力物力巡查巡防不间断。城市电视抽调15名公司其他岗位人员参与户外大屏一对一定点值守；移动电视安排发射台24小时专人值守，增加公交场站巡视巡查人员至19人。

## 三、抓好一演练，完善相关应急制度措施

真抓实干落实行业主管部门要求。集团组织各安播单位针对自身系统特点，从7月份开始，坚持每周进行一次培训演练的标准，总计组织培训演练100余次，建立完善制度预案20余项。

查缺补漏完善应急预案。鼎视集成平台共涉及20家上游信源单位、3家传输单位及7家上星站，梳理统计46个节点，121个联系方式，根据预案演练上下游协调机制；移动电视针对单频网前端应急和重要转播时段信源故障开展培训演练；城市电视学习《专网及定向传播视听节目服务管理规定》并针对每个大屏终端设备应急措施进行实际检验。

重视网络安全积极参加演练。集团与各安播单位参加了市局组织的网络安全攻防演练和安全播出应急处置调度演练，按照“信息灵、反应快、处置得当”的要求，集团结合市局下发的网络安全通报，开展了钓鱼邮件、代码执行漏洞、命令执行漏洞、高危攻击IP等排查10余次，不断筑牢网络安全防线。

## 四、把好一道关，强化阵地安全和应急处置

守稳筑牢意识形态阵地。党的二十大重保期间，集团各安播单位严守意识形态主阵地，每日汇总上报节目、广告、宣传片排播计划，研判舆情动向，严格落实三审三校和重播重审制度，确保导向正确，符合党的二十大的宣传氛围要求。另外，为确保播出频道以外的其他内容发布平台不涉舆情，集团所有与互联网关联系统全部采取临时关停措施。

应急处置保障有力。10月13日8时43分27秒，鼎视集成平台值班员发现环球购物频道备路信源出现无音频现象，主路在用信号正常，值班组立即启动上下游应急协调机制，联系上游单位中国有线及环球购物频道核实机房情况，确保集团正常输出并通知下游云岗地球站保持主路信号上星。5分18秒后，该备路信源恢复正常，在值班组积极主动协调下，该故障未对播出及接收造成影响。

10月15日上午10时，数字鼎视机房附近道路施工造成主路外电中断，在切换备路外电的同时，值班人员迅速按照应急预案确定UPS运行状态，协调应急发电车就位待命，协调电力保障部门排查故障，并随供电局抢修人员前往故障现场寻找故障点，实时跟进抢修进度。该情况经市政保障协调组协调调度后，供电局也专门调度应急电源车作为备用电源。此次外电中断事故共持续12小时，各方应急处置到位，未对播出造成任何影响。

### 五、织密一张网，强化疫情防控和指挥调度

疫情防控从严从紧。集团狠抓安播一线的疫情防控工作，采取有效措施确保一线防疫安全。各安播单位克服场地、人员、后勤保障等种种困难，对封闭保障人员采取集中住宿、专人统一配餐、每日定点核酸等措施。各机房严格落实进出机房登记、体温查验登记、环境消杀和值班值守制度。外围保障人员严格执行两点一线、“三不”管理，每日查验健康宝行程码。多措并举，全力确保核心服务保障人员不减员。二十大重要保障期间，集团92名服务保障人员零感染、零密接，仅有6名外围巡视巡查人员出现弹窗③的情况，原因均为在公交场站巡视过程中出现时空关联，完成社区核酸要求后，均及时返岗就位。

指挥调度统筹兼顾。集团分管安播领导从9月28日起，每天参加市里调度会，及时传达北京市保障二十大相关工作精神。集团媒体管理部在市局协调下，从10月14日起每日参加市政保障组调度指挥会议，有情况就及时反馈并马上解决。集团所属安播单位认真落实市广电局日调度机制，共参加日调度会7次，及时部署落实市局要求。另外，集团从9月28日起启动安全播出和网络安全日报调度机制，坚持每日研判播出情况和风险隐患，关口前移，周密组织，及时化解苗头性、倾向性风险隐患，确保万无一失。

（北京歌华传媒集团有限责任公司）

## 大兴区融媒体中心创新“中心＋公司”运行模式推进媒体改革纵深发展

2022年，大兴区融媒体中心深入落实《关于加快推进大兴区媒体深度融合发展的实施方案》，创新“中心＋公司”运营模式，有效激活体制机制、人才管理、绩效考核等方面的活力，主流舆论传播力、引导力、影响力、公信力持续增强。

新媒体平台实现数据驱动传播。2022年，发布新闻、短视频、直播等5万余条，全媒体平台总粉丝量突破800万人，累计阅读量超60亿人次，点赞量超600万，全平台粉丝增长34万人。北京大兴App下载量突破230万人次，日活量从2021年的5万人次增加到2023年的21万人次，增长300%；微信平台粉丝量较2021年增长8万。

媒体融合制度架构更加清晰。加强顶层设计，牵头制定《大兴区加快推进媒体深度融合发展三年行动计划（2023—2025）》；加快推陈出新，探索“直播＋”新模式；坚持移动优先，微信平台实现一日五发；实现资源整合，App政务服务一体化。

媒体担当干在实处走在前列。北京日报“北京号”，全年度蝉联热度榜前三，荣获2021年度最具影响力奖，实现“破圈”蝶变；“学习强国”多篇优质稿件，获季度赛二、三等奖；新闻、短视频、专栏节目近20个，获北京新闻奖、报刊好新闻奖、优秀融合典

型案例、优秀少儿广播电视节目等奖项；获评“2022年北京市广播电视媒体融合先导单位”称号。

2022年，大兴融媒体中心在创新“中心+公司”运营模式、推进媒体改革方面的主要做法是：

创新优化、整合融合，激活改革发展潜能。一是加快推进体制改革。2022年1月实现融媒体中心聘用人员平稳转型，按照流程完善公司绩效考核、考勤管理等规范化、制度化建设。深化“中心+公司”运行模式，强化对北京时代恒兴文化传媒公司的监管和业务指导，尝试项目制与工作室机制，广泛承接相关单位政务新媒体、网站代运营业、直播等区内外文化宣传项目，全年实现创收1500余万元。二是优化融媒队伍建设。梳理新闻采编流程，重构采编播人员设置，开展“记者上讲台”活动，提升融媒队伍业务技能。加快人才培养与引进，引进高端专业融媒人才担任总编辑，与采编播控人才形成“百花齐放”局面。发挥融媒学院和融媒智库专家委员会作用，与中国传媒大学、北京石油化工学院、北京体育大学等高等院校签订合作协议，为媒体融合注入新鲜血液，为更好地服务大兴高质量发展提供保障。

守正创新、增质增效，奏响新时代最强音。围绕中心工作，有重点、分阶段、系统化一体推进，全方位展现新大兴高质量发展成果和新国门崭新形象。一是唱好二十大宣传重头戏。党的二十大宣传是贯穿2022年工作的重中之重，围绕喜迎、聆听、落实三阶段，组织开展喜迎二十大“融媒加油站”“新大兴新国门十年蝶变”等十大宣传主题活动，开设“奋进新征程 建功新时代”“聚焦‘十四五’ 献礼二十大”等专题专栏专刊20余个，全方位展现大兴各界的生动实践。二是打好舆论宣传组合拳。把准时效度同步推进整体宣传，围绕“冬奥会”“党代会”“两会”等阶段性工作强化重点突破，持续性做好“两区建设”、创城创卫、优化营商环境等中心工作，打造《企盼·繁兴》兴企大家谈栏目，《兴企之声》《民生微课堂》《直播大兴》等品牌栏目，全角度展现大兴踔厉奋发的精气神。

丰富“新闻+”、拓展服务，提升新国门品牌影响。一是全市率先贯通“四个中心”。依托“北京大兴”微信客户端，发挥融媒体协同整合作用，建立健全跨部门协作机制，实现“四个中心”（融媒体中心、新时代文明实践中心、政务服务中心、城市管理指挥中心）功能在北京大兴App上一端集纳，年累计受理网上事项2万余件，线上点单超过60万人次，逐渐成为区域范围内老百姓喜欢看、喜欢用、离不开的融媒体移动终端。二是打造媒体参与基层社区治理样板。升级改版《言之有理》栏目，纳入《2022大兴区接诉即办改革工作要点》，以“镇街吹哨、部门报到”流程影像化的方式，协调相关单位与居民代表面对面交流，策划解决楼道环境治理、充电车棚安装等多个群众急难愁盼问题，有效促进接诉即办向未诉先办转变。该栏目获评2022年北京市广播电视媒体融合典型案例。

（北京市广播电视局媒体融合发展处）

# 北京经开区融媒体中心<br>突破机制壁垒 多元化发展

北京经开区融媒体中心作为北京融媒改革的“先行军”，率先打破融媒深度融合的机制壁垒，成为北京首家以企业方式运营的区级融媒体中心。2022 年，围绕体制机制的框架重构与创新，北京经开区融媒体中心通过“建制度、强队伍、练内功、磨产品、创品牌”五个步骤，初步构建起资源广泛整合、阵地充分利用的全媒体传播体系，涌现一批彰显亦城辨识度的融媒产品，在区域品牌价值提升、创新文化培育、资源要素聚合、城市治理赋能上的加持效应逐步显现，传播力、引导力、影响力、公信力显著提升，不仅获得“2022年北京市广播电视媒体融合先导单位”专项资金支持，还入选全国《县级融媒体中心发展》百强案例，在 2022 年全市融媒推进大会上获得市委宣传部部长莫高义“作为全市唯一一个企业化运营的融媒体中心，走出了一条多元化经营的特色道路”的充分肯定。

2022 年，北京经开区融媒体中心融合改革进入体制机制优势验证期间，经开区以党媒属性为前提，牢牢把握“内容为根本、技术为支撑”这两个融媒改革的关键点，聚焦服务区域发展、聚焦服务群众生活，持续优生产效能，实现新闻传播多领域拓展、全方位覆盖以及全天候延伸，推动区级党媒“主力军”挺进移动互联网“主战场”。

## 一、创新管理进一步加强支撑，破解发展瓶颈

党管媒体。将经开区融媒中心以集团党委领导下的编委会升格为区工委领导下的编委会负责制，以工委、工委宣传文化部、集团党委三级管理体系确保党媒根本属性，将正确政治方向、舆论导向、价值取向贯穿到新闻策划、采编、发布等各个环节，努力建设党的意志主张传导到群众的高效能直通平台。培养全媒体人才。实施技术岗、管理岗双通道晋升，大胆推进竞争上岗，在主编、首席编辑、首席记者等重点岗位开展公开竞聘，不拘一格选拔任用全媒型人才。持续优化激励约束机制，制定出台薪酬绩效管理办法 3.0 版，完善以任务绩效、超额绩效为重点的薪酬管理制度，将奖金激励向一线倾斜。进一步发挥亦庄融媒学院作用，联合专业院校、机构，以“战训结合、开放跨界、多元互动”的培训体系推动采编播人员由单一型向复合型全媒体人才转型。强化阵地建设。构建以尚亦城 App 为核心，《亦城时报》、“北京亦庄”两微、亦庄新闻、北京经开区官网、强国号头条号抖音号等组网号、海媒为支撑，职能部门、街道、企业 N 家自媒体为延伸的“1+18+N”融媒星云传播矩阵。对上，与中央及市属媒体实现全面联动，与央视新闻实现重大选题共享；对下，延伸构建融媒运转的“神经末梢”，实现融媒联盟成员内容上传和分享一键抵达，成功打通央、市、区、企 / 社一体化传播通道。

## 二、改变生产能力，提升品牌影响

以优化生产流程为着力点，创新性提出

“策—采—编—发—馈”的“兵团作战”模式，通过采访中心实现政务、产经及城市的全方位融媒报道；通过融媒平台实验室将所有媒体平台编辑汇聚一处，实现 7×24 小时新闻发布更新。以建设融媒联盟为切入点，通过建立覆盖全域范围、覆盖重点企业的融媒联盟，开放探索“亦城号”矩阵，培养本地媒体工坊三个方面积极推动平台化全方位开放生产，提升主流舆论引导力。以服务区域发展为落脚点，全面宣传贯彻习近平新时代中国特色社会主义思想、市委市政府的战略部署在经开区的落地实践。2022 年，围绕北京冬奥会、冬残奥会，独家呈现冬奥科技力量；围绕“党的二十大”，推出《思想照我行》《二十大精神进产线》等具有经开区特色的栏目和节目；围绕经开区建设 30 年，推发 50 余款创意产品。

## 三、提升服务效能，助力基层治理

以尚亦城 App 为载体，推出亦城数字身份——E-PASS 卡，探索“新闻 + 政务 + 服务 + 电商”的运营模式，实现“一个端口、多元服务”。当好“辖区企业办事员”。融入 240 项政务服务功能和 140 余项高频审批事项，建设面向企业创新发展的服务平台。当好“社区智能生活管家”。建立“数字孪生社区”，覆盖区内 34 个小区，建设引导本地百姓生活方式的服务平台。当好“区域经济营销员”。搭建在线商城，上线 200 多种商品，撬动区内消费高达数十亿元。当好“基层治理参谋助手”，梳理分析 11 个新媒体账号平台的网民留言，形成网络诉求分析《参阅》，通过未诉先知、未诉先报，为经开区主动治理提供参考。

## 四、国企化运营，新闻传播综合效能显著增强

舆论引导能力提升。与改革前相比，北京经开区融媒内容总生产量增长近 200%，App 内容发布量增长超过 40%，短视频和中长视频的生产能力提升近 400%，产品生产效能大幅度提升。传播力不断增强。尚亦城 App 注册量达到 135 万人、E-PASS 卡注册量 43 万人；“北京亦庄”微信公众号关注量 26.1 万人；“北京亦庄”微博粉丝数量 105 万人，澎湃号登上全国区县宣传榜第一名。“融媒亦家”融合传播矩阵项目荣获“2022 年北京市媒体融合成长项目”。影响力持续提升。2022 年融媒产品总阅读量超 10 亿人次，总阅读量与改革前相比增长 3 倍以上。11 次获得市委宣传部新闻阅评表扬，实现季季都有“市级以上奖项”，《大师傅》在全国首届产行职工微电影节拿下短视频一等奖，《北京 2022 年冬奥会开幕式上的这份浪漫来自“亦庄智造”》《外企看亦城》等 7 项作品分别获北京市专业报刊好新闻一、二、三等奖。

（北京经开区融媒体中心）

# 统　计

# 2022年北京市广播电视和网络视听行业统计公报

2022年，北京市广电系统深入学习宣传贯彻习近平新时代中国特色社会主义思想，深入贯彻党的二十大关于建设社会主义文化强国的战略部署，立足全国文化中心建设，不断依靠顽强斗争精神打开广播电视和网络视听新局面，推动首都广电事业行稳致远。

## 一、聚焦主题主线舆论宣传管理，彰显主阵地主力军作用

切实推进广播电视频道频率精简精办和高质量创新性发展，2022年全市共有公共频率频道46个（广播频率19个，电视频道27个）。全年广播节目制作时间9.93万小时，同比增长5.23%；电视节目制作时间6.19万小时，同比下降14.17%；广播节目播出时间12.40万小时，同比增长0.28%；电视节目播出时间17.63万小时，同比增长8.14%，门头沟、昌平、延庆等区融媒体中心播出电视节目时间明显增长。

聚焦党的百年华诞，巩固壮大广播电视主流舆论，新闻资讯类广播电视节目播出时间呈上升趋势。2022年北京市新闻资讯类广播节目制作时间1.13万小时，同比下降36.39%；播出时间1.77万小时，同比下降19.67%。新闻资讯类电视节目制作时间1.19万小时，同比下降30.91%；播出时间2.68万小时，同比增长2.22%。各区融媒体中心围绕宣传党的二十大精神主题主线，展现十年间身边的新变化、新气象，顺义区融媒体中心制作的特别节目《顺义这十年》，配合大气磅礴的航拍画面，生动立体展现了十八大以来，顺义在文化、乡村振兴、交通等各领域发生的喜人变化，让受众深刻感受到顺义百姓的幸福感、获得感。

组织全市广播电视系统围绕重大宣传节点，围绕北京冬奥会做好做亮正面宣传，推动新时代主流思想文化深入人心。北京市专题服务类广播节目制作时间2.49万小时，同比下降1.32%，播出时间4.11万小时，同比增长20.50%；专题服务类电视节目制作时间2.41万小时，同比下降9.23%，播出时间4.82万小时，同比增长2.62%。专题服务类节目以小切口讲变化，以地域特色、传统文化等为出发点，带领大众一起领略首都之美，陆续推出《“新新”向党 暖心前行》《身边的故事——江水河村的“云推荐官”》《传统节日节气系列》等节目。

电视公益广告节目播出时间0.96万小时，同比增长3.29%，占电视广告节目播出时间的56.99%。借助2022第四届北京国际公益广告大会平台举办创意征集大赛，紧扣时代脉搏、彰显时代特色，充分发挥公益共赢理念，引领社会风尚，评选出《冰雪有你更精彩》《灭真火，真灭火》《爱上北京的理由》等优秀作品。

聚焦全面建成小康社会、决胜脱贫攻坚，对农节目播出时间大幅增长，丰富城乡居民精神文化生活。2022年北京市制作对农广播节目时间454.98小时，比2021年制作时间增加了238.71小时，播出时间537.87小时。制作对农电视节目时间111.33小时，播出时间543.00小时。北京广播电视台推出《寻找二十四节气》等为代表的优秀作品，以古人智慧沁润时人心田，促进节气文化与现代生活相交融，介绍北京各地独特的饮食文化和

独特致富路径。

## 二、深耕精品创作“北京模式”，京产文艺创作持续繁荣

围绕二十大的胜利召开、北京冬奥会冬残奥会的成功举办、抗击疫情等重大宣传任务，持续加强选题规划，实现精品创作新突破。2022年北京市制作发行电视剧38部1326集，影视剧类电视节目播出时间4.42万小时，同比增长12.21%。陆续推出《狮子山下的故事》《高山清渠》《胡同》《欢迎光临》《关于唐医生的一切》《风起陇西》等多部以积极力量照见时代、描摹生活的亮眼之作，北京电视剧产业持续繁荣发展。

扎实推进“记录新时代”纪录片创作传播工程，围绕思想性、时代性、文化性、艺术性，着力提高首都纪录片行业的创作生产能力、国际传播能力，用精品纪录片诠释好中国精神、北京特色、时代力量。北京市制作纪录片0.39万小时，播出时间1.04万小时，同比增长1.55%，《黄河安澜》《盛会》《西藏 我们的故事》《我在人艺学表演》等4部优秀纪录片入选国家广播电视总局“2022年优秀国产纪录片集锦”。

持续推进中国经典民间故事动漫创作工程等国产动画系列重点工程，京产动画片的题材日趋丰富多元，聚焦中国历史、社会生活、未来科技、京韵文化等主题，释放出优质的内容价值。制作发行电视动画片32部1.00万分钟，制作量同比增长45.45%，播出时间0.81万小时；少儿广播节目播出时间0.14万小时，少儿电视节目播出时间0.94万小时。动画片《大运河奇缘2》延续第一季的风格，融入典故与传说，展现涓涓千年运河文明，引领广大少儿观众走近大运河、感受它的繁盛景象和渊远历史，涵养了小朋友的民族自信。《胡同漫游记》从“胡同的形成与变迁”“文化景观”“名人故居”“建筑艺术”“民俗饮食”五大方面入手，展现北京胡同悠久的历史神韵和深厚的人文气息。

立足北京全国文化中心和网络视听产业高地的独特定位，充分发挥“头雁效应”，进一步加强网络内容建设，推动首都网络视听提质升级。北京市网络视听机构新增购买及自制网络剧746部，同比增长61.82%，其中新增自制网络剧53部。北京市广播电视局深耕网络视听精品创作，为重点网络影视剧开辟审查绿色通道、加强创作指导、强化推优扶持，不断加大对优秀国产网络剧片创作播出的支持力度，培育推出一大批主题积极、内容丰富的优质项目。2022年8月北京市广播电视局为网络剧《青春正好》、网络电影《特级英雄黄继光》、网络动画片《石少侠感觉好孤单》等优秀网络影视剧作品发放首批网络剧片发行许可证。

广播电视节目突出创新创优，“北京新视听”品牌影响力持续提升。综艺益智类广播节目制作时间2.54万小时，同比增长12.47%，播出时间3.77万小时；综艺益智类电视节目制作时间0.75万小时，同比增长19.52%，播出时间0.78万小时，同比增长0.39%，网络综艺节目《登场了！北京中轴线》入选2022年度北京市文化精品工程重点项目。

## 三、深入推进全媒体传播工程建设，打造北京新视听媒体传播矩阵

扎实推进广播电视重点惠民工程建设，促进广播电视公共服务提质增效。截至2022年年底，北京市广播节目综合人口覆盖率、电视节目综合人口覆盖率100.00%。乡村有线广播电视实际用户数97.79万户，同比增长0.68%，乡村有线电视宽带、农村广播电视网络基础设施持续改善。

坚持数字化战略引领，以5G+8K科技创

新为支撑，实现全媒体传播格局新突破。有线电视实际用户数612.54万户，其中高清和超高清用户540.01万户，占有线电视实际用户的88.16%；交互式网络电视（IPTV）用户[①]超过280万户，与去年用户数持平。北京市网络视听服务平台的互联网视频、短视频年度播放时长分别占全国播放时长的94.81%、99.18%，“头部效应”明显。

## 四、总收入持续增长，新媒体业务收入增幅明显，持续释放发展动能

2022年北京市广播电视和网络视听行业总收入4738.47亿元，同比增长6.51%。其中，实际创收收入4318.56亿元，同比增长7.37%；财政补助收入33.43亿元，同比增长4.41%。

传统广播电视广告收入回暖，新媒体广告收入[②]小幅下降。广告收入1301.53亿元，同比下降6.59%。其中：传统广播电视广告收入69.78亿元，同比上升5.25%；广播电视和网络视听机构通过互联网取得的网络媒体广告收入1059.65亿元，同比下降8.44%。

有线电视落地费等传统业务收入降幅放缓，增值业务收入增长。有线电视网络收入21.95亿元，同比下降6.35%，相比2021年降幅放缓。其中，收视维护费、付费数字电视等传统有线电视网络业务收入9.13亿元，同比下降4.87%；落地费收入3.08亿元，同比下降8.80%；增值业务、集团客户业务等收入7.02亿元，同比增长4.40%。

电视购物频道收入下降，节目销售、服务等收入均呈现不同程度下降趋势。受直播电商等因素影响，电视购物频道收入6.05亿元，同比下降11.11%。内容市场交易受疫情影响较大，广播电视节目销售收入54.30亿元，同比下降27.08%；节目制作相关服务收入44.03亿元，同比下降11.90%。付费数字电视内容与播控收入1.12亿元，同比下降4.31%。

新媒体业务收入[③]持续快速增长，成为带动产业发展重要引擎。全市新媒体业务收入2581.69亿元，同比增长19.47%。其中，IPTV收入1.53亿元，同比增长5.71%；OTT业务收入1.72亿元，同比下降4.78%；网络视听节目服务收入334.25亿元，同比增长4.39%；短视频、电商直播等其他新媒体业务收入2244.18亿元，同比增长22.14%，新兴业态对行业收入的带动作用进一步凸显。

## 五、创新全媒体人才培养模式，把好行业人才入口关，干部人才队伍建设迈上新台阶

北京市广播电视从业人员11.83万人，同比下降6.04%，其中，女职工5.59万，占比47.24%。从岗位上看，管理人员1.79万人，专业技术人员4.57万人，其他人员5.48万人；专业技术人员占比38.61%。从学历上看，研究生及以上学历1.65万人，本科及大专学历9.33万人，高中及以下学历0.85万人；大专及以上学历人员占比92.80%。从年龄上看，35岁以下人员7.93万人，36岁至50岁人员3.33万人，51岁及以上人员0.57万人；35岁以下人员占比67.04%。北京市广播电视和网络视听行业从业人员呈现高学历、年轻化特征。

① 交互式网络电视（IPTV）用户指通过电信专网获取广播电视服务的用户。

② 新媒体广告收入指广播电视和网络视听机构通过互联网网站、计算机客户端、移动客户端等取得的广告收入。

③ 新媒体业务收入指广电IPTV机构、持有信息网络传播视听节目许可证和备案管理的网络视听节目服务平台开展广电IPTV、网络视听节目服务及其他新媒体（新闻客户端、微信、微博、网站等）业务取得的收入，具体包括交互式网络电视（IPTV）收入、节目版权收入、用户付费收入、直播带货、直播打赏及平台服务费等。

## 2022 年广播电视播出机构及节目开办情况

| 项目 | 单位 | 数量 |
| --- | --- | --- |
| 一、机构情况 | | |
| 市级广播电视台 | 座 | 1 |
| 区融媒体中心 | 座 | 17 |
| 二、开办广播电视节目情况 | | |
| 公共广播节目 | 套 | 19 |
| 付费广播节目 | 套 | 2 |
| 公共电视节目 | 套 | 27 |
| 付费电视频道 | 套 | 12 |
| 对外电视节目 | 套 | 1 |

## 2022 年广播电视播出情况

| 指标名称 | 单位 | 合 计 | 市级 | 区县 |
| --- | --- | --- | --- | --- |
| 广播播出 | — | — | — | — |
| 公共广播节目 | 套 | 19 | 10 | 9 |
| 播出时间 | 小时 | 124049.02 | 76272.50 | 47776.52 |
| 播出自制节目时间 | 小时 | 88906.18 | 68845.17 | 20061.02 |
| 付费广播节目 | 套 | 2 | 2 | — |
| 播出时间 | 小时 | 17520 | 17520 | — |
| 电视播出 | — | — | — | — |
| 公共电视节目 | 套 | 27 | 11 | 16 |
| 播出时间 | 小时 | 176265.63 | 91466.00 | 84799.63 |
| 播出自制节目时间 | 小时 | 63867.75 | 38178.00 | 25689.75 |
| 电视剧播出数 | 部 | 969 | 520 | 449 |
| | 集 | 40400 | 21140 | 19260 |
| 付费电视节目 | 套 | 12 | 12 | — |
| 播出时间 | 小时 | 105120 | 105120 | — |
| 对外电视节目 | 套 | 1 | 1 | — |
| 播出时间 | 小时 | 8760 | 8760 | — |

## 2022 年广播电视节目制作情况

| 项目 | 单位 | 广播节目 | 电视节目 |
| --- | --- | --- | --- |
| 制作广播电视节目时间 | 万小时 | 9.93 | 6.19 |
| 新闻资讯类 | 万小时 | 1.13 | 1.19 |
| 专题服务类 | 万小时 | 2.49 | 2.41 |
| 综艺益智类 | 万小时 | 2.54 | 0.75 |
| 广播（电视）剧 | 万小时 | 0.68 | 0.09 |
| 广告类 | 万小时 | 0.26 | 1.07 |
| 其他类 | 万小时 | 2.83 | 0.68 |
| 广播（电视）剧部数 | 部 | — | 38 |
| 广播（电视）剧集数 | 集 | — | 1326 |

## 2022 年广播电视播出传输情况

| 项目 | 单位 | 2022年 |
|---|---|---|
| 中短波转播发射台 | 座 | 1 |
| | 千瓦 | 150 |
| 调频、电视转播发射台 | 座 | 21 |
| | 千瓦 | 66.15 |
| 广播综合人口覆盖率 | % | 100 |
| 电视综合人口覆盖率 | % | 100 |
| 有线广播电视传输干线网络总长 | 万公里 | 22.38 |
| 有线广播电视实际用户数 | 万户 | 612.54 |
| 高清交互数字电视用户 | 万户 | 345.48 |
| 4K超高清用户数 | 万户 | 194.54 |
| 增值业务用户数 | 万户 | 80.74 |
| 农村有线广播电视实际用户数 | 万户 | 97.79 |
| 总人口 | 万人 | 2132.10 |
| 农村总人口 | 万人 | 272.60 |
| 总户数 | 万户 | 545.28 |
| 农村总户数 | 万户 | 113.03 |

## 2022 年北京市广播电视主要指标在全国排位情况

| 项目 | 单位 | 全国总量 | 北京市 | 排位数 | 北京市所占比重（%） |
|---|---|---|---|---|---|
| 资产总额 | 亿元 | 28880.92 | 6495.01 | 1 | 22.49% |
| 广播电视创收收入 | 亿元 | 10668.52 | 4318.56 | 1 | 40.48% |
| 其中：广告收入 | 亿元 | 3342.32 | 1301.53 | 1 | 38.94% |
| 有线电视网络收入 | 亿元 | 719.55 | 21.95 | 11 | 3.05% |
| 节目销售收入 | 亿元 | 330.68 | 54.30 | 1 | 18.25% |
| 新媒体业务收入 | 亿元 | 4399.92 | 2581.69 | 1 | 58.68% |
| 电视购物频道收入 | 亿元 | 81.59 | 6.05 | 5 | 7.42% |
| 有线电视实际用户数 | 万户 | 19964.25 | 612.54 | 17 | 3.07% |
| 高清、超高清电视用户数 | 万户 | 11001.80 | 540.01 | 9 | 4.91% |
| 制作广播节目时间 | 万小时 | 787.65 | 9.93 | 25 | 1.26% |
| 制作电视节目时间 | 万小时 | 285.21 | 6.19 | 3 | 5.48% |
| 制作电视剧 | 部 | 160 | 38 | 1 | 23.75% |
| | 集 | 5283 | 1326 | | 25.10% |
| 制作电视动画片 | 部 | 331 | 32 | — | 9.67% |
| | 万分钟 | 8.91 | 1.00 | | 11.22% |
| 从业人员 | 万人 | 104.75 | 11.83 | 1 | 11.29% |

# 附　录

# 北京市广播电视局关于服务保障“两区”建设推动新视听改革创新的若干举措

为深入贯彻落实北京市委、市政府关于建设国家服务业扩大开放综合示范区和中国（北京）自由贸易试验区（以下简称“两区”）的指示精神，以新视听改革创新更好服务保障“两区”建设，在广泛调研基础上，结合北京实际，制定以下措施。

第一条　优化广播电视行政许可事项审批流程。对广播电视行政许可事项全面推行“一网通办”。在中国（北京）自由贸易试验区所在六个行政区和北京经济技术开发区全域范围取消电视剧制作许可证（乙种）核发审批。实行“最多签一次、签两次”审批改革，对变更（或延续）广播电视节目制作经营单位许可，注销广播电视节目制作经营单位许可，卫星地面接收设施安装资质变更、延续审批，卫星地面接收设施安装资质注销审批，有线电视站、广播电视站变更或延续，注销有线电视站、广播电视站，电视剧制作许可证（乙种）延续等7项政务服务事项实行“签一次”，对其余51项政务服务事项实行“签两次”改革。深化电子证照场景运用，推行《广播电视节目制作经营许可证》《广播电视视频点播业务许可证（乙种）》《卫星地面接收设施安装服务许可证》《电视剧制作许可证（乙种）》《接收卫星传送的境外电视节目许可证》《接收卫星传送的境内电视节目许可证（甲种）》《国产电视剧发行许可证》《国产电视动画片发行许可证》《广播电视频道许可证》《信息网络传播视听节目许可证》等10项政务服务事项电子证照。

第二条　对5类政务服务事项压减时限和精简材料。制作机构拍摄制作电视剧（含电视动画片）备案公示初审，审批时限由14个工作日（不含专家审查时间）压减为12个工作日（不含专家审查时间），电视剧备案公示环节的开户业务（含密码重置）通过电子邮箱提交材料办理。国产电视剧片审查，精简“剧目备案公示表”的申请材料，审批时限由10个工作日（不含专家审查时间）压减为9个工作日（不含专家审查时间）。引进专门用于信息网络传播的境外视听节目审批，审批时限由9个工作日（不含专家审查时间）压减为8个工作日（不含专家审查时间）。影视节目制作机构与外方合作制作电视剧（含电视动画片）审批，初审审批时限由9个工作日（不含专家审查时间）压减为6个工作日（不含专家审查时间）。国产电视剧发行许可证核发，增加全程网上办理选择项，实现申请人可自主选择线上或线下申请方式，为重点项目开通绿色审查通道。

第三条　对17类政务服务事项实施告知承诺审批。对电视剧制作许可证（乙种）延续，电视剧制作许可证（乙种）核准，设立接收卫星传送的境内电视节目许可，变更、延续接收卫星传送的境内电视节目许可，注销接收卫星传送的境内电视节目许可，卫星地面接收设施安装资质变更、延续审批，卫星地面接收设施安装资质注销审批，注销广播电视节目制作经营单位许可，注销有线电视站、广播电视站，设立广播电视节目制作经营单位审批，变更（或延续）广播电视节目制作经营单位许可，设区的市、县级地方新闻单位信息网络传播视听节目许可证申请，设区的市、县级地方新闻单位信息网络传播视听节目许可证变更延续，设区的市、县级地方新闻单位信息网络传播视听节目许可证注销，广播电视视频点播业务（乙种）设立许可，广播电视视频点播业务许可（乙种）变更、延续审批，广播电视视频点播业务许可（乙种）注销审批等 17 类政务服务事项实施告知承诺审批，审批时限全部压缩至 0.5 个工作日。

第四条　探索“三不”智慧政务新模式。探索“两区”建设政务服务改革，结合两年一次广播电视节目制作经营机构换证审核，利用共享数据，实行主动审批、电子制证，对守信企业探索试点不需申请、不需材料、不需跑动的“三不”智慧政务新模式，做到减流程、减时限、减环节、减跑动，许可证延续电子证照“免申即享”，纸质证照依需求按址邮寄。

第五条　加强影视作品审查工作规范化标准化建设。制定实施优审内容、优选资质、优化服务的措施，推动审查工作提质增效。

第六条　支持符合条件的市场主体申报《信息网络传播视听节日许可证》。推进媒体深度融合发展，重点支持国家服务业扩大开放综合示范区重点园区和中国（北京）自由贸易试验区内符合条件的企业申报许可证，为符合条件的市场主体申报许可证做好支持服务。

第七条　对重点网络视听平台优化备案制服务。根据国家广播电视总局有关要求，结合网络视听平台的发展诉求，综合评估未持《信息网络传播视听节目许可证》平台的股权结构、内容体系、安全制度等基本情况，组织北京重点网络视听平台完成线上登记备案，做好日常管理服务工作。

第八条　支持视听节目服务机构引进优秀境外影视作品。为视听节目服务机构引进的优秀境外影视作品开通作品审核绿色通道，享受“即报即审、审过即发”，向前一步做好服务保障。

第九条　适当放宽对在京注册的中方制作机构与外方合作制作电视剧的资质要求。根据国家广播电视总局有关批复精神开展先行先试，取消中方机构须持有《电视剧制作许可证（甲种）》的限制，持有《广播电视节目制作经营许可证》的在京注册中方制作机构即可与外方合作制作电视剧。

第十条　支持中国（怀柔）影视产业示范区建设国际影视摄制服务中心。授权挂牌北京市广播电视局行政审批事项受理站点，支持国际影视摄制服务中心广电审批事项的线上受理帮办和线下政策法规咨询服务，加强相关审批受理人员培训，提供受理或相关政策咨询服务。

第十一条　加大支持中外视听合拍项目。发挥新视听相关基金的示范引领作用，鼓励符合条件的中外合拍项目申报。鼓励利用保税功能等建设虚拟现实演播设施、拓展影视装备融资租赁业态，为影视产业发展服务。加强与银行、文投、信托等金融机构的合作，探索为中外合拍项目提供融资支持。

第十二条　扩大北京新视听国际交流与合作。支持中外企业参加北京新视听展会，提升中国国际服务贸易交易会北京新视听展、中国（北京）国际视听大会、中国广电媒体融合发展大会、北京电视节目交易会、北京国际公益广告大会、北京纪实影像周、北京动画周等的全球视野和国际元素，促进北京新视听国际交流。精心策划北京优秀影视剧海外展播季，重点推出“视听北京”国际传播品牌。

第十三条　推进京津冀视听走廊建设和

产业集群发展。支持中国（北京）高新视听产业园、中国（北京）星光视听产业基地和中国（怀柔）影视产业示范区协同发展，支持东城区、朝阳区和天竺综合保税区等国家对外文化贸易基地建设，孵化认定一批“小而美”的市级重点视听园区，编制京津冀视听走廊产业地图，形成梯次推进、集群发展。

第十四条　培育发展视听服务新消费新业态新模式。落实国家文化数字化发展战略，实施智慧广电行动方案，组织认定重点实验室和示范项目，推进北京新视听高质量发展。编制5G+8K新视听产业地图，深化北京新视听工作组协同创新，发布5G视听创新应用典型场景，持续推进视听创新场景试点和成果转化，培育发展视听服务新消费、新业态、新模式。

第十五条　加强“两区”政策宣传解读。组织广播电视和网络视听机构持续做好“两区”政策宣传解读和工作成果报道。加大“两区”建设对外传播，用好北京新视听海外协作联盟工作机制，推介北京智造、北京品牌、北京企业，更好地展现首都北京阳光、富强、开放的城市形象。

2022年7月7日

# 北京市提升广播电视网络视听业国际传播力奖励扶持专项资金管理办法（试行）

## 第一章　总则

第一条　为深入贯彻落实习近平总书记在中共中央政治局第三十次集体学习时关于国际传播重要讲话精神，培育具有国际竞争力的“北京新视听”品牌，在国际舞台上讲好中国故事、北京故事，根据国家广电总局广播电视和网络视听“十四五”发展规划和北京市推进全国文化中心建设中长期规划（2019年—2035年）、北京市“十四五”时期加强国际交往中心功能建设规划、北京市“十四五”时期广播电视和网络视听发展规划等中央、北京市有关文件精神，以及北京市财政资金管理有关规定，制定本办法。

第二条　北京市提升广播电视网络视听业国际传播力奖励扶持专项资金（以下简称“专项资金”）旨在立足北京“四个中心”城市战略定位，充分发挥北京新视听资源优势，加快国际传播能力建设，向世界传播好中国声音、北京声音，着力提高国际传播影响力、中华文化感召力、中国形象亲和力、中国话语说服力、国际舆论引导力。

第三条　专项资金来源为市级公共财政预算。专项资金遵循“公开公正、择优扶持、突出重点、注重绩效”的原则，单独核算，专款专用。专项资金的管理与使用应当接受有关部门的监督检查。

## 第二章　支持范围和方式

第四条　专项资金支持对象为有助于推动北京新视听国际传播工作的优秀视听走出去项目。

第五条　专项资金主要用于支持广播电视和网络视听节目对外译制传播、版权输出、国际传播平台建设和国际传播效能提升项目，具体包括：

（一）支持广播电视和网络视听节目对外译制传播，提升译制质量。对于成功走出去的优秀广播电视作品（广播节目、电视剧、电视节目、电视动画片、电视纪录片）和优秀网络视听作品（网络剧、网络电影、网络动画片、网络纪录片、网络综艺节目），每部（集）按照每语种每分钟进行奖励，标准参考国家相关规定。

（二）支持向国外输出广播电视和网络视听节目版权，促进版权贸易发展。对于成功输出并产生重大积极影响的优秀广播电视和网络视听节目版权项目，经审核认定，按照不超过该项目上一年度版权出口总额的30%进行奖励。

（三）支持在国外建设视听传播平台，拓展国际传播渠道。重点打造具有国际影响力的视听平台集群，对入选平台按照不超过其上一年度服务出口总额的20%进行奖励。

（四）支持国际传播效能提升项目，围绕视听技术、标准、产品、新业态走出去和视听国际传播相关原生内容创作、节展活动、峰会论坛、人才培养、效能评估、理论研究等方向组织评选，综合考虑项目社会效益和经济效益，经审核认定，对入选项目按照重大、重点和一般项目三个等级进行奖励。

（五）除上述支持范围外，专项资金还可用于因项目申报、论证、评审、绩效评价及监督检查等产生的管理费用，管理费支出按照政府采购有关标准执行。

第六条　专项资金重点支持以下方向的优秀作品：

积极宣传习近平新时代中国特色社会主义思想，以弘扬社会主义核心价值观为引领，反映建设中国特色社会主义伟大事业，反映实现改革开放和现代化建设的伟大历程，反映实现“两个一百年”奋斗目标和中华民族伟大复兴中国梦生动实践。

坚持以人民为中心，观照人民生活，表达人民心声，用心用情用功抒写人民、描绘人民、歌唱人民，把人民作为创作和表现的主体，把满足人民精神文化需求作为出发点和落脚点，始终把社会效益放在首位，社会效益与经济效益相统一。

以扎根本土、深植时代为基础，能够承担起记录新时代、书写新时代、讴歌新时代的使命，勇于回答时代课题，从当代中国的伟大创造中发现创作主题、捕捉创新灵感，反映时代的历史巨变，描绘时代的精神图谱，为时代画像、为时代立传、为时代明德。

深入挖掘和阐发中华优秀传统文化资源，弘扬中华民族优秀传统美德，具有鲜明的中国特色、中国风格和中国气派。

聚焦首都特点鲜明的古都文化、红色文化、京味文化和创新文化，围绕北京文脉传承和时代变迁，特别是长城文化带、大运河文化带、西山永定河文化带的传承发展等，反映北京城市发展和社会人文风貌，具有浓郁的北京特色。

符合国际传播规律，用国际视角、国际表达讲好中国故事、北京故事，具有较高的精神高度、文化内涵、艺术价值。

第七条　已获中央财政资金和其他市级财政资金奖励扶持的项目，申报机构不得以同一项目或类似项目再次申报。获得专项资金支持的项目，申报机构不得以同一项目或类似项目重复申请其他市级财政资金支持。参选项目达不到奖励扶持条件的，奖项可空缺。

第八条　充分发挥专项资金的引导孵化作用，建立北京新视听国际传播重点项目库，入库项目实现预期目标经评审通过后予以优先支持。

第九条　鼓励建立优秀国际传播团队，持续打造更多北京新视听国际传播专项品牌，全面提升国际传播效能。

## 第三章　管理和使用

第十条　市广播电视局负责项目申报、评审，对项目实施情况进行监督管理，开展绩效自评等工作。

第十一条　专项资金纳入市广播电视局部门预算，按照部门预算管理要求编制预算。

第十二条　预算一经批复，应当严格按照预算执行。在执行过程中确需调整的，须报市财政局按照有关规定办理审查和批准手续。

第十三条　符合政府采购要求的项目须按相关规定实施政府采购。

第十四条　专项资金结转和结余，按照《北京市市级行政事业单位财政性结余资金管理办法》有关规定执行。

第十五条　获得专项资金的机构应严格按照规定对专项资金实行单独核算，健全财务档案，做好相关信息、资料的收集、整理工作，以备进行审计检查和实施绩效考评。

第十六条　获得专项资金的机构应及时向资金主管部门报送资金使用报告，报告包括有关项目实施、资金使用和绩效目标实现等情况。

第十七条　市广播电视局有权委托第三方机构对专项资金提升北京广播电视网络视听国际传播力的效果和奖励扶持项目质量进行评估。

## 第四章　监督检查

第十八条　市广播电视局与奖励扶持机构签署管理协议；违反管理协议内容的机构，取消其三年奖励扶持资格。

第十九条　专项资金主管部门负责对专项资金使用的合规性、安全性进行检查，并对专项资金使用情况实施绩效考评。

第二十条　专项资金使用机构应遵守国家财政、财务法规和财经纪律，自觉接受财政、审计等部门的监督检查。对于虚报、冒领、截留、挪用专项资金等违反财经法规规定的行为，依照《财政违法行为处罚处分条例》（国务院令第427号）等相关法规规定进行处理。构成犯罪的，移交司法机关依法处理。

## 第五章　附则

第二十一条　本办法由市广播电视局负责解释。

第二十二条　本办法自正式印发之日起施行。

2022年3月29日

# 北京市提升广播电视网络视听业国际传播力奖励扶持专项资金评审办法（试行）

第一条　为进一步规范北京市提升广播电视网络视听国际传播力奖励扶持专项资金（以下简称“专项资金”）管理，根据《北京市提升广播电视网络视听业国际传播力奖励扶持专项资金管理办法（试行）》，制定本评审办法。

第二条　奖励扶持对象为有助于推动北京新视听国际传播工作的优秀视听走出去项目。

第三条　奖励扶持采用公开征集方式，申请奖励扶持的单位直接向市广播电视局申报。往年获奖项目不能重复申报。

第四条　奖励扶持坚持公平公正公开原则，所有申报单位享有同等的评审待遇。

第五条　奖励扶持经入库、初审、复审和公示后，市广播电视局拨付奖励扶持资金，并对资金使用进行严格监管。

第六条　奖励扶持类型主要包括：广播电视和网络视听节目对外译制传播、版权输出、国际传播平台建设和国际传播效能提升项目。

第七条　对于走出去的优秀广播电视作品（广播节目、电视剧、电视节目、电视动画片、电视纪录片）和优秀网络视听作品（网络剧、网络电影、网络动画片、网络纪录片、网络综艺节目），每部（集）按照每语种每分钟进行奖励，标准参考国家相关奖励规定。

对于成功输出并产生重大积极影响的优秀广播电视和网络视听节目版权项目，经审核认定，按照不超过该项目上一年度出口总额的 30% 进行奖励。

组织评选优秀北京地区广播电视和网络视听企业国外传播平台，对入选平台按照不超过其上一年度服务出口总额的 20% 进行奖励。

支持国际传播效能提升项目，围绕视听技术、标准、产品、新业态走出去和视听国际传播相关原生内容创作、节展活动、峰会论坛、人才培养、效能评估、理论研究等方向组织评选，综合考虑项目社会效益和经济效益，经审核认定，对入选项目按照三个等级进行奖励，重大项目奖励 100 万元、重点项目奖励 50 万元、一般项目奖励 20 万元。

第八条　申报奖励扶持项目应符合国际传播规律，用国际视角、国际表达形式，讲好中国故事和北京故事。

第九条　申报奖励扶持原则上应满足以下条件：

（一）申报广播电视和网络视听节目对外译制传播奖励扶持的项目，截至申报时，申报项目已完成译制并在国外放映播出；

（二）申报广播电视和网络视听节目版权输出奖励扶持的项目，截至申报时，申报项目已进入国外主流传播渠道或获得国外主流媒体的宣传报道，产生了较为显著的社会效益、经济效益；

（三）申报广播电视和网络视听国际传播平台建设奖励扶持的项目，截至申报时，申报项目已落实自筹资金，投资主体明确，进入实际运营并产生了较为显著的社会效益、经济效益；

（四）申报广播电视和网络视听国际传播效能提升项目，截至申报时，申报项目已完成，且有突出成果，取得较为显著的社会效益、经济效益。

第十条　下列情形不予资助：

（一）存在知识产权等法律争议，或者正在进行影响该单位正常经营活动的重大诉讼或者仲裁的；

（二）因涉嫌违法行为正在被有关部门调查或侦查，或者被工商行政管理等管理部门列入经营异常名录或严重违法失信企业名单，并在企业信用信息公示系统上予以公示的；

（三）其他违反政策法规或评审专家认为不应予以资助的。

第十一条　申请奖励扶持的单位应提供以下资料：

（一）营业执照、组织机构代码证、税务登记证（复印件加盖公章，三证合一的机构只提供营业执照）；

（二）经会计师事务所审计的单位上一年度会计报表和审计报告复印件；

（三）申报单位上一年度纳税证明文件，包括上一年度完税证明复印件（加盖公章）或上一年度银行缴税凭证复印件（加盖公章），并同时提供按时间顺序排列的缴税明细汇总表；

（四）单位基本信息表（加盖公章）；

（五）项目基本情况表（加盖公章）；

（六）申报书（法定代表人或委托代理人签字并加盖公章），申报书应以数据、事实为主要依据，契合奖励扶持类型要求；

（七）申报承诺书（法定代表人或委托代理人签字并加盖公章）；

（八）申报书中要求的证明文件（加盖公章）；

（九）申报单位提出并经审核认定的其他证明文件（加盖公章）。

第十二条　申报材料统一使用A4纸双面打印，装订后加盖骑缝章，提交给市广播电视局。申报单位应在申报材料外包装注明申报单位、申报类型、通讯地址、联系人及联系方式。申报材料提供1份正本、1份副本，副本可以由正本复印，正本与副本发生矛盾时，以正本为准。

第十三条　奖励扶持项目入库。

（一）公开征集。市广播电视局建立北京新视听国际传播重点项目库，并在局官方网站发布公开征集信息。

（二）入库评审。市广播电视局组织专家对申请入库项目进行评审，确定入库项目。

（三）优先扶持。入库项目实现预期目标经评审通过后予以优先支持。同时，入库项目可在较为显著的位置标识“北京新视听国际传播重点项目库”字样。

第十四条　奖励扶持项目评审。

（一）预审。市广播电视局委托第三方机构对包括入库项目在内的所有申报项目资料的合规性和完整性进行预审。

（二）补充和提交资料。对于符合要求，但是缺乏相关资料的申报单位，将通知申报单位进一步准备详细资料，并在规定期内提交至市广播电视局。

（三）联合评审和实地踏勘。市广播电视局组织相关单位和专家对所有申报项目进行联合评审，并对联合评审通过的重点项目进行现场踏勘核实。

第十五条　评审专家应具有高级职称，熟悉广播电视和网络视听走出去发展情况，并不得与任何申报单位存在利益关联。评审专家须填写承诺书。申报单位可以申请需要回避的专家，并注明回避理由，提供相关证明材料。

第十六条　任何申报单位不得与评审专家进行私下接触，一经发现即取消申报单位与评审专家资质，情节严重者移交司法机构处理。

第十七条　市广播电视局将评审通过的单位名录送市属相关委办局等单位征求意见，确认项目是否已经获得其他市级财政专项资金支持，已获支持的单位将取消本次支持。

第十八条　对拟奖励扶持的申报单位，市广播电视局将在局官方网站上予以公示，公示期为7日。

第十九条　公示结束后，市广播电视局组织专题会议审议奖励扶持方案。审议通过后，市广播电视局将奖励扶持资金全额拨付到项目单位的银行基本户。

第二十条　奖励扶持资金拨付到位后，申报单位按照相关管理要求使用资金。申报单位应委托第三方审计机构对资金使用情况进行审计，出具专项审计报告，并提交至市广播电视局。

第二十一条　资金使用。

（一）允许使用范围：奖励扶持资金应主要用于申报单位的技术研发、设备购置、升级改造、版权购买、翻译费用、人才培养、理论研究等与视听发展密切相关的支出。

（二）禁止使用范围：

1. 工资、福利支出；

2. 基本建设支出；

3. 会议费；

4. 车辆维护、维修费用；

5. 证券、期货、外汇及其衍生品等金融市场交易；

6. 其他与广播电视和网络视听业无关的支出；

7. 其他允许使用范围和禁止范围的未明事项，由市广播电视局根据相关制度和实际情况予以确定。

第二十二条　凡提供虚假材料、违法违规使用资金的单位，一经查实，必须退回奖励扶持资金，三年内禁止申报专项资金奖励扶持，并依据《财政违法行为处罚处分条例》（国务院令第427号）的规定进行处理。对于其他违法违规行为，由有关部门按照相关法律法规规定进行处理。

第二十三条　获得专项资金奖励扶持的项目，申报单位不得以同一项目或类似项目重复申请其他市级财政专项资金支持。参选项目达不到条件的，奖项可空缺。

第二十四条　奖励扶持申报截止日期为公告发布之日起30日内。

第二十五条　本办法由市广播电视局负责解释。

第二十六条　本办法自印发之日起实施。

2022年3月29日

# 索　引

# INDEX

## 说　明

1. 本索引采取主题索引也称内容分析索引法编制，索引词以《2023 北京广播影视年鉴》正文出现的专业名词、名词词组、机构名及表格名为主。

2. 本索引按汉语拼音音序排列。汉字的标目（索引词）按首字的音序、音调依次排列，首字相同时，则以第二字排序，以此类推。以阿拉伯数字打头的索引词，排在最前面，以英文字母打头的索引词，列于其次。

3. 本索引的文字部分为标目（索引词），即所要查找的内容，标目之后的数字，表示该标目所在正文中的页码（地址页）。

## 主题词索引

## A



## B

## C



## D

## F



## G



## H

## J



## K



## L



## M

N



P



Q



R



S

## T



## W



## X

## Y



## Z